李炳南居士年譜

1971-1982

林其賢 編著

目　次

▎第肆冊

第六卷　辛亥續鈔（臺）1971-1982

1971 年（民國 60 年・庚戌－辛亥）82 歲 2187

1972 年（民國 61 年・辛亥－壬子）83 歲 2268

1973 年（民國 62 年・壬子－癸丑）84 歲 2350

1974 年（民國 63 年・癸丑－甲寅）85 歲 2422

1975 年（民國 64 年・甲寅－乙卯）86 歲 2541

1976 年（民國 65 年・乙卯－丙辰）87 歲 2632

1977 年（民國 66 年・丙辰－丁巳）88 歲 2728

1978 年（民國 67 年・丁巳－戊午）89 歲 2829

1979 年（民國 68 年・戊午－己未）90 歲 2942

1980 年（民國 69 年・己未－庚申）91 歲 3029

1981 年（民國 70 年・庚申－辛酉）92 歲 3115

1982 年（民國 71 年・辛酉－壬戌）93 歲 3208

1971-1982

第六卷

辛亥續鈔（臺）

前之辛亥，余朱顏玄鬢，血氣方剛，遭世亂而不知厭；今之辛亥，頭童齒豁，血氣既衰，處時亂而力漸疲。……諦觀夫禽獸食人，能無動是非之心耶？而興觀群怨交感於中，有不得已於言者，無已，則吐之為快，故有辛亥續鈔。

——《雪廬詩集‧辛亥續鈔小引》

第六卷　國內外重要大事

- 一九七一年，中華民國宣布退出聯合國。
- 一九七二年，美國總統尼克森訪問大陸，中美發表〈上海公報〉。
  中華民國與日本斷交。
- 一九七三年，印順法師榮獲日本大正大學文學博士。
  行政院長蔣經國宣布「十大建設計畫」。
- 一九七五年，總統蔣中正病逝，副總統嚴家淦先生宣誓繼任總統。
  越戰結束。
- 一九七六年，文化大革命結束。
- 一九七八年，蔣經國當選總統。
  中山高速公路全線通車。
  中華民國與美國斷交。
- 一九七九年，高雄爆發美麗島事件。

第六卷　譜主大事

- 同前例行,每年元旦於慎齋堂講授佛法法要。每年冬季於靈山寺佛七開示念佛法要。每週三於慈光圖書館有「《華嚴經》講座」。
- 同前例行至一九七六年,每週四於善果林有講經法會。蓮社改建完成後,自一九七六年起改至台中蓮社有講經法會或講經指導。
- 一九七一年起,接續慈光講座於寒暑假開辦「明倫大專佛學講座」,為期各約二週至三週,講授《佛學概要十四講表》、《彌陀要解》、《實用講演術》等課。
- 同前例行至一九七三年,於中國醫藥學院任教《內經》;同前例行至一九七七年,於中興大學中文系任教《禮記》、「佛學概要」、「李杜詩」;同前例行至一九八一年,於中興大學中文系夜間部任教「詩選」、「佛學概要」。
- 一九七一年,創辦《明倫》月刊。
- 一九七二年,中國醫藥學院董事會由教育部重新改組,先生應聘出任董事。
- 一九七三年,於彰化國聲廣播電臺開播「蓮友之聲」;至一九七七年,開播「中華文化」節目,獲九所民營電臺聯播;而後又有復興電臺、漁業電臺開播「明倫之聲」,廣開空中弘法事業。
- 一九七四年至一九七八年,開辦「佛經註疏語譯會」及「內典研究班」,培養弘法人才。
- 一九七四年,成立「青蓮出版社」,專責出版儒佛典籍。

- 一九七五年至一九八〇年，應聘至東海大學中文研究所任教，講授「詩學研究」。
- 一九七五年，主持台中蓮社改建工程動土奠基典禮。
- 一九七六年，三月，創辦「蓮友子弟輔導團」，課餘輔導蓮友子弟。四月起，於台中蓮社新建講堂開講《法句譬喻經》。九月至十一月，因病休養，停止講經。
- 一九七七年，台中蓮社舉行重建落成典禮。先生指示：蓮社重在研究學術，辦理社會教育及慈善公益事業。
- 一九七八年，台中蓮社春季祭祖，禮請屏東會性法師蒞社，為眾舉行皈依典禮。爾後，每年舉行春、秋祭祖。
舉行「內典研究班」畢業典禮。
- 一九七九年，成立「蓮慈基金救濟會」。
指導中興大學中文系夜間部學生「唐詩吟誦」，錄製成吟詩錄音帶。
- 一九八〇年至一九八二年，開辦「臺中論語講習班」第一期，講授《論語・上論》及《禮記・月令》、《常禮舉要》。
- 一九八〇年，台中蓮社「榮富助念團」成立大會，為蓮友開示「助念團辦事要領」及「臨終助念方法」。
輾轉得知大陸家人近況，得以書信聯繫。
為重印《莒志》作序，並賦詩〈重印莒志應序〉三首。
創立「財團法人臺中市私立蓮友慈益基金會」。
- 一九八二年，開辦「國學啟蒙班」，招收國小、國中、高中之蓮友子弟。
開辦第二期論語講習班，講授《論語・下論》。

1971 年・民國 60 年・庚戌－辛亥
82 歲

【國內外大事】
- 八月,沈家楨創辦之台灣譯經院成立。
- 九月,台中蓮社前社長、靈山寺開山監院德欽法師捨報。
- 十月,中華民國宣布退出聯合國。

【譜主大事】
- 一月,元旦應慎齋堂之邀,開示「《西方合論》修持門選講」。
- 二月,明倫社假台中蓮社舉辦第一期「明倫大專佛學講座」,為期二週,講授《彌陀要解》、《實用講演術》等專課,並撰〈明倫社庚戌寒假佛學講座同學錄序〉。
  於善果林開講《觀世音菩薩普門品》,七月續講〈大勢至菩薩念佛圓通章〉。
- 三月,創辦《明倫》月刊。
- 六月,菩提救濟院附設寶松和尚紀念療養院落成啟用。
- 七月,明倫社舉辦第二期大專佛學講座,為期三週,講授《佛學概要十四講表》及《阿彌陀經》。
- 八月,與台中蓮社弘法人員赴桃園蓮社,弘法二天。
- 九月,於善果林太虛紀念館開講《佛說無量壽經》。

一月一日（五），即日起連續三天，應邀於慎齋堂講演。特針對資深蓮友講述上根修持淨土法門，選講《西方合論》修持門其中三節。《西方合論》係明‧袁宏道（中郎）所撰，經蕅益大師輯入《淨土十要》。

〈《西方合論》修持門選〉：淨土法門，三根普被，講述亦有三等，然通常十分八九皆講中下根法，未及乎上根，蓋惟恐不能契機，聞之或不入，或退轉，故此法門，輒被老嫗之教名。《合論》所講，三根皆備，今惟講其上法，諸舊同修，聞經已二十年，當不致退轉。近余講《阿彌陀經》於善果林，至執持名號，蕅祖《要解》，主張得事一心，七日即斷見思惑，以限於時間，未能盡其義，今可藉此補述之。

淨法三要，為信願行，常人以為不必解理，實為大謬。不解理，事一心亦不易得，遑論理一心？故淨宗學人，志其必成者，不能不求開悟。或引永明偈語「但得見彌陀，何愁不開悟」，遂謂修學淨宗者，不須求悟。不知此語是接中下根者，至於上根，持名七日，即能斷惑，非悟而何？淨宗經典，講悟之處殊多，惟不顯見耳。余昨講《阿彌陀經》，至「聞是經受持者」，即是講開悟之理。

所悟者何？《觀經》以心作佛，是心是佛，悟者即是悟此心。不悟此心，則不見道，不見道，如何修道。三藏十二部，但說一真，餘皆方便，皆為一真之注解，此一真即是心，若避而不談，成就難矣。汝等應知宇宙萬有，皆現自吾人之心，若喻以電影，心如影片，萬法如

動影,吾人苟悟此真心,自解一切事理。是須參之,以下開講論文。

(甲)淨悟者。行者欲生實淨土,當真實參究,如法了悟。

(乙)淨信者。信為淨宗之首要,八萬四千法門,皆尚乎信,然皆不若淨宗之特殊。淨宗之信,語高惟佛能解,是為智信;語低惟下愚能從,是為迷信。吾人既不能以智信,又不能以迷信,惟須勉強信之,然亦須有信之之道,即是依唯識之比量,信而有徵,若比之不得,則須依聖言量。明萬法唯心之理,方屬真信,真信則無纖毫之疑,佛法始能植其根,得其力,然後八風不動,始謂淨信。

(丙)淨懺者。懺即是懺悔,無論修學何法,不懺,必無可成之理。等覺猶懺,遑論凡夫。世法如蘧伯玉者,行年五十,而知四十九年之非,亦是懺悔。吾人念佛,工夫不純,習染又深,懺之猶恐不及,不懺豈有生西之望?懺是除舊更新,吾人日日洗濯灑掃,方能日日新,懺悔尤須時時行之,不令欲塵染污其心,是謂淨懺。

悟、信、懺三節,節各十條,十條之義開之無盡,今略說已畢,願諸同修思而行之。[1]

---

[1] 李炳南講,徐醒民記:〈《西方合論》修持門選〉,《雪廬述學語錄》,《全集》第 10 冊之 2,頁 75-94。

是日,應聘擔任「明倫社新建講堂促進委員會」導師。
(見《圖冊》,1971年圖1)

一月六日(三),晚,於慈光圖書館週三《華嚴經》講座,宣講〈淨行品第十一〉。

是月上旬,為中興大學中文系三年級《禮記》專課出期末考試題。範圍為〈大學〉,題型有默寫、考據、見解、釋義、測驗等五種。(見《圖冊》,1971年圖2)

〈五十九年中興大學第一學期期末考禮記大學篇試題〉:

(甲)默寫。自「大學之道」起,至「致知在格物」止。

(乙)默寫。自「物格而后知至」起,至「此謂知之至也」止。

(丙)考據。大學篇,本禮記之一種,為何又名之四書?試述其故。

(丁)考據。此篇作者,漢儒宋儒,其說不一,分舉出兩派所主張之作者。

(戊)見解。經文,有主張二綱三綱之別,分舉出。

(己)見解。「格物」授有幾種解釋,分舉出。

(庚)釋義。「明德」、「親民」如何講解,按注舉出。

(辛)釋義。「誠意」何謂「意」,何謂「誠」解出。

(壬)測驗。假若大家庭,汝當主家之人,家人不服指導,如何處理?

（癸）測驗。對何職業，感覺興趣，並述其興趣之所以然。[1]

是月上旬，為中興大學夜間部中文系二年級「詩選」專課出期末考試題。題型有默寫、畫平仄、指韻、畫譜、釋義、格局，以及創作等七種。（見《圖冊》，1971年圖3）

〈五十九年中興大學夜間部第一學期期末考詩選試題〉：

（甲）默寫。杜牧「獵騎」七絕一首，全默寫。

（乙）默寫。杜甫「春夜喜雨」五律一首，全默寫。

（丙）畫平仄。「流水何太急，深宮盡日閒，殷勤謝紅葉，好去到人間。」將平仄畫在題之右方即可！

（丁）畫平仄。「洛陽城裡見秋風，欲作家書意萬重。祇恐匆匆說不盡，行人臨發又開封。」平仄畫題右方即可！

（戊）指韻。「昏」、「城」、「封」、「啼」、「占」各指何韻！

（己）畫譜。仄起首句入韻七絕譜，列出。

（庚）釋義。羅隱蜂詩「採得百花成蜜後，為誰辛苦為誰甜」如何解釋？

（辛）釋義。王維冬晚對雪憶胡居士家詩「灑空深巷靜，積素廣庭閒」如何解釋？

---

[1] 【數位典藏】手稿／其他著作／大專院校授課試卷／〈五十九年中興大學第一學期期末考禮記大學篇試題〉。

（壬）格局。杜甫「春夜喜雨」一首，即（好雨知時節）五律，只將形容「喜」字之句，述出。

（癸）作五絕一首，題為「寒假別友」譜及韻自由採用。[1]

是月上旬，為中國醫藥學院醫科二年級《內經》專課出期末考試題。範圍為第四篇〈金匱真言論〉至第十篇〈五藏生成篇〉。[2]（見《圖冊》，1971年圖4）

〈醫二級五十九年第一期末考題內經〉：

（甲）〈金匱真言論〉第一條「風觸藏邪發病」，北風生於冬，病在何藏？俞在何處？善得何病？分列出。

（乙）陰陽應象大論第一條「病必求本」，試舉寒熱之氣生清濁，在上在下，各生其病，分列出。

（丙）同論第二條「清陽天濁陰地」，各有出發實歸處，按表列出。

（丁）同論第七條「四方生氣」、「怒傷肝」、「喜傷心」，用何情緒來治怒喜？試言之。

（戊）同論第九條「治知其要」，內而五藏六府，外而皮肉筋脉，各為何邪氣所害，分列出。

（己）〈陰陽離合論〉第二條「三陰離合」，少陰起結各穴，分舉之。

---

1 【數位典藏】手稿／其他著作／大專院校授課試卷／〈五十九年中興大學夜間部第一學期期末考詩選試題〉。

2 【數位典藏】手稿／其他著作／大專院校授課試卷／〈醫二級五十九年第一期末考題內經〉。

（庚）陰陽別論第四條「別陽」，試將二陽之病列出。

（辛）同論第九條「三部辨脈」試將女子有孕之脈述出。

（壬）靈蘭祕典，只將「心肝脾」三者名何官、出何事，舉出。

（癸）五藏生成篇第二條「五藏之氣見色」，面現青白二色，各分生死之象，試將生死二色分舉。

是月上旬，為中國醫藥學院醫科三年級《內經》專課出期末考試題。範圍自第十七篇〈脈要精微論〉至第十九篇〈玉機真藏論〉。[1]

〈中醫三59年第一學期末考試題〉：

（甲）〈脈要精微論〉第一條「可診有過之脈」，診脈宜於何時？

（乙）同論第三條，「五藏中守」，五藏不守，有何現象？

（丙）同論第六條「夢與病象」，夢「涉水」、「火燔」、「飛」、「墮」、「怒」、「笑」六種，各舉出何病。

（丁）同論第八條「察病新久」，按表列出。

（戊）〈平人氣象論〉第二條「病死至數」，指出死脈三種之象。

1　【數位典藏】手稿 / 其他著作 / 大專院校授課試卷 /〈中醫三59年第一學期末考試題〉。

（己）同論第三條「四時脈應」，指出冬脈五象。

（庚）同論第四條「胃大絡名虛里」按表列出。

（辛）同論第五條「視象可知病」，試言「面腫」、「足脛腫」、「目黃」各是何病？

（壬）〈玉機真藏論〉第二條「藏氣傳變」，將「受」、「傳」、「舍」、「至」舉例列明。

（癸）同論第五條「真藏獨見」，真藏為何獨見，試舉其理。

一月十一日（一），庚戌年夏曆臘月十五，有〈庚戌臘月望〉，告別庚戌年，迎接辛亥年。此為《雪廬詩集》第六集《辛亥續鈔》開篇第一首，有〈辛亥續鈔小引〉。此前《燹餘稿》、《蜀道吟》……等篇，其辭多憤、怨、憂、哀，此篇則興觀群怨交感於中。（見《圖冊》，1971年圖5）

〈庚戌臘月望〉：今年須賞今宵月，放過重逢便隔年；莫道來宵還可賞，無雲也欠一分圓。[1]

《辛亥續鈔‧小引》：辛亥者，國政鼎革之新元也。初，軍人兼政，爭地內鬨，黎庶蕩析無間歲。致啟日夷覬覦，丁丑入寇，中樞出狩，寇以空軍遍襲，各省半為焦土。經八載寇降，毛共獲美蘇卵翼，僭易漢幟，作亂徐蚌。中樞再出狩，次台島。今又逢辛亥紀歲矣，

---

[1] 李炳南：〈庚戌臘月望〉，《雪廬詩集》，《全集》第14冊之1，頁381。

嗚呼！前之辛亥，余朱顏玄鬢，血氣方剛，遭世亂而不知厭；今之辛亥，頭童齒豁，血氣既衰，處時亂而力漸疲。且今之時，尤亂於昔之世，素之、行之莫若何也已！雖然，竊嘗聞之：天道不變、自強不息。力者，形之所賦；心者，道之同恆。形固有所疲，道寧有不恆者也？諦觀夫禽獸食人，能無動是非之心耶？而興觀群怨交感於中，有不得已於言者，無已，則吐之為快，故有《辛亥續鈔》。[1]

一月十三日（三），晚，於慈光圖書館週三《華嚴經》講座，宣講〈淨行品第十一〉。

一月十四日（四），晚，善果林太虛紀念館週四《阿彌陀經》講座，宣講圓滿。

一月二十七日（三），夏曆辛亥年正月初一，晨四時半起，參加慈光圖書館早香，而後至靈山寺、善果林上香；八時參加山東同鄉會團拜；十時參加蓮社團拜。

　　每年除夕，老恩師夜宿慈光圖書館吉祥閣，好趕上第二天清晨四時半的第一支香。恩師的虔敬，既數十年如一日，冬日的冷冽，又豈能令蓮友卻步？看那念佛的場面，就是因大眾的一念真誠而莊嚴。元旦的法會圓

---

[1] 李炳南：〈辛亥續鈔小引〉，《雪廬詩集》，《全集》第 14 冊之 1，頁 379-380。

滿，恩師必定趕早到靈山寺拜佛，還有般若精舍、善果林、寶松和尚紀念堂上香。八時，參加山東同鄉會團拜，十時到達蓮社參加新春團拜。[1]

【案】上引先生新春慣例行程不知始於何時。寶松和尚紀念堂落成於是年六月，應為後來加入，此前後已有若干行程慣例。姑且繫於是年。靈嚴書樓成立後，至印光大師前上香亦成慣例。

是月，泰國僑領高向如伉儷攜子女返國來訪，暢談佛法。

二月一日（一）至十四日（日），於台中蓮社舉辦第一期明倫講座。講座由新成立之明倫社承辦。先生講授「阿彌陀經述要」、「講演術」及「問答法要」；周家麟講授黃檗禪師《傳心法要》，徐醒民講授《百法明門論》。此次講座為高級班，參加學員五十位，皆為歷年曾參加過慈光講座之學員，未招收新成員。

〈新聞〉：第一期寒假大專佛學講座，從二月一日起，一連十四天在台中蓮社舉行。主辦這項講座的臺中明倫社說：舉辦這次講座的目的在深入研習佛學，並培育專門弘法人才，課程內容著重在講演術及較深奧的佛學。李炳南老居士講授「阿彌陀經述要」二十四小時，「講演術」二十小時及「問答法要」八小時。徐醒民居

---

1 淨宏（高國浚）：〈雪公導師往生三週年紀念追思活動紀實〉，《明倫》第194期（1989年5月）。

1971年・民國60年 | 82歲

士教授《百法明門論》二十四小時，周家麟居士教授《傳心法要》。參加研習的有來自全國大專院校對佛學深入研究的五十位同學，一切膳宿等費用概由明倫社負責。講座期間曾舉辦盛大的元宵聯歡晚會，並於結業時舉辦隆重的結業典禮及歡送會。[1]

東午，〈明倫社創舉第一期寒假大專佛學講座略記〉：李雪廬老師，講授「阿彌陀經述要」二十四小時，「講演術」二十小時及「問答法要」八小時。「阿彌陀經述要」是大家最感興趣的一門功課，老師捨棄逐文解字的章句方法而別開蹊徑，專就義蘊上發揮。知前所未知、聞前所未聞，使同學們皆生歡喜心，常在興起時光飄忽之嘆時，頗有意猶未盡的感覺。「講演術」是以前老師手著《實用演講術要略》為教本，以教材、教態、聲調、觀機為經緯，配合上老師生動的示範教學，以致趣味盎然，一個鐘頭就在笑聲中飛逝。「問答法要」是同學們研討會與座談會的心得報告，對於不敢肯定的或是不會的問題請老師開示解答，每次聽完老師的解答以後總有一種撥開雲霧見青天之感覺，才發覺自己的執著是多麼重！偏陋固執，愈陷愈深，而老師就好像是登臨高峰，俯瞰城巒，每能一目了然。此外，尚有周家麟老師講授黃蘗禪師《傳心法要》，徐醒民老師講授《百法明門論》，義理雖較深奧，但卻很契機。

---

[1] 〈新聞〉，《慧炬》第87/88期合刊（1971年2/3月），頁60；另參見：郁英、弘超：〈雪公與智海的一段緣〉，《智海卅週年紀念專刊》，頁67-71。

最令人難以忘懷的是講演實習，為了配合「講演術」的理論教學，於是舉辦講演試習，每一個同學都必須上台現身說法，或是以老師的《弘護小品》為講材，或是自己構思；限時十分鐘，講完以後，由二位或三位同學上台講評，再請老師指點。[1]

明倫社，〈明倫講座之緣起〉：民國四十九年，周子慎老師鑒於社會風氣之日漸衰敗，非以佛學教化眾生不為功，但以知識份子是國家社會的中堅，具有領導社會的作用。因此，佛學需由知識份子來研究推行，俾轉移社會風氣。於是，首先於臺灣大學發起成立佛學社，以後各大專院校陸續創社。由於同學功課繁忙，又乏名師指導，無法作有次第的修學，佛學社僅能舉辦幾次演講，但以演講者所學不一，說法各異，且限於時間，同學不但無法獲知佛學梗概，反而不知所從，學而無成。基於上述原因，雪廬老師乃於民國五十一年三月開始舉辦佛學講座，命名為「大專學生慈光講座」，目的即在於使同學能藉寒暑假期，聚集一堂，以佛學會友，互切互磋，以期學有所成。

慈光講座，當時是在臺中市柳川西路慈光圖書館上課，分夏冬令兩期，以後因無寒假，故只在暑假舉辦。如此，繼續不斷，到民國五十八年暑假，共歷九屆，此九屆皆為雪廬老師所創辦。到了五十九年，因囿於場地及

---

[1] 東午：〈明倫社創舉第一期寒假大專佛學講座略記〉，《慧炬》第87/88期合刊（1971年2/3月），頁49-50、60。

1971年・民國60年 | 82歲

其他原因而停辦一年,孰料停辦一年結果,各大專佛學社因此乏人接棒。是故,各校負責人及老社員時有埋怨,紛紛要求臺中再辦佛學講座,適前九屆慈光講座同學成立明倫社,所以由明倫社聘請師長,舉辦大專同學佛學講座。

明倫社既是由慈光講座同學所組織之社團,故當大專院校佛學社有上述之需要及請求,理應義不容辭,竭力服務同學。乃於今年二月開始舉辦講座,今已第二期,藉此聚集一堂,作有次第的修習,使參加同學返校後能主持佛學社,並將所學貢獻給社員,將佛學有效而普遍地在各大專院校推行,以期同學畢業後,造福社會,利益人群。[1]

【案】「大專學生慈光講座」最早於一九六一年五月六日週六晚七時至九時在慈光圖書館開班,各大專學院教授與學生青年三百人參加,屬學期中週末講座。該講座於暑假期間一九六一年八月五日繼續,仍是每週六舉行一次。至於長期密集式的寒暑期講座則要到一九六四年才開始:二月冬季班有四人參加、八月夏季班有十二人參加,爾後日程與人數漸增,至一九六九年七月第九屆慈光講座,每期參加人數已有兩百多人,連續上課二十一天。詳見前譜文。

【又案】本期參加學員正式生有:巫錦漳(中醫藥四)、李子成(興大中文四)、謝嘉峰(興大化學三)、許文彬(臺中師專五)、吳聰敏(臺中師專

---

1 明倫社:〈明倫講座之緣起〉,《明倫》第5期(1971年7月)。

四)、焦國寶(中興行政畢)、吳碧霞(師大國文畢)、連淑美(文化中文二)⋯⋯等三十四人;服務同學有王煚如、黃平福、紀海珊、紀潔芳、施人豪、王志賢、蔡進來、鄭振煌、吳健銘、林敏雄、黃潔怡⋯⋯等二十九人。[1]本期研習原名「大專同學佛學講演班」,後稱為明倫講座第一期,[2]乃以培養同學弘講能力而舉行,是以有「演講術」二十小時之教學,且安排講演實作練習。

二月二日(二),辛亥正月初七,人日,有〈重逢辛亥人日〉。

〈重逢辛亥人日〉:揖讓開基辛亥年,西瞻禹甸沒狼煙;少康多難終存夏,媧帝神功會補天。傳璽同懷湘女廟,洗兵遙憶漢陽川;今朝海上逢人日,戲著衣冠立鏡前。(《雪廬詩集》,頁381)

講座舉辦期間,有老尼師至講堂禮佛後頂禮先生,先生及時至講臺下同時頂禮。

吳聰敏,〈辦事要求精細〉,《明倫》月刊第五一四期(2021年5月)。民國六十年,明倫大專講座第一期,雪公在講堂上課,突然有一位老尼師,很安靜的進來禮佛,再轉身準備向雪公頂禮。雪公正在跟大家講課,當她一轉

---

[1] 明倫社:《明倫大專佛學講座通訊錄》(臺中:明倫社,1971年7月)。

[2] 弘超(謝嘉峰):〈懷念老蓮社〉,《今成訊息》(臺中:今成文教基金會,2021年12月),頁56-68。

過身來,老人家已搶先一步躍下講台,跟著頂禮。[1]

二月十四日(日),晚,第一期明倫講座圓滿,舉行結業典禮及歡送會。除授課教師與學員參加,周宣德及蓮社董事長朱炎煌等亦應邀參與盛會。(見《圖冊》,1971年圖6)

東午,〈明倫社創舉第一期寒假大專佛學講座略記〉:元宵與講演的高潮一過,我們已意識到別離就在眼前了,感激老師以八十高齡不辭辛勞諄諄教誨不倦,於是在二月十三日下午二點舉行莊嚴的拜師儀式,而以每人一元為束脩,老師除了開示一番以外,又贈送每人一串佛珠,一張玉照,並把束脩買了水果與我們結緣,呵!老師,我們是接受得太多了!

二月十四日是我們停留在蓮社的最後一天,一向對大專佛學講座最熱心的周宣德老師也自臺北南下。他為我們帶來學社方面困難的解決方法,為我們指示將來發展的正確途徑。那是一個莊嚴而又隆重的結業典禮及歡送會。老師、明倫社諸學長、蓮社董事長及所有的師姑都來與會。老師的吟詩〈老人〉及〈山中聽琴〉更是當晚絕唱。[2]

日後,該期學員編有《同學錄》,先生有〈序〉述明倫社組織緣起,及講座之創設。

---

1 希仁(吳聰敏):〈辦事要求精細〉,《明倫》第514期(2021年5月)。
2 東午:〈明倫社創舉第一期寒假大專佛學講座略記〉,《慧炬》第87/88期合刊(1971年2/3月),頁49-50、60。

〈明倫社庚戌寒假佛學講座同學錄序〉：佛學者何？道也。修之則自益，宏之則同益，人故不可須臾離乎道。猝視道有多端，審詳惟體與用，體則明乎性德而率之，用則濟眾而利天下。夫如是，捨佛與儒非不道，皆枝葉也。鯤台大專多士，嘗於慈光佛學講座，薰陶九年，知深而樂之，嗣以緣乖停辦，諸子慨而惜焉。遂興依他不如自作之感，而有明倫社之組織，且於庚戌寒假創設佛學講習班，資限慈光曾結業者，材取邃於前科。夙興研讀，夜闌不寐，糧蔬粗糲，枕席不溫。雖窺園，起而能述，不獺祭，坐而能書。應聘教授，周子家麟、徐子醒民，予亦濫竽其間，皆慈光講座之舊師也。結業成績，幾有青勝於藍之慨。嗚呼！自求之功，勝於應徵，豈不然歟？此後驪歌東西，明月千里，神之接，舉頭可知其方，道有問，書契可達其閎，或修或宏，德比鄰，道多助，安得不有是錄哉？[1]

第一期明倫講座結束後，學員陳元暉來函，提問先生授課時批評別人「開佛店」等疑情。先生即函復釋明。

　　陳元暉：〈晨曦憶往7〉：從明倫講座回來沒幾天，常回想李老師的講課內容，覺得有一些問題很想寫信告訴他，可是我不擅寫文章，他又是德高望重的老長輩很夠當我祖父，然而如果我所說的這些是真的錯誤，

---

1 李炳南：〈明倫社庚戌寒假佛學講座同學錄序〉，《雪廬寓臺文存》，《全集》第14冊之2，頁174-175。

1971年・民國60年｜82歲

致妨礙他弘法利生的志願呢？內心非常矛盾數夜無法入眠只好鼓起勇氣提筆寫信，信上大意謂我參加此次明倫講座的動機目的，他在講課時，常講不要儘說自己好，而講別人不好，但卻常常批評別人開佛店，及在他「演講術」一書中對一位著名演說家的敘述有別於我在其他書上所見。我在信上也表明我寫此信的動機，並強調因他老人家志願弘法利生，否則，我絕不會冒失寫這封信頂撞，還有，如果我所提的看法不正確，均屬我的罪過。信寄出以後，沒幾天就收到李老師親手墨寶書函，內文除流露坦然感激之情，稱呼我為老弟，而自稱他自己是小兄，真令我受寵若驚。信上說明有關開佛店，是因為許多同學反映，請他告誡講座同學，且只是點到而已，並未指明店名及開在何處，又那位演說家的生平，我所見的是其早年的情況，他所見的則為中年以後，是故並沒錯誤。[1]

【案】陳元暉為臺灣大學農業推廣研究所學生。是年三月，撰有〈辦理社務之理論與實際〉，刊於《明倫》第二期，甚獲炳南先生嘉許。研究所畢業，炳南先生特推薦至臺中中興大學農業經濟系任職，並委以籌劃第二期明倫講座重任。曾為該期作有教學效果評估：〈明倫第二期大專佛學講座教學效果之研究〉

---

1 陳元暉：〈晨曦憶往7〉，《晨曦歷史》，台大晨曦校友會，https://alumni.ntusunrise.org/p/blog-page_80.html

（見：《明倫》第 5-6 期合刊，1971 年 7/8 月）。[1]

二月十七日（三），晚，於慈光圖書館週三《華嚴經》講座，宣講〈賢首品第十二〉，說明此品宗趣、因緣、善根、及修十信具十德。[2]（見《圖冊》，1971 年圖 7）

二月十八日（四），於善果林太虛紀念館開講《觀世音菩薩普門品》，有〈妙法蓮華經觀世音菩薩普門品講表〉。

〈妙法蓮華經觀世音菩薩普門品講表〉：甲、經題（法、妙）；乙、品題（觀世音、菩薩）；觀音圓通、眾同分、七難舉一、內七種外七難、五蘊、治療、三障連繫、對治說、第一義說、三界、四教、名以召德、六十二見、觀音福田之大、問三無失、國土眾生、五觀、五音。[3]

【案】開講時日不詳。據上引〈講表〉封面頁首行標記「民國六十年辛亥正月下浣在善果林講」，當是二月十八日（夏曆正月二十三日）。該年正月僅二十九日，次週四已為夏曆二月。據一九六九年四月十七日善果林開講紀錄〈佛法五講〉，篇末有「通俗

1　陳元暉：〈晨曦憶往 8〉，《晨曦歷史》，台大晨曦校友會，https://alumni.ntusunrise.org/p/blog-page_80.html
2　李炳南：《大方廣佛華嚴經講述表解》，《全集》第 1 冊之 2，頁 50-51；手稿見：【數位典藏】手稿／佛學講授／華嚴講表／〈賢首品第十二〉共八頁，第一頁為親筆，餘為代鈔。又，徐醒民《華嚴筆記》注明是品開講自「六十年辛亥正月二十二日起」。
3　李炳南：〈妙法蓮華經觀世音菩薩普門品講表〉，《講經表解（下）》，《全集》第 3 冊，頁 1187-1199。

演講,至此結束,下週開講《佛說四十二章經》,此經講畢,再講《佛說阿彌陀經》。」(見該項譜文)可知在《四十二章經》及《普門品》之間,曾宣講《阿彌陀經》。唯文獻無徵,謹錄此存查。

二月二十四日(三),晚,於慈光圖書館週三《華嚴經》講座,宣講〈賢首品第十二〉。

二月二十五日(四),晚,於善果林太虛紀念館宣講《觀世音菩薩普門品》。

二月二十六日(五),函復臺灣師範大學學生吳碧霞,嘉勉講座學習及書函文理暢達,並鼓勵其友人有關「格物」文稿投《明倫》發表。(見《圖冊》,1971年圖8)

〈吳碧霞之一〉:碧霞具壽台鑒:接讀惠函,敬悉一切,真如居士林已來函矣,諸勞費神,至為銘感。今春明倫社舉辦講座,為期雖短,聚會時間較多,聲氣尚能和合,以講演論具壽自推第一;而此次之函,文理更為暢達,侍不勝忻慰,願好為之,前途無量。

貴友王先生格物之解,頗見心思,此事漢宋各家紛爭,無人折衷,惟朱子得政治力量推行,實則令人難從;司馬溫公曾作「扞格物欲」解,甚易明了,但有朱子政力,餘說多晦。然今日只能言之成理,便可提出討論,況「恪,格」叚借,有《漢書》及《論語正義》根據,又有《禮記》、《荀子》旁證,其義自非杜撰臆度,可

> 謂話確而不謬，義正而不詭，大可提倡。何妨徵得前途同意，在《明倫》月刊發表也。原稿附還，希查。各校開學在即，各講經場，上週已開始，此後又不免大忙一番矣，耑復并頌
> 台祺　　　　　　　　　侍李炳南謹啟　二月廿六日[1]

二月起，為五十九學年度第二學期，持續於中興大學中文系三年級講授《禮記》，中興大學夜間部中文系二年級講授「詩選」；（見《圖冊》，1971年圖9）於中國醫藥學院醫科二年級、三年級各講授一門《內經》專課。

本學期起，臺北地區松山寺道安法師應慈光講座老學員禮請，於松山寺為北部同學開辦「大專佛學講座」，每週日上課一次，每學期上課十四週。三年後，遷至中國佛教會續辦，改稱「中國佛教會大專佛學講座」。

> 道安法師，〈大專佛學講座緣起〉：民五十九年（1970）冬，焦國寶、李吟新居士，陪淨空法師到松山寺幾度相商，擬請松山寺主辦大專佛學講座，於每星期日，為北部大專院校研究佛學諸生，專門講授佛教聖典。研究結果，暫定每一學期，講授佛學十四週，由淨空、智諭、道安法師擔任教授。並召集北區各大學研究社負責人會議，推選學員長，決定開課日期，乃至安排

---

[1] 【數位典藏】書信 / 在家居士 / 〈吳碧霞之一〉。函中所指文章：王大千：〈讀禮記大學篇札記〉，《明倫》第3期（1971年5月）。

1971年・民國60年｜82歲

課程，發通知等籌備工作。自六十年（1971）春開學，迄今六十三年春，不覺已七學期，前後結業者二千四百多名。本年四月七日起，名稱由「松山寺大專佛學講座」改為「中國佛教會大專佛學講座」，地點也由吳興街松山寺遷至忠孝東路紹興北街中國佛教會三樓大禮堂上課。中國佛教會地點適中，交通方便，禮堂廣闊，參加聽講者更為踴躍方便矣。[1]

三月，《明倫》月刊發行創刊號。（見《圖冊》，1971年圖10）接續零刊號，先生「詩階述唐」專欄刊載第二首：李白〈勞勞亭〉，「雪廬述學語錄」專欄刊載：「擇法、信、願、行」等四章。[2]

三月三日（三），晚，於慈光圖書館週三《華嚴經》講座，宣講〈賢首品第十二〉。

三月四日（四），晚，於善果林太虛紀念館宣講《觀世音菩薩普門品》。

三月十日（三），晚，於慈光圖書館週三《華嚴經》講座，宣講〈賢首品第十二〉。

---

[1] 釋道安：〈大專佛學講座緣起〉，《獅子吼》第13卷9期（1974年9月15日），頁19。
[2] 原刊：《明倫》第3期（1971年5月）；今收：《雪廬述學語錄》，《全集》第10冊之2，頁98-101。

三月十一日（四），晚，於善果林太虛紀念館宣講《觀世音菩薩普門品》。

三月十七日（三），晚，於慈光圖書館週三《華嚴經》講座，宣講〈賢首品第十二〉。

三月十八日（四），晚，於善果林太虛紀念館宣講《觀世音菩薩普門品》。

是日，為中興大學智海學社第十屆社刊題字：智海、海印十方。[1]（見《圖冊》，1971 年圖 11）

三月二十一日（日），晚七時半，至中興大學參加智海學社成立十週年活動「智海之夜」。晚會於男生第一餐廳舉行，與會來賓尚有：周宣德、許祖成、朱斐、王總教官、化學系柳教官、友社代表紀海珊、明倫雜誌社經理林欽勇，第一屆社長侯家駒以及歷屆學長，共有四百多人參加。晚會由社長謝嘉峰主持，介紹來賓後分請致詞，先生特別解說「十」所象徵之圓滿與神聖。（《圖冊》1971 年圖 11）

〈新聞〉：中興大學智海學社在三月廿一日展開多

---

[1] 參加社慶照片，見《智海卅週年紀念專刊》，頁 76；題字見《智海卅週年紀念專刊》，頁 45，收見：《雪廬老人題畫遺墨》，《全集》第 16 冊，頁 158。

采多姿的十週年社慶活動。

廿一日下午三時正,來自十代的歷屆學長們,團聚在興大農教館,共同磋磨,共同勗勉,為智海而努力。社長謝嘉峰報告學社最近社務活動,及十方畢業學長的來信,許祖成老師告訴十年前成立的經過,以及侯家駒學長(發起人)、李榮輝學長、游春仲學長、林木根學長,代表說幾句期望學社的話。為慶祝十的意義,該社特製十層壽糕由指導老師許祖成點燃十支蠟燭,切壽糕,聯誼會至五時半才圓滿。

當天晚上,該社在男生第一餐廳舉行慶祝晚會,到場幾近四百多人,參加的老師有興大王總教官、柳教官、李雪廬、周宣德、許祖成、菩提樹主編朱斐、明倫社代表紀海珊、明倫雜誌社經理林欽勇、該社發起人侯家駒(現任東吳大學系主任)、及歷屆社長紀潔芳、李榮輝、游春仲、林木根⋯⋯等。[1]

浼浼,〈永恆的祝福〉:盛大的慶祝晚會,總教官、柳教官、《菩提樹》主編朱斐居士、明倫社紀海珊居士、明倫雜誌社經理林欽勇居士、來賓師長的致詞,無不讚譽有加、有鼓勵、有勸勉、還有更多的祝福,而李炳南教授殷殷的啟示我們:佛學是一門探討宇宙人生的大學問。它是覺悟之學,除了自度,還要度人⋯⋯。

---

1 〈新聞〉,《慧炬》第 89 期(1971 年 4 月),頁 55;參見:午東:〈智海學社十週年社慶〉,《慧炬》第 89 期(1971 年 4 月),頁 48-50。

周宣德老師則以他一貫平穩、沉著的態度,告訴了我們智海成長帶給他的喜慰,並願智海永遠在進步中⋯⋯。本社指導老師許教授,更別具慧心的提供了十句偈作為智海的壽禮:「福星高照,智海無際。十為數全,一為肇始。貞下起元,乾乾不息。救苦救難,創新世紀。任重道遠,宏毅相繼。」並以智海傳統「不忘本」勗勉大家。[1]

三月二十三日(二),晚八時,至台中蓮社聯誼會功德堂參加班長聯誼會。出席者有董事長朱炎煌及各班班長三十一人。會議討論本年佛誕節籌備遊行工作。[2]

三月二十四日(三),晚,於慈光圖書館週三《華嚴經》講座,宣講〈賢首品第十二〉。

三月二十五日(四),晚,於善果林太虛紀念館宣講《觀世音菩薩普門品》。

三月三十一日(三),晚,於慈光圖書館週三《華嚴經》講座,宣講〈賢首品第十二〉。

---

1 浼浼:〈永恆的祝福〉,《明倫》第 2 期(1971 年 4 月)。
2 〈台中蓮社班長聯誼會紀錄〉(1971 年 3 月 23 日),台中蓮社檔案。

1971年・民國60年 | 82歲

四月一日（四），晚，於善果林太虛紀念館宣講《觀世音菩薩普門品》。

四月六日（二），復函陳慧劍所詢「金臺」、「龜乘牛車」等典故。

  慧劍老弟鑒：所詢四條，既查多書而不得。兄之學之知，亦不出此範圍，除「金臺」確屬求仙服丹之「承露盤」無疑外，餘亦思索，皆不類。如鄒忌，有兼贊其美；邵父、杜母之循吏，與此不能切合。戰國時，有「四水」其人，後未見「四」姓者，恐係別號，或方外人。史書、高僧、居士等傳如無，則不易查矣。「龜乘牛車」，雖屬寓言，諒有古典，在佛經或語錄中；但兄寡聞，未見之耳。況客中書少，欲檢無由，非偷懶也。希鑒。原底稿附璧，專復並頌

  道祺　　　　兄李炳南拜啟　（民國六十年）四月六日

  【案】寒山子有詩「兩龜乘犢車，驀出路頭戲。」是時陳慧劍正研究寒山子，故有此問。

四月七日（三），晚，於慈光圖書館週三《華嚴經》講座，宣講〈賢首品第十二〉。

四月八日（四），晚，於善果林太虛紀念館宣講《觀世音菩薩普門品》。

四月十四日（三），晚，於慈光圖書館週三《華嚴經》講

座，宣講〈賢首品第十二〉。

四月十五日（四），晚，於善果林太虛紀念館宣講《觀世音菩薩普門品》。

四月十八日（日），台中蓮社國文補習班第二十期開學，本屆招收人數四十五人，男二十六人、女十九人。[1]

四月二十一日（三），晚，於慈光圖書館週三《華嚴經》講座，宣講〈賢首品第十二〉。

四月二十二日（四），晚，於善果林太虛紀念館宣講《觀世音菩薩普門品》。

四月二十八日（三），晚，於慈光圖書館週三《華嚴經》講座，宣講〈賢首品第十二〉。

四月二十九日（四），晚，於善果林太虛紀念館宣講《觀世音菩薩普門品》。

是月，中國醫藥學院舉行期中考，為醫科二年級、三年級

---

[1] 〈台中蓮社班長聯誼會紀錄〉（1971年3月23日），台中蓮社檔案。

1971年・民國60年｜82歲

《內經》專課各出一份期中考題及補考題。[1]

是月，中興大學舉行期中考，為中文系三年級《禮記》、夜間部中文系二年級「詩選」，出考題。[2]

〈五十九年中興大學第二學期期中考禮記大學中庸試題〉：

（甲）默寫。（大學篇）自「一家仁一國興仁：」起，至「故治國在齊其家」止。

（乙）默寫。（中庸篇）自「天命之謂性」起，至「萬物育焉」止。

（丙）考據。中庸本小戴禮之一篇，何時提出單行，內若分章，共為若干章？

（丁）考據。中庸二字解釋，漢鄭康成與宋程伊川，不同處舉出。

（戊）釋義。「中和」二字何義？「大本」何指，「達道」何指？俱分舉出。

（己）釋義。「時中」、「慎獨」兩名分釋其義？

（庚）問答。道之不行，知者過之，愚者不及。道之不明，賢者過之，不肖者不及。前人有主張「行」

---

[1]【數位典藏】手稿／其他著作／大專院校授課試卷／〈中醫二年五十九年期中考題〉、〈醫三五十九年度期中考題（二期）〉、〈中醫學院五十九年下期期中補考題〉。

[2]【數位典藏】手稿／其他著作／大專院校授課試卷／〈五十九年中興大學第二學期期中考詩選試題〉、〈五十九年中興大學第二學期期中考禮記大學中庸試題〉。

在下文,「明」在上文,試舉其人?
(辛)問答。子路問強章中,孔子提出「強哉矯」有四種,試舉之?
(壬)測驗。金錢生命中庸之道何者重、次、輕,試言之?
(癸)測驗。人生樂趣不同,試言自己之樂趣?

〈五十九年中興大學第二學期期中考詩選試題〉:
(甲)默寫。李白「訪戴天山道士不遇」五律全首。
(乙)默寫。王維「春日與裴迪過新昌里訪呂逸人不遇」七律全首。
(丙)畫平仄。「故人具雞黍,邀我至田家,綠樹村邊合,青山郭外斜。」畫在右方。
(丁)畫平仄。「劍外忽傳收薊北」、「一夜鄉心五處同」、「仙人掌上雨初晴」、「清光門外一渠水」畫在右方。
(戊)指韻。「淪」、「鐘」、「斜」、「嵐」、「裳」各在何韻?
(己)畫譜。五言「小借法」兩式列出。
(庚)畫譜。五言「大借法」兩式列出。
(辛)釋義。李白訪戴天山詩結句,「無人知所去,愁倚兩三松」解釋其義?
(壬)格局。孟浩然過故人山莊,領聯承何句,脛聯承何處,舉出。
(癸)吟詩。題為「柳川步月」不限五七絕律,亦不限韻。

1971年・民國60年｜82歲

是年春，有詩作〈藍蝴蝶〉、〈詩〉、〈題畫〉、〈春暮山莊留別〉。(《雪廬詩集》，頁387-388)

〈藍蝴蝶〉：空庭夜來雨，雲散日西斜；牆下藍蝴蝶，新開雙箭花。忽憶童子時，榆槐蔭我家；樹隙多種此，細雨抽肥芽。宛然今與昨，不覺年已加。栩栩未飛去，莊生猶夢華；故園或無春，只在海天涯。

〈詩〉：嘔血脫眉真入魔，遭逢窮困便高歌；冰山愁結三千丈，一片東風化逝波。

〈題畫〉：松塢茅庵絕六塵，山為清友水為鄰；從來秋晚飄紅葉，添箇門前掃徑人。

〈春暮山莊留別〉：夾岸桃千樹，殘紅送馬蹄；游鱗衝錦浪，歸燕啄芳泥。藏酒再來勸，有詩今日題；明年縱違約，也念武陵溪。

前後又有詩作多首：〈所言〉、〈循溪歸來有感〉、〈醒來〉、〈達夫塞上聞笛梅花關山之義注多穿鑿師其意而淺釋之〉、〈慈益事困則人避興則有爭余任退三再引退〉、〈鏡〉、〈酬故人由美寄詩〉、〈斯文〉、〈橄欖〉、〈慰月〉、〈書拙〉、〈訓陳定山教授題雪廬詩文集〉、〈題蔡丈濤聲雲影圖〉、〈有待〉、〈供菊〉。(《雪廬詩集》，頁382-386)

〈所言〉二首：
只有興亡在，似無是非存；千盲已諾諾，一諤何足云。國士曾抉目，時維佞口尊；蘇張惑六國，厚誣秦所吞。二子亦人傑，各能售其言；不同坐井輩，閭閻議乾坤。

滴水石難入，有言人不知；三歎扼腕起，指掌詳析疑。東云時過早，西笑機或遲；叩君適中術，搖首俱無之。廣庭不一斷，退後多異辭；淆亂惡乎定，折衷於四夷。

〈醒來〉：醒來忘卻是何年，身似浮漚夢似煙；今夜流光今夜月，雲天非復舊雲天。

〈達夫塞上聞笛梅花關山之義注多穿鑿師其意而淺釋之〉：荒天列幕是人家，似有東風一片斜；吹散戍樓羌笛怨，關山雪月遍梅花。

〈慈益事困則人避興則有爭余任退三再引退〉：白髮三千銳氣消，從拋書劍事漁樵；朽骸無補乾坤治，僻性難隨朔望潮。月斧天邊薪紫桂，雨絲濠上釣游鰷；何年拾得醫心藥，再與諸君話市朝。

〈斯文〉：斯文應向壁間儲，遯世無知品自如；省識深坑秦火後，有誰還讀十年書。

〈書拙〉：不欲多人上，天教有限才；詩工已遭嫉，書拙未堪哀。袖暖無煙垢，門扃護碧苔；一閒為一樂，輕似掛冠來。

五月五日（三），晚，於慈光圖書館週三《華嚴經》講座，宣講〈賢首品第十二〉。

五月六日（四），晚，於善果林太虛紀念館宣講《觀世音菩薩普門品》。

五月十二日（三），晚，於慈光圖書館週三《華嚴經》講

座,宣講〈賢首品第十二〉。

五月十三日(四),晚,於善果林太虛紀念館宣講《觀世音菩薩普門品》。

五月十四日(五),即日起至十一月十二日,每週五晚間於台中蓮社講授〈中庸〉。[1]

五月十九日(三),晚,於慈光圖書館週三《華嚴經》講座,宣講〈賢首品第十二〉。

五月二十日(四),晚,於善果林太虛紀念館宣講《觀世音菩薩普門品》。

五月二十一日(五),晚,於台中蓮社講授〈中庸〉。

五月二十三日(日),上午八時,至台中蓮社參加中部大專同學佛學講演比賽擔任評審。該項比賽由詹煜齋獎學金基金會與台中佛教蓮社聯合舉辦,周宣德主持,聘請先生以及許祖成、郝恩洪、徐醒民、王炯如、朱斐等居士為評判。講題有三:「如何領導國民生活須知的實踐,

---

[1] 李炳南講,吳聰敏記:《中庸筆記(一)》(1971 年 5 月 14 日－1971 年 11 月 12 日);據吳孟謙:〈論雪廬老人《學》、《庸》詮釋的內涵與特色〉,頁 316,注 25。

如何宣揚佛儒思想挽救世道人心，怎樣防治嬉痞的感染」。[1]

五月二十六日（三），台中蓮社董事長朱炎煌發函通告，五月三十日於蓮社小講堂召開會議，共商策進年輕一輩社員協力以符先生期望。

  朱炎煌，〈會議邀請書〉：老師慈悲創設蓮社，乃為弘揚佛法拯救沉淪。廿寒暑雖有培養弟子隨同效勞，但人士隨歲月而演變已非昔比。學人深感歉疚，若不速改革，恐負師恩。故決另聘年輕一輩社員協力，共膺此任務，使蓮社法緣不遞以符老師期望。茲定於國曆五月三十日（星期日）上午九點三十分，在本社小講堂共研善策。屆時希準時駕臨為荷

         台中佛教蓮社董事長　朱炎煌
         民國六十年五月二十六日

是日晚，於慈光圖書館週三《華嚴經》講座，宣講〈賢首品第十二〉。

五月二十七日（四），晚，於善果林太虛紀念館宣講《觀世音菩薩普門品》。

1　郭紅緞：〈記中部大專同學佛學講演比賽〉，《明倫》第 3 期（1971 年 5 月）；參見：〈新聞〉，《菩提樹》第 223 期（1971 年 6 月 8 日），頁 47。

1971年・民國60年｜82歲

五月二十八日（五），晚，於台中蓮社講授〈中庸〉。

五月三十日（日），上午，至蓮社參加座談會。會議由董事長朱炎煌主持。討論信徒名冊造報，以及佛教蓮社捐助章程修訂事。
〈台中佛教蓮社座談會議事錄〉：
主席：朱董事長炎煌　記錄：陳清源、林看治
一、時間：民國六十年五月三十日上午十時二十五分
二、出席者：許克綏、趙錟銓、廖一辛、黃火朝、張進興、周家麟、鄭勝陽、蔣俊義、蔡進來、許炎墩、林欽勇
列席：李炳南
報告事項
　　主席朱炎煌報告：闡明座談會召開之緣由。報告去年遞補董事核備經過情形，冀望佛陀之精神，繼承雪公導師之意志，鼎力協援、宏揚佛教，發揚蓮社之譽。信徒漏報之補正暨研議佛教蓮社捐助章程。
　　許炎墩居士：闡述創設蓮社之宗旨。當初創設社團組織嗣後，改制為財團法人組織之經過，章程修正之利弊及有關改組各種手續，有無難題，籌備工作人員宜妥予調配。
　　蔣俊義居士：弘揚佛法毋忘配合政令，使符規定，宜審核，擬訂修正章程草案，提令研議社員（信徒）名冊造報，要求正確萬勿漏報。
　　李導師炳南：詳敘創辦蓮社之宗旨，最初創設係社

團法人台中市佛教蓮社，係獨立組織，念佛班之產生，但不是社員（社員重質不重量為原則）。嗣後組織形態演變為財團法人，後來致力弘法，放棄所有蓮社及各附屬機構之各項職務，遂致不在其位，不謀其政之局面。台中佛教蓮社係許克綏、朱炎煌、陳進德居士原創，董事悉由創辦人遴選造報，繼即分析董事陣容，最近十數年來未召開信徒大會及會計報告，似有不妥，社員宜應重新整理為妙。

　　蔡進來居士：做事步驟宜應確立程序，俾資遵循，凡事應確立方針，工作應有具體方案，以利推動。

　　籌備工作人員甄選後，俟徵求董事會同意後聘請之。
散會　下午一時三十分[1]

是日晚七時，參加中國醫藥學院醫王學社成立九週年慶祝晚會。晚會由總幹事巫錦漳主持。來賓另有徐醒民、朱斐兩居士。先生勉各社員要做一個好醫師，至少要做到三分之一為利益，三分之二為救人。餘興節目後以無盡燈結束晚會。[2]

五月三十一日（一），為重印《思歸集》撰〈序〉。該書係西蜀高僧如岑法師選輯經論念佛旨趣，及歷代淨宗祖師

---

[1] 朱炎煌主席，陳清源、林看治記錄：〈台中佛教蓮社座談會議事錄〉（1971年5月30日），《台中蓮社歷年會議紀錄》，台中蓮社檔案。
[2] 〈新聞〉，《菩提樹》第223期（1971年6月8日），頁47。

法言而成,一九四〇年在成都出版。先生讚此書鉤玄提要,抉摘窈微;有此一冊,無異於淹通淨藏,實為蓮海疾舟。

〈重印思歸集序〉:嘗聞世稱佛法利生,惟鮮有言及出要者;知出要矣,又復忽於淨土之門。幸逢知識,誘掖介之,欣欣焉相率而趨之矣;涉其津,見夫浩瀚無際,又生畏縮焉,終至逡巡以退。所謂魚子菴摩羅花,豈不信歟?或有進退未決,徘徊無所;及聞淨僅三經,又易其簡,復起鼓進。循其途,入漸深,始悟三經,不過淨法之三綱;綱若舉,目全張,則帝網群珠,有重重無盡者矣。古德云:千經萬論,處處指歸。若期諸事理一心,捨夫群經論義,惡能明其法,而行其實哉?境造乎此,不免又有仰彌高、鑽彌堅之歎,欲止不能,欲進莫由,其不困躓者幾希。

西蜀高僧,如岑上人者,承靈巖之衣缽,深得念佛三昧。憫末法鈍根,不可大受,乃選經論念佛旨趣,及歷代祖師法言,彙為一編,曰:《思歸集》。納大千於一指,藏須彌於芥子,更從而鉤玄提要,抉摘窈微。能手一冊,何異淹通淨藏。學既無畏而復縮退,是真不知有生死之可畏也已。此集悲切權巧,堪謂蓮海疾舟;然睹卞和之璞,能識其為美玉者,衡鑒教下,似有不多見也。古閩陳居士煌琳,靈巖之高足,篤於淨學,一讀而深契之。適其王考妣百周冥紀,思追劬勞,曰:報恩之大,莫若述先志也。先考妣崇佛,好濟眾,今之世與心,溺俱深矣,能濟之者,其為佛法手?若畏而難之,

有淨法在；仍畏其繁，有斯集焉。故重刊廣布之，俾眾生登此疾舟，有不出要者乎？斯舉也，為宏道歟？為利生歟？或專為孝思歟？抑為岑上人之知音歟？予惑不能辨。問諸達人，達人笑曰：一舉而眾德備，既備矣，不亦善乎？與其遍計而執其偏，曷若權實而融其圓哉？予豁然投筆，拜其言。

　　　　中華民國六十年辛亥端陽後三日李炳南敬序[1]

是月，明倫社弘法人員至臺中看守所弘化改用廣播弘法。

　　明倫社弘法人員每星期日在臺中看守所弘法，已有兩年半時間。從今年五月起改用廣播弘法。聘請農民電臺名廣播員張信雄居士為顧問，指導錄音及廣播方法，並借用張居士之錄音室作錄音工作。[2]

　　【案】明倫社一九七〇年成立至此不過年餘，此處「兩年半時間」應是追溯社員在成立前已進行之弘化活動。

六月二日（三），晚，於慈光圖書館週三《華嚴經》講座，宣講〈賢首品第十二〉。

六月三日（四），晚，於善果林太虛紀念館宣講《觀世音菩

---

1 李炳南：〈重印思歸集序〉，《雪廬寓臺文存》，《全集》第 14 冊之 2，頁 154-156；落款據原書：釋如岑編：《思歸集》（臺北：佛陀教育基金會，1991 年）。

2 〈廣播弘法〉，《明倫》第 4 期（1971 年 6 月），頁 69。

薩普門品》。

六月四日（五），晚，於台中蓮社講授〈中庸〉。

六月九日（三），晚，於慈光圖書館週三《華嚴經》講座，宣講〈賢首品第十二〉。

六月十日（四），晚，於善果林太虛紀念館宣講《觀世音菩薩普門品》。

六月十一日（五），晚，於台中蓮社講授〈中庸〉。

六月十六日（三），晚，於慈光圖書館週三《華嚴經》講座，宣講〈賢首品第十二〉。

六月十七日（四），晚，於善果林太虛紀念館宣講《觀世音菩薩普門品》。

六月十八日（五），晚，於台中蓮社講授〈中庸〉。

六月二十三日（三），晚，於慈光圖書館週三《華嚴經》講座，宣講〈賢首品第十二〉。

六月二十四日（四），晚，於善果林太虛紀念館宣講《觀世音菩薩普門品》。

六月二十五日（五），晚，於台中蓮社講授〈中庸〉。

六月二十七日（日），菩提救濟院寶松和尚紀念療養院落成。邀請省主席陳大慶夫人蒞臨剪綵後，先生為受託承建人作簡報。該院係專為醫治肺結核所興建之獨棟三層大樓，由星洲華僑郭鄭真如與親屬為紀念其先師寶松和尚而捐建。郭鄭真如於去歲來訪，原擬捐贈救護車，經先生建議改捐贈一層建築，後又增建全棟大樓。先生有〈古閩寶松和尚紀念療養院碑〉記其詳。[1]（《圖冊》，1971 年圖 12）

〈新聞〉：僑居星馬的郭鄭真如居士和她的家人，為了紀念僑居星馬的高僧寶松和尚，在此間菩提救濟院內，獻出鉅資一百多萬元，捐建一座三層大廈的「寶松和尚紀念療養院」，於上月廿七日舉行落成典禮。
省主席陳大慶夫人被邀請蒞臨剪綵，省社會處長邱創煥（牟乃紘代）啟鑰，貴賓進入大廈後，先參觀寶松和尚紀念室，然後至三樓舉行簡報。典禮由救濟院長徐灶生主持，並請受託承建人李炳南作簡報，繼請社會處長致詞，最後由董事長周邦道（董正之代）致謝詞禮成。

---

[1] 捐資興建「寶松和尚紀念療養院」之星洲華僑郭鄭真如老居士與家屬回國觀光。在療養院前與受託承建人雪廬老師及菩提醫院院長林玉明、本刊發行人林玉山等合影，見記者：〈捐資興建療養院之郭真如居士〉，《明倫》第 8 期（1971 年 10 月）；〈寶松和尚紀念療養院落成〉（影畫版），《菩提樹》第 225 期（1971 年 8 月 8 日），頁 6。

是日到有台中蓮社各附屬機構代表及蓮友等百餘人，因時值盛暑，未敢驚動教內外各界人士，會後茶會攝影留念。按寶松和尚是一位愛國愛教的高僧，抗戰勝利後，福州佛教醫院的成立，完全是寶松和尚的道德號召，和南洋僑胞的捐獻，為我國首創第一所佛教醫院。鄭居士和家人都是老和尚的皈依弟子。[1]

〈古閩寶松和尚紀念療養院碑〉：震旦共和建國，佛教設醫院者，臺中其始歟？四眾為行菩提宏願，於民國五十二年癸卯，而有菩提救濟醫院之組織，醫院附焉。星洲吾僑郭真如老人，乘戒俱急優婆夷也，出金首倡之。歲庚戌遊臺，三重市居士林長林江濤與俱，蒞觀而欣焉。其師寶松和尚，閩之高僧也。遭法運之厄，殉於教，老人思報其恩，欲有所紀念也。先是醫院為防病傳染，擬別築樓三層隔之，計以分年進度。層之初，需金三十萬，僅籌有半。老人來，欲以救護車見贈，藉誌其師之德。予以合築樓初之謀與議，且曰：較車攸久也，老人以為然，事遂定焉。夕造寒舍別，慨云：廢合築，願獨成之。後製圖寄星洲，得其諾，附云其姪婦淑明居士，欲捐金二十五萬，購儀器。予詣江濤林長建議，金既鉅，胡不移築樓二層耶？復得其允。逾旬，老人託江濤林長，詢全樓建費，審知金額總九十四萬，函囑願全成之，其德眷咸競隨喜。陸續匯到真如老人三十萬金、郭淑明居士二十五萬金、郭淑卿居士三十萬金、郭天益居士二十萬金，所收竟溢之矣。於

---

1 〈新聞〉，《菩提樹》，第224期（1971年7月8日），頁49。

戲！是樓進度，原計五年，何其艱也！而一旦成之，何其易也！記曰：其言足以興，又曰：一家興仁，可不信歟？老人見恫瘝，如在厥抱，念檀那，迴向其師，處能以身化眾，興則成人之美，可謂得明善之要者矣。其德眷，能順乎親，信乎朋友，見善如不及，當仁而不讓，可謂得至孝之道者矣。冥想寶松和尚，常寂光中，亦當莞爾。雖然，而事之成，能速且易者，又賴江濤林長，箸籌規範，紹介辭意，居間多方也。夫日與光，以及影熱，其灼爍於世者，一乎？四乎？寧能析辨之哉！俟異日，瘖痱捨杖而興，回春悲願而行，佛法方便而宏，當有飲水欲溯源者，故不可以無碑記之，記則不沒寶松和尚之德也。而得覽斯碑者，有不翹首星洲，喟然興歎者歟？或亦有揚眉而亢聲者，曰：菩提為誰？乃吾僑也，乃吾僑也。[1]

【小傳】寶松法師（1891-1966），生於福建福州。年十八父棄養，因感人生無常，遂持齋禮佛，並與同道籌辦福州功德林及放生會。二十五歲，遠赴星馬籌募功德林基金，在檳城極樂寺皈依本忠和尚。年二十七，依本忠和尚剃度出家。抗戰後，曾致力爭回被政府占用之福州古剎開元寺，千年之古剎，得以重興。為響應地方建設，興辦慈善事業，就開元寺前曠地，開創佛教醫院。一九四七年，遠赴星馬募款興建

---

[1] 李炳南：〈古閩寶松和尚紀念療養院碑〉，《雪廬寓臺文存》，《全集》第 14 冊之 2，頁 157-160。另參見：1970 年 10 月 20 日譜文。

醫院。至一九四九年，福州佛教醫院建築完成，因時局突變，以致羈留南洋，不得歸國。後得弟子郭鄭真如居士擁護，在馬來亞柔佛洲創建道場。一九六六年，偕徒廣稀捨身自焚，遺書謂：「為祈禱世界和平及挽救人類浩劫，自願捨身自焚，用代眾生贖罪。」云。[1]

寶松紀念大樓由林玉山畫建築設計圖，請陳石松畫施工圖。陳石松偶然得見溥儒書畫而愛賞，先生即將溥儒題贈之〈鵝頭禪師別眾偈〉墨寶轉贈陳石松。（該圖見《圖冊》，1950 年圖 6）

　　張式銘，〈陳石松及謝桂蘭賢伉儷口述歷史訪談〉：仁愛之家興建寶松紀念大樓，因為馬來西亞一位老太太大力捐款贊助，請林玉山畫建築設計圖，畫好後寄到馬來西亞給老太太看，因為畫的是透視圖，看不懂，所以雪公及進蘭、慶祝師姊很傷腦筋。我雖然在彰化銀行上班，因為有建築師執照，慶祝師姑建議雪公，是否找我來畫施工圖，當晚桂蘭就夢見二位師姊及一位菩薩。隔日才知雪公想見我，我就帶著三角尺去見雪公，雪公告知林玉山畫的透視圖，老太太看不懂，能否協助畫施工圖？於是我就利用假日在家畫，畫好後才寄到馬來西亞，後來依圖施工，完成寶松紀念大樓。

師姑：後來馬來西亞老太太特地來臺灣，很歡喜，還說

---

[1] 釋東初：「釋寶松」，《中國佛教近代史（下冊）》（臺北：東初出版社，1984 年 6 月再版），頁 818-820。

捐款不夠，又捐了一大筆。

師伯：後來雪公打算讓我擔任仁愛之家董事，佛菩薩感應，隔日正巧我去拜見老師。有一次拜見雪公，看見溥儒送給老師的墨寶，覺得很棒，老師二話不說就把這幅墨寶送給我，現在還放在家裡呢！[1]

【案】先生多次將受贈之書畫轉贈，除此將溥儒之〈鵝頭禪師別眾偈〉轉贈陳石松外，另有：一九四二年在蜀時將書法家柯璜繪贈之〈藤〉轉贈友人徐昌齡，一九五二年將王聖霈繪贈之〈縉雲秋嵐〉轉贈鄰友趙明德。

六月三十日（三），晚，於慈光圖書館週三《華嚴經》講座，宣講〈賢首品第十二〉。

是月，受聘為「健康長壽會」名譽理事（見《圖冊》，1971年圖 13）。並應其理事長劉錫五邀請分享養生之術，先生謙稱並未存心養生，只就生活起居提供眾人參考。並略及學佛因緣。

---

1 張式銘：〈陳石松及謝桂蘭賢伉儷口述歷史訪談〉（2016 年 5 月 23 日），台中蓮社檔案。

〈壽康述聞〉（長壽會邀講）：

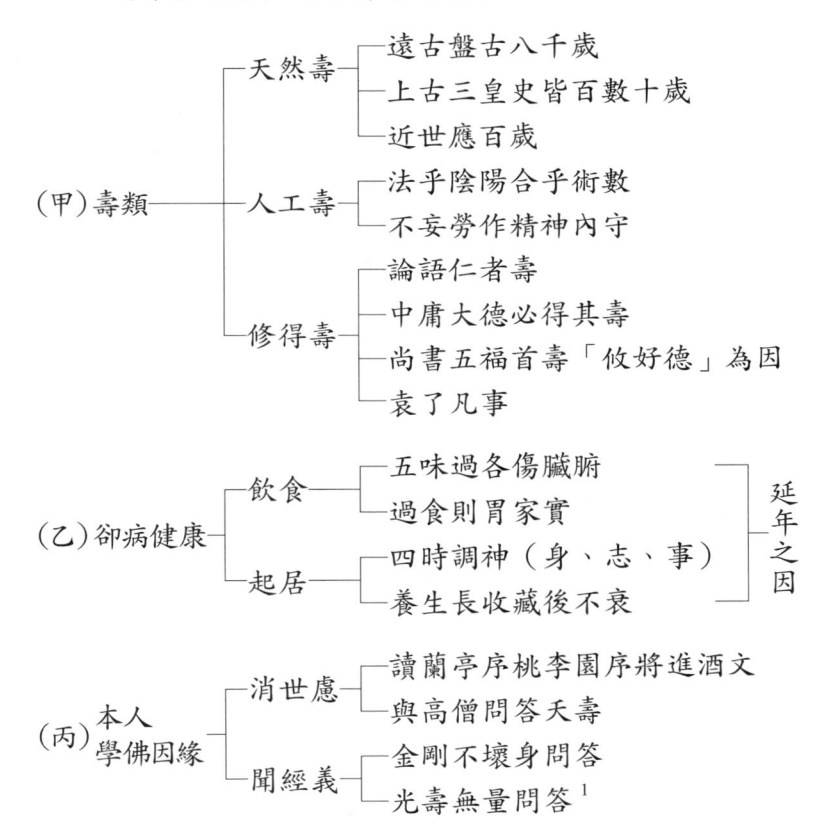

- （甲）壽類
  - 天然壽
    - 遠古盤古八千歲
    - 上古三皇史皆百數十歲
    - 近世應百歲
  - 人工壽
    - 法乎陰陽合乎術數
    - 不妄勞作精神內守
  - 修得壽
    - 論語仁者壽
    - 中庸大德必得其壽
    - 尚書五福首壽「攸好德」為因
    - 袁了凡事

- （乙）卻病健康 ── 延年之因
  - 飲食
    - 五味過各傷臟腑
    - 過食則胃家實
  - 起居
    - 四時調神（身、志、事）
    - 養生長收藏後不衰

- （丙）本人學佛因緣
  - 消世慮
    - 讀蘭亭序桃李園序將進酒文
    - 與高僧問答天壽
  - 聞經義
    - 金剛不壞身問答
    - 光壽無量問答[1]

王瑋中，〈雪廬老恩師的一天〉：健康長壽會的董事長劉錫吾兄，誤認本人養生有術，叫本人公開的說出來，貢獻給大家。慚愧萬分，老實說，養生之道，並未

---

[1] 李炳南：〈壽康述聞〉（講演稿表），《弘護小品彙存》，《全集》第4冊之2，頁415。

存有此心,所以也未曾學過,安得有術。但與同等年齡的人比較起來,身體粗健,確是事實。在這個只有將個人的起居生活,說個大概,請大家批評,是否與健康有關。[1]

吳如晴,〈「食」在安身──雪公的飲食之道〉:「起居飲食方面,照常每早五點起床,先整理床鋪,清理住室,次刷牙(用鹽)再熱鹽水洗眼,後洗臉。本人信仰佛教,即焚香拜佛,靜坐一小時。繼用早點,炒麵粉半調羹(後來是芝麻粉),奶粉半調羹,滾水沖服畢,不他食。出門上班,事雖繁多,皆按自定課表去做,正午用飯,或米飯、或麵條,只食一碗,或饅頭,或餅類,只食一枚,菜最多只是一菜一湯。飯後散步十分鐘,靜坐四、五十分鐘,出門再工作。多年已不吃晚飯。

近以晚間講經教課,事仍不少,每下午五時,吃稀粥半碗而已。出門工作,至十點鐘回寓寫應酬信,預備第二日之功課,晚十一點鐘入廁,洗澡,整理床鋪,靜坐,十二點鐘息燈安眠。」

從雪公的自述,可見一種極為規律從容、單純簡約的生活模式,養生特別強調的飲食,更是清淡量少,以米飯麵食為主,一天菜僅一樣,不講求多樣繁複,更甭提點

---

[1] 王瑋中:〈雪廬老恩師的一天〉,《王瑋中國畫集》(臺中:自印本,2008 年),頁 6。案:王瑋中此文後半部與下列吳如晴文自「起居飲食方面」至「十二點鐘息燈安眠」相同,皆為先生自述。王瑋中文多前言部分如上引。

心補品，連水果也不多吃。朱斐先生在〈炳公老師與我〉一文說：「炳公老師開創道場、事業之艱辛，他個人的生活又極簡單，每天的食物，晨、午兩餐，一個饅頭一菜一湯而已！他不吃水果，唯一的享受是喝茶。」[1]

【小傳】劉錫五（1899-1997），字輯廷，別號柳塘。河南省鞏縣人。國立北京大學中國文學系畢業，歷任中國國民黨河南省黨部科長、執行委員、指導專員、河南第一戰區少將。一九四八年在河南省當選第一屆立法委員。一九六九年，於中央大學中國文學系成立時任創系主任。曾任中華民國健康長壽會臺灣省分會理事長，一九六七年起，于凌波曾任其常務理事及總幹事。（于凌波，《曲折迂迴菩提路》，頁265）

【案】先生自一九四三年五十四歲起開始持午，至七十歲時皆如此（見1943年9月26日譜文）。何時開許晚餐不詳，前引文謂「近以晚間講經教課」故，約當近日如此。爾後，為接引學習，常亦隨緣與大眾聚餐。如週末至游家觀賞國劇電視節目並晚餐，詳見一九七三年五月譜文。

是月，中國醫藥學院舉行期末考，為二年級、三年級《內經》專課出期末考試題。[2]

---

[1] 心迴（吳如晴）：〈「食」在安身——雪公的飲食之道〉，《明倫》第472期（2017年2/3月合刊）。

[2] 【數位典藏】手稿／其他著作／大專院校授課試卷／〈中醫學院二年級五十九年度下期期末考〉、〈中醫三級五九年度二期期末考〉。

是月，中興大學舉行期末考，為中文系三年級《禮記》、夜間部中文系二年級「詩選」出期末考試題、補考試題。[1]

〈五十九年中興大學期末考中庸禮運試題〉：

(甲) 默寫。（中庸篇）自第十四章「君子素其位而行」起，至「反求諸其身」止。

(乙) 默寫。（禮運）自「大道之行也」起，至「是謂大同」止。

(丙) 考據。「壹戎衣而有天下」、「壹戎衣」三字，漢宋講解不同，試舉出。

(丁) 考據。「夫政也者，蒲蘆也」蒲蘆有二種說，試舉之。

(戊) 釋義。「誠者」、「誠之者」不同之要義舉出。

(己) 釋義。「栽者培之，傾者覆之。」其解如何？

(庚) 問答。天下之達道五，是何？達德三，是何？分別列出。

(辛) 問答。「王天下有三重焉，其寡過矣乎。」何謂三重？舉出。

(壬) 測驗。中國之齊桓公、印度之甘地、美國之尼克森，此三人之優劣，略述個人之看法？

(癸) 測驗。辦教育，遇見頑梗學生，不受勸導，應該如何處理？

---

[1] 【數位典藏】手稿／其他著作／大專院校授課試卷／〈五十九年中興大學期末考中庸禮運試題〉、〈五十九年中興大學夜間部第二學期期末考詩選試題〉、〈五十九年中興大學夜間部第二學期期末考補試題〉。

1971年・民國60年｜82歲

　　　〈五十九年中興大學夜間部第二學期期末考詩選試題〉：
（甲）默寫。杜甫之〈月夜〉五律全首。
（乙）默寫。王維之〈積雨輞川莊作〉七律全首。
（丙）畫平仄。「山光悅鳥性，潭影空人心」、「掬水月在手」、「仍憐故鄉水」畫在右方。
（丁）畫平仄。「巫峽猿啼數行淚」、「千載琵琶作胡語」、「猶恐清光不同見」、「青瑣同心多逸興」畫在右方。
（戊）指韻。「垂」、「衣」、「書」、「晴」、「論」各在何韻？
（己）畫譜。平起首句入韻，五言律譜，列出。
（庚）釋義。王維送梓州李使君「漢女輸橦布，巴人訟芋田」解釋講法？
（辛）釋義。韓偓中秋禁直「玉盾金盤」、「珠光貝闕」各是何物？
（壬）格局。王維〈山居秋暝〉，頷聯承何處，脛聯承何處，分述出。
（癸）吟詩。題為「美國將我釣魚台轉移日本有感」不拘律絕體裁。

是年夏，有詩：〈蛙〉、〈鄰竹清陰〉二首、〈題中興大學新蟬社詩集〉二首、〈晴宵仰觀〉、〈張琴〉、〈中興大學花圃晚時宴坐〉。（《雪廬詩集》，頁388-390）
　　　〈蛙〉：水草昆蟲地，霽空明月時；凶年仍大腹，

2233

何事尚多辭。譙戍伏波鼓,春塘康樂詩;與君無所借,那復問公私。

〈鄰竹清陰〉二首:

鄰家避暑萬竿雲,更向我廬障夕曛;記得胸中高節在,清涼自有不勞君。

不因人熱豈因涼,任笑迂哉任笑狂;百計無如撤籬落,賣書高築紫泥牆。

〈題中興大學新蟬社詩集〉二首:

春風吹徹綠槐濃,新唱高枝聽幾重;長夏不愁驅午睡,紛紛白雪入詞鋒。

太白雖誇小謝才,文章一脈接蓬萊;綠川南浦先生柳,多少吟蟬抱葉來。

七月一日(四)至九月三十日(四)止,佛教蓮社與佛教菩提醫院,第二次聯合舉辦夏令義診三個月。地點在台中佛教蓮社,每日下午三時至六時,每天六十人次,義務診療並贈送藥物。[1]

七月一日(四),晚,於善果林太虛紀念館宣講《觀世音菩薩普門品》。

七月二日(五),晚,於台中蓮社講授〈中庸〉。

---

1 〈新聞〉,《菩提樹》第224期(1971年7月8日),頁49。

1971年・民國60年 | 82歲

七月七日（三），晚，於慈光圖書館週三《華嚴經》講座，宣講〈賢首品第十二〉。

七月八日（四），晚，於善果林太虛紀念館宣講《觀世音菩薩普門品》。

七月九日（五），晚，於台中蓮社講授〈中庸〉。

七月十一日（日）至八月一日（日），於台中蓮社為各大專學佛青年舉行明倫社第二期大專佛學講座。先生任教《佛學概要十四講表》二十四小時、《佛說阿彌陀經》二十四小時；許祖成講授《佛說八大人覺經》十六小時；郝恩洪講授〈普賢行願品〉十六小時；徐醒民講授《唯識簡介》十六小時；周家麟講授《般若心經》十六小時。六門功課，三週教程，自此成為規例。（見《圖冊》，1971年圖14）

　　六十年二月，第一屆明倫講座開辦，初試之始，老恩師親授演講術，先行訓練演講人才，到了七月，乃定三週教授六門功課的規例。[1]

　　【案】六門功課自一九六六年七月十八日起開辦五十五年度暑期慈光講座即略具如此規模（見該日譜文），再經長期教學互動考量而定型。至先生晚年，

---

[1] 編輯室：〈願將穢土三千界　遍種西方九品蓮〉，《明倫》第196期（1989年7/8月合刊）。

又考量社會風氣而加開《論語》課程。

　【又案】本期參加學員正式生有：藍清隆（興大植病二）、周天賜（師大教心三）、連文宗（輔大圖二）、王瑪麗（師大家政二）、古清美（臺大中文四）……等二十九人；服務同學有黃成德、謝嘉峰、許文彬、吳健銘、吳聰敏、吳碧霞、連淑美……等十二人。[1]

七月十一日（日），晚七時至九時，於台中蓮社大殿舉行開學典禮。全國各大專院校佛學社團代表四十一名參加。翌日起，每天早四、午二、晚二，上課八小時。此外，安排有座談、參訪、郊遊及同樂會。[2]

七月十二日（一），上午八時至十時，於明倫講座講授《佛學概要十四講表》。

下午三時至五時，為「交誼會」。

七月十三日（二），上午八時至十時，於明倫講座講授《佛學概要十四講表》。

1　明倫社：《明倫大專佛學講座通訊錄》（臺中：明倫社，1971 年 7 月）。
2　〈明倫花絮　社團點滴〉，《明倫》第 5 期（1971 年 7 月）；另參見呂秀玉：〈明倫講座三週簡記〉，《慧炬》第 93/94 期合刊（1971 年 9/10 月），頁 65-66。

下午三時至五時,與第一、二組學員舉行「師生座談」。

七月十四日(三),上午八時至十時,於明倫講座講授《佛學概要十四講表》。

是日晚,於慈光圖書館週三《華嚴經》講座,宣講〈賢首品第十二〉。

七月十五日(四),上午八時至十時,於明倫講座講授《佛學概要十四講表》。

是日晚,於善果林宣講《觀世音菩薩普門品》圓滿。自是年開春以來宣講二十二講次。

七月十六日(五),上午八時至十時、下午三時至五時,於明倫講座講授《佛學概要十四講表》。

七月十七日(六),上午八時至十時,於明倫講座講授《佛學概要十四講表》。

下午三時至五時,與第三、四組學員舉行「師生座談」。

七月十八日(日),上午八時至十時,於明倫講座講授《佛學概要十四講表》。

下午,三時至五時,與第五、六組學員舉行「師生座談」。

七月十九日(一),上午八時至十時,於明倫講座講授《佛學概要十四講表》。

七月二十日(二),上午八時至十時、下午三時至五時,於明倫講座講授《佛學概要十四講表》。

七月二十一日(三),上午八時至十時,於明倫講座講授《佛學概要十四講表》。

是日晚,於慈光圖書館週三《華嚴經》講座,宣講〈賢首品第十二〉。

七月二十二日(四),上午八時至十時,於明倫講座宣講《阿彌陀經》。

是日晚,於善果林太虛紀念館開講〈大勢至菩薩念佛圓通章〉。

【案】〈大勢至菩薩念佛圓通章〉開講時間未詳,據是年七月十五日《普門品》圓滿及九月九日《佛說無量壽經》開講推估。《佛說無量壽經》開講首日曾說明已圓滿宣講淨土三聖經。

1971 年・民國 60 年｜82 歲

七月二十三日（五），上午八時至十時，於明倫講座宣講《阿彌陀經》。

七月二十四日（六），上午八時至十時，於明倫講座宣講《阿彌陀經》。

七月二十五日（日），上午八時至十時，於明倫講座講授《阿彌陀經》。

　　下午三時至五時，與第七、八組學員舉行「師生座談」。

七月二十六日（一），上午八時至十時，於明倫講座講授《阿彌陀經》。

　　下午三時至五時，與全體學員舉行「師生座談」。
　　〈明倫花絮　社團點滴〉：師生座談會的時間，地點或在蓮社、或在老師家、興大，同學們有問題可請教老師，老師即解答同學們的疑難，甚至提到打坐念佛、拜佛時，李老師亦義不容辭親身示範給同學看，真是所謂契機說法。[1]

---

1 〈明倫花絮　社團點滴〉，《明倫》第 5/6 期合刊（1971 年 7/8 月）；另參見呂秀玉：〈明倫講座三週簡記〉，《慧炬》第 93/94 期合刊（1971 年 9/10 月），頁 65-66。

七月二十七日（二），上午八時至十時、下午三時至五時，於明倫講座宣講《阿彌陀經》。

七月二十八日（三），上午八時至十時，於明倫講座宣講《阿彌陀經》。

是日晚，於慈光圖書館週三《華嚴經》講座，宣講〈賢首品第十二〉。

七月二十九日（四），上午八時至十時，於明倫講座宣講《阿彌陀經》。

是日晚，於善果林太虛紀念館宣講〈大勢至菩薩念佛圓通章〉。

七月三十日（五），上午八時至十時、晚七時至九時，於明倫講座宣講《阿彌陀經》。

七月三十一日（六），先生率領明倫講座學員至彰化八卦山大佛、草屯碧山寺等處參訪郊遊。[1]
　　〈明倫花絮　社團點滴〉：講座期間除上課外還舉辦了郊遊及同樂會。七月十五日下午，全體學員參觀

---

[1] 〈影畫版：明倫社暑期佛學講座〉有「雪公同遊八卦山、碧山寺」照片，見：《菩提樹》第 226 期（1971 年 8 月 8 日），頁 6。

臺中名剎寶覺寺及臺中公園。七月二十五日晚上同樂晚會。七月三十一日下午，偕李雪公及許祖成兩位老師，同遊八卦山、草屯碧山岩、慈音安老所、中興佛堂、中興新村、省議會、善果林、靈巖書樓、寶松和尚紀念療養院（菩提救濟院內）。[1]

是月，菩提救濟院，奉政府通令改為「菩提仁愛之家」。

八月一日（日），第二期明倫講座圓滿。上午舉行結業典禮，晚六時師生聚餐，而後舉行歡送晚會。慧炬雜誌社社長周宣德亦自臺北遠來與會，頒獎並致詞。先生亦有致詞，讚歎明倫社諸友承擔文化重擔，鼓勵擇法精進，做出成績；並勉大眾解行相應。（見《圖冊》，1971年圖15）

〈叮嚀〉：中國人有傳統的人倫文化，延續了五千年的民族壽命，廣播了全世界的人性思想。偏有一些歪曲人，誘惑著青年背棄祖典，向草昧時代退化，這不但是國家的危機，也是民族的致命傷，如何產生出這種妖孽真是奇怪。哪知一般大專學生，竟然在黑暗裡自覺，忽然欣羨民族固有的文化，要復興倫理，又仰慕理智的真詮，研究佛學。他們團結一致，組織了一個明倫社，

---

[1] 〈明倫花絮　社團點滴〉，《明倫》第 5/6 期合刊（1971 年 7/8 月）；另參見呂秀玉：〈明倫講座三週簡記〉，《慧炬》第 93/94 期合刊（1971 年 9/10 月），頁 65-66。

既講詩禮,又講梵典,內佛外儒,佛與聖賢,儼然他們起而承當,甚為難得。旭日始旦,國家民族的光明,豈可限量!老夫耄矣,無能為也。只有向青年人舉起手來打箇招呼,稱聲「後生可畏」,希望你們效法儒家「是道則進,非道則退。」提起佛家「大無畏」的精神,不依不賴,自強不息,向前擇法精進,作些成績,給大家看看。[1]

　　李武雄,〈學員心聲〉:臨別時　炳公恩師之贈言「求道」之方法必須解行相應,無論研習任何一種學問必須解行相應,尤其欣求無上佛法之道,更是要解行相應,才能圓證無礙。在「行」的方面,必有正工夫(持名念佛)助工夫(伏惑),在「解」的方面,必須利用各種方法來了解無上義理,這樣才算是真正求道。[2]

八月四日(三),晚,於慈光圖書館週三《華嚴經》講座,宣講〈賢首品第十二〉。

八月五日(四),晚,於善果林太虛紀念館宣講〈大勢至菩薩念佛圓通章〉。

八月六日(五),晚,於台中蓮社講授〈中庸〉。

---

[1] 李炳南:〈叮嚀〉,《明倫》第 5/6 期合刊(1971 年 7/8 月);今收見:《雪廬寓臺文存》,《全集》第 14 冊之 2,頁 244-245。
[2] 李武雄:〈學員心聲〉,《明倫》第 9/10 期合刊(1971 年 11 月)。

八月七日（六），晚，至菩提醫院探視朱鏡宙老居士，由徐醒民陪同，筆談於院右之靈巖書樓。朱鏡宙禪修得力，但覺尚須用功一年。先生勸不可有壽者相，聽其自然，但求提起正念，即是淨念相繼。（《圖冊》，1971年圖16）

　　徐醒民，〈朱公鐸民老居士傳〉：嘗以病住菩提醫院靜養，雪廬老人訪之，晤談於院右之靈巖書樓。時公患重聽，乃以紙筆代言。弟子醒民有幸，獨得侍觀，然後保有二公筆談墨跡，並曾注記其時，為民國六十年八月七日晚間。筆談之始，雪公書曰：「無病不裝病。」鐸公一見，似有機鋒，即答：「罵得好利害。」雪公轉曰：「多念佛就好。」鐸公曰：「我過去用功，知幻即離，極得好處，心身清淨，一無掛念，今後或須再用功一年。」雪公曰：「不可有壽者相，聽其自然。」二公續談用功之道，鐸公言，昔聞圓覺經，至「知幻即離」，即刻用此功夫，用功半年之後，微細妄念方起即覺。後來「業重」，為文字所障，如在四川時，友人以詩囑和，從此雜念紛起，離幻乃難。故知一切起念之事皆是障，因擬覓一清淨之所，善自修持。雪公則曰：「見思惑斷，方無妄念。」又曰：「提起正念，妄念自去。不失念，即是好法。不失念者，以自修之法不使斷去，所謂淨念相繼也。」鐸公深以為然，因憶初修離幻法，二六時中，綿綿密密，進步至速，「然虛老和尚語余，最好還是念佛。雲門每晚皆有坐香，亦殷殷以念佛相勖。」公用功之勤，可謂希有。唯其如此，方知持名

之優異。[1]

朱鏡宙病癒後，特欲登門拜謝，緣會不遇，先禮謝以待異日。[2]（見《圖冊》，1971年圖16）

　　朱鏡宙，〈謝函〉：本來今早預定便道叩謁以答病中迭承枉駕之盛意，嗣據探馬報道：每晨駕鶴雲遊四大海，觀察人間善惡，申刻方返，無緣相見，只好作罷。容俟擇日齋戒沐浴，再行登門叩謝，以昭誠敬。外附太陽餅二盒，供養大菩薩。《六度》數十冊，分贈有緣。

　　雪老大菩薩摩訶薩　　　罪障深重小弟朱鏡宙頓首叩上

八月十一日（三），晚，於慈光圖書館週三《華嚴經》講座，宣講〈賢首品第十二〉。

八月十二日（四），晚，於善果林太虛紀念館宣講〈大勢至菩薩念佛圓通章〉。

八月十三日（五），晚，於台中蓮社講授〈中庸〉。

八月十四日（六），與蓮社弘法人員赴桃園蓮社，弘法二天。午後，講「已聞佛法不可空過」：幸生而為人，又

---

1 徐醒民：〈朱公鐸民老居士傳〉，《明倫》第203期（1990年4月）。
2 朱鏡宙：〈謝函〉（年日未詳），江逸子提供。

幸聞佛法，應徹底解決生死問題，方不枉為人。晚間，講「淨法解脫要義」：佛法門門皆須自力斷見思惑，淨土法門，可以「只憑六字出乾坤」。八月十五日晨，再講「念佛一心必知」：但信西方，彌陀實有，發願依止，一句佛號，明記不忘，執持既久，終必一心，雖見思惑未盡，亦得帶業往生。

　　吳碧霞，〈雪廬老人桃園弘法散記〉：八月十四日，大夥兒約好早上九時正在桃園火車站見面。據說已經六年了，老師的法駕未曾蒞臨桃園，所以這一趟來，不只咱們高興，就是蓮社諸位老居士，也都興奮得不得了。週末午後，講的是「已聞佛法不可空過」我們何幸生而為人，又何幸聞了佛法，若不拚著這口氣尚存，徹底解決生死問題，豈不枉我為人一場——該警覺啊！晚間，進一步講「淨法解脫要義」：佛法八萬四千法門，門門皆須自力斷見思惑，而今卻有個討便宜處——淨土法門，可以「只憑六字出乾坤」，如此方便，如此簡捷，怎不依法奉行呢？

八月十五日晨，再講「念佛一心必知」但信西方，彌陀實有，發願依止，一句佛號，明記不忘，憶念不斷，心口如一，內外不二，執持既久，終必一心，斷了見思煩惱，即見是心是佛；若下根之人，雖見思惑未盡，亦得帶業往生，再不為二邊所亂——噫！是我佛慈悲，亦是老師慈悲，敢不感激涕零麼？[1]

---

[1] 吳碧霞：〈雪廬老人桃園弘法散記〉，《明倫》第 8 期（1971 年 10 月）。

八月十八日（三），晚，於慈光圖書館週三《華嚴經》講座，宣講〈賢首品第十二〉。

八月十九日（四），晚，於善果林太虛紀念館宣講〈大勢至菩薩念佛圓通章〉。

八月二十日（五），晚，於台中蓮社講授〈中庸〉。

八月二十五日（三），晚，於慈光圖書館週三《華嚴經》講座，宣講〈賢首品第十二〉。

八月二十六日（四），晚，於善果林太虛紀念館宣講〈大勢至菩薩念佛圓通章〉。

八月二十七日（五），晚，於台中蓮社講授〈中庸〉。

九月一日（三），晚，於慈光圖書館週三《華嚴經》講座，宣講〈賢首品第十二〉。

九月二日（四），晚，於善果林太虛紀念館宣講〈大勢至菩薩念佛圓通章〉圓滿。

九月三日（五），晚，於台中蓮社講授〈中庸〉。

九月八日（三），晚，於慈光圖書館週三《華嚴經》講座，

1971年・民國60年｜82歲

宣講〈賢首品第十二〉。

九月九日（四），即日起，於善果林太虛紀念館開講《佛說無量壽經》。有〈無量壽經講述提要〉講表。[1] 講前說明講此經因緣：善果林係淨土道場，西方三聖經講竟，應儘先講淨宗五經。

　　李炳南居士講，吳聰敏筆記，《無量壽經筆記》：講一經前，先有交代。舊熟之道場固可略簡，若新者，則須按祖師之科判而言，方不被誤為不善講經。十年前，皆按祖師規矩，以後則否，直依經本講說。今日所講為《佛說無量壽經》。

講經性質與佛說法同，必有所為而發也。流通之道亦然。或人祈請、或時機成熟，否則為不契機。苟不契機，則屬多言無益。是故今日之講經固有其因緣。一者，法門無量誓願學，然必行之專一乃可成就。吾人修淨土，固當先將基本者明白，後學其他。善果林屬念佛道場，千經萬論終皆歸淨土，而專講淨土者，經有《阿彌陀經》、《無量壽經》、《觀無量壽經》，後加《大勢至菩薩念佛圓通章》與《普賢行願品》為「淨土五經」（《觀世音菩薩普門品》屬「淨土三聖經」）；西

---

[1] 李炳南：〈無量壽經講述提要〉，《講經表解（上）》，《全集》第2冊，頁251-290；另參見：李炳南講，吳聰敏記：《無量壽經筆記》（1971年9月9日－1973年4月19日），未刊本；吳碧霞記：《無量壽經筆記》（1972年6月1日－1973年4月19日），未刊本。

方三聖經已講畢,故今講《無量壽經》。此為因緣之二。三則五經未講竟,當接續講之也。

《無量壽經》之義,此修淨土者所當知。此有一史事,先言阿彌陀佛如何於因地而修,次言其所證之果,三言如何度化眾生,四言所成就之西方極樂世界,成就如何。又者,此經開頭亦與他經不同,此經先述釋迦牟尼佛之史甚多,其來歷、八相成道等。他經則單講阿彌陀佛。故於初聞法者,聞此經時,並於釋迦之來歷、八相成道可明白。此與他經之異者。

再者,講經內容,有五重玄義。不講經文,言其重要性。凡經大都言出世間之法,然於其因果,因因果果則不甚言。如《金剛經》、《楞嚴》、《華嚴》皆然。所以者何?以言因果,係對博地凡夫之初學佛者,若學出世法,則於世間因果必已甚明。而此經於世間之因果說之甚詳,於吾人甚為須要。因為不講世間因果,只說空不說有,雖言之甚妙,然聞者每趨於病,故也。[1]

九月十日(五),晚,於台中蓮社講授〈中庸〉。

九月十五日(三),晚,於慈光圖書館週三《華嚴經》講座,宣講〈賢首品第十二〉。

---

[1] 參見:李炳南講,吳聰敏記:《無量壽經筆記》(1971 年 9 月 9 日－1973 年 4 月 19 日),未刊本。

1971年・民國60年 | 82歲

九月十六日（四），晚，於善果林太虛紀念館宣講《佛說無量壽經》。

九月十七日（五），晚，於台中蓮社講授〈中庸〉。

九月二十一日（二），上午九時，至臺中靈山寺參加該寺淨土道場開山監院德欽法師祭典。德欽法師於一九五三年繼炳南先生後接任台中蓮社第二任社長，九月十四日捨報。祭典由香港明常法師、星雲法師、修嚴法師主持，繼由治喪會公祭、台中蓮社等聯體機構公祭、皈依弟子公祭。十一時發引荼毘，獲舍利子甚多。
　　【案】德欽法師（1889-1971），彰化鹿港人。歷任靈山寺監院、台中蓮社社長、臺中市佛教支會理事職。一九五九年，創建霧峰靈山分寺，及靈山塔。一九六一年，辭去監院職事，一心專念佛號，每日功課數萬聲。一九七一年九月於徒眾助念聲中，安詳往生，時年八十三歲，戒臘三十五年。（小傳見1953年1月11日）

九月二十二日（三），晚，於慈光圖書館週三《華嚴經》講座，宣講〈賢首品第十二〉。

九月二十三日（四），晚，於善果林太虛紀念館宣講《佛說無量壽經》。

九月二十四日（五），晚，於台中蓮社講授〈中庸〉。

九月二十九日（三），晚，於慈光圖書館週三《華嚴經》講座，宣講〈昇須彌山頂品第十三〉。[1]

是日，在台中蓮社為佛教青年鄭勝陽、朱美枝婚禮福證。[2]（見《圖冊》，1971 年圖 17）

九月三十日（四），晚，於善果林太虛紀念館宣講《佛說無量壽經》。

是月，為《阿彌陀經要解講義》發行重校新版題書名並撰〈序〉，讚歎：若無圓瑛法師之《講義》，則蕅益大師之《要解》不彰；無《要解》，《阿彌陀經》之祕不顯；無《阿彌陀經》，淨土之普不被；無淨土，無量佛法不能濟其窮矣。當時通行之《阿彌陀經要解講義》皆翻印自一九四二年發行於上海之舊本，今經許祖成及鄭勝陽精校，發行新版。（見《圖冊》，1971 年圖 18）

〈重校新版阿彌陀經要解講義序〉：佛法難聞，凡情忽之也；淨宗難信，旨奧罔解也。佛法者何？淨而已矣。所淨者何？根塵識皆是也。故群經蘊義，無不在淨；學而習於淨，扼乎佛法之要矣。然三藏煙海，

---

[1] 日期據徐醒民《華嚴筆記》，頁 261。
[2] 〈新聞〉，《菩提樹》第 227 期（1971 年 10 月 8 日），頁 47。

畏繁求專,得《阿彌陀經》、《觀無量壽經》、《無量壽經》,古德彙而輯之,曰「淨三經」;近德益以《華嚴・行願品》、《楞嚴・勢至圓通章》,曰「淨五經」。前彙專之專者也,各明一義,後益選其專者也,自行化他之加行也。依聖言量,末法惟淨成就,又云普被三根。姑無論其探源析流,遍飲其水,盱衡當時,果能貫徹三經者,寧多手哉?僅《彌陀》一經,聞者較廣,但亦依其文,而作諷誦,鮮能達其義,如法實修。雖有《圓中鈔》及《疏鈔》等,非不浩浩淵淵,探賾索隱,第以辭藻典雅清鑠,非夫人盡能受;仍如寶珠裹衣,貧子不富。佛法難聞,似又不一其障也!

蕅益大師《要解》出,文潤而質,言簡而精,性與相雙彰其諦,禪與淨融而無諍。求解者,豁顯其義,求行者,詳示其端。十三祖歎為觀止,良有以也。古閩高僧圓瑛法師,復慮格於教相者,或猶難入,又隨文逐句,增以講義,使《解》若疏,《講》若鈔也。如是則《彌陀》一經,三根庶普被矣。寧知尚有不然者,末世版本不競,流通典籍,亦復為一障焉。臺省淨學,習是經解者,乃為上海鋟版,序有壬午暮春;迭次翻印,皆依原書攝影為之,後始察知多訛,凡所翻,無不訛也。雖亟思而正之,惟艱於校勘之求,固須勝其事,細其心,且當恆其德也。辛亥夏,古粵許寬成教授,慨而任之,復得鄭勝陽居士之助,遂鑄鉛易型,自成新版;並擬遍蒐舊刊而封之,不使重出於世。嗟夫!無圓公《講義》,《要解》不彰;無《要解》,《阿彌陀經》之祕不顯;

無《阿彌陀經》，淨土之善不被；無淨土，無量佛法不能濟其窮矣。稔其事重大也如此，又安可再容魯魚亥豕，混淆於人心耶？

中華民國六十年辛亥仲秋稷門李炳南謹識[1]

自七月一日至九月三十日，菩提醫院與台中蓮社合辦第二屆夏令義診三個月圓滿。義診人數四千三百二十七人。[2]

本學期，持續擔任中興大學中文系三年級《禮記》、夜間部二年級「詩選」課程；中國醫藥學院《內經》專課。
（見《圖冊》，1971年圖19）
【案】有中國醫藥學院六十學年度醫二《內經》成績冊；《禮記》、「詩選」各有期中期末考題，見後。

十月一日（五），晚，於台中蓮社講授〈中庸〉。

十月六日（三），晚，於慈光圖書館週三《華嚴經》講座，宣講〈昇須彌山頂品第十三〉。

十月七日（四），晚，於善果林太虛紀念館宣講《佛說無量壽經》。

---

1 李炳南：〈重校新版阿彌陀經要解講義序〉，《雪廬寓臺文存》，《全集》第14冊之2，頁126-128。落款據原本。
2 〈新聞〉，《菩提樹》第227期（1971年10月8日），頁47。

十月八日（五），晚，於台中蓮社講授〈中庸〉。

十月十三日（三），晚，於慈光圖書館週三《華嚴經》講座，宣講〈昇須彌山頂品第十三〉。

十月十四日（四），晚，於善果林太虛紀念館宣講《佛說無量壽經》。

十月十五日（五），晚，於台中蓮社講授〈中庸〉。

十月十八日（一），為中興大學中文系三年級《禮記》專課出期中考題，範圍為〈曲禮〉。[1]

〈興大六十年第一學期期中考曲禮試題〉（十月十八日）：

（甲）默寫。自「曲禮曰」起至「樂不可極」止。

（乙）默寫。自「賢者狎而敬之」起，至「直而勿有」止。

（丙）默寫。自「夫為人子者，出必告」起至「則肩隨之」止。

（丁）問答。登城或登樓，應該守何種規矩？

（戊）問答。在外作客，見主人欠伸，或看鐘錶，是何意思，自己應何動作？

---

[1]【數位典藏】手稿 / 其他著作 / 大專院校授課試卷 /〈興大六十年第一學期期中考曲禮試題〉。

（己）問答。何等行為，稱曰君子？
（庚）解義。「疑事毋質，直而毋有」何解？
（辛）解義。「有後入者，闔而勿遂」、「離坐」均何解？
（壬）解義。「放飯」、「流歠」、「固獲」、「咤食」各作何解？
（癸）心理測驗。禮儀與刑罰，治民何者應先？

同時，為中興大學夜間部中文系「詩選」課出期中考試題。[1]

〈六十年中興大學夜間部第一學期期中考詩選試題〉：

（甲）默寫。李白〈勞勞亭〉五絕一首。
（乙）默寫。張繼〈楓橋夜泊〉七絕一首。
（丙）默寫。將上下平韻，三十韻目，列出。
（丁）畫平仄。「白日依山盡，黃河入海流，欲窮千里目，更上一層樓。」平仄畫在右方。
（戊）畫平仄。「渭城朝雨浥輕塵，客舍青青柳色新」平仄畫右方。
（己）指韻。「亭」、「船」、「欄」、「新」、「歸」各在何韻，分別舉出。
（庚）畫譜。平起首句不入韻五絕譜，畫出。
（辛）釋義。李白〈送孟浩然之廣陵〉，「孤帆遠影碧

---

[1] 【數位典藏】手稿／其他著作／大專院校授課試卷／〈六十年中興大學夜間部第一學期期中考詩選試題〉。

山盡,惟見長江天際流。」如何解釋?
(壬)格局。王維〈相思〉一首,即(紅豆生南國)五絕,說出四句相映之法?
(癸)對聯。玉｜露｜滋—丹—桂｜,不可失粘。

十月二十日(三),晚,於慈光圖書館週三《華嚴經》講座,宣講〈昇須彌山頂品第十三〉。

是日,明倫社促進委員會召開會議,選舉工作人員,由王烱如任主任委員,黃平福、紀海珊任副主任委員,吳健銘任主任祕書;會議並通過〈明倫社社員入社規約〉。目前會員已有歷屆講座學員兩百多名參加。

〈明倫社社員入社規約〉:

一、資格:
　　1.各大專佛學社團曾參加慈光、明倫講座結業者。
　　2.學佛人士熱心護持本社,並對本社宗旨及工作贊助者,經二位社員介紹入社。

二、權利:
　　1.優先參加本社舉辦各項學術、弘法、慈善、康樂等活動。
　　2.享受明倫雜誌長期贈閱。
　　3.優先受贈經由本社流通各種佛學、儒學書籍。(必要時收取郵寄費)
　　4.本社附設青蓮出版社,出版書籍享受六至八折優待。

5. 對本社社務有貢獻者，得受聘為本社委員，參加本社社務工作。
6. 其他

三、義務：
　1. 繳納社費，在學每年二十元，在職每年五十元。
　2. 遵守本社四為三不社訓。
　3. 隨時與本社聯繫。

四、守則：
　1. 禮敬三寶，慈心不殺，並對社會福利事業盡力贊助。
　2. 誦習大乘經論，勸進初學，專修淨土念佛法門。

十月二十一日（四），晚，於善果林太虛紀念館宣講《佛說無量壽經》。

十月二十二日（五），晚，於台中蓮社講授〈中庸〉。

十月二十六日（二），身為聯合國創始國之中華民國退出聯合國。有詩〈我國退出國聯〉、〈哀國聯〉，記其事。明允中、許祖成均有和詩。

　〈我國退出國聯〉：睥睨國聯猴戲同，何如不正晉文公；軒轅使節分庭坐，羞煞孔門五尺童。（《雪廬詩集》，頁410）

　〈哀國聯〉：世滅天還在，消愁酒遜詩；山河中國舊，鬼蜮四方夷。漏盡燭添淚，春歸花斷髭；無情猶復

爾,傖父欲何之。(《雪廬詩集》,頁398)

　　明允中,〈奉和雪翁哀國聯原玉〉:群罔艱時命,愁深感興詩;乾坤猶蟻鬥,江海已丘夷。魯酒憐新歲,吳霜染舊髭;烟雲方蕩滃,天意果何之。[1]

　　許祖成,〈敬步雪師哀國聯原韻〉:魂逝屍猶在,腸枯苦索詩;樓臺仍舊貫,文物已遷夷。瘴雨鳥啼血,蠻煙花斷髭;感時難脫俗,何日敢忘之。[2]

十月二十七日(三),晚,於慈光圖書館週三《華嚴經》講座,宣講〈須彌頂上偈讚品第十四〉。

十月二十八日(四),晚,於善果林太虛紀念館宣講《佛說無量壽經》。

十月二十九日(五),晚,於台中蓮社講授〈中庸〉。

是年秋,有詩:〈舊京〉、〈海西〉、〈西風〉、〈美人〉、〈松筠王世姊哀辭〉、〈友亡必有所購年輒百人計廿三年矣其數當逾兩千驚悼曷已〉。(《雪廬詩集》,頁390-393)

　　〈舊京〉:槐花城闕曉炊煙,夢斷舊京三十年;八月長風秋萬里,為誰今日雁書天。

---

1 明允中:〈奉和雪翁哀國聯原玉〉,《誠齋詩草(甲乙編)》(臺中:自印本,1982年,國立中興大學圖書館收藏),頁33。
2 許祖成:〈敬步雪師哀國聯原韻〉,《許教授寬成往生十週年紀念專輯》(臺中:智海學社,1990),頁60。

〈海西〉：黃葉城邊沉月鈎，海西天接故宮秋；無端心與環相似，一掛雲間便不收。

〈西風〉：暮天雲傍遠山盡，碧海濤隨孤月升；半島西風愁萬里，明朝倚樹望金陵。

〈美人〉：美人深谷莫求徵，一入宮闈白髮生；作賦畫圖多少事，黃金有力貌難憑。

〈松筠王世姊哀辭〉：昌黎祭姪文猶在，讀未終篇淚已垂；況是良朋偏愛女，飛來大壑返真辭。應求佛國無生滅，休向人間再別離；且補雙親腸寸斷，孝魂西去莫遲遲。

〈友亡必有所賻年輒百人計廿三年矣其數當逾兩千驚悼曷已〉：二十載來朋兩千，荒山秋草暮凝煙；漫言地下骨猶在，爭及人間交不全。覽鏡也曾搔白首，開書每欲問青天；彭顏修短知誰似，負手中宵看月圓。

【案】先生來臺之初，於一九四九年十二月組團為森玉戲院老闆助念；抵臺一年，即組織家庭念佛班七班。創設台中蓮社後，除有家庭念佛班、助念團，並設有四十八願化導部，至一九七一年時，蓮社聯體機構中已組織有六十餘單位念佛班及往生助念團。先生亦常加持陀羅尼經被及光明咒砂，分送往生蓮友。

十一月一日（一），即日起至三日，中興大學智海社於該校農學院大樓舉辦文物展，先生出借《十三經》展覽。會

1971 年・民國 60 年 | 82 歲

後,即將該部經典贈送智海社。[1]

十一月三日(三),晚,於慈光圖書館週三《華嚴經》講座,宣講〈須彌頂上偈讚品第十四〉。

十一月四日(四),晚,於善果林太虛紀念館宣講《佛說無量壽經》。

十一月五日(五),晚,於台中蓮社講授〈中庸〉。

十一月十日(三),晚,於慈光圖書館週三《華嚴經》講座,宣講〈須彌頂上偈讚品第十四〉。

十一月十一日(四),晚,於善果林太虛紀念館宣講《佛說無量壽經》。

十一月十二日(五),晚,於台中蓮社講授〈中庸〉圓滿。
　　【案】一九五一年台中蓮社成立後,至一九七五年蓮社改建,先生例於週五晚,為資深弟子有一「國學指導」特別課程。前半小時為個別指導,之後先生為大眾講授唐詩、古文、書法、歷史、四書等。是日圓滿之〈中庸〉,開講於是年五月。《中庸筆記》記者

---

[1] 郁英、弘超:〈雪公與智海的一段緣〉,《智海卅週年紀念專刊》,頁 67-71。

> 吳聰敏，時就讀於臺中師專，每週五至蓮社參學後返校，常超過門禁管制時間。總教官詢知係至蓮社聽講古典，出於好奇，於是亦要求隨同旁聽。一聽入心，從此隨學不輟。吳聰敏亦從此不需擔心門禁問題。[1]

十一月十五日（一），《慧炬》月刊發行十週年，先生題贈律詩一首祝賀。[2]（見《圖冊》，1971年圖20）

〈慧炬月刊十週年紀念〉：知君別有西來意，瘴癘蓬蒿長晝昏；不斷奇文沖斗去，從教佳士藹雲屯。霜鐘頻喚仙臺日，泮水交流祇樹園；十載殷勤行所願，度生淑世佛儒尊。

右律一首恭祝慧炬月刊十週年紀念　　　　李炳南題贈

【案】《全集》第十六冊《題畫遺墨》頁一五六，有另幀題名亦為〈慧炬月刊十週年紀念〉：「一日之晨曦一日新也。一歲之晨曦日日新也。十年之晨曦又日日新也。……」該幀係祝賀臺大佛學社團晨曦社十週年之題辭。（見1970年4月8日譜文）

十一月十七日（三），晚，於慈光圖書館週三《華嚴經》講座，宣講〈須彌頂上偈讚品第十四〉。

---

[1] 吳聰敏講述，林其賢記錄：「吳聰敏口述紀錄」，2024年7月18日，台中蓮社。

[2] 李炳南：〈慧炬月刊十週年紀念〉，《慧炬》第95期（1971年11月15日），頁45。

1971 年・民國 60 年 | 82 歲

十一月十八日（四），晚，於善果林太虛紀念館宣講《佛說無量壽經》。

十一月二十四日（三），晚，於慈光圖書館週三《華嚴經》講座，宣講〈須彌頂上偈讚品第十四〉。

十一月二十五日（四），晚，於善果林太虛紀念館宣講《佛說無量壽經》。

十二月一日（三），晚，於慈光圖書館週三《華嚴經》講座，宣講〈須彌頂上偈讚品第十四〉「解脫繫縛」。[1]（見《圖冊》，1971 年圖 21）

十二月二日（四），晚，於善果林太虛紀念館宣講《佛說無量壽經》。

十二月八日（三），晚，於慈光圖書館週三《華嚴經》講座，宣講〈須彌頂上偈讚品第十四〉。

是日《菩提樹》雜誌發行二十週年，題辭祝賀。（見《圖冊》，1971 年圖 22）

---

[1] 李炳南：《大方廣佛華嚴經講述表解》，《全集》第 1 冊之 2，頁 59-62；手稿 4 頁，見：【數位典藏】手稿／佛學講授／華嚴講表／〈須彌頂上偈讚品第十四〉。

〈菩提樹雜誌二十週年紀念〉：樹初有種，遇緣而生，歲緣具四，發其怒芽。再具四緣，芽乃厥長，隨風翻展，是之為葉。更結緣四，青蔥扶疏，高幹接風，曰菩提樹。復四緣合，連枝皆雙，越陌度阡，成為大林。又度四緣，濃綠其繁，培芸深厚，始固靈根。二十春秋，根生五力，左之右之，可獲多果。拜手稽首，贊歎曷極，覆蔭如雲，利眾無量。右俚詞為頌

菩提樹雜誌二十週年紀念　　　　　　　　李炳南敬題[1]

十二月九日（四），晚，於善果林太虛紀念館宣講《佛說無量壽經》。

十二月十五日（三），晚，於慈光圖書館週三《華嚴經》講座，宣講〈須彌頂上偈讚品第十四〉。

十二月十六日（四），晚，於善果林太虛紀念館宣講《佛說無量壽經》。

十二月二十二日（三），晚，於慈光圖書館週三《華嚴經》講座，宣講〈須彌頂上偈讚品第十四〉。

是日，為臺灣印經處發行之《淨土叢書》撰〈序〉。

---

[1] 李炳南：〈菩提樹雜誌二十週年紀念〉，《菩提樹》第 229 期（1971 年 12 月 8 日），頁 15。

1971年・民國60年｜82歲

《淨土叢書》由道安法師任總編輯，毛凌雲為主編，纂輯淨土論著二百八十餘種。

〈淨土叢書序〉：佛以大事因緣，出現於世，大事云何？三車超眾離火宅也。四九年不一息，三百會權實善說，良以減劫障重，眾根差別，有不得不然者，豈好栖栖饒舌者哉。八萬法門，鑒機上下利鈍，巧立大小三乘，非廣無以攝群蒙也。然聖智遠徹三際，悲願無窮，知眾知解，知因所致，而又有懸記啟後，示以教順時變，應各擇其所重焉。時正法成就以戒，入象法成就以禪，此皆性修自力所致，皆以斷惑而出要也。今值末法，非不禪戒，而能十方坐斷，七滿納命者，能見幾許人哉？故曰：成就唯淨。

且不待末法尚淨，而在正象，亦未嘗不尚淨也。或能微細作觀，三藏十二分教，首《華嚴》，迄於《涅槃》，總一切法義，由戒及慧，由信及證，何莫不皆依乎淨？惜眾不加察，始有西方極淨之特標，西方之淨，實集全藏淨德之精華，此精華即為全藏之第一悉檀焉。雖十方佛剎，皆有淨土，而經教所贊修者，不謂其他，而專指歸西方一剎也。

惟其法難解行易，好執者反又生障趑趄；畏解難，過在放逸以置之；疑易行，過在驕慢以輕之；遂致寶山當前，仍復空手。佛早知其如此，故諄諄說出《無量壽經》、《觀經》、《阿彌陀經》三部，隨彼六味十方，嗜各不同，任食其一，無不皆果腹也。歷代賢達，承佛之旨，廣萃七經以接之，選五經以導之；其眾生知見，

亦與之俱增,而仁者亦輩出,匡其淆亂,宏淨諸論,竟汗牛充棟矣。喻百病待療,藥尚憂乎匱哉?

歲己丑徐蚌之役,兆民播遷,文獻蕩析,臺灣行都,雖有大藏徵集,而各宗論著注疏等不與焉。有道安法師者,恐久而湮放,毅然有編印各宗叢書之發起,以淨宗法圓頓,攝受普,首輯之。又得陳居士子平為副、毛居士凌雲主編,歷三寒暑,都為二百八十餘種。於戲!此乃有史以來,震旦第一之創舉也。竊以散者能聚、法末能宏、反博取約、述而有作,有一尚難,況乎四者,豈但為廬山之功臣、火宅之車乘,且能順暢我佛之本懷者矣。

中華民國六十年辛亥冬至日三寶弟子李炳南恭序[1]

【案】《淨土叢書》共四十八冊。由道安、毛惕園、陳子平等人編纂,一九七二年四月,由臺灣印經處發行。收有淨土典籍三百種。分為經論、注疏、精要、著述、纂集、詩偈、行儀、史傳等八部。先生《阿彌陀經義蘊》、《阿彌陀經摘注接蒙》、《佛學問答類編》三書編入。(參見1970年2月6日譜文)

十二月二十三日(四),晚,於善果林太虛紀念館宣講《佛說無量壽經》。

---

[1] 李炳南:〈淨土叢書序〉,《獅子吼》第11卷5期(1972年5月15日),頁3;今收入:《雪廬寓臺文存》,《全集》第14冊之2,頁119-123;落款據《獅子吼》原刊。

1971 年・民國 60 年 | 82 歲

十二月二十七日（一），受邀至省立臺中高級家事商業職業學校演講，有〈中國文化之認識〉講演稿表。[1]（見《圖冊》，1971 年圖 23）

〈中國文化之認識〉：

（甲）人類需要：生活穩定、精神舒暢、生命安全。得失樞紐：境影響、人智迷。

（乙）中國文化大體：明性德、通人情。

（丙）中國文化大同運用：中國一人、天下一家、辟義平情、民胞物與。

（丁）今始具體明說：遵循莊敬自強；十二履行信條，首（修身愛國思想），次（倫理道德觀念）；可也而已尚非其本。

（戊）本在明性道德：必顯真性為政；性即道德（率性為道、在明明德）；孟子良知良能、陽明學派所由（常曰天良）；孔曰人存政舉人亡政息、臺諺壞事好人辦亦好（為政為教必顯真性）。

十二月二十八日（二），即日起，靈山寺舉行辛亥年佛七。應邀於首日、第四日開示，有〈辛亥年（六十年）靈山寺佛七講話〉。各有偈云：[2]

（一）今天先與說三知　仔細聽清仔細思　極樂往

1　李炳南：〈中國文化之認識〉，《弘護小品彙存》，《全集》第 4 冊之 2，頁 418。

2　李炳南講，鍾清泉記：〈辛亥年（六十年）靈山寺佛七講話〉，《脩學法要續編》，《全集》第 10 冊之 1，頁 20-40。

生蓮九品　輪迴道上少人皮

（二）昏散應知業未消　求生恐有萬年遙　彌陀時被貪瞋蓋　自己修橋自拆橋

【案】首日偈「三知」指：一、應知道場舉辦佛七不易，二、應知佛七中講開示不宜客氣，三、應知今年能參加明年未必能參加佛七。

十二月二十九日（三），於慈光圖書館週三《華嚴經》講座，宣講〈十住品第十五〉。[1]（見《圖冊》，1971年圖24）

十二月三十日（四），晚，於善果林太虛紀念館宣講《佛說無量壽經》。

是月，為中興大學中文系三年級《禮記》專課出期末考題，範圍為〈大學〉。[2]

同時，為中興大學夜間部中文系二年級「詩選」課出期末考

---

1 李炳南：《大方廣佛華嚴經講述表解》，《全集》第1冊之2，頁63；《華嚴經表解》有「十住品第十五」手稿共13頁，見：【數位典藏】手稿/佛學講授/華嚴講表/十住品第十五。
2 【數位典藏】手稿/其他著作/大專院校授課試卷/〈六十年中興大學第一學期期末考禮記大學試題〉。

1971年・民國60年｜82歲

題。[1]

是年，香港佛教醫院開幕啟用。係由香港政府免費撥出公地，並准予長期補助經費。[2]

---

[1] 【數位典藏】手稿／其他著作／大專院校授課試卷／〈六十年中興大學夜間部第一學期期末考詩選試題〉
[2] 〈新聞〉，《菩提樹》第280期（1976年3月8日），頁49。

1972年・民國61年・辛亥－壬子

83 歲

【國內外大事】

- 二月，美國總統尼克森訪問大陸，中美發表〈上海公報〉。
- 三月，煮雲法師於臺東清覺寺首度舉辦精進佛七。
- 六月，蔣經國就任行政院長，謝東閔任臺灣省主席。
- 九月，中華民國與日本斷交。

【譜主大事】

- 一月，元旦應慎齋堂邀請演講三天，開示「已聞佛法不可空過」、「淨法解脫要義」、「念佛一心必知」。
  在台中蓮社舉辦第三期明倫講座，講授《阿彌陀經要解》。
  台中蓮社念佛班員假善果林靈巖書樓打佛七，開示「信自、信他、信因、信果、信事、信理」。
- 三月，至臺北蓮友念佛團開示「淨學知要」。
- 四月，臺中水湳蓮社成立週年紀念，應邀慶賀並開示法要。
- 五月，中國醫藥學院醫王學社十週年社慶，先生任指導老師，特蒞臨慶祝並演講。
- 七月，明倫社舉辦第四期大專佛學講座，為期二十一天，講授《佛學概要十四講表》、《阿彌陀經》。
- 八月，中國醫藥學院董事會改組，應聘出任董事。
- 十一月，台中蓮社大專青蓮念佛班舉行三天佛法研習，應邀講授「蕅益大師法語」。

1972年・民國61年｜83歲

一月一日（六）至三日（一），應邀於慎齋堂講演。有〈已聞佛法不可空過〉、〈淨法解脫要義〉、〈念佛一心必知〉三講表，及弟子筆記。[1]

一月一日（六），講〈已聞佛法不可空過〉：佛法能使眾生離苦得樂，但學佛有解、悟、修、證之障礙，當發警覺心。
　　〈已聞佛法不可空過〉：
（甲）佛法的好處，在能使眾生破迷啟悟，離苦得樂。然而，難逢難聞（多錯過），雖聞難解（不知用），雖解難悟（無法喜），雖悟難修（仍處迷），雖修難證（仍處苦）。
（乙）障礙的原因，難聞在少福，難解在散亂，難悟在昏沉，難修在放逸，難證在懈怠。
（丙）應發警覺：劫在惡濁，命在呼吸；三途壽長，易入難出；當時失念，隔陰之迷；欲求解脫，機在今身。

是日，於蓮社為王能傑、黃瑞玫佛化婚禮福證。[2]

---

[1]〈已聞佛法不可空過〉、〈淨法解脫要義〉、〈念佛一心必知〉為特字第一、二、三表，見《弘護小品彙存》，《全集》第4冊之2，頁432-434。筆記見：李炳南講，鍾清泉、吳孟昌記：〈壬子年（六十一年）元旦慎齋堂講話〉，《脩學法要續編》，《全集》第10冊之1，頁41-71。
[2] 王能傑：〈虧負師恩──恨鐵不能成鋼〉，《明倫》第173期（1987年4月）。

一月二日（日），講〈淨法解脫要義〉：佛說種種解脫法，使眾生離苦得樂，淨土念佛為特別法門：不斷煩惱也能了生死。然仍須有以佛號壓伏煩惱之力。

　　〈淨法解脫要義〉：學佛在求解脫，佛說八萬四千種解脫法門，今天所講是淨土宗的解脫法門。淨土宗念佛能往生，往生即得解脫，淨宗為八萬四千法門外一特別法門。

淨土宗特別處在哪裡？不斷惑也能了生死。此種方法無人相信，故稱為「難信之法」。淨土宗雖不斷惑，但必須伏惑，如以石壓草，臨命終時，惑被「阿彌陀佛」壓著，阿彌陀佛即來接引往生。如果佛號正念壓不住惑，佛便不來接。這方法他宗沒有，是淨土宗的特別處。有人說：「淨念相繼，在家人辦不到，怎麼辦？」有方便法，只要天天觀自己的起心動念，心念一動即以佛號壓伏。起貪念時，佛號念到不貪；起瞋心時，佛號念到不瞋，如此就成功了。

一月三日（一），講〈念佛一心必知〉：淨土念佛法門是二力法門，念佛必得求一心。修行持名念佛須身心內外合念，以信願行應合聞思修，如此真誠修習必得結果。

　　〈念佛一心必知〉：業力雖大，但眾生的心力亦不可思議。學佛就是在擴展吾人的心力，讓善性發展。若精進修持，仍然不敵魔力，可請救兵。即以本身心力，聯合佛力，二力結合，即可滅魔。不過，請佛幫忙，必得一心一意，淨業方能克成。淨土念佛法門是二力

法門，吾人念佛就必得求一心。修行持名念佛之要點如下：

（甲）念法正謬：

念佛的方法有正有謬，平素必須留意、警覺。

一者「外念」：如平日數珠念佛即是。此種念法，聲音或高或低均可，切忌「有口無心」。如果口誦佛號，心中落入散亂、昏沉，這樣就只是種種善根，增添福報而已。

二者「內念」：念佛時，內心要明記佛名、佛相、佛之功德。再者，除了當下明記不忘之外，能再加上憶念的工夫，則效果更佳。若能憶念不斷，就能時時照顧念頭，如此一來，即無昏沉、散亂，這是念佛的妙訣。

三者「內外合念」：照顧當前一念畢竟不易，故勸諸位內外合行，口出聲加心內念，互相調劑，如此輪替，自得淨念相繼。

念佛的目的，是要求生極樂、了生脫死，但是必得伏惑，往生才有把握。《無量壽經》上說，聽聞彌陀名號，即使稱念十聲亦得往生；不過《彌陀經》也說，必須念到一心不亂才行。兩經要對照著看才能明白箇中真義。「一心不亂」，有兩層涵義：工夫若深，即能斷惑；工夫若淺，則是伏惑。

（乙）三慧成就：

學佛必須求開慧，佛法講「三慧成就」，「三慧」即「聞思修」，聞後研理，如實修行，智慧自然開顯。淨土宗不言「聞思修」，而說「信願行」，但二者不相違背。

淨宗之「聞」，特重「信」字，一聞即信。信而願，有信願就能開慧，就不會退轉。信後研究求解即為「思」，「思」即明記不忘、憶念不斷。念佛有「事念」、「理念」之別。若不懂佛理，但信西方有極樂世界、阿彌陀佛，便「如母憶子」，一心念去，此即「事念」。若知極樂、彌陀為自心所造，念彌陀即念自性，生極樂即生自心，此即「理念」。

「事念」，可得「事一心」，雖然見思未斷，然能伏住，帶業往生。「理念」，便可得「理一心」，不為煩惱菩提、生死涅槃的二邊之見所亂。[1]

（丙）不亂薰習

能「理念」者，乃上根之人，因不為二邊所亂，故能斷惑。至於中根者，雖未悟理，但佛號提起，即能伏惑。若是「口念彌陀心散亂」者，即屬下根之人，雖然妄想如流沙，但若能念至口熟，以口薰心，日久天長，亦能奏效。總之，不論上中下根，若想得結果，要訣就在一個「誠」字。

以上略述念佛得一心必知的事項，若均辦不到，仍有方便法，即「深信因果，諸惡莫作，眾善奉行」，能老實奉行者，亦可免受墮落三途之苦。

---

[1] 此處「事一心」、「理一心」之說明，先生有〈答李蓮階〉云：「囊時或有誤記，不作如是說，前所言者，係本蕅益大師《要解》，其說如下：不論事持理持，持至伏除煩惱，乃至見思先盡，皆為事一心。不論事持理持，持至心開見本性佛，皆理一心。」《佛學問答類編（下）》，《全集》第 7 冊，頁 1644-1645。

1972 年・民國 61 年 | 83 歲

一月五日（三），晚，於慈光圖書館週三《華嚴經》講座，宣講〈十住品第十五〉。

一月六日（四），晚，於善果林太虛紀念館宣講《佛說無量壽經》。

> 是日，小寒。有詩〈小寒〉，前後另有：〈三臺歲臘〉、〈黔婁辭徵武丐興學皆吾鄉窮人也〉、〈自負〉。
> （《雪廬詩集》，頁 393-395）
>
> 〈小寒〉：共說小寒至，仰天微笑聽；無庸焚獸炭，更不障人屏。陰極朔方盡，陽生冰下零；東風向西度，楊柳玉關青。
>
> 〈三臺歲臘〉：漢高孝思移閭閻，力已屢竭難遂初；固饒鄉音話風月，近宅青山焉得如。羇人況無子孫賢，誰變鄒魯聞詩書；但求聊遠胡羌氣，萬事縱好非吾廬。吾廬濟南有喬木，七二泉鳴九煙綠，澤流八世未遷基，愁任蒿蓬沒主櫝。歲時薦新夢魂中，曉起仰望北天哭，湯文地無半鯤台，皆掃禹甸煙塵開。願看青徐平野盡，玉山劍潭拱蓬萊。渝州漢旌昔出狩，杜宇聲聲終喚回。會當真人乘紫氣，泰嶽不必西飛來。
>
> 〈黔婁辭徵武丐興學皆吾鄉窮人也〉：黔婁難屈貴，武丐忘私賢；慚對同鄉語，吾囊有守錢。
>
> 〈自負〉：自負時豪薄古人，幾經捫腹始覺貧；圖書勉讀十千卷，左右忽逢三兩鄰。日月昭由天地繫，文章義出聖賢新；恐今充棟洛陽紙，半作他年雨後塵。

是月初,第三期明倫講座開始前,於赴蓮社時遭摩托車從身上碾過。講座開辦時,正值養傷期間,仍拒絕以計程車接送授課。

  陳元暉:〈晨曦憶往8〉:講座開始不久前,李老師有天黃昏在蓮社被摩托車從身上輾過,他對那位青年騎士說,你趕快走,免得別人看到,找他麻煩。他爬起來之後,走進蓮社的小講堂內,若無其事地坐著,有位師姑送菜進來,忽然叫了一聲說:「唉呀!老師,你的腳怎麼在流血?」他才說出原委。這段期間,勝陽常載他去菩提醫院醫治,我因這次講座是我籌劃,所以覺得,他來上課,我應該叫一部計程車接他。有天早上,我去見他時,他很慈祥地微笑著,等告訴他我要叫計程車接他,當下就馬上變臉,很忿怒的大聲斥責我:「你年紀輕輕,那有什麼錢!」把我楞住了,只好答應他不叫車,他遂又馬上恢復笑容。
在台中期間,我曾經親眼看到他病得很嚴重及這次車禍,而由其他同學護送扶著他來上課。[1]

  《常禮舉要講記》:這是十年前的事情了,吾上蓮社來,吾被車子碰到,你們大家也知道,從吾身上壓過去。走過了街口,穿過了馬路,進了這區公所的路口了,已進了巷道,這還有什麼問題呢?又不是在馬路上?吾就慢慢地上蓮社來,這就是天命了,這不能講

---

[1] 陳元暉:〈晨曦憶往8〉,《晨曦歷史》,台大晨曦校友會,https://alumni.ntusunrise.org/p/blog-page_80.html

《禮記》了。一個小毛頭，騎車的能力不怎麼高明，他並不是上這個巷道來，他是往別條街道去，吾在巷道中慢慢的走，他不知怎麼的卻進了這邊，把吾撞了，撞倒了吾，他也倒在那裏，這很冤枉。一些看熱鬧的呢？他們就圍上啦，他若走得慢了警察就要過來了，當然他就走不了了，他走不了吾也走不了了。吾說：「你快走，我離蓮社近，還有人照顧，用不著你照顧我，兩個人留在這，就倒楣。」[1]

一月七日（五）至二十八日（五），舉辦第三期大專佛學講座明倫講座。先生講授《阿彌陀經要解》六十小時，並主持「問答法要」及念佛開示；徐醒民講授《大乘起信論》六十八小時。每日上課八小時，並安排有三次念佛課程、三次研討會。此次講座為進階課程，由明倫講座第一、二期結業學員中遴選十八位學員參加，旁聽學員約四十位。[2]

一月七日（五），晚七時至九時，舉行第三期明倫講座開學典禮。

---

[1] 李炳南講述，鍾清泉整理：《常禮舉要講記・出門》（1982年4月23日至5月31日，講于「論語講習班」），明倫月刊資訊網：http://www.minlun.org.tw/1pt/1-dream weaver/24-01.htm

[2] 參見：〈新聞〉，《菩提樹》第231期（1972年2月8日），頁42；〈新聞〉，《慧炬》第99期（1972年3月15日），頁84。

一月八日（六），上午八時至十時，於明倫講座主持「問答法要」。

下午三時至五時，為「念佛共修」，先請先生開示一小時。

一月九日（日），上午八時至十時、下午三時至五時，於明倫講座宣講《彌陀要解》。

是日，中華佛教居士會舉行成立三週年紀念暨第二屆會員大會。先生受聘為名譽理事。[1]
【案】先生為中華佛教居士會第一屆理事。

一月十日（一），上午八時至十時、下午三時至五時，於明倫講座宣講《彌陀要解》。

一月十一日（二），上午八時至十時、下午三時至五時，於明倫講座宣講《彌陀要解》。

一月十二日（三），晚，於慈光圖書館週三《華嚴經》講座，宣講〈十住品第十五〉。

一月十三日（四），上午八時至十時，於明倫講座宣講《彌

---

1 〈新聞〉，《菩提樹》第 231 期（1972 年 2 月 8 日），頁 42。

陀要解》。

晚七時至九時,於善果林太虛紀念館宣講《佛說無量壽經》。

一月十四日(五),上午八時至十時、下午三時至五時,於明倫講座宣講《彌陀要解》。

一月十五日(六),上午八時至十時、下午三時至五時,於明倫講座宣講《彌陀要解》。

一月十六日(日),上午八時至十時、下午三時至五時,於明倫講座宣講《彌陀要解》。

一月十七日(一),上午八時至十時、下午三時至五時,於明倫講座宣講《彌陀要解》。

一月十八日(二),上午八時至十時、下午三時至五時,於明倫講座宣講《彌陀要解》。

一月十九日(三),晚,於慈光圖書館週三《華嚴經》講座,宣講〈十住品第十五〉。

一月二十日(四),上午八時至十時,於明倫講座宣講《彌陀要解》。

晚七時至九時,於善果林太虛紀念館宣講《佛說無量壽經》。

一月二十一日(五),上午八時至十時、下午三時至五時,於明倫講座宣講《彌陀要解》。

一月二十二日(六),上午八時至十時、下午三時至五時,於明倫講座宣講《彌陀要解》。

一月二十三日(日),上午八時至十時、下午三時至五時,於明倫講座宣講《彌陀要解》。

一月二十四日(一),上午八時至十時、下午三時至五時,於明倫講座宣講《彌陀要解》。

一月二十五日(二),上午八時至十時、下午三時至五時,於明倫講座宣講《彌陀要解》。

一月二十六日(三),晚,於慈光圖書館週三《華嚴經》講座,宣講〈十住品第十五〉。

是日,慎齋堂第五代第三屆住持德瑛比丘尼,安詳往生。享壽七十三。荼毘後撿獲舍利甚多。[1]

---

1 〈新聞〉,《菩提樹》第 231 期(1972 年 2 月 8 日),頁 41。

1972 年・民國 61 年 | 83 歲

一月二十七日（四），上午八時至十時，於明倫講座宣講《彌陀要解》。

晚七時至九時，於善果林太虛紀念館宣講《佛說無量壽經》。

一月二十八日（五），上午八時至十時，於明倫講座宣講《彌陀要解》。十時至十二時，舉行《彌陀要解》測驗。晚七時至九時，舉行第三期明倫講座結業典禮。先生題〈白衣學佛〉嘉勉。[1]（見《圖冊》，1972 年圖 1）

〈白衣學佛〉：白衣學佛，不離世法，必須敦倫盡分；處世不忘菩提，要在行解相應。　　　　李炳南[2]

【案】〈白衣學佛〉題辭，台中蓮社〈六十回顧〉之大事記要，錄列為一九七二年暑期第四期大專佛學講座時題贈學子。[3] 唯據《大專佛學講座初級教材》，「書勉第四期大專明倫講座同學」為「欲明五倫，須備十義，此世法也。脩乎六度行乎四攝，是覺世法也。」[4] 是幀為題贈大專講座學子應可確認，時間或在是年前後，今姑且繫為題贈第三期。

---

1 「雪公老恩師主持放生加持」（照片），1972 年明倫講座第三期，《智海卅週年紀念專刊》，頁 76。
2 李炳南：〈白衣學佛〉，《雪廬老人題畫遺墨》，《全集》第 16 冊，頁 28。
3 見：《蓮花一瓣分台中──台中市佛教蓮社六十週年紀念專刊》（臺中：台中蓮社，2011 年），頁 129。
4 見：《大專佛學講座初級教材》，《全集》第 4 冊之 1，頁 149。

是月，台中蓮社念佛班員假善果林靈巖書樓打佛七，先生開示「信自、信他、信因、信果、信事、信理」。[1]

二月二日（三），晚，於慈光圖書館週三《華嚴經》講座，宣講〈十住品第十五〉。

二月三日（四），晚，於善果林太虛紀念館宣講《佛說無量壽經》。

二月十五日（二），夏曆壬子年新正，例行至各道場上香，參加團拜。[2]

二月二十九日（二），元宵節。為羅無虛《八正道釋義》發行撰〈序〉。該著原連載於《菩提樹》月刊。

〈八正道講序〉：竊聞夫道者，修德也，為涅槃之庭階。涅槃者，性德也，乃道進之堂奧。入堂奧，必由庭階，求涅槃，有不由乎道也耶？惟道所歸，固不有二，然其始入，則有多方。以佛法無量，皆依道進，一若不契，則扞格門外矣。必從多擇入，終一而已。故性德一真如，而修德取道有八，是八皆正，在明其不容忽焉。四聖諦，先依之而得滅，三七助品，後依之而成無漏。三七品，為萬法之總助，八正道，即萬修所不能

---

[1] 台中蓮社：〈六十回顧‧大事記要〉，《蓮花一瓣分台中——台中市佛教蓮社六十週年紀念專刊》，頁 123-152。
[2] 新正例行行程參見 1971 年 1 月 27 日。

少離者也。但經文甚約，涵義難窮，古注又多簡奧，時人不識，每致摩尼當前，空返寧不惜哉！羅居士無虛者，幼習歐美書，精科學，曾以原子理，寫佛因緣法，契今機，讀者悅懷。茲感八正道法之要，而塞於時，遂融邏輯辨證諸法，於香港佛教青年協會，作通俗講述。圓滿以後，記其所言，鑄鉛流通，以語體文作新注疏，冀青衿見而便之。

中華民國歲次壬子上元東魯李炳南序[1]

【案】羅無虛此作，係一九七〇年八月四日起，為香港佛教青年協會教理研究組講述，經思明、簡燦煊、麥淑霞等人記錄，刊登於《菩提樹》月刊二一五期（1970年10月）至二二四期（1971月7月）。連載完畢後，結集出版，請先生撰序。

同日，為臺南吳修齊伉儷六秩壽辰印贈江味農《金剛經講義》撰〈序〉。以江味農講義考校詳實，解義通達，然刊行未廣、供不應求；讚吳氏能罷稱觴之偏小，而成金剛般若之法施。

〈續印金剛經講義序〉：竊聞之：法門無量，要不離乎般若。般若卷六百，而以金剛為粹精。漢譯者，獨童壽大師之本，普流宇內，其文簡而義豐，其辭顯而理邃，假無師承，讀每無所得焉。無已，惟注疏之旁求，

---

[1] 李炳南：〈八正道講序〉，《菩提樹》第233期（1972年4月8日），頁11；收見：《雪廬寓臺文存》，《全集》第14冊之2，頁156-157；原刊落款「歲次壬子上元」。

約計竟達數百家之繁,臨之幾無所措也。

江味農氏講義晚出,可稱前無古人,非謂直居諸上,惟警其體正意新也。觀江氏之學,知是習於古訓有獲,攬於群書能擇,其參已入於密,解而極乎微者也。或有病其繁且複者,有是焉,未為病。《觀經妙宗鈔》,為淨典最精之注,人亦有擬加刪者,蕅祖直謂不得增減一字,余與是著,意亦如是。

惜乎!瑰寶之初出也微,比及至臺,求者益多,書已罄矣。立法委員姜紹謨氏,於臺繼而重刊,不二年,索亦空。但初重二刊,其數不詳。馬來吾僑趙忍庵氏,及利華銀行董事余、丘、蘇諸氏,合而三刊,都五千部,仍供不應求,今竟無所得也。

臺南吳修齊居士者,幼習儒,日據臺時,作陶朱之隱,與其夫人賴蓮樵居士,俱篤信佛,樂善好施,凡諸慈益,皆捐助無虛過;讀是著而欣焉,惟嘗慨其流通不廣也。今歲逢二老人六秩揆辰,所親咸擬醵祝,居士謙沖自抑,婉辭焉。因憶及疇昔之慨,亟出淨財,續刊千部。徵序於予,予曰:吁!是舉也善,乃學而有得之所為也。爰為敷陳因緣,冀得而受持者,知所篤慶,畀爾同其壽,同其德,尤為序者所頌禱也。

中華民國重紀壬子上元東魯李炳南謹序[1]

---

[1] 李炳南:〈續印金剛經講義序〉,《菩提樹》第 240 期(1972 年 11 月 8 日),頁 33;收見:《雪廬寓臺文存》,《全集》第 14 冊之 2,頁 129-134;落款據原刊。

二月起,為六十學年度第二學期,持續於中興大學中文系三年級講授《禮記》,中興大學夜間部中文系二年級講授「詩選」;於中國醫藥學院醫科講授《內經》專課。

是年春初,北上至立法委員王大任府宅,為臨終之王母開頂,並祝禱生西。

> 王大任,〈雪公李炳南老居士輓詩有序〉:壬子春初,家母病危,雪公於百忙中自臺中蒞臨寒舍,並為家母開頂,繼而高僧懺雲法師亦至。(學佛者於臨終前煩高僧剃頂髮謂利超升)家母面告雪公,我塵緣已盡,毫無留戀。深感有生之年,子孝孫賢,允無遺憾。雪公面告家母,你學道虔誠,可望生西,我們靈山會上再見。言猶在耳,雪公業已辭塵,憶往思親,不禁淚落如雨矣。
>
> 去日匆匆十載茲,駕臨寒舍正春時,緬懷家母彌留語,感激宗師開頂辭。[1]
>
> 【案】王大任(1911-1991),名雲祚。遼寧省遼陽縣城北野老鸛灘村人。一九四八年在工會東北區當選第一屆立法委員。[2]

三月一日(三),晚,於慈光圖書館週三《華嚴經》講座,

---

1 王大任:〈雪公李炳南老居士輓詩有序〉,《明倫》第 164 期(1986 年 4/5 月)。
2 國史館編:〈王大任先生行述〉,《國史館現藏民國人物傳記史料彙編·第七輯》(臺北:國史館,1992 年 7 月),第 3 頁。

宣講〈十住品第十五〉。

是日，臺北市華嚴蓮社住持南亭法師退位，由成一法師接任。[1]

三月二日（四），晚，於善果林太虛紀念館宣講《佛說無量壽經》。

三月三日（五），本週起，週五晚蓮社「國學指導」例行課程，開講《論語》。

【案】台中蓮社改建前，週五晚，為資深學生跟隨先生學習之小團體「國學指導」。前半小時為個別指導，之後先生為大眾講授《四書》、「歷史」、「古文及詩」（詳見1964年9月）。《中庸》授課自一九七一年五月十四日，至該年十一月十二日（見前譜文），接續講授「古文及詩」，授課至一九七一年底，告一段落，而後接續講授《論語》。據陳雍澤《論語筆記》，其參與自一九七三年十二月二十八日，開講〈子路十三〉起，至一九七五年一月二十四日〈子張十九〉第二章止，[2] 該期《論語》講授約當自一九七二年初，至一九七五年年初，蓮社改建為止。經查：明

---

1 〈新聞〉，《菩提樹》第232期（1972年3月8日），頁49。
2 李炳南講，陳雍澤記：《論語筆記》，1973年12月28日至1975年1月24日，未刊本。

倫講座第三期（1972年1月）課表，尚無《論語》常態課程；爾後，明倫講座第四期（1972年7月）、第五期（1973年7月）、第七期（1974年7月）、第八期（1975年1月），皆列週五晚《論語》為蓮社長期講經法會。據上及課程進度推估，該期《論語》開講於一九七二年初，壬子年元宵節後第一週（1972年3月3日），圓滿於一九七五年初，甲寅年臘月十五前後（1975年1月31日）。唯文獻無徵，未能於每週日程呈現，謹據陳雍澤《論語筆記》，自一九七三年十二月二十八日起，呈現於每週行事。

三月五日（日）、三月十二日（日），連續兩週週日下午，北上至臺北蓮友念佛團開示「淨學知要」，有講表及記錄。[1]

〈社員點滴〉：三月五日，三月十二日兩天下午，李炳南老師在臺北蓮友念佛團開示「淨學知要」。本校有二十餘人前往聽講，這些人多為幹事，大家聽了李老師的開示，法喜充滿，深感受益良多，並決定將李老師的開示帶回學校，使學校同學皆得法益。當日，並曾攝影留念。[2]

---

1 李炳南：〈淨學知要〉（講表），《弘護小品彙存》，《全集》第4冊之2，頁439；講錄見：李炳南講，愚者記：〈淨學知要〉，《脩學法要續編》，《全集》第10冊之1，頁185-198。
2 本刊記者：〈社員點滴・晨曦訊〉，《明倫》第9期（1972年4月）；〈新聞〉，《慧炬》第100期（1972年4月15日），頁76。

〈淨學知要〉：淨土法門與別的法門不同，是八萬四千法門外的特別法，如何特別？有三點：首先，修淨土宗沒老師而看經典，文理講得通就行。再者，不斷惑能了生死，是為難信之法。三者，當生成就，如此便宜，又叫人不信。既然如此，為什麼修淨土者不少，成就者不多？這不是佛經欺騙人，也不是佛法欺騙人，而是誤解佛經及祖師的話，若不誤解，人人可得成就。

（甲）信願行三資糧

初學淨土者，「信願行」三字有些誤解。修淨土宗者若認為只有行，不必解，如此便是誤解，故不成功。講淨土三經，講就是解，所以並非不求解。唯一不同的是淨土宗解可行，不解也可行。但是淨土宗並不是叫人不解，學佛在破迷啟悟，而「取漸隨分」，即漸漸解，隨分斷惑，並非解一下就斷盡無明。每日除做功課外，要定時看三經注解。

（乙）萬修萬去

修淨土宗者不只萬人，若說萬修萬去，沒這回事。學佛要聞思修，若真修，七天可兌現，這是指可斷惑者。中、下根不能斷惑，不能斷惑就不是證果，只要真修，就可以萬修萬人去，「去」淨土。若昏沉散亂唱誦，如何能成功？「信願持名」，必得自己修行念佛才與佛感應。念佛是正功，還得有「三福五善」作助功。

（丙）十念往生

十念往生，乃是阿彌陀佛發的大願，得瞭解此中意義。修淨土有三經，持名是根據《阿彌陀經》，修淨土

不知要一心不亂,只說十念往生,就是誤會之一。十念往生,在《十六觀經妙宗鈔》說的詳細,那是多生多劫修行未成功者,再下生時不懂念佛,這一生沒有功夫,但因多生多劫持名伏惑,臨終遇到善師勸他念佛,能信之而念,這一念決不是浮浮的念。

(丁)帶業往生

學佛得求斷惑,若不求斷惑,臨命終時心不顛倒,才能往生,這是經上所說。七日得一心不亂,真正得一心則斷見思惑,若斷不了惑,伏惑也行,但是別的宗派伏惑沒用。修淨土宗能把惑伏住不起來,就感應道交。能伏惑,臨命終往生淨土,才叫帶業往生。並沒有斷惑,而是帶著惑往生西方。

(戊)求證一心不亂

修淨土宗者參加佛七,目的在求一心不亂。得一心,往生便有把握。求不到一心,也有二等的、三等的程度。

修淨土的正解,要「內外功」。第一,得有恆心,要「不退」。再者「不變」,學了淨土又學禪,三心兩意,如此改變,如何能成功?三是「不動」,八風吹不動,凡遇逆境、順境均能念佛,則是不動,這是內功。幫助正功夫的「助道」是什麼?只要管住心就行。心起念頭攀的萬緣,可歸納為「煩惱緣與菩提緣」,心起念頭只要使心不攀煩惱緣,就是轉煩惱成菩提。修淨土宗發菩提心為度眾生,阿彌陀佛專為度眾生,起念頭就攀緣阿彌陀佛,便是隨菩提緣。

三月八日（三），晚，於慈光圖書館週三《華嚴經》講座，宣講〈十住品第十五〉。

三月九日（四），晚，於善果林太虛紀念館宣講《佛說無量壽經》。

三月十五日（三），晚，於慈光圖書館週三《華嚴經》講座，宣講〈十住品第十五〉。

三月十六日（四），晚，於善果林太虛紀念館宣講《佛說無量壽經》。

三月十八日（六），中興大學智海學社第十一屆社慶，題辭祝賀。同時，該社成立圖書室，請先生題榜，由周家麟代筆。先生另又題辭指點：思無正之書，不入此室。[1]（見《圖冊》，1972年圖2）

〈題智海學社學刊之四〉：端心正意，不作眾惡，甚為至德，十方世界，最無倫匹。　　　　李炳南敬祝

〈題智海學社圖書室成立〉：天下治亂，即蒼生之安危。為之者政，發之者心。而心習聖則聖，習狂則狂，此治亂之分野。語言文字，其心之化機乎！思無正

---

[1] 數位典藏／墨寶／弘化遺札／〈題智海學社學刊之四〉、〈題智海學社圖書室成立〉。時間據〈智海十一週年社慶〉，《智海卅週年紀念專刊》，頁49。

1972年・民國61年｜83歲

之書，不入此室，善矣。
智海學社圖書室成立紀念　　　　　　　　李炳南敬題

　　紀潔芳，〈三十話智海〉：智海圖書室，最初在第四屆，智海學社的書櫃是放在靈山寺的講堂。後來搬到土壤館後面的那幢房子，那時候是許寬成教授的研究室。後又搬到蓮社去，直到第十一屆又遷到現在的小禮堂的活動空間，正式成立智海圖書室。智海學社木製的名牌──「智海圖書室」就是那時候蒙雪公恩師題字掛上去的。[1]

　　【案】據：謝嘉峰，〈智海六十社慶〉：圖書室誕生於一九七二年三月十八日（智海第十一屆社慶），寂滅於二〇一六年十月三十一日（智海五十六屆）。[2]

三月二十二日（三），晚，於慈光圖書館週三《華嚴經》講座，宣講〈十住品第十五〉。

三月二十三日（四），晚，於善果林太虛紀念館宣講《佛說無量壽經》。

三月二十八日（二），下午二時，至善果林太虛紀念館，列席菩提救濟院第三屆第三次董事會。先生提案：懇請辭

---

[1] 蓮德（紀潔芳）口述，編輯組整理：〈三十話智海〉，《智海卅週年紀念專刊》，頁14-21。
[2] 謝嘉峰：〈智海六十社慶〉，《今成訊息》（臺中：今成文教基金會，2021年12月），頁49-55。

去財管委員會總稽核一職。董事會決議：慰留。

  周邦道主席，游俊傑記錄：〈菩提救濟院第三屆第三次董事會議紀錄〉

提案：竊以本人年逾八旬，心身俱衰。錢財帳簿繁細，精力已不勝任。呈請大會另委賢能，以卸仔肩，免誤公務。公私俱利，不勝感禱。至於劃撥帳戶並乞改歸救濟院自理，以清權限為便。請公決案。

決議：慰留。關於總稽核實際工作，暫由董事會總務周春煦居士代辦。

臨時動議提案：董事會舊欠李老師經手三十萬元，如何籌還案。

決議：俟醫院有盈餘時，陸續籌還歸墊。[1]

三月二十九日（三），晚，於慈光圖書館週三《華嚴經》講座，宣講〈十住品第十五〉。

三月三十日（四），晚，於善果林太虛紀念館宣講《佛說無量壽經》。

是月，《菩提樹》雜誌社遷移至國光路新址，編者朱斐住家

---

[1] 周邦道主席，游俊傑記錄：〈菩提救濟院第三屆第三次董事會議紀錄〉，1972年3月28日。

1972 年・民國 61 年 | 83 歲

同時遷入。[1]

四月二日（日），應邀至水湳佛教蓮社參加該社成立五週年紀念活動，並為大眾開示。有劉汝浩、苑叔恆、周家麟、朱斐等數百人與會。[2]

是日晚八時，蓮社附設國文補習班第二十一期在蓮社舉行開學典禮。教務主任王影真、訓導主任鄭勝陽以及教師炳南先生、盧志宏及黃平福等人。本屆報名人數三十五人。[3]

四月五日（三），晚，於慈光圖書館週三《華嚴經》講座，宣講〈十住品第十五〉。

四月六日（四），晚，於善果林太虛紀念館宣講《佛說無量壽經》。

四月十二日（三），晚，於慈光圖書館週三《華嚴經》講座，宣講〈十住品第十五〉。

四月十三日（四），晚，於善果林太虛紀念館宣講《佛說無

---

[1] 〈影畫版〉，《菩提樹》第 233 期（1972 年 4 月 8 日），頁 2-3、52。
[2] 〈新聞〉，《菩提樹》第 233 期（1972 年 4 月 8 日），頁 48。
[3] 《國文補習班》（1972 年 7 月），台中蓮社檔案。

量壽經》。

四月十五日（六），於中興大學中文系《禮記》專課，開始講授〈中庸〉。[1]

四月十六日（日），夏曆三月三日，入夜臨川，有詩〈春禊綠川對月時有填建市場之議〉。許祖成有和詩。

〈春禊綠川對月時有填建市場之議〉：挽住詩家月，今宵禊綠川；風林嘯遠籟，練水蕩春煙。翻熄文翁教，將尊少伯賢；清輝再來照，海客醉花鈿。（《雪廬詩集》，頁395）

許祖成，〈敬步雪師春禊綠川原韻〉：高照詩魂月，春宵滿綠川；清風揚雅韻，法水潤輕煙。魯論興文教，釋經化隱賢，甘棠遺澤重，島客薄花鈿。[2]

前後又有〈乘快車穩而不覺其行但見萬物來奔〉、〈多月〉、〈野鳥〉、〈球〉、〈題贈香積小廚素食館〉、〈滅法〉、〈國家復興文化襄贊多岐甚有主西化者〉。
（《雪廬詩集》，頁395-397）

〈乘快車穩而不覺其行但見萬物來奔〉：蜿蜒震電駕龍飛，綠野如濤天一圍；不解前行安穩計，看成萬物

---

1 李炳南講，吳聰敏記：《中庸筆記（二）》（1972年4月15日－1972年6月，講於中興大學中文系），未刊稿。
2 許祖成：〈敬步雪師春禊綠川原韻〉，《許教授寬成往生十週年紀念專輯》（臺中：智海學社，1990年），頁60。

1972 年・民國 61 年｜83 歲

自來歸。

〈野鳥〉：孤山處士本無妻，但掃茅庵家已齊；抱膝高眠任昏曉，偏來野鳥隔窗啼。[1]

〈國家復興文化襄贊多岐甚有主西化者〉：天隨人事共紛紜，秋日濤瀾夏日雲；萬里挾風危席幔，重霄不雨障曦曛。雞蟲得失難為主，楊墨門牆各有群；解道尼山愁左衽，憲章祖述是何文。

其時，中興大學中文系學生籌組詩社，先生以「柳院聞鶯」試諸生，先有詩作；明允中、王禮卿亦各有作及和詩。王禮卿夫人丁汝訒記有此一唱和盛事。

〈中興大學文學系詩社賦柳院聞鶯（承主試）〉：鶯囀春風塵未安，柳煙深處結詩壇；鍾靈仙嶠士多俊，震電晴空詞有瀾。隔葉好音求友賞，接天青眼照人寬；門牆應是陶元亮，斗酒聽終割捨難。

明允中，〈雪翁詩課柳苑聞鶯分題試作〉：新陰幾日碧條長，小院東風鳥自忙；金縷按歌聲宛轉，綠雲低拂影相將。朝寒渭北催春酒，細雨江南喚夕陽；解道年年芳草意，莫教花樹怨經狂。[2]

王禮卿，〈分賦柳院聞鶯〉：金梭輕擲翠雲開，攜

---

1 許祖成有〈敬步雪師野鳥原韻〉：維摩法喜以為妻，等視諸緣物已齊；度眾自甘留細惑，任他野鳥向空啼。見：《許教授寬成往生十週年紀念專輯》，頁 61。
2 明允中：〈雪翁詩課柳苑聞鶯分題試作〉，《誠齋詩草（甲乙編）》（臺中：自印本，1982 年，國立中興大學圖書館收藏），頁 32。

酒持柑坐碧苔；百囀韻從千縷曳，十分春逐一聲來。夢縈上苑穿煙雨，聽到江南愴劫灰；等是天涯求友切，邇喬多為徙新栽。[1]

王禮卿，〈雪老試諸生柳院聞鶯詩余已同賦再次雪老韻奉和〉：風騷大國久偏安，重振元音佇將壇；璞可雕鏤資巧匠，珠能圓折愜文瀾。嚶鳴睍睆鸞聲潤，青眼婆娑柳帶寬；蒼勁橫空老去筆，少陵詩律和應難。[2]

丁汝訒，〈攤破浣溪沙‧序〉：今閱《明倫雜誌》，有李老師〈柳院聞鶯〉七律一首，當年中文系成立詩社，有各位教授先生逸情雅興，盛況一時。而今李（炳南）老師已辭授課，弓（英德）主任退休養病，明（允中）教授遷居臺北，許（祖成）教授作古，禮卿退休賦閒。物換星移，人事皆非。良可慨也。[3]

四月十九日（三），晚，於慈光圖書館週三《華嚴經》講座，宣講〈十住品第十五〉。

四月二十日（四），晚，於善果林太虛紀念館宣講《佛說無

---

[1] 王禮卿：〈分賦柳院聞鶯〉，《誦芬館詩集》，收見：《王禮卿教授百年誕辰紀念文集》（臺中：中興大學中文系，2011年8月），頁369。

[2] 王禮卿：〈雪老試諸生柳院聞鶯詩余已同賦再次雪老韻奉和〉，《誦芬館詩集》，收見：《王禮卿教授百年誕辰紀念文集》，頁369。

[3] 丁汝訒：〈攤破浣溪沙‧序〉，《汝訒詞稿》，收見：《王禮卿教授百年誕辰紀念文集》（臺中：中興大學中文系，2011年8月），頁431。

量壽經》。

四月二十六日（三），晚，於慈光圖書館週三《華嚴經》講座，宣講〈十住品第十五〉。

四月二十七日（四），晚，於善果林太虛紀念館宣講《佛說無量壽經》。

是月，六十年中興大學舉行第二學期期中考，為夜間部中文系二年級「詩選」、中文系三年級《禮記》專課出試題。[1]

是月，江錦祥輯所繪作發行，臺中佛教耆老蔡運辰居士為撰〈江逸子畫集序〉，稱其盛年養晦、不慕榮利，繪事之外、棲心梵筴，為隱逸者流。[2]
　　【案】江錦祥／逸子年未冠即從學先生，深受影響。參見一九六四年八月十八日譜文，先生於其初次個展時所撰〈江錦祥畫展小序〉。

五月三日（三），晚，於慈光圖書館週三《華嚴經》講座，

1　【數位典藏】手稿／其他著作／大專院校授課試卷／〈六十年中興大學第二學期期中考禮記試題〉。
2　念生（蔡運辰）：〈江逸子畫集序〉，《菩提樹》第233期（1972年4月8日），頁33；收見蔡運辰：《如是庵內外稿初集上冊》，《如是庵文存》，頁253-256。

宣講〈十住品第十五〉。

五月四日（四），晚，於善果林太虛紀念館宣講《佛說無量壽經》。

五月七日（日），上午八時三十分，至台中蓮社參加中部大專佛學演講比賽，擔任評審，並於比賽結束講評指導。[1]

五月十日（三），晚，於慈光圖書館週三《華嚴經》講座，宣講〈十住品第十五〉。

五月十一日（四），晚，於善果林太虛紀念館宣講《佛說無量壽經》。

五月十七日（三），晚，於慈光圖書館週三《華嚴經》講座，宣講〈十住品第十五〉。

五月十八日（四），晚，於善果林太虛紀念館宣講《佛說無量壽經》。

五月二十一日（日），晚七時，至中國醫藥學院第十四教室，參加該校醫王學社年度送舊及十週年社慶慶祝大會。（見《圖冊》，1972年圖3）中部各校代表及該校歷屆

---

[1] 〈新聞〉，《慧炬》第 102/103 期合刊（1972 年 6/7 月），頁 106。

社長多人返校參加，先生受邀簡短演講。慶祝會前後，又有專題演講，有〈醫王學社十年紀念〉講表。

〈醫王學社十年紀念〉：

（甲）立身之道：（品德）自尊和群，（技能）自利利眾。此必擇業求知

（乙）醫之原旨：（仁心）救人救世，（仁術）自利利眾。范文正問相

（丙）佛學原旨：（基本）慈悲一切，（方法）五明醫藥。以醫為重稱王

（丁）合之雙美：醫—職業性重、良心管制；佛—宗教性重、因果報酬。職業能欺，宗教難違；良心可昧，因果難容。

（戊）循環性：仁心→信因果→術精→業隆→仁心。（四者循環）[1]

〈醫王學社〉：周孔醫世，岐黃醫境，和緩醫身，佛陀醫心。譬諸月魄，體無闕圓，用不其一，惟時所之。

醫王學社正　　　　　　　　　　　　　　李炳南[2]

〈新聞〉：晚七時，中國醫藥學院醫王學社，於本校第十四教室舉行今年度送舊及十週年社慶慶祝大會。出席的有本校內經學教授及兼該社指導老師李炳南外，尚有明倫社、中興智海學社及靜宜代表參加，更難得的

---

[1] 李炳南：〈醫王學社十年紀念〉，《弘護小品彙存》，《全集》第4冊之2，頁425。

[2] 見：《醫王學社三十週年特刊》（臺中：中國醫藥學院醫王學社，1993年），頁27。

該社第三屆、四屆、六屆、八屆、九屆的社長均趕回來參加這一盛會。李炳南教授的桌前擺著一個十支蠟燭的中型蛋糕,晚會在現任社長林吉福的開場白中揭開了序幕。大會請李教授作一次簡短的佛學演講。他以宏亮的音調告訴大家,佛學並非哲學,他比較二者之異同,乃在於一者為偏執,一者為真實不虛、圓融無礙。其次談到宇宙現象,他說諸法因緣生、因緣滅、三際相通,了無斷滅,警惕同學們要珍重當前,以轉變過去惡因改造目前環境,進而培養將來的善果,並勉勵同學們學佛並不是只是課堂上講講、言而不行的東西,而是一種現實生活中的學問,從實踐中,方能獲得大利益,要聞要思、更要修,外行十善業、內修淨土法,苟能如此則必有成就。接著大家合唱醫王生日快樂歌。李炳南教授吹熄了十支蠟燭,把蛋糕分給同學們,接著頒獎給一些參加校外比賽優勝的同學以及有功的學社幹部,然後舉行新舊社長移交,由李教授監交後,請來賓致詞,開始晚會的餘興節目。晚會進行至十時四十五分結束。[1]

五月二十四日(三),晚,於慈光圖書館週三《華嚴經》講座,宣講〈十住品第十五〉。

五月二十五日(四),晚,於善果林太虛紀念館宣講《佛說無量壽經》。

---

1 〈新聞〉,《慧炬》第 106 期(1972 年 11 月),頁 75-76。

五月三十一日（三），晚，於慈光圖書館週三《華嚴經》講座，宣講〈十住品第十五〉「三、修行住」。

入夏，有詩〈壬子春月三望皆雨入夏晴杜鵑尚豔〉。（《雪廬詩集》，頁398）

〈壬子春月三望皆雨入夏晴杜鵑尚豔〉：三春客園雨，空負一年花；不得月中賞，由他燈外斜。條鳴涼忽滿，弦細淡無遮；寄語杜鵑砌，莫啼歸去家。

是月，臺中師專佛學社團勵德學社成立十週年，先生題辭祝賀。[1]（見《圖冊》，1972年圖4）

〈勵德學社十週年紀念〉：德行問學，切磋琢磨，己達達人，己立立人。慈悲喜捨，善巧方便，自行化他，自他兼利。十年種樹，風雲滿柯，大材參天，清蔭覆遠。　壬子首夏　　勵德學社十週紀念　炳南敬祝

【案】先生題辭原刊於《勵德——省立臺中師專勵德社十週年紀念特刊》（臺中：1972年12月31日），卷首。該社指導老師呂佛庭，有〈特刊序〉記述臺中師專「勵德學社」原名「潮音學社」，成立時炳南先生與多位大德蒞會指導。「至去年，推介簡金武老師指導。」簡金武，一九七四年七月辭去該校教職至炳南先生主持之內典研究班就學。

1　李炳南：〈勵德學社十週年紀念〉，《雪廬老人題畫遺墨》，《全集》第16冊，頁159。

六月一日（四），晚，於善果林太虛紀念館宣講《佛說無量壽經》。

六月三日（六），復函劉建勛，寬慰其安心靜養。[1]（《圖冊》，1972年圖5）

〈劉建勛之七〉（1972年6月3日）：建勛賢弟鑒：人生禍福無常，因緣複雜。只有逆來順受，靜心調養，達觀一切。古人云：「七分調養，三分醫藥。」又云：「不藥即中醫」。前事已成過去，不可再憶，徒增煩惱，來者多加小心，懺悔宿業，精進求道，必有好處。機緣一轉，幸福自然來臨也。　敬祝

健康　　　　　　　　　　　　侍李炳南合十　六月三日

【案】劉為先生鄉晚，原職軍人，擬退役出家，經先生建議先至臺中學習，而後進住臺北臨濟寺。（見1960年8月4日、1960年8月25日、1963年5月8日各節）

六月七日（三），晚，於慈光圖書館週三《華嚴經》講座，宣講〈十住品第十五〉「四、生貴住」。[2]

六月八日（四），晚，於善果林太虛紀念館宣講《佛說無量壽經》。

1　【數位典藏】書信／在家居士／劉建勛／〈劉建勛之七〉。
2　李炳南：《大方廣佛華嚴經講述表解》，《全集》第1冊之2，頁69。

1972年・民國61年｜83歲

六月十四日（三），晚，於慈光圖書館週三《華嚴經》講座，宣講〈十住品第十五〉「五、具足方便住」。[1]

六月十五日（四），晚，於善果林太虛紀念館宣講《佛說無量壽經》。

六月二十一日（三），晚，於慈光圖書館週三《華嚴經》講座，宣講〈十住品第十五〉「六、正心住」。[2]

六月二十二日（四），晚，於善果林太虛紀念館宣講《佛說無量壽經》。

六月二十八日（三），晚，於慈光圖書館週三《華嚴經》講座，宣講〈十住品第十五〉「七、不退住」。[3]

六月二十九日（四），晚，於善果林太虛紀念館宣講《佛說無量壽經》。

是月，中興大學智海學社應屆畢業生謝嘉峰等多位同學，於畢業前夕，禮請先生、周家麟、徐醒民、蓮社董事長朱

1　李炳南：《大方廣佛華嚴經講述表解》，《全集》第1冊之2，頁70。
2　李炳南：《大方廣佛華嚴經講述表解》，《全集》第1冊之2，頁71。
3　李炳南：《大方廣佛華嚴經講述表解》，《全集》第1冊之2，頁72。

炎煌等諸位師長,於蓮社小講堂開示。[1]（見《圖冊》,1972年圖6）

　　謝嘉峰,〈懷念老蓮社〉：大學畢業前,請雪公、聖公、醒公、蓮社朱社長,在小講堂勉勵我們。男同學提的問題,大多是將要去當兵,怎麼繼續學佛？女同學呢,出社會工作,將來結婚怎麼辦？雪公也好,聖公、醒公也是,都勉勵我們要「敦倫盡分」、「信願持名」,每日記得要念佛,將來行菩薩道,自行、化他。最後,朱老社長看到我們年輕小伙子,好像知道我們很害怕的樣子,劈頭就說：少年仔,不要怕,儘管往前衝,照著老師的話,盡力去做。我都在社會混過的,社會沒有什麼好可怕的。不過呢,有空要常回蓮社,親近李老恩師,這才是最重要的。

　　謝嘉峰,〈獨立〉：十六年前大學即將畢業,想到就要離開恩師去服兵役,不知何時才能再聞師訓,心中實在難過非常。往後該怎麼做人處事？如何學佛念佛？對於人生應何去何從？真是千頭萬緒、徬徨無依,於是請示老人家,懇請為中區大專佛學社團即將畢業的同學開示,老恩師一口氣答應,當下約了時間、地點在老蓮社小講堂。

　　期盼著,這一天終於來到,晚上天公不作美,忽然下起小雨來了,心想下雨天老人家怎麼來？就帶著傘,趕

---

[1] 弘超（謝嘉峰）：〈懷念老蓮社〉,《今成訊息》（臺中：今成文教基金會,2021年12月）,頁56-68。

到正氣街去接老師，走啊走的，在合作街和信義街交叉口，忽見一長者撐著傘，慢慢地走過來，連忙往前一看，那不就是老師嗎？趕緊走向前叫著說：「老師，您老人家怎麼沒坐車來呢？」只見老師笑著：「下著雨，慢慢走也是一樣。」「老師我們叫部車坐」師云：「不用了，走一下就到了」愚鈍的我，想到有事弟子服其勞，就上前搶著老師的傘想要代勞，只見老師力大手快閃開說著，「我自己撐也是一樣」，再走幾步，愈想愈不對，怎麼辦呢？於是再鼓足勇氣，要再幫老師撐傘，並說：「還是學生撐傘？！」只見老師笑笑說：「自己撐就是學著獨立啊！要獨立啊！」[1]

是月，中興大學舉行六十學年度第二學期期末考。先生為中文系三年級《禮記》、夜間部中文系二年級「詩選」出試題。《禮記》考試範圍為〈中庸〉。[2]

七月二日（日），蓮社附設國文補習班第二十一期舉行結業典禮。本期報名人數三十五人，自四月二日開學，上課三閱月，結業學員有男十四人、女六人，合計二十人。[3]

---

1 弘超（謝嘉峰）：〈獨立〉，《師訓集錦（三）》，《明倫》第183期（1988年4月），頁30。依此文發表時間前推十六年，約當是時。
2 【數位典藏】手稿／其他著作／大專院校授課試卷／〈六十年中興大學第二學期期末考禮記試題〉。
3 《國文補習班》（1972年7月），台中蓮社檔案。

本期結業後,因蓮社改建,國文補習班暫停招生。
【案】蓮社附設國文補習班自本期(第21期)結業後,因教室重建,國文補習班暫停招生五年。至一九七八年十月恢復招生。

七月五日(三),晚,於慈光圖書館週三《華嚴經》講座,宣講〈十住品第十五〉「八、童真住」。[1]

七月六日(四),晚,於善果林太虛紀念館宣講《佛說無量壽經》。

七月七日(五)至三十日(日),於台中蓮社為各大專學佛青年舉行明倫社第四期大專暑期佛學講座,共有一百三十五位學員參加。先生任教《佛學概要十四講表》三十小時、《佛說阿彌陀經》二十四小時,徐醒民講《唯識簡介》十八小時,周家麟講《般若心經》十八小時,許祖成講〈普賢行願品〉十八小時,王燗如講《八大人覺經》十八小時。[2](見《圖冊》,1972年圖7)
此六門相輔相成,配合得天衣無縫。《十四講表》為三藏十二部之縮影,乃入佛學之指南。《八大人覺經》總括大小乘,亦屬佛法之概論。般若言性,唯識

---

[1] 李炳南:《大方廣佛華嚴經講述表解》,《全集》第1冊之2,頁73。
[2] 明倫社:〈第四期明倫大專佛學講座——初級班課程表及生活作息時間表〉(1972年7月),台中蓮社檔案。另參見:〈新聞〉,《菩提樹》第236期(1972年7月8日),頁48。

言相,攝全部佛學之精華。以上四科屬解門。《阿彌陀經》則專言淨土宗之持名法,屬行門,而〈普賢行願品〉則澈上澈下、攝盡行解,發大心願,最後導歸極樂。且以一句阿彌陀佛名號為修行中心,六門功課為其注解。研乎六門皆在助乎此句佛號之理解與提起,此講座之特別處也。[1]

【案】本期參加學員正式生有:吳聰龍(臺中一中)、顏尚文(師大歷史三)、徐貴源(興大植病二)、范增平(東吳中文四)、蕭武桐(政大公行)、謝發達(政大經濟)、賴鵬舉(北醫醫五)、郭敏芳(北醫藥一)、胡秀美(北女師專)、何美雪(靜宜商學二)、謝惠蘭(東吳中文一)、連淑慎(淡江中文)、吳錦珠(屏東農專畢)、⋯⋯等一百一十人;服務同學有吳碧霞、黃平福、蕭信雄、連淑美、藍清隆、陳清鏘、連文宗、吳健銘⋯⋯等十九人。[2]

侯坤宏、卓遵宏,《六十感恩紀:惠敏法師訪談錄》:大一下學期的尾聲,暑假之前,周水發社長很熱心地推薦暑假之佛教界所辦的各類佛學營隊或講座的報名活動。我就很好奇地問周社長說:「這是怎麼一回事?大家在討論什麼事情?」他回答:「暑假有兩個佛學活動,你要不要參加?」我就說:「好啊,我參

---

1 記者:〈第四期明倫大專佛學講座特別報導〉,《明倫》第12期(1972年8月22日)。
2 明倫社:《第四期明倫大專佛學講座通訊錄》(臺中:明倫社,1972年7月)。

加。」他接著就問我說:「你要參加哪一個?一個比較辛苦、比較嚴格;另外一個比較輕鬆、快樂,比較像救國團營隊的活動。」我就跟他講說我要苦的那一個。因為想像中苦的應該有點像少林寺一樣,可能是在深山裡面,然後要砍柴、挑水;然後要很嚴格地訓練那種。

後來我才知道,所謂比較輕鬆的是指比較像救國團營隊的是某佛教道場所辦的佛學夏令營,比較辛苦的是指台中蓮社主辦的「明倫大專佛學講座」(1972年度),在所有新的社員中只有我報名所謂「比較辛苦」的。他把我託付給參加明倫講座的北醫慧海社的老學長賴鵬舉,當時他是醫學系將升上五年級,也有報名參加明倫講座。他問我說:「你可以參加幾天?」我回答:「三個星期全程參加。」他大概是想我可能耐不住,只會參加一、二天就溜走了。

明倫大專佛學講座對於正式生,有提供吃、住的安排,但是假如是旁聽生就要自己負責。那次因為很多人報名,有些北醫、淡江的老學長好意將正式生名額讓給其他新學佛法的大專生,自己志願當旁聽生,自行安排吃、住,因此也邀我一起加入旁聽生的行列,寄住臺中聖印法師的道場——慈明寺。雖然離明倫講堂有一段距離,不過走路可以走得到。

那次佛學講座是李炳南老師講「佛學十四講表」。說來也奇怪,可能腦的運作與佛法有些相應,一聽就覺得很有道理,而且有一種熟悉的感覺,不會覺得很陌生。所以,那三週對我來講是非常愉快的一個學習過程,每天

就這樣早出晚歸。[1]

【案】惠敏法師（1954-），即當時就讀北醫藥學系一年級的郭敏芳，大學畢業後至聖嚴法師創設之中華佛研所就讀，而後留學日本，獲東京大學博士學位，歷任國立臺北藝術大學教務長、代理校長，法鼓文理學院校長，西蓮淨苑住持，中華電子佛典協會（CBETA）主任委員。

七月七日（五），晚七時半至九時半，舉行第四期明倫講座初級班開學典禮。先生說明講座緣起，在秉「明」與「倫」之宗旨，延續吾國自漢唐以來之內佛外儒之文化。

　　第四期明倫大專佛學講座，例承歷屆，秉「明」與「倫」之宗旨，外儒而內佛，使與中國文化合。於七月七日，假台中蓮社，正式展開。當日下午，十方精英，紛臨台中，辦理報到手續，其中多有各佛學社之幹部。當晚開學典禮，雪廬老師於講座之起由與經過多所訓示。其中孤懷微旨，無以盡言！良以中華文化慘遭摧折，禮教人倫式微，且佛法值末世，故眾生同沉淪。如今，家庭教育已不生效，學校教育業已變質，而社會教育徹底失敗。年輕一輩，未得良好教育，如是而往，國家民族之前途實堪遠憂。而吾國自漢唐以來之內佛外儒之文化，尚延存於臺灣，故因勢利導，局面可當下改

---

[1] 侯坤宏、卓遵宏：《六十感恩紀：惠敏法師訪談錄》（臺北：法鼓文化，2015年12月），頁50-54。

觀,此講座之所以開創,亦師之苦心也。[1]

七月八日(六),上午八時至十時、下午三時半至五時半,於明倫講座講授《佛學概要十四講表》。

晚七時半至九時半,舉辦「交誼會」。

七月九日(日),上午八時至十時、下午三時半至五時半,於明倫講座講授《佛學概要十四講表》。

七月十日(一),上午八時至十時、下午三時半至五時半,於明倫講座講授《佛學概要十四講表》。

七月十一日(二),上午八時至十時,於明倫講座講授《佛學概要十四講表》。

七月十二日(三),晚,於慈光圖書館週三《華嚴經》講座,宣講〈十住品第十五〉。

七月十三日(四),上午十時至十二時,於明倫講座舉行「師生座談會」。

---

[1] 記者:〈第四期明倫大專佛學講座特別報導〉,《明倫》第 12 期(1971 年 8 月 22 日)。

1972年・民國61年 | 83歲

晚七時半至九時半,於善果林太虛紀念館宣講《佛說無量壽經》。

七月十四日(五),上午八時至十時,於明倫講座講授《佛學概要十四講表》。

晚七時半至九時半,於台中蓮社講授《論語》。
【案】據〈第四期明倫大專佛學講座初級班課程表〉,「臺中長期講經法會」列有週三《華嚴經》、週四《佛說無量壽經》與週五《論語》。週三、週四為先生於慈光圖書館、太虛紀念館之講經法會,至週五於蓮社主持之《論語》講座則未能確認起止時間。先生常於週五晚任教中興大學中文系夜間部,則此《論語》講座或係寒暑假期間開設。

七月十五日(六),上午八時至十時、下午三時半至五時半,於明倫講座講授《佛學概要十四講表》。

七月十六日(日),上午八時至十時,於明倫講座講授《佛學概要十四講表》。

七月十七日(一),上午八時至十時、下午三時半至五時半,於明倫講座講授《佛學概要十四講表》。

七月十八日(二),上午八時至十時、下午三時半至五時

半,於明倫講座講授《佛學概要十四講表》。

七月十九日(三),晚,於慈光圖書館週三《華嚴經》講座,宣講〈十住品第十五〉「九、法王子住」。[1]

七月二十日(四),晚七時半至九時半,於善果林太虛紀念館宣講《佛說無量壽經》。

七月二十一日(五),上午八時至十時、下午三時半至五時半,於明倫講座講授《阿彌陀經》。

晚七時半至九時半,於台中蓮社講授《論語》。

七月二十二日(六),上午八時至十時、下午三時半至五時半,於明倫講座講授《阿彌陀經》。

七月二十三日(日),上午八時至十時、下午三時至五時,於明倫講座宣講《阿彌陀經》。

七月二十四日(一),上午八時至十時、下午三時半至五時半,於明倫講座講授《阿彌陀經》。

---

[1] 李炳南:《大方廣佛華嚴經講述表解》,《全集》第 1 冊之 2,頁 74-75。

七月二十五日（二），上午八時至十時、下午三時半至五時半，於明倫講座講授《阿彌陀經》。

七月二十六日（三），晚，於慈光圖書館週三《華嚴經》講座，宣講〈十住品第十五〉「十、灌頂住」。[1]

七月二十七日（四），晚七時半至九時半，於善果林太虛紀念館宣講《佛說無量壽經》。

七月二十八日（五），上午八時至十時，於明倫講座講授《阿彌陀經》。

上午十時至十二時，為明倫講座學員舉行師生座談會。

晚七時半至九時半，於台中蓮社講授《論語》。

七月二十九日（六），上午八時至十時、下午三時半至五時半，於明倫講座講授《阿彌陀經》。

七月三十日（日），上午八時至十時，舉行明倫講座結業典禮；十時至十二時，舉行座談會。晚，七時半至九時半，舉行歡送會。結訓典禮頒獎予學習成績優良者；而

---

[1] 李炳南：《大方廣佛華嚴經講述表解》，《全集》第1冊之2，頁76-78。

後諸位師長均致詞鼓勵精進學佛。先生特指點讀書宜溫故知新,並題辭勉勵。典禮後師生來賓合影。[1](見《圖冊》,1972年圖8)

〈勉大專明倫講座同學之一〉:欲明五倫,須備十義,此世法也。脩乎六度,行乎四攝,是覺世法也。[2]

〈報導〉:雪廬老師訓曰:辦此講座,乃與中國文化合,內佛外儒故。本人承明倫社聘,任教員,感榮幸。三週來,除課本外,於佛法處,社會世道皆為各位言及矣。今見報上有位教授提倡「讀活書,不可讀死書」,此語甚可貴,亦甚害人,語當弄清。活者「一體萬用」也,絕非取古書而處處不承認也。蓋新思想之出,乃如吾人云:「書讀千遍,其義自現」,又云:「熟能生巧」,亦即「溫故而知新」耳。[3]

七月三十一日(一),接同鄉黃維三中醫師來函,受陳立夫託囑,勸請先生為復興中醫、作育英才計,加入中國醫藥學院新近重整組成之董事會。

黃維三,〈致李炳南先生函〉(1972年7月31

---

[1] 【數位典藏】照片/教育研習/大專佛學講座/〈明倫講座第四期〉。

[2] 李炳南:〈勉大專明倫講座同學之一〉,《雪廬老人題畫遺墨》,《全集》第16冊,頁358。「書勉第四期大專明倫講座同學」據《大專佛學講座初級教材》,《全集》第4冊之1,頁149。

[3] 記者:〈第四期明倫大專佛學講座特別報導〉,《明倫》第12期(1972年8月22日)。另參見:〈新聞〉,《慧炬》第104/105期合刊(1972年9/10月),頁88。

1972年・民國61年│83歲

日）：炳老鄉長勛右：來示拜悉，敬聆種切。當將尊意稟報醒師。承告以本校業經邀請立夫先生出組四屆董事會，期我校重興，恢復原來創校宗旨。故借重我鄉長一本初衷，惠賜勗助。日前立夫先生亦以我鄉長德高望重，特面命晚修函敦請我鄉長為復興中醫作育英才，務盼惠予支持一切。聞將於下週四召開董事會成立會，屆時敬祈面向二公表示團結到底，是所翹企之至。耑此敬覆，謹祝教安　　　　　鄉晚黃維三謹上　七月卅一日[1]

是年七月，連淑美、吳碧霞、周寶月自臺北遷至臺中就業，以親近先生學習。若等原為講座學員，近年擔任講座幹部，去歲起每週三自臺北來臺中聞法。遷至臺中後，先生安排中慧班學長照顧。兩年後，連、吳二位就讀「內典研究班」，為該班唯二之女學員。

「吳碧霞口述」：（民國）六十年起，連老師、周寶月老師、我，三個人，每週三從臺北連袂而來，搭中午十二點五分的慢車來，隔天搭凌晨三點多的快車回臺北。雪公因愍念我等奔波，於講完經特在鄭居士家讓我們提問。所以，聽經前都先閱讀《華嚴疏鈔》比對講經內容，有疑乃問。搬到臺中後，雪公就介紹中慧班資深學長照顧我們。大姊為廖玉嬌（臺中家商護士），二姊為呂富枝（臺中醫院藥局藥師），三姊為何美枝（菩提

---

[1] 黃維三：〈致李炳南先生函〉（1972年7月31日），台中蓮社檔案。

救濟院文書)。紀潔芳排行十姊,我則是十三妹。[1]

【小傳】廖玉嬌(1926-2018),臺中縣東勢人,父親曾任東勢鎮鎮長。原於臺中家職(現為臺中家商)護理室任職,跟隨炳南老師學佛後,禮佛虔誠,每日晨昏禮佛功課不斷,終身持守過午不食、嚴守不殺生戒。積極參與慈光育幼院及菩提醫院興建,曾任慈光育幼院院長。擔任台中蓮社中慧班班長多年,與王烱如共同翻譯日本佛教童話故事,於《菩提樹》雜誌連載。一九九三年,至美國萬佛聖城出家,法名恆滋。

恆滋法師早年喪偶,獨力撫養二子,並許願於育子成年後出家,普度眾生。嘗戒二子遵行佛道,帶領皈依三寶,於炳南先生座下聆教。其長公子謝發達歷任公職及外務單位代表;次公子謝發仁在洛杉磯經商;均能盡職有成。法師二〇一八年三月於美國加州萬佛城捨報,享壽九十三歲。[2]

是年夏,有詩:〈天〉、〈經五丈原〉、〈騷壇〉、〈索居〉二首、〈興廢雜感〉五首(〈勁草〉、〈魏受禪臺〉、〈晉受禪臺〉、〈野寺〉、〈巢由〉)、〈觀海〉、〈霧天〉、〈山居樂趣〉、〈題天女散花圖〉、〈溪村晚眺口號〉、〈觀蓮〉、〈戰〉。(《雪廬詩集》,頁 399-405)

---

[1] 林其賢記錄:「吳碧霞口述紀錄」,2019 年 6 月 9 日、2022 年 12 月 4 日。

[2] 紀潔芳:〈研讀《佛學問答》經驗分享〉,《慧炬》第 576 期(2012 年 6 月 15 日),頁 52-60。另據紀海珊提供訊息。

〈天〉：不信天還缺，更非人可凌；渾淪一乾象，浩漫萬坤承。武乙弦空放，媧皇補未能；了知交泰理，風日渙春冰。

〈騷壇〉：天下騷壇崇杜甫，但崇甫名寧解詩；杜詩一千五百首，幾許朱墨窮究之。戲摭生僻流傳外，塗抹誣妄充我私；詞宗搖首或環項，毀似搔靴譽毛皮。斯文掃地興復廢，昔困投澗今狄夷；黌宮爾來習諷詠，考古獺祭聊取資。老生少艾互相詬，呫囁難與分醨醳；古調不彈六十載，悠悠天地來者誰。風雷鳥蟲象流轉，萬物豈殊星斗移。簫韶在齊偶得遇，鳳凰在楚非其時。

〈索居〉二首：
琴有星辰劍有霜，一收魚匣一收囊；客來惟煮新茶勸，不把詩書話短長。
四十年間一葉舟，錦江春色劍潭秋；反身欲補生平過，不信逝川能倒流。

〈山居樂趣〉：山中臥白雲，茅屋依孤松；深谷知歲月，探幽蘭菊蹤。更愛蟬鳴樹，月升霽雪峰；野叟自有樂，物華任其穠。燕雀悅城市，翔集番樓鐘；問君胡不往，藜杖隨心慵。咫尺畏曲徑，皇論關百重；四隅連九衢，多岐亦難從。

〈觀蓮〉：陂塘十里赤芙蓉，花似車輪葉萬重；爛縵文章隨妙手，琉璃世界絕塵蹤。東林結集增新社，西嶽翱翔削幾峰；若得今朝開淨眼，如來沙剎一時逢。

〈戰〉：倚樹觀青史，丘隅蟻鬥兵；不知誰曲直，但見勢縱橫。楚漢俘填壑，羌胡血滿營；拋書同一淚，

咄咄問群生。

八月一日（二），先生受聘擔任臺中私立開明高中名譽董事長。由前考選部政務次長周邦道接任校長。[1]

【案】開明中學為于凌波創辦並任董事長，禮聘周邦道為第二任校長。周邦道任菩提救濟院董事長時，因考選部公務繁重，常請于凌波代理院務，彼此原已相熟。然接掌高中仍為屈就，是以于凌波先請炳南居士情商，于再當面請求。周邦道家住臺北，以校為家，盡心盡力。年餘之後，以住家由臺北龍泉街遷到內湖，往返交通不便，因而辭職。[2]

八月二日（三），於慈光圖書館週三《華嚴經》講座，宣講〈梵行品第十六〉。[3]（見《圖冊》，1972年圖9）

八月三日（四），下午四時，至臺北愛國西路自由之家參加中國醫藥學院第四屆第一次會議，會議推舉陳立夫出任董事長。該屆董事會係由教育部重新改組董事會，先生應聘出任董事。（見《圖冊》，1972年圖10）

---

1 〈新聞〉，《菩提樹》第237期（1972年8月8日），頁48。
2 于凌波：《于凌波七十自述——曲折迂迴菩提路》（臺北：慧炬出版，1997年8月），頁287。
3 李炳南：《大方廣佛華嚴經講述表解》，《全集》第1冊之2，頁79；《華嚴經表解》有「梵行品第十六」手稿共4頁，見：【數位典藏】手稿/佛學講授/華嚴講表/梵行品第十六。

1972年・民國 61 年 | 83 歲

【案】中國醫藥學院自一九五五年創校以來，董院兩長，易動頻繁。至一九七一年，經教育部同意，採首屆董事會組成方式，撇開上任選下任之慣例，由原創辦人覃勤先生提書面委託，委請陳立夫代為重新組設董事會，於一九七二年七月完成，由陳立夫出任董事長。[1] 先生亦受聘自本屆起擔任該校董事。[2]

【小傳】陳立夫（1900-2001），名祖燕，字立夫，浙江省吳興縣人，北洋大學（今天津大學）採礦學系畢業。一九二四年，獲美國匹茲堡大學採礦學碩士學位。父陳其業，字勤士；二叔陳其美。陳其美於辛亥革命初期與黃興同為孫文股肱，陳為蔣中正結義兄長，又將蔣中正引薦於孫文，陳、蔣關係密切。陳立夫及其令兄陳果夫，因此得蒙蔣中正重用。陳立夫二十七歲出任蔣中正的機要祕書，二十九歲任中央黨部祕書長，負責人事及組織工作。

一九二〇年代，中國鼠疫、瘧疾等傳染病肆虐，中醫遭到西醫藥物壓制。陳立夫及其兄長陳果夫挺身而出，與胡漢民等於一九三〇年召開「國醫館籌備大會」，主張「以科學方法整理中醫學術」。陳立夫被

---

1 詳見陳立夫主席、劉應瑞記錄：《私立中國醫藥學院第四屆新董事會第一次會議紀錄》（1972 年 8 月 3 日），徐鳴亞編：《私立中國醫藥學院歷屆董事會議紀錄彙編》（臺中：中國醫藥學院，1984 年 5 月）。另參見：文釋疑：〈筆路藍縷話當年〉，中國醫藥大學校史網：https://history.cmu.edu.tw/index.html

2 參見是年 7 月 31 日，同鄉黃維三中醫師來函。

推為理事長,並因此而有「中醫保鑣」之稱號。

一九三八年,三十八歲,任教育部長,時正抗戰艱辛時刻,任部長後首要工作,便是主持大學內遷,此即日後頗具盛名之「西南聯大」。此外,實施「貸金」政策(助學貸款)、大學全國統一招生、全國各級教育、師範教育培訓制度和教師退休金制度以及教師節等,均為其任教育部部長時所創立。

一九四九年,隨國民政府遷臺,而後於一九五〇年攜眷出國,定居美國,經營農場為生。期間完成《四書道貫》一書。一九七二年應邀返國,重整中國醫藥學院董事會,從此擔任該校董事長近三十年,籌謀擘畫,奠定該校堅實基礎。一九九〇年,九十歲,以一生寫書法募款所得成立「立夫醫藥研究文教基金會」,用以鼓勵國內外從事中醫藥及文化學術之研究及推廣。二〇〇一年,於該校董事長任內病逝,享嵩壽一百零一歲。

八月九日(三),晚,於慈光圖書館週三《華嚴經》講座,宣講〈梵行品第十六〉。

八月十日(四),上午,至中國醫藥學院,參加董事會新舊任董事交接典禮。[1]

---

1 《私立中國醫藥學院第四屆新董事會第二次會議紀錄》(1972 年 9 月 24 日),主席報告。見:徐鳴亞編:《私立中國醫藥學院歷屆董事會議紀錄彙編》。

晚,於善果林太虛紀念館宣講《佛說無量壽經》。

八月十三日(日),上午,台中蓮社召開信徒代表大會,改選董監事。下午,舉行新任董監事會議,選出董正之為董事長,朱炎煌為常董兼社長,許克綏、陳清源、朱家豐為常務董事。廖一辛為常務監事。[1] 先生卸除一九五八年以來之董事職,受聘為蓮社導師。(見《圖冊》,1972年圖11)[2]

八月十六日(三),晚,於慈光圖書館週三《華嚴經》講座,宣講〈梵行品第十六〉。

八月十七日(四),晚,於善果林太虛紀念館宣講《佛說無量壽經》。

八月二十三日(三),晚,於慈光圖書館週三《華嚴經》講座,宣講〈梵行品第十六〉。

八月二十四日(四),晚,於善果林太虛紀念館宣講《佛說無量壽經》。

是日,菩提救濟院董事趙茂林七秩壽慶,翻印《觀無量

---

1 〈新聞〉,《菩提樹》第 238 期(1972 年 9 月 8 日),頁 49。
2 〈台中市佛教蓮社概況表〉(1973 年),台中蓮社檔案。

壽經妙宗鈔》，請先生撰〈序〉，指明《觀經》所示雖難修，但仍應明其理。並舉蕅益大師語「淨土的旨，全在《妙宗》一書」，印證《妙宗鈔》在明淨宗要義，不是只闡釋《觀經》一經而已。

〈趙居士祝壽印施觀經妙宗鈔序〉：法門無量，淨乃其一，其事尚專，而其理則普蘊於千經萬論，知是教之合而開，開而合者也。即淨宗諸法安立，亦猶是也。《小本經》潛發真空，《大本經》詳示妙有，《觀經》融乎中道，遺其一則落邊見。今有以持名為自力之行者，四八願為他力之行者，終忽於以心作佛，乃為勝加行之力者也。以理論之，三諦圓融，斯即實相，烏能背乎此哉？

宋四明《妙宗鈔》出，為《觀經》諸注精英，所詮皆第一義諦，於焉淨旨大明。古亦有病其繁深者，欲節而略之，蕅祖直謂「不可動其一字」其要可知矣。然有此一《鈔》，非謂《觀經》即可誦可講，因以可修可證，及眾能變根器也。蓋修淨任采何法，應明乎四土橫豎之超，否則理路不清，或不免於扞格焉。祖又曰：淨土的旨，全在《妙宗》一書。是此一《鈔》，又不純為《觀經》所作矣。

是《鈔》善乎善矣，惜狃於習，罕流通，致見者未嘗普也。古吳淨學居士趙茂林者，深具信願人也，宏護在心，嘗慨焉。適其歲逢七秩，家人親友咸擬為祝，辭曰：減劫壽幾何，壽胡私於一人。吾壽乎眾，俾數無量，坐而獲之，靜以成之，遂翻印斯《鈔》普施之。於

1972年・民國61年 | 83歲

戲！是舉也，亦可謂善乎善矣。

歲次壬子秋七月佛歡喜日稷下李炳南謹識[1]

同時，題江逸子所繪〈無量壽佛〉畫像，祝賀趙茂林七秩大慶。[2]（見《圖冊》，1972年圖12）

〈無量壽佛〉：諸佛告菩薩，令覲安養佛，聞法樂受行，疾得清淨處。至彼嚴淨國，便速得神通，必於無量尊，受記成等覺。其佛本願力，聞欲往生者，皆悉到彼國，自致不退轉。

茂林師弟七秩大慶　　　　　　　　李炳南錄偈敬祝

【案】趙茂林（1903-1981），江蘇鹽城人。炳南先生倚重其經營經驗與弘法熱誠，常合稱其與周邦道、董正之、周宣德為「臺北四董」。（小傳見1968年10月30日）

八月二十五日（五），臺中市各界成立「臺灣省臺中孔子廟策劃興建委員會」，敦聘先生擔任顧問。（見《圖冊》，1972年圖13）**先生為首席顧問，委員會於孔廟建築、祭祀、服飾、儀節等，多方請益。**

瞿韶華撰，陳其銓書，〈創建臺中孔子廟碑記〉：

---

1 李炳南：〈趙居士祝壽印施觀經妙宗鈔序〉，《菩提樹》第241期（1972年12月8日），頁20；收見：《雪廬寓臺文存》，《全集》第14冊之2，頁137-140。落款據原刊。
2 李炳南：〈無量壽佛〉，《雪廬老人題畫遺墨》，《全集》第16冊，頁16。

民國六十一年九月組設興建委員會,由省府徐前祕書長鼐為主任委員,嗣於六十二年八月由韶華賡董其事,先後繪圖、估價,至六十三年六月始奠基鳩工。歷數年之經營,終於六十五年竣工。

【案】〈創建臺中孔子廟碑記〉設置於臺中雙十路孔廟右廡。〈碑記〉列顧問四人,依序為:李炳南、林金標、張啟仲、蔡志昌。後三人為臺中市市長或議長。

八月二十七日,上午八時半,至慈光圖書館參加第七屆董事會議。會議選舉新任董監事及館長。由前考選部政務次長周邦道任董事長,現任立法委員、台中蓮社董事長董正之任館長。先生因弘法事繁辭兼董事,經議決同意請辭,推舉為名譽董事長。[1]

八月三十日(三),晚,於慈光圖書館週三《華嚴經》講座,宣講〈梵行品第十六〉。

八月三十一日(四),晚,於善果林太虛紀念館宣講《佛說無量壽經》。

---

[1] 記者:〈慈光圖書館改組〉,《明倫》第 13 期(1972 年 9 月 20 日)。另參見:〈慈光圖書館第七屆第一、第二次董事會議紀錄〉(1972 年 8 月 27 日),臺中:慈光圖書館。

九月五日（二），下午三時，至臺中市政府二樓會議廳參加「臺灣省臺中孔子廟策劃興建委員會成立暨第一次委員會議」，會議主席為臺灣省政府祕書長徐鼐兼主任委員。[1]（見《圖冊》，1972年圖14）

九月六日（三），晚，於慈光圖書館週三《華嚴經》講座，宣講〈梵行品第十六〉。

九月七日（四），晚，於善果林太虛紀念館宣講《佛說無量壽經》。

是日晚亥時，節交白露，有〈臺俗秋祭七月朔至晦而止今七晦亥時節交白露計仲秋既望節正秋分〉，又有〈秋霽晚步〉。（《雪廬詩集》，頁405-406）

〈臺俗秋祭七月朔至晦而止今七晦亥時節交白露計仲秋既望節正秋分〉：朔祭終於晦，燈殘散酒群；露交夜中白，秋待月圓分。時俗澆仍厚，鄉翁質有文；農黃子遺在，數典望泥雲。

九月十三日（三），晚，於慈光圖書館週三《華嚴經》講座，宣講〈梵行品第十六〉。

---

[1] 〈臺灣省臺中孔子廟策劃興建委員會開會通知〉，1972年8月25日中孔籌建字第002號，臺灣省政府秘書處（借印）。

九月十四日（四），晚，於善果林太虛紀念館宣講《佛說無量壽經》。

九月二十日（三），晚，於慈光圖書館週三《華嚴經》講座，宣講〈梵行品第十六〉。

九月二十一日（四），晚，於善果林太虛紀念館宣講《佛說無量壽經》。

九月二十二日（五），中秋節，台中蓮社等聯體機構聯合於慈光圖書館大講堂舉辦中秋敬師晚會。晚會籌備會會長為慈光圖書館新任館長暨蓮社董事長董正之。節目安排由大專明倫社負責，各單位及開明高中皆有節目表演。參加蓮友約四百名。

晚會在呈送恩師紀念品之後便開始表演節目；首由黃平福居士代表諸門生朗誦師頌，之後由明倫社合唱佛曲及孔子紀念歌；台中蓮社兒童德育班也合唱三首佛曲。臺中師專大漢國樂社、開明高中、菩提醫院、師專附小古箏研究社、瓊珠音樂學園、蓮社社長朱炎煌居士的么子朱誠彥和千金朱誠冠兩位小朋友也表演了小提琴和鋼琴合奏。還有國代趙士英居士客串清唱，明倫社陳永寶居士揚琴獨奏等等。最後還放映了慧炬月刊社提供的「佛教在中國」以及美新聞處提供的「登陸月球」等影片。節目豐富而精彩，時間長達二小時半。晚會在一

1972 年・民國 61 年 | 83 歲

片歡洽氣氛中結束。[1]

九月二十四日（日），中午十二時，至臺北市愛國西路自由之家，參加中國醫藥學院第四屆新董事會第二次會議。會議決議：第四屆董事任期屆滿，第五屆董事由現任董事全部連任。[2]

九月二十七日（三），於慈光圖書館週三《華嚴經》講座，宣講〈初發心功德品第十七〉。[3]

九月二十八日（四），晚，於善果林太虛紀念館宣講《佛說無量壽經》。

本學期，持續於中興大學中文系日、夜間部任教。日間中文系三年級為《禮記》專課，夜間部中文系二年級為「詩選」課。[4]

---

[1] 記者：〈台中蓮社等聯體機構聯合舉辦中秋敬師晚會〉，《明倫》第 14 期（1972 年 10 月 20 日）；另參見：《菩提樹》第 239 期（1972 年 10 月），頁 48；《慧炬》第 104/105 期合刊（1972 年 9/10 月），頁 96。
[2] 《私立中國醫藥學院第四屆新董事會第二次會議紀錄》（1972 年 9 月 24 日）。
[3] 李炳南：《大方廣佛華嚴經講述表解》，《全集》第 1 冊之 2，頁 83-85。
[4] 李炳南講，吳碧霞記：《曲禮筆記》（1972 年 9 月－1972 年 11 月），未刊稿。

李建崑，〈先師李炳南居士二、三事〉：大概在民國六十一年暑假之後，也就是我大學四年級時修讀李炳南居士開設的「禮記課程」。

李老師的教學其實非常活潑，那個時候我們都還是懵懂的大學生，說真的，也不是很用功。老師非常瞭解我們的心性，基本上把我們都當孩子，就像對自己的兒子、女兒說話，特別地和氣。但是我知道，老師在蓮社上課，就非常嚴肅了。我們也都知道，他是以他的身教在教導我們。我們也把他當作一個和氣的長者，一個非常飽學的老師來敬重。我們都非常喜歡這個課程，雖然這個課程在當時來說，是屬於比較枯燥的。

因為老師上課實在是非常的風趣！比方說他講到一些《禮記》上面的禮儀細節時，他一高興會用力敲講桌；遇到重要的章節，他也會用力敲桌子，終於有個敏感的同學發現：他笑著敲桌的地方，就是重點！於是我們馬上就記下來，果然期中、期末考的考試題目就是這些重點，大家都開心極了，老師也很神祕的微笑，每當在發考卷的時候。[1]

　　廖富樂，〈無盡的追思——含悲忍痛奏哀樂〉：遙想民國六十一年仲秋，興大夜間部中文二詩選課時，來了一位慈祥的師長，當時全班同學皆感詫異，何獨此師得享茶水侍奉，而且旁聽人數眾多，經身為班代表的學

---

[1] 李建崑：〈先師李炳南居士二、三事〉，浮生漫錄：https://www.potatomedia.co/post/1a5c3a3a-95f0-4b3a-a912-b4d0dd60af3a

1972年・民國61年│83歲

人從旁請教，方知直奔理工三樓，鏗鏘有聲，神閒氣定的炳公老師，竟已年過八旬，而其道德學問，誠如現任國立歷史博物館館長的陳癸淼老師所云：「經師易得，人師難求。」此即讚頌炳公也。[1]

本學期，續於中國醫藥學院任教，擔任《內經》專課，教授醫科四年級、五年級各一班。

【案】試卷手稿有〈六一年上期期中考試題（醫四內經）〉、〈六一年上期中考試題（醫五內經）〉。[2]

十月四日（三），於慈光圖書館週三《華嚴經》講座，宣講〈初發心功德品第十七〉。

十月五日（四），晚，於善果林太虛紀念館宣講《佛說無量壽經》。

十月六日（五），晚，於中興大學夜間部中文系講授「詩選」。

十月七日（六），於中興大學一一〇教室開講《禮記・曲

---

[1] 廖富樂：〈無盡的追思——含悲忍痛奏哀樂〉，《明倫》第165期（1986年6月）。
[2] 【數位典藏】手稿／其他著作／大專院校授課試卷／〈六一年上期中考試題（醫四內經）〉、〈六一年上期中考試題（醫五內經）〉。

禮》:「道德仁義,非禮不成,教訓正俗,非禮不備。」——禮必本於天。[1]

十月九日(一),於中興大學一一〇教室為中文系三年級學生講授《禮記》。

晚,於中興大學夜間部中文系講授「詩選」。

十月十一日(三),於慈光圖書館週三《華嚴經》講座,宣講〈初發心功德品第十七〉。

十月十二日(四),晚,於善果林太虛紀念館宣講《佛說無量壽經》。

十月十三日(五),晚,於中興大學夜間部中文系講授「詩選」。

十月十四日(六),於中興大學一一〇教室為中文系三年級學生講授《禮記》。

十月十五日(日),下午二時至四時三十分,前往中國醫藥學院,參加該校董事會第五屆第一次董事會議。先生與常務董事王毓麟、董事林敬義、房殿華、陳恭炎等,受

---

[1] 李炳南講,吳聰敏記:《禮記筆記(曲禮、大學)》,未刊稿。

1972年・民國 61 年｜83 歲

推舉為經費籌劃委員會委員，由王常務董事為召集人。[1]

十月十六日（一），於中興大學一一〇教室為中文系三年級學生講授《禮記》。

晚，於中興大學夜間部中文系講授「詩選」。

十月十八日（三），於慈光圖書館週三《華嚴經》講座，宣講〈初發心功德品第十七〉「平等義」[2]。

十月十九日（四），晚，於善果林太虛紀念館宣講《佛說無量壽經》。

十月二十日（五），晚，於中興大學夜間部中文系講授「詩選」。

十月二十一日（六），於中興大學一一〇教室為中文系三年級學生講授《禮記》。

十月二十三日（一），於中興大學一一〇教室為中文系三年級學生講授《禮記》。

---

[1] 徐鳴亞編：《私立中國醫藥學院歷屆董事會議紀錄彙編》。
[2] 李炳南：《大方廣佛華嚴經講述表解》，《全集》第 1 冊之 2，頁 83。

晚，於中興大學夜間部中文系講授「詩選」。

十月二十五日（三），於慈光圖書館週三《華嚴經》講座，宣講〈初發心功德品第十七〉。

十月二十六日（四），晚，於善果林太虛紀念館宣講《佛說無量壽經》。

十月二十七日（五），晚，於中興大學夜間部中文系講授「詩選」。

十月二十八日（六），於中興大學一一〇教室為中文系三年級學生講授《禮記》。

十月三十日（一），於中興大學一一〇教室為中文系三年級學生講授《禮記》。

晚，於中興大學夜間部中文系講授「詩選」。

十一月一日（三），於慈光圖書館週三《華嚴經》講座，宣講〈初發心功德品第十七〉。

十一月二日（四），晚，於善果林太虛紀念館宣講《佛說無量壽經》。

1972年・民國61年 | 83歲

十一月三日（五），晚，於中興大學夜間部中文系講授「詩選」。

十一月四日（六），於中興大學一一〇教室為中文系三年級學生講授《禮記》。

十一月六日（一），於中興大學一一〇教室為中文系三年級學生講授《禮記》。

晚，於中興大學夜間部中文系講授「詩選」。

十一月八日（三），於慈光圖書館週三《華嚴經》講座，宣講〈初發心功德品第十七〉。

十一月九日（四），晚，於善果林太虛紀念館宣講《佛說無量壽經》。

十一月十日（五），晚，於中興大學夜間部中文系講授「詩選」。

十一月十一日（六），於中興大學一一〇教室為中文系三年級學生講授《禮記》。

十一月十三日（一），於中興大學一一〇教室為中文系三年級學生講授《禮記》。

是日，下午二時，至慈光圖書館參加該館第七屆第三次董事會議。先生請辭名譽董事長，推薦徐灶生為名譽董事長，獲一致通過。先生以導師身分指導：館務以圖書為本位，定期講經外，可設佛學及國學講座，協助社會教化工作。

　　導師開示：
1. 館務方針應分首要與次要，輕重緩急。
2. 圖書館應以圖書為本位，年年圖書必增加，分量要夠。
3. 圖書目錄應編整齊，圖書不全的應補充之。
4. 應另闢名符其實的閱覽室（目前閱覽室只能說是閱報室），場所需肅靜，並有專人管理，若有飽學之士駐館負責為讀者解答疑難則大佳。
5. 除定期講經外，可設佛學及國學講座。配合政府文化復興運動，加強倫理道德教育，協助社會教化工作。
6. 只要大家發大心，群策群力，慈館前程無量！如蓋大樓，下樓出租，可維經費，上樓作為活動場所亦無不可。先要辦出成績來，將來辦大事業則很容易。[1]

是日，下午四時，於慈光圖書館參加台中蓮社六十一年度第三次董監事聯席會議。會議由董事長董正之主持。會議討論蓮社房舍陳舊且不敷使用，亟須處理。先生指

---

[1] 〈慈光圖書館第七屆第三次董事會議紀錄〉（1972年11月13日），臺中：慈光圖書館。

1972 年・民國 61 年｜83 歲

示，改建後任何設施不得以其名字命名，籌款前應先有所作為，表現出新氣象。

董正之主席，王烱如記錄，〈台中蓮社六十一年度第三次董監事聯席會議紀錄〉：

改建計畫案。本社房屋陳舊而不敷用，擴建工作至急需，應如何進行，請諸董事發表高見。

1. 全部改建：三樓並設地下室、設雪廬講堂、明倫學苑、青蓮幼稚園、蓮友聯誼會（招待所）等，約需工程費三百五十萬元。
2. 部分改建：就大雄寶殿佛堂擴大，並加蓋二樓，約六十萬元。
3. 僅作內部整修。

導師開示：

1. 蓮社改建後，不論什麼設施，不可以敝人名字定名。
2. 「念佛班」之組織關係蓮友之聚散，應重組或加強之。而「聯誼會」關係著念佛班之存亡，領導人物甚重要，目前仍以原會長林看治居士最妥。
3. 蓮社改建，開口要錢，應俟時機，否則弄巧反成拙。要者蓮社必先有一番作為，表現新氣象，才能使蓮友歡喜，則改建工作贊助者必多。[1]

---

1 董正之主席，王烱如記錄：〈台中市佛教蓮社六十一年度第三次董監事聯席會議紀錄〉（1972 年 11 月 13 日），《台中蓮社歷年會議紀錄》，台中蓮社檔案。

是日晚,於中興大學夜間部中文系講授「詩選」。

十一月十五日(三),於慈光圖書館週三《華嚴經》講座,宣講〈初發心功德品第十七〉。

十一月十六日(四),晚,於善果林太虛紀念館宣講《佛說無量壽經》。

十一月十七日(五),晚,於中興大學夜間部中文系講授「詩選」。

十一月十八日(六),於中興大學一一〇教室為中文系三年級學生講授《禮記》。

十一月二十日(一),於中興大學一一〇教室為中文系三年級學生講授《禮記》。

是日晚,於中興大學夜間部中文系講授「詩選」。

十一月二十二日(三),於慈光圖書館週三《華嚴經》講座,宣講〈初發心功德品第十七〉。

十一月二十三日(四),晚,於善果林太虛紀念館宣講《佛說無量壽經》。

十一月二十四日（五），晚，於中興大學夜間部中文系講授「詩選」。

十一月二十五日（六），於中興大學一一○教室為中文系三年級學生講授《禮記》。

十一月二十七日（一），於中興大學一一○教室為中文系三年級學生講授《禮記》。

是日晚，於中興大學夜間部中文系講授「詩選」。

十一月二十八日（二），晚七時，至慈光圖書館參加慈光講座開學典禮。明倫社主委王燗如主持，教師、來賓、學員約兩百人參加。此為學期間大專佛學講座，已停辦多時，即日起恢復舉辦。初級班由徐醒民主講《佛學概要十四講表》，高級班由周家麟主講《八識規矩頌》。先生致詞指出中華文化以儒、佛為兩大主流，勉勵學員努力研究。[1]

十一月二十九日（三），於慈光圖書館週三《華嚴經》講座，宣講〈初發心功德品第十七〉。

---

[1] 記者：〈中部大專佛學講座隆重開課〉，《明倫》第 16 期（1972 年 12 月 20 日）。

十一月三十日（四），晚，於善果林太虛紀念館宣講《佛說無量壽經》。

是月，大專青蓮念佛班利用假日舉行三天佛法研習，禮請先生講授《蕅益大師法語》。[1]

是月，中國醫藥學院舉行六十一學年度第一學期期中考，為醫科四年級、醫科五年級《內經》專課命題。[2]

是月，中興大學舉行六十一學年度第一學期期中考，為中文系三年級《禮記》專課、夜間部中文系二年級「詩選」命題。[3]

是月，應邀至中國醫藥學院參加「大體解剖慰靈祭典」並講演，有〈壬子冬醫藥學院慰靈祭講演〉稿表。[4]

十二月一日（五），晚，於中興大學夜間部中文系講授「詩

---

1 台中蓮社：〈六十回顧‧大事記要〉，《蓮花一瓣分台中——台中市佛教蓮社六十週年紀念專刊》，頁129。
2 【數位典藏】手稿／其他著作／大專院校授課試卷／〈六一年上期期中考試題（醫四內經）〉、〈六一年上期中考試題（醫五內經）〉。
3 【數位典藏】手稿／其他著作／大專院校授課試卷／〈六一年上期期中考試題（詩選）〉。
4 李炳南：〈壬子冬醫藥學院慰靈祭講演〉，《弘護小品彙存》，《全集》第4冊之2，頁416。

選」。

十二月二日（六），於中興大學一一〇教室為中文系三年級學生講授《禮記》。

十二月四日（一），本週起，中興大學中文系三年級《禮記》專課，開講〈大學〉篇。[1]

是日晚，於中興大學夜間部中文系講授「詩選」。

十二月六日（三），上午九時，至蓮社小講堂參加蓮社六十一年度第一次董事會議，列席指導。會議由董事長董正之主席，議決制定經費收支辦法等案。

是日，晚，於慈光圖書館週三《華嚴經》講座，宣講〈初發心功德品第十七〉。

十二月七日（四），晚，於善果林太虛紀念館宣講《佛說無量壽經》。

十二月八日（五），晚，於中興大學夜間部中文系講授「詩選」。

---

[1] 據李炳南講，吳聰敏記：《大學筆記》（1972年12月4日－1973年2月26日，講於中興大學中文系），未刊稿。

十二月九日（六），於中興大學一一〇教室為中文系三年級學生講授《禮記》。

十二月十一日（一），於中興大學一一〇教室為中文系三年級學生講授《禮記》。

是日晚，於中興大學夜間部中文系講授「詩選」。

十二月十二日（二），雲林縣四湖鄉三條崙發生嚴重船難，因外海突然生起十二級超強陣風，致使當地下海撈捕烏魚眾多漁船翻覆，造成四十五人罹難。台中蓮社發動緊急救護。先生關懷受難鄉民，也對蓮友發動救護甚覺欣慰。

  張式銘，《張慶祝師姑九十回顧》：從報上得知（船難消息），當晚我和進蘭睡在漁會，吃麵包果腹，翌晨坐計程車去看現場。發給二十六戶貧民紅包，另四戶拜託區公所轉發，天黑後才回臺中。頭一回去三條崙，買了四十件棉被去，米則在當地米店買較方便。……每次救濟時都拿蓮社社旗，和周榮富基金會的旗子去照相，每次都是自動自發。老師見我們去救濟，回來聽我們訴說經過，很是高興，叫慧文張羅點心請我們吃。[1]

---

[1] 張式銘：《張慶祝師姑九十回顧》（臺中：自印本，2006年），頁53-55。

1972年・民國61年｜83歲

十二月十三日（三），晚，於慈光圖書館週三《華嚴經》講座，宣講〈初發心功德品第十七〉。

十二月十四日（四），晚，於善果林太虛紀念館宣講《佛說無量壽經》。

十二月十五日（五），即日起，靈山寺舉行壬子年佛七，禮請先生開示兩次。詳細說明蕅益大師「懺悔迴向」以求一心，以及「一心」程度之檢驗方法。開示內容有弟子筆記，每次各有偈頌。

　　念佛如成百尺樓，根基堅固必先求；縱然萬事俱齊備，步步登臨不可休。

　　心一分明斷惑時，往生證果尚何疑；雖然常說惑難斷，懺悔玄門惜不知。

　　功夫三等認分明，暫得一心後能成；再躍龍門容易事，他年定往九蓮生。

【案】第一首未見於開示筆記，據普慧法師抄錄，蘇全正整理：「李炳南於臺中市靈山寺主持佛七開示法語一覽表」補。該表原列此為第二首，今依開示筆記〈第一次開示〉內容（詳下引文），改列為第一次開示時所說偈。又蘇全正該表錄此偈首句為「念佛如成百尺樓」，今依開示內容「打七，如建百尺大樓」，修正為「念佛如成百尺樓」。

〈佛七開示〉（第一次）：念佛結七迄今二十有三年矣，蓮友逝者計有一千六百多位，其中有往生、有

不往生者，往生者占少數，且多屬於前之十年，後之十年則甚荒唐，退墮如此，可不寒心！往者已矣，來者可追，請從今日起！

念佛為往生得真解脫，結七在「剋期求證」，於定期內求得往生之證據——「一心不亂」也。一心不亂乃經中祕密，結七而不能得之，即屬空過也。如何得之？成因固多，要者有二：一曰辦道場者依教奉行，二曰修行者如法而修。二者之要又在於「誠」，舉世法尚須真心實意而後可望有成，況佛法乎？故須誠懇誠懇辦之。

打七，如建百尺大樓，樓之成，須先三層工作；(1)將建地清理乾淨，去諸障物。(2)鋪石泥於其上。(3)基層堅厚，而後始可層層上砌。打七亦然，此謂「心理建設」也。亦須三層為基：(1)將一切人人我我，是是非非，通身放下，不可以千萬心念佛，於七天內，務須放下萬緣。(2)方便佛七於家中宿，務須身在家中，心在靈山寺。且於往返途中，念念於佛上。(3)一進道場，別交談、寒暄，「少說一句話，多念一句佛；打得念頭死，許爾法身活。」

一句佛號，從心提起、從口念出，從耳聽入，務須分明。再加上記數（不必用念珠），從一數至十，但能聽得清楚，即是工夫，即是一心念佛也。

〈佛七開示〉（第二次）：佛七開示，在使覺悟，必自覺悟而後可望有成。故今第一「應覺」，覺何耶？覺乎今日之時局也。〈黃昏偈〉所謂「是日已過，命亦隨減，如少水魚」之「魚」也。非但此耳，今之魚乃被

置於鍋中,下備柴,雖有鍋中水,暫可游來游去,逍遙自在,然危險至極,待柴一著火,則魚將如何?

第二「應畏」,前事尚不足畏,所畏者,業未消而受不斷也。若得一心,則當前可得「共中不共」,將來往生亦穩當。尚未能,則死後又向三途六道去矣!

第三「應惜」學佛念佛,爾來二十有三年矣,而同修中得把握者尚無其人。惜哉!惜哉!

人之成就與否,係乎其根器,世可分二種人,曰愚癡者、曰聰明者。二者皆由宿世業力使然,然佛法無邊,各有方便,蕅益祖師予愚人一法曰「懺悔迴向」。身、口、意所作一切,善則迴向西方;惡則當下懺悔,以此懺悔之善亦迴向西方,癡者不能分善惡,則一概懺悔、一概迴向。肯心如此,則念念在西方,其力甚大。其作法為:(1)朝暮二課後懺悔迴向。(2)日常所遇一切橫逆、侮辱、困苦立即懺悔迴向,蓋以宿業使然,故須懺悔業重也。(3)心起煩惱惡念時,當下懺悔。以業力故,有煩惱時起,切莫再加諸他人,否則後報無窮矣!如此三種懺悔迴向,乃吾多少年來所求得之法門,獻與諸位,諸位行之,切莫視作平常。蕅祖謂懺悔迴向再加念佛,無有不成者也。念佛而配以此法門,則成就易矣!

〈佛七開示〉(續十八期):來此結七,為得一心,於教理不明者,不知一心為何物?自己一心否,亦不知。今說「一心」,以後可免自欺,亦免問道於盲,務須牢記!

佛七中一心工夫可分三等。上等工夫斷貪瞋癡三毒，即斷見思惑也。得此工夫者，絕對不再起妄念。可試驗之：財色橫逆之來而能毫不動心，以三毒已去，妄念無從發矣。

第二等，三毒斷不了而能壓住不起，以終日念佛，將三毒壓於底，不再造新業矣。亦可試驗之：財色橫逆之來而能控制，有力量不使發作。以三毒未斷，雖壓於底，遇緣仍起現行。然一動即覺，且能自作得主。凡遇事皆能如此，即是伏惑，亦可往生，曰「帶業往生」。伏惑者，往生西方沒果位，但為極樂世界之人天耳。然雖無果位，能往生已甚善者矣。

第三等為下等工夫，三毒未斷、亦未伏，惟心稍稍能定住，可持十五分鐘而妄念不起，此小小境界亦謂之本性發現也。此等工夫雖未能往生，而能消罪業，可往其道行矣，乃至漸能持久而熟成。

祕密已揭如上，以後自修時，不必再向別人問自己境界，且自己將來結果如何，亦可明白，吾即素不問他人者也。[1]

十二月十五日（五），晚，於中興大學夜間部中文系講授

---

[1] 該次〈佛七開示〉，由吳聰龍整理筆記後，分三次刊載於《明倫》第 17 期（1973 年 1 月 20 日）、第 18 期（1973 年 2 月 20 日）、第 21 期（1973 年 5 月 20 日）。前兩次講錄收見：〈壬子年靈山寺佛七開示〉，《脩學法要》，《全集》第 9 冊，頁 183-190；第三次：〈佛七開示〉（《明倫》第 21 期），《全集》未見收。

1972年・民國 61 年｜83 歲

「詩選」。

十二月十六日（六），於中興大學一一〇教教室為中文系三年級學生講授《禮記》。

十二月十八日（一），於中興大學一一〇教教室為中文系三年級學生講授《禮記》。

是日晚，於中興大學夜間部中文系講授「詩選」。

十二月二十日（三），晚，於慈光圖書館週三《華嚴經》講座，宣講〈初發心功德品第十七〉。

十二月二十一日（四），冬至前夕，作有〈壬子既望冬至前夕〉；許祖成、王禮卿、陳定山、明允中等均有詩唱和。[1] 王禮卿夫人丁汝訒亦有〈讀外子和李雪老冬至前夕詩學步原韻〉。

〈壬子既望冬至前夕〉：起撥鑪灰夜未央，愁吟戌鼓六更長；再殘新月三冬盡，又發枯芸萬卷香。曙後開天懸永日，春來鋪地轉韶光；海涯南望殷勤記，幾綫回歸是故鄉。

【案】原詩與諸君和詩刊於《慧炬》月刊。今收入

---

1 〈詩壇〉，《慧炬》第 108/109 期合刊（1973 年 1/2 月），頁 90-91。

《雪廬詩集》（頁 406-407）為：

起撥鑪灰夜未央，愁吟戍鼓六更長；再圓窗月餘寒盡，又發籤芸萬古香。曙色開天懸白日，物華待歲布青陽；海涯南望殷勤記，幾綫回歸是故鄉。

許祖成，〈奉和冬至前夕原韻〉：大夢誰惺夜未央，晨鐘起撞覺恩長；虛空解寂涵諸色，智海圓澄印定香。律琯明宵迎紫氣，疏籬今夕挹清光；梵音遍轉周沙界，始悉天涯即故鄉。

王禮卿，〈奉和冬至前夕原韻〉：時已窮陰歲未央，初陽待復歎宵長；衝寒楊柳春前意，耐雪梅花剝後香。律琯五更迎淑氣，天心一夜啟韶光；漢家盛事傳珠璧，極目風雲佇帝鄉。

明允中，〈奉和冬至前夕原韻〉：涼月窺窓夜未央，披衣漸覺日初長；一冬甲子餘殘臘，萬里芸藜出異香。儘有條風占往俗，更無候雪剌年光；明朝曙後開天運，願芸春回是故鄉。

陳定山，〈奉和冬至前夕原韻〉：大海蒲牢吼未央，晨光一線覺天長；回思過去皆空相，入定禪機是佛香。六琯葭飛明律呂，五紋線弱感恩光；陽春黍谷蟲聲暖，枕上他州即故鄉。

丁汝訒，〈讀外子和李雪老冬至前夕詩學步原韻〉：至日即臨歲未央，挑燈猶覺夜深長；幾彎髻柳將舒黛，一院寒梅漸吐香。為報好風迎煦氣，招來瑞雪喚春光；

廿年久作天涯客,權把他鄉擬故鄉。[1]

王禮卿於諸君和詩後,又有〈雪老冬至詩一時競和吟紀盛緣〉。(見《圖冊》,1972 年圖 15)

　　王禮卿,〈雪老冬至詩一時競和吟紀盛緣〉:傷時憂國少陵篇,賡和陽春羨眾賢;大海蒲牢才思捷,(定老詩頃刻立就)定香沙界妙音圓。(成兄詩深入禪機)明公盛藻花生筆,弓老新詞月在天;獨媿樗材叨驥尾,敢將下里綴如椽。[2]

是日晚,於善果林太虛紀念館宣講《佛說無量壽經》。

十二月二十二日(五),晚,於中興大學夜間部中文系講授「詩選」。

十二月二十三日(六),於中興大學一一〇教室為中文系三年級學生講授《禮記》。

十二月二十五日(一),為明倫社友講授「東方文化舉

---

[1] 丁汝訒:〈讀外子和李雪老冬至前夕詩學步原韻〉,《汝訒詩稿》,收見:《王禮卿教授百年誕辰紀念文集》(臺中:中興大學中文系,2011 年 8 月),頁 393。
[2] 王禮卿:〈雪老冬至詩一時競和吟紀盛緣〉,《誦芬館詩集》,收見:《王禮卿教授百年誕辰紀念文集》(臺中:中興大學中文系,2011 年 8 月),頁 368。

概」，有講稿表二紙。[1]（《圖冊》，1972 年圖 16）該講內容原係應邀為靜宜大學師生講授，因意猶未盡，是日對明倫社友重再講授。[2]

十二月二十七日（三），晚，於慈光圖書館週三《華嚴經》講座，宣講〈初發心功德品第十七〉。

十二月二十八日（四），晚，於善果林太虛紀念館宣講《佛說無量壽經》。

十二月二十九日（五），晚，於中興大學夜間部中文系講授「詩選」。

十二月三十日（六），於中興大學一一〇教室為中文系三年級學生講授《禮記》。

是年，麻豆念佛會創辦人胡崇理，發願移照顧自己父母之心力，來照顧天下人的父母，於臺南成立「無量壽淨修

---

1 李炳南：〈東方文化舉概之一、之二〉（講表），收見《弘護小品彙存》，《全集》第 4 冊之 2，頁 419-420。鄭如玲提供該講表兩紙手稿、兩紙油印講義，油印講義〈之一〉標題下注記：「明倫社恭印　六十一、十二、廿五」。
2 林其賢：「吳聰敏口述紀錄」，2023 年 8 月 24 日，台中蓮社。中興大學智海學社《社刊》（1973 年），有李炳南講，吳聰龍記：〈東方文化舉概・前言〉。

1972年・民國61年 | 83歲

苑」，並發行《無量壽》專刊以為徵信。先生為撰〈無量壽專刊發刊辭〉，指明淨土法門為大乘法，當發心度他，隨份實踐，不能以力小而推託偷懶，然佛教徒於撫幼安老之救濟確實關心不足。因鼓勵淨宗學人，應群起擁護胡居士慈悲願力，以上順佛心，自培福德。

〈無量壽專刊發刊辭〉：查考各經之訓，及祖師開示，都說先發菩提心。自行化他，是菩提心，自度度他，是大乘法。這二者，原是一件事，不過一個存心，一個實行而已。

吾輩求道，即應如法行持，若說力量小，這也是實情。但力量能作多少，便該作多少，不能以力小推託，偷懶一切。世間最苦的人，是鰥寡孤獨，中國文化思想，對這類人，首先救濟。先哲說：「老吾老，以及人之老；幼吾幼，以及人之幼。」又說：「不獨親其親，不獨子其子，使老有所終，幼有所長，矜寡孤獨廢疾者，皆有所養。」這些事，如肯發心，似不難辦。真慚愧，外道來到中國，這類的事，早就作了很多。我們佛教分內的事，似乎還在漠不關心。我們同道，哪個不曉得給孤獨長者，為什麼不去學他？

竟有胡崇理居士，當仁不讓，有學有行，在南縣發起籌建無量壽淨修苑，安養老人，建觀音育院，培養幼童，這真是今之給孤獨長者。又為財施徵信，發行一種《無量壽》專刊，大慈大悲，大公大勇，願力才力，值得讚歎，諒能感格三寶，一切成就。我輩淨宗學人，尤應群起擁護，上順佛心，自培福德。

經云:「不可以少善根福德因緣,得生彼國。」現在淨修苑、育幼院,固然是恤孤矜寡,在於利他,也正是修淨同人的「福德助緣」。這要警覺,福德當前,且莫錯過機會纔好![1]

【小傳】胡崇理(1911-1983),生於西康省西昌市,一九四六年來臺接收製糖會社,先後擔任臺糖總爺蔗作改良場、新營實驗場場長,從事甘蔗改良的研發工作。早年與同修創立「麻豆念佛會」,為彌補自己不能照顧遠在大陸的父母親,因此立下宏願建造養老院,發願要照顧天下人的父母親。一九七二年成立「無量壽淨修苑」,首任苑長。一九七三年於省政府社會處登記立案,一九七六年更名為「財團法人私立普門仁愛之家」。[2]

是年,曾於路邊救護慈光圖書館當家師姑郭阿花。

黃潔怡／弘安,〈痛斷肝腸話恩師:訪慈光圖書館內當家——郭蓮花居士〉:老師還是我的救命恩人,約十五年前,我騎腳踏車在路上,突然覺得天旋地轉,一陣昏眩,心想這次大概將病死在路上,又想自己吃齋念佛,死在路上,豈不是會讓不明白的人,生起謗佛、疑

---

[1] 李炳南:〈無量壽專刊發刊辭〉,《雪廬寓臺文存》,《全集》第14冊之2,頁180-183。
[2] 參見:宋育成:〈普門仁愛之家與創辦人——胡崇理居士的故事〉,臺南:普門仁愛之家:http://amitayuspumen.blogspot.com/search/label/無量壽

1972年・民國61年 | 83歲

佛之心？於是強打起精神，四處張望，看看有無蓮友路過，可帶我回家。不料竟見勝陽居士用摩托車載老師，停車在旁，叫「師姑，你怎站在這裡？」接著恩師也走近，我叫一聲：「老師」，就當場嘔血昏過去了，經勝陽居士和老師急救到菩提醫院，才得以活命。而那天正好是星期日，勝陽居士遵恩師之囑，要前往中國醫藥學院，勝陽當時深感奇怪說：「星期天沒課呀！」師再三言：「有事，走吧！」就這樣在路上，救了我一條命。你說這不是感應是什麼？[1]

---

[1] 弘安（黃潔怡）：〈痛斷肝腸話恩師：訪慈光圖書館內當家——郭蓮花居士〉，《明倫》第164期（1986年4/5月合刊）。

1973年・民國62年・壬子－癸丑
84歲

【國內外大事】
- 六月,印順法師榮獲日本大正大學文學博士。
- 十一月,行政院長蔣經國宣布「十大建設計畫」。

【譜主大事】
- 一月一日起,連續三日,應禮請於慎齋堂講開示。有〈癸丑新正開示〉。
- 三月,因廣播界友人黃懷中倡議,於彰化國聲廣播電臺開播「蓮友之聲」,開展空中弘法事業。
- 四月,於善果林宣講《勸發菩提心文》。
- 六月,印光大師舍利輾轉蒞臺,供於菩提救濟院之靈巖書樓,前往參拜,並設齋供養。
- 七月,明倫社舉辦第五期大專佛學講座研究班,為期一個月,講授《大乘起信論》。
- 九月,中興大學中文系增闢「佛學概要」選修課程,應聘授課,特編撰《佛學實況直介》講義。

1973年・民國 62 年｜84 歲

一月一日（一），即日起連續三日，應禮請於慎齋堂講開示。有〈癸丑新正開示〉三篇講表。[1]

【案】講演稿表題作「癸丑新正」，案夏曆癸丑年新正為一九七三年二月三日，然該年一月二十日發行之《明倫》月刊，其社論已引述「今年元旦假期，雪廬老人在臺中慎齋堂說法，」引蕅益大師語「真人前說不得假。今也，假人前說不得真。」[2]與〈癸丑新正開示之三〉「真醫濟世、假醫騙財，真自他度、假專名利」相符，則此「新正」當指一九七三年元旦。

一月一日（一），講解「自己念佛」與「聽聞開示」為修定修慧、亦解亦行之工夫，並說明得一心可有消解煩惱之效驗。[3]

（甲）自念佛──求定、自力。聽開示──求慧、他力。無慧多歧，無定不一。

（乙）幸聞真法：解而力行（成就），解而不行（種根無苗），不解而行（招魔生障），不解不行（得漏善報）。

（丙）得一不一：正弱妄強（不得一），妄弱正強（將似一），純正無妄（真得一）。

---

1 李炳南：〈癸丑新正開示之一、二、三〉，《弘護小品彙存》，《全集》第 4 冊之 2，頁 436-438。
2 明倫社：〈捨假取真〉，《明倫》第 17 期（1973 年 1 月 20 日），頁 1。
3 李炳南：〈癸丑新正開示之一〉，《弘護小品彙存》，《全集》第 4 冊之 2，頁 436。

（丁）不一心煩惱障：煩惱來得法喜（即菩提），煩惱來痛懺悔（轉菩提），煩惱來聖號壓（伏惑）。

一月二日（二），解析「已知而不修」與「已修而不進」之緣由，並指明改過即是斷惑。[1]

　　（甲）眾已知者：信有輪迴之苦、信諸禪定難修、信有淨土善巧、信自己功力不足。

　　（乙）知不修者：明師未遇、說理不澈、不得法門——無從下手。

　　（丙）已登途仍不進：不顧後來、不愛自己、小求善道——罪未消智未開，已為諸魔纏縛。

　　（丁）古訓活看：得一心斷煩惱，斷惑即得一心。

　　（戊）再說祕訣：助不修正不成，正不修助小成（道家鬼地天仙）、勤修助正方成（不造業惑即伏——惑伏得似一心，能帶業往生）；改過即是斷惑。

一月三日（三），解說濁世於人事宜有警覺心與分辨能力，否則損財又傷慧命。[2]

　　（甲）淨土濁世之別：淨—純一；濁—相對：人有佛魔（學佛成魔、魔亦裝佛），事有善惡（作善轉惡、惡借善名）；應警應辨。

1　李炳南：〈癸丑新正開示之二〉，《弘護小品彙存》，《全集》第4冊之2，頁437。
2　李炳南：〈癸丑新正開示之三〉，《弘護小品彙存》，《全集》第4冊之2，頁438。

（乙）痛苦求醫之喻：真醫濟世、假醫騙財，不辨——損財、傷命。
（丙）解脫求佛之事：真自他度、假專名利，不辨——損財、入邪途、喪慧命。

只能論事不能論人，昔默今說由無領導，將來負責須正知見。

是日晚，於慈光圖書館週三《華嚴經》講座，宣講〈初發心功德品第十七〉。

一月四日（四），晚，於善果林太虛紀念館宣講《佛說無量壽經》。

一月五日（五），晚，於中興大學夜間部中文系講授「詩選」。

一月六日（六），於中興大學一一〇教室為中文系三年級學生講授《禮記》。

一月八日（一），於中興大學一一〇教室為中文系三年級學生講授《禮記》。

是日晚，於中興大學夜間部中文系講授「詩選」。

一月十日（三），晚，於慈光圖書館週三《華嚴經》講座，宣講〈初發心功德品第十七〉。

一月十一日（四），晚，於善果林太虛紀念館宣講《佛說無量壽經》。

一月十二日（五），晚，於中興大學夜間部中文系講授「詩選」。

一月十三日（六），中興大學中文系《禮記》專課，續講〈大學〉篇。次週期末考。

一月十七日（三），晚，於慈光圖書館週三《華嚴經》講座，宣講〈初發心功德品第十七〉。

一月十八日（四），晚，於善果林太虛紀念館宣講《佛說無量壽經》。

一月二十八日（日），中午十二時三十分，前往臺北自由之家，參加中國醫藥學院董事會第五屆第二次董事會議。[1]

是月，中國醫藥學院舉行六十一學年度第一學期期末考，為醫科四年級、五年級兩班《內經》專課，各出期末考試題，每卷十題。[2]

---

1 徐鳴亞編：《私立中國醫藥學院歷屆董事會議紀錄彙編》。
2 【數位典藏】手稿／其他著作／大專院校授課試卷／〈中醫院六一年期末醫四試題〉、〈中醫五六一年期末考題〉。

1973 年・民國 62 年 | 84 歲

是月,為中興大學中文系《禮記》專課、夜間部中文系「詩選」課出期末考試題、補考試題。[1]

二月三日(六),夏曆癸丑年新正,例行至各道場上香,參加團拜。與蓮社文藝班座談後合影。[2](見《圖冊》,1973年圖 1)

元日過後,有詩〈訓陳子定山六十二年元日書懷見贈〉。
(《雪廬詩集》,頁 407-408)

二月六日(二),函復臺南市歐陽鍾裕賀年,並為擬調養藥方。(見《圖冊》,1973 年圖 2)

　　鍾裕賢契台鑒:昨接手翰,敬悉一切,承祝尤感。年後數日,我國風俗不免客多,又須回拜,不得不各處走走,又較忙也。今夕少靜,特為賢契擬一調養之方。先服湯劑,如和平,再加重分量、配丸常服。專此,並頌春祺　　　　　　兄李炳南謹啟　二月六日[3]

　　【小傳】歐陽鍾裕(1935-),中興大學土木工程系

---

1 【數位典藏】手稿 / 其他著作 / 大專院校授課試卷 /〈興大六一年上學期期末考大學題〉、〈興大夜間六一年上期期末詩選考題〉、〈興大夜間六一年上期期末補考試題〉。
2 新正例行行程參見 1971 年 1 月 27 日。【數位典藏】照片 / 教育研習 /〈台中佛教蓮社文藝班聯歡座談會紀念〉。
3 【數位典藏】書信 / 在家居士 /〈歐陽鍾裕之一〉;時間地點據該書函封文、郵戳為「62.2.7.14」,即 1973 年 2 月 7 日 14 時。

教授、系主任,二〇〇〇年退休。著有《華嚴法界觀與蓮師大圓滿》、《華嚴經普賢行願品別行疏鈔語譯》。曾任明倫講座第七期教師,講授《八大人覺經》。

二月十七日(六),周邦道為母百歲冥誕印贈《無量壽經起信論》,請先生撰〈序〉。先生說明淨土三經原應相輔互助,然《無量壽經》歷來弘傳者少,在於譯文生艱。《無量壽經起信論》非疏非判,而亦判亦疏,可紓解讀《無量壽經》之困。[1]

〈景印無量壽經起信論序〉:周生慶光,少余十年,性仁,其學淹貫中西,尤篤於佛。政教之暇,朱墨不輟手,凡經筵必往聽,典籍必校讎,故其積也,厚且精。雖師事余,實畏友也。

庚寅之秋,余應臺中之邀,講《無量壽莊嚴清淨平等覺經》,乃《無量壽》五存之會集本也。慶光參焉,圓滿後,有評其非原譯者,及詳審五種,讀咸生艱。惟曹魏康僧鎧本,文雄義茂,行於世者,獨崇乎此。然猶有困者,往往語似重,義類複,或耆然而斷,忽突兀而起,不易析其章句,致生錯簡闕文之疑焉。初有隋慧遠大師疏,僅述大義,無科判,仍多佶聱之感。迄於清,講與誦,每舍之。

夫淨宗專籍,向稱三經耳。《觀經》人難其行,是

---

[1] 李炳南:〈景印無量壽經起信論序〉,《雪廬寓臺文存》,《全集》第 14 冊之 2,頁 144-147;落款據原書。

《經》人難其誦,兩經久成束閣之勢。今暢行者,祇《阿彌陀》一經而已,宏淨云乎哉?古德取是三者,以其具互助之功,《觀經》示心作心是,《彌陀》顯名實不二,本《經》彰三業善惡,依教斷惑除障;彼二抉密為修之正,此一闡幽為道之助,如三點成伊,三經方圓其淨也。烏可執其一,而慢其二哉?明乎淨法之要,端在定一,其不得一,在業不淨,業實原於惑之不斷不伏。今學淨鮮功者,實忽於五燒五痛之訓,敢背因果,冀徼幸也。

《觀經》自《妙宗鈔》出,其義大暢。惟本《經》震於遠師之慎,後無復敢判疏者;且因憾於諸譯之不精,遂有龍舒之刪,蓮居之集也。二士固具苦心,惜未體遠師之慎意。清彭二林開士,卓識善巧,所作曰《起信論》,非疏非判,而前標題,後屬論,醒目豁襟,亦判亦疏矣。而且語多引徵,信遠過也已。讀是經能紓其困者,其惟斯論歟?疇昔曾籌翻印,屢覓善本不得,姑置之。

壬子秋,慶光攜斯論詣余曰:明歲適生考妣百度冥紀,為追報劬勞罔極,擬影印廣施,祝超蓮界,乞為序。檢之,為成都文殊院重鐫,木板、竹紙、雙線、字大、行齊、校無訛,雖不盡善,亦今之佳者矣。慶光有題識,係孫善之老居士所藏,善之亦前參《無量壽經》講席友也,不圖二十年後,睹其故物,正為余夙昔所營求者也。斯論之詳,自不能望於《妙宗鈔》,但賴以引人入勝,三經略可普被矣。

中華民國重次癸丑上元東魯李炳南謹識

【案】該書於是年底始發行，周邦道自序落款為「中華民國六十二年癸丑十一月十三日，瑞金霧山居士周邦道敬識於臺北市內湖碧湖新村半鍋一碗之堂。」

二月二十二日（一），致函周邦道，附寄前受託為其重印《無量壽經起信論》撰〈序〉完稿。（見《圖冊》，1973年圖3）

〈周慶光之三〉：慶弟勛鑒：前囑為《無量壽論》作重印序，稿已就，但於句讀一旁加最微之點圈。因兄對標點符號每有錯誤，特請弟自加，將粗畫蓋小點無痕跡也。內容有不適處希正。原書及稿掛號另寄。專此順頌勛祺　　　　　　　　兄李炳南謹啟　二月廿二日[1]

二月二十四日（六），中興大學六十一學年度下學期開始上課，《禮記》專課講授〈大學〉：民之父母。[2]

二月二十六日（一），於中興大學一一〇教室為中文系三年級學生講授《禮記》。

二月二十八日（三），癸丑年慈光圖書館週三《華嚴經》講

---

[1] 【數位典藏】書信／在家居士／周慶光／〈周慶光之三〉。
[2] 李炳南講，吳聰敏記：《大學筆記》（1972年12月4日－1973年2月26日，講於中興大學中文系），未刊稿。

1973年・民國62年 | 84歲

座開始,宣講〈明法品第十八〉。[1]

是月,為執業代書之蓮友施水閣《自敘傳》撰序。

〈施水閣自敘傳・序〉:人為後代謀者,未嘗不遠也。而其後代之能守者,何其促耶。閭閻庶民不勝論矣,古帝王如秦政者,謀天下傳子孫,恃一時之雄才霸圖,期纘萬世而無窮,然至二世則不能有,豈始料所及哉。夫以四海之富,南面之尊,猶不能遠裕其後,矧其餘乎。然可謀而遠者,竟不能耶。

書云好德為福,易曰積善餘慶。是以君子之傳也,以德不以位,以善不以財。蓋以善德,不問一介之微,四海之大,皆懍懍焉不苟取與,不苟出處,惟求有以取與出處之道,然後,居陋巷,負斧依,悉能守其常,而無憂患,是遠謀也。

潯江施居士水閣,余臺中蓮友也。始籍南投,自少力學、執教、從政、有儒行。遭時不泰,艱苦備履,後又入佛,志益堅。今壽及耋,而體猶康,視聽猶明。一日,以所為自敘傳詣余曰,人之愛其後者,輒思遺以財富權位。竊有愧焉,亦不取焉。以此傳遺之,一述先芬,一溯遠祖,一闡因果之事於躬,冀其有以自勉。惟語於子孫,俾知數典不忘,流澤有自,天倫家語,尚質

---

[1] 李炳南:《大方廣佛華嚴經講述表解》,《全集》第1冊之2,頁86;《華嚴經表解》有「明法品第十八」手稿共5頁,見:【數位典藏】手稿/佛學講授/華嚴講表/明法品第十八。

不尚文也。

余初讀其文,再尋其義,曰,善矣哉,是傳也。述親追遠以敦倫,非儒德之本歟。知因識果以屬行,非佛法之基歟。兼而進之,勤業利羣,君子之道也,聖賢之階也。鑑古世家,傳之不息,樹之風聲,以化於國者,寧不在斯乎。慨乎時風鼓扇,名利是崇,有家者,而無所傳守,居士能追跡古人,垂範其後,見之遠矣。且君子篤於親,亦所以興於世,然則此傳也,又豈為一家之箴言而已。

中華民國六十二年歲次癸丑孟春東魯李炳南識於臺中[1]

三月一日(四),即日起,每週一至週六清晨,於彰化國聲廣播電臺開播「蓮友之聲」廣播節目,由先生與蓮友輪流開講。此係先生委託廣播界聞人黃懷中接洽辦理。先生於開播首日開講「佛法與人生之關係」,指出佛學最可寶貴,開人智慧、解決苦惱。但要了解,須花時間,勉勵聽眾發長遠心收聽。本集播出後反應熱烈,於十九日又重播一次。[2]

黃懷中,〈創辦廣播弘法〉:雪公知道筆者從事廣

---

1 李炳南:〈施水閣自敘傳‧序〉,《弘法資訊》第 273 期(2018 年 3 月 10 日),頁 18。
2 李炳南:〈佛法與人生之關係〉,《明倫》第 19 期(1973 年 4 月 8 日);後改題為〈蓮友之聲開播宣言〉,收見:《雪廬寓臺文存》,《全集》第 14 冊之 2,頁 251-254。另參見:明倫社,〈蓮友之聲開播 各界咸表讚嘆〉,《明倫》第 19 期(1973 年 4 月 8 日)。

1973 年・民國 62 年｜84 歲

播工作，所以當面指示，由鄭勝陽大德及筆者二人籌辦廣播弘法業務。鄭大德負責蓮社內約聘蓮友主持弘法節目，筆者負責與廣播界聯絡，商請安排將所製作的弘法社教廣播節目在電臺播出。首先於民國六十二年三月份起，在彰化國聲廣播電臺早晨六點三十分播出閩南語節目——「蓮友之聲」，數十年來，這一個節目的收聽率始終很高，廣受聽眾愛好。[1]

【案】黃懷中夫人潘淑媛為炳南先生弟子，黃婚後因得親近先生。先生曾為其開方診治。[2]潘淑媛（1919-1984），號蓮初，安東省人，十五歲即隨父母信佛，二十歲曾在家鄉練習講經。來臺後，親近炳南先生，專修淨土，為常隨眾。一九八四年往生，火化後，舍利七十三顆，呈翠綠色、白色、琥珀色及透明體。[3]

是日晚，於善果林太虛紀念館宣講《佛說無量壽經》。

三月二日（五），晚，於中興大學夜間部中文系講授「詩選」。

三月三日（六），於中興大學一一〇教室為中文系三年級學

---

[1] 黃懷中：〈創辦廣播弘法〉，《回首前塵二十春——雪廬老人示寂廿週年紀年專輯》（臺中：雪心基金會，2006 年 3 月），頁 37-39。
[2] 見：【數位典藏】書信 / 在家居士 /〈黃懷中之一〉。
[3] 弘安（黃潔怡）：〈往生見聞——潘淑媛居士往生記〉，《明倫》第 152 期（1985 年 1/2 月合刊）。

生講授《禮記》。

三月五日（一），於中興大學一一〇教室為中文系三年級學生講授《禮記》。

是日晚，於中興大學夜間部中文系講授「詩選」。

三月七日（三），於慈光圖書館週三《華嚴經》講座，宣講〈明法品第十八〉。

三月八日（四），晚，於善果林太虛紀念館宣講《佛說無量壽經》。

三月九日（五），晚，於中興大學夜間部中文系講授「詩選」。

三月十日（六），於中興大學一一〇教室為中文系三年級學生講授《禮記》。

三月十二日（一），於中興大學一一〇教室為中文系三年級學生講授《禮記》。是月起至五月，講授〈中庸〉。[1]

三月十四日（三），於慈光圖書館週三《華嚴經》講座，宣

1　李炳南講，吳碧霞記：《中庸筆記》（1973 年 3-5 月），未刊稿。

1973年・民國62年｜84歲

講〈明法品第十八〉。

三月十五日（四），晚，於善果林太虛紀念館宣講《佛說無量壽經》。

三月十六日（五），中興大學智海社同學至正氣街拜訪先生，請示學佛因緣。先生歷敘因學法律而從梅光羲居士學唯識學，次因莒城兵災發心戒殺生而禮印光大師之過程。並以從來弘法不斷勉勵後學，注重人品、科學、中國文化，則佛法必興盛。此為先生首度自述學佛歷程。有吳聰龍記錄：〈訪雪公老師談學佛因緣〉。[1]

是日晚，於中興大學夜間部中文系講授「詩選」。

三月十七日（六），於中興大學一一〇教室為中文系三年級學生講授《禮記》。

三月十八日（日），中興大學智海學社成立十二週年，發行社慶刊物。先生題辭祝賀。（見《圖冊》，1973年圖4）
〈十二週年社慶刊物〉：正智圓鏡，海印無疆；學

---

[1] 李炳南講，思飛（吳聰龍）記：〈訪雪公老師談學佛因緣〉，《明倫》，第165期（1986年6月）；今收見：《脩學法要》，《全集》第9冊，頁364-370。筆記者有前言：「三月十六日（民國六十二年），智海諸生往謁炳公恩師，請示學佛因緣，多蒙開示，錄之，以共沾法益。」

亦如此，不輟自強。　癸丑仲春

　　　　　　　　　　　智海學社紀念　炳南[1]

三月十九日（一），上午，於中興大學一一〇教室為中文系三年級學生講授《禮記》。

下午一時十分至三時二十分，前往臺中喜相逢餐廳，參加中國醫藥學院董事會第五屆籌措經費委員會議。[2]

是日晚，於中興大學夜間部中文系講授「詩選」。

三月二十一日（三），於慈光圖書館週三《華嚴經》講座，宣講〈明法品第十八〉。

三月二十二日（四），晚，於善果林太虛紀念館宣講《佛說無量壽經》。

三月二十三日（五），晚，於中興大學夜間部中文系講授「詩選」。

三月二十四日（六），於中興大學一一〇教室為中文系三年

---

[1] 李炳南：〈十二週年社慶刊物〉，《智海卅週年紀念專刊》，頁50。本件《全集》《雪廬老人題畫遺墨》未收。
[2] 徐鳴亞編：《私立中國醫藥學院歷屆董事會議紀錄彙編》。

1973年・民國62年｜84歲

級學生講授《禮記》。

三月二十六日（一），於中興大學一一〇教室為中文系三年級學生講授《禮記》。

是日晚，於中興大學夜間部中文系講授「詩選」。

三月二十八日（三），於慈光圖書館週三《華嚴經》講座，宣講〈明法品第十八〉。

三月二十九日（四），於慈光圖書館召開董事會討論慈光圖書館與慈光育幼院兩單位產權問題，決議「兩單位分開，各自負責」。

  詹前柏，〈從慈光到慈馨〉：慈光育幼院自民國四十九年創辦，當時因為沒有成立財團法人，用慈光圖書館當創辦團體，土地房舍的產權都登記在圖書館名下。民國六十二年，創辦人雪公老師、許克綏老居士與慈光圖書館的董事會都決議將財產分割，育幼院另成立財團法人；但是當時育幼院財務困難、人事不穩定，這項決議未被執行。[1]

  【案】由於該決議案未執行，以致日後慈光圖書館以產權為其所有，慈光育幼院無權占用，育幼院不得

---

1 德安（詹前柏）：〈從慈光到慈馨——慈馨兒少之家總務、教保座談紀錄〉，《明倫》第373期（2007年4月）。

不於二〇〇四年解散。為紹續先生給孤恤幼志業，育幼院院長郭秀銘與教保主任吳碧霞等人乃著手籌備復院工作，先成立「財團法人台中市私立慈光社會福利慈善事業基金會」，再以基金會名義另覓建地，成立「台中市私立慈馨兒少之家」（詳見「譜後」2004年、2007年）。

是日晚，於善果林太虛紀念館宣講《佛說無量壽經》。

三月三十日（五），晚，於中興大學夜間部中文系講授「詩選」。

三月三十一日（六），於中興大學一一〇教室為中文系三年級學生講授《禮記》。

是月，於台中蓮社小講堂講授「東西文化之比較」。

　　林品玲，〈緬懷與期許〉：民國六十二年三月間，去聽雪公老師講授「東西文化之比較」。教室在舊蓮社大殿旁的榻榻米小講堂內，去時室內已坐滿人了。我拿了一張講義，有了標題及表解，才知道當晚的講題。可是那晚老師所講的內容，我一句也聽不懂，只記得整堂課中笑聲不斷，卻又不知道人家在笑什麼。[1]

1　林品玲：〈緬懷與期許〉，《回首前塵二十春──雪廬老人示寂廿週年紀年專輯》，頁 110-112。

1973年・民國 62 年 | 84 歲

四月二日（一），於中興大學一一〇教室為中文系三年級學生講授《禮記》。

是日晚，於中興大學夜間部中文系講授「詩選」。

四月四日（三），於慈光圖書館週三《華嚴經》講座，宣講〈明法品第十八〉。

清明節前後，有〈詩陣〉、〈牆頭狗尾草〉、〈臺灣寒食值世淆亂惟臺端正禮俗有小康之象〉。（《雪廬詩集》，頁408-409）

〈詩陣〉：逼眼詩猶陣，窮年筆折鋒；列營森劍戟，據勢鬥蛟龍。兔塚成堆滅，煙痕滿壁濃；邀誰一夕話，抉摘古人蹤。

〈牆頭狗尾草〉（小人所加，無不福君子也）：可庭星斗慢藏珍，遠有青山近少鄰；黃土牆頭生狗尾，盜來相顧此家貧。

〈臺灣寒食值世淆亂惟臺端正禮俗有小康之象〉：插柳過寒食，他鄉故國情；黃陵春幾許，白首歲孤征。花鳥今無賴，絃歌小太平；來朝聞祭掃，突兀又清明。

四月五日（四），晚，於善果林太虛紀念館宣講《佛說無量壽經》。

四月八日（日），恭祝釋尊誕生，台中蓮社及其聯體機構參

加臺中佛教支會舉辦市區遊行及慶祝活動。是年各項活動比照往年，唯遊行路程縮短。先生有集《無量壽經》經偈恭祝釋尊誕辰之偈頌。

　　慧日朗世間　梵聲猶雷震　見敬得大慶　會當成佛道[1]

是日，省會中興新村中興佛社擴建二層佛殿完成，舉行落成典禮。

　　中興佛社之建築，採仿古中國宮殿型式，啟建工程於五十五年五月開始，恭請雪廬老人等緇素大德主持奠基大典，五十六年（公元1967年）二月竣工。後因場地不敷使用，於五十九年（公元1970年）二月進行擴建，六十二年四月八日舉行落成典禮。初期佛社恭請雪廬老人講演佛法，開啟了中興新村修學淨土法門的因緣。[2]

四月九日（一），於中興大學一一〇室為中文系三年級學生講授《禮記》。

是日晚，於中興大學夜間部中文系講授「詩選」。

四月十一日（三），於慈光圖書館週三《華嚴經》講座，宣講〈明法品第十八〉。

1　李炳南：〈雪公老師恭祝　釋尊誕辰之偈頌〉，《明倫》第19/20期合刊（1973年4月8日發行）。
2　中興佛社：〈社史簡介〉，財團法人臺灣省南投縣中興佛社：http://www.zxbsf.org.tw/index.php/test/

1973 年・民國 62 年 | 84 歲

四月十二日（四），晚，於善果林太虛紀念館宣講《佛說無量壽經》。

四月十三日（五），晚，於中興大學夜間部中文系講授「詩選」。

四月十四日（六），於中興大學一一〇教室為中文系三年級學生講授《禮記》。

四月十五日（日），晚間，至慎齋堂參加晚宴，歡迎香港佛教界組團蒞臨臺中訪問。香港佛教界僧俗二眾二十餘人，由明常法師率領蒞臨臺中，停留兩日。[1]

四月十六日（一），於中興大學一一〇教室為中文系三年級學生講授《禮記》。

是日晚，於中興大學夜間部中文系講授「詩選」。

四月十七日（三），於慈光圖書館週三《華嚴經》講座，宣講〈明法品第十八〉。

四月十九日（四），晚，於善果林太虛紀念館宣講《佛說無量壽經》圓滿。

---

1 〈新聞〉，《菩提樹》第 246 期（1973 年 5 月 8 日），頁 48。

四月二十日（五），晚，於中興大學夜間部中文系講授「詩選」。

四月二十一日（六），於中興大學一一〇教室為中文系三年級學生講授《禮記》。

四月二十三日（一）至二十六日（四），中興大學舉行六十一學年度第二學期期中考，為中文系二年級《禮記》專課、夜間部中文系「詩選」出考題。[1]

四月二十三日（一），函告董正之，**中興大學羅雲平校長關注佛法，可先行聯絡至臺中會談**。（見《圖冊》，1973 年圖 5）

〈董正之之七〉：正之老弟鑒：前週興大下課，承羅校長邀談，大致鑒於世道艱危，非儒與佛莫可為力，尤對佛法甚感興趣，大有出任鉅肩之念。兄甚欽佩，極盼老弟先將佛教德學俱優之士周思，現有何人，以便預擬集合，對世有所貢獻。更希直接函商羅校長訂來中會談日期，兄願備素齋供養。凡初發心者莫不勇猛，我輩之增上緣有不可少緩者。專此并頌

淨祺　　　　　　　　　　兄李炳南謹啟　四月廿三日[2]

---

1 【數位典藏】手稿／其他著作／大專院校授課試卷／〈六一年下年期中考文二禮記〉、〈六一年下期期中考詩選興夜〉。
2 【數位典藏】書信／在家居士／董正之／〈董正之之七〉；收見：〈復董正之居士書（三）〉，《雪廬老人題畫遺墨》，《全集》第 16 冊，頁 287。

1973年・民國62年｜84歲

【案】中興大學羅校長應指羅雲平（1915-1984）。羅雲平於一九七二年八月至一九八一年七月任中興大學校長。姑且繫此為來校之初。

四月二十五日（三），於慈光圖書館週三《華嚴經》講座，宣講〈明法品第十八〉。

四月二十六日（四），晚，於善果林太虛紀念館開講《勸發菩提心文》。

【案】《勸發菩提心文》講授時間未詳，據明倫講座第五期課程表，是年七月、八月該期講座舉行時《勸發菩提心文》持續進行。又據宏仁：〈敬悼伯母鄭李修碧大居士〉（見是年6月7日譜文），知六月已進行。已知於善果林所講經，此前為《佛說無量壽經》，此後則有《五戒吉凶正史事證選》、《佛說孛經》，因據兩經之圓滿日與開講日推估：《勸發菩提心文》當是自是年四月二十六日開講，約當九月圓滿，而後續講《五戒吉凶正史事證選》，至翌年一月三日圓滿。

四月二十七日（五），晚，於中興大學夜間部中文系講授「詩選」。

四月二十九日（日），中午十二時三十分，前往臺中土地銀行招待所，參加中國醫藥學院董事會第五屆第三次董事

會議。[1]

四月三十日（一），於中興大學一一〇教室為中文系三年級學生講授《禮記》。

是日晚，於中興大學夜間部中文系講授「詩選」。

是月，中國醫藥學院舉行六十一學年度第二學期期中考，為醫學系四年級《內經》專課、五年級《內經》專課出考題。[2]

五月二日（三），於慈光圖書館週三《華嚴經》講座，宣講〈明法品第十八〉。

五月三日（四），晚，於善果林太虛紀念館宣講《勸發菩提心文》。

五月四日（五），晚，於中興大學夜間部中文系講授「詩選」。

五月五日（六），於中興大學一一〇教室為中文系三年級學生講授《禮記》。

---

[1] 徐鳴亞編：《私立中國醫藥學院歷屆董事會議紀錄彙編》。
[2] 【數位典藏】手稿／其他著作／大專院校授課試卷／〈六一年度第二期期中考醫五題〉、〈六十一年度第二期期中考四年級〉。

1973 年・民國 62 年｜84 歲

五月六日（日），至慈光圖書館參加中部大專佛學演講比賽。因另有要務，於致詞後先行離開，未參與評審。[1]

五月七日（一），於中興大學一一〇教室為中文系三年級學生講授《禮記》。

是日晚，於中興大學夜間部中文系講授「詩選」。

五月九日（三），於慈光圖書館週三《華嚴經》講座，宣講〈明法品第十八〉。

五月十日（四），晚，於善果林太虛紀念館宣講《勸發菩提心文》。

五月十一日（五），晚，於中興大學夜間部中文系講授「詩選」。

五月十二日（六），於中興大學一一〇教室為中文系三年級學生講授《禮記》。

五月十三日（日），至中國醫藥學院參加該校醫王學社成立十一週年慶祝晚會。先生為該學社指導老師，致詞勉勵

---

[1] 記者：〈中部大專學佛青年演講比賽假慈光圖書館舉行〉，《明倫》第 21 期（1973 年 5 月 20 日）。

社員精進求道,研究佛學。[1]

五月十四日(一),於中興大學一一〇教室為中文系三年級學生講授《禮記》。

是日晚,於中興大學夜間部中文系講授「詩選」。

五月十六日(三),於慈光圖書館週三《華嚴經》講座,宣講〈明法品第十八〉。

五月十七日(四),晚,於善果林太虛紀念館宣講《勸發菩提心文》。

五月十八日(五),晚,於中興大學夜間部中文系講授「詩選」。

五月十九日(六),於中興大學一一〇教室為中文系三年級學生講授《禮記》。

五月二十一日(一),於中興大學一一〇教室為中文系三年級學生講授《禮記》。

是日晚,於中興大學夜間部中文系講授「詩選」。

---

1 〈新聞〉,《菩提樹》第247期(1973年6月8日),頁48。

1973 年・民國 62 年｜84 歲

五月二十三日（三），於慈光圖書館週三《華嚴經》講座，宣講〈明法品第十八〉。

五月二十四日（四），晚，於善果林太虛紀念館宣講《勸發菩提心文》。

五月二十五日（五），晚，於中興大學夜間部中文系講授「詩選」。

五月二十六日（六），於中興大學一一〇教室為中文系三年級學生講授《禮記》。

下午，受中興大學夜間部中文系二年級「詩選」課同學禮請，於台中蓮社為該班課外加課，講授「佛學概說」。爾後又開講數次。

敝班蒙受炳公感召，師生緣份獨深，同學們亦稱旁聽學長為大師兄。並懇求老恩師授詩之餘亦開示佛法，炳公十分慈悲，特於六十二年五月二十六日下午四時，為本班全體同學在蓮社上了第一堂佛學概說，並開宗明義佛學宗旨在：破迷啟悟，離苦得樂。而後有數次佛法開示，連本班唯一修女亦在風雨中至蓮社親沐師澤。[1]

【案】該班為是年中興大學夜間部中文系二年級，

---

[1] 廖富樂：〈無盡的追思——含悲忍痛奏哀樂〉，《明倫》第 165 期（1986 年 6 月）。

作者廖富樂為該班班代表。

五月二十八日（一），於中興大學一一〇教室為中文系三年級學生講授《禮記》。

是日晚，於中興大學夜間部中文系講授「詩選」。

五月三十日（三），於慈光圖書館週三《華嚴經》講座，宣講〈明法品第十八〉。

五月三十一日（四），晚，於善果林太虛紀念館宣講《勸發菩提心文》。

是月，每週四，持續於善果林太虛紀念堂宣講《勸發菩提心文》。[1]

是月，於中興大學中文系《禮記》專課，講授〈坊記〉篇。[2]

是月，游俊傑住房改建完成。先生於游府改建前後，週末下午常至此觀賞國劇，並教作菜。曾自游府四樓陽台東望觀山賦詩。

「與游青士筆談」：一九七二年五月我家舊房改

---

[1] 〈新聞〉，《慧炬》第 113/114 期合刊（1973 年 6/7 月），頁 111。
[2] 李炳南講，吳碧霞記：《禮記筆記》（1973 年 5 月），未刊稿。

1973 年・民國 62 年｜84 歲

建，一九七三年五月前後完工。改建前後，雪公常來。夏天，會在家裡請家母備料，做麻醬麵。花生醬要自己調，慢慢和香椿、長豆、紅蘿蔔絲、花瓜絲、豆乾丁、冰塊……，家姊、末學也都一起備料。星期六下午，在寒舍看電視國劇。晚上吃完餐走回正氣街，我們在二樓陽台目送。大致上六菜一湯，飯後都有水果。父親往生後，我和家姊在學，無法陪伴，另有學生陪著。[1]

六月一日（五），晚，於中興大學夜間部中文系講授「詩選」。

六月二日（六），於中興大學一一〇教室為中文系三年級學生講授《禮記》。

六月四日（一），於中興大學一一〇教室為中文系三年級學生講授《禮記》。是月，中興大學中文系《禮記》專課，講授〈表記〉篇。[2]

是日晚，於中興大學夜間部中文系講授「詩選」。

六月五日（二），癸丑年端午節，偶然得暇，題寫舊作〈某

---

[1] 林其賢：「與游青士筆談」，即時通訊平臺 Messenger，2020 年 4 月 19 日。詩為〈登游生四樓平臺晚眺〉，見 1975 年 7 月。
[2] 李炳南講，吳碧霞記：《禮記筆記》（1973 年 6 月），未刊稿。

2377

居士性不喜詩詠此嘲之〉，贈鄭勝陽：[1]

　　詩境從來懶結緣，花空飛墜月空圓；誰能不會經中偈，便向人間解說禪。

癸丑端午日偶閑　　勝陽賢契雅正　　　　　　　李炳南

六月六日（三），於慈光圖書館週三《華嚴經》講座，宣講〈明法品第十八〉。

六月七日（四），晚，於善果林太虛紀念館宣講《勸發菩提心文》。

　　是晚，鄭母李修碧於善果林經筵先生講經時，忽然昏倒。經蓮友助念、先生灌頂加持，於九日凌晨從昏迷多時中蘇醒，念佛數聲後往生，火化得舍利百顆。

　　陳雍澤，《雪廬老人儒佛融會思想研究》：鄭月鳳女士，法號修碧，享年六十三歲。四十四歲時，夫因病逝世，家境困窘，得知炳南先生在臺中講經，便自尋前往，幸蒙接引，開始長齋念佛。此後一直到往生，十八年之間，奉佛益篤、精進不懈；凡是能聞法、念佛的機會從不缺席；雖生活壓力重大而學佛的決心不變。子女們也篤信佛法，建立佛化家庭，自己與子女（勝陽、

---

[1] 李炳南：〈癸丑端午日偶閑〉，《雪廬老人題畫遺墨》，《全集》第 16 冊，頁 113。所題詩〈某居士性不喜詩詠此嘲之〉為 1953 年所作，收見《雪廬詩集》，《全集》第 14 冊之 1，頁 288。

惠文），均任勞任怨虔謹的護持炳南先生的生活庶務，使先生安心於弘法利生的工作，可謂功不可沒。民國六十二年六月七日晚間，和往常一樣到大里鄉善果林，恭聆炳南先生講《勸發菩提心文》。就在聽經中間突然暈倒嘔吐，延醫診治，是腦血管破裂，隨即送至「聖蓮室」助念。炳南先生前來灌頂加持，並云「最後一刻能在安詳清淨的道場，因緣殊勝，好好助念絕對往生。」斷氣前仍念了好幾聲佛號，最後面帶微笑往生了。助念十二小時後，四肢非常柔軟。荼毘後，赫然發現靈骨有翠綠如玉者甚多。炳南先生說：「此即是舍利，甚是難得！」共撿獲五彩舍利，有寸餘高者，形狀似佛相、菩薩相者；也有似鸚鵡、念珠、如意等形狀者。質地皆如翠玉，璀璨溫潤，極為難能可貴。[1]

六月八日（五），晚，於中興大學夜間部中文系講授「詩選」。

六月九日（六），於中興大學一一○教室為中文系三年級學生講授《禮記》。

六月十一日（一），於中興大學一一○教室為中文系三年級

---

[1] 陳雍澤：《雪廬老人儒佛融會思想研究》（臺中：青蓮出版社，2006年），頁613-614；另參見：宏仁：〈敬悼伯母鄭李修碧大居士〉，《明倫》第22期（1973年6月20日）。

學生講授《禮記》。

是日晚,於中興大學夜間部中文系講授「詩選」。

六月十二日(二),至慈光圖書館參加中部大專定期佛學講座結業典禮。本期講座由慈光圖書館及明倫社合辦,自去歲十一月二十八日開講,徐醒民講授《佛學十四講表》十五次、周家麟講授《八識規矩頌》十次。[1]

六月十三日(三),於慈光圖書館週三《華嚴經》講座,宣講〈明法品第十八〉。

六月十四日(四),晚,於善果林太虛紀念館宣講《勸發菩提心文》。

六月十五日(五),晚,於中興大學夜間部中文系講授「詩選」。

六月十六日(六),於中興大學一一〇教室為中文系三年級學生講授《禮記》。

六月十七日(日),至善果林靈巖書樓祖師紀念堂參禮印光

---

[1] 記者:〈定期佛學講座結業楊錦盆成績最優〉,《明倫》第 22 期(1973 年 6 月 20 日)。

大師靈骨。印光大師靈骨係由香港謝均如老居士轉贈，供養於臺中靈巖書樓祖師紀念堂。

淨土宗第十三代祖師印光大師之靈骨，原由印祖皈依弟子定海樂慧斌老居士保存，自樂老居士生西後，其公子遵父遺囑轉輾托人送到香港贈其老友謝均如老居士。謝老居士伉儷中旬返國，將祖師靈骨轉贈朱斐居士，分供於臺中靈巖書樓祖師紀念堂及菩提樹雜誌社佛堂。十七日，邀約印祖弟子李炳南、趙茂林、蔡念生、朱鏡宙、呂佛庭等，參禮靈骨，設齋供養。[1]

六月十八日（一），於中興大學一一〇教室為中文系三年級學生講授《禮記》。

是日晚，於中興大學夜間部中文系講授「詩選」。

六月二十日（三），於慈光圖書館週三《華嚴經》講座，宣講〈明法品第十八〉。

六月二十一日（四），晚，於善果林太虛紀念館宣講《勸發菩提心文》。

六月二十二日（五），晚，於中興大學夜間部中文系講授「詩選」。

---

1 〈新聞〉，《菩提樹》第 248 期（1973 年 7 月 8 日），頁 49。

六月二十三日（六），於中興大學一一〇教室為中文系三年級學生講授《禮記》。

六月二十七日（三），於慈光圖書館週三《華嚴經》講座，宣講〈明法品第十八〉。

六月二十八日（四）至七月六日（五），中興大學智海學社借用台中蓮社舉辦暑期講座，禮請先生主持「法要問答」。（見《圖冊》，1973年圖6）

　　國立中興大學智海學社，於六月廿八日在台中蓮社講堂，舉行佛學講座，為期九天。特聘請李雪廬老人主持法要問答，許祖成教授講授〈普賢行願品〉，徐醒民老師講《唯識簡介》，周家麟老師講《心經》，歐陽鍾裕老師講《八大人覺經》。聽講者除該社新舊幹部四十餘人外，尚有政大及靜宜文理學院等大專佛學青年參加。此次講座，為該社新任社長徐貴源自動發起主辦，使同學利用暑假接受正知正見的佛法，是國內大專佛學社團活動的創舉。講座於七月六日圓滿結束，並舉行測驗。由洪健雍、張昭玉、倪一芬等五位在結業典禮中接受頒獎。[1]

六月二十八日（四），晚，於善果林太虛紀念館宣講《勸發菩提心文》。

1　〈新聞〉，《慧炬》第115/116期合刊（1973年9/10月），頁111。

1973 年・民國 62 年 | 84 歲

是月，中興大學舉行六十一學年度第二學期期末考，為中文系《禮記》、夜間部中文系「詩選」出試題。《禮記》考試範圍為：〈中庸〉、〈禮運〉、〈表記〉。[1]中興大學任教《禮記》專課至此圓滿。

【案】據郁英、弘超，〈雪公與智海的一段緣〉，中興大學中文系《禮記》專課為一九七〇年八月至一九七三年七月（五十九學年至六十一學年）。另據中興大學中文系第五屆學生李建崑：一九七二年九月開始上《禮記》課，由炳南先生授課。第七屆系學會總幹事陳達權稱：一九七三年九月開始上《禮記》課，為孔德成先生授課。[2]是知先生任教中興大學中文系《禮記》至該學年為止，一九七三年八月（六十二學年度）起，該課程由孔德成先生授課。

是月，中國醫藥學院舉行六十一學年度第二學期期末考，為醫學系四年級《內經》專課、五年級《內經》專課出考題。

【案】今所見中國醫藥學院授課資料為〈六一年度第二期期中考醫五題〉、〈六十一年度第二期期中考

---

1 【數位典藏】手稿／其他著作／大專院校授課試卷／〈六十一年中興大學期末考試題〉（禮記）、〈六一年下度期末夜部詩選試題〉、〈六一年下期中興夜部補考〉。
2 郁英、弘超：〈雪公與智海的一段緣〉，《智海卅週年紀念專刊》，頁 67-71；紀海珊：「中興大學中文系第五屆李建崑、第七屆陳達權訪談紀錄」，LINE 通訊軟體，2022 年 7 月 6-9 日。

四年級〉(見 1973 年 4 月譜文),未見「六十一學年度第二學期期末考」相關資料。然既有期中考,推知必有期末考。

七月四日(三),於慈光圖書館週三《華嚴經》講座,宣講〈明法品第十八〉。

七月五日(四),晚,於善果林太虛紀念館宣講《勸發菩提心文》。

七月七日(六)至八月六日(一),於台中蓮社舉行第五期明倫講座,為高級班課程,須完成初級班課程學員始得參加。只收正式生二十名,旁聽生六十名。開設三門課,由先生講授《大乘起信論》四十小時,徐醒民講授《八識規矩頌》三十二小時,周家麟講授《彌陀要解》三十二小時。並排定時間,舉行研討會及念佛修持。[1]

【案】本期參加學員有:吳聰龍(興大中文)、徐貴源(興大植病)、游琦(文化史學)、林世敏(政大新聞)、陳柏達(政大教研所)、陳清鏘(淡江電算)、連文宗(輔大圖書)、蘇烱峰(臺大牙醫)、王志賢(臺中師專)、王能傑(師大國文)、李榮輝

---

[1] 〈明倫大專佛學講座第五期七月八日開學〉,《明倫》第 23 期(1973 年 7 月 25 日)。另參見:〈新聞〉,《慧炬》第 115/116 期合刊(1973 年 9/10 月),頁 98-99。

（興大農教）、簡金武（輔大化學）、洪禎士（臺中師專）、劉國榮（測量學校）、釋常持、釋心志、釋見竺、釋修慧、謝惠蘭（東吳中文）、胡秀美（北女師專）、何美雪（靜宜商學）、……等多人；服務同學有李子成、謝嘉峰、吳健銘、謝正雄、林敏雄、賴秀燕、連淑美、吳碧霞、……等三十四人。[1]

七月八日（日），上午，八時至九時，舉行第五期明倫講座高級班開學典禮。九時至十時，講授《大乘起信論》。

是日下午三時，至慈光育幼院參加該院第七屆第三次董事會議，以導師身分聽取院務報告，並指示育幼院獨立事宜。

財團法人臺中市私立慈光育幼院於本（七）月八日下午三時在該院佛堂舉行本年度第三次董事會議，由董事長董正之居士主持，導師李炳南居士蒞席指導，首先由副院長廖玉嬌居士報告院務，按該院院童陸續增加，教保對生活精神教育，均照顧周到，院務推展十分順利，董事會一致表示滿意。該院為加強輔導院童就學、就業及婚姻等事項，特發動熱心人士組織輔導委員會，專事該類工作。[2]

---

1 明倫社：《第五期明倫大專佛學講座通訊錄》（臺中：明倫社，1973年8月）。
2 明倫社：〈慈光育幼院召開第三次董事會〉，《明倫》第23期（1973年7月25日）。

〈慈光育幼院第七屆第三次董事會議紀錄〉：

董正之（董事長）主席：剛才導師說明很詳盡，本院現仍隸屬慈光圖書館，如何做到獨立，如此做事方便也自然。可否將此問題列為本會臨時動議？

朱炎煌（慈光圖書館董事長）：同意育幼院獨立作業，圖書館在本月董事會時，列為議題，將育幼院動產不動產全部作為捐贈，然後向政府辦理過割分戶手續。

導師指示：1.各界捐款支援，要我們拿工作和成績去爭取。2.育幼院之獨立，希望圖書館董事會能獲得解決。[1]

七月九日（一），上午八時至十時，於明倫講座講授《大乘起信論》。

七月十日（二），上午八時至十時，於明倫講座講授《大乘起信論》。

七月十一日（三），於慈光圖書館週三《華嚴經》講座，宣講〈明法品第十八〉。

七月十二日（四），晚七時至九時，於善果林太虛紀念館宣講《勸發菩提心文》。

---

[1] 〈慈光育幼院第七屆第三次董事會議紀錄〉（1973年7月8日），臺中：慈光育幼院檔案，現收存於慈光基金會。

七月十三日（五），上午八時至十時，於明倫講座講授《大乘起信論》。

晚七時至九時，於台中蓮社講授《論語》。

【案】一九七二年七月〈第四期明倫大專佛學講座初級班課程表〉，列有「臺中長期講經法會」：週三《華嚴經》、週四《無量壽經》與週五《論語》。一九七三年七月〈第五期明倫大專佛學講座初級班課程表〉亦列有週三《華嚴經》、週四《勸發菩提心文》與週五《論語》。再據第八期明倫講座學員陳永森記述：「雪公老師在慈光圖書館的長期講經——《華嚴》道場、善果林的《法句譬喻經》和台中蓮社所講的《論語》」，可知此為先生分別於慈光圖書館、太虛紀念館、台中蓮社之長期講座。唯《論語》講座開講起止時間未能確認。先生常於週五晚任教中興大學中文系夜間部，則此《論語》講座或係寒暑假期間開設。

七月十四日（六），上午八時至十時，於明倫講座講授《大乘起信論》。

七月十五日（日），上午八時至十時，於明倫講座講授《大乘起信論》。

七月十六日（一），上午八時至十時，於明倫講座講授《大

乘起信論》。

七月十七日（二），上午八時至十時，於明倫講座講授《大乘起信論》。

是日下午，四時三十分，於慈光圖書館為蓮社社長朱炎煌居士令公子明義與魏碧珠佛化婚禮證婚。[1]

七月十八日（三），晚，於慈光圖書館週三《華嚴經》講座，宣講〈明法品第十八〉。

七月十九日（四），晚，於善果林太虛紀念館宣講《勸發菩提心文》。

七月二十日（五），上午八時至十時，於明倫講座講授《大乘起信論》。

晚七時至九時，於台中蓮社講授《論語》。

七月二十一日（六），上午八時至十時，於明倫講座講授《大乘起信論》。

---

1 明倫社：〈朱明義魏碧珠舉行佛化婚禮〉，《明倫》第 24 期（1973 年 8 月 25 日）。

七月二十二日（日），上午八時至十時，於明倫講座講授《大乘起信論》。

七月二十三日（一），上午八時至十時，於明倫講座講授《大乘起信論》。

七月二十四日（二），上午八時至十時，於明倫講座講授《大乘起信論》。

七月二十五日（三），晚，於慈光圖書館週三《華嚴經》講座，宣講〈明法品第十八〉。

七月二十六日（四），晚，於善果林太虛紀念館宣講《勸發菩提心文》。

七月二十七日（五），上午八時至十時，於明倫講座講授《大乘起信論》。

　　晚七時至九時，於台中蓮社講授《論語》。

七月二十八日（六），上午八時至十時，於明倫講座講授《大乘起信論》。

七月二十九日（日），上午八時至十時，於明倫講座講授《大乘起信論》。

七月三十日（一），上午八時至十時，於明倫講座講授《大乘起信論》。

七月三十一日（二），上午八時至十時，於明倫講座講授《大乘起信論》。

是月，參加佛教善果林第七次董事會。董事長周宣德以「年老力衰，遠居臺北，無暇兼顧」，請辭董事長職務，應大眾堅請留任。[1]

是月，於慈光圖書館發現刻本《太上寶筏圖說》，倡印一千部，以此勸人深信因果，諸惡莫作，一般人可以求世間萬福，念佛人可以借此伏惑。[2]

是月，於擔任名譽董事長之開明高中設置佛教子弟獎助學金，鼓勵佛教家庭子女就讀該校。

為鼓勵佛教家庭子女就讀，擔任開明高中名譽董事長的李炳南教授與創辦人于凌波，特在開明高中設置佛教子弟獎助學金，凡居住臺中市佛教家庭子女入學者，每名發給獎助學金伍佰元，入學成績在四百分以上者發給壹仟元。在校肄業期間亦按成績每學期發

---

1 蓮真（鄭振煌）：〈善果林素描〉，《慧炬》第113/114期合刊（1973年6/7月），頁96-97。
2 明倫社：〈深信因果諸惡莫作——讀行太上寶筏為念佛助功〉，《明倫》第23期（1973年7月25日）。

1973年・民國 62年｜84歲

給獎助學金。[1]

八月一日（三），晚七時至九時，於慈光圖書館週三《華嚴經》講座，宣講〈明法品第十八〉。

八月二日（四），晚，於善果林太虛紀念館宣講《勸發菩提心文》。

八月三日（五），上午八時至十時，於明倫講座講授《大乘起信論》。

晚七時至九時，於台中蓮社講授《論語》。

八月四日（六），上午八時至十時，於明倫講座講授《大乘起信論》。

八月五日（日），中午十二時，前往臺北自由之家，參加中國醫藥學院董事會第五屆第四次董事會議。[2]

明倫講座於是日上午舉行測驗。下午舉辦郊遊，訪碧山寺、慈音育幼院、中興佛堂及省議會。[3]

---

1 〈新聞〉，《菩提樹》第 248 期（1973 年 7 月 8 日），頁 49。
2 徐鳴亞編：《私立中國醫藥學院歷屆董事會議紀錄彙編》。
3 記者：〈明倫講座第五期八月六日圓滿結業〉，《明倫》第 24 期（1973 年 8 月 25 日）。

八月六日（一），上午十時三十分，舉行明倫講座第五期結業典禮，對全體同學備加勗勉。（見《圖冊》，1973年圖7）

〈新聞〉：講習會於八月五日圓滿結束，八月六日上午十時三十分舉行結業典禮，由明倫社主任委員王烱如主持，李炳南、周宣德、周邦道、許祖成、朱炎煌、朱斐、徐醒民等居士均應邀觀禮，並頒獎及致詞，對全體學員備加勗勉。結業典禮並頒發結業測驗成績優良獎，計有連文宗、吳聰龍、丘聰榮、葉福財、李榮輝、陳柏達、王志賢、游琦、焦國寶、徐貴源等人。[1]

八月八日（三），於慈光圖書館週三《華嚴經》講座，宣講〈明法品第十八〉。

八月九日（四），晚，於善果林太虛紀念館宣講《勸發菩提心文》。

八月十五日（三），於慈光圖書館週三《華嚴經》講座，宣講〈明法品第十八〉。

八月十六日（四），晚，於善果林太虛紀念館宣講《勸發菩提心文》。

八月二十二日（三），於慈光圖書館週三《華嚴經》講座，

---

[1] 〈新聞〉，《慧炬》第115/116期合刊（1973年9/10月），頁98-99。

宣講〈明法品第十八〉。

八月二十三日（四），晚，於善果林太虛紀念館宣講《勸發菩提心文》。

八月二十九日（三），於慈光圖書館週三《華嚴經》講座，宣講〈明法品第十八〉。

八月三十日（四），晚，於善果林太虛紀念館宣講《勸發菩提心文》。

九月五日（三），於慈光圖書館週三《華嚴經》講座，宣講〈明法品第十八〉。

九月六日（四），晚，於善果林太虛紀念館宣講《勸發菩提心文》。

九月十二日（三），於慈光圖書館週三《華嚴經》講座，宣講〈升夜摩天宮品第十九〉。

九月十三日（四），晚，於善果林太虛紀念館宣講《勸發菩提心文》。

九月十四日（五），上午八時至十時，於中國醫藥學院中醫系五年級講授《黃帝內經‧素問》。上午十時至十二

時，於中國醫藥學院中醫系四年級講授《黃帝內經・素問》。此為先生任教該校最後一年。

　　【案】陳雍澤有《黃帝內經素問筆記》甲、乙兩本，記錄一九七三年十一月三十日至一九七四年六月七日，炳南先生分別為中國醫藥學院中醫系四、五年級講授《內經》。十一月三十日前紀錄闕如，據一般學期制上課十八週往前推算。

下午六時，北上為李榮輝、陳資織舉行佛化婚禮福證，男方介紹人為慧炬雜誌社董事長周宣德；女方介紹人由菩提樹主編朱斐擔任。婚禮於臺北市林森紀念館舉行，李榮輝曾任中興大學智海學社社長，現任教新莊高中，陳畢業於臺北中興大學法商學院。均為慈光講座同學。[1]

本學期，持續為中興大學中國文學系夜間部開設「詩選」，日間部則於四年級新開設「佛學概要」兩學分課程，編有講義《佛學實況直介》十四表。（《圖冊》，1973年圖8）[2] 然因對象不同，會適時調整講授內容。由於本門課聽課者甚眾，學校特開闢於禮堂上課。

　　吳聰敏，〈辦事要求精細〉：民國六十二年，中興

---

1 〈新聞〉，《菩提樹》第251期（1973年10月8日），頁48；《慧炬》第117期（1973年11月），頁87。
2 明倫社：〈興大開佛學課請李老師擔任〉，《明倫》第24期（1973年8月25日）；〈新聞〉，《慧炬》第115/116期合刊（1973年9/10月），頁95。

大學中文系首先為了老恩師開佛學課程，老恩師從《佛學概要十四講表》，再編一分《佛學實況直介》的教材。旁聽很多，學校開闢禮堂上課。那次恰好講到有情世間的概況，講六道輪迴的事情。上課當中，後面進來一位校內的教授，他是第一次來旁聽。老恩師正在講六道輪迴，馬上跳過。那時我們在內典研究班，都跟著上課，心裡很納悶，老師為什麼突然講到其他的內容呢？第二天來內典研究班上課，老師問：「你們有沒有發現我講課，突然間跳過去呀？」我們說：「有啊！」雪公說：「因為有教授來旁聽，他可能不是學佛的，他第一次來就聽六道輪迴，怕他誤會佛法講的都是迷信。」可見雪公在上課中，周圍的動態他都瞭如指掌，這樣才能觀機逗教。[1]

【案】《佛學實況直介》與《佛學概要十四講表》同為講表形式，亦同為十四表，但內容有異。《佛學實況直介》未採用《佛學概要十四講表》中之：第一講、先明佛義；第三講、消除幾種誤會；第十三講、行門中一特別捷徑；第十四講、吾人應有之警覺。另新增四表：一、佛法創始者略介；二、求覺之動機；三、覺行圓滿

---

[1] 希仁（吳聰敏）：〈辦事要求精細〉，《明倫》第 514 期（2021年 5 月）。唯「民國六十二年」與「第二天來內典研究班上課」，二者應有一誤。查中興大學中文系日間部開設「佛學概論」為六十二學年、六十三學年。六十二學年首度開設時，「內典班」尚未開辦，作者所述或為翌年開設狀況。或者，「第二天上課」對象並非「內典班」亦有可能。姑且繫此。

之狀況;四、對宇宙人生之基本觀察。其餘各表則次序略有變動,如《十四講表》之第二講、研究佛學須先略知別相,移置《實況直介》第十表;內容亦略作調整,如《十四講表》之第五講、第十一講,併為《實況直介》第十三表。見下表「《佛學實況直介》與《佛學概要十四講表》比較」:

《佛學實況直介》	與《佛學概要十四講表》比較
一、佛法創始者略介	《十四講表》無
二、求覺之動機	《十四講表》無
三、覺行圓滿之狀況	《十四講表》無
四、對宇宙人生之基本觀察	《十四講表》無
五、人生當前領受之觀察	同《十四講表》第四講
六、人生動態之觀察	甲、乙項《十四講表》無,丙為《十四講表》第九講(附)擴大
七、宇宙器世間安立概況	與《十四講表》第七講,略異
八、宇宙有情世間概況	同《十四講表》第六講,加第七講(丙)、第一講(丙)
九、內容設施梗概	同《十四講表》第八講,加(丁)設喻
十、研究佛學須先略知別相	同《十四講表》第二講
十一、方便五乘說法	同《十四講表》第九講
十二、五戒十善	同《十四講表》第十講
十三、四諦十二因緣	(甲)同《十四講表》第十一講(甲);(乙)(丙)為《十四講表》第五講
十四、六度萬行	同《十四講表》第十二講

【又案】中興大學中文系「佛學概要」為兩學分,夜間部中文系「詩選」為三學分,據陳雍澤《佛學概

論筆記》，中文系「佛學概要」於週六上午授課。夜間部中文系「詩選」則週一晚授課兩小時、週五晚授課一小時。詳見末卷附錄八：李炳南居士任教大學紀錄。

九月十五日（六），上午，於中興大學中文系講授「佛學概要」。[1]

九月十七日（一），晚，於中興大學夜間部中文系教授「詩選」兩小時。

九月十九日（三），於慈光圖書館週三《華嚴經》講座，宣講〈升夜摩天宮品第十九〉。

九月二十日（四），晚，於善果林太虛紀念館宣講《勸發菩提心文》。

九月二十一日（五），上午八時至十時，於中國醫藥學院中醫系五年級講授《黃帝內經・素問》。上午十時至十二時，於中國醫藥學院中醫系四年級講授《黃帝內經・素問》。

---

[1] 李炳南講，陳雍澤記：《佛學概論筆記》（1973 年 9 月 15 日至同年 12 月 8 日），未刊本。該課程為一學年，下學期上課日程據此推估。

晚,於中興大學夜間部中文系教授「詩選」一小時。再赴蓮社教授《論語》兩小時,略及欲弘佛法,需明科學、西洋文化哲學、孔子老子學說,如此才可明佛法之博大圓融。[1]

【案】陳雍澤《日記》(1973年11月30日),記有先生週五當日上課七小時:上午中醫學院四、五年級《內經》共四節,晚上興大「詩選」一小時、蓮社《論語》兩小時。據此推定該學年時間安排。

九月二十二日(六)起三日,台中蓮社舉行秋祭及護國法會。首日,陳番王等七十七人請求皈依三寶,先生推薦禮印順老和尚為作皈依證明。(《蓮社日誌》)

九月二十二日(六),上午,於中興大學中文系講授「佛學概要」。

九月二十四日(一),晚,於中興大學夜間部中文系教授「詩選」兩小時。

九月二十六日(三),於慈光圖書館週三《華嚴經》講座,宣講〈升夜摩天宮品第十九〉。

九月二十七日(四),晚,於善果林太虛紀念館宣講《勸發菩

---

[1] 陳雍澤,《日記》,1973年9月21日,未刊本。

1973年・民國62年 | 84歲

提心文》圓滿，次週接續講授《五戒吉凶正史事證選》。

九月二十八日（五），晚七時半，至台中蓮社參加明倫社與臺中佛教蓮社聯合舉辦之教師節敬師會。禮請先生與許祖成、周家麟、徐醒民等老師蒞臨，並有蓮社社長朱炎煌等大德觀禮。

　　敬師會首先由主席率領所有蓮友同學向佛像及至聖先師像三問訊，然後向師長問訊，並與慈光育幼院院童朗誦「師誦」。會中李炳南教授及許祖成教授均分別開示，語多勗勉。然後餘興節目，計有臺中師專大漢國樂社合奏，廖富樂、魏德樑、許文彬等同學國樂獨奏，趙士英居士清唱，節目十分精彩，最後節目無盡燈，於九點半，在念佛聲中，敬師會圓滿莊嚴地結束。[1]

九月二十九日（六），上午，於中興大學中文系講授「佛學概要」。

是月，應邀至臺中體育專科學校講演，有〈復興文化即是復興國家〉講演稿表。[2]

十月一日（一），晚，於中興大學夜間部中文系教授「詩選

1　明倫社：〈教師節敬師會簡單隆重而圓滿〉，《明倫》第26期（1973年10月20日）。
2　李炳南：〈復興文化即是復興國家〉，《弘護小品彙存》，《全集》第4冊之2，頁424。

及習作」兩小時。

十月三日（三），於慈光圖書館週三《華嚴經》講座，宣講〈夜摩宮中偈讚品第二十〉。[1]

十月四日（四），晚，於善果林太虛紀念館開講《五戒吉凶正史事證選》。（《圖冊》，1973年圖9）
【案】《五戒吉凶正史事證選》宣講時間，在《勸發菩提心文》後，開講時間不詳，推估，講授《勸發菩提心文》約五閱月，《五戒吉凶正史事證選》約三閱月。

十月五日（五），上午八時至十時，於中國醫藥學院中醫系五年級講授《黃帝內經·素問》。上午十時至十二時，於中國醫藥學院中醫系四年級講授《黃帝內經·素問》。

晚，於中興大學夜間部中文系教授「詩選」一小時。再赴蓮社教授《論語》兩小時。

十月六日（六），上午，於中興大學中文系講授「佛學概

---

[1] 李炳南：《大方廣佛華嚴經講述表解》，《全集》第1冊之2，頁90；《華嚴經表解》有「夜摩宮中偈讚品第二十」手稿共3頁，見：【數位典藏】手稿/佛學講授/華嚴講表/夜摩宮中偈讚品第二十。

要」。

十月八日（一），晚，於中興大學夜間部中文系教授「詩選」兩小時。

十月十一日（四），晚，於善果林太虛紀念館宣講《五戒吉凶正史事證選》。

十月十二日（五），上午八時至十時，於中國醫藥學院中醫系五年級講授《黃帝內經‧素問》。上午十時至十二時，於中國醫藥學院中醫系四年級講授《黃帝內經‧素問》。

晚，於中興大學夜間部中文系教授「詩選」一小時。再赴蓮社教授《論語》兩小時。

十月十三日（六），上午，於中興大學中文系講授「佛學概要」。

十月十五日（一），晚，於中興大學夜間部中文系教授「詩選」兩小時。

十月十七日（三），於慈光圖書館週三《華嚴經》講座，宣講〈夜摩宮中偈讚品第二十〉。

十月十八日（四），晚，於善果林太虛紀念館宣講《五戒吉凶正史事證選》。

十月十九日（五），上午八時至十時，於中國醫藥學院中醫系五年級講授《黃帝內經・素問》。上午十時至十二時，於中國醫藥學院中醫系四年級講授《黃帝內經・素問》。

晚，於中興大學夜間部中文系教授「詩選」一小時。再赴蓮社教授《論語》兩小時。

十月二十日（六），上午，於中興大學中文系講授「佛學概要」。

十月二十二日（一），晚，於中興大學夜間部中文系教授「詩選」兩小時。

十月二十四日（三），於慈光圖書館週三《華嚴經》講座，宣講〈夜摩宮中偈讚品第二十〉。

十月二十五日（四），台中佛教蓮社籌備改建，禮聘先生為台中佛教蓮社「改建工程籌備委員會總督導」。同時成立台中佛教蓮社「財務管理委員會」，禮聘先生為主任委員。（見《圖冊》，1973 年圖 10）

晚,於善果林太虛紀念館宣講《五戒吉凶正史事證選》。

十月二十六日(五),上午八時至十時,於中國醫藥學院中醫系五年級講授《黃帝內經·素問》。上午十時至十二時,於中國醫藥學院中醫系四年級講授《黃帝內經·素問》。

晚,於中興大學夜間部中文系教授「詩選」一小時。再赴蓮社教授《論語》兩小時。

十月二十七日(六),上午,於中興大學中文系講授「佛學概要」。

十月二十九日(一),晚,於中興大學夜間部中文系教授「詩選」兩小時。

十月三十一日(三),於慈光圖書館週三《華嚴經》講座,宣講〈夜摩宮中偈讚品第二十〉。

是日,南亭法師於臺中佛教會館主持佛七,先生設上堂

大齋一堂供養。[1]

是年秋,有詩〈杜宇〉、〈園叟〉、〈落花寄人〉、〈樓上晚眺晴霞〉、〈時〉、〈退休索居〉。(《雪廬詩集》,頁 409-411)

　　〈園叟〉:東風桃李繡成堆,園叟芸鋤日幾回;不向遊人話秋果,知他都為看花來。

　　〈時〉:月黑梟鳴草滿陂,人間天上奈何時;偏教國祚秦皇短,千聖低頭馬克斯。

　　〈退休索居〉:風月無私共四鄰,龍鍾少累賴清貧;猶嫌堆案詩留稿,幸免敲門吏捉人。江上山間隨意適,乞醯分火有情親;任他牆外喧車馬,鏡裡秋霜不染塵。

十一月一日(四),晚,於善果林太虛紀念館宣講《五戒吉凶正史事證選》。

十一月二日(五),上午八時至十時,於中國醫藥學院中醫系五年級講授《黃帝內經‧素問》。上午十時至十二時,於中國醫藥學院中醫系四年級講授《黃帝內經‧素問》。

　　晚,於中興大學夜間部中文系教授「詩選」一小時。再

---

[1] 釋南亭:〈臺中佛教會館上堂法語〉,《南亭和尚全集(九)》(臺北:財團法人台北市華嚴蓮社,1989 年),頁 188,https://nanting.dila.edu.tw/home/index.html

1973年・民國62年｜84歲

　　赴蓮社教授《論語》兩小時。

十一月三日（六），上午，於中興大學中文系講授「佛學概要」。

十一月四日（日），下午二時至五時，前往臺中土地銀行招待所，參加中國醫藥學院董事會第五屆第五次董事會議。[1]

十一月五日（一），晚，於中興大學夜間部中文系教授「詩選」兩小時。

十一月七日（三），於慈光圖書館週三《華嚴經》講座，宣講〈夜摩宮中偈讚品第二十〉。

十一月八日（四），晚，於善果林太虛紀念館宣講《五戒吉凶正史事證選》。

十一月九日（五），上午八時至十時，於中國醫藥學院中醫系五年級講授《黃帝內經・素問》。上午十時至十二時，於中國醫藥學院中醫系四年級講授《黃帝內經・素問》。

　　晚，於中興大學夜間部中文系教授「詩選」一小時。再

1　徐鳴亞編：《私立中國醫藥學院歷屆董事會議紀錄彙編》。

赴蓮社教授《論語》兩小時。

十一月十日（六），上午，於中興大學中文系講授「佛學概要」。

十一月十二日（一），晚，於中興大學夜間部中文系教授「詩選」兩小時。

十一月十三日（二），至蓮社講堂參加台中市佛教蓮社改建工程籌備委員會第一次常務委員會議，並代理主任委員蓮社董事長董正之擔任主席。會議決議，將講堂（大殿）等一律撤除，重新改建。

　　李炳南主席，（佚名）記錄，〈台中市佛教蓮社改建工程籌備委員會第一次常務委員會議紀錄〉：
主席報告：（李老師代理）
　　本次開會宗旨，為研議本社如何改建，其作業程序為：1.先請工程師畫草圖；2.正式設計圖；3.估價；4.籌備經費；5.興建。
提案討論及決議：
　　提案（二）為本社改建工程草擬簡圖，請提供重點及方針，以利草擬製圖工作，敬請討論決議。
　　討論：（略）
主席結論：
　　不論三層樓或二層樓必須（一）有拜佛修行的地方，（二）有寮房供人住，（三）供大專青年研究學問的地

處,(四)常駐施診所(以往夏令義診)。

決議:遵照老師指示,全盤重新設計改建。[1]

十一月十四日(三),於慈光圖書館週三《華嚴經》講座,宣講〈夜摩宮中偈讚品第二十〉。

十一月十五日(四),晚,於善果林太虛紀念館宣講《五戒吉凶正史事證選》。

是日,《慧炬》月刊發行十二週年,題辭祝賀。(見《圖冊》,1973年圖11)

〈慧炬月刊十二週年紀念〉:萬法因緣生,因緣歸一如;以此平等心,炬光照處處。泮宮青衿子、龍鍾倚杖者、日韓碩尊宿、歐美初機士,咸捧讀不輟,賴此勤熏習,邪說漸能息,濁世化淨土。願祝無時際,亦不限空間;不著眾生相,俱成等正覺。

　　　　　　慧炬月刊十二週年紀念　李炳南敬祝[2]

十一月十六日(五),上午八時至十時,於中國醫藥學院中

---

1 李炳南主席,(佚名)記錄:〈台中市佛教蓮社改建工程籌備委員會第一次常務委員會議紀錄〉(1973年11月13日),《台中蓮社歷年會議紀錄》,台中蓮社檔案。
2 李炳南:〈慧炬月刊十二週年紀念〉,《慧炬》第117期(1973年11月),頁8;今收入:《雪廬老人題畫遺墨》,《全集》第16冊,頁157。

醫系五年級講授《黃帝內經‧素問》。上午十時至十二時，於中國醫藥學院中醫系四年級講授《黃帝內經‧素問》。

晚，於中興大學夜間部中文系教授「詩選」一小時。再赴蓮社教授《論語》兩小時。

十一月十七日（六），上午，於中興大學中文系講授「佛學概要」。

十一月十九日（一），晚，於中興大學夜間部中文系教授「詩選」兩小時。

十一月二十一日（三），於慈光圖書館週三《華嚴經》講座，宣講〈夜摩宮中偈讚品第二十〉。

十一月二十二日（四），晚，於善果林太虛紀念館宣講《五戒吉凶正史事證選》。

十一月二十三日（五），上午八時至十時，於中國醫藥學院中醫系五年級講授《黃帝內經‧素問》。上午十時至十二時，於中國醫藥學院中醫系四年級講授《黃帝內經‧素問》。

晚，於中興大學夜間部中文系教授「詩選」一小時。再

1973 年・民國 62 年｜84 歲

赴蓮社教授《論語》兩小時。

十一月二十四日（六），上午，於中興大學中文系講授「佛學概要」。

十一月二十六日（一），晚，於中興大學夜間部中文系教授「詩選」兩小時。

十一月二十八日（三），於慈光圖書館週三《華嚴經》講座，宣講〈夜摩宮中偈讚品第二十〉。

十一月二十九日（四），下午，受邀至太虛紀念館參加《慧炬》月刊代辦各項獎學金中部學校頒獎典禮。先生與許祖成兩位教授分別致詞。先生強調佛法重在內修，但可以概括外在一切事物，且與科學不相違背；反之，科學因發展越進步而與佛學義理更相接近。[1]

是日晚，於善果林太虛紀念館宣講《五戒吉凶正史事證選》。

十一月三十日（五），上午八時至十時，於中國醫藥學院中醫系五年級講授《黃帝內經・素問》第十六篇〈診要經終論〉。上午十時至十二時，於中國醫藥學院中醫系四

---

1 〈新聞〉，《慧炬》第 118 期（1973 年 12 月），頁 65-66。

年級講授《黃帝內經‧素問》第三篇〈生氣通天論〉。[1]

〈十六、診要經終論〉：此篇大致言脈者，與前各篇亦皆有關。脈與時有關，故先言環境。按舊曆言，先談頭兩個月，春之正第三月一半是木一半是土，四時均然。二十四節氣，甚要緊。時令之最淺者，常識也。當大夫更應知此。不知節氣，談何扎針。

〈三、生氣通天論〉：「陽氣者，若天與日，失其所，則折壽而不彰。」

晚，於中興大學夜間部中文系教授「詩選」一小時。再赴蓮社教授《論語》兩小時。

是月，慈光圖書館與明倫社合辦學期間中部大專佛學講座，每逢星期六晚七時一刻至九時一刻，敦聘徐醒民主講《佛學概要十四講表》。[2]

明倫社，〈求知開慧與學佛〉：明倫大專佛學講座，就是幫助大專青年研究佛學。講座的名稱原來是慈光，十多年前由雪廬老人創辦，現在是老人的學生們在學習辦事，每年分寒暑假期與學期間兩種實施，包括初高級班。學期間的講座專為中部大專院校同學而設。

---

[1] 李炳南講，陳雍澤記：《黃帝內經素問筆記》（甲、乙兩本）（1973年11月30日－1974年6月7日），未刊本。以下本學年每週五該校該科教學同此，不另注出處。

[2] 明倫社：〈明倫大專佛學講座增設多項獎學金〉，《明倫》第27期（1973年11月20日）。

1973 年・民國 62 年｜84 歲

> 六十二年學期間講座初級班現在正式開始，難得諸位同學在學校功課繁忙之餘，放棄休息和娛樂，踴躍來參加，目前雖然辛苦，今後卻得無窮的受用。[1]

是月，中興大學舉行六十二學年上學期期中考，為中文系「佛學概論」專課、夜間部中文系「詩選」出試題。[2]

是月，應邀至中國醫藥學院參加「大體解剖慰靈祭典」並演講，有〈癸丑年十一月醫藥學院慰靈祭〉講演稿表。[3]

十二月一日（六），上午，於中興大學中文系講授「佛學概要」。

十二月三日（一），晚，於中興大學夜間部中文系教授「詩選」兩小時。

十二月五日（三），夏曆十一月十一日，即日起，靈山寺舉行癸丑年佛七，禮請先生開示兩次。有偈頌：
（一）六道原從妄念生，持名造業定無功；惑如難斷應

---

[1] 明倫社：〈求知開慧與學佛〉，《明倫》第 27 期（1973 年 11 月 20 日）。
[2] 【數位典藏】手稿／其他著作／大專院校授課試卷／〈六十二年上學期期中考試題〉。
[3] 李炳南：〈癸丑年十一月醫藥學院慰靈祭〉，《弘護小品彙存》，《全集》第 4 冊之 2，頁 417。

須伏,正法相違總是空。
(二)現在憂多後更多,真言妙法念彌陀;定心相繼熟成就,能得一門出網羅。[1]

是日晚,於慈光圖書館週三《華嚴經》講座,宣講〈夜摩宮中偈讚品第二十〉。

十二月六日(四),晚,於善果林太虛紀念館宣講《五戒吉凶正史事證選》。

十二月七日(五),上午八時至十時,於中國醫藥學院中醫系五年級講授《黃帝內經・素問》第十七篇〈脈要精微論〉。上午十時至十二時,於中國醫藥學院中醫系四年級講授《黃帝內經・素問》第三篇〈生氣通天論〉。

〈十七、脈要精微論〉:此課上課不聽,光看注解不行。各人有各人說法,有些注解根本講不通。此門課難講,須懂中醫、文學。更須知易經、禮記等學。通一則一切皆通。通內經則難經、金匱⋯⋯等皆可通。今則擺了一些不必要之課。

此篇看脈觀氣最精細。吾之呼吸與別人不一樣。「張口大呼」或「鼻息出入」,燈心不動。故脈乃配備天地。

〈三、生氣通天論〉:「故陽畜積病死,而陽氣當隔。」

---

[1] 釋普慧抄錄,蘇全正整理:「李炳南於臺中市靈山寺主持佛七開示法語一覽表」。

1973年・民國 62 年 | 84 歲

晚,於中興大學夜間部中文系教授「詩選」一小時。再赴蓮社教授《論語》兩小時。

是日,謝正雄受「美國佛教會駐台譯經院」常務董事許巍文囑託來函,請先生回覆沈家楨有關佛典語譯事之信函時不可過謙,因東西文化差異,恐生誤會。此係延續日前戈本捷、許巍文、謝正雄等至臺中拜訪先生,啟請承辦佛典語譯一事。

  謝正雄,〈謝正雄來函〉(1973 年 12 月 7 日):
雪公恩師慈鑒:久未候安,謹恭維淨業圓滿,身體康健,至頌。前曾與許巍文博士等人同訪上人及蔡老居士,商討有關佛教文言譯白話事宜。今美國沈居士已具函上人,副本並寄許博士。許博士為恐上人不了解沈居士旅居海外多年,習性為彼邦所化,較少具謙虛客套等事,如吾等過於謙虛,將以為真無能力或無此熱誠,已達協議之事即成泡影。故許博士特囑弟子具函上人,在回信時於此方面稍加慎重,不請及不敬之處,尚祈鑒諒,謹此奉達,恭請
淨安   弟子謝正雄頂禮 六二、十二、七[1]
  【案】謝正雄為中興大學化學系畢業,一九六四年任該校智海社第四屆社長,慈光講座第三、第四期學員;謝正雄與戈本捷俱為先生舊識(戈本捷小傳見 1964 年 7 月

---

1 謝正雄:〈謝正雄來函〉(1973 年 12 月 7 日),《內典班文牘》(1973-1977 年),台中蓮社檔案。

28日)。是年，戈本捷、許巍文、李恆鉞、顧世淦在新竹台灣譯經院擔任常務董事，董事長為沈家楨。應是戈、許兩位大力向沈推薦先生而後有「經注語譯會」及「內典研究班」之成立。詳見一九七四年二月十四日：〈佛經注疏語譯會籌備成立會議紀錄·主席報告〉。

沈家楨先已設立佛經中文譯成英文機構，擬再設中文佛經文言譯成白話之機構。先生函告說明，「經文譯白話」甚難，宜仿圓瑛法師《要解講義》作法，先之以「經文註解譯白話」。更建議效法楊仁山設佛學院辦法，設立培育人才機構。（見《圖冊》，1973年圖12）

〈尺牘稿〉（致函沈家楨）：鑒辱承垂青，以追隨譯經院之事見委，不勝銘感。尤佩菩提大願，弘化心切。弟已與許巍兄晤談，以茲事重大，聊貢所知。按梵典在我國修持之法有三，其一為閱，但求定心，不尚思維。其二為讀，順文諷誦，作祈禱用，亦不尚解。其三為研解，專求義旨。一二兩法不須語體，第三解必看先聖哲古注，蓋注經先哲皆是悟證之人，未悟證者望文生義三世佛冤，不足為訓。大德所示「廣閱先聖釋注然後下筆」，實乃金科玉律，不能少違。所困難者，近日能解先聖注者，已鳳毛麟角矣，遑論經文。鄙意與其翻經，莫若翻注，果能注繙不錯，即功高須彌，已盡弘化契機之事矣。此有前例：蕅益《阿彌陀經要解》最為精確，但讀者不畏經反畏其注，是以圓瑛再作《要解講義》。此法大可仿也。但圓師講義為文言文，尚有人

1973年・民國 62 年｜84 歲

似解非解。今譯經院用語體解先聖釋注便大佳矣。更有要事，文言不精，不會有好語體。又聞古德云：「佛法無人說，雖智不能解」，培養人才似為根本問題。可否譯經院設一佛學研究班，考取五六人或八九人，給以費用，專門研經研文，如昔楊仁山大士之佛學院，後遂有歐陽漸、梅擷芸諸公及太虛法師、弘傘、智光諸賢，亦可稱佛教中興。特為提出，以貢參考。許巍兄年富力強，辦事精細，弟自當盡其所能。有人才薦人才，有所學知貢所學知，以副大德慈憫度眾之宏願。敢布悃誠，即希慧照。專肅並請　道安　　　學弟李炳南頂禮[1]

「內典研究班結業典禮致詞」：四年前美華僑沈居士曾來臺中，找我辦翻譯佛經。此一問題困難頗多。首先對於中國文學之經史子集不必然說必很全懂，但對文學至少得求通達，如不會作文章，但至少得會看。其次對於佛經的經旨也得懂，因明白了經意才會講。以本人的經驗來說，自來臺灣後講經已有三十年，在內地也有二十年之久，這五十年來不間斷的研究，時間既是如此久了，但說來還很慚愧，可說毫無所得，故給自己號「不通」；既是如此，要將經典譯為白話，本人實在沒此能力，故也沒敢答應。

又因沈居士屢次找佛學大德，但都沒有人辦得了，故我為他設法，但有附帶條件，先設內典研究班，學好儒書

1　李炳南：〈尺牘稿〉，收見澹寧齋編著：《雪廬老人題畫遺墨輯》（新北：大古出版，2016 年 3 月再版），頁 98-99。

佛典後再辦譯經之事。大家都知道中國有二大譯經師，即鳩摩羅什及玄奘大師，大家想想看全中國再有誰譯經能超越他倆之上。不用說超越，就能與他們並駕齊驅又有幾人。後徵求得他的同意，開創此研究班。[1]

【案】沈家楨先於一九七二年，由周宣德推薦顧世淦（法嚴），並得印順法師提供新竹福嚴精舍做為場所，成立「美國佛教會駐台譯經院」，從事佛典英譯。沈自任董事長，另邀請許巍文、李恆鉞、顧世淦，戈本捷四位居士常務董事。[2] 而後，沈氏擬從事佛典（中文）白話翻譯工作。經許巍文、戈本捷等諸董事推薦，邀請先生主持。因此而有日後「佛經注疏語譯會」，及附設「內典研究班」之成立。（參見 1974 年 2 月 24 日譜文：佛經注疏語譯會籌備會）

【小傳】沈家楨（1913-2007），浙江紹興人，上海交通大學電機工程系畢業，中日戰爭之初，代表政府赴德主持引進德國西門子公司軍用電話機生產線裝備抗日軍隊六十個軍，戰後，協助謝毓縉教授在中國首次研製成功白喉疫苗，挽救數百萬同胞生命。大陸易

---

[1] 見：李炳南主席，游若篍記錄：〈內典研究班結業典禮會議紀錄〉（1978 年 6 月 25 日），《內典班文牘》（1973-1977 年），台中蓮社檔案。

[2] 參見：張聖廣：〈訪沈家楨居士談新竹譯經院〉，《正覺之音》第 4 期（新澤西州：印順基金會，1997 年 5 月），https://www.yinshun.org/Enlightenment/1997/1997may/1997may4.htm；李志夫：〈譯經院的過去、現在與未來〉，《中國佛教》22 卷 11 期（1978 年 8 月 30 日），頁 12-13。

懺後至美國,努力經營,成為美國五湖航運鉅子。

與夫人居和如居士創建佛教道場,不計其數。如在美國的菩提精舍、大覺寺、美國佛教會、莊嚴寺、大佛寺等,均頗具規模。曾協助舊金山宣化上人建寺,捐助西藏噶舉派大寶法王建立在美弘化據點,與紐約大學合作創建世界宗教研究院圖書館。在臺灣大力支持《慧炬》月刊,及大專佛教社團獎助學基金;於新竹成立「大藏經譯經院」,從事中文佛經之英譯;支持聖嚴法師在日本留學攻讀博士;支持李炳南教授成立「內典研究班」。沈居士曾任美國佛教會副會長、世界宗教研究院院長、慧炬出版社董事長、慧炬雜誌社名譽董事長。常應邀赴各地以中英文演講佛法,有《五眼》、《五月花》、《佛教給我們的啟示》、《觀世音菩薩的修行方法與證悟過程》、《沈家楨居士演講集》、《金剛經的研究》等著作行世。[1]

十二月八日(六),上午,於中興大學中文系講授「佛學概要」。

十二月十日(一),晚,於中興大學夜間部中文系教授「詩選」兩小時。

---

[1] 參見:陳清香:〈紀念沈家楨居士〉,《慧炬》第 522 期(2007 年 12 月),頁 14-15;何哲:《航運鉅子‧菩薩心腸:沈家楨傳》(紐約:世界宗教研究院,1999 年),頁 429。

十二月十二日（三），於慈光圖書館週三《華嚴經》講座，宣講〈夜摩宮中偈讚品第二十〉。

十二月十三日（四），晚，於善果林太虛紀念館宣講《五戒吉凶正史事證選》。

十二月十四日（五），上午八時至十時，於中國醫藥學院中醫系五年級講授《黃帝內經・素問》第十七篇〈脈要精微論〉。上午十時至十二時，於中國醫藥學院中醫系四年級講授《黃帝內經・素問》第三〈生氣通天論〉、第四篇〈金匱真言論〉。

〈十七、脈要精微論〉：欲知何為細脈、粗脈？須如老僧入定。精神貫注為定，在定中才可知。手指靈敏，可以水、醋驗之。

〈三、生氣通天論〉：「陰之所生，本在五味；陰之五宮，傷在五味。」中國之化學，有物質上者，有形而上者之化學，此即是也。養生、衛生之法，此三篇甚重要。

〈四、金匱真言論〉：「真言」即天地四時與人身關係祕密之語，藏在「金」製之匣「匱」裡。「黃帝問曰：天有八風，經有五風，何謂？」天有八風，何以人只有五風？有講表〈五運二氣體系表〉。回去把此表記住，否則金匱論不能統系。

晚，於中興大學夜間部中文系教授「詩選」一小時。再

1973年・民國62年｜84歲

　　　赴蓮社教授《論語》兩小時。

十二月十七日（一），晚，於中興大學夜間部中文系教授「詩選」兩小時。

十二月十九日（三），於慈光圖書館週三《華嚴經》講座，宣講〈夜摩宮中偈讚品第二十〉。

十二月二十日（四），晚，於善果林太虛紀念館宣講《五戒吉凶正史事證選》。

十二月二十一日（五），上午八時至十時，於中國醫藥學院中醫系五年級講授《黃帝內經・素問》第十七篇〈脈要精微論〉。上午十時至十二時，於中國醫藥學院中醫系四年級講授《黃帝內經・素問》第四篇〈金匱真言論〉。

　　　晚，於中興大學夜間部中文系教授「詩選」一小時。再赴蓮社教授《論語》兩小時。

十二月二十四日（一），晚，於中興大學夜間部中文系教授「詩選」兩小時。

十二月二十六日（三），於慈光圖書館週三《華嚴經》講座，宣講〈夜摩宮中偈讚品第二十〉。

2419

十二月二十七日（四），晚，於善果林太虛紀念館宣講《五戒吉凶正史事證選》。

十二月二十八日（五），上午八時至十時，於中國醫藥學院中醫系五年級，複習《黃帝內經‧素問》：〈十五、玉版論要〉、〈十六、診要經終論〉、〈十七、脈要精微論〉。十時至十二時，於中國醫藥學院中醫系四年級，複習《黃帝內經‧素問》：〈一、上古天真論〉、〈二、四氣調神大論〉、〈三、生氣通天論〉、〈四、金匱真言論〉。次週期末考。

晚，於中興大學夜間部中文系教授「詩選」一小時。再赴蓮社教授《論語》兩小時，講授：〈子路第十三〉第一、二、三章。

十二月三十日（日），下午，至慈光育幼院參加該院第七屆第四次董事會，以導師身分聽取院務報告，並指示員工待遇調整原則為量入為出，不一定比照別人，若經濟寬裕，一定要比別人高。[1]

是月，〈詩階述唐〉刊載於中興大學中國文學系主編，《學

---

1 〈慈光育幼院第七屆第四次董事會議紀錄〉（1973 年 12 月 30 日），臺中：慈光育幼院檔案，現收存於慈光基金會。

術論文集刊》第二期。[1]

【案】該文為今《全集》第十三冊《詩階述唐》之第一部分:《學詩先讀求味》。

---

[1] 李炳南:〈詩階述唐〉,《學術論文集刊》第 2 期(臺中:中興大學中國文學系,1973 年 12 月),頁 1-59。

1974 年・民國 63 年・癸丑－甲寅
85 歲

【國內外大事】
- 美國總統尼克森因「水門事件」下臺。
- 俄國（蘇聯）傑出作家索忍尼辛流亡美國。

【譜主大事】
- 正月，慈光圖書館新建「藏經樓」，主持動土奠基。
  於圖書館內籌建「蓮友之聲」錄音室竣工，精製佛教廣播節目。
  明倫社舉辦第六期大專講座，屬高級班，為期十三天，講授《阿彌陀經要解》。
- 二月，承美佛會沈家楨之助，開辦「佛經注疏語譯會」，協辦白話翻譯佛經事業。
  於善果林宣講《佛說字經》。
- 三月，成立「青蓮出版社」，專責出版儒佛典籍。
- 七月，明倫社舉辦第七期大專佛學講座，為期二十一天，講授《佛學概要十四講表》、《阿彌陀經》。
- 八月，佛經注疏語譯會附設「內典研究班」開學，為期四年，專門造就佛學弘法人才。擔任班主任，並講授《阿彌陀經要解》、《八大人覺經》、《御批歷代通鑑輯覽》、《常禮舉要》等專課。先生並制定「辦公室公約」以為辦公規範，制定「內典研究班班訓」，做為研究學習方針。

- 九月,《雪廬詩文集》再版發行。
- 十二月,於善果林太虛紀念館開始宣講《法句譬喻經》

一月二日（三），於慈光圖書館週三《華嚴經》講座，宣講〈夜摩宮中偈讚品第二十〉。癸丑年圓滿。

一月三日（四），晚，於善果林太虛紀念館宣講《五戒吉凶正史事證選》圓滿。

一月初，中興大學舉行期末考，為中國文學系「佛學概要」，夜間部「詩選」出考題。

一月十三日（日），上午九時半，至慈光圖書館參加新建藏經樓啟建典禮，應請主持奠基。

  佛教慈光圖書館（柳川西路六十五號）增建「藏經樓」，已於元月十三日上午九時半由台中市佛教蓮社董事長兼該館館長董正之大居士主持破土典禮，並禮請該館導師李炳南老居士奠基，參加來賓計有真得法師，徐名譽董事長灶生、朱社長炎煌等一百餘人。典禮按佛式舉行，在百餘位蓮友淨念安土真言聲中由董館長破土，李導師奠基，然後念佛迴向，迄十時半圓滿禮成。該樓完工後，除供奉《大藏經》外，並對外開放，供教界及一般社會人士閱藏，研讀內典。[1]

---

[1] 明倫社：〈慈光圖書館興建藏經樓〉，《明倫》第 28 期（1973 年 12 月 20 日）；明倫社：〈慈光圖書館新建藏經樓董館長正之主持破土禮李老居士炳南奠基〉，《明倫》第 29 期（1974 年 1 月 20 日）。

1974年・民國63年｜85歲

一月二十三日（三），甲寅新正，先生依例至各道場上香、團拜。

一月二十五日（五），「美國佛教會駐台譯經院」常務董事許巍文來函，知悉先生甚得沈家楨推許，所提議亦獲沈家楨贊同，因極力勸請先生編列預算，著手進行。

　　許巍文，〈許巍文來函〉（1974年1月25日）：
雪公老師慧鑒：日前收到沈家楨兄上呈老師函副本令人興奮，更為眾生慶，家楨兄生平不輕易讚佩他人，對老師為極少數之一，師視之也。彼一生所做之事絕少中途廢止者，除非發現是壞事，彼之財富不計其數，卻從不浪費享樂，一生無他好，但求佛道而已，故彼所推動之事幾無不成者，為一真誠可共事之人，老師可放手做去。
譯經之事先以為其不能同意，今慨然應諾，可見其讚服老師之才德也。前譯經院成立之初，沈兄深知後學之才非其所長，獲其諒解，只從旁相助而已。今者經文注解譯白話之大事，雖老師不許後學逃避，為祝禱其順利進行，早日成功計，亦只敢從旁祝禱隨喜贊助耳，他日假若懺除業障，定當隨師努力以赴也。
再者，沈兄為人極端爽快，編列預算不必太緊，但彼亦不願作數十年之遠大遼闊計畫，必重視其穩妥實行之可能方肯下注，故如計畫分為幾段：五年為一段，則增大其可行性矣，最要者彼在外已近卅年，一切已半歐化，為人甚重視對方之諾言，不尚客氣，如吾師過謙推重他

人,彼則以為國內真無人,而致放棄初意,如此則時機喪失,深為可惜矣。

深願吾師為眾生計,雖在百忙中,仍請慈悲領導承當此事為禱,年後當再商請戈足先兄前來晉謁勸請,後學公務不由己,失禮之甚,肅此,敬請

道安　　　　　　　　　　　後學許巍文拜　元、廿五[1]

一月二十七（日）、二十八（一）,接董正之、周邦道、許巍文三人來函,極力勸請先生承擔育才與註經大業。[2]

（《圖冊》,1974年圖1）

　　董正之,〈董正之來函〉（1974年1月27日）:
雪公師座慈鑒:新春維法躬康泰,萬事吉祥是禱。生擬近日趨前叩節,以仁王法會不及早時啟程。茲奉諭書及沈函,欣慰無量。許巍文居士函極坦誠,至懇師座承擔,育才、註經同時並進。因地真誠,想果亦圓滿。師向以損己益人為宗,今須當仁不讓,亦盼望二位周居士容訂明研議再以稟覆,勿勞法駕北來也。匆覆敬叩
年禧　　　　　　　　　　　　　學生正之頂禮

　　周邦道:〈周邦道來函〉（1974年1月28日）:

---

[1] 許巍文:〈許巍文來函〉（1974年1月25日）,《內典班文牘》（1973-1977年）,台中蓮社檔案。
[2] 董正之:〈董正之來函〉（1974年1月27日）、周邦道:〈周邦道來函〉（1974年1月28日）、許巍文:〈許巍文來函〉（1974年1月28日）,《內典班文牘》（1973-1977年）,台中蓮社檔案。

雪公夫子大人函丈：獻歲發春，辰維萬福。沈家楨先生覆函丈書業已讀過，渠既有此弘願，甚望函丈當仁不讓，開一嶄新局面。初期人員、場所、進行辦法請先訂一草案，然後約集若干友好商談。正之、子慎二兄電話中亦同此意，謹特肅陳，鑒裁是禱。虔叩

崇安　　　　受業周邦道頂禮　六十三年元月廿八日晚

　許巍文，〈許巍文來函〉（1974 年 1 月 28 日）：

雪公老師慧鑒：頃連讀正月三及四日兩函，多謝之至，亦興奮之至。本欲待戈師兄來後再上函，茲悉彼恐怕要到明後日才來，特先函奉覆。

吾師俯允為眾生而辛勞，佛教幸甚、眾生幸甚。人才難得確係事實，得吾師登高一呼，必能物色極少數精銳為法效力者。諸天護法事雖非易與，如吾師之才德，應無不成功之理。後學實深慶之。肅此先覆並請

道安　　　　　　　　　後學許巍文頂禮　元、廿八

一月二十九日（二）至二月十日（日），於台中蓮社舉辦明倫講座第六期高級佛學研究班，為期十三天，先生講授《阿彌陀經要解》十二小時，徐醒民講授《唯識三十頌》二十二小時；周家麟講授《大乘起信論》二十二小時。正式生三十餘名外，自費及旁聽生共六十餘人。[1]（《圖冊》，1974 年圖 2）

　　【案】本期參加學員有：吳聰龍（興大中文）、廖富

---

1 〈新聞〉，《慧炬》第 119/120 期合刊（1974 年 1/2 月），頁 98。

樂（興大中文）、蘇烱峰（臺大牙醫）、游琦（文化史學）、蕭信雄（文化中文）、陳雍智（政戰法文）、沈妙姿（東吳法律）、謝惠蘭（東吳中文）、……等；參加學員有多人擔任服務工作。[1]

一月三十日（三），上午八時至十時，於明倫講座講授《阿彌陀經要解》。

是月，於圖書館內籌建「蓮友之聲」錄音室竣工，精製佛教廣播節目。[2]

二月一日（五），上午八時至十時，於明倫講座講授《阿彌陀經要解》。

二月三日（日），上午八時至十時，於明倫講座講授《阿彌陀經要解》。

是日，中美佛教總會會長兼國際譯經學院院長度輪宣化法師首度返臺，經臺中時應先生之請，對明倫講座大專學生開示，歷時一小時。[3]

宣化法師，《碧海青洲化群氓——宣化上人事跡香

---

[1] 明倫社：《第六、七期明倫大專佛學講座通訊錄》（臺中：明倫社，1974 年 7 月）。
[2] 據《李炳南老居士年表》，《全集》總目冊，頁 133-195。
[3] 〈新聞〉，《慧炬》第 119/120 期合刊（1974 年 1-2 月），頁 86-87。

1974年・民國63年 | 85歲

港海外篇》：到臺中佛教蓮社，在佛教蓮社那兒吃的中飯。這回我有口福了，所以，在那兒也吃過他們色香味俱佳的這個齋菜。

在我們沒到蓮社之前，他們都預備好了，我們一下車，他們裡邊，那個蓮社裡邊就放著一掛鞭炮。我就說了，我說，他拿我當鬼，來趕鬼來了。其實這不是，這是他們歡迎。歡迎啊，還有這種的舊習氣，放鞭炮。那麼有李炳南老居士和這個許寬成這個教授，這有很多人，還有蔡念生，這一些個老居士歡迎，在那兒又給他們這個好像軍隊似的那些個學生；我一進那個房裡他就說：「起立！」啊！就大家都站起來了，像軍隊那麼很有規律的樣子，就好像 army 似的。我說，你們坐下，坐下！你們不要像軍隊這麼樣子。嘿嘿……！那麼足見呢，臺灣他們對這個學生的訓練，都很好的，很有規矩的。[1]

二月五日（二），上午八時至十時，於明倫講座講授《阿彌陀經要解》。

二月七日（四），上午八時至十時，於明倫講座講授《阿彌陀經要解》。

二月八日（五），上午八時至十時，於明倫講座講授《阿彌

---

[1] 釋宣化：〈臺灣行〉，《碧海青洲化群氓——宣化上人事跡香港海外篇》，頁 117；念覺學佛網：https://nianjue.org/article/31/314937.html

陀經要解》。

下午二時,至善果林太虛紀念館,列席菩提救濟院第四屆第一次董事會。會議選出常務董事周邦道、趙茂林、徐醒民、王烱如、林玉明等五位,再選舉周邦道當選董事長。林玉明於會議中辭兼菩提醫院院長職務。[1] 決議:林院長辭意堅懇,姑准其辭。推請徐常務董事醒民、林董事進蘭,洽請賴副院長暫代其職。

二月九日(六),上午八時至十時,於明倫講座講授《阿彌陀經要解》。

是日,臺北善導寺舉行「仁王護國大法會」,先生領導臺中蓮友護法樂捐經費二萬元,加強念佛迴向並放生。(《蓮社日誌》)

二月十日(日),上午八時至十時,於明倫講座講開示;十時至十二時,舉行結業典禮。

二月十三日(三),甲寅年《華嚴經》講座開始,宣講〈十行品第二十一〉。[2]

---

[1] 周邦道主席,游俊傑記錄:〈菩提救濟院第四屆第一次董事會會議紀錄〉(1974年2月8日)。
[2] 李炳南:《大方廣佛華嚴經講述表解》,《全集》第1冊之2,頁93。

1974年・民國 63 年｜85 歲

二月十四日（四），晚，於善果林太虛紀念館開始宣講《佛說孛經》。[1]

二月十五日（五），晚，赴蓮社教授《論語》兩小時，講授：〈子路第十三〉第四、五、六章：「樊遲請學稼」、「誦詩三百」、「其身正」。

二月十六日（六），上午，於中興大學中文系講授「佛學概要」。

二月十七日（日），至台中蓮社參加蓮社改建工程籌備委員會第一次委員會議，決定積極籌備改建工作。[2]

二月十八日（一），晚，於中興大學夜間部中文系教授「詩選」兩小時。

二月十九日，至台中蓮社講堂，列席參加是年念佛班聯誼會第一次會議。會議由董事長董正之主席，出席有各念佛

---

[1] 據連淑美：「雪廬老人在臺講經一覽表」：〈廣弘大藏教　指歸彌陀行──雪廬老人講經與修行歸趣探析〉，《紀念李炳南教授往生 20 週年學術研討會論文集》（臺中：青蓮出版社，2006 年 10 月），頁 95-99。
[2] 董正之主席，（佚名）記錄：〈財團法人臺灣省台中市佛教蓮社改建工程籌備委員會第一次委員會議紀錄〉（1974 年 2 月 17 日），《台中蓮社歷年會議紀錄》，台中蓮社檔案。

班代表共五十五人。會議主旨在促進蓮社改建工程早日完成。先生期望與會大眾發心受苦，共襄盛舉。

董正之主席，（佚名）記錄，〈台中市佛教蓮社六十三年度念佛班聯誼會第一次會議紀錄〉：

主席報告：

一、今日開會主旨為促進蓮社改建工程早日完成

二、蓮社改建緣起：

    1. 蓮社成立已二十餘年，蓮友日益增加，原址不敷使用，故擬增建蓮友聯誼會。

    2. 配合雪公導師接受旅美華僑沈居士之託，擬於蓮社成立「經注語譯會」。

    3. 成立內典研究班，培養弘法人才。

    4. 籌措明倫社大專佛學講座場地。

社長報告：

一、大殿建築基地約一百二十坪，原則建四樓，分期施工。

二、凡樂捐者不分多寡，一律刻銅板存念。樂捐大額者另訂表揚辦法。

李導師開示：

凡今日與會者，無一人不發大心，今只有勸大家受苦，祈大家發心受苦，共襄盛舉。[1]

---

[1] 董正之主席，（佚名）記錄：〈台中市佛教蓮社六十三年度念佛班聯誼會第一次會議紀錄〉（1974年2月19日），《台中蓮社歷年會議紀錄》，台中蓮社檔案。

是日，謝守正受沈家楨囑託，匯來新臺幣三萬元做為佛經注疏語譯會開辦費用。

  謝守正，〈謝守正來函〉（1974年2月19日）：李公大德：日前在臺中得瞻道貌，吾公熱心佛學，弟素極為欽佩也。今日接獲舍親沈家楨先生來函囑，即先奉上新臺幣三萬元，自應遵照一切。奉開臺銀臺中分行第759064號匯款支票一張計新臺幣三萬元，敬請核收，并乞示知，至感。餘容再告。耑此并祝

崇安　　　　　　　　　　後學謝守正頂禮　二月十九日

  【案】謝守正為沈家楨在臺各項業務之私人代表，在新竹之美國佛教會駐台譯經院，「常以沈家楨先生之私人代表身分參予譯經院有關重要工作之策動與推行。」[1] 在臺中佛經注疏語譯會亦扮演類似角色，代理預算撥款及會務報告等工作。

二月二十日（三），於慈光圖書館週三《華嚴經》講座，宣講〈十行品第二十一〉。[2]

是日，許巍文來函，回報將依指示赴臺中參與「佛經注疏語譯會」籌備會議。

  許巍文，〈許巍文來函〉（1974年2月20日）：

---

1 李志夫：〈譯經院的過去、現在與未來〉，《中國佛教》22卷11期（1978年8月30日），頁12-13。
2 李炳南：《大方廣佛華嚴經講述表解》，《全集》第1冊之2，頁93。

雪公老師慧鑑：賜示奉讀，經與戈師兄商議，以其家中有要務約定（其夫人不適）令後學代表並請原諒，謝守正兄處已請譯經院電話催約與後學遵命前來參與盛舉。吾　師治事神速而不亂，定卜他日功德圓滿，續佛慧命在望，不勝隨喜，敬佩之至。再者南來車輛甚擠，可能遲誤些時到達菩提醫院，敬乞各位大德務必勿等候，在年資、在德行，後學等俱是晚輩學生，不可以客氣。至禱。肅此敬請

崇安　　　後學戈本捷　許巍文　頂禮　六三、二、廿[1]

二月二十一日（四），晚，於善果林太虛紀念館宣講《佛說孛經》。

二月二十二日（五），中國醫藥學院開學。上午八時至十時，為該校中醫系五年級講授《黃帝內經・素問》第十八篇〈平人氣象論〉。上午十時至十二時，為該校中醫系四年級講授《黃帝內經・素問》第五篇〈陰陽應象大論〉。

〈十八、平人氣象論〉：「平人」乃無病之人，「氣象」不光指脈，凡一切環境均是，均得知。先得知人無病時之狀況，才能知變常態時之狀。變常態不問其痛苦否，即是有病。

《內經》與中醫之別部門不同。此為原則，彼為方法。

---

[1] 許巍文：〈許巍文來函〉（1974 年 2 月 20 日），《內典班文牘》（1973-1977 年），台中蓮社檔案。

方法皆由原則中出，明原則，則遇事才可想出辦法。凡中醫必得採取四診：望、聞、問、切。不學《內經》，則不能知此。

〈五、陰陽應象大論〉：先解篇名。此經不明前者，後即不能解。汝等才入手，必先打好基礎。此為中醫之總原則，非「別論」（如《傷寒》）。此原則，各部均離不開此。學此則遇其他怪病，亦可知道如何治療。
〈上古天真論〉、〈生氣通天論〉都是講人與環境，治病光講人不行。人何以長病？不適應環境故。因此不能不講環境。離開身，肉體以外即是環境，衣服穿不對了、吃飯不對了⋯⋯，都長病。
前十篇，把一切道理都講明白。

是日晚，於中興大學夜間部中文系教授「詩選」一小時。再赴蓮社教授《論語》兩小時，闡述孔子學說重心為「修身、齊家、治國、平天下」，可稱「道德學」。其核心要旨為「志道、據德、依仁、游藝」四句。

二月二十三日（六），上午，於中興大學中文系講授「佛學概要」。

二月二十四日（日），下午二時，於菩提救濟院太虛紀念館召開「佛經註疏語譯會」籌備會議。（見《圖冊》，1974年圖3）先生任主席，說明籌備緣起係由旅美居士沈家楨發心創辦，先生受託籌辦，擬譯注、育才並行。先生

亦發願各校兼課一律辭卸，傾全力於此，義務教學，不受待遇。後續討論議案，通過〈佛經注疏語譯會暫行辦法〉及〈佛經注疏語譯會附設內典研究班招生簡章〉，宣告佛經注疏語譯會及其附設之內典研究班正式成立。[1]

〈佛經注疏語譯會籌備成立會議紀錄〉：

三、出席人：（依簽名次序）李炳南、王炯如、朱炎煌、謝守正、許祖成、王禮卿、蔡運辰、周宣德、朱家豐、許巍文、徐醒民、周邦道、董正之（周邦道代）、朱斐、周家麟、倪渭卿

五、主席報告：宣布開會，報告緣起

謝師兄、蔡念老、諸位師兄弟：本會為佛教之新事業，由我旅美之沈居士家楨道長發心創辦，我兄弟受託籌辦，一切皆無規範，今先報告籌辦經過，暨初步構想，請諸位指教與諒解。

先說經過。初，新竹巍文師兄，與戈本捷師兄，同訪菩提樹主編朱時英（斐）師弟，以譯經之事與我兄弟相商。嗣定期會晤，約集巍文兄、蔡念老（運辰）、朱鐸老（鏡宙），暨兄弟本人，初次會談。本人原意參加新竹之譯經事業，當時曾謂：朱鐸老佛學文學造詣皆深，惜以體衰，不勝艱鉅；而蔡念老閱經最豐，又為文學先進，可當大任；本人惟盡所能從旁協助。巍文兄又囑本人逕函沈居士，本人尚未敢冒昧之際，即接沈居士之大

---

[1] 〈佛經注疏語譯會籌備成立會議紀錄〉，《內典班文牘》（1973-1977 年），台中蓮社檔案。

函，詞意懇切，至為感動，乃欣然作書，並得巍文兄之同意，覆許竭誠貢獻意見，謂佛經之用有三：一為閱藏，二為誦持，三為研究義理，前二者皆不需語譯，後者經文亦不能語譯，然可譯注。古人注經，無論橫看成嶺，側看成峰，要皆有其見地，故譯注當以古德為範圍。又此為長久大業，無論譯注講述，皆須後起有人，故宜舉辦研究班，以造就人才。覆函去後，沈居士完全同意，並以此事委託本人單獨籌辦。報告至此，務請臺中諸同修注意。如沈大居士之發心弘揚佛法，國內未得第二人。沈居士不惟舉辦此一事業，新竹譯經院由其創設，《中華大藏經》之印行，亦由其鼎力支持。至於本會事業，沈居士尤囑，經費從寬編列。我輩皆是佛教徒，今見沈居士發動此事，豈可冷漠不應。沈居士熱心於佛法，實屬大菩薩之行為，本人學佛雖已歷五十餘年，度德量力，皆難承擔此任，然若推卸，深恐沈居士此番熱心由我而阻，是以不辭艱鉅，務望諸位諒解。

再說構想。此一事業分為兩門，一為經注語譯會，一為內典研究班。臺中創設大專青年佛學講座，已略具基礎，故開辦研究班，尚較易舉；而語譯會籌組甚難。雖已決定譯注不譯經，不致造業，然能通注譯者，今已不多見矣。尋思能譯者，朱鐸老臥病已久，不能應聘，僅得四人：一為蔡念老，二為周慶光老弟，另為周家麟、徐醒民二生，此二生雖在臺中學二十年，至今仍為學生，勉強聘之，實為濫竽充數。務請念老、慶弟多予指導。經費方面，研究班尚有大學研究所標準可循，語譯

會亦甚難為。譯注之事,非如公務,不可限以行政常規。不得已,擬不給薪,俟其譯作完成,酌酬若干潤筆。本人既任此事,除一患難與共多年之公務機構外,凡在各校所任之教授一律辭職,改在研究班上課,既綜合語譯會之工作,純盡義務,不受絲毫待遇。

本會籌辦經過與難題皆已說明,尚請諸位多加指導。

六、討論提案

    (一)佛經注疏語譯會暫行辦法

  決議:修正後通過

    (二)佛經注疏語譯會附設內典研究班簡章

  決議:修正後通過

七、臨時動議

    (一)蔡念生老居士提:佛經注疏應如何選定?由老師指定?抑由譯者自選之。

  決議:另開語譯小組會議研討

    (二)周慶光老居士提:佛經注疏難譯,宜分初譯、複閱、總校層次。又語譯之文不宜使用科判,應分段落(楊家駱整理中國學術名著分段法可參考)並須使用標點,數字之使用,亦應統一規定。

  決議:科判不廢,方法變更。譯文但用官話,不用方言。

〈佛經注疏語譯會暫行辦法〉:

一、為適應時需,方便弘經,推動譯注事業,籌設佛經

注疏語譯會，訂定本暫行辦法。
二、本會設會長一人，由創辦人沈家楨居士擔任；副會長兼總編譯一人，由李炳南居士擔任；編譯六人，由總編譯聘任之。
三、本會員工暫設祕書兼教務一人，總務一人、會計一人、工友一人，由副會長聘雇之。
四、編譯資格：須對佛學及文言文均有造詣者。
五、每譯一部經疏洽定完成期限，依質量酌送潤筆。
六、編譯經注範圍：以藏經之古注為原則。

〈佛經注疏語譯會附設內典研究班簡章〉：
一、本班以研究內典，造就語譯經注、弘揚佛法人才為宗旨。
二、本班研究生人數暫定十名，男生八人，女生二人。
三、研究生須具備以下各項資格，並經考試及格者。
　（一）中華民國國民，年滿二十歲未滿四十歲者。
　（二）曾在公私立大學獨立學院或專科學校畢業者。
　（三）信仰佛教且曾受三皈依二年以上者。
　（四）男生服完兵役，女生志願不結婚者。[1]

---

[1]【案】「女生志願不結婚者」，係出於兩期培養弘化人才之經驗總結。先生培養女性弘化人才，第一期為十姊妹乃至四十八願願員，第二期則為國文補習班結業女學員所組成之中慧班。第一期女學員從學時，多半已婚、子女多可自立，因此能專心學講、弘化；第二期女學員從學時年紀較輕，走入家庭後則兼顧不易，逐漸消失。參見：洪錦淳：《臺灣當代居士佛教團體台中蓮社之研究》（臺中：中興大學中文研究所博士論文，2009年7月），頁178。

四、研究生研究期限前期二年,後期二年,畢業後由本班發給結業證書,為佛門之學歷。

五、研究生每日上課五小時,餘時自修。

六、研究生之待遇:

（一）由本班供給宿舍,研究室,研究教材及必要之文具。

（二）由本班依照各大學研究所之標準,發給足以維持其生活之研究費。

（三）畢業後本班儘量為其推薦職業。

七、研究生須一律住宿本班供給之宿舍,以便專心研究,但在本班所在地有住所者,聽其自便。

八、研究生如未結業即輟學者,應退還已領之研究費。

九、本班設主任一人,負全班教導責。

十、本班設教師若干人由主任選聘之,辦事員工一律由佛經註疏語譯會之員工兼任。

十一、本班教師一律比照大學兼任教師標準支給教學鐘點費。

十二、本班課程主要為內典,包括佛學經論與在家律,由主任選定之。另為增進學生研究能力與表達能力,須修國文一科。內典每週教學二十三時,國文每週教學四小時。

十三、本班所需之經費均由創辦人發心籌足備用。

十四、本簡章報請本班所在地之官府核備,修改時亦同。

〈佛經注疏語譯簡則〉：

一、本簡則依佛經注疏語議會暫行辦法之原則訂定之。
二、語譯之原則，但譯佛經之古注，不譯經文。
三、語譯之方式，或採義譯，或採直譯，由編譯視所需而定，惟皆須確守原義，暢達其辭。
四、譯文但用通行之語體，力求簡明，凡方言俚語，西方句法，概不採用。
五、經文句讀仍舊，譯文加用新式標點。
六、凡屬五不翻之名詞，不必語譯，可以提引號提引之，如「南無」「般若」等。
七、譯文之數字，統一使用中文小寫，如：一二三四五六七八九十。並不得以「廿」代表「二十」，「卅」代表「三十」。
八、譯文依原注科判次序，改為章、節、段、句之稱，於原注後，另起本行列之，但原注上加「注」字，語譯上加「語譯」字，使眉目清楚。
九、本會所譯經注，暫由本會聘定之人員編譯，現所譯何經，亦由本會擇通行者先譯，所譯之注，得經總編譯校正之，以俟事業發展，再徵求外稿。
十、譯注期限，每種以一年為度，卷數多者可延展半年至一年，譯注潤筆，經校定終結，即行奉上。

附記：

　　初次選譯之經注：金剛經、心經、彌陀經、佛教三經薄益解，永嘉集、梵網經、普門品、唯識三十頌、八識規矩頌。

語譯文法參考書:「藕益大師彌陀要解講義」、「曹國鋒注譯古文觀止」。

二月二十五日(一),晚,於中興大學夜間部中文系教授「詩選及習作」兩小時。

謝守正來函,對日昨先生主持語譯會籌備會風範致敬佩意,並說明前匯款項用途,請勿客氣。
　　謝守正:〈謝守正來函〉(1974年2月25日):
李公:昨日在陰雨中抵臺中,參加吾公主持之經注語譯會籌備會,吾公學識淵博,熱忱待人,尤對宏揚佛法不遺餘力,後學實感欽佩,至於沈家楨先生囑匯付吾公之新臺幣叁萬元,係充開始時費用,是以昨日(二十四日)因開籌備之支出,包括招待參加籌備會人員之餐費及吾公墊付之火車票款,皆可在叁萬元內開支,請吾公萬勿客氣,蓋沈先生對吾公極為信任,一切皆由吾公全權決定也,餘容再告,耑肅敬請
大安　　　　　　　後學謝守正頂禮　二月廿五日[1]

二月二十七日(三),於慈光圖書館週三《華嚴經》講座,宣講〈十行品第二十一〉。

---

[1] 謝守正:〈謝守正來函〉(1974年2月25日),《內典班文牘》(1973-1977年),台中蓮社檔案。

1974 年・民國 63 年 | 85 歲

二月二十八日（四），晚，於善果林太虛紀念館宣講《佛說孛經》。

是日，接周邦道來函，勸請承擔譯注會工作，莫太過刻苦。[1]

周邦道，〈周邦道來函〉：雪公夫子大人函丈：廿七日諭示，敬悉一是，經即焚去。快函賴副院長，請其速行商議，並提出意見以備參考。人心叵測，只有靜以待動也。日前與謝守正先生同車北返，談及函丈枵腹從公，咸覺不安。將來沈居士如何表示，務乞函丈隨緣隨喜為禱。耑稟敬敂

崇安　　　　受業周邦道頂禮　六十三年二月廿八日
「經注語譯會」須否冠「佛學」二字以示與他教經典有別，順乞裁詧。

是月，持續中興大學六十二學年度下學期課程，中文系有《禮記》、「佛學概論」，夜間部中文系為「詩選」。

三月一日（五），上午八時至十時，於中國醫藥學院為中醫系五年級講授《黃帝內經・素問》第十八篇〈平人氣象論〉。上午十時至十二時，為中醫系四年級講授《黃帝內經・素問》第五篇〈陰陽應象大論〉。

〈十八、平人氣象論〉：《內經》前四、五篇不明

1　周邦道：〈周邦道來函〉（1974 年 2 月 28 日），台中蓮社收藏。

2443

白,則往後者不易明白。不明四時陰陽變化則不易學。中西醫各有長處,汝學中醫,必得相信此學問,以中醫為主體、以西醫為輔佐。

〈五、陰陽應象大論〉:「味歸形,形歸氣,氣歸精,精歸化,精食氣,形食味,化生精,氣生形。味傷形,氣傷精;精化為氣,氣傷於味。」這一節,事理複雜,文極簡妙,讀者昧之,多有誤解。馬元台氏注解,頗得其旨。惟語涉瑣屑,不易看清端緒。若分段析句對照,立可渙然。筆記、表、經文,三者配合看。[1]

晚,於中興大學夜間部中文系教授「詩選」一小時。再赴蓮社教授《論語》兩小時,講授:〈子路第十三〉第七、八、九、十章。

三月二日(六),上午九時,於慈光育幼院接受空軍眷屬馬明錦女士遺愛捐款,由馬女士夫君空軍少將李家顯代表捐贈。[2] 而後赴中興大學中文系,講授「佛學概要」。

三月三日(日),樂果老和尚蒞臨台中蓮社,先生與董事長董正之共同接待。(《蓮社日誌》)

【小傳】樂果法師(1884-1979),東北營口人,俗

---

[1] 「味歸形,形歸氣」此節有「抒見」及「表解」,見:李炳南:《內經素問摘疑抒見》,《全集》第 15 冊,頁 118-121。

[2] 明倫社:〈馬明錦女士遺愛人間遺囑捐贈孤兒〉,《明倫》第 31 期(1974 年 4 月 8 日)。

姓陸，法號大聞。早歲以居士身弘揚佛法。東北名剎楞嚴寺，即師未出家前，輔助倓虛法師所創建。

一九三九年，五十五歲，投禮心澈和尚出家。其後時常在東北各大都市講經。一九四九年移錫香港，協助倓老創辦華南學佛院，並任講師。後住錫九龍寶光山大佛堂、又設立九龍聞性精舍。香港佛教界稱其與倓虛法師、定西法師為「東北三老」。

一九六七年由香港來臺弘化，一九七一年於臺灣埔里建佛光寺。一九七四年到訪台中蓮社時已九十高齡。

一九七九年二月五日，圓寂於香港聞性精舍，壽九十五。僧臘四十。法師一生教演天台，行宗淨土。平時講經紀錄，經整理後出版者，有《般若心經講義》、《金剛經釋要》、《彌陀經釋要》等多種。

三月四日（一），晚，於中興大學夜間部中文系教授「詩選」兩小時。

三月六日（三），於慈光圖書館週三《華嚴經》講座，宣講〈十行品第二十一〉。

三月七日（四），晚，於善果林太虛紀念館宣講《佛說孛經》。

三月八日（五），上午八時至十時，於中國醫藥學院為中醫

系五年級講授《黃帝內經·素問》第十八篇〈平人氣象論〉。上午十時至十二時,為中醫系四年級講授《黃帝內經·素問》第五篇〈陰陽應象大論〉。

〈十八、平人氣象論〉:「欲知寸口太過與不及……」。心靜下,始可明脈之長短。吾有病,不求中、西醫。吾有病,乃吾「該死」也。吾找盲大夫來,不該死而死,找死也。

孟子云:「其進速者,其退速!」必求日久天長,不退轉,行之久久,人本有之潛能即可發現。本能一旦豁然開朗,悟了,自然神而明之。然此非數日之工夫,有恆勤學,自能通達。

〈五、陰陽應象大論〉:「化生精,氣生形。味傷形,氣傷精;精化為氣,氣傷於味。」此六句話,書注不明白。若注明白,汝亦看不明白。醫分五等,吾為第五等者。實則連第五等亦搆不上。咱不能看病,講書亦得講出理來。有狀元學生,無狀元老師。

開頭數篇至為重要。咱此套離不開中國之道家。運氣、治病、太極拳,化精為氣、化氣為神。第一可成仙;第二可祛病延年,四時調神,不傷身則不長病,可祛病延年;第三才講看病之一套。

晚,於中興大學夜間部中文系教授「詩選」一小時。再赴蓮社教授《論語》兩小時,講授:〈子路第十三〉第十一、十二、十三、十四章。

1974 年・民國 63 年｜85 歲

三月九日（六），上午，於中興大學中文系講授「佛學概要」。

三月十一日（一），晚，於中興大學夜間部中文系教授「詩選」兩小時。

三月十三日（三），於慈光圖書館週三《華嚴經》講座，宣講〈十行品第二十一〉「初、歡喜行」。[1]

三月十四日（四），晚，於善果林太虛紀念館宣講《佛說孝經》。

三月十五日（五），上午八時至十時，於中國醫藥學院為中醫系五年級講授《黃帝內經・素問》第十八篇〈平人氣象論〉。上午十時至十二時，為中醫系四年級講授《黃帝內經・素問》第五篇〈陰陽應象大論〉。

三月十六日（六），即日起三日，台中蓮社舉行春季祭祖。上午四時起諷誦《地藏經》，十時午供，下午二時念佛，晚上七時念佛，蓮友超過一千五百人參加法會。春祭第二天下午，有顏憲欽等居士一百二十六人由先生介紹依印順老和尚皈依三寶。（《蓮社日誌》）

---

1 李炳南：《大方廣佛華嚴經講述表解》，《全集》第 1 冊之 2，頁 94。

三月十六日（六），上午，於中興大學中文系講授「佛學概要」。

是日晚，至中興大學理工大樓出席該校夜間部智燈學社成立大會，並作專題講演，述說與佛法結緣過程。智燈學社係由先生在夜間部中文系授課班級學生發動成立。

　　廖富樂，〈無盡的追思——含悲忍痛奏哀樂〉：新學期伊始，由於同學們對學佛之探求日益殷切，推舉學人籌創佛學社團，以利長期薰習，經先請示恩師並命名為「智燈」學社後，即積極爭取立案，後蒙鄭勝陽、紀潔芳二位學長從旁協助，加以數月之奔走，佛學社終告誕生，於是著手招收社員。並以「窺究佛學的堂奧，探討性靈的泉源」為宗旨，（時間約於六十三年三月），設計海報，張貼於校園間。又由於當時學人忝為書法社社長，因而商請中文二之張文演同學主持智燈學社，興大夜間部佛學社於焉產生而繁衍。[1]

　　〈新聞〉：興大夜間部智燈學社，於三月十六日假本校理工大樓二〇八室召開成立大會，敦請佛學大德李炳南教授蒞臨指導，首任社長張文演主持。出席人數達五十六人之多。這是中興大學繼智海學社和正覺學社後成立的第三個佛學社團。

　　會中宣布本社成立宗旨：破迷啟悟，明心見性，深究佛

1　廖富樂：〈無盡的追思——含悲忍痛奏哀樂〉，《明倫》第 165 期（1986 年 6 月）。

理,踐行於世,糾正社會對佛的誤解,並簡介社址及本學期的活動計畫。社長報告完畢後,即恭請李教授做專題講演,李教授敘述他與佛結法緣的過程,在談吐中充分顯示他平易近人的風範,樂觀進取的人生觀,尤以談笑風生活潑灑脫的氣息,真不亞於年輕學者,而講詞內容之精彩,贏得了全體與會社員的喝采。[1]

三月十八日(一),中興大學智海學社十三週年社慶,先生題辭「覺壇光遠」祝賀。[2]

晚,於中興大學夜間部中文系教授「詩選」兩小時。

三月二十日(三),於慈光圖書館週三《華嚴經》講座,宣講〈十行品第二十一〉。

是日,沈家楨來函,欽佩先生約請諸先進共商決議之民主作風,並請修正〈佛經注疏語譯會暫行辦法〉第二條,敦請先生擔任會長。
　　沈家楨,〈沈家楨來函〉(1974年3月20日):
炳南大德慈鑒:三月九日手示並附佛經注疏語譯會暫行辦法等件均拜悉,甚為歡欣。公約佛教界諸居士先進共

---

1 〈新聞〉:《慧炬》第123期(1974年5月),頁75。
2 〈智海十三週年社慶〉,《智海卅週年紀念專刊》,頁51。本件《全集》第16冊《雪廬老人題畫遺墨》未收。

同商討集思廣義，此種作風令人欽仰，所訂之辦法弟很贊同，除暫行辦法中之第二條懇作修改外，餘請付諸實行。第二點擬請作如下修正：二、本會設會長一人，由創辦人沈家楨居士，敦請李炳南居士擔任之，總編譯一人由會長兼任，編譯六人由總編譯聘任之。此次之事，應該實事求是掃除虛文虛套，方能一新耳目。弟之被名為「創辦人」實已沾巍文諸兄之光，決不能再擔任會長虛位，弟之原意是請完全刪去創辦人沈某字樣，繼思如不列名恐難得公同意，是以保留而作如上之修改，務懇俯允為幸。[1]

【案】沈家楨函請事，於是年七月十四日第二次會議時提會修正，並於七月十七函復。見後譜文。

三月二十一日（四），晚，於善果林太虛紀念館宣講《佛說孝經》。

三月二十二日（五），上午八時至十時，於中國醫藥學院為中醫系五年級講授《黃帝內經・素問》第十八篇〈平人氣象論〉。上午十時至十二時，為中醫系四年級講授《黃帝內經・素問》第五篇〈陰陽應象大論〉。

晚，於中興大學夜間部中文系教授「詩選」一小時。再

---

1 沈家楨：〈沈家楨來函〉（1974 年 3 月 20 日），《內典班文牘》（1973-1977 年），台中蓮社檔案。

1974 年・民國 63 年 | 85 歲

赴蓮社教授《論語》兩小時，講授：〈子路第十三〉第十五、十六、十七章。

三月二十三日（六），上午，於中興大學中文系講授「佛學概要」。

三月二十五日（一），晚，於中興大學夜間部中文系教授「詩選」兩小時。

臺中市政府函復，同意台中佛教蓮社三月十一日函請籌設「佛經注疏語譯會」暨「內典研究班」；惟指示：「內典研究班」如對外招生應依規定辦理補習班立案。[1]

三月二十六日（二），函告董正之，感冒已癒，請勿枉顧。並詢問至內典班任課事。[2]（見《圖冊》，1974 年圖 4）

〈董正之之二〉（去函）：正之弟鑒：氣候不正，小有感冒，同人過愛，一致大驚小怪，今已痊癒，照常上班矣。法會連忙七天，諒大家過於疲勞。希電話通知慶光弟，一切放心，萬不可輕勞動，來中枉顧，小題大作也。子慎、茂林如不知其事，甚佳。倘有所聞，希勞

---

[1] 〈臺中市政府來函〉（1974 年 3 月 25 日），《內典班文牘》（1973-1977 年），台中蓮社檔案。
[2] 【數位典藏】書信 / 在家居士 / 董正之 / 〈董正之之二〉；收見：〈復董正之居士書（九）〉，《雪廬老人題畫遺墨》，《全集》第 16 冊，頁 293。

電話同樣通知,請皆放心,兄非故意粉飾太平也。

譯經會附設之研究班,弟能來中認〔任〕課否?亦望速賜決定,此卻是大事也。

法會功德圓滿,數日天氣大佳,祥和可卜,專此并頌

淨祺　　　　　　　　　　兄李炳南謹啟　三月三日

【案】落款為「三月三日」,然該日先生與董正之於蓮社共同接待樂果老和尚;且正安排內典班課程,當為是年事。姑且繫為夏曆紀年。

三月二十七日(三),於慈光圖書館週三《華嚴經》講座,宣講〈十行品第二十一〉。

三月二十八日(四),晚,於善果林太虛紀念館宣講《佛說孛經》。

是月,成立「青蓮出版社」,出版儒佛典籍。

是月,接中國醫藥學院董事長陳立夫致董事會成員通函,為羅致人才、增廣設備,請每位董事負責籌募經費,少至十萬,多則益善。[1]

四月一日(一),晚,於中興大學夜間部中文系教授「詩

1　陳立夫:〈致中國醫藥學院董事函〉(1974年3月),台中蓮社收藏。

1974 年・民國 63 年｜85 歲

選」兩小時。

董事長董正之參加慈光圖書館常務董事會議，經洽該館已獲同意，暫借房舍做為佛經注疏語譯會及內典研究班使用。惟修繕、水電等費用應自行負責。[1]

是日，菩提救濟院附設菩提醫院，聘請張靜雄醫師擔任院長。從此醫務漸上軌道。（見《圖冊》，1974 年圖 5）

　　六十一至六十三年間附設醫院又因醫療業務經營困難，院長、副院長亦相繼請辭，改請林玉明先生擔任院長，維持醫務之經營。直至今年（六十三年）四月一日委由張靜雄醫師擔任院長，醫務漸上軌道，並在穩定中發展。[2]

　　【案】張靜雄於是年一月即任職於菩提醫院，四月起受聘為院長，一九九三年十二月退休，服務菩提醫院二十年。張靜雄原任職於三軍醫院，其夫人林美津與董事林進蘭令媛鄭美津為對街鄰居，又為中學同學，交情深厚；因受林進蘭邀請至菩提醫院兼職。[3]

四月二日（二），去函謝守正，說明經注語譯會及研究班兩

1　據：《蓮社日誌》、〈六十三年四月六日中佛蓮字第 013 號公文〉，台中蓮社檔案。
2　謝嘉峰：《雪公與菩提》（臺中：今成出版社，1998 年 1 月 4 日）。
3　林其賢：「林美津口述紀錄」，電話訪談，2022 年 4 月 2 日。

機構之設備及辦公費用預算編列,先生與會計皆不受薪,費用盡量節約,以副沈家楨發心。謝為沈家楨在臺代表。[1]

〈去函謝守正〉(1974年4月2日):守正吾兄大鑒:語譯經注及研究班兩機構之預算已經編出,內容須有說明。其中辦事人員統辦兩機構之事,而辦公費購置修理等亦為兩機構共用,現時物價足堪敷衍。以後如有播動再另商議。至於譯經潤筆及出版印刷,俱不在內。俟後編出另按時價估值再請撥款以副實報銷。會計事少,擬借菩提救濟院之會計兼彼會計名江秀英,堅決願盡義務,只可聽之。弟更不受待遇,此乃弘法大事,沈居士大發菩提之心,今日罕見,既已財法兩施,弟略盡身口微勞,心大歡喜。二力合和不招物議即少障碍也。茲將新編之草案呈兄指教,敬煩轉寄美國沈兄核辦。至擬用慈光圖書館之事,弟自當另函美國簽擬有計畫無多問題,并請道安　　　　弟李炳南頂禮　四月二日

四月三日(三),於慈光圖書館週三《華嚴經》講座,宣講〈十行品第二十一〉。

是日,謝守正函復收到預算表,並為先生不受待遇致敬

---

[1] 李炳南:〈去函謝守正〉(1974年4月2日),《內典班文牘》(1973-1977年),台中蓮社檔案。

意。[1]

　　謝守正，〈謝守正來函〉（1974年4月3日）：
李公：四月二日手書及佛經注疏語譯會經費預算表皆奉悉。吾公弘揚佛法自己不受待遇，此種捨己為人、大公無私之精神誠令弟等感動。吾公學識淵博，從事佛法已四十餘年，相信在吾公領導之下，臺中佛經注疏語譯會之前途必能發揚廣大，造福人群也。
承示經費預算表內容甚為恰當，弟明日即將馳函向美國沈家楨先生報告，預算表亦一併附呈。餘容再告。耑覆，敬請大安　　　　　小弟謝守正頂禮　四月三日晚

四月四日（四），晚，於善果林太虛紀念館宣講《佛說孛經》。

四月八日（一），佛誕節，由先生領導蓮友約萬人、車數十輛，參加佛教會主辦之慶祝遊行。明倫社刊印特刊及廣播宣傳。（《蓮社日誌》）[2]

　　晚，於中興大學夜間部中文系教授「詩選」兩小時。

1　謝守正：〈謝守正來函〉（1974年4月3日），《內典班文牘》（1973-1977年），台中蓮社檔案。
2　台中蓮社收藏有〈1974年4月8日佛誕節遊行〉錄影，片長三分鐘，遊行隊伍除臺中佛教界各團體外，台中蓮社見有天樂隊、花車、四十八願等單位與會。

四月九日（二），新加坡南洋大學佛學研究會一行十七人，由世界佛教友誼會副主席畢俊輝率領蒞中訪問，先生與台中蓮社及聯體機構歡迎招待，並邀請中部大專佛學社團代表與該研究會共同舉辦大專聯誼會。

　　南洋大學佛學研究會港臺泰佛教文化考察團一行十七人，由世界佛教友誼會副主席畢俊輝老居士率領，畢智華同學擔任團長，於四月七日來華訪問二週，二十二日圓滿賦歸。該團訪問臺北、臺中、嘉義、臺南、高雄、臺東、花蓮、新竹等地佛教文化機構、寺廟及名勝，並與各該地大專學佛青年交誼。該團於九日來中，晚間由台中蓮社、慈光圖書館、育幼院、菩提救濟院、菩提樹雜誌社及明倫社等六單位聯合設齋招待，並舉辦大專聯誼會，共有十個大專佛學社團參加，情況熱烈而歡洽，首由領隊及團長致詞，再由雪廬老師致歡迎詞，菩提樹發行人朱斐居士放映臺灣大專青年學佛動態影片後圓滿結束。[1]

四月十日（三），於慈光圖書館週三《華嚴經》講座，宣講〈十行品第二十一〉。

四月十一日（四），晚，於善果林太虛紀念館宣講《佛說孛經》。

---

[1] 明倫社：〈南大佛學會訪華　與中部十個大專社團聯誼〉，《明倫》第 32 期（1974 年 5 月 20 日）。

四月十二日（五），上午八時至十時，於中國醫藥學院為中醫系五年級講授《黃帝內經·素問》第十八篇〈平人氣象論〉。上午十時至十二時，為中醫系四年級講授《黃帝內經·素問》第五篇〈陰陽應象大論〉。中醫系四年級授課時，曾自述從《內經》而來之受用。

> 第五篇〈陰陽應象大論〉：前四篇為《內經》之楔子，即基礎。第五篇亦是。陰陽為一切變化根本。
> 吾今已八十六歲，耳不聾、眼能看，乃吾早年學《內經》，深信而力行其日用作息養生之道的緣故。[1]

> 【案】《內經》有「終其天年，度百歲乃去」之說，惟先生自分未能活過百歲，因為，晚上講經，此傷氣；講經後返回寓所，晚課結束後，開始回覆各方信件，都已經十一、十二點。這樣的作息，並不符合《內經》陰陽之道。[2]

晚，於中興大學夜間部中文系教授「詩選」一小時。再赴蓮社教授《論語》兩小時，講授：〈子路 第十三〉第十八、十九、二十章。

四月十三日（六），上午，於中興大學中文系講授「佛學概要」。

---

[1] 李炳南講，陳雍澤記：《黃帝內經素問筆記（乙）》（中國醫藥學院中醫系四年級「內經」課，1973 年 11 月 30 日－1974 年 6 月 7 日，未刊本），1974 年 4 月 12 日。

[2] 林其賢記錄：「陳雍澤口述」，2024 年 3 月 14 日，台中蓮社。

四月十五日（一），晚，於中興大學夜間部中文系教授「詩選」兩小時。

四月十七日（三），於慈光圖書館週三《華嚴經》講座，宣講〈十行品第二十一〉。

四月十八日（四），晚，於善果林太虛紀念館宣講《佛說孛經》。

四月十九日（五），上午八時至十時，於中國醫藥學院為中醫系五年級講授《黃帝內經·素問》第十八篇〈平人氣象論〉。上午十時至十二時，為中醫系四年級講授《黃帝內經·素問》第五篇〈陰陽應象大論〉。

晚，於中興大學夜間部中文系教授「詩選」一小時。再赴蓮社教授《論語》兩小時，講授：〈子路第十三〉第二十一、二十二、二十三章。

四月二十日（六），上午，於中興大學中文系講授「佛學概要」。

四月二十二日（一），晚，於中興大學夜間部中文系教授「詩選」兩小時。

四月二十四日（三），於慈光圖書館週三《華嚴經》講座，

1974年・民國63年 | 85歲

宣講〈十行品第二十一〉。

四月二十五日（四），晚，於善果林太虛紀念館宣講《佛說孛經》。

四月二十六日（五），上午八時至十時，於中國醫藥學院為中醫系五年級講授《黃帝內經・素問》第十九篇〈玉機真藏論〉。上午十時至十二時，為中醫系四年級講授《黃帝內經・素問》第五篇〈陰陽應象大論〉。

〈十九、玉機真藏論〉。玉，寶貴之物；機，很微密之事。「知機其神乎！」病人來，先以四診心法診之，而後開方。先講究診斷、看病，乃根本之法。藥房之伙計學後為人看病，乃胡鬧又胡鬧，不知根本也。病症似是而非者，甚多也。診不出病來，何能用藥？之後，再講究服藥。

晚，於中興大學夜間部中文系教授「詩選」一小時。再赴蓮社教授《論語》兩小時，講授：〈子路第十三〉第二十四至三十章。〈子路第十三〉圓滿。

四月二十七日（六），上午，於中興大學中文系講授「佛學概要」。

四月二十九日（一），晚，於中興大學夜間部中文系教授「詩選」兩小時。

是月,中興大學舉行六十二學年下學期期中考,為中文系「佛學概論」,夜間部中文系「詩選」出考題。[1]

是年春,有詩:〈王昭君風箏〉、〈答友人催和詩〉、〈宿山寺遇雨曉望〉、〈住山春賞桃花〉、〈中興大學新蟬詩社第三集題辭〉二首、〈伐柯劍〉、〈傾國姿〉、〈宿山寺觀朝誦〉、〈晚晴〉、〈抒憤〉五首(〈胡姬〉、〈縱獵〉、〈饗宮〉、〈狂歡〉、〈佞口〉)、〈羈身孤島不論文久矣憶莊太史〉。(《雪廬詩集》,頁411-416)

〈中興大學新蟬詩社第三集題辭〉二首:
未肯秋風噤抱枝,卻逢新數少康時;中興鼓吹回天地,不是蜩螗一例詩。
綠槐深院午天晴,南北樓頭韻轉清;幾處疏簾度絲管,隨風并入讀書聲。

〈羈身孤島不論文久矣憶莊太史〉:久居孤島不論文,每自微吟輒憶君;詩格春鶯新出谷,道心朝日半藏雲。清秋空負溪山興,異客兼無麋鹿群;離恨有同憐草木,蘆花楓葉各飛分。

五月一日(三),於慈光圖書館週三《華嚴經》講座,宣講〈十行品第二十一〉。

---

[1] 【數位典藏】手稿／其他著作／大專院校授課試卷／〈六十二年下學期期中考文二禮記〉。

1974年・民國63年│85歲

五月二日（四），晚，於善果林太虛紀念館宣講《佛說孝經》。

五月三日（五），上午八時至十時，於中國醫藥學院為中醫系五年級講授《黃帝內經・素問》第十九篇〈玉機真藏論〉。上午十時至十二時，為中醫系四年級講授《黃帝內經・素問》第五篇〈陰陽應象大論〉。

〈十九、玉機真藏論〉：本論四季之脈曰：如弦、鈎、浮、營；〈脈要精微論〉曰：應規矩權衡。平人氣象曰：微弦、鈎、毛、石。一經之說，何其異耶？細玩三處起首之字，曰應、曰如、曰微，可悟其意。應者，當其正常也；如者，有異所象也；微者，異而不甚也。[1]

〈五、陰陽應象大論〉：「能知七損八益，則二者可調，不知用此，則早衰之節也。」

「抒見」：本論七、八之數，乃言天癸。既言天癸，便是專指陰分。蓋男女天水，皆為陰也。不可泥凡言男者皆謂之陽，涉及女者，皆謂之陰。因陰陽之道，本屬互合，男雖陽亦有陰，女雖陰亦有陽也。此言女陰，因月信時露，故陰常有損。男陰非交感不露，故陰常持益。損則曰不足，益則曰有餘。女應素補其陰，男宜常保其陰。女補則不足者，可益為有餘；男保則有餘者，不致損為不足。知斯理者，可調陰陽之逆。注家有謂損七之

---

[1] 另參見：李炳南：《內經素問摘疑抒見》，《全集》第15冊，頁179-180。

陰，借而補八之陽，則是損女之身，而益男身。聖人壽民，一視同仁，豈於男女生命，有所軒輊哉！邪道有此謬行，岐黃決不如是。

再以下文證之。云「四十而陰氣自半」，特提陰字，接承上文，益明專論陰分，復有奚疑。蓋調陰得平，陽即得祕；陰平陽祕，復有何病？繼曰：「同出而名异耳。智者察同，愚者察异，愚者不足，智者有餘……」同謂男女二露，實皆陰精也；異謂男女二露，名別陰陽也。激知實者謂之智，能調損為有餘；但知名者謂之愚，反使益變不足。[1]

晚，於中興大學夜間部中文系教授「詩選」一小時。再赴蓮社教授《論語》兩小時，講授：〈憲問第十四〉第一、二、三、四、五章。

五月四日（六），上午，於中興大學中文系講授「佛學概要」。

五月五日（日），中午一時，前往臺中土地銀行招待所，參加中國醫藥學院董事會第五屆第七次董事會議。[2]

晚，參加中興大學智海學社第十三屆幹部於台中蓮社舉

---

[1] 李炳南講，陳雍澤筆記：《黃帝內經素問筆記（乙）》（1974年5月3日）。本則「抒見」，未見收於《全集》。
[2] 徐鳴亞編：《私立中國醫藥學院歷屆董事會議紀錄彙編》。

辦之謝師宴。[1]

五月六日（一），晚，於中興大學夜間部中文系教授「詩選及習作」兩小時。

五月八日（三），於慈光圖書館週三《華嚴經》講座，宣講〈十行品第二十一〉。

五月九日（四），晚，於善果林太虛紀念館宣講《佛說孛經》。

五月十日（五），上午八時至十時，於中國醫藥學院為中醫系五年級講授《黃帝內經‧素問》第十九篇〈玉機真藏論〉。上午十時至十二時，為中醫系四年級講授《黃帝內經‧素問》第五篇〈陰陽應象大論〉。

〈五、陰陽應象大論〉：「是以聖人為無為之事，樂恬憺之能，從欲快志於虛無之守，故壽命無窮，與天地終，此聖人之治身也。」天地人之變化，中醫講原則。人何以生病，環境影響，四時六淫之氣，抗拒不了。飲食起居不良，五臟六腑抗拒不了。

前十篇乃大原則，必明之始可知後邊。不可以平常之反而忽視之。

---

[1] 郁英、弘超：〈雪公與智海的一段緣〉，《智海卅週年紀念專刊》，頁 67-71。

> 吾二十歲前為太保，常長病。後大改脾氣，即不長病。吾乃養五十多年矣。經曰：「大夫無病，方可治人病。」西醫光學外表，中醫乃學內裡之工夫，由內而外。吾尚有其他之因素，使吾一大轉彎。此中有祕密之不思議抽象之學也。
> 吾於東半球上講《內經》，若到西、南、北半球，則說法各異。昔教《內經》者必不如我，以吾知科學、其他學問故。

> 晚，於中興大學夜間部中文系教授「詩選」一小時。再赴蓮社教授《論語》兩小時，講授：〈憲問第十四〉第六至第十章。

五月十一日（六），上午，於中興大學中文系講授「佛學概要」。

五月十三日（一），晚，於中興大學夜間部中文系教授「詩選」兩小時。

> 函請董正之，與中央日報社洽許印贈是日刊載〈臺灣是現代「洪水」中的諾亞方舟〉一文，以引導社會大眾多讀儒佛書。[1]（見《圖冊》，1974年圖6）

---

1 【數位典藏】書信／在家居士／董正之／〈董正之之三〉；收見：〈復董正之居士書（七）〉，《雪廬老人題畫遺墨》，《全集》第16冊，頁291。

〈董正之之三〉（去函）：正之老弟鑒：昨談學說（辯證法）害人，而不解法執之誤，實為今人不讀孔佛之書，是受禍之因。今日閱《中央日報・副刊》[1]載有穆超譯花村一平一文曰〈臺灣是現代「洪水」中的諾亞方舟〉，大與敝見相同。是文不獨有益我民族國家，實為全球生物界之警鐘。兄願募款十萬元，專印分贈各學校。不足之數，希大家發動。惟此文須經中央報社許可，方合手續。希弟聯合立院同人道志合一者，向《中央日報》商討辦理。倘得其允諾，出名贈送亦應有名之士列銜，方得人重視也。如何？乞復并頌淨祺 兄李炳南拜啟 五月十三日

眼宜每晨洗面時，手先洗淨，預泡熱鹽水待溫洗眼，日久不停，大佳。

五月十五日（三），於慈光圖書館週三《華嚴經》講座，宣講〈十行品第二十一〉。

五月十六日（四），晚，於善果林太虛紀念館宣講《佛說孛經》。

五月十七日（五），上午八時至十時，於中國醫藥學院為中醫系五年級講授《黃帝內經・素問》第十九篇〈玉機真

---

[1] 〔日〕花村一平著，穆超譯：〈臺灣是現代「洪水」中的諾亞方舟〉，《中央日報・副刊》（1974年5月13日）。

藏論〉。上午十時至十二時，為中醫系四年級講授《黃帝內經・素問》第五篇〈陰陽應象大論〉。

〈十九、玉機真藏論〉：「因而喜，大虛則腎氣乘矣，怒則肝氣乘矣，悲則肺氣乘矣，恐則脾氣乘矣，憂則心氣乘矣，此其道也。」病非由外而內、次第傳之，而係突然某臟得病，此乃七情不能調和，超過必要程度。

〈五、陰陽應象大論〉：「善診者，察色按脈，先別陰陽；審清濁，而知部分；視喘息，聽音聲，而知所苦；觀權衡規矩，而知病所主。」
上次講扎針。接著講診病。一切扎針、治病，均先診斷。西醫之診斷為有形的，中醫之診斷多半為無形的。兩種均學，互不妨害，互有幫助。

晚，於中興大學夜間部中文系教授「詩選及習作」一小時。再赴蓮社教授《論語》兩小時，講授：〈憲問第十四〉第十一、十二、十三章。

五月十八日（六），上午，於中興大學中文系講授「佛學概要」。

五月十九日（日），至慈光圖書館擔任中部大專佛學演講比賽評審。[1]

---

1 明倫社：〈中部大專佛學演講比賽在慈光圖書館舉行〉，《明倫》第 32 期（1974 年 5 月 20 日）。

1974年・民國63年 | 85歲

五月二十日（一），晚，於中興大學夜間部中文系教授「詩選」兩小時。

五月二十二日（三），於慈光圖書館週三《華嚴經》講座，宣講〈十行品第二十一〉。

五月二十三日（四），晚，於善果林太虛紀念館宣講《佛說孝經》。

五月二十四日（五），上午八時至十時，於中國醫藥學院為中醫系五年級講授《黃帝內經・素問》第二十篇〈三部九候論〉。上午十時至十二時，為中醫系四年級講授《黃帝內經・素問》第六篇〈陰陽離合論〉。

晚，於中興大學夜間部中文系教授「詩選」一小時。再赴蓮社教授《論語》兩小時，講授：〈憲問第十四〉第十四至十七章。

五月二十五日（六），上午，於中興大學中文系講授「佛學概要」。

五月二十七日（一），晚，於中興大學夜間部中文系教授「詩選」兩小時。

五月二十九日（三），於慈光圖書館週三《華嚴經》講座，

宣講〈十行品第二十一〉。

五月三十日（四），晚，於善果林太虛紀念館宣講《佛說孛經》。

五月三十一日（五），上午八時至十時，於中國醫藥學院為中醫系五年級講授《黃帝內經・素問》第二十篇〈三部九候論〉。上午十時至十二時，為中醫系四年級講授《黃帝內經・素問》第六篇〈陰陽離合論〉，有講表。[1]

晚，於中興大學夜間部中文系教授「詩選」一小時。再赴蓮社教授《論語》兩小時，講授：〈憲問第十四〉第十八至二十一章。

是年夏，有詩〈嗜茶自嘲〉、〈雜感〉六首（〈開籠放鳥〉、〈提籃放魚〉、〈禁漁獵願〉、〈率獸食人〉、〈原子武庫〉、〈黃粱夢醒〉）、〈月下啜茶懷李謫仙〉、〈答人問我所好〉、〈閏四月〉、〈驚蟬〉、〈夜大雷雨有感於飛騰之士賦以自省〉、〈送友人回韓國〉、〈羿罪〉、〈時世〉、〈造霧〉、〈海上觀日出〉、〈誚新嘉坡廣義上人索和〉、〈銅雀受禪兩臺〉、〈紹唐宗長榮膺桂冠徵和〉、〈山水〉、〈看山〉、〈哀飛蛾〉、〈山居〉。（《雪廬詩集》，

---

[1] 李炳南：〈陰陽離合論〉，《素問表解》，《全集》第 15 冊，頁 25-29。

頁 416-424）

〈月下啜茶懷李謫仙〉：邀月飲茶詩更清，客心水洗腋風生；時人但樂花間酒，誰識汪倫送李情。

〈答人問我所好〉：世人多偏好，問我云何采；甲骨漢石經，秦權周鼎鼐。中年曾耽之，今老癖已改；癃病更不須，萬金高官宰。日落月未升，繩床偃臥待；白雲幻奇峰，青天湛似海。蕩蕩無能名，悠悠寧千載；窮目遊四極，釋然消磊塊。我心亦不有，如是大自在。

〈驚蟬〉（蟬齊女，吾鄉音也）：落花時過一聲蟬，高枕北軒驚午眠；玄鬢白頭西陸恨，齊州如夢夢如煙。

〈夜大雷雨有感於飛騰之士賦以自省〉：破壁龍飛去，遙天震有聲；雨來高樹響，電閃夜窗明。只愧端衣坐，差無失箸驚；金陵畫若在，莫率點雙睛。

〈送友人回韓國〉：天際歸帆杳，關津獨立時；煙濤何處國，風雨故園詩。信有秋空雁，應多綠島思；懷君不一緒，健羨舊棲枝。

〈訓新嘉坡廣義上人索和〉：高僧秀句出禪心，南海潮生紫竹林；境絕憨山菴主澹，藤遮石屋月春深。慈航帆遠飛花雨，蓬島雲來有梵音；細讀名言皆載道，凡才不敢共題襟。

〈哀飛蛾〉：借問君何見，火途寧不知；趨炎自古錯，悔吉奈今遲。撲欸聲猶在，揮驅塵未移；廢然憑几喟，我似更愚癡。

〈山居〉：中歲臥山丘，時違退急流；巢松汲清

澗，鷟馬折吳鉤。有用還天地，能詩自唱酬；此間風月好，來往素心投。

六月一日（六），上午，於中興大學中文系講授「佛學概要」。

六月二日（日），晚七時三十分，至逢甲學院建築館參加該校普覺社十週年社慶晚會。各校師生及該社社員二百餘人參加。[1]

六月三日（一），晚，於中興大學夜間部中文系教授「詩選」兩小時。

六月五日（三），於慈光圖書館週三《華嚴經》講座，宣講〈十行品第二十一〉。

六月六日（四），晚，於善果林太虛紀念館宣講《佛說孛經》。

六月七日（五），上午八時至十時，於中國醫藥學院為中醫系五年級《黃帝內經・素問》課程總複習。上午十時至十二時，為中醫系四年級《黃帝內經・素問》課程總複

---

[1] 〈新聞〉，《慧炬》第 124/125 期合刊（1974 年 6/7 月），頁 110。

習。次週期末考。

晚,於中興大學夜間部中文系教授「詩選」一小時。再赴蓮社教授《論語》兩小時,講授:〈憲問第十四〉第二十二至二十六章。

六月十二日(三),於慈光圖書館週三《華嚴經》講座,宣講〈十行品第二十一〉「三、無違逆行」。[1]

六月十三日(四),晚,於善果林太虛紀念館宣講《佛說孛經》。

六月十四日(五),晚,赴蓮社教授《論語》兩小時,講授:〈憲問第十四〉第二十七至三十章。

六月十九日(三),於慈光圖書館週三《華嚴經》講座,宣講〈十行品第二十一〉。

六月二十日(四),晚,於善果林太虛紀念館宣講《佛說孛經》。

六月二十一日(五),晚,赴蓮社教授《論語》,講授:

---

[1] 李炳南:《大方廣佛華嚴經講述表解》,《全集》第 1 冊之 2,頁 95。

〈憲問第十四〉第三十二至三十五章。

六月二十四日（一），端午節，錄憨山大師〈山居〉詩，題贈張慶祝。[1]

　　〈山居（錄憨山大師詩）〉（之一）：松下數椽茅屋，眼前四面青山；日月升沉不住，白雲來去常閑。雲散長空雨過，雪消寒谷春生；但覺身如水洗，不知心似冰清。　　　　　　　　甲寅端午李炳南錄於臺中

六月二十六日（三），於慈光圖書館週三《華嚴經》講座，宣講〈十行品第二十一〉。

六月二十七日（四），晚，於善果林太虛紀念館宣講《佛說孛經》。

六月二十八日（五），晚，赴蓮社教授《論語》兩小時，講授：〈憲問第十四〉第三十五至三十七章。

六月二十九日（六），蔡運辰函復收到「臺中佛經注疏語譯會」聘書。[2]（見《圖冊》，1974年圖7）
　　蔡運辰，〈蔡運辰來函〉（1974年6月29日）：

1　李炳南：〈山居（錄憨山大師詩）〉（之一），《雪廬老人題畫遺墨》，《全集》第16冊，頁359。
2　蔡運辰：〈蔡運辰來函〉（1974年6月29日），《內典班文牘》（1973-1977年），台中蓮社檔案。

1974年・民國63年｜85歲

敬復者，奉到聘書，倍增惶恐。頹齡曲學，謬附開士之林；下里巴音，濫廁陽春之調。專此奉復，敬候教言。
此致臺中佛經注疏語譯會　　　蔡運辰謹上　六月廿九日

是月，中興大學舉行六十二學年下學期期末考，為中文系「佛學概論」，夜間部中文系「詩選」出考題。

是月，中國醫藥學院六十二學年度課程結束。此後，不再任教該校，擬專心內典研究班教學。

七月三日（三），於慈光圖書館週三《華嚴經》講座，宣講〈十行品第二十一〉。

七月四日（四），晚，於善果林太虛紀念館宣講《佛說孛經》。

七月五日（五），晚，赴蓮社教授《論語》兩小時，講授：〈憲問第十四〉第三十八至四十一章。

七月七日（日）至二十七日（六），於台中蓮社舉行明倫講座第七期初級佛學班，為期二十一天，共有一百五十名各大專佛學社團學生參加。先生講授《佛學概要十四講表》二十六小時，會性法師講授《阿彌陀經》二十小時，徐醒民講授《唯識簡介》十八小時；周家麟講授《般若心經》十六小時；歐陽鍾裕講授《八大人覺經》

十六小時;許祖成講授〈普賢行願品〉十六小時。[1]

【案】本期參加學員有:李明道(逢甲國貿)、何正宗(中興中文)、溫世禮(中興農教)、游若筱(中興食科)、李鶴松(中原化工)、黃金印(嘉師師資)、劉滌非(師大國文)、張治球(中原電子)、陳瑞光(東吳東語)、蔡相煇(文化史學)、顏彩雲(輔仁圖管)、楊錦盆(中興中文)、……等。[2]

是日上午,八時至十時,參加明倫講座第七期開學典禮;十時至十二時,於明倫講座講授《佛學概要十四講表》。

七月八日(一),上午八時至十時,於明倫講座講授《佛學概要十四講表》。

七月九日(二),上午八時至十時,於明倫講座講授《佛學概要十四講表》。

七月十日(三),晚七時半至九時半,於慈光圖書館週三《華嚴經》講座,宣講〈十行品第二十一〉。

---

[1] 明倫社:〈暑期明倫佛學講座禮聘明師說法圓滿結束〉,《明倫》第 35 期(1974 年 8 月 30 日)。
[2] 明倫社:《第六、七期明倫大專佛學講座通訊錄》(臺中:明倫社,1974 年 7 月)。

七月十一日（四），蔡運辰復函準時出席七月十四日會議。[1]
（見《圖冊》，1974 年圖 7）

  蔡運辰，〈蔡運辰來函〉（1974 年 7 月 11 日）：
雪老座下：奉到大柬，欽仰莫名，既蒙寵召，本應准時
趨赴，惟辰近日腰部不適，起坐困難，盛宴恕難參加。
准於午後二時往陪末議，藉聆雅教。謹此奉陳　敬頌
道祺　　　　　　　　　　蔡運辰拜啟　七月十一日

是日晚，於善果林太虛紀念館宣講《佛說孛經》。

七月十二日（五），上午八時至十時，於明倫講座講授《佛學概要十四講表》。

晚七時三十分至九時三十分，於台中蓮社講授《論語》，講授：〈憲問第十四〉第四十二至四十四章。

是日，周邦道來函，說明購票困難，七月十四日午會始能抵達，午餐請勿等候。[2]（見《圖冊》，1974 年圖 8）

  周邦道，〈周邦道來函〉（1974 年 7 月 11 日）：
雪公夫子大人函丈：今日站一小時半，買得十四日 39
次來回車票，乃九時四十五分開，午後一時一刻始能抵

1　蔡運辰：〈蔡運辰來函〉（1974 年 7 月 11 日），《內典班文牘》（1973-1977 年），台中蓮社檔案。
2　周邦道：〈周邦道來函〉（1974 年 7 月 12 日），《內典班文牘》（1973-1977 年），台中蓮社檔案。

達。時間改變,真是討厭。請午餐千萬不可等待,免增無端之罪過。生自備麵包,異常方便。到站後從容洽劃回程車次,二時以前趕來開會。耑肅,敬頌

崇安　　　　學生周邦道頂禮　六十三年七月十二日晚

七月十三日(六),上午八時至十時,於明倫講座講授《佛學概要十四講表》。

七月十四日(日),上午八時至十時,於明倫講座講授《佛學概要十四講表》。

　　是日,下午二時於臺中市慈光圖書館講堂召開「佛經注疏語譯會暨附設內典班第一屆教職員工作協調會第二次會議。修正〈佛經注疏語譯會暫行辦法〉第二條,改由先生任會長。另並追加研究生名額兩名、增編宿舍預算。[1]（見《圖冊》,1974年圖9）

　　李炳南主席,（佚名）記錄,〈佛經注疏語譯會暨附設內典班第一屆教職員工作協調會第二次會議〉:
三、出席教職員:（依簽名時之次序）李炳南、王禮卿、許祖成、陳修善、周家麟、周邦道、許巍文、江秀英、蔡運辰、戈本捷、徐醒民、鄭勝陽、張進興

---

[1] 李炳南主席,（佚名）記錄:〈佛經注疏語譯會暨附設內典班第一屆教職員工作協調會第二次會議〉,《內典班文牘》（1973-1977年）,台中蓮社檔案;照片〈語譯會人員合照〉見:《回首前塵二十春——雪廬老人示寂廿週年紀年專輯》,頁128。

四、列席顧問：朱斐、趙鋑銓、周宣德、何玉貞、謝守正、朱炎煌、許炎墩、黃火朝、王烱如、朱家豐、蘇愛、廖富樂、廖玉嬌
五、主席：李炳南
六、主席報告：
甲報告事項：

（一）今日開會，值大暑天，勞動諸位，頗覺不安。語譯會及研究班，前已開會一次，諒知大概。今天此會作一彼此介紹，以求今後辦事方便。再者，沈居士委託本人主辦此事，第一期預定四年，本人已年屆八六希望大家發心，俾此事業發展與永久延續。

（二）語譯會及研究班籌備伊始，地點原擬假台中蓮社，時值蓮社籌劃改建，何時完成，未能預定，而吾人事業亟須及時進行，故暫假圖書館開展業務，且可藉此節省若干經費，惟房舍簡陋，不免局促，一俟蓮社改建完成，再議遷回。

（三）經費方面

沈居士前撥臨時籌辦費三萬元作為零星開支，迄未動用。今以修整教室及學生宿舍等，始開始動支，惟全部工程共支八萬餘元。（詳閱後表）不足之數，皆由臺中慈光圖書館郭居士以及各位同修發心樂捐挹注。此外在帳面上尚有結餘伍佰多元餘款，乃係存於銀行三萬元之子息，未曾動用。現擬購時鐘乙座，以供學生宿舍之需。全部經費收支詳情如左：（見《圖冊》，1974年圖10）

乙討論事項：

（一）會長名義變更請討論案

1. 依據沈家楨居士信件提案辦理

2. 原案第一次會議紀錄，「會長由創辦人沈家楨居士擔任之」，沈居士來函囑託本人擔任會長（陳祕書宣讀來函）並要求修正第二條條文如下「二、本會設會長一人，由創辦人沈家楨居士敦請李炳南居士擔任之，總編譯一人，由會長兼任，編譯六人，由總編譯聘任之。」

決議：照案修正後通過。

七、臨時動議

（一）主席動議：原報研究生名額預算外，有人建議，擬增加二名。但本班預算已定，俟看辦理三個月以後狀況，再定可否。

戈本捷居士提議，增列研究生二名之預算可由謝守正居士，向沈家楨居士洽商追加。

決議：照戈居士提議通過。

（二）許巍文居士動議：現改修之學生宿舍，設備過於簡陋不夠理想，請另編預算，函請追加。

決議：通過。

七月十五日（一），上午八時至十時，於明倫講座講授《佛學概要十四講表》。

七月十六日（二），上午八時至十時，於明倫講座講授《佛學概要十四講表》。

七月十七日（三），晚七時半至九時半，於慈光圖書館週三《華嚴經》講座，宣講〈十行品第二十一〉。

是日，函復沈家楨，遵照所囑，修改〈佛經註疏語譯會暫行辦法〉第二條，改由先生擔任會長。

〈函沈家楨（稿）〉（1974年7月17日）：家楨大德吾兄慧鑒：三月二十函示知修改本會會長一職，弟遵照濫竽，已于七月十四日召開教職員工作協調會。巍文諸兄共同出席修改，以及會、班各項事務，一致通過會長由本人擔任。至於會議紀錄及各項資料，整理後再行奉告。並請法安　　弟李○○頂禮　七月十七日[1]

七月十八日（四），晚七時半至九時半，於善果林太虛紀念館宣講《佛說孛經》。

七月十九日（五），上午八時至十時，於明倫講座講授《佛學概要十四講表》。

晚七時半至九時半，於台中蓮社講授《論語》，講授：〈衛靈公第十五〉第一至四章。

是日，許巍文來函，為先生自行募款以充經費，自覺疏

---

1 李炳南：〈函沈家楨（稿）〉（1974年7月17日），《內典班文牘》（1973-1977年），台中蓮社檔案。

怠,已函告沈家楨,請追加撥款。

　　許巍文,〈許巍文來函〉(1974 年 7 月 19 日):
雪公老師慧鑑:日前晉謁獲益極多,覺貴體較前清癯,想係近來勞累所致,務必為法珍重,諸事可否請年輕道兄多發心相助。

前數月因語譯會經費事曾函沈先生請其考慮交通工具等,彼覆函謂老師為法為眾感人至深,所需經費無任何約束,故不需預算,只要老師列舉任何經費皆當從命。學人以其如此發心,自然已無問題,遂未再過問。今師竟至募捐以充開辦費,豈沈兄之初意(彼必不知情)學人亦難辭疏忽之罪矣。為今之計,擬請估計一大約數追加開辦費(實際上上次沈先生交來之三萬元只作籌備雜項開支而言,決非指經辦宿舍課室等之用者)告謝守正兄,學人即將此次經過報告沈先生,謝兄亦當依照追加大約數以及經常費數儘速撥款也。

至於蓮社增建一全層樓房事,除請謝先生報告沈先生外,學人當亦函報告,詳細數額,可否請朱炎煌大德逕告謝先生,俾其先為準備也。

編輯委員一職,事關重大學人不學無修自顧不及,千萬不能承受,務懇另選賢能幸甚。肅此,敬請
崇安　　　　　　　　　　　學人許巍文頂禮　七、十九

七月二十日(六),上午八時至十時,於明倫講座講授《佛學概要十四講表》。

1974年・民國63年 | 85歲

七月二十一日（日），上午，八時至十時，於明倫講座講授《佛學概要十四講表》。十時至十二時，主持座談會。

七月二十三日（二），上午八時至十時，於明倫講座講授《佛學概要十四講表》。

七月二十四日（三），晚七時半至九時半，於慈光圖書館週三《華嚴經》講座，宣講〈十行品第二十一〉「四、無屈撓行」。[1]

七月二十五日（四），晚七時半至九時半，於善果林太虛紀念館宣講《佛說孛經》。

七月二十六日（五），率明倫講座全體師生，參訪中部名勝及佛寺。

　　結業的前一天，全體師生坐三部遊覽車，參訪中部名勝及佛寺，盡情同樂，鬆弛一下三週來的緊張生活。在講座期間還舉辦過拜師禮、皈依禮、念佛、放生，以培植同學們的善根。[2]

　　晚，赴蓮社教授《論語》兩小時，講授：〈衛靈公第

1　李炳南：《大方廣佛華嚴經講述表解》，《全集》第1冊之2，頁99。
2　明倫社：〈暑期明倫佛學講座禮聘明師說法圓滿結束〉，《明倫》第35期（1974年8月30日）。

十五）第五至八章。

七月二十七日（六），上午八時至十時，明倫講座第七期結業典禮。先生致詞開示念佛方法，並題辭勉勵。[1]（見《圖冊》，1974 年圖 11）

〈勉大專明倫講座同學之二〉：求學須達到根柢，先修明性德，以真才能，貢獻社會。學佛要先無我，發願利眾，直心道場，不可浮誇。作慈善事，應知專為救他，萬勿假公濟私、沽名釣譽，則不失為君子。[2]

〈為明倫講座第七期學員開示念佛方法〉：淨宗四法中，以持名為徑中徑。持名之法念熟了，可兼一種；不能兼，守住持名一法即好。

學佛必行解相應，行解不可偏。作功課尚有分別，有定課、有散課。

定課，在家人，最低限度二課必作，否則佛教徒乃虛有其名，只是修個人天福報耳，不能證果。

修行何義？佛法只要修行，離不開止觀。止即是定。必定心始為定。淨宗持名之法，乃把心變成阿彌陀佛，阿彌陀佛即汝之念頭，心即佛，佛即心，即心無雜念，心是佛，佛是心。念佛無定，修一千萬萬年亦無用，心散

---

1 【數位典藏】照片／教育研習／大專佛學講座／〈明倫講座第七期〉。

2 李炳南：〈勉大專明倫講座同學之二〉，《雪廬老人題畫遺墨》，《全集》第 16 冊，頁 359。「書勉第七期大專明倫講座同學」據《大專佛學講座初級教材》，《全集》第 4 冊之 1，頁 150。

亂故。聞而不實行,不得利。

今教淨土「彌陀定」教三條,今云得一心之法,諦聽諦聽:

一、「此方娑婆真教體,清淨在音聞」,耳根最利,真正之道在聲音。佛即心,心即佛,念出之音聲,即是真心之阿彌陀佛,聲音即汝之本心。

二、求空,心不散亂,才是修行,若散亂念佛,此無受用。念佛在至心,定心要緊在「聽」,觀音菩薩亦是用「聽」。

三、念佛不在多少。「念佛不必求多念,但求百八心不亂,其中若有一念差,調轉珠頭都不算。」一天若有三、五分鐘之定力,即算是有了定。有了定,即是有道之士也。定即道,道即定也!

有了定後,有何好處?「心即佛,佛即心」,心定,即心定在佛名上,佛名安在汝心上,此即「心即是佛,佛即是心」有了定,才是「心即佛,佛即心」無定而言「心即佛,佛即心」乃隨便之云耳。

忙時,可以古人所定之十念法。念時,心若往外跑仍不靈。上云求定之法。

早晚二課,均云「定課」,在求定故。學生方便時可供佛像,燒香亦然,不供、不燒亦可念,佛在心中,並非在外表。

有時間時,才自己增加功課,否則時增時減,不可以。

散課:心不必求定,作事、工作時「單想即道」,專一其心辦事,即是道,如吾寫粉筆,所寫即是阿彌陀佛,

教書所見之學生亦是，吾為阿彌陀佛作事也，能做到熟即不得了。事辦，即把佛號提起。在於練習「熟」字也。[1]

七月二十八日（日），晚，至蓮社參加「明倫講座第七期檢討會」。聽取各組報告後，嘉許本期之工作績效以及是時之報告程序。而後指示，主要問題在人數眾多、時間有限，當增加複講時間，並依容許能量訂定學員人數。工作前之籌備，事後檢討，他處無此，此可說明服務人員用心全在參加者之身上。因為有服務人員，所以成效會比較好。指示應依容納量決定招收學員數量。

　　講座人太多難管理，吾當初計畫六十人，而諸位熱心故愈多愈好，若六十人則不如此忙，一時間短，二人多，三旁聽無限制（病皆在旁聽上）。今日之報告，一言以蔽之，不外以上數點。

學術上時程較緊，大病在自己複習之時短，且吾禁止錄音，以錄出去了，則有害也，講經必契機，不契機聞之有害也。如有人問，不聽佛學還好，一聽反使其增煩惱。

學《十四表》回校講，以吾如此之講法，準糟局。吾乃為令其改心理而講，非教其演講也。可按《十四表》名相解，再參考辭典可講。明年的時間放長，人數減少，裁一門，必得有複講。

---

[1] 李炳南：〈為明倫講座第七期學員開示念佛方法〉，《台中蓮社歷年會議紀錄》（1974 年 7 月 27 日），台中蓮社檔案。

正式、旁聽皆限數。審察資格,來此必守咱之規矩。合資格者始令其加入。事前先預備宿舍,可住多少人,即招多少人。[1]

是日,董正之來函告假,八月一日內典班開學典禮無法與會,內典班所擔任「蕅祖三經」課程亦須請假,日後補上。[2](見《圖冊》,1974年圖12)

　　董正之,〈董正之來函〉(1974年7月28日):雪公師座慈鑒:內典研究開學有期,多載弘願,一旦實現,欣慰之情,殊難言喻。本擬躬與盛典,得聖揚兄書,決定暫緩。至「蕅祖三經」,亦懇俯准請假,以俟海外歸來再行補上也。溽暑如焚,並請珍攝為禱。祇叩
　法安　　　　　　　　　　生正之頂禮　六三、七、廿八

七月三十一日(三),於慈光圖書館週三《華嚴經》講座,宣講〈十行品第二十一〉。

是月,有〈蓮社庶務書籤〉手稿一張,為備忘錄性質,記錄「內典研究班」經費、學員報名狀況,以及蓮社改建三事。(見《圖冊》,1974年圖13)
　　〈蓮社庶務書籤〉:

---

1 〈明倫講座第七期檢討會雪公老師開示〉(1974年7月28日),《台中蓮社歷年會議紀錄》,台中蓮社檔案。
2 董正之:〈董正之來函〉(1974年7月28日),《內典班文牘》(1973-1977年),台中蓮社檔案。

1. 撥來之三個月經費，從七月份作年度開始，但七月僅職員工作，而教員及學員費，須至八月始支，七月份之經費，當有結餘。
2. 研究班學員，雖有二名要求額外參加，擬先觀其動態若何，方始決定是否應追加經費，待十月份撥二次經費時，再定取捨。
3. 台中蓮社改建，聞尚未決定形式，正在畫圖中，須待其圖成估工後，方好與蓮社當局洽商。[1]

八月一日（四），上午八時，於慈光圖書館借用小教室舉行典禮：「臺中佛經注疏語譯會」正式成立，其附設之「內典研究班」同時舉辦開學典禮。邀請「經注語譯會」編輯委員、「內典研究班」任課教師，以及周宣德、周邦道、蔡念生等大德，臺中蓮友等多位來賓參加。「經注語譯會」已聘請六位編輯委員，翻譯八部經典注疏。「內典研究班」任課教師則有七位，開設八門功課。招收研究生八名，皆為大專畢業，歷屆大專佛學講座資深學員，一律辭去原有公教等職，重作全時學生。（見《圖冊》，1974 年圖 14）

〈臺中佛經注疏語譯會編輯委員譯注經題清冊〉：
淨空法師：《金剛經》、《般若心經》；周邦道：《蕅益三經》；蔡念生：《阿彌陀經要解》；周家麟：《永

---

1 【數位典藏】手稿／其他著作／各機構發展計畫／〈蓮社庶務書籤〉。

嘉禪宗集》；徐醒民：《唯識三十頌》、《八識規矩頌》；謝守正：〈大勢至圓通章〉。[1]

〈內典研究班第一學年上課時間一覽表〉：《彌陀要解》由李炳南教授擔任，「國文」由王禮卿教授擔任，「唯識諸論」由徐醒民教授擔任，「佛教沿革」由許祖成教授擔任，《金剛經》由淨空法師擔任，《大乘起信論》由周家麟教授擔任，《蕅注三經》由董正之教授擔任。[2]

【案】炳南先生鑑於內典班研究者須具備讀譯佛經之相當能力，特別規劃「國文」一科，邀請中興大學中文系教授王禮卿至內典研究班授課，講解古文，以增進研究生讀譯能力。王禮卿教授因此與蓮社結緣，多所往來，學生甚為親近問學。王教授批改諸生作業精勤深刻，炳南先生至為感佩。

【小傳】王禮卿（1908-1997），原名坊，以字行，山東省諸城縣人。自幼隨父（忠照，優貢生，清亡不仕）、祖（祺海，解元聯捷進士，前清翰林）讀私塾五年，親得祖父傳授。年十九，娶同邑丁氏汝訒，育有二子三女。一九三六年，以自修學力通過全國高考

---

[1] 〈臺中佛經注疏語譯會編輯委員譯注經題清冊〉（1974年8月1日），《內典班文牘》（1973-1977年），台中蓮社檔案。

[2] 〈內典研究班第一學年上課時間一覽表〉（1974年8月1日），《內典班文牘》（1973-1977年），台中蓮社檔案。表列「佛學概要」課程排定週六上午十時至十二時，為先生於中興大學中文系所授課程，學員前往旁聽。

普通行政科,分發山東省政府祕書處實習。勝利後,歷任山東省政府人事處科長、濟南市政府市長機要祕書、青島市政府財政局祕書。遷臺後,改任教職,先執教於臺南佳里農校、臺南工學院附設工職、臺南女中、善化中學,後任教於國立成功大學中文系、國立中興大學中文系,並於靜宜大學中文系、東海大學中文研究所等兼任課程。授課之餘,恆勤究學問,著作等身,撰有:《歷代文約選詳評》《遺山論詩詮證》、《文心雕龍通解》、《四家詩恉會歸》、《唐賢三體詩法詮評》;另有《涵芬樓文集》、《涵芬樓詩集》等遺稿待付梓。[1]

先生致詞,指點:學佛之根本在端正人品,並提出「內念、外行、對事、對人」四項為學做人端正人品重點。一、內念:說話行事先為他想、省察念頭克制勿續;二、外行:勿妨害公共秩序、勿侵犯他人自由;三、對事:未得他人同意不取用、求人不強人所難。四、對人:自尊而尊人,君子尊而學之,小人敬而遠之。

〈人格是學佛的初基——內典研究班開學講話〉:我們修學佛法,有三個階段:第一是扎住根本,第二是如法修行,第三是開花結果。要是根本沒有立住,即便

---

[1] 參見:〈王禮卿教授事略〉,《中國國學》第 25 期(1997 年 10 月),頁 233-234;王令樾:〈王禮卿先生傳〉,《紀念王禮卿教授學術研討會會議論文》(中興大學中國文學系,2009 年 5 月),頁 169-172。

是學佛三十年,三百年,也不算是修行;當然不得佛法的利益!反之,想得到佛法的利益,先當如法修行,先得扎住根本。

學佛之根本為何?簡言之:即「人格」二字。守住人格(人的特質與品格),便是學佛之根本。佛五乘說法,第一即是人乘,說到只要能守住人格,嚴持五戒——不殺生(仁),不偷盜(義),不邪淫(禮),不妄語(信),不飲酒(智),最低限度,即能保住人身於不墮;若能更發廣度眾生之心,則可成佛!是以佛經中之《孛經》、《尸迦羅越六方禮經》、《地藏菩薩本願經》、《仁王護國經》等,皆教佛弟子要實踐父慈子孝,兄友弟恭,夫義婦聽,朋友有信,君仁臣忠等五倫十義的道理。自古以來,凡真學佛者,決不肯做出犯上作亂,為非作歹等惱害眾生的事情!

今日學佛者雖愈來愈多,但能端正人格者寡。今天正值內典班開學之日,且略說四條做人之標準,以為大家今後修學佛法之依據:

(一)**內念**:說話行事先為他想、省察念頭克制勿續。

「說話行事先為他想」,即是恕道精神的發揮。孔子說:「己所不欲,勿施於人。」還只不過是消極方面的自我行為的約束,我們最好更能做到「己之所欲,施之予人」的積極態度!

「省察念頭克制勿續」,這是教大家要從事反省的功夫!日用平常中,當六根接觸六塵之時,必須隨時檢點,回光返照:我今一念落在何處?善耶?惡耶?無記

耶？念頭才起，即如是核對，省察！「不怕念起，只怕覺遲」，善念則令續，惡念則令伏，如是久久練習，即是善於學佛的人！

（二）外行：勿妨害公共秩序，勿侵犯他人自由。

社會雖是這麼大，但是我們每個人都是其中的一分子！關心自己，以及關心自己的家庭是很自然的，然而這在今日之下的社會卻是不夠的。唯有我們能擴大我們的注意力，謹慎內念，進而克制外在的行為，勿妨害公共秩序，勿侵犯他人自由，我們才有機會去改善我們周圍的環境，也才能真正地改善我們自己。

（三）對事：不得他人同意取用，謂不與取；求人不強人所難。

在戒律學中，不與取名盜。行菩薩道的，志在教化眾生，而教化眾生的最勝方便，莫過於布施。不去布施眾生，反把眾生所有的盜取過來，試問怎能攝化眾生？菩薩行者尤其要嚴持盜戒！

諸位將來辦事，還要瞭解一點，就是「求人不強人所難」。你能萬事不求人，自行解決問題最好，假若自己沒辦法，向人求助，要是對方表示困難時，我們即要知難而退，絕對不可不懂事故人情，強人之所難，再三的強求，叫人受不了！

（四）對人：自尊而尊人；君子尊而學之，小人敬而遠之。

自尊，就是尊重己靈，毋負人生之意。根據大乘佛法說：「一切眾生皆有佛性」，小乘佛法也說：「一切眾生皆有解脫分」。若能秉持非成佛不可的決心與願力，向著菩提

大道,精進不懈,不疲不厭地去追求,不達最終目標——佛果,決不終止,有這種決心與願力叫「自尊」。

又,既人人皆有佛性,故須尊人。尊人,於君子、小人亦有不同。因為就個人人格的發展來說,環境的影響力是很大的。對有道德,有學問的君子,必須尊敬他,親近他,向他看齊。反之,對於心懷不軌的小人則要對他客氣些,不可得罪他,卻要遠遠的離開他!

以上四條原則,皆含無窮義理,而且條條相通,守住一條,即能守住四條。只要守住這四條原則,學佛就不會走錯路,且能站住人格,做個有用的人,為社會國家謀幸福!

各位同學:學佛須融會世間、出世間法,佛法雖為出世間法,實在世間法中做出。《六祖壇經》說:「佛法在世間,不離世間覺。」重要在「覺」之一字,於世間法能覺,即是出世法。不覺,雖出世法,亦成世間法。「覺」之一字,乃是了不了生死,成不成佛道的關鍵!

印光大師開示:

「學佛一事,原須克盡人道,方可趣向。良以佛教,該世出世間一切諸法,故於父言慈,於子言孝,各令盡其人道之分,然後修出世之法,譬如欲修萬丈高樓,必先堅築地基,開通水道。則萬丈高樓,方可增修,且可永久不壞。若或地基不堅,必至未成而壞。」同學們!惟願三思此言,並且起而力行,勉之!勉之![1]

---

1 李炳南講,簡金武記:〈人格是學佛的初基——內典研究班開學講話〉,《脩學法要》,《全集》第9冊,頁328-341。

「內典研究班」開學典禮，研究生原自安排拜師禮節。先生特代表家長親率諸生禮拜師長，鄭重交託。先生以家長自承，研究生因亦以「尊長取字」之古禮請先生為每位研究生取字。

　　吳碧霞，〈雪廬風誼——俠骨詩情醇儒本色　悲心忍力菩薩真行〉：老人家所辦的「內典研究班」開學了，請來的各位師長一一致辭完後，雪公突然從座上走下來，向幾位師長深深一頂禮，當時大家都愣住了，因為老人家那時已八五高齡，也是座上年紀最大的，怎麼突然有這樣的動作？正驚疑間，老人家說：「我為這些孩子的爸爸媽媽向各位老師頂禮致謝。」[1]

　　果清法師，〈歲次乙未年中元祭祖專刊——感懷兩位老恩師〉：大學畢業後，服預官役東引一年回來，承蒙老師介紹於開明中學任教，旋轉入立人高中。二年後，欣聞老師將辦內典研究班消息，乃辭教職，承蒙老師慈允，乃得預入學生行列。時維公元一九七四年至一九七八年，共研習四載結業。同學八位，老師各為取一字號，分別如下：李榮輝（和光）、簡金武（智果）、劉國榮（誠達）、李子成（思齊）、吳聰敏（希仁）、陳雍澤（任弘）、連淑美（志道）、吳碧霞（省常）。六男二女。課程包括性相顯密，應有盡有。講授

---

[1] 吳碧霞：〈雪廬風誼——俠骨詩情醇儒本色　悲心忍力菩薩真行〉，《紀念李炳南教授往生 20 週年學術研討會論文集》（臺中：青蓮出版，2006 年 10 月），頁 11-24。

方式：以直接由師長上法座教授為主，兼采複講為輔。除了班上課程之外，老恩師應外大專院校上課暨晚上道場之講經法會，八位同學，咸皆常隨諦聽。尤其老師特別注重品德之陶冶調教，是以四載之培育之下，八位同學，德學日進，結業之後，皆能弘化一方，不負諸位尊師之辛勤化育也。[1]

「內典研究班」開學，辦公室成立，先生特頒「辦公室公約」以為辦公規範。（見《圖冊》，1974年圖15）

〈辦公室公約〉：
一、四維上下一律清潔　　二、器具整齊不離原處
三、事按次序今事今辦　　四、各負專責互相協助
五、愛惜公物體念施捨　　六、辦佛家事即是益眾

同時，為內典研究班研究生訂立八條「內典研究班班訓」，做為研究學習方針：研經貴在得旨，言語先計次第，辦事要求精細，文字練習暢達，知過必須立改，因果自應深信，洞明人情事故，學問切實履行。（見《圖冊》，1974年圖16）

簡金武，〈修學法要——淺釋內典研究班班訓〉：民國六十三年，恩師親手頒訂內典研究班的八條班訓。

---

[1] 果清法師：〈歲次乙未年中元祭祖專刊——感懷兩位老恩師〉，2015年7月4日，華藏淨宗弘化網：https://ft.hwadzan.com/dv.php?sn=02-042-0154&lang=zh_TW

這八條班訓，最主要的是告訴我們大家一個「學」字。恩師的意思是：你們大家來參加內典研究班，究竟要如何去修學呢？前七條告訴我們修學的內容。又分二段，前四條講「修業」——修學什麼課業呢？1.研經，2.言語，3.辦事，4.文字。後三條講「進德」——如何增進品德呢？1.勇於改過，2.深信因果，3.通達人情事故。以上總共七條都屬於修學的對象。最後一條是「結勸」，恩師訓勉大家要把所修學的內容，切實的應用在日常生活中，與生活打成一片。[1]

「經注語譯會」雖已聘請六位編輯委員，翻譯八部經典注疏，然仍持續禮聘德學俱佳大德承當翻譯大業。曾致函會性法師禮請成就。（見《圖冊》，1974年圖17）

〈致會性法師書（二）〉：會性大法師猊座：此次叨蒙垂慈，涵中度眾，至欽至感。惜各事忙，未得饒聞教益，自歎福薄。前曾懇求行化之外，為眾翻譯語注之事，未識有閒時間否？倘肯俯允，立即寄上稿紙。吾師道高學邃，台省尚有幾人？而翻注不翻經，尚不失為慎言慎行。祈示。《業報經》及《人生指津》均奉到，萬謝。恭叩慈安　　　　弟子李炳南頂禮　廿九日 [2]

1　智果（簡金武）：〈修學法要——淺釋內典研究班班訓（一、二）〉，《明倫》第173、174期（1987年4、5月）。
2　【數位典藏】書信/出家法師/會性法師/〈會性法師之一〉；收見：〈致會性法師書（二）〉，《雪廬老人題畫遺墨》，《全集》第16冊，頁283。

是日,晚,於善果林太虛紀念館宣講《佛說孛經》。

八月二日(五),晚,赴蓮社教授《論語》兩小時,講授:〈衛靈公第十五〉第九、第十章。

八月五日(一),上午八時至十時,於內典研究班講授《彌陀要解》。[1]

「開講前言」:某經之注解、科判,各祖師皆不一,然並非此為方,彼偏說為圓。咱為實在之教學,要使學生真懂學問,聞後能實行。學經,以《阿彌陀經》言,不同意思,只可談兩個,餘類推。若說多了,學生無所適從。會一個後,餘可參考;入一個後再入另一個。今依蕅祖《要解》講即以此為據,不可另扯上其他者。必此學會了,再學他注。

吾經文粗講,《要解》細解。何以?因為《要解》即是講《彌陀經》,故經文字句意思乃在《要解》上。吾所講乃講蕅祖所講之《阿彌陀經》。吾若另大發議論則非講此也。此為內行規矩。

《要解》人不明,圓瑛大師乃作《講義》。「講義」,不問文言或其他,乃本文以外自己另發些議論。吾引經文、要解、講義,諸位想想,該如何講?三者中,著重

---

[1] 《彌陀要解》自1974年8月5日開講,至1975年10月21日圓滿。據:連淑美:「雪廬老人在臺講經一覽表」;李炳南講,陳雍澤記:《彌陀要解筆記》(1974年8月5日－1975年10月21日),未刊本。

《要解》。《講義》吾不注重,因他在《要解》以外,加上許多其他及自己之議論,《要解》者卻沒講,因為此為講義故可重複。像江味農之《金剛經講義》,也是有重複的,當講義可以,當注解看則是太囉嗦。《華嚴疏鈔》則沒有重複,此為疏鈔體裁的關係,這要先分辨的。古人皆明此,今人則少知者,以今日辦學之辦法,為學分制,只學皮毛耳,不死用功,沒自己之發明,學問不到家。吾來臺灣以後,均沒注過經,都是編表。然吾不會寫文章乎?沒新發現則不能寫;寫出後,發現前人已有此說者即趕緊去之。《阿彌陀經》之義蘊,前人無者,吾乃寫出。

咱為研究班,顧名思義,要研究其道理,何以如此,不是光講。[1]

是日,接謝守正來函,稱經注語譯會創辦人沈家楨對先生極為信任,需要款項隨時通知,當即奉上。

謝守正,〈謝守正來函〉(1974年8月5日):李公:日前陸居士崇仁兄偕弟來臺中,承吾公招待,隆情高誼誠難以忘。經注會定于八月一日正式成立,相信今後在吾公領導之下,經注會及內典研究班對弘揚佛法必有極大之貢獻也。沈居士家楨先生對吾公極為信任,如吾公需要款項,敬請隨時通知,弟當立即奉上。餘容再

---

[1] 李炳南講,陳雍澤記:《彌陀要解筆記》(1974年8月5日－1975年10月21日),未刊本。

告。耑此，敬請大安　　　　　　　後學謝守正頂禮

八月六日（二），上午八時至十時，於內典研究班講授《彌陀要解》。

八月七日（三），於慈光圖書館週三《華嚴經》講座，宣講〈十行品第二十一〉。

八月八日（四），晚，於善果林太虛紀念館宣講《佛說孛經》。

八月九日（五），晚，赴蓮社教授《論語》兩小時，講授：〈衛靈公第十五〉第十一、第十二章。

八月十二日（一），上午八時至十時，於內典研究班講授《彌陀要解》。

八月十三日（二），上午八時至十時，於內典研究班講授《彌陀要解》。

八月十四日（三），於慈光圖書館週三《華嚴經》講座，宣講〈十行品第二十一〉。

八月十五日（四），晚，於善果林太虛紀念館宣講《佛說孛經》。

是日，函復戈本捷，婉拒並感謝經注語譯會創辦人沈家楨購車代步之美意。（見《圖冊》，1974年圖18）

戈本捷，〈戈本捷來函〉（1974年8月15日）：德翁老師慈鑒：接奉手諭，承慈允免任編譯，俾弟子頓減心理負擔，感何如之。昨接沈居士來函謂，擬由譯經院購置汽車一輛，撥供吾師使用。不卜語譯會方面擬需何種車輛？祈將規範見示為禱。如能示知約需款額，則更便進行也。耑候道安　　　　　弟子戈本捷頂禮

〈復函戈本捷〉（1974年8月15日）：本捷師兄大鑒：奉手書，敬悉沈大居士多方厚愛，銘感萬分。以目前而論，各學生有宿舍，教授自有摩托車，弟寓距語譯會十分鐘可達。如開會接送客人，圖書館、育幼院兩處之車，均可任我使用。購置汽車一事，俟後事繁急需，再向沈大居士呈請不遲，得省者暫省。然此種厚意，已使同人振奮不淺也。吾兄從中關照，感激同深。此情懇代轉美方，表達萬謝之誠為禱。專此并請道安　　　　　弟李炳南頂禮　八月十五日

【案】董正之曾概括先生在臺交通三階段：起初十年為步行往返時期；而後為機車弘法時期，乘坐鄭勝陽所駕機車後座往返；一九七一年後則購車代步為座車弘法時期。[1]唯據上引文，至一九七四年似仍未有車。至一九七五年九月至東海大學上課，則已有車代

---

[1] 董正之：〈永懷雪公恩師（中）〉，《明倫》第168期（1986年10月）。

步。（參見《圖冊》，1961 年圖 15）

八月十六日（五），晚，赴蓮社教授《論語》兩小時，講授：〈衛靈公第十五〉第十三至十八章。

八月十九日（一），上午八時至十時，於內典研究班講授《彌陀要解》。

八月二十日（二），上午八時至十時，於內典研究班講授《彌陀要解》。

八月二十一日（三），於慈光圖書館週三《華嚴經》講座，宣講〈十行品第二十一〉「五、離癡亂行」。[1]

八月二十二日（四），晚，於善果林太虛紀念館宣講《佛說孝經》。

八月二十三日（五），晚，赴蓮社教授《論語》兩小時，講授：〈衛靈公第十五〉第十九至二十三章。

八月二十六日（一），上午八時至十時，於內典研究班講授《彌陀要解》。

---

1 李炳南：《大方廣佛華嚴經講述表解》，《全集》第 1 冊之 2，頁 100-103。

八月二十七日（二），上午八時至十時，於內典研究班講授《彌陀要解》。

八月二十八日（三），於慈光圖書館週三《華嚴經》講座，宣講〈十行品第二十一〉。

八月二十九日（四），晚，於善果林太虛紀念館宣講《佛說孛經》。

八月三十日（五），晚，赴蓮社教授《論語》兩小時，講授：〈衛靈公第十五〉第二十四至二十八章。

沈家楨來函，已收到經注語譯會各會議紀錄及業務表件，感謝各業務之規畫。

　　沈家楨，〈沈家楨來函〉（1974年8月30日）：日前寄下本會會議紀錄暨各項業務表件等均經拜悉。會中業務諸承宏謀規畫，未及匝月，燦然可觀，雲樹東瞻毋任欣感。家楨遠託異國不克躬預馳驅，俛仰之間深引為愧。肅函布悃，敬謝無量，並頌道綏。欲言不盡。
　　　　　　　　創辦人沈家楨拜啟　八月卅日[1]

九月二日（一），上午八時至十時，於內典研究班講授《彌陀要解》。

---

[1] 沈家楨：〈沈家楨來函〉（1974年8月30日），《內典班文牘》（1973-1977年），台中蓮社檔案。

九月三日（二），上午八時至十時，於內典研究班講授《彌陀要解》。

九月四日（三），於慈光圖書館週三《華嚴經》講座，宣講〈十行品第二十一〉。

九月五日（四），晚，於善果林太虛紀念館宣講《佛說孛經》。

九月六日（五），晚，赴蓮社教授《論語》兩小時，講授：〈衛靈公第十五〉第二十九至三十二章。

九月八日（日），中午十二時，前往臺北自由之家，參加中國醫藥學院董事會第五屆第八次董事會議。[1]

九月九日（一），上午八時至十時，於內典研究班講授《彌陀要解》。

九月十日（二），上午八時至十時，於內典研究班講授《彌陀要解》。

九月十一日（三），於慈光圖書館週三《華嚴經》講座，宣講〈十行品第二十一〉。

---

1 徐鳴亞編：《私立中國醫藥學院歷屆董事會議紀錄彙編》。

九月十二日（四），晚，於善果林太虛紀念館宣講《佛說孛經》。

九月十三日（五），晚，赴蓮社教授《論語》兩小時，講授：〈衛靈公第十五〉第三十三至三十六章。

九月十四日（六），上午十時至十二時，於中興大學中文系講授《佛學概要》。

九月十六日（一），上午八時至十時，於內典研究班講授《彌陀要解》。

九月十七日（二），上午八時至十時，於內典研究班講授《彌陀要解》。

九月十八日（三），於慈光圖書館週三《華嚴經》講座，宣講〈十行品第二十一〉。

九月十九日（四），晚，於善果林太虛紀念館宣講《佛說孛經》。

九月二十日（五），晚，赴蓮社教授《論語》兩小時，講授：〈衛靈公第十五〉第三十七至四十章。

九月二十一日（六），上午十時至十二時，於中興大學中文

系講授《佛學概要》。

九月二十二日（日），至台中蓮社參加蓮社改建工程籌備委員會第二次會議。因主任委員蓮社董事長董正之請假，委員推選請先生任主席。主席報告蓮社多年來培養許多大專青年，刻正由美國華僑沈家楨支持成立內典研究班，進一步培養人才。本次會議旨在確認改建圖樣。[1]（見《圖冊》，1974年圖19）議案確認後，先生再次澄清，改建工程，只向內部成員樂捐，不對外募款。

　　李炳南主席，張芳雄記錄，〈台中市佛教蓮社改建工程籌備委員會第二次會議紀錄〉：

三、主席：李炳南代

六、主席報告：董董事長因事不能出席，以書面委託本人代理主席。（表決通過）

　　台中蓮社為全臺灣佛法的發祥地，四個聯體機構也以蓮社為主體，辦佛家事，蓮社除了弘揚佛法外，還辦些公益慈善事業。辦事以人才為第一要件，所以要趕緊栽培人才，數年來栽培大專青年，辦了明倫社，這些青年人必須有老年人領導，否則經驗閱歷不夠，必得大家在後面支持。

大專講座在圖書館辦了以後交給明倫社辦，前後十四年，大專青年數約一千多人，以明倫社為總機關，借用蓮社

---

1 〈蓮社改建透視圖〉，《菩提樹》第265期（1974年12月8日），頁51。

為地點,可見這些大專青年皆是由蓮社培養出來的。
另外一個好現象,是美國華僑沈家楨居士發大心,要在臺灣辦語譯佛經會。從前譯經皆由國家負責,且看玄奘法師、鳩摩羅什大師,多少人力、物力,非同小可。我替他提意見,經不可譯,改譯經注。把祖師的經注譯為白話,佛經看不懂,自必看經注,注也不好翻譯,必得先造就人才,先辦個研究班,選十個、八個學生,給待遇拿研究費,四年為一期,這兩個建議他都接受了,又委託我辦,地點決定在蓮社,由於蓮社籌備改建,故先借用慈光圖書館,今已開始兩個多月了。
本社去年選舉了建築委員(提出改建透視圖傳閱),此圖中央是大殿,左右兩廊、底層為客廳,樓上一邊為語譯會,一邊為明倫社,後方為寮房、廁所、廚房。大殿為三層樓,一層佛殿,一層為藏經閣或講堂,底層為蓮友祖先奉祀堂,以中國人特別重視孝道故,後方有兩個水塔,圖為立體透視圖,非施工圖。
七、討論:

　　賴常務委員天生:現在擔心是實實在在辦事的人,非普通人可以擔當的。千萬之建築物的負責人,可不簡單。

　　主席:一開始建築得有人管理,此人得受苦耐勞,還得忍受人罵,如今賴董事提出此議,格外重要,錢財支出,必須經建築財務管理委員會決定,由我蓋章,除了合法開支,一個錢也不能亂花。
此設計圖之來源,是林慧繁同蘇愛兩位在外頭到處跑腿,參考許多建築物,見了碧山巖,建築好很莊嚴,乃

訪其設計師,請他幫忙設計,畫了此圖。咱們以後要辦的事很多,得有人辦才行,大家好些商量。

今天為了改建而開此會,原圖總算通過,錢財由我負責管理,我不蓋章,誰支出誰負責,話說,我只負保管之責,不負責籌款,當然籌款方面我有多少能力,盡多少力量。

十、臨時動議:

　　王委員烱如:圖樣通過了,如何籌備經費,應請稍加討論研究。

　　主席:請大家討論,發起樂捐,當然由蓮友推動,謝函拿出去,不問捐得多少,未用完的本子,必得收回來,此事很要緊,至於宣傳手續與方法,我可以貢獻意見。

　　張芳雄:過去曾經參加講座的同學,畢業後在社會上服務,未必知此消息,應設法讓他們知曉。

　　主席:宣傳還是宣傳,是樂捐而不是募捐,不向外募捐。凡蓮社同仁,及曾經參加講座的同學,皆非外人,給他們知道也可以,要緊的是樂捐,而不是募捐。[1]

九月二十三日(一),上午八時至十時,於內典研究班講授《彌陀要解》。

---

[1] 李炳南主席,張芳雄記錄:〈台中市佛教蓮社改建工程籌備委員會第二次會議紀錄〉(1974年9月22日),《台中蓮社歷年會議紀錄》,台中蓮社檔案。

是日為秋分,有〈秋分夜供曇花〉。(《雪廬詩集》,頁424)
〈秋分夜供曇花〉:撫松看月罷,虛幌納清涼;萬籟遠天靜,一花全室香。秋來分此夜,曇現似空王;識得君心素,誰貪玉滿堂。

九月二十四日(二),上午八時至十時,於內典研究班講授《彌陀要解》。

九月二十五日(三),於慈光圖書館週三《華嚴經》講座,宣講〈十行品第二十一〉。

九月二十六日(四),晚,於善果林太虛紀念館宣講《佛說孛經》。

九月二十八日(六),晚,至台中蓮社參加敬師晚會。晚會係為紀念孔子誕辰及慶祝教師節,由蓮社聯體機構共同舉辦。

台中佛教蓮社及其聯體機構慈光圖書館、慈光育幼院、菩提救濟院、佛經注疏語譯會、明倫社等,為紀念大成至聖先師孔子二五二四週年誕辰及六十三年教師節,昨天下午七時三十分,特在蓮社講堂舉辦敬師晚會,恭請以上機構導師李炳南教授,以及許祖成、周家麟、蔣俊義、徐醒民諸老師參加。晚會由明倫社主委王烱如主持,在向孔子聖像三鞠躬,導師致詞之後,精采的晚會節目便開始,有詩誦、國樂演奏、國術表演、舞

1974年・民國63年 | 85歲

蹈、合唱等等,由明倫社青年、慈光育幼院孩童及大專青年聯合演出,晚會在肅穆的「無盡燈」節目之後圓滿結束。[1]

九月三十日(一),中秋節,有〈八月十五夜客思〉。前後又有:〈又說〉、〈月色〉、〈巴人〉、〈義女祠〉、〈讀詩話數有薄太白者〉、〈答人問詩境口號〉二首。

　　〈八月十五夜客思〉:尚有錢塘夢,秋期看海潮;露繁今夕冷,月白客思遙。天上發丹桂,鄰家吹玉簫;從來不寂寞,三徑竹翛翛。

　　〈又說〉:清光又說此宵圓,鯤島索居年復年;矯首不知秋是客,星辰歷歷故鄉天。

　　〈讀詩話數有薄太白者〉二首:
李白文章灼古今,少陵詩聖獨知音;狂生肉眼如枯井,淘盡塵沙不見金。
撼樹蚍蜉曾抱樹,始堪將力論高低;從無蚯蚓知翔鶴,一在雲霄一在泥。

是月起,本學年續於中興大學中文系開設「佛學概論」課程,於中興大學夜間部中文系開設「詩選」。

本學年,先生另受邀聘於靜宜女子文理學院夜間部中文系任教詩學課程;然因無法分身,轉推薦徐醒民前往任

---

[1] 〈本報訊〉,《民聲日報》(1974年9月29日),第6版。

教,徐任教約有七年。

徐醒民口述,謝智光訪談記錄:〈《論語講要》筆記者徐醒民先生訪談錄〉:老師(案:指炳南先生)除了在興大講詩外,其他地方,像靜宜女子文理學院夜間部,系主任是孔慶詮教授。系裡教書有李威熊,與施人豪是同學,很熟的,由這層關係,他知道我們老師在詩上教得很好,所以就請老師到靜宜去教詩。但是我們老師那個時候又要講佛經、又要講儒學、又在興大開課講詩,那沒辦法了,就叫我去代講。我一代講就講了七年!就講了七個班次,這是一個因緣了。[1]

【案】一九七六年八月,靜宜學院中文系主任由李威熊續任,仍持續聘請先生。(見1976年8月譜文)

是月,擔任菩提樹雜誌社第一屆菩提獎評審。

菩提樹雜誌社舉辦第一屆菩提獎,譯作部分優等獎陳柏達、劉國香,創作部分優等獎李一光、藍吉富。各獲獎金一萬元。佳作獎席長安、周次吉,各獲獎金二千元。評審者有:仁俊法師、李炳南、周邦道、蔡念生、沈家楨諸居士。[2]

---

[1] 徐醒民口述,謝智光訪談記錄:〈《論語講要》筆記者徐醒民先生訪談錄〉(2011年1月17日),《雪廬老人《論語講要》研究》(臺中:東海大學中文系碩士論文,2011年),附錄十,頁256-268。

[2] 〈新聞〉,《菩提樹》第263期(1974年10月),頁53。

是月，先生《雪廬詩文集》再版發行。該著於一九六八年，由先生八秩祝嘏會裒集發行。時隔六年，再版發行，多年舊友朱鏡宙撰有：〈雪廬詩文集重印序〉，歷敘昔抗戰時於重慶因先生品節而定交，來臺後親睹其自律甚嚴而弘濟甚廣，慨歎「相識遍天下，而生死可託者，惟君一人而已」。

  朱鏡宙，〈雪廬詩文集重印序〉：立言、立德、立功，古稱三大不朽。夫有言者，必先有其德；德立而後言，近之、足以輔世長民，贊化育而開務成物；遠之、足以移風易俗，立人極而維綱常；誠如是，則功自在其中矣。吾于並世，惟李君炳南，其庶幾焉。

君、稷下士也。博聞強記，于學無所不窺。自遊衍聖公之門，縱覽古聖人文物制作之盛，與夫禮樂衣冠之美，流風遺韻，彷彿猶在耳目間。學益積，而行益飭。抗戰軍興，君隨孔公辟地巴蜀之歌樂山，與予衡宇相望，因得識焉。及辟秦亂，乘桴浮海，相值臺中，不禁歔欷久之。時當光復之初，醫工缺如，病患投門無所，君故知醫，日夜奔馳各寺廟間，方藥兼施，活人無算，眾感君之無緣大慈也，咸稱李老師而不敢名。

初蓮社之落成也，本闢一室以居君；君不欲啟世人以稗販之漸也，故虛之。仍自偪促于伸手晝不見五指之陋室中，撰述法言，接納賓朋，日不暇給，宴如也。君之自律如是，殆有得于孔顏之樂者？而又練達世情，待人接物，無不謙遜自下。

自惟八六衰年，嬰此重病，當無生理，承君數數臨視，

頻餽以參,遂以後事相託:不訃告、不受弔、不用俗樂,火葬後,入塔保存。君慰曰:當不至此;設或不幸,唯命是從。慨自弱冠奔走衣食,八十年間,相識遍天下,而生死可託者,惟君一人而已,能勿感慨係之。夫以君之諒德世聰,明體達用,凡有所言,皆足以振發人心,垂為世範,雖無意于立言,而已深得古人立言立德之旨。爰自忘病困,雜書所感,聊以塞責;若言序君文,則吾豈敢。

中華民國六十三年九月樂清朱鏡宙敬識於臺中菩提醫院[1]

十月一日（二），上午八時至十時，於內典研究班講授《彌陀要解》。

十月二日（三），於慈光圖書館週三《華嚴經》講座，宣講〈十行品第二十一〉。

十月三日（四），晚，於善果林太虛紀念館宣講《佛說孛經》。

十月五日（六），上午十時至十二時，於中興大學中文系講授《佛學概要》。

---

[1] 朱鏡宙:〈雪廬詩文集重印序〉,《雪廬詩集》,《全集》第 14 冊之 1,頁 1-6。

十月七日（一），上午八時至十時，於內典研究班講授《彌陀要解》。

十月八日（二），上午八時至十時，於內典研究班講授《彌陀要解》。

十月九日（三），於慈光圖書館週三《華嚴經》講座，宣講〈十行品第二十一〉。

十月十日（四），晚，於善果林太虛紀念館宣講《佛說孛經》。

十月十一日（五），晚，於中興大學夜間部中文系教授「詩選」一小時。再赴蓮社教授《論語》兩小時，講授：〈衛靈公第十五〉第四十一、四十二章，〈季氏第十六〉第一章。

十月十二日（六），上午十時至十二時，於中興大學中文系講授《佛學概要》。

十月十四日（一），上午八時至十時，於內典研究班講授《彌陀要解》。

晚，於中興大學夜間部中文系教授「詩選」兩小時。

十月十五日（二），上午八時至十時，於內典研究班講授《彌陀要解》。

十月十六日（三），於慈光圖書館週三《華嚴經》講座，宣講〈十行品第二十一〉。

十月十七日（四），晚，於善果林太虛紀念館宣講《佛說孛經》。

是日，香港洗塵法師蒞臨臺中，是晚亦與會經筵，先生先依法師指示，如常講經，而後依叢林舊範，禮請法師開示。

吳聰敏，《佛說孛經筆記》（1974年10月17日）：（今日，有香港上洗下塵法師，為國慶返臺，路過臺中。晚，炳公講經，彼與另一法師亦列席，乃得觀炳公待人接物，於出家人之所有禮數，因扎記以備忘也。）

經本由侍者先引奉上案，師後隨出，示莊嚴也。師先向佛三頂禮，次向法師一頂禮。所以但一禮者，或以講經者為主，亦尊重法故也。翻譯亦前往頂禮。坐定，乃先作交代，免得眾生誤會，以為傲慢。

師曰：我為白衣，彼為出家法師，若為道場常聽眾，則列坐於堂下可也。若遠道稀客，或大法師蒞臨，則必待以禮數。另為設座於堂上，視如老師之鑒聽其弟子之說法然。

早已啟請開示，以彼客氣，要吾仍如常講經，非吾傲

慢，仍自講經也。

講經畢，請法師說法。亦先向大眾說明，令彼等勿動，由己代為請法，以維持道場之莊嚴。

請法時三頂禮，長跪合掌，白言：請法師慈悲開示。法師坐而不動，另一法師則起立合掌。翻譯者立於師後，隨師頂禮請法。

法師應允後，彼亦先在佛前三頂禮而後昇座。法師昇座時，師聲言，代為頂禮。法師曰：問訊即可。師即問訊焉。

時，師乃坐於堂下聽眾席位上。若法師提及師之名及事，師皆特端坐也。

師讚法師，來臺中請開示者不多；法師亦回讚師德學修功並實舉《佛學問答》人手一冊，答之簡要，文理又好，人人喜愛，等印祖文鈔。

法師講法畢，師敲挂鈴，令聞眾整齊而起。法師返座，師再禮焉。其間法師於二頂時，以手提之，乃就二禮而止。

師於講法法師如是禮，於另一法師，亦未冷落。於開始即交代：均有禮請，但客氣謙讓，僅由一位代表。[1]

十月十八日（五），晚，於中興大學夜間部中文系教授「詩選」一小時。再赴蓮社教授《論語》兩小時，講授：

---

1 李炳南講授，吳聰敏記錄：《佛說孛經整筆記》（1974年10月17日，臺中：善果林太虛紀念館），未刊本。

〈季氏第十六〉第二至七章。

十月十九日（六），上午十時至十二時，於中興大學中文系講授《佛學概要》。

十月二十一日（一），上午八時至十時，於內典研究班講授《彌陀要解》。

晚，於中興大學夜間部中文系教授「詩選」兩小時。

十月二十二日（二），上午八時至十時，於內典研究班講授《彌陀要解》。

十月二十三日（三），於慈光圖書館週三《華嚴經》講座，宣講〈十行品第二十一〉。

是日為重陽節。有：〈九日山中踐故人約〉。前後又有：〈文比〉、〈孤瑟〉、〈有以寂光莊嚴問者答之〉、〈留侯像贊〉、〈鼠鬚〉、〈別友〉。（《雪廬詩集》，頁 427-429）

〈九日山中踐故人約〉：與君曾約菊花期，三載重來似舊時；黃葉半山茅屋小，青蘿滿徑客筇遲。仍多九日髯蘇興，高詠東籬靖節詩；莫把茱萸愁問健，道人趨避有先知。

〈鼠鬚〉（鬥蟋蟀者以此挑之）：聞道本來天下平，

群言淆亂誤書生;半閒堂裏寒蛩鬥,鼠口一鬚能構兵。

〈別友〉:別去仍回顧,難逢此日閒;蒼葭秋水舍,紅葉夕陽山。詩詠群言外,酒澆知己顏;重來早作計,共被定遲還。

十月二十四日(四),晚,於善果林太虛紀念館宣講《佛說孝經》。

十月二十五日(五),晚,於中興大學夜間部中文系教授「詩選」一小時。再赴蓮社教授《論語》兩小時,講授:〈季氏第十六〉第八至十章。

十月二十六日(六),上午十時至十二時,於中興大學中文系講授《佛學概要》。

十月二十八日(一),上午八時至十時,於內典研究班講授《彌陀要解》。

晚,於中興大學夜間部中文系教授「詩選」兩小時。

十月二十九日(二),上午八時至十時,於內典研究班講授《彌陀要解》。

十月三十日(三),於慈光圖書館週三《華嚴經》講座,宣

講〈十行品第二十一〉「六、善現行」。[1]

是日，致函謝守正，並附經注語譯會編譯委員聘書。請其承擔〈大勢至菩薩念佛圓通章〉之經注語譯工作。[2]

〈致謝守正函〉（1974年10月24日）：守正吾兄道席：承蒙吾兄前允本會擔任編譯委員一席，刻下奉上聘書一份暨譯注經題〈大勢至圓通章〉，用圓瑛法師《首楞嚴經講義》為依據，並附呈《講義》一本參考，用畢擲下以便歸案。其次，若需資料可參考《卍續藏經》第二十四冊（442）頁《楞嚴經勢至圓通章科解》及《疏鈔》等順序參閱，再有《大藏經》第三十九冊經疏部七‧編號一七九九第（902）頁《首楞嚴義疏》注經。以上兩部藏經，吾兄手頭有否？若無此藏，函告本會，可供參考。順頌法安　　弟李炳南頂禮　十月二十四日

十月三十一日（四），晚，於善果林太虛紀念館宣講《佛說孛經》。

十一月一日（五），晚，於中興大學夜間部中文系教授「詩選」一小時。再赴蓮社教授《論語》兩小時，講授：

---

1 李炳南：《大方廣佛華嚴經講述表解》，《全集》第1冊之2，頁104。
2 李炳南：〈致謝守正函〉（1974年10月24日）、〈謝守正回函〉（1974年10月26日），《內典班文牘》（1973-1977年），台中蓮社檔案。

〈季氏第十六〉第十一至十三章。

十一月二日（六），上午十時至十二時，於中興大學中文系講授《佛學概要》。

十一月四日（一），上午八時至十時，於內典研究班講授《彌陀要解》。

晚，於中興大學夜間部中文系教授「詩選」兩小時。

十一月五日（二），上午八時至十時，於內典研究班講授《彌陀要解》。

十一月六日（三），於慈光圖書館週三《華嚴經》講座，宣講〈十行品第二十一〉。

十一月七日（四），晚，於善果林太虛紀念館宣講《佛說孛經》。

十一月八日（五），晚，於中興大學夜間部中文系教授「詩選」一小時。再赴蓮社教授《論語》兩小時，講授：〈季氏第十六〉第十四章，〈陽貨第十七〉第一至三章。

十一月九日（六），上午十時至十二時，於中興大學中文系講授《佛學概要》。

十一月十一日（一），上午八時至十時，於內典研究班講授《彌陀要解》。

晚，於中興大學夜間部中文系教授「詩選」兩小時。

十一月十三日（三），於慈光圖書館週三《華嚴經》講座，宣講〈十行品第二十一〉。

十一月十四日（四），晚，於善果林太虛紀念館宣講《佛說孛經》。

十一月十五日（五），晚，於中興大學夜間部中文系教授「詩選」一小時。再赴蓮社教授《論語》兩小時，講授：〈陽貨第十七〉第四、五、六章。

十一月十六日（六），上午十時至十二時，於中興大學中文系講授《佛學概要》。

十一月十八日（一），上午八時至十時，於內典研究班講授《彌陀要解》。

晚，於中興大學夜間部中文系教授「詩選」兩小時。

十一月十九日（二），上午八時至十時，於內典研究班講授《彌陀要解》。

1974年・民國63年｜85歲

十一月二十日（三），《明倫》月刊刊載台中蓮社改建消息，指明台中佛教蓮社為臺中諸多佛法道場之本源，但現有空間不夠使用，呼籲臺中蓮友支持。但仍保持臺中道場一貫精神，請發心樂捐而不募捐。另並有向大眾報告：〈台中蓮社已經作出來的成績〉。[1]（見《圖冊》，1974年圖20）

　　臺中蓮友，〈為改建台中蓮社而呼籲〉：樹有根本，水有來源，臺中佛法道場，無論慈光圖書館，慈光育幼院，菩提救濟院，以至後起的明倫社，佛經注疏語譯會，暨內典研究班，都以台中佛教蓮社為本源。
但為臺中道場母體機構的台中蓮社，現在還是一座平房，既窄，又破，實在無法開展未來的事業。例如，明倫社、語譯會、研究班，現在都沒有自己的場地。明倫社是慈光講座畢業青年成立的組織，接辦大專佛學講座，以及練習弘法事業，是知識青年佛學教育的總機關，目前暫借蓮社一隅辦公，講座則在蓮社佛堂實施，每次寒暑假期講座，都感場地太小，不能容納更多的學生。語譯會暨研究班，現在暫借慈光圖書館辦公與教學。
依導師的意旨，明倫社和語譯會等，都設在蓮社最理想，可以集中人力物力，發揮高度的效果。基於這些需要，蓮社董事會請示導師之後，成立了改建委員會，決定改建台中蓮社為三層樓房，建築圖樣已蒙導師委請專

---

1 李炳南：〈蓮社重建啟事〉（手稿）、〈台中蓮社已經作出來的成績〉（手稿），收見澹寧齋編著：《雪廬老人題畫遺墨輯》，頁93、96-97。

家設計完成,經費也籌集了一部分,其餘的要靠大德們大力支援。

但是,我們要特別聲明,臺中道場向來不募捐,一切事業都由大德們樂意送錢來。自興建蓮社到菩提救濟院,所有經費,無不是大德們自動樂捐,蓮社這次改建,雖然需要很多的經費,但仍保持臺中道場一貫的精神,由諸位大德們發心樂捐。[1]

〈台中蓮社已經作出來的成績〉:

(甲)臺灣光復以後,佛教一切活動,弘法利生、護法抗拒異教侵侮,皆是我們蓮社開始。弘法:如設立淨宗道場、結七念佛、按期講經、傳在家大戒、巡迴講演等,皆為蓮社首先提倡。護法:如外道鼓號結隊,侵入寺廟毀罵三寶、散發圖畫傳單、侮辱佛法等,也是蓮社出面與之周旋,摧其凶燄。經過二十餘年的不休息,計算皈依受戒的,有數萬修眾。各地受影響成立的道場(如二分埔、三分埔、彰化、鹿港、豐原、屏東、高雄、桃園、臺北大寮坑)十數處。往生後,有舍利的十餘人。

(乙)蓮社本部的工作:每星一集體念佛,星六講經。有念佛班六十餘單位、四十八願化導部、往生助念團、國文補習班、兒童德育週、女子中慧弘化

---

[1] 臺中蓮友:〈為改建台中蓮社而呼籲〉,《明倫》第 37 期(1974年 11 月 20 日)。此文係依據炳南先生〈蓮社重建啟事〉(手稿)而來。

班、夏令施醫會、冬令救濟會、放生會、印送經書會等。

（丙）蓮社推廣的聯體機構：有慈光圖書館、慈光育幼院、菩提救濟院、菩提安老所、菩提施診所、菩提醫院、小康計畫、慈光托兒所、慈德托兒所、暑寒假大專學生佛學講座等。

《明倫》月刊同期亦登載〈台中蓮社擬建三層樓〉，報導台中蓮社改建工程籌備委員會報告，台中蓮社改建大樓，全部工程費用需一千萬元之鉅，請先生擔任建築財務管理委員會主任委員，監督一切收支。先生指出：改建旨在辦理三件大事：一、莊嚴往生蓮位，以期蓮友子弟慎終追遠，使祖先飽嘗法味，增上蓮品。二、輔助大專明倫社，以期擴大開辦大專講座接引大專學生薰修佛法。三、辦理語譯經注會及內典研究班。[1]（見《圖冊》，1974年圖21）

〈台中蓮社擬建三層樓〉：全省首創的台中佛教蓮社，頃經該社董事會決議，改建三層大樓，以應亟需。據改建工程籌備委員會報告：蓮社地基及講堂甚小，已不敷用，而現在又有三件大事要辦，因此才決定向高處求發展。據籌委會呼籲說，全部工程及設備費用需一千萬元之鉅，需要海內外信善人士發心布施，集腋成裘，

---

1 李炳南：〈台中蓮社近來的新計畫〉（手稿），收見澹寧齋編著：《雪廬老人題畫遺墨輯》，頁94。

才能功德圓滿,至於一切收支,涓滴公開,妥善管理,有效使用不敢少背因果,且請導師李炳南老居士監督,擔任建築財務管理委員會主任委員。

據籌委會說,該社新近將辦理的三大件事是:(一)莊嚴往生蓮位:因為佛教的出世法以及孔子的世間法,皆以孝為第一大善。父母在日要孝,歿後要慎終追遠。將改建後的第一層即為往生堂,講經、法會即在此處辦理,能使祖先飽嘗法味,蓮品增高。(二)輔助大專明倫社:李雪廬老居士在臺中開辦大專佛學講座,前後已有十四年之久,教授的大專學生約在一千五百人。由於受場地限制,參加講座的同學們,自己組了一所明倫社,各處去講佛學,他們還設立了出版社,印送經冊,發行雜誌,宣揚佛學與儒學,並每天在電臺廣播佛法。諸多事業,方興未艾,極需更大的場所才敷用。(三)創辦語譯經注會及內典研究班:用白話翻譯古德經注,能使人人都看得懂,好深入佛法堂奧。附設四年長期的研究班,使學佛青年獲深造機會,以造就人才。

據籌委會說,為期各機構之事業順利推展,並為了使上述三件大事業開展,改建蓮社勢在必行。[1]

是日晚,於慈光圖書館週三《華嚴經》講座,宣講〈十行品第二十一〉。

---

1 〈台中蓮社擬建三層樓〉,《明倫》第 37 期(1974 年 11 月 20 日)。籌備委員會報告係依據先生〈台中蓮社近來的新計畫〉。

1974年・民國63年｜85歲

十一月中旬，山東友人籌集為同鄉劉汝浩祝壽，請先生撰序，有：〈郯城劉居士霜橋八秩壽序〉。劉汝浩居臺中時，與同為山東同鄉之中興大學中文系主任李滌生、中醫師劉步瀛，以及先生，被合稱為「岱嶽四皓」。劉歷任蓮社國文補習班教師及教務，慈光圖書館大專內典講座主講，慈光育幼院董事，菩提安老院院長，助成先生與有力焉；後遷居臺北。劉汝浩接讀〈壽序〉後，旋來函致謝。

〈郯城劉居士霜橋八秩壽序〉：鄉至聖孔子有言，志於道，游於藝。道則幼無所知，藝嘗受於師，曰詩，曰醫，曰法律也。長而遭逢世亂，始於道，思有所問。初反溫儒經，繼進研釋典，從皆志而欣之。

徐蚌之役，國人多避寇遷臺，余應聘講釋典於臺中靈山寺，鄉人李子滌生參聽焉。滌生教育界泰斗，精詩律。既而臺中創建蓮社，余亦往講釋典，坐中聞鄉語，近接之，為郯城劉子霜橋，鴻儒兼申韓學者。嗣佛教人士建救濟院，余薦鄉儒醫劉子步瀛任祕書。先是市中柳川畔，蓮社組有佛經圖書館，庭廣閑，余亦於中開釋典講座，而步瀛往聽無間時。吁哉！余海外為客不孤，所結又為同鄉，更難者，志道皆同也。佳日，輒聚一堂，談詩書，校經，縱論古今治亂，其快然有不可言者。或戲之曰：此岱嶽四皓也。

霜橋性溫恭廉讓，尚氣節，博學多藝，勇於義而好施。任蓮社國文補習班主任，慈光圖書館大專內典講座主講，慈光育幼院董事，菩提安老院院長。酷寒暑，烈風雨，奔伕無間期，義務二十餘載，無矜伐，且計時月，

各有捐資焉。或遇公私歧諍,出數言立解,非嫺辭令使然,而德風被人之深也。

歲甲寅秋,鞠有黃華,適霜橋八秩弧旦,朋儕擬眉祝。四皓欲別有表掇,余曰:有道者,不著壽者相。步瀛曰:其屏裝詩頌乎?余曰:此捨滌生而孰為。復聚而議曰:未若紀四皓之誼,眾曰善。既而曰:紀有道者,宜近道者言,庶契而敬,眾又躊躇。余慨然曰:孔子云,毋友不如己者,余友三皓皆勝己,得非近道之流亞歟?眾發噱頷之。遂不羞操觚以介,言不文,道尚質也。[1]

劉汝浩,〈劉汝浩來函〉(1974年11月25日):
雪公師座尊鑒:睽違慈輝,倏逾歲時。自維庸愚,毫無寸進,不敢以瑣屑閒言煩瀆清神,是以久未肅候。素蒙知愛,諒可鑒原。前接步瀛書,得悉以生八十賤辰,師與滌生、景月諸兄垂注,蒙師撰賜序祝。錦冊昨到,接展拜讀,感愧莫名。竊思吾師終日以宏法利生為念,片語隻字皆使眾生受益無窮,乃以生一人之塵影幻蹟,勞師清神,獨叨法益,俾使庸鈍藉流不朽。此恩此德,感同再造。惟細繹文意,雖策勵意深,而獎多逾分。每一閱讀,輒深愧汗。惟當益加奮持,藉副策期,以稍報師恩於萬一。肅此申謝,敬請

慈安　　　　　弟子劉汝浩拜啟　六三、十一、廿五[2]

---

[1] 李炳南:〈郯城劉居士霜橋八秩壽序〉,《雪廬寓臺文存》,《全集》第14冊之2,頁168-171。

[2] 劉汝浩:〈劉汝浩來函〉(1974年11月25日),《內典班文牘》(1973-1977年),台中蓮社檔案。

【案】劉汝浩（1895-1985），字霜橋，一九四八年當選國民大會代表。劉汝浩年紀略小於先生四歲，然對先生十分謙恭敬重，函中所云「不敢煩瀆清神」為實語。甚至於九十多歲臨終時，預告家人不敢勞煩炳南先生，等助念完後再通知。火化後，有舍利甚多。（小傳見 1952 年 4 月 22 日）

十一月二十一日（四），晚，於善果林太虛紀念館宣講《佛說孛經》。

十一月二十二日（五），晚，於中興大學夜間部中文系教授「詩選」一小時。再赴蓮社教授《論語》兩小時，講授：〈陽貨第十七〉第七、第八章。

內典班第一學期將屆滿，以「佛經注疏語譯會」會長，兼「內典研究班」班主任職銜，編製「佛經注疏語譯會附設內典研究班狀況照片及學員資歷表」一冊，陳報創辦人沈家楨。[1]（見《圖冊》，1974 年圖 22）

十一月二十三日（六），上午十時至十二時，於中興大學中文系講授《佛學概要》。

---

[1] 李炳南：〈致沈家楨函〉（中注語字第 52 號，1974 年 11 月 22 日），《內典班文牘》（1973-1977 年），台中蓮社檔案。

十一月二十五日（一），上午八時至十時，於內典研究班講授《彌陀要解》。

晚，於中興大學夜間部中文系教授「詩選」兩小時。

十一月二十六日（二），上午八時至十時，於內典研究班講授《彌陀要解》。

十一月二十七日（三），於慈光圖書館週三《華嚴經》講座，宣講〈十行品第二十一〉。

十一月二十八日（四），晚，於善果林太虛紀念館宣講《佛說孛經》。

是日，蔡運辰（念生）來函，為先生前往探候並贈藥食諸禮致謝。

　　蔡運辰，〈蔡運辰來函〉（1974 年 11 月 28 日）：雪老賜鑑：前承枉顧，簡慢多怨。承賜服食之珍，遠勝刀圭之効，不異青精之飯，允同絳雪之丹。緬懷肘後之方，永欽博學深切；心中之感不忘隆情。專此陳謝　敬頌
道祺　　　　　　　　後學蔡運辰頂禮　十一月廿八日[1]

1　蔡運辰：〈蔡運辰來函〉（1974 年 11 月 28 日），《內典班文牘》（1973-1977 年），台中蓮社檔案。

十一月二十九日（五），晚，於中興大學夜間部中文系教授「詩選」一小時。再赴蓮社教授《論語》兩小時，講授：〈陽貨第十七〉第九至十二章。

十一月三十日（六），上午十時至十二時，於中興大學中文系講授《佛學概要》。

十二月二日（一），上午八時至十時，於內典研究班講授《彌陀要解》。

晚，於中興大學夜間部中文系教授「詩選」兩小時。

是日，香港楊日霖來函，請先生釐訂佛教婚喪儀規，使佛教信徒有所依循。先生以不在其位，且學德俱缺，婉謝之。（見《圖冊》，1974年圖23）

　　楊日霖，〈香港楊日霖來函〉（1974年12月2日）：李公炳南老居士慈座：素仰老居士為近代佛教居士中耆宿，通教通宗，尤於淨土透徹真源；老居士著作等身，海內外讀者無量，欽佩欽佩！近讀大作《護法小品彙存》，真使余景仰敬服至五體投地，老居士誠菩薩化身無虛耳。竊以度生不離世俗，婚喪二事，世俗難免，佛教中苟無合法之婚喪儀規方便啟示教徒，則教徒對此二事茫無所知，處理失當，遂致或流於迷信，或流於糊妄，空貽教外人譏諷，影響佛教至大，過去香港佛經流通處雖曾有陳海量居士著之《佛化家庭》印行，但

可惜失諸圓滿。因思老居士腹蘊經藏，筆燦蓮花，敢請發心釐訂圓滿之佛教婚喪儀規面世，庶使佛教信徒有所依循，如儀處理，消譭謗，得實益，老居士功德無量矣！專函佈臆，謹祝撰安　敬頌

　道祺　　　　　　後學楊日霖　虔誠作禮　七四、十二、二

〈復香港楊日霖函存稿〉（1974年12月）：日霖道長尊鑒：辱蒙賜書，謬加獎飾，恭讀之餘，慚怍無似！樗櫟之材，無所成就，年際衰頹，何能益世？尊囑之事，有關世道人心。今之婚喪大禮，不中不西，早已禮壞樂崩，故舉世言行淆亂。佛教本為度世救心，亦趨同流合汙，自且不正，何堪正他？況弟一介匹夫，學德俱闕，焉敢僭分立法，強人約守。按禮儀乃政府大權，猶之憲典，非任人可為。孔子云，雖有其德，苟無其位；雖有其位，苟無其德，皆不敢作禮樂焉。此事問題極不簡單，道長菩薩心腸，使人五體投地，所惜委託非人，有損高明。既承錯愛，亦不能不盡一言。在野有心之士，只可尚質，潛培元和，我輩佛徒婚改拜天而禮佛，喪減吹打多誦經，婚喪待客一律素食，婚得吉祥，喪獲超薦，其餘表面文章，以待國家安定，諒有責者當能有所製作也。盲言愚妄，諸希鑑照并請

　道安　　　　　　　小弟李炳南頂禮　十二月　日

十二月三日（二），上午八時至十時，於內典研究班講授《彌陀要解》。

1974 年・民國 63 年 | 85 歲

十二月四日（三），於慈光圖書館週三《華嚴經》講座，宣講〈十行品第二十一〉「七、無著行」。[1]

十二月五日（四），晚，於善果林太虛紀念館宣講《佛說孛經》。

十二月六日（五），晚，於中興大學夜間部中文系教授「詩選」一小時。再赴蓮社教授《論語》兩小時，講授：〈陽貨第十七〉第十三至十五章。

十二月七日（六），上午十時至十二時，於中興大學中文系講授《佛學概要》。

十二月八日（日），下午，參加於蓮社講堂召開之台中蓮社董監事及改建委員會會議。受大眾推舉出任「建築小組」總幹事，先生以法務、教務繁忙婉謝。

　　董正之主席，王烱如記錄，〈台中市佛教蓮社董監事及改建委員會會議紀錄〉：

九、導師訓話：

（一）各部門負責人既已選出，即應委託其全權辦理，大家協助之，萬不可加以阻擾，否則主事人當無法順利推展工作。

---

[1] 李炳南：《大方廣佛華嚴經講述表解》，《全集》第 1 冊之 2，頁 108-111。

（二）施工圖之鑑定，工程之推動，由建築小組協商即可，四位女居士擔任顧問，甚善！蓋彼四人乃改建之原動，仍請其不改初志。

（三）推動籌款者，樂捐簿不可濫發，須發可靠蓮友，並限期收回，帳目須一清二楚。

（四）各部門負責人，為工作實際需要，可物色有能力之蓮友協助之，此乃「將挑兵」是也。

（五）本人法務、教務及公務繁重，除負責財務管理委員會外，貢獻意見則可，總幹事一職決難勝任。[1]

十二月九日（一），上午八時至十時，於內典研究班講授《彌陀要解》。

晚，於中興大學夜間部中文系教授「詩選」兩小時。

十二月十日（二），上午八時至十時，於內典研究班講授《彌陀要解》。

十二月十一日（三），於慈光圖書館週三《華嚴經》講座，宣講〈十行品第二十一〉。

---

[1] 董正之主席，王烱如記錄：〈財團法人台中市佛教蓮社董監事及改建委員會會議紀錄〉（1974年12月8日），《台中蓮社歷年會議紀錄》，台中蓮社檔案。

1974 年・民國 63 年｜85 歲

十二月十二日（四），晚，於善果林太虛紀念館宣講《佛說孛經》。

十二月十三日（五），晚，於中興大學夜間部中文系教授「詩選」一小時。再赴蓮社教授《論語》兩小時，講授：〈陽貨第十七〉第十六至十八章。

十二月十四日（六），上午十時至十二時，於中興大學中文系講授《佛學概要》。

十二月十六日（一），上午八時至十時，於內典研究班講授《彌陀要解》。

晚，於中興大學夜間部中文系教授「詩選」兩小時。

十二月十七日（二），上午八時至十時，於內典研究班講授《彌陀要解》。

是日，淨空法師來函，請辭內典研究班教職暨佛經注疏語譯會編輯工作。先生復函准辭教職，慰留編輯一職。[1]
（見《圖冊》，1974 年圖 24）
　　淨空法師，〈淨空法師來函〉（1974 年 12 月 17

---

[1] 釋淨空：〈淨空法師來函〉（1974 年 12 月 17 日）、〈復淨空法師函（稿）〉，《內典班文牘》（1973-1977 年），台中蓮社檔案。

日）：雪公師尊慈鑒：上週拜別歸來，又患腸胃病消化不良、疲勞過度、精神不振，遵醫者囑，需長時間調養，是以敢請吾師慈悲，准予辭去內典研究班教職，暨佛經語譯職務，以利休養，則感恩不盡矣。耑肅敬請

慈安　　　　　　　　　受業淨空頂禮　十二月十七日
　　　　　　　　　（郵戳：臺北木柵 63.12.17-16）

〈復淨空法師函（稿）〉：淨空法師大鑒：函悉法躬四大不調，甚為系念。所云長時調養，言似尚早；諒蒙佛被，當可勿藥有喜也。此處之課，暫遣人代，亟希早復健康，繼續施教為盼。至譯經之事，暇時即辦，似不妨礙調養，更不必辭。專此慰留，並頌法祺。

十二月十八日（三），於慈光圖書館週三《華嚴經》講座，宣講〈十行品第二十一〉。

十二月十九日（四），晚，於善果林太虛紀念館宣講《佛說孛經》圓滿。

是日，「內典研究班」研究生第一學年第一學期研究成果「金剛經講義科表」及「唯識心得報告」，經任課教師批改、班主任炳南先生認可後，陳報創辦人沈家楨。
（見《圖冊》，1974 年圖 25）

〈內典班研究生致沈家楨函〉（1974 年 12 月 19 日）：楨公長老道席：海天遙隔，無機親侍（法）筵，忻逢元旦佳節，恭維福躬康泰，德履綏和，是頌是禱。

茲屆學期終了，生等初期進度，均在諸尊師教導之下，如期完成。飲水思源，感篆莫銘。肅箋布意，敬頌慈安，並賀

年禧　　　　　　　門生　李榮輝　簡金武　陳雍澤
　　　　　　　　　　　　吳聰敏　李子成　劉國榮
　　　　　　　　　　　　吳碧霞　連淑美　頂禮
　　　　　　　　　　　　　　十二月十九日[1]

十二月二十日（五），晚，於中興大學夜間部中文系教授「詩選」一小時。再赴蓮社教授《論語》兩小時，講授：〈陽貨第十七〉第十九至二十一章。

十二月二十一日（六），上午十時至十二時，於中興大學中文系講授《佛學概要》。

十二月二十三日（一），上午八時至十時，於內典研究班講授《彌陀要解》。

晚，於中興大學夜間部中文系教授「詩選」兩小時。

十二月二十四日（二），上午八時至十時，於內典研究班講授《彌陀要解》。

---

1 〈內典班研究生致沈家楨函〉（1974 年 12 月 19 日），《內典班文牘》（1973-1977 年），台中蓮社檔案。

十二月二十五日（三），於慈光圖書館週三《華嚴經》講座，宣講〈十行品第二十一〉。

十二月二十六日（四），晚，於善果林太虛紀念館開始宣講《法句譬喻經》。[1]

十二月二十七日（五），晚，於中興大學夜間部中文系教授「詩選」一小時。再赴蓮社教授《論語》兩小時，講授：〈陽貨第十七〉第二十二至二十四章。

十二月二十八日（六）至二十九日（日），靈山寺甲寅年佛七第五日、第六日，請先生兩度開示，就「萬修萬人去、帶業往生、一心不亂」淨土法門三要義詳細解說。

〈甲寅年靈山寺佛七開示〉：

甲、萬修萬人去

一、修指正助雙修：念「南無阿彌陀佛」六字洪名，此為正功，能顯真如本性，念得一心，心明性顯。吾人心性為無明所遮，修即去此無明，不造殺盜淫，不起貪瞋癡，使本性透出光明，即是修。

二、不照修不能去：雖然萬修萬人去，但不照修不能去；既念佛又念魔，即非修也，若不速改心地，不去貪瞋癡，雖念到八萬四千大劫，亦不得往生，此

---

[1] 李炳南講，陳雍澤記：《法句譬喻經筆記》（1974年12月26日－1976年12月30日），未刊本。

為真實話，故諸位須速改心理！

三、少修功不成就：各位在此念佛三、五天是好事，惜甚少也。《彌陀經》云：「不可少善根，福德因緣，得生彼國。」善根者正功也，福德者助功也，少修不成就，故需多修。

四、多修是常不斷：「多修」是常，恆常不斷，「常」是永久如此，「不斷」是時刻念頭不斷，時刻不忘也，〈大勢至菩薩念佛圓通章〉「淨念相繼」與吾等不同，乃接續不繼，心不斷此事即行。

乙、帶業往生

一、業是宿現惡業：「業」是所造之罪，非今生才造，自久遠劫來輪迴六道，即造無量無邊之罪業，現僅念三、五年之佛，如何能消？念佛可消業，如火能化冰，火少冰多，焉能化之？

二、普通斷盡解脫：佛家旨在出輪迴，須「業盡情空」，多劫與現業，一律消盡。

三、帶業是伏不起：惑未能斷，則不得解脫，淨土法門，不必斷惑，只須伏惑，即能解脫。業盡不入輪迴，修淨伏惑，亦不入六道，臨命終時，若起佛念，雜念伏住不起，即能帶惑往生。生後再斷，數日即成，此為伏惑。

四、惑伏心佛道交：惑只要壓住，不再造業，則能與佛感應道交，此為帶業往生之真義，絕非一邊念佛一邊造罪即可往生。

丙、「一心不亂」，此為得功夫之證明

一、得一心是定成就：得一心是定成就，即得大定。

二、定須次第進修：定非一修即成，須一步步往前進，如珠投水，層層沉底。

三、成須漸漸圓成：成功須漸漸才能圓滿，平日在家須練一心，來此才能得一心，得一心與否，須自問之，不須問人。

四、成則惡念不起：若得一心，則殺盜淫、貪瞋癡不起，吾等心雖動惡，能伏之不發作，即可成功。

偈曰：

一念毒心生，急壓一聲佛；惡言不出口，損人事莫作。
久久自然成，往生可帶業，是名伏惑法，真實祕密訣。[1]

〈甲寅年靈山寺佛七開示偈〉：

愛繩牽入苦娑婆，哭倒黃泉淚轉多；塵沙劫又塵沙劫，數盡塵沙劫未休。

讓去三分樂在中，退來一步更從容；回思墮地呱呱日，未帶絲毫兩手空。

空空身手說來時，歸去如何想見之；放下萬緣無限樂，纖塵不染對吾師。[2]

---

[1] 李炳南講，何美雪記：〈甲寅年靈山寺佛七開示〉，《脩學法要》，《全集》第 9 冊，頁 190-206。

[2] 釋普慧抄錄，蘇全正整理：「李炳南於臺中市靈山寺主持佛七開示法語一覽表」。【案】：該「一覽表」中是年錄有四首開示偈，前三首《全集》未收，第四首與《全集》所錄同。

1974 年・民國 63 年 | 85 歲

十二月二十八日（六），上午十時至十二時，於中興大學中文系講授《佛學概要》。

復函戈本捷夫人周騰，感謝惠贈電熱袋及所抄錄〈鳥窠禪師誦經心要〉。說明現已辭去各校有薪教職，專心辦理經注語譯及內典班；所抄法書當義賣將所得捐作建設經費。[1]（見《圖冊》，1974 年圖 26）

戈周騰，〈法安書・鳥窠禪師誦經心要〉（附書函）：德翁夫子道鑑：久違教誨，時深仰慕。弟子自今夏五月間起，每日齋戒沐浴，誠心恭寫鳥窠禪師誦經心要及般若波羅心經，每字一聲阿彌陀佛，每張念三遍心經往生咒迴向吾師增福增壽唯因限於資質，又受家庭俗務羈擾，寫來力不從心，尚祈吾師賜予教正。序入隆冬，氣候逐漸轉冷，特另包奉上電熱袋一隻，以供吾師禦寒之用謹請哂納。謹此，敬叩

慈安　　　　　　　　　　　　弟子戈周騰法安叩上
　　　　　　　　　　　　　　外子戈本捷慧天附叩[2]

〈戈本捷及戈周騰之八〉：騰具壽鑒：接函及法書經文、電煖器等，承受之下，欣感無似。只以經言，一字一佛，書成而又恭誦，至誠之心，可格佛天。老拙何德而承賢具壽如此厚奉，慚愧萬端。此後自當加勤獻身

1　李炳南：〈復周騰居士書（四）〉，《雪廬老人題畫遺墨》，《全集》第 16 冊，頁 324。
2　戈周騰：〈法安書・鳥窠禪師誦經心要〉（附書函）〉，《雪廬老人題畫遺墨》，《全集》第 16 冊，頁 243。

佛教，勉事弘化。侍現承辦譯經注及研究班，已辭掉學校薪水，而在此事業中純盡義務。學生之兩季制服、各教授前一應酬答，皆暗中捐助，本捷兄諒已深知。此往當益自勵，勿負各方厚望。台中蓮社及慈光育幼院現俱有新建，即將此法書五十四分，裝裱義賣。化私為公，迴向具壽伉儷福慧雙尊，乃一舉數得也。至謝，並頌

淨祺　　　　　　　　愚侍李炳南謹啟　十二月廿八
本捷兄前請安

〈戈本捷及戈周騰之二十四〉：德翁夫子尊前：接奉手諭敬悉吾師辭卸各方工作，專志辦理經注及研究班，純為義務性質，續佛慧命、立言樹人，其功德不可思議，欽歎無已。承將奉上之寫經裝裱義賣擴大功德，感恩無既。其裝工資，應由弟子負擔，為數若干謹祈見示，以便匯奉為禱。肅此　敬請慈安並叩

年安　　　　　　　　　　　弟子戈周騰頂禮
　　　　　　　　　　　　　外子附叩

　　　　　　　　　　　　　六三、十二、卅一日[1]

【案】先生有意辭去各大學任課，然經各校系主任堅留，僅得辭卸中國醫藥學院教職，其他並未得辭。至一九七七年七月，辭卸中興大學中文系兼任教職，但尚有中興大學夜間部中文系及東海大學中研所兩處兼職。至一九八〇年七月辭卸東海大學中研所任課，

1　【數位典藏】書信／在家居士／戈本捷及戈周騰／〈戈本捷及戈周騰之八〉、〈戈本捷及戈周騰之二十四〉。

1974年・民國63年 | 85歲

　　至一九八一年七月辭卸中興大學夜間部中文系任課，始得完全卸去大學任教。

十二月三十日（一），上午八時至十時，於內典研究班講授《彌陀要解》。

　　晚，於中興大學夜間部中文系教授「詩選」兩小時。

十二月三十一日（二），上午八時至十時，於內典研究班講授《彌陀要解》。

是年冬，有詩〈貧趣〉、〈古琴〉、〈名流說禪圖徵題予無才謝之〉、〈訪僧偶話〉、〈憶詩人偶然得句〉、〈雪〉。（《雪廬詩集》，頁429-431）

　　〈貧趣〉：始解貧中樂，頹年尚不遲；浮名一杯水，徵倖五羊皮。捨到無錐地，冥然見道時；若非鄰里庶，九粟累原思。

　　〈古琴〉：世人多好樂，吾愛陶令琴；朱絃偶三歎，忘味誰移心。游龍潛海底，玄鳥鳴北林；桑濮度新聲，天淵各升沉。真士率真性，能遺絃上音；冥際有清籟，無朋何必尋。非古時所尚，自慚獨昧今；良材昔焦尾，碎之莫霑襟。

　　〈名流說禪圖徵題予無才謝之〉：一人拈花一人笑，繞座不會閒吃茶；突如不速來方家，指鹿為馬龍作蛇。此番笑者勝於前，千二百眾俱仰天。如來菩薩皆默

然,教外有別非心顛;誰為此圖闕姓字,輾轉似省畫師意。聖默賢笑愚狂醉,語酬機鋒豈敢戲;投筆收圖還與君,是不可說難為記。

是年,函復加拿大僑領詹勵吾賀年卡,並感謝其呼籲,得將善果林受都市計畫影響損害降低。

勵吾老兄道鑑:久違甚想。前接惠錫年片,提起大里鄉都市計畫之事節,經兄及立院黨部監院華僑等呼籲,已由省府另通路線。凡聖蓮室及療養樓都可保存,但在院中穿過截有兩段而已。此已大費周折矣。其動工當在數年之後。遠勞垂注,院中同人無不感激,請釋廑念。函復并請道安[1]

【案】函文所指「大里鄉都市計畫」事,於一九七三年十一月公告實施。[2]此函或當為翌年年末事。一九九二年,該計畫興工開闢鄉道(即現在菩提醫院北面之「大明路」),菩提醫院受影響,拆除重建醫療大樓。

---

1 《內典班文牘》(1973-1977年),台中蓮社檔案。
2 臺中市政府:〈擬定臺中市大里地區都市計畫細部計畫書〉,臺中市政府都市發展局:https://www.ud.taichung.gov.tw/media/313999/ 擬定臺中市大里地區都市計畫細部計畫書.pdf

1975 年・民國 64 年・甲寅－乙卯

86 歲

【國內外大事】

- 二月,聖嚴法師榮獲日本立正大學文學博士學位。
- 四月五日,總統蔣中正先生因突發性心臟病逝世,副總統嚴家淦先生宣誓繼任總統。
  四月二十一日,越南總統阮文紹宣布辭職。四月底,楊文明政府宣布無條件投降。越戰結束。

【譜主大事】

- 一月,明倫社舉辦第八期大專佛學講座高級班,為期十三天,講授「三十七道品」。
- 三月,主持台中蓮社改建工程動土奠基典禮。
- 五月,受周榮富大德委託成立「榮富文化基金會臺中辦事處」,興辦多項文化慈善公益事業。
- 七月,明倫社舉辦第九期大專佛學講座,為期二十一天,講授《佛學概要十四講表》及國學。
- 八月,受臺中監獄趙典獄長邀請,至臺中監獄專題演講。從此之後,每逢週五分派弘法團弟子,前往弘法佈教。
- 九月,六十四學年度開學,於中興大學中文系四年級開設「李杜詩」,於夜間部中文系五年級開設「佛學概要」,均為該系之首次開課,各二學分。
  同時,首度應聘至東海大學中文研究所任教,講授「詩學

研究」。該所為中部唯一之中文研究所。
- 十月,於內典班講授《佛說八大人覺經》。
- 十一月,於內典班講授《顯密圓通成佛心要集》。

1975年・民國 64 年｜86 歲

一月一日（三），於慈光圖書館週三《華嚴經》講座，宣講〈十行品第二十一〉。

是日，函復香港李相楷（蓮階），為其託人贈款贈禮致謝，並勉精進修學，指點詳讀、複讀《彌陀要解講義》。[1]（見《圖冊》，1975 年圖 1）

〈李蓮階之四〉：蓮階老弟鑒：前旬顏公伉儷辱臨草舍，交下厚惠五百元作祝，並代明倫社捐蓮社建費亦五百元，感佩萬分。明倫社之款除照辦外，惠祝之款亦代捐入蓮社建費，彼正需款，化私為公，一舉三得。兩筆收據附上，希收。踰一周後，顏公遊阿里山返，又至草舍，交下弟惠香菇。值兄不家。以前次住教師會館，次日前往謝步。詎此次未住該館，無處尋訪，至感疏禮，希弟代向顏公致歉。至云前在中興新村所講佛法，乃是佛言祖訓，依教奉行，人人成就；不修、不信、不如法、不恆其德，則不成就，並無奇特。兄實博地凡夫，見思未斷，不過深信切願，數十年來未嘗少間，每遭逆境，益加振奮而已。弟性篤誠，修功雖淺，但宣揚之時如法述之，乃是知一說一、知二說二，述而不作，有何罪過！若求以後證果，要在知行合一，恆始恆終，決無唐捐。《彌陀要解講義》細心讀明五遍，明其理、

---

1 【數位典藏】書信 / 在家居士 / 李蓮階 /〈李蓮階之四〉；收見：李炳南：〈復李蓮階居士書（四）〉，《雪廬老人題畫遺墨》，《全集》第 16 冊，頁 308-309。

行其事、不作豪語,決定往生。必將《要解》之理,洞澈無遺,自信此語不欺也。兄近周應各處之講,有小材料並附,希閱。專復謝,順頌

道祺　　　　　　　　　　兄李炳南謹啟　元月元日

【案】李相楷(1942-),「蓮階」應為其皈依法名。澳門人,來臺就讀師範大學國文系,為一九六四年二月第一期慈光講座四位學員之一,後又參加一九六五年二月第三期慈光講座。一九六五年六月大學畢業。在學期間,常於課餘至臺中參加活動。書法工整,先生講課之板書常見其手筆。先生是函年分不詳,依「捐建蓮社」語繫於是年。

一月三日(五),晚,赴蓮社教授《論語》兩小時,講授:〈微子第十八〉第一至三章。

函復謝守正十二月二十九日函詢經注語譯會及內典研究班兩機構登記立案事,目前暫以台中蓮社附設名義登記。

謝守正,〈謝守正來函〉(1974年12月29日):李公炳南大德道鑑:本月二十日來臺中,諸承吾公厚待,銘感五中。經注會在吾公領導之下日有進展,沈先生極為高興。足見吾公主持得力也。經注會及內典研究班係在本年八月開始,不知有否向當地政府機構登記註冊?敬請便中賜示為感。餘容再告。耑此,敬請

大安　　　　　　　　　　小弟謝守正敬呈　Dec.29.

1975年・民國64年｜86歲

又沈先生來函告以　貴會支出單據請不必寄美國請直接寄臺北弟寓可也。又及[1]

〈致謝守正函（稿）〉（1975年1月3日）：守正吾兄道鑒，前日光臨匆促，招待不周至感抱歉。經注會及研究班須以正式法人組織始準立案。為速成立起見，暫權用台中蓮社附設名義，已向政府登記立案矣。茲蓮社申請改建，班址暫借慈光圖書館辦公，容蓮社建築完成再為遷回。謹附上立案證件影印本乙份，敬請查收。待遷住蓮社穩定後，必須懇請沈公出名，正式籌組，名正言順，事實相符，方合道理。弟依然在沈公指導之下，謹慎辦事，不願受高名也。若求手續簡單，即請沈公加入蓮社董事之職，可不必對政府另更登記，亦符事實。務懇早與沈公商酌為禱。謹覆，並頌

道祺　　　　　　弟李〇〇拜啟　六十四年元月三日[2]

一月四日（六），上午十時至十二時，於中興大學中文系講授《佛學概要》。

一月六日（一），上午八時至十時，於內典研究班講授《彌陀要解》。

---

1 謝守正：〈謝守正來函〉（1974年12月29日），《內典班文牘》（1973-1977年），台中蓮社檔案。
2 李炳南：〈致謝守正函（稿）〉（1975年1月3日），《內典班文牘》（1973-1977年），台中蓮社檔案。

一月七日（二），上午八時至十時，於內典研究班講授《彌陀要解》。

一月八日（三），於慈光圖書館週三《華嚴經》講座，宣講〈十行品第二十一〉。

> 是日，於《菩提樹》「佛學問答」專欄，回答邱白海有關名利、富貴之提問，說明在家人謀生之外，尚須求道，二者不可離。
> 「答邱白海」：在家人之生活，全賴技能工作，貢獻社會，取得正當報酬，此乃自食其力，無傷廉隅。但生活不過長養身命而已，如於慧命疏忽，即是虛此一生，故有朝聞道，夕死可矣之訓。是謀生之外，尚須求道，二者不離，乃為正常，求道無養生之源，而道不能求矣。至於富貴，乃是福報，只能聽其因果，不能強求，來不必讓，去不必爭，應知貨悖而入者，亦悖而出，結果命終帶不去，罪孽緊隨之。[1]

一月十日（五），本學期內典班課程圓滿。

> 晚，於蓮社教授《論語》兩小時，講授：〈微子第十八〉第四至六章。

---

[1] 原刊《菩提樹》第 266/267 期合刊（1975 年 1/2 月），頁 52；收見《佛學問答類編（上）》，《全集》第 5 冊，頁 577。

一月十二日（日），中午一時，前往臺中土地銀行招待所，參加中國醫藥學院董事會第五屆第九次董事會議。[1]

一月十三日（一），內典班期末年假休業，學員至正氣街寓所拜年辭行。先生開示，略及昔日承辦司法案件，解決無數無頭案件之經驗。

> 昔吾辦司法案件，必詳查始末，徹夜不眠，水落石出方歇，故有無數無頭案件，經吾解決。[2]

一月十五日（三），於慈光圖書館週三《華嚴經》講座，宣講〈十行品第二十一〉。

一月十七日（五），晚，赴蓮社教授《論語》兩小時，講授：〈微子第十八〉第七至九章。

一月十八日（六），下午四時，至善果林太虛紀念館參加慧炬月刊社舉辦之中部受獎大專學生茶會。茶會由慧炬董事長周宣德主持，先生致詞提示同學自淨利他，善用科學方法處理日常事務。

> 下午四時，慧炬月刊社假臺中大里太虛紀念館召開本學期中部受獎大專學生茶點會。首由董事長周宣德致詞，懇切提示利用寒假進修佛學撰寫論文。而後請李炳南老

---

1 徐鳴亞編：《私立中國醫藥學院歷屆董事會議紀錄彙編》。
2 陳雍澤：《雪廬老人儒佛融會思想研究》，頁42，注17。

師開示。李老師強調同學們必須著重清淨自心,從而端正民俗,轉移社會風氣,歷舉儒佛二家學說加以闡明。嗣又勉受獎同學要善用科學方法——如邏輯學等,以處理日常事務,不可自亂步驟,須循正道,力求精進。[1]

一月二十日(一)至二月二日(日),明倫社於慈光圖書館舉辦第八期明倫講座,為高級班課程,為期十四日。敦請會性法師講「八宗綱要」十四小時,先生講「三十七助道品」十二小時,周家麟講《大乘起信論》十四小時,徐醒民講《百法明門論》十四小時,許祖成主持研討會。[2] 內典研究班八位研究生均承當講座重要工作。本期參加學員約八十名。

陳永森,〈法喜!憂時!?〉:這次短短的寒假,臺中明倫社舉辦佛學高級班講座,由於錄取人數有限,在學社裡老早就寫信向籌備單位爭取,終於蒙菩薩加被,我與下任社長丘同學被錄取為正式生,我們並鼓勵社員來旁聽,因為學佛的人沒有不知道「要修行到蓮因寺,要學解門到明倫社」。

開學典禮的那天最高興的是能夠再瞻仰雪公老師為我們開示明倫社訓「四為三不」的道理,囑我們要建立自己的人格,勉我們要轉移社會的汙俗,而且在日後的幾天

---

[1] 〈新聞〉,《慧炬》第 130/131 期合刊(1975 年 1/2 月),頁 70。
[2] 〈第八期明倫講座課程表〉(1975 年 1 月 20 日－1975 年 2 月 2 日),《大專佛學講座資料》,台中蓮社檔案。

1975年・民國64年｜86歲

講座裡，老師也一再強調「學佛在改變心理，站立人格」並提出儒家的「誠」字作為我們立身處世的標準。這次講座所開的課程共有四科：「三十七助道品」由雪公老師擔任、「八宗綱要」由會性法師擔任、《百法明門論》由徐醒民老師擔任、《大乘起信論》由周家麟老師擔任。加上雪公老師在慈光圖書館的長期講經——《華嚴》道場、善果林的《法句譬喻經》和台中蓮社所講的《論語》，合計有七科。由「八宗綱要」，我們明白了整個佛教的全貌，繼而研究心性的起源和百法中細微的心相，知萬法之不實，入菩提之大道，更以三十七種修悟之法為念佛之助道。短短的十幾天講座如入浩翰之寶山，令人採之不絕，取之不盡，雖然不說滿載而歸，但也沾了不少的「珠光寶氣」——充滿法喜。內典研究班八位學長負責帶領我們，他們謙虛為懷的態度令人感動，熱心向道的精神也是我們學佛的楷模。[1]

【案】本期參加學員正式生有：李明道（逢甲國貿）、劉滌非（師大國文）、陳永森（中興法商公行）、李德明（中興昆蟲）、溫世禮（中興農教）、王惠蓮（中原心理）、李秀琴（中興食品）、謝惠蘭（東吳中文）、胡秀美（北師語文）、顏彩雲（輔仁圖管）、……等七十三人。[2]

---

1 陳永森：〈法喜！憂時!?〉，《明倫》第40期（1975年3月20日）。
2 明倫社：《第八、九期明倫大專佛學講座通訊錄》（臺中：明倫社，1975年7月25日）。

一月二十一日（二），上午，八時至十時，明倫講座第八期高級班開學典禮，先生開示明倫社訓：四為三不。十時至十二時，講授「三十七道品」。

　　李炳南居士講，陳雍澤記，《三十七道品筆記》：何以稱「助道品」？研究道理，有正工夫、助工夫。正——佛學以世法為根柢，先守五戒為根本，人，當之無愧，再修天道。人天皆世法，在六道中輪迴不能作主，即為凡夫。佛法分了義法、不了義法。人天二道，即不了義法，不徹底，不能完了故。了生死、出世法才是了義法，完成人天二法而超出。《大學》、《中庸》云人天二道相通，孔子「德配天地」——通天人之道，此非讚語，乃實語。孔子不只通天道。不了義之人天皆云「性」，而了義之「在明明德」則非人天道法也。聲聞與人天比為了義，但與緣覺比則不了義。緣覺與菩薩比也是不了義。乃至等覺與佛比仍不了義，必至佛才究竟了義。

　　學佛由人學起，守五戒為正法，至於學天道則以十善為正，到了學四諦法，則十善又非正工了。

　　三十七道品，指出世法而言。助道者，乃修正道外，旁所加之幫助。[1]

一月二十二日（三），晚七時至九時，於慈光圖書館週三

---

[1] 李炳南講，陳雍澤記：《三十七道品筆記》（1975年1月），未刊本。

《華嚴經》講座,宣講〈十行品第二十一〉。

一月二十三日(四),晚七時至九時,於善果林太虛紀念館宣講《法句譬喻經》。

一月二十四日(五),上午八時至十時,於明倫講座講授「三十七道品」。

晚七時至九時,於台中蓮社講授《論語》〈微子第十八〉第九至十一章,〈子張第十九〉第一、第二章。。

【案】據〈第八期明倫講座課程表〉,每週五晚課程為《論語》;備註欄稱此「為李雪廬老師在臺中長期講經法會,講於台中蓮社。」據陳雍澤《論語筆記》(1973年12月28日至1975年1月24日),該課程係以臺中蓮友及中部大專學佛青年為對象,人數約六十位。每週五晚間於蓮社講堂上課兩小時,啟始日未詳,圓滿日約當為一九七五年一月三十一日。(詳後)。

一月二十五日(六),上午八時至十時,於明倫講座講授「三十七道品」。

一月二十六日(日),上午八時至十時,於明倫講座講授「三十七道品」。

一月二十七日（一），上午八時至十時，於明倫講座講授「三十七道品」。

一月二十八日（二），上午八時至十時，於明倫講座講授「三十七道品」。

一月二十九日（三），晚七時至九時，於慈光圖書館週三《華嚴經》講座，宣講〈十行品第二十一〉。

一月三十日（四），晚七時至九時，於善果林太虛紀念館宣講《法句譬喻經》。

一月三十一日（五），於台中蓮社講授《論語》圓滿。配合蓮社改建，自蓮社成立以來，每週五晚間，針對資深弟子之「國學指導」，告一段落。

【案】由於蓮社改建，教學弘化活動重心暫轉移至慈光圖書館。原持續多年，每週五晚間，於蓮社講堂、小講堂、聯誼會，為資深弟子之進階教學亦告停止。該教學原為周家麟、徐醒民、胡遠志、張進興、鄭勝陽、廖玉嬌、呂富枝、何美枝、紀潔芳……等十餘人開設，後來發展為五、六十人之班隊。該教學活動自蓮社創立階段即開始，前半小時為開放時間，先生依據各人所學個別指導詩文寫作、書法、歷史、尺牘等。之後則為共同時間，由先生講授古文、「唐詩選」、《論語》、《禮記》等科目。請參見一九六四

年九月末譜文。《論語》課程開講,請參見一九七二年三月三日譜文。

二月一日(六),晚七時至九時,舉行明倫講座第八期結業典禮。先生開示:愛護明倫社,即愛護大專同學學佛。並指出:大專同學學佛,才能弘揚佛法,廣益社會國家。因為古來學佛者皆士大夫階級,重視道德學問。[1]

二月十日(一),甲寅年除夕,王禮卿讀先生《雪廬詩集・辛亥續鈔上》後,有詩〈誚雪老見示之作〉。集中各篇亦多有眉注,如:「綜觀全集,格高意妙,詩律深嚴。」、「集中諸體皆工,而七絕最勝。皆有託意,意新而神遠。」「七字名言無人道,抉盡宇宙無可如何之根。」「聲調氣格,逼近草堂;第四句非見道者不能言。」[2]
　〈誚雪老見示之作〉:方玉圓珠俱可觀,觀能自在古來難,心棲妙悟羣儇宅,境到天然九轉丹。[3]

二月十一日(二),乙卯年正月初一,循例至各道場上香、團拜。

1　李炳南講,陳雍澤記:「明倫第八期高級班開訓結業開示」,1975年1月21日－2月1日,未刊本。
2　見:王禮卿「眉注」,《雪廬詩集》,《全集》第14冊之1,頁381-481。
3　王禮卿:〈誚雪老見示之作〉,《誦芬館詩集》,《王禮卿教授百年誕辰記紀念文集》(臺中:中興大學中國文學系,2011年12月),頁372。

二月十四日（五），正月初四，有詩〈乙卯寅正四日初晴日麗風和西顧口占〉。翌日初五，俗為送窮日，亦有詩〈年俗送窮〉，先生不但不送窮，且稱〈貧有至樂老始悟之放歌以述〉。新春期間另有：〈詠物〉三首（〈白牡丹〉、〈紫菊〉、〈方竹〉）、〈讀崔顥詩〉、〈時名〉、〈良夜懷人〉、〈莫逆〉、〈新春病起〉。
（《雪廬詩集》，頁432-437）

〈年俗送窮〉：學古送窮神，窮神戀故人；出門笑復入，老若情更親。疇昔懷富友，論交翻覆頻；偶過歇車馬，看時作欠伸。投轄留不住，分離絕音塵；窮富稟何異，長歎驚比鄰。盤飧兼炭米，慰我除夕貧；令詞委之去，欲卻難啟唇。深慚欠修養，妄作招紛綸；送窮品斯濫，不固君子瞋。

〈貧有至樂老始悟之放歌以述〉：茅菴矮小如漁船，四壁虛白心悠然；出門縱橫蹋八域，舉袖峻極捫青天。疏交早絕梁君子，有客半似吾鄉賢；黔婁高行卻徵聘，陋巷屢空顏子淵。原思武訓喜多事，為政為學難為錢；損增吾驕益減吝，羞語庫財宰官印。藜葵盈郊飽有餘，掬飲沐浴川清漻；鳥蟲花木亦良朋，期約歲時各守信。其中至樂雖欲言，俗子蠢夫爭耳順；君不見，阿房宮，焦土一炬三月紅。又不見，金谷園，墮樓棄市鬼煩冤。躊躇茅菴穩如山，車馬無喧阡陌閑；青鞋布襪皂角帽，潛龍勿用堪述刪。朝看宿雲懶出岫，日夕倦飛鴉雀還。蓬島何曾在天上，武陵縹緲非人間；時風言必稱富貴，莞爾退避安癡頑。

1975 年・民國 64 年 | 86 歲

〈莫逆〉：莫逆九霄月，相交八十年；顛沛與造次，從來都結緣。卝角隨我讀，婚媒紅線牽；飛觴醉桃李，孤客伴床前。關山逐馬去，赤壁同載船；今來東海隅，昔往峨眉巔。為官未分祿，烽火不棄捐；料應物化後，荒塚照長眠。獨慚齗友道，無補君缺圓；管仲縱知禮，終輸鮑牙賢。

〈新春病起〉：心似隨人老，春來不種花；近窗有松竹，遠市避龍蛇。病後禪能悟，詩荒債更賒；扶筇小園步，草木各抽芽。

二月二十四日（一），內典研究班開學。課表排定：上午八時至十時，於內典研究班講授《彌陀要解》。[1] 然因昨日會客後，站立門外送客時受風寒，四大不調，有中風症狀。[2]（《圖冊》，1975 年圖 2）

本學期起，新聘會性法師接任《金剛經》課程。講授《金剛經》圓滿後，即接續開講天台諸要典，對台中蓮社諸生學習天台教觀深有助益。

簡金武，〈追思會公二三事〉：雪公曾在內典班課堂上，簡介會公：「此老教尚南山，行在匡廬，好讀書，曾閱全藏，今日之下，能有幾人？」不久之後，雪

---

1 〈內典班上課時間一覽表〉、〈內典班通告〉（1975 年 2 月 24 日中注語字第 56 號），《內典班文牘》（1973-1977 年），台中蓮社檔案。
2 陳雍澤：〈1975 年 2 月 24 日日記〉，未刊本。

2555

公即禮聘會公來為內典班的學子講授天台課程。[1]

會性法師，〈會性（法師）自述略歷〉：應臺中內典班之聘，每星期講江味農居士的《金剛經講義》，從第三卷起（前兩卷，淨空法師已說），每星期四節課。十一月，內典班《金剛經講義》講完。《金剛經》講完後，即開講《妙玄節要》，後來參合《玄籤》教授。二年半來，至（1978）五月十七日，全部授完，即將畢業。[2]

吳聰敏，〈永懷會公上人——記有關蓮社天台教觀的播種與耕耘〉：民國六十四年元月，蓮社舉辦第八期明倫寒假佛學講座，雪公特別禮請會公來開講《八宗綱要》專課，這時才有機緣得以瞻仰威儀，親聆法音。在此次講座中，會公不僅詳述佛法到中國形成宗派的經過，且對大乘八宗之「宗名」、「傳承」、「教義」、「要典」，作了扼要的說明。其中，又特別對「天台宗教義」與「淨土宗行持」作了深入的闡發和引導。這對於後學日後修學佛法的路徑與方向——「解從天台、行依彌陀」，實具有關鍵性的影響力。

接著，在這年的二月，內典研究班第一學年第二學期開學，會公又俯允每週北上為同學開課，親近會公的因緣也就更加成熟。除了第一年接續講授淨空法師未竟之《金剛經講義》之外，從第二年起，即陸續講授「天台

---

[1] 簡金武：〈追思會公二三事〉，《明倫》第 403 期（2010 年 4 月）。
[2] 釋會性：〈會性（法師）自述略歷〉，《會性法師略歷》（屏東：普門講堂，2011 年）頁 64、67。

教觀」的重要課程。首先是《天台四教儀》和《教觀綱宗》這兩部重要入門書，旨在奠定同學研讀天台教部的基礎。其次，從第三學年起，有一年半的時間，講授《妙玄節要》，此間旁徵博引，教理與教史並重，詳盡的闡發天台教觀的精義；至第四學年的下半學期，則採「答客問」的教學方式，主開《妙玄釋籤》，附帶參讀《法華文句記》與《摩訶止觀輔行傳弘決》，如此一來，天台三大部都有了涉獵。[1]

二月二十五日（二），夏曆上元，發表〈華嚴經晉唐三譯合刊序〉。該書唐譯《四十華嚴》、晉譯《六十華嚴》，係由會性法師授淨空法師，並祈以三譯合刊。後又得趙茂林收藏唐譯《八十華嚴》善本，因得三譯合刊流通。

（見《圖冊》，1975 年圖 3）

〈華嚴經晉唐三譯合刊序〉：（《華嚴》）是經實有三譯，初為東晉時佛馱跋陀羅師譯，都六十卷；次為唐時實叉難陀師譯，都八十卷；後為唐時般若師譯，都四十卷。此三譯，初次二譯，義每相違，後譯僅詳入法界品而已。嗚呼！幸覯津矣，而岸有東西，徑有廣狹，夫如是，行道之人，不免臨歧徬徨，又生無所適從之憂矣。聞昔精修之士，同有是感，治是經者，輒三譯並究，以求無憾，善則善矣，寧知昔之所易，而為今之所難歟？在昔處常之

---

[1] 吳聰敏：〈永懷會公上人——記有關蓮社天台教觀的播種與耕耘〉，《明倫》第 403 期（2010 年 4 月），頁 4-10。

世，書肆如林，文物有處，縱寒士蕭條，而不乏覓借之機，故較易也。爾來播遷荒島，典章散漫，所居狹隘，僅容寢食，而儲籤軸笈櫥者，寥落可數。雖有新刊大藏之家，惟係華裝合訂，絕少單本，借閱不便，是以難耳。淨空法師者，鑒於中華法運，厥維臺島，而弘護之要，首在流通經藏，十餘年來，未嘗不孜孜於斯，亦有感於《華嚴》三譯之殊，希得聚而刊焉。先是臺籍高僧，會性法師閉關於獅山，精律通教，多藏善本梵典。曾以唐《四十華嚴》授淨師，由李建興居士影印，迨甲寅年，又以東晉所譯授淨師曰：如能以三譯合刊流通，以祈國運隆昌，世界和平，寧非大因緣也。淨師心喜，既而憂之，惟八十譯者無善本，以合刊必求調度也。是歲既末，古吳趙茂林居士者，聞二師之願，往見淨師太息曰：某藏有是經，毛邊紙線裝，未知宜否？出而示之。淨師覩而驚喜曰：何其奇哉，何其奇哉，有願必成，不我欺也，可以報會師矣。將付刊，以功德所聚，未敢泯之，屬余序其因緣。余曰：嗟！正法住於臺，即三寶住於臺，法運之興，實應乎世運之興，吾臺貢獻於世，豈小之哉？為國運禱，為世運禱，不慚譾陋，應向二師之願隨喜。

中華民國六十四年乙卯夏正上元稷下李炳南恭序[1]

---

[1] 李炳南：〈華嚴經晉唐三譯合刊序〉，《雪廬寓臺文存》，《全集》第 14 冊之 2，頁 123-126；落款據：【數位典藏】手稿 / 詩文創作 / 雪廬寓臺文存 / 雪廬寓臺文存之一 / 〈華嚴晉唐三譯合刊序〉。

是月下旬，為刊行受業師梅光羲居士大作《相宗綱要正續合刊》撰序。先生曾熟讀梅居士此作之《正編》，今得《續編》合璧。序文指出是書比佛學辭典更有次第統緒，容易閱讀，於研教容易發生之儱侗、膚廓、謬誤等過失有對治之效。

〈相宗綱要正續合刊序〉：余業師南昌孝廉，擷芸梅光羲大士，於遜清之季為秋官，皈佛治法相學，其精邃冠群倫，凡相宗學者皆崇之。是書之流通，即為後學不畏而作也。其遊學日本時，適楊仁山宗師蒐刻梵典，所獲日藏遺集，亦嘗得大士之助。余弱冠而研內學，每為名相所障，雖閱注疏，亦茫然無所悟。後得《相宗綱要》，忽如循牆而進；既爾佛辭典出，仍推綱要有次易學也。

觀夫初機研教，不遇知識，望文私揣而自是，其過有三焉。一者儱侗，如五蘊皆空，身土幻有等，僅聞名相，不再求析宗義。二者膚廓，如斷惑解脫，起行見道等，既不究惑之品數，亦不詳何行何斷。三者謬誤，如無願無作，無修無證等，執文昧理，墜一闡提。略舉犖犖大者，尚如是扞格，顯然不得其門，遑云登堂入室也。《綱要》一書，組有次第，解其要不繁語，遇微義，自加小注以釋，無不博義簡出，抉微使章焉。嗚呼！盡之矣。學者手此一冊，等同知識為侶，而不能深入經藏者，余不信也。

徐蚌之役，避禍來臺，居二十五稔，業未敢輟。故人淨空法師，以《法相綱要》見贈，笑卻之曰：此五十年前

所熟讀者。淨師曰：書未若是之久也。受而瀏覽，乃為續編。愕然曰：余侍大士，幾二十年，其間流離烽煙燹火，十年無安所，時緣如是，故未之見也。茲獲覩於臺島，小康使然歟？淨師為述偶得之由，且擬正續合刊，余稱善，極慫恿之，俾大士宏著得不隱沒，後學又獲大助。

中華民國歲次乙卯夏正中浣稷下受業門生李炳南謹識[1]

是月，中興大學六十三學年下學期開學，本學期繼續於中文系講授《佛學概論》、夜間部中文系講授「詩選」。

【案】中興大學夜間部「詩選」上課時段，大抵應如前學期為週一晚二小時、週五晚一小時。除六十四學年度（1975年8月至1976年7月），改上「佛學概要」為週五晚二小時，大致均如此。任教最後兩學年：六十八、六十九學年（1979年8月至1981年7月），因「論語講習班」開班，改為週二、週六晚上課。

三月三日（一），上午八時至十時，於內典研究班講授《彌陀要解》。為先生病後首次上課，勉勵學生愛惜光陰，於聞思修用功學習。

雪公病後首次上課。勉曰：愛惜光陰，萬法無常，

---

[1] 李炳南：〈相宗綱要正續合刊序〉，《雪廬寓臺文存》，《全集》第14冊之2，頁148-151；落款據《相宗綱要正續編合刊》（臺北：華藏法施會，1975年5月18日）。

1975年・民國64年｜86歲

難以預料，必存得一天之修學，乃有一天之福報。如此才能精進。聞思修必兼並用功，此為辦一切事之原則，必以此求開悟性，聞一以推知十，勿作書呆子。應推求字句外之文義，以中文皆簡要詳明，數個意思揉在一句話中，此必推敲以求之也。求觸類旁通，不在訓詁上考究，君子不器也。[1]

三月四日（二），上午八時至十時，於內典研究班講授《彌陀要解》。

三月五日（三），晚，乙卯年《華嚴經》講座開講，宣講〈十行品第二十一〉。[2]

三月六日（四），晚，乙卯年善果林太虛紀念館《法句譬喻經》講座開始。[3]

是日，復函戈周騰，批改所撰聯語。[4]
〈戈本捷及戈周騰之一〉：騰賢具壽鑒：撰聯意文俱佳，惟侍一聯語氣過於推崇，萬不敢當。上聯易「遵孔孟」，下聯「辨同康」，少減妄自尊大斯可矣。但作

---

[1] 陳雍澤：〈1975年3月3日日記〉，未刊本。
[2] 〈新聞〉，《慧炬》第133期合刊（1975年4月），頁71。
[3] 〈新聞〉，《慧炬》第133期合刊（1975年4月），頁71。
[4] 【數位典藏】書信／在家居士／戈本捷及戈周騰／〈戈本捷及戈周騰之一〉。

聯段落、平仄、對仗，必少講求。茲略為修飾，使人分錄。其法註後，希為參考。具壽多才多藝，文采煥發，而今之文學博士能此者尚不多見，想時青黃不接，責將誰負！原稿諒有存者，不再璧還。專肅，并頌

　　道祺　　　　　　　　　　侍李炳南謹啟　三月六日
本捷兄前請安

三月八日（六），上午十時至十二時，於中興大學中文系講授《佛學概要》。

三月十日（一），上午八時至十時，於內典研究班講授《彌陀要解》。

三月十一日（二），上午八時至十時，於內典研究班講授《彌陀要解》。

三月十二日（三），於慈光圖書館週三《華嚴經》講座，宣講〈十行品第二十一〉「八、難得行」。[1]

三月十三日（四），晚，於善果林太虛紀念館宣講《法句譬喻經》。

---

1 李炳南：《大方廣佛華嚴經講述表解》，《全集》第1冊之2，頁112。

1975 年・民國 64 年｜86 歲

三月十五日（六），上午十時至十二時，於中興大學中文系講授《佛學概要》。

三月十七日（一），上午八時至十時，於內典研究班講授《彌陀要解》。

三月十八日（二），上午八時至十時，於內典研究班講授《彌陀要解》。

三月十九日（三），於慈光圖書館週三《華嚴經》講座，宣講〈十行品第二十一〉。

三月二十日（四），晚，於善果林太虛紀念館宣講《法句譬喻經》。

三月二十二日（六），上午十時至十二時，於中興大學中文系講授《佛學概要》。

三月二十三日（日），患恙未癒，抱病北上赴約。應慧炬月刊社董事長周宣德邀請，參加慧炬粥會，並以「依軌應知」對大專佛學社幹部演講。由文化學院教授吳永猛主持。[1]（見《圖冊》，1975 年圖 4）

---

[1] 照片擷自《慧炬》第 535/536 期合刊（2009 年 2 月 15 日），頁 55。

李炳南居士講，陳雍澤記，〈依軌應知〉：昔來臺初十五年，到處講；後即不說了。前年，王天老邀了七、八次，[1]才來還債。吾來此亦不易也！上週有四人得了病，只有吾活著。此次來，乃存心令眾得利。既想貢獻大眾，話不免得罪人，而話不懇切則眾不得利也。

諸位皆學佛多年，而談及學問則不分年齡。而吾兄弟三十歲即學佛，今八十六歲，已學佛五十多年。昔所學皆無大用，到後來，壓下奇怪者，走入平常者，才得利。今云「老生常談」者才有利，只怕不老不常者也。

「軌」者，佛法也。法即軌也。法只准聖言量，依法遵行，不可研究討論而改，法即法則，無討論之餘地。

立本，先學做人，五乘以人為本，站住人道方可上行，否則上不去。如曹操、秦檜不能成佛。本立而道生，立住本即為道。後之方法，能學則學，不能學則有一把握之法，即伏惑往生。[2]

周宣德，〈我崇敬的李雪廬老師〉：我以《慧炬》多贈送大專學佛青年，經費奇絀自不待言，在賤壽屆滿八十，先將貸款興建地的住宅——取名為淨廬，獻作慧炬社址。雪公聞訊即惠賜詩畫；並餽贈淨資作慧炬基金，這是財施。又他以長我九歲之高齡，有一次他在臺中正患恙未癒；而我不知情，竟去函邀請前來臺北做專

---

1 1972年3月5日、12日，先生曾至臺北市蓮友念佛團講演。「王天老」指該團董事長王天鳴，有小傳見1960年11月8日。
2 李炳南講，陳雍澤記：〈依軌應知〉（1975年3月23日），《第八冊筆記》，未刊本。

題演講。他奮不顧身，準時親臨臺北淨廬作獅吼，與人以「學佛重在修持，先除身見」之啟示，使與會大眾為之心服。此乃法施。[1]

【案】慧炬粥會由慧炬月刊社董事長周宣德發起，邀集北部各大專院校佛學社幹部於該社聚會，禮聘佛學大德蒞會演講。自一九七五年三月二日起，每雙週週日晚舉行，炳南先生為第三場主講。周宣德稱「他在臺中正患恙未癒」，陳雍澤筆記亦有「64.3.23 仍抱病北上應約。」

三月二十四日（一），上午八時至十時，於內典研究班講授《彌陀要解》。

三月二十五日（二），上午八時至十時，於內典研究班講授《彌陀要解》。

是日下午二時二十分，內典研究班全體師生及職員，赴森玉戲院觀賞電影。[2]

---

1 周宣德：〈我崇敬的李雪廬老師〉，《慧炬》第 264 期（1986 年 6 月，紀念李雪廬長者專輯），頁 12-15。
2 〈內典班通知〉（1975 年 3 月 24 日），《內典班文牘》（1973-1977 年），台中蓮社檔案。據學員陳雍澤回憶，所觀賞為印度電影《神象》。經查，應是 1971 年發行，由印度 M.A. Thirumugham 執導之 *Haathi Mere Saathi*，現譯名為《神象奇緣》。

三月二十六日（三），於慈光圖書館週三《華嚴經》講座，宣講〈十行品第二十一〉。

三月二十七日（四），晚，於善果林太虛紀念館宣講《法句譬喻經》。

三月三十一日（一），上午八時至十時，於內典研究班講授《彌陀要解》。

是月，主持蓮社改建工程動土奠基典禮。（《蓮社社史》）

仲春，為游俊傑令媛式鈺國民中學畢業紀念冊題辭。[1]（見《圖冊》，1975 年圖 5）

　　　所謂人格，以忠孝立體，以莊敬為相，以博施濟眾起用，再出之於誠，守之以恆。為初學之基，亦成功之本。
　　式鈺吾孫紀念　　　　　愚侍雪叟炳南題　　乙卯仲春

四月一日（二），上午八時至十時，於內典研究班講授《彌陀要解》。

四月二日（三），於慈光圖書館週三《華嚴經》講座，宣講〈十行品第二十一〉。

1　李炳南：〈題贈游式鈺〉（乙卯仲春），游青士提供。

1975 年・民國 64 年 | 86 歲

四月三日（四），晚，於善果林太虛紀念館宣講《法句譬喻經》。

四月五日（六），清明節，總統蔣中正逝世。先生有悼文，並為孔奉祀官代擬輓聯。[1]（《圖冊》，1975 年圖 6）

  李炳南居士，〈悼蔣公文〉：有聖賢之國始言文化。其文化維何？和內輯外，講信修睦，仁被眾，義加於事也。無其人之國，無知化之人，而不以暴凌眾、以詐從事者尠矣。中國之有蔣公非偶也。嗚呼！哲人萎矣！正道喪矣！縱不中國哀，宵不為世界哀？寧不為天理人性哀耶？環顧五洲，予欲無言。 李炳南掬淚哀悼

  孔德成奉祀官，〈輓蔣公聯〉（主任祕書李炳南擬稿）：昊天殞啟明，誰作南鍼衝大霧？列國聽杜宇，自哀左袒喪良朋！

  李炳南居士講，陳雍澤記：〈輓蔣公聯・解說〉：上聯之法為橫寫。「昊天」，東方之天，為全天之領袖也。「啟明」，星名，此星晨出，天才明，亦在東方。「昊天」，喻中國。「啟明」，喻總統。總統逝世，明星落，天不明了，世界昏暗了。初時黃帝與蚩尤打仗，以指南車破霧陣才滅之。上聯但云東方、總統；大局也。

下聯之法為豎說，層層遞下。「列國」，全世界之國。「杜宇」：杜鵑鳥也，其啼聲為「不如歸去」，極清楚。昔蜀中有一帝為望帝，死後變成此鳥。後世因以

---

1 李炳南：〈悼蔣公文〉（手稿），台中蓮社收藏。

此鳥為帝死之化身。此句含中國之國喪，亡帝也，喪元首。列國聞之矣。「左衽」，中西之俗別，夷人為左衽。《論語》：「子曰：微管仲，吾其被髮左衽矣！」管仲在，可尊王攘夷故。此指西方、世界各國。下句，自己哀自己喪了良朋。今為各國平等，故不可云「良師」。第言「列國自哀喪良朋」即顯。[1]

是日，有詩：〈乙卯中國元首升遐適美利堅開國二百年紀念〉、〈乙卯清明舉世混亂誌慨〉、〈濁水溪〉、〈華嚴山清德寺望火燄山〉。（《雪廬詩集》，頁437-438）

〈乙卯中國元首升遐適美利堅開國二百年紀念〉：此恨難消到九泉，斯文不信喪青天；新州紈袴知何事，誤我蒼生三十年。

〈乙卯清明舉世混亂誌慨〉：桃花露重柳煙輕，祭掃人歸帶晚晴；悵望五洲春不似，獨留臺島住清明。

〈濁水溪〉（土諺：水清，則時有變）：不管廉泉與盜泉，自將渾濁度年年；有時明月澄清印，地作滄波海作田。

四月七日（一），上午八時至十時，於內典研究班講授《彌陀要解》。

---

1 李炳南講，陳雍澤記：〈輓蔣公聯・解說〉（1975年4月22日），講於內典研究班，未刊稿。

1975 年・民國 64 年｜86 歲

　　是日晚，至慈光圖書館悼念總統蔣公逝世追悼大會上香。而後赴中興大學夜間部「詩選」授課。

　　　　台中佛教蓮社聯體機構──慈光圖書館、慈光育幼院、菩提救濟院、菩提安老所、菩提醫院、菩提施醫所、寶松基金慈善會、善果林、臺中佛經注疏語譯會、明倫社、菩提樹雜誌社、慈光、瑞光等六處托兒所、明倫雜誌社、青蓮出版社、中部大專學術講座聯誼中心、水湳蓮社、中興佛社、霧峰佈教所、般若寺、淨業念佛堂等單位，為悼念總統蔣公逝世，四月七日下午七時三十分，假臺中慈光圖書館舉行追悼大會，由導師李炳南居士，率領各單位負責人及全體蓮友、各方善信，計數百人，念佛迴向。歷時二小時結束。[1]

四月八日（二），佛誕節，原訂佛誕節遊行及慶祝活動因國殤取消。

四月九日（三），於慈光圖書館週三《華嚴經》講座，宣講〈十行品第二十一〉。

四月十日（四），晚，於善果林太虛紀念館宣講《法句譬喻經》。

---

[1] 〈新聞〉，《菩提樹》第 270 期（1975 年 5 月 8 日），頁 48；另參見：〈蔣總統念佛哀悼籌備會〉（1975 年 4 月 6 日），《台中蓮社歷年會議紀錄》，台中蓮社檔案。

2569

四月十二日（六），上午十時至十二時，於中興大學中文系講授《佛學概要》。

四月十四日（一），上午八時至十時，於內典研究班講授《彌陀要解》。

四月十五日（二），上午八時至十時，於內典研究班講授《彌陀要解》。

四月十六日（三），於慈光圖書館週三《華嚴經》講座，宣講〈十行品第二十一〉。

四月十七日（四），晚，於善果林太虛紀念館宣講《法句譬喻經》。

四月十九日（六），上午十時至十二時，於中興大學中文系講授《佛學概要》。

四月二十一日（一），上午八時至十時，於內典研究班講授《彌陀要解》。

四月二十二日（二），上午八時至十時，於內典研究班講授《彌陀要解》。

四月二十三日（三），於慈光圖書館週三《華嚴經》講座，

1975 年・民國 64 年 | 86 歲

宣講〈十行品第二十一〉。

四月二十四日（四），晚，於善果林太虛紀念館宣講《法句譬喻經》。

四月二十六日（六），上午十時至十二時，於中興大學中文系講授《佛學概要》。

四月二十八日（一），上午八時至十時，於內典研究班講授《彌陀要解》。

四月二十九日（二），上午八時至十時，於內典研究班講授《彌陀要解》。

四月三十日（三），於慈光圖書館週三《華嚴經》講座，宣講〈十行品第二十一〉「九、善法行」。[1]

春夏之間，有多首詩檢視聯合國作為及回顧抗戰時事。有：〈世道〉八首（〈掌中戲者〉、〈獵人鷹犬〉、〈國聯尼氏撤禮運碑〉、〈日相聯共與華絕交〉、〈明季〉、〈援越〉、〈巴黎和約〉、〈追思〉）、〈回憶日人入寇避渝山居〉、〈眾蛙皆井〉。（《雪廬詩集》，頁 438-443）

---

[1] 李炳南：《大方廣佛華嚴經講述表解》，《全集》第 1 冊之 2，頁 116。

〈世道〉八首（錄五首）：

〈掌中戲者〉（國際盟約，今為大國欺弱邦之術，本無信義，終無所獲也）：憐爾傀儡捉弄人，恩仇偽作語如真；微移肘腋稱三舍，私淑優伶序五倫。直到聲嘶餘短燭，從無局小坐高賓；夜闌鑼鼓收場後，兩手空空一欠伸。

〈獵人鷹犬〉（美亞暴國互相利用，戕賊蒼生，其巧拙亦似獵人鷹犬之別）：天視黎元狐兔同，獵人鷹犬似群雄；徒悲追殺爪牙利，不省發蹤心計工。聞祝誰開湯氏網，驚弦猶落養家弓；北宸獨有瓊筵客，鞶帶西來述國風。

〈國聯尼氏撤禮運碑〉（誅其心也，尼氏後以刑案罷免，猶藉前資作偽）：歃血崇朝口未乾，夕除禮運毀盟壇；曾聞忠信行蠻貊，竟攬縱橫步異端。華冑終存人骨氣，假王收拾戲衣冠；遁逃不悔稱牛耳，蔽面夫差今已難。

〈日相聯共與華絕交〉（兩田中，乃田中義一與田中角榮也）：未聞徼幸可承家，兩有田中兩相麻；政不保黎貪宰世，恩忘肉骨助分瓜。史留輕薄辱人國，朝退老成緘口牙；賤視天皇基一統，任教孤注擲泥沙。

〈巴黎和約〉（美人季辛吉政策）：商於六里弔懷王，又見巴黎戲一場；遊說從新生季子，招魂依舊是南方。盟壇今古終無賴，險塞憑陵在自強；興替全由人醒醉，離騷讀罷望沅湘。

【案】〈世道〉組詩八首，王禮卿眉評「統以無道為題，而融各小題及注義於每首之下」，且評〈巴黎和約〉云：「一氣摶挽，風神無限，八首之冠也。」「巴黎和約」殆指一九七三年一月二十七日越南民主

共和國、越南南方共和臨時革命政府、美國、越南共和國四方在巴黎簽定「關於在越南結束戰爭、恢復和平的協定（巴黎協定）」。先生引戰國時秦國張儀以商於六里地欺騙楚懷王史事作比，說客則以季辛吉比擬張儀。

〈回憶日人入寇避渝山居〉六首：
芳草階墀新雨後，桃花籬落夕陽間；茶煙已歇無人到，倚杖柴扉看遠山。
梔子初肥曉露濃，鳥啼深澗絕樵蹤；折枝歸去佛前坐，也似沉檀沁入胸。
杜鵑聲裏杜鵑花，帆掛輕煙江路斜；孤客開窗看到晚，曾無一日不思家。
豆花一盂佐朝餐，肉食老饕知味難；椒目薑芽雖慣見，終如度歲列辛盤。（食豆花必備薑椒諸辛）
緣至荒山說梵經，難能五十眾常聽；同心更有金陵約，不昧前因聚一庭。
山中夜半眾歡呼，驚起方知已滅胡；憐我生平初快意，絕勝南面坐皇都。

五月一日（四），晚，於善果林太虛紀念館宣講《法句譬喻經》。

五月三日（六），上午十時至十二時，於中興大學中文系講授《佛學概要》。

五月五日（一），上午八時至十時，於內典研究班講授《彌陀要解》。

五月六日（二），上午八時至十時，於內典研究班講授《彌陀要解》。

五月七日（三），於慈光圖書館週三《華嚴經》講座，宣講〈十行品第二十一〉。

五月八日（四），晚，於善果林太虛紀念館宣講《法句譬喻經》。

五月十日（六），上午十時至十二時，於中興大學中文系講授《佛學概要》。

五月十二日（一），上午八時至十時，於內典研究班講授《彌陀要解》。

五月十三日（二），上午八時至十時，於內典研究班講授《彌陀要解》。

五月十四日（三），為彙報年度工作成果，函詢經注語譯會諸編輯進行狀況。蔡運辰旋於十五日（四），回函請辭編輯工作；周邦道亦即於十七日（六），回函請辭編輯工作。（見《圖冊》，1975 年圖 7）先生一一函復說明譯注

1975 年・民國 64 年｜86 歲

事並無時限，仍請繼續分勞。[1]

　　蔡運辰，〈蔡運辰來函〉（1975 年 5 月 15 日）：雪老道長法席：奉到賜函，敬悉一切。關於譯注進度，辰於半年前甫經著筆，即染病不支，曾經我公臨顧。現在痊愈無期，實難繼續擔任，務懇俯鑒下情，即將辰之譯注名義取銷，俾得安心養疴，不勝感激之至。據實陳情，伏祈鑒允。敬頌

道鑒　　　　　　　　　　學人蔡運辰頂禮　五月十五日

　　〈復蔡運辰函（稿）〉（1975 年 5 月 15 日）：念生道長法席，頃奉惠示，敬悉。邇來法躬欠安，疎於親候，至切懸念。譯注之事不限時間，道躬康健之後再行繼續分勞，想我公多載弘願定不見棄也。肅箋布意，至希諒察俯允，是為企禱，專覆敬頌

道祺，並祝痊安　　　　　　　　　　弟李〇〇拜啟

　　周邦道，〈周邦道來函〉（1975 年 5 月 17 日）：雪公夫子大人函丈：年來為華岡教學及趕編《當代教育先進傳畧》，對於《佛遺教經》注疏語譯尚未執筆，時感徬徨，前已稟報。頃奉十四日通知，準備造表，尤深惶報。為此，敬乞另聘學識優長，而時間寬裕之賢者，加速進行，減少邦道罪過，不勝屏營企禱之至。《教育傳畧》脫稿後，明年當商定他經，從事迻譯，圖報鈞命。

1　蔡運辰：〈蔡運辰來函〉（1975 年 5 月 15 日）、〈復蔡運辰函（稿）〉（1975 年 5 月 15 日）、周邦道：〈周邦道來函〉（1975 年 5 月 17 日）、〈復周邦道函（稿）〉（1975 年 5 月 17 日），俱收見：《內典班文牘》（1973-1977 年），台中蓮社檔案。

謹肅箋奉懇，伏維詧照，並轉達沈公，為感無量。虔敬
崇安　　　　　受業周邦道頂禮　六十四年五月十七日
〈復周邦道函（稿）〉（1975年5月17日）：慶
光道長法席，頃奉惠示，敬悉。教務冗繁備著辛勞，譯
注事自可順延，至另聘賢者加速進行一節，奈一時難得
適當人選，當隨時留意物色，仍盼大力宏願，始終支
持。毋任感禱，肅箋布意，敬頌道祺　　弟李○○拜啟

是日晚，於慈光圖書館週三《華嚴經》講座，宣講〈十
行品第二十一〉。

五月十五日（四），晚，於善果林太虛紀念館宣講《法句譬
喻經》。

五月十七日（六），上午十時至十二時，於中興大學中文系
講授《佛學概要》。

五月十九日（一），上午八時至十時，於內典研究班講授
《彌陀要解》。

五月二十日（二），上午八時至十時，於內典研究班講授
《彌陀要解》。

五月二十一日（三），函詢謝守正有關經注語譯進行狀況，
及本年度預算事。得謝守正函復，請辭翻譯工作。先生

再度函復慰留編譯事，並確認本年度預算事尚未收到。

謝守正，〈謝守正來函〉（1975年5月22日）：李公炳南大德道鑒：五月廿一日手教奉悉，後學秉承美國沈家楨先生指示，在臺北主持推廣佛學事宜。諸如佛書之贈寄，經費之劃撥，佛教單位之接洽，大藏經會之協辦，平日工作甚感忙碌。最近沈院長又囑收集各方資料，趕寫憨山大師傳記，故誠分身乏術。前承吾公厚愛，囑擔任譯注工作，本當全力以赴，俾報長上，惜以時間有限，委實無法抽身。不得已，懇請吾公准予於辭去譯注職務。事非得已，敬請鑒宥。關于貴會六十四年度新預算，後學在五月初即專函美國沈家楨先生請示，日前接奉沈先生來函，未提及此事，不知是否沈先生已逕函吾公，（可能沈先生事忙）尚請賜示。後學學識淺薄，如有欠妥之處，敬希吾公指正為禱。耑覆，敬請大安　　後學謝守正頂禮　五月廿二日

〈致謝守正函（稿）〉（1975年5月26日）：守正道長法席：頃奉惠示，敬悉法務冗繁，趕著辛勞。本會譯注之事不限時間，前函因教學年度關係，並需向沈公長老報備。今後時間允許，再行分勞，毋任感禱。再者六十四年度新預算之事，弟處未見美國函件。肅箋並意，敬頌道祺　　弟李〇〇拜啟　五月廿六日

是日晚，於慈光圖書館週三《華嚴經》講座，宣講〈十行品第二十一〉。

五月二十二日（四），晚，於善果林太虛紀念館宣講《法句譬喻經》。

五月二十四日（六），上午十時至十二時，於中興大學中文系講授《佛學概要》。

是日下午，中華佛教居士會舉行第三屆第一次全體理監事聯席會議，先生受推舉擔任副名譽理事長。

　　五月二十四日下午，中華佛教居士會舉行第三屆第一次全體理監事聯席會議，一致推請監察院長余俊賢老居士擔任名譽理事長，中興大學李教授炳南、國民大會代表徐恩曾、孫亞夫、美國佛教會副會長沈家楨、世華銀行董事長蔡文華五位老居士為副名譽理事長。[1]

五月二十五日（日），至慈光圖書館參加中部大專學佛青年演講比賽，擔任評審及講評。[2]（見《圖冊》，1975年圖8）

五月二十六日（一），上午八時至十時，於內典研究班講授《彌陀要解》。

是日，沈家楨函詢譯注會及內典班成效，以及日後組

---

1 〈新聞〉，《菩提樹》第272期（1975年7月8日），頁48。
2 〈新聞〉，《慧炬》第135/136期合刊（1975年6/7月），頁76-77。【數位典藏】照片／教育研習／大專佛學講座／大專青年演講比賽／〈大專青年演講比賽〉。

織、經費等之籌劃安排。[1]（《圖冊》1975年圖9）

沈家楨，〈沈家楨來函〉（1975年5月26日）：炳南大德慧鑒：頃奉寄下下年度預算六十七萬一千四百四十臺幣，自當同意，仍由謝守正兄按期匯奉。在茲生活程度高漲情況下，吾公堅維原定預算，想見管制節約之不易，衷心感佩。茲有兩事望公於便暇時賜知為禱。

一、公對此種訓練研究及譯注之做法，經此一年來之實際觀察，評判如何？能否符合公之原意及期望？

二、如經此一年之試驗，認為有作久遠舉辦之價值，則對今後組織、經費來源、人事主持、學員貢獻，有何籌劃或安排？楨遠在海外，殊多隔膜，一切均賴公妥為籌措，庶免隕越。

以上兩點，乃徵求公一人之意見，此函請勿公開，答覆亦不急。謹此敬候法喜無量

　　　　　　　　　弟沈家楨合十　七五、五、廿六

五月二十七日（二），上午八時至十時，於內典研究班講授《彌陀要解》。

五月二十八日（三），於慈光圖書館週三《華嚴經》講座，宣講〈十行品第二十一〉「十、真實行」。[2]

---

1 沈家楨：〈沈家楨來函〉（1975年5月26日），台中蓮社收藏。
2 李炳南：《大方廣佛華嚴經講述表解》，《全集》第1冊之2，頁119。

五月二十九日（四），晚，於善果林太虛紀念館宣講《法句譬喻經》。

五月三十一日（六），上午十時至十二時，於中興大學中文系講授《佛學概要》。

五月，受周榮富委託，成立「榮富文化基金會臺中辦事處」，興辦文化慈善公益事業。（《蓮社社史》）

【案】周榮富於一九五一年從學於先生，一九七四年退休後重返臺中。助成先生《明倫》月刊、內典研究班、論語班等法業甚力。

【小傳】周榮富（1909-2002），臺北新莊人。因家貧，十一歲方就讀小學，半工半讀，兼售早餐，導致上學時常遲到，遭其導師徐耀棠責罰。後徐老師得知實情，發動全校教員購買周榮富之早餐，又請校長公開表揚。中學畢業後，考入臺北商工銀行（後改第一商業銀行）當練習生，因業績卓著，升至職員，歷經多所分行經理後，榮任第一銀行監察人。後從事物業，因經營得法而成巨富。熱心慈善，捐款新莊國小、新莊國中多項設施以彰父母。創設「榮富慈益基金會」，捐款興建小學，臺北縣政府命名為「榮富國小」。另對台中蓮社暨聯體機構等多所機關、公益團體均有捐助。

周榮富於一九五一年由花蓮調任臺中分行經理時，經友人簡國垣介紹，拜見炳南先生。後來每週與夫人

均在靈山寺和蓮社聞法,又經先生介紹,禮南亭法師皈依。一九七四年退休後,便與夫人每週三到臺中華嚴座下,恭聆法音。先生曾告之:「你我均已耄耋之年,你要學佛,必須跟隨在我身邊。」並指點:「我有保證你可以往生的方法。」一九八五年,毅然決然將臺北陽明山別墅全數變賣,偕同夫人在先生安排下,住進臺中縣菩提仁愛之家靈嚴書樓。

炳南先生生西之後,他仍早晚禮拜老師法相、重複聆聽開示錄音帶,一如往昔。行住坐臥不離佛號,早晚課精進念佛,散步、休閒時也念念不斷佛號。臨終前數日,似有預知,預告行將離臺之二公子,對親舊乃至傭人,一再點頭致謝。台中蓮社蓮友助念二十四小時後入殮,容貌平和,如入禪定,手足柔軟更勝於生前,實為往生極樂瑞相。[1]

六月二日(一),上午八時至十時,於內典研究班講授《彌陀要解》。

六月三日(二),上午八時至十時,於內典研究班講授《彌陀要解》。

---

[1] 參見:周榮富:〈無盡的追思——承師志 養師心〉,《明倫》第164期(1986年4/5月合刊);治喪委員會:〈富海仁山——福慧雙修的周大德〉,《明倫》第329期(2002年11月)。

六月四日（三），於慈光圖書館週三《華嚴經》講座，宣講〈十行品第二十一〉。

六月五日（四），晚，於善果林太虛紀念館宣講《法句譬喻經》。

六月七日（六），上午十時至十二時，於中興大學中文系講授《佛學概要》。

六月九日（一），上午八時至十時，於內典研究班講授《彌陀要解》。

六月十日（二），上午八時至十時，於內典研究班講授《彌陀要解》。

六月十一日（三），於慈光圖書館週三《華嚴經》講座，宣講〈十行品第二十一〉。

六月十二日（四），晚，於善果林太虛紀念館宣講《法句譬喻經》。

六月十四日（六），上午十時至十二時，於中興大學中文系講授《佛學概要》。

是日為端午節，有詩〈端午〉，前後又有：〈答入山

意〉、〈觀碁〉、〈陪友賞春村店沽酒〉、〈默坐〉、〈赴山中陪宴〉、〈愁愁然〉、〈客來〉、〈蠶繭〉。(《雪廬詩集》，頁 443-447)

〈端午〉：天不由人改，榴開五月花；天懸端午日，榴奪赤城霞。禹甸時行夏，王師海有槎；貞堅自多士，歸去弔懷沙。

〈妄作〉：夢裏偏多事，醒來無一言；林間煮茶坐，抱膝當晴暄。片雲隨流水，群蝶穿花繁；靜者意自適，忙者不憚煩。我心兩不即，境妄探真源；奇哉鹿為馬，君子偏化猿。不復人乘鶴，忽焉鶴乘軒；誰醒誰為夢，顛倒羊觸藩。古今天下士，難與辯風旛。

〈觀碁〉：應著人間讓子棋，平衡結局最相宜；從無君子求全勝，得意當時是錯時。

〈默坐〉：檀鑪趺坐靜乾坤，六紀兵戈白髮存；生不逢時徒進酒，死如得所莫招魂。匡床無語花仍落，大澤多蛇象可吞。世慮禪心能自印，冷灰還有一分溫。

〈赴山中陪宴〉：絃管久無興，山亭筵偶陪；雲依斜徑斷，花逐晚春開。更進一樽去，難逢今日來；塵中有奇士，交臂莫相猜。

〈愁愁然〉：愁愁然，賦詩不求唱于喁，自記身世悲遭逢。黃巾赤眉蕭牆禍，夷狄羌胡誰可宗。西風冷雨入秋夜，東壁斷續鳴寒蛩。史家直筆爭直見，應攬千首參龍鍾；九十年華六十載，滄桑容易六度改。四方溝壑志不挫，性滅道喪傷真宰。今時聖人不前知，澮水終涸難立待。酒不澆愁筆作刀，持將胸中割磊塊。或笑腐，

或譏狂,腐者見腐狂見狂。少陵喜狂詩句好,空羨襄陽向洛陽。地有老,天有荒,埋筆硯,焚辭章。日出日入隨牛羊,願無心肝亦無腸。

〈客來〉:從未作將相,客來窮巷多;無疑休問字,有酒且高歌。竹徑連山色,松窗俯澗阿;林泉胡不樂,國政有蕭何。

六月十六日(一)起,內典研究班各科教授輔導學員製作表格(科判),而後請研究生自行整理各科心得。[1]

六月十八日(三),於慈光圖書館週三《華嚴經》講座,宣講〈十行品第二十一〉。

六月十九日(四),晚,於善果林太虛紀念館宣講《法句譬喻經》。

六月二十五日(三),於慈光圖書館週三《華嚴經》講座,宣講〈十行品第二十一〉「重頌分」。[2]

六月二十六日(四),晚,於善果林太虛紀念館宣講《法句譬喻經》。

---

[1] 〈公告〉(1975 年 6 月 2 日),《內典班文牘》(1973-1977 年),台中蓮社檔案。
[2] 李炳南:《大方廣佛華嚴經講述表解》,《全集》第 1 冊之 2,頁 120。

1975 年・民國 64 年｜86 歲

六月二十八日（六），內典研究班本學期課程圓滿。

七月二日（三），於慈光圖書館週三《華嚴經》講座，宣講〈十行品第二十一〉。

七月三日（四），晚，於善果林太虛紀念館宣講《法句譬喻經》。

七月四日（五）至二十五日（五），舉辦第九期明倫講座，為初級班課程。敦請會性法師講《阿彌陀經》十四小時，先生講《佛學概要十四講表》二十小時、「國學」六小時，許祖成講〈普賢行願品〉十六小時，周家麟講《般若心經》十六小時，徐醒民講《唯識簡介》二十二小時，簡金武講《八大人覺經》十六小時。正式生六十名，旁聽生百餘名，全臺各大專院校共有一百六十餘人參加。

〈新聞〉：第九期暑期明倫大專佛學講座，於七月四日至二十五日，假臺中慈光圖書館舉行，參加學員有正式生六十名，臨時要求參加旁聽生卻有百餘名，因此，佛堂為之爆滿。講座課程有《阿彌陀經》、《佛學概要十四講表》、〈普賢行願品〉、《般若心經》、《唯識簡介》、《八大人覺經》及「國學」等。分由會性法師、李雪廬老師、許寬成老師、周聖遊老師、徐醒

民老師、簡金武老師擔任教授。[1]

【案】本期參加學員有：蔡英俊（師大國文）、林益謙（逢甲水利）、李憲州（政大應數）、熊琬（輔仁中研所）、陳火爐（中興農經）、張清泉（臺中師專）、蘇清龍（中興植物）、張火慶（中興中文）、丘昌泰（中興統計）、姜淑惠（中興土壤）、黃燕玉（臺中師專）、顏彩雲（輔仁圖管）、郭瓊瑤（師大國文）、張惠娟（東吳經濟）、粘思容（臺中師專）、陳明珠（臺大農推）⋯⋯等。[2]

七月五日（六），上午八時至十時，明倫講座第九期初級班開學典禮。

七月六日（日），上午八時至十時，於明倫講座講授《佛學概要十四講表》。

七月七日（一），上午八時至十時，於明倫講座講授《佛學概要十四講表》。

七月八日（二），上午八時至十時，於明倫講座講授《佛學概要十四講表》。

---

[1] 〈新聞〉，《慧炬》第 137/138 期合刊（1975 年 9/10 月），頁 91。開辦時間據〈李炳南老居士年表〉。
[2] 明倫社：《第八、九期明倫大專佛學講座通訊錄》（臺中：明倫社，1975 年 7 月 25 日）。

1975 年・民國 64 年 | 86 歲

七月九日（三），於慈光圖書館週三《華嚴經》講座，宣講〈十行品第二十一〉。

七月十日（四），晚，於善果林太虛紀念館宣講《法句譬喻經》。

七月十一日（五），晚七時半至九時半，於明倫講座「國學」課，選講《論語》。[1]

七月十二日（六），上午八時至十時，於明倫講座講授《佛學概要十四講表》。

七月十三日（日），上午八時至十時，於明倫講座講授《佛學概要十四講表》。

七月十四日（一），下午三時半至五時半，於明倫講座講授《佛學概要十四講表》。

七月十五日（二），上午八時至十時，於明倫講座講授《佛學概要十四講表》。

七月十六日（三），於慈光圖書館週三《華嚴經》講座，宣

---

[1] 李炳南：〈明倫講座第九期初級班　國學 1（論語選講）〉（1975 年 7 月 11 日），錄音檔案，台中蓮社檔案。

講〈十行品第二十一〉。

七月十七日（四），晚，於善果林太虛紀念館宣講《法句譬喻經》。

七月十八日（五），晚七時半至九時半，於明倫講座講授「國學」。

七月二十日（日），上午八時至十時，於明倫講座講授《佛學概要十四講表》。

七月二十一日（一），上午八時至十時，於明倫講座講授《佛學概要十四講表》。

七月二十二日（二），晚七時半至九時半，於明倫講座講授「國學」。

七月二十三日（三），於慈光圖書館週三《華嚴經》講座，宣講〈十行品第二十一〉。

七月二十四日（四），上午八時至十時，於明倫講座講授《佛學概要十四講表》。

晚，於善果林太虛紀念館宣講《法句譬喻經》。

1975年・民國64年 ｜ 86歲

七月二十五日（五），上午八時至十時，明倫講座第九期初級班結業典禮。

七月三十日（三），於慈光圖書館週三《華嚴經》講座，宣講〈十行品第二十一〉。

七月三十一日（四），晚，於善果林太虛紀念館宣講《法句譬喻經》。

是月，於游俊傑改建完成之府宅四樓遠眺，有詩〈登游生四樓平臺晚眺〉題贈游俊傑。先生於游宅改建前即常於週末至游府觀賞國劇並共餐，改建後亦然。（見《圖冊》，1975年圖10）[1]

〈登游生四樓平臺晚眺〉：落日高臺看遠山，行雲幾片共心閒；低垂無際天如海，久隱應知豹有斑。樹裏人家歸宿鳥，眼前風物異鄉關；何妨待到中秋月，勞爾茶瓜扶再攀。

乙卯荷月登游生俊傑四樓平臺晚眺率成一律　炳南

【案】是詩與收入《全集》者略異。〈登游生四樓平臺晚眺〉：

落日高臺望遠山，明霞幾縷共心閒；低垂無際天如海，

---

[1] 李炳南：〈登游生四樓平臺晚眺〉（張靜雄珍藏），《雪廬老人題畫遺墨》，《全集》第16冊，頁53；〈登游生四樓平臺晚眺〉，游俊傑珍藏，游青士提供。

久隱應知豹有斑。眾鳥歸巢依院樹,孤蓬止處是鄉關;何辭後會中秋月,勞爾茶瓜扶再攀。[1]

前後又有:〈煮茶留客〉、〈時異感同自遣〉、〈狂夫〉、〈宵夢初回〉、〈寄意〉、〈掘塚〉、〈遊日月潭玄奘寺〉、〈索忍尼辛著論警告美國主道德高於法律盡揭國際陰謀越亡拒與美國總統會晤〉、〈國劇臉譜〉二首、〈游夏〉、〈聞鐘〉、〈倦遊〉、〈中國文化〉、〈王子哲赴美設醫院寄贈〉。(《雪廬詩集》,頁447-452)〈宵夢初回〉寫夢回故鄉,見老親幼子如故。

〈時異感同自遣〉:書空呵壁歲時淹,每厭霜莖鏡裏添;天弔中原無石虎,士能高節有陶潛。遙聞戰伐常憂國,閒愛邱山偶捲簾;興替雖知人力定,龍駒至老困車鹽。

〈狂夫〉:惆悵老年道益孤,違時反省是狂夫;不看潭上桃千樹,只愛窗前松一株。未有客來茶自飲,何曾錢少手常枯;仰天俯地雖啼笑,倏忽之間心已無。

〈宵夢初回〉:驅我長征五十年,歸來恍惚暮雲天;老親幼子顏如舊,剩水殘山境異前。屢變滄桑忘住壞,久經離亂重團圓;悲歡交錯回宵夢,頓悟何時不是眠。

〈遊日月潭玄奘寺〉:潭深樓日月,塔峻出杉松;落地河幾許,浮槎天九重。林邊喜登岸,雲頂坐聽鐘;莫作塵寰想,高僧在鷲峰。

---

[1] 李炳南:《雪廬詩集》,《全集》第 14 冊之 1,頁 447-448。

〈國劇臉譜〉二首：
詩亡安得春秋在，不道伶人有別傳；粉墨縱橫三數筆，留芳遺臭到何年。
華袞登臺未足榮，吉凶面目肺肝情；龍門以後書難信，捨此絃歌誰正名。
〈聞鐘〉：九十纔知百不能，觀心非水亦非冰；晚鐘來自何山寺，露白雲停有定僧。

八月六日（三），於慈光圖書館週三《華嚴經》講座，宣講〈十行品第二十一〉。

八月七日（四），晚，於善果林太虛紀念館宣講《法句譬喻經》。

八月八日（五），上午，應臺中監獄趙典獄長邀請，率台中蓮社弘法團十餘人至臺中監獄專題演講，勉勵在監學員，為出小獄作準備，更要為出大獄得解脫作準備。監獄弘法工作已中止若干年，即日起，受邀每逢週五分派弘法團弟子，前往弘法佈教。

本刊記者，〈臺中監獄參觀記〉：陽光普照的八月八日，台中佛教蓮社弘法團一行十餘人，在導師雪廬老人率領下，到了臺中監獄，開始已中止若干年的監獄弘法工作。

導師本擬進來就演講，但是典獄長非常熱情，先邀導師和弘法團人員參觀監房和工場。大家跟著典獄長，以及

監獄的各級官員,走完了監房的長廊,卻不見一個受刑人,無論是哪一級的監房,裡面都是整整齊齊的,陽光既充足,又沒有惡劣的空氣,牆壁也好,地面也好,掃得一塵不染。後來走到另一排房子,才看見所有的受刑人都在那裡身手活躍的工作。他們作的有藤器、木器,以及各種手工業加工。每個人都穿了淡藍色的衣服,整潔而又調和。每一間的監獄官員都令人有親切之感。

最值得注意的一點,這裡面每一個適當的地方,都貼了發人深省的格言標語,叫人看在眼裡,印在心裡,自然受到良好的感化。

「塞翁失馬,焉知非福」,參觀完畢,導師在獄監大禮堂對著在監獄的聽眾說了,諸位同胞,在外面犯了一時的罪過,來了這裡,是不幸之幸。這裡的官員和環境,無一不是幫助大家改悔向上。雖然環境是這樣美好,但畢竟這是監獄,各位期滿之後,都要出獄。不過,各位要了解,出這小獄很容易,還有大獄,要出去就難了。什麼是大獄呢?天上人間都有種種的苦惱,最主要的是生老病死,一日不解脫,一日就是關在大監獄中,毫無自由。如要解脫,就要以我們難得的人身,接受難以聞到的佛法,破迷啟悟,才能離苦得樂。然而,佛法不是一聽就會的,必須有次序的講,能專心的聽。這種條件,今日社會一般人不容易具備,而這裡難得典獄長這樣慈悲的照顧,使各位能具備,豈不是塞翁失馬,不幸之幸。希望各位把握這機緣,跟我們一同走出天上人間三界的大獄。

1975年・民國64年 | 86歲

導師在一片掌聲中結束了一小時的演講。以後每星期五就由導師的弟子們所組的弘法團來佈教了。[1]

是日下午三時三十分,先生以班主任職召開「內典研究班」班務會議,全班學職員參加。開示學問與辦事能力俱要增進,且囑咐在家居士必應有一自立謀生之職業,並舉自己為例:未到三十歲,就在縣府當承審員、司法科長。[2]

〈為內典班弟子開示〉(1975年8月8日):
一、傳不習乎:自己往外傳時,自不先實習以後,不可傳也!如今晨至監獄講,亦動用腦筋後,才敢講!
二、歷史乃四千年的經驗閱歷,故知其要!
三、作文貴有見地,此必有經驗、閱歷,先閱《御批歷代通鑑輯覽》,再《資治通鑑》,再《二十五史》才可作出。故歷史必學,對今古事才有超人見解。學詩是學詩之章法用之作文。
四、在世上,與人往來,書信不可少。
五、肯用心,下苦功,即可化拙為巧!必去貢高習氣!
六、在家與出家,責任不同,必認清之。
七、三武滅法,非單方面者。魏太武帝、周武宗、唐武

---

[1] 本刊記者:〈臺中監獄參觀記〉,《明倫》第47期(1975年10月15日)。
[2] 「64年8月,炳南先生為內典研究班諸生開示『辦事祕訣』時述:吾未到三十歲,就在縣府當承審員、司法科長。」見:陳雍澤:《雪廬老人儒佛融會思想研究》,頁42,注16。

帝,皆破佛法,查有關之史料傳記可知。

八、毘尼日用必看。

九、主動學習師之一言一行,有不知即問,即是好學。不可等著人教,主動求學。看人之如何成?敗?

十、雪公一肚子廿四史,故作事方法,高人一等!

十一、四年中拚命學,扎根基,四年後再學則渺茫也!即時當努力,好景不再來。故聽經必聽出各句之重心,由聲之輕重知之。再學師之講法,如每段之詳略及過門方法。

十二、不介紹旁聽者來。

十三、嚴選學生,否則教成後為惡,乃師之過!

十四、曲禮:親姊妹五歲後即不同席,男女在一起必生毛病!

要防微杜漸!佛門中男女混雜乃至壞者也!

十五、經典、講演及文學,思齊、任弘、希仁三人在此下功夫,誠達、和光、智果兼于辦事上。

十六、辦事必有任勞任怨之精神,辦得好亦挨罵,必忍之!為公事亦不免得罪人也!辦事受罵乃應該也!但看對得起己之良心與否也。釋迦佛當時亦有反對之者,孔子亦被謗也!

十七、汝等不准翻譯經文成白話。

十八、無知者,才敢妄作,吾之說,皆有根據!

十九、四年畢後找正業,隨緣盡分弘法!各人各有法緣!不找職業,則為佛棍,無業遊民也!在家人能了生死固好,不了亦無大過。不怕人不知,怕

二十、吾不在此勞苦,即不在慈光圖書館吃飯!自發大心、有公心,則必蒙佛菩加被。身體必自調攝,成事全在精神。

◎以下五點乃對「出家應為」之切要開示

一、若出家則必了生死,否則「今生不了道,披毛帶角還!」

二、若出家必當大乘菩薩,有犧牲精神,非為享受!如印祖之清淡、自處,人之供養皆轉施之,不染六塵也。必有事實表現,非空口說說也!又如弘公之能為人師!印祖有五十萬學生!而臨終身旁不到四十大洋!出家不能為眾犧牲則壞,再求享清福,則為地獄種!今佛門衰極,真有如印祖、諦公、弘一大師之才能,始可振興佛門,則可出家,否則勿當罪人!

三、出家手不可捉持金銀也!──守不持銀錢戒。

四、「一日不工作。一日不吃飯。」百丈禪師清規,多念念。

五、印祖有三不:(一)不當方丈;(二)不收出家弟子;(三)不登大座。蓋不拖其入地獄也!自無能力令人解脫,切勿勸人出家!印祖云:「證道與否,不在數根頭毛也!」聊齋誌異之「金和尚」可看之,臺灣有此等人也!誡之![1]

---

[1] 〈為內典班弟子開示〉(1975年8月8日),《內典班文牘》(1973-1977年),台中蓮社檔案。

八月十二日（二），於慈光圖書館召集蓮社弘法組員及內典班，開示監獄弘法注意事項。[1]

李炳南居士開示，陳雍澤記，〈開示監獄弘法人員〉：

一、主事者節操，有功分眾人，有過自承當。如是即有陰德。

二、獄中人聞法乃強迫其學好，故必契機。若獄外人則主動來學好者也。獄中人，各業皆有，程度不一、心行不一，故言語必謹，勿令生反感。監獄乃是非場也。爾後新安排之主講者，必吾同意方可。

講演必活用技巧，全身皆說話，令聞者皆以講者乃對吾而說之感，故難。若講經，如法而說，平正即可。

講時應知：不云社會事，不云女人事，不云家庭和樂事，不云殘難事，不妄發議論。

獄中有高程度者，故於科學、文學上必講內行話。準備十分，但可說四分，勿逞己能。

三、監獄乃一小社會，國家之縮影也，由獄中之人犯可知一國之狀況。觀人之國，先觀其獄也。

四、參觀時，典獄長在前領導，吾不走前。非客氣也，以彼領咱，非咱主動行走，可免究責。

五、入內須知：除領咱之主任、科長外，不主動與他人交談，或問獄中事。不與犯人交談，或代其傳遞紙

---

[1] 李炳南開示，陳雍澤記：〈開示監獄弘法人員〉（1975年8月12日），《第八冊筆記》，未刊稿。

條。送與物品或書冊，必先送檢查。
六、講完後必填報表。做事之計畫必完備，然執行則須簡單。又講前必預備，講後必檢討，一句一字及其反應如何，如是方可進步。劉霜橋老師下過此功夫。
七、講時視線。吾於慈光圖書館講經，百分之八十時間注於男眾，百分之二十時間注於女眾。若偏注女眾，易引生是非。
八、至獄弘法，全是功德事！當知。做事必處處為對方設想，生一念善心，即功德也。

八月十三日（三），於慈光圖書館週三《華嚴經》講座，宣講〈十無盡藏品第二十二〉「力度善法行」。[1]

《華嚴經》，自修有兩品最重要。研教理，即在〈十無盡藏〉，而第五的「多聞藏」尤為重要。行持方面以〈普賢行願品〉最重要。不能記全經，此二品必須注重修學。[2]

八月十四日（四），晚，於善果林太虛紀念館宣講《法句譬喻經》。

八月十六日（六），內典研究班第二學年第一學期開學。先

---

[1] 李炳南：《大方廣佛華嚴經講述表解》，《全集》第 1 冊之 2，頁 124。
[2] 編者：〈明倫采風・華嚴兩品〉，《明倫》第 516 期（2021 年 7/8 月合刊）。

生於週一、週二上午教授「修身」、《彌陀要解》兩門課。

〈內典研究班第二學年第一學期上課時間一覽表〉：

	一節	二節	三四節	五六節
週一	李炳南老師「修身」			王禮卿老師「國文」
週二	李炳南老師《彌陀要解》		王禮卿老師「國文」	許祖成老師《證道歌》
週三	徐醒民老師「唯識諸論」			會性法師《金剛經》
週四	楊老師「歷史」		會性法師《金剛經》	徐醒民老師「唯識諸論」
週五	周家麟老師《大乘起信論》			徐醒民老師「唯識諸論」
週六	周家麟老師「尺牘」			
餘為週會、研討會及複講時間。[1]			

八月十八日（一），內典研究班本學期開始正式上課。上午八時至十時，於內典研究班講授「修身」。

八月十九日（二），上午八時至十時，於內典研究班講授《彌陀要解》。

八月二十日（三），於慈光圖書館週三《華嚴經》講座，宣

---

[1] 〈內典研究班第二學年第一學期上課時間一覽表〉，《內典班文牘》（1973-1977年），台中蓮社檔案。

講〈十無盡藏品第二十二〉。

八月二十一日（四），晚，於善果林太虛紀念館宣講《法句譬喻經》。

八月二十五日（一），上午八時至十時，於內典研究班講授「修身」。

八月二十六日（二），上午八時至十時，於內典研究班講授《彌陀要解》。

八月二十七日（三），於慈光圖書館週三《華嚴經》講座，宣講〈十無盡藏品第二十二〉。

八月二十八日（四），晚，於善果林太虛紀念館宣講《法句譬喻經》。

是月，慈光講座資深學員施人豪應聘至中國醫藥學院任教。先生將該校佛學社醫王社指導老師一職託囑。

　　施人豪，〈無盡的追思──記雪公恩師二三事〉：民國六十四年秋天，筆者應中國醫藥學院之聘，前來臺中任教。當筆者向老師稟告時，他老人家顯得特別的高興，因為中醫學院的佛學社團──醫王社是他老人家扶植之下成立的，並且一直擔任該社的指導老師。筆者到中醫學院來，使他老人家認為後繼有人，當下要筆者

負起指導責任,筆者心雖惶恐,但是師命難違,且也義不容辭,便接下了這個使命。在雪公老師的威德感召之下,醫王社的同學一直都是品學俱優,社務也很上軌道,老師曾稱讚是最好的大專佛學社團之一。它的確造就了不少具有悲憫胸懷的醫藥、護理人才。

雪公精通岐黃,曾應聘在中醫學院講授「黃帝內經」,還應聘擔任董事。董事會每兩個月開會一次,分別在臺北、臺中輪流召開。老師雖早已聲明臺北的會不能參加,但是每逢在臺北舉行董事會前,老師必請勝陽師兄遞來名片,囑咐筆者代為請假,這種誠敬的處事態度,一直是筆者在中醫院擔任行政期間所奉為圭臬。[1]

【案】施人豪為一九六五年暑期慈光大專佛學講座學員。早年蓮社弘法班張慶祝至鹿港佈教時,即借住其府上。[2] 一九七五年至臺中任教於中國醫藥學院,亦擔任台中蓮社蓮友子弟輔導團教席。

【小傳】施人豪(1937-1990),鹿港人。幼承庭訓,由父親啟蒙國學,一九五一年以第一名成績畢業於鹿港第三國民學校。由於家計艱難,入彰化工職初級部,繼入高級部。一九五七年畢業,旋獲特考及格,分發鹿港鄉公所任人事管理員。因與志趣不合,經摯友施智謀相助,負笈北上,入師範大學夜間部國

---

[1] 施人豪:〈無盡的追思——記雪公恩師二三事〉,《明倫》第164期(1986年4/5月合刊)。

[2] 張式銘:《張慶祝師姑九十回顧》,頁40。

文系選修，受教於魯實先教授，奠定學術研究基礎。一九六三年入淡江大學夜間部中文系。一九七一年入政治大學中文研究所，獲政大文學碩士。一九七五年獲聘為中國醫藥學院講師兼祕書，教學案牘之餘，指導「醫王學社」；又創「書法社」，獲獎無數。一九八一年，轉任成功大學中文系副教授，開設文字學、史記等課程。一九九〇年，升等教授，未幾病逝。

施人豪曾於一九五八年罹肺疾，住院療養，因南投水里蓮因寺懺雲法師之開示，受戒皈修行，精研佛學；又追隨李炳南先生於台中佛教蓮社講經授課。致力慈善事業，長期匯助慈光育幼院及鹿港至誠慈善會。又盡瘁心力於鹿港文教基金會之創立，保存發揚鹿港傳統文化，與摯友共同成立鹿港文教基金會，並提供祖宅瑤林街六號為會址。生前預立遺囑，將屋產、數千冊藏書及身後撫卹金，悉數捐贈鹿港文教基金會與文開書院國學中心，又捐贈花蓮慈濟醫院病房、成功大學中文系獎學金及其他等項。[1]

九月一日（一），上午八時至十時，於內典研究班講授「修身」。

1　參見：李昭容：〈施人豪〉，TBDB 臺灣歷史人物傳記資料庫：http://tbdb.ntnu.edu.tw/showBIO.jsp?id=28B00009-2A91-BE20-5FF4-90ED209D83E9

九月二日（二），上午八時至十時，於內典研究班講授《彌陀要解》。

九月三日（三），於慈光圖書館週三《華嚴經》講座，宣講〈十無盡藏品第二十二〉。

九月四日（四），晚，於善果林太虛紀念館宣講《法句譬喻經》。

九月八日（一），上午八時至十時，於內典研究班講授「修身」。

九月九日（二），上午八時至十時，於內典研究班講授《彌陀要解》。

九月十日（三），於慈光圖書館週三《華嚴經》講座，宣講〈十無盡藏品第二十二〉「十藏品釋名」。[1]

九月十一日（四），晚，於善果林太虛紀念館宣講《法句譬喻經》。

九月十五日（一），上午八時至十時，於內典研究班講授

---

[1] 李炳南：《大方廣佛華嚴經講述表解》，《全集》第 1 冊之 2，頁 125。

「修身」。

九月十六日（二），上午八時至十時，於內典研究班講授《彌陀要解》。

九月十七日（三），於慈光圖書館週三《華嚴經》講座，宣講〈十無盡藏品第二十二〉「一、信藏」。[1]

九月十八日（四），晚，於善果林太虛紀念館宣講《法句譬喻經》。

九月二十日（六），中秋節，有詩：〈乙卯中秋對月〉、〈海涯中秋對月致歉〉，前後又有：〈上弦月〉、〈蟹〉、〈菊〉、〈孤霞〉、〈我好〉、〈偶然〉。
（《雪廬詩集》，頁 452-454）

　　〈上弦月〉：清輝雖有減，自力會重圓；莫信依他事，媧皇未補天。

　　〈海涯中秋對月致歉〉：月自東溟出，我從西陸來；今宵過歷下，誰舉主人杯。

　　〈蟹〉：橫行惟有爾，擁劍足稱雄；把臂酒家去，一杯談笑中。

　　〈乙卯中秋對月〉：我家月中秋，皎皎掛霄漢；煙

---

[1] 李炳南：《大方廣佛華嚴經講述表解》，《全集》第 1 冊之 2，頁 126。

> 塵苦未息，安得歸去看。他家各有主，君子從不濫；喝曾卻道梨，餓豈因熱羹。疑在故鄉天，倒飛東海岸；同深萬里情，來照孤客館。杖藜陟高岡，躑躅吟澤畔；歡由悲中生，相對惜達旦。

九月二十二日（一），上午八時至十時，於內典研究班講授「修身」。

九月二十三日（二），上午八時至十時，於內典研究班講授《彌陀要解》。

九月二十四日（三），於慈光圖書館週三《華嚴經》講座，宣講〈十無盡藏品第二十二〉。

九月二十五日（四），晚，於善果林太虛紀念館宣講《法句譬喻經》。

九月二十六日（五），晚，於中興大學夜間部中文系五年級開設「佛學概要」，為夜間部中文系首次開課。教材與前兩年在日間部開設「佛學概要」時相同，為自編講義《佛學實況直介》。（見《圖冊》，1973 年圖 8）

　　廖富樂，〈無盡的追思──含悲忍痛奏哀樂〉：由於二年級「詩選」課時，每堂禪機。且佛學在我國文學政治社會史上，占有極其主要的地位，故雖有智燈學社之創立，同學們鑑於日間部有「佛學概論」一門課，亦

經積極向校方爭取,終於在五年級時學校加開「佛學概論」一科,並請炳公任教,此在夜間部,更是空前而絕後。當然恩師之鐘點費轉撥為獎學金,自不在話下。[1]

「廖富樂口述」:民國六十四年九月至六十五年六月,中興大學夜間部中文系佛學概論選修課二學分。主要教《十四講表》。上學期結束,於下學期初,頒予成績優良者一千元獎學金。部分同學捐回給蓮社。[2]

上課首日,先說明重編講義內容,以及佛學特質在「學覺」。而後講授第一表「佛法創始者略介」:(甲)創始者之世家、(乙)地域。

李炳南居士講、吳希仁記,《佛學實況直介筆記》:重編講義,方式變,內容不變。佛之義,覺也,揀迷也。於一切澈底明了之謂。科學講求統系,故一切皆當講究科學方法,佛學亦然。學有形而上、形而下。要知,世法無有澈了者。佛學乃一切澈知之學,善固知之,惡者亦然,乃包盡一切學問。是故,任何人皆宜學之。昔北大之哲學即佛學,梁任公授之。辭海中,十之四五,皆佛學名詞。是故,乃人人該學之學、人人必備之學。

學佛,乃學覺也。不覺,則如醉生夢死。得乎正覺,於人生觀、宇宙觀覺之,覺而後控制、解決其中問題。學

---

[1] 廖富樂:〈無盡的追思──含悲忍痛奏哀樂〉,《明倫》第 165 期(1986 年 6 月)。
[2] 詹曙華記錄:「廖富樂口述」,2022 年 3 月 15 日於台中蓮社。

而不能解決，等未學也。

講有限度，不能及乎深，以虛乎飄渺故。如曰「性」，性情能取之出乎？不能，卻人人有也。佛學中，其不能為出證明者，不講。待到相當程度，始足以明也。[1]

九月三十日（二），上午八時至十時，於內典研究班講授《彌陀要解》。

九月，於中興大學中文系四年級開設「李杜詩」，為該系首度開設此課程。有講義：《杜詩習知類選》。（《圖冊》，1975 年圖 11）

　　郁英、弘超，〈雪公與智海的一段緣〉：六十四年至六十五年上下學期為中國文學系四年級開「李杜詩」專課。

　　【案】先生於籌備開辦「內典研究班」前，即決心將各校兼課辭卸，專心辦學（見 1974 年 12 月 28 日譜文）。因此辭去中國醫藥學院《內經》兼課，也辭去中興大學中文系任教多年之《禮記》兼課，請孔德成先生接任。唯各方禮聘殷殷，難以堅拒。先生與中興大學夜間部中文系五年級該班因緣深厚，該班二年級修讀「詩選」課時，即於課外時間請求講授佛學，且

---

[1] 李炳南講，吳希仁記：《佛學實況直介筆記》，1975 年 9 月至 1976 年 5 月，講於臺中中興大學夜間部中文系五年級，未刊本。以下至 1976 年 5 月該課程皆同引自此本筆記，不另注記出處。

連修女都不缺課（見 1973 年 5 月 26 日譜文），因此最後各校兼課只辭卸中國醫藥學院《內經》一門，唯增加東海大學中文研究所「詩學研究」一門，校外任課實未減少。中興大學中文系原開設「佛學概要」兩學年，於是年起改開設「李杜詩」。授課時間推估應同前兩年「佛學概要」時間，為週六上午十至十二時。然文獻無徵，因未能於每週呈現。

同時，首度應聘至東海大學中文研究所任教，講授「詩學研究」。該所為中部唯一之中文研究所。（見《圖冊》，1975 年圖 12）

宋丘龍，「口述」：我是一九七五年九月，碩一入學。李老師也是第一年到東海中研所任教，連續教我們兩年。（王禮卿老師其時尚未至本校兼課）一上：詩學研究，一下：李杜詩研究，二上：漢晉詩研究，二下：陶謝詩研究。一年級用的教材是《詩階述唐》，二年級則臨時發講義。都是二學分的課，每週上課兩小時。最初在東海上，是侍者鄭勝陽開著裕隆小速利送老師來上課。[1] 不到一個月，移到蓮社。沒多久，又改到正氣街老師寓所上

---

1 台中蓮社董事長董正之曾概括先生在臺中三十七年講經之交通分三個階段：第一階段為步行往返弘法時期，安步當車，閱十寒暑。第二階段為機車弘法時期：自五十年後鄭勝陽為常侍弟子，乘其機車後座往返。第三階段為座車弘法時期，六十年後蓮友購車代步。見：董正之：〈無盡的追思——永懷 雪公恩師（中）〉，《明倫》第 168 期（1986 年 10 月）。

課。在正氣街上課時間超過三個學期。

因為老師的住所很小,連客廳也不方便,所以我們是在老師的寢室上課。真的是「登堂入室」。因此,一直想刻個印章:「雪廬老人登堂入室弟子」。當然只是想想而已,不敢造次。上課時,老師坐床上,床前擺一圓桌,我們班五個人:王能傑、張德麟、徐潔珠、鍾越娜和我,三男二女五個學生圍坐。坐這麼近距離看,同學很驚訝地發現,老師眼睛的顏色和我們黑白兩色不同,老師眼珠子是像天空一樣的天青色。

老師上課,對待我們非常親切。我們私下也會去慈光圖書館聽《華嚴》。所以我們知道,老師上我們課時,對待我們和講經時的威嚴嚴肅氣氛完全不同。課間,鄭先生會拿熱毛巾給老師擦臉;老師也常會拿蓮友供養的零食請我們吃。為了鼓勵我們吃,老師自己會先吃來帶動我們。鄭先生有時還會說,這是供過太虛大師的、這是供過印光大師的……。我們也不懂,只有王能傑會非常珍惜。

每次下課,老師一定送我們到門口,看著我們離開。我們知道這是老師送客的禮數,但我們是學生不是賓客,實在擔不起,屢次拜請不敢勞駕老師,老師仍然堅持。兩年都是如此。後來我們只好快步離開,不敢讓老師久站。

老師講詩,特別重視章法結構。期末報告,也要我們自行選題,就詩的章法結構作報告。幾位同學去聽《華嚴》,發現老師講經時所發的科判表解講義十分重要,把科判弄清楚了,文本就很容易讀懂。老師講詩重視章

法組織,應該也是這個意思。[1]

【案】先生曾自述「八十六歲前,但乘摩托車;八十七後始乘轎車。」[2] 董正之則以先生「第三階段為座車弘法時期,六十年(1971)後蓮友購車代步。」[3] 據前引宋丘龍文,似是至東海大學任教時開始有轎車代步。是時,先生虛歲八十七;正符前述。

九月,輯成《佛經注疏語譯會一年工作報告》陳報創辦人沈家楨:佛經注疏語譯部分,因譯員各有困難,尚無成績。內典研究班部分,師資俱優。學員正式生八、長期旁聽生十五,俱為學有根柢、發心深究者。[4]

〈佛經注疏語譯會一年工作報告〉(1975年9月):

甲、佛經注疏語譯會

一、譯經及注疏問題

　　1. 華文諸經首推晉唐兩譯,皆是國家舉辦,羅什、玄奘只為主編,另選能文之士以及深明佛理者,組織大會共成其事。

　　2. 所譯皆能合信雅達,章句簡要,而「義理」、「修

---

1 林其賢:「宋丘龍口述紀錄」,電話訪談,2022年6月30日訪談,2022年7月11日文字確認。
2 陳雍澤:〈雪公教學紀要〉,1976年7月1日,未刊本。
3 董正之:〈永懷雪公恩師(中)〉,《明倫》第168期(1986年10月)。
4 〈佛經注疏語譯會一年工作報告〉(1975年9月),《內典班文牘》(1973-1977年),台中蓮社檔案。

因」、「果境」等涵蘊無餘，文以載道，故能萬古流通。

3. 古德注疏決非率爾，多係通家，教有得有證之人，抉出實義精微，千讀不厭，悟入始知能到寶所。

二、今臺佛教現象

1. 文學普遍降低，何知文中有道，時尚諍鬥謾罵，經典泛浮涉獵而已，近事男女不好讀書，雖習聽經，喜聽故事。能看雜誌者，亦稱好學，真求行解者，仍研古注。

2. 雖有熱心不解其道，望文生義，三世佛冤，「修因」、「果境」自無體證，縱敢注解，實恐錯指路途。

三、我方譯注之經過

1 蔡念老、周邦道、董正之諸公皆篤信之士，且深通文理者，會性法師深入經藏，戒律精嚴者，各擇一經，已允譯注。

2. 時間已經一年，大概都感先易後難，觀今現象，竟成擱筆之勢。按蔡周董三位，雖長文理，而內功未充，故至「修因」、「果地」之處，難以著筆。會性法師雖有內功，文字力薄，不能配合自如，亦生障礙。

3. 我方對於譯注之處理，除職員工友，乃一會所用，兼辦兩處之事，譯注方面並無支消。各譯員不能交稿，不支分文，雖無成績，亦無損失。

4. 此譯注事業,較自意注疏減少過錯,以時下而論,非不需要,惜少人才,若有簡要詳明之語體文,能引起喜讀興趣,要於大道有個入處,恐須靜待後緣,今少希望。

乙、內典研究班

一、佛學研究班問題(亦即弘化事業)

1. 歷代佛教之興,端在先出人才,必德學兼優之人,起而影響,眾生心起尊敬,後始變化。德為身教,學為言教。自行無虧,化他始不作偽。培養人才為今要義。
2. 興衰不在人才量數,要在本質。首在道果成就,次在教義精確,再次於社會多有益眾事業。所謂立德、立言、立功也。能如此作為,國家社會自然尊重,外道自然降伏,是為真興盛。

二、臺灣佛教今日之現象

1. 寺廟時有新建,金碧與電化交輝,爭取觀光,確已壓倒外國教堂;而社會公益事業不及外教。弘經弘道及文字般若,也不及清末民初。
2. 受潮流之影響,多數不識興衰實際,而以世法活躍者為人才,不免趨向是非、名利、鬥諍不息之途。

三、我方研究班之內容

1. 教授七人除弟一人昏庸外,比丘一人,係深入經藏者;中興大學名教授三人,一長文學、一長史學,因加強文學,班中另開文史兩科;餘二人為從弟學佛,每日不離已二十三年者,均品學純

正，認真勤嚴。
2. 台中蓮社每年暑寒假均辦大專佛學講座，今已十八年矣（前九年由圖書館主辦，後九年由明倫社主辦），周宣德弟經手，常受詹勵吾居士獎學金。我班中正式生八員，皆係常參加講座者，故肯辭去個人職業獻身學佛，且皆係厚重好學之士。
3. 長期旁聽生十五人，亦係講座畢業學生，各有職業，每日選讀，請假來聽，風雨無阻，亦甚可嘉。
4. 經此一年，正式生已能習講小經，普通講演均能依法表演。擬下年度各學校之佛學社、監獄及不開佛店之道場，即分派去按期宣揚。

（附後）此事在我國近代尚屬創舉，亦係弘護基本工作，辦事以人才第一，有德無才，雖善不能辦事，有才無德，終究害事，必培兼優人才，庶有前途。我公功德亦逾彌陀，真實不虛，欽佩萬分。今歲臺中暑假大專講座內容，辦事人員主體皆是我班學生，且有一生出任講師，特將該講座副件呈報，諒我公聞而歡喜也。

十月一日（三），於慈光圖書館週三《華嚴經》講座，宣講〈十無盡藏品第二十二〉。

十月二日（四），晚，於善果林太虛紀念館宣講《法句譬喻經》。

十月三日（五），晚，於中興大學夜間部中文系五年級「佛

學概要」課程,講授自編講義《佛學實況直介》第一表:(丙)種姓環境、(丁)生滅時代;第二表「求覺之動機」:(甲)眾生環境。

十月六日(一),上午八時至十時,於內典研究班講授「修身」。

是日,於慈光圖書館召開榮富基金會辦事協調會,指示辦事要手續明確、待人和氣。[1]

　　李炳南居士講,陳雍澤記,〈榮富基金會辦事協調會〉:
一、人情:凡出錢給人辦事,不免有疑心,怕受欺故。咱不會生疑,且不問其疑否,務必於月初將上月之收支報表報出。
二、吾來臺時,即立一願:寧可當乞丐,住橋下,不圖他人一分便宜,或沾公家之一分利。故彼云送我之錢,亦以施者名轉用慈善事上。公家為吾備屋,吾亦不住,寧願自住陋室中。內典研究班之鐘點費,吾不取;沈大德欲購車供用,亦不受。又興大之「佛概」授課,亦不拿鐘點費,轉作聽課學生獎學金。
三、各機構若有金錢問題,吾不疑人,但云手續亂故錢

---

[1] 李炳南講,陳雍澤記:〈榮富基金會辦事協調會〉(1975年3月23日),未刊本。

亂，由己之作為可推知故。自己亦常亂了手續而令錢虧也。

四、時局壞，人心亦難免厭煩。故辦事必和氣待人，低聲下氣，忍辱第一，萬事可成於忍故。

十月七日（二），上午八時至十時，於內典研究班講授《彌陀要解》。

十月八日（三），於慈光圖書館週三《華嚴經》講座，宣講〈十無盡藏品第二十二〉「二、戒藏」。[1]

十月九日（四），晚，於善果林太虛紀念館宣講《法句譬喻經》。

十月十日（五），有政戰學校軍校生數名至臺中學法，與徐醒民共同為其於慈光圖書館舉行三日講座。[2]

李炳南居士講，陳雍澤記，〈學佛初階〉：認清是非善惡，先成正人，明白事故人情通達之，方成國之人才。無人格，焉可為民謀福？而藥方則在深信因果。

現時之一步如此，尚有後一步。人壽長如彭祖八百，終

---

[1] 李炳南：《大方廣佛華嚴經講述表解》，《全集》第 1 冊之 2，頁 129。另參見：李炳南（雪廬老人）講，徐醒民記：〈咸尊法王令〉，《明倫》第 512 期（2021 年 2/3 月合刊）。

[2] 李炳南講，陳雍澤記，〈學佛初階〉（1975 年 10 月 10 日），《第八冊筆記》，未刊本。

究一死。世上無一人可自古活至此時者。人生八苦,學佛則可「不生」、「不死」,而自主宰。

李炳南居士講,陳雍澤記,〈中華文化重心簡介〉:昨云學佛目標何在?辦一切事先定目標,學佛第一步在站住人格,為民謀福。此為事。次研學理。人終結為何?亦在學理上得知,明乎此,亦知人之終也。佛法講求「解行並重」,儒家亦要「知行合一」。今日眾病在知行不合。「諸惡莫作,眾善奉行」,至要也。
今介紹中國文化之樞紐,立於此,方可言其他。凡事握其綱,「志於道,據於德,依於仁,游於藝」此四句是也。

十月十三日(一),上午八時至十時,於內典研究班講授「修身」。

是日為重九,有詩:〈九日雜詠〉七首、〈九日故人贈菊留飲〉二首,又有:〈林下秋深〉、〈落日〉、〈偶輯詩稿有慨〉、〈蜀漢〉。(《雪廬詩集》,頁 455-458)
〈九日故人贈菊留飲〉二首:
故人遙住水西涯,專為重陽贈菊花;少坐待童沽美酒,傾囊足醉不須賒。
逐興新詩為爾歌,盡歡不必舞婆娑;近來誰會陶潛意,日夕看山飛鳥多。
〈林下秋深〉:繞屋瀼寒露,林疏新爽明;鳥巢依樹舊,山翠入窗晴。老去荒經史,幽居少送迎;臨皋一長嘯,萬壑度秋聲。

〈落日〉：寒陽屋上明，天色晚潭清；已掃片雲盡，猶搖修竹鳴。老知孤客味，遠念故人情；好待今宵月，來親舊友生。

〈偶輯詩稿有慨〉：脂香酒氣盡消磨，筆入秋風撥劍戈；萬國青燐誰率歌，半生幽憤獨行歌。疆場故壘添新壘，鱗羽天羅接海羅；太息當年空箸畫，書生今已老廉頗。（杜少陵。和嚴中丞西城晚眺：汲黯匡君切。廉頗出將頻。頗作平讀。）〔王禮卿眉評：雄渾跌宕，足媲放翁，集中七律最完美之作也。〕

〈蜀漢〉：老疲戎馬悲前烈，後主宸嬉四十年；伯約終能殲會艾，譙周已諫守山川。無將鍼坐何曾虐，不惑蛙鳴總是賢；竟許桓靈新受命，百齡慚我未知天。

十月十四日（二），上午八時至十時，於內典研究班講授《彌陀要解》。

十月十五日（三），於慈光圖書館週三《華嚴經》講座，宣講〈十無盡藏品第二十二〉。

十月十六日（四），晚，於善果林太虛紀念館宣講《法句譬喻經》。

十月十七日（五），晚，於中興大學夜間部中文系五年級「佛學概要」課程，講授《佛學實況直介》第二表「求覺之動機」：（乙）人生過程。

1975 年・民國 64 年｜86 歲

十月十九日（日），下午一時四十分，至中國醫藥學院參加該校第六屆董事會第一次會議。[1]

十月二十日（一），上午八時至十時，於內典研究班講授「修身」。

十月二十一日（二），上午八時至十時，於內典研究班講授《彌陀要解》圓滿。

> 吾講佛經，又引儒書，又舉實例。儒書，是祖師都讀的；今事不明則為沙惑也。戒條中述惡事詳極，佛如果不知惡事，則焉能制此戒條！既皈命於佛，必常隨佛學，自然可得破三惑：見思、塵沙、無明。惑不破則善不作，故先諸惡不作，才可作諸善。
>
> 「依教修持，一往不退，名而去」：第一義悉檀，教我們能夠得到入理益，明白道理。斷惑則開慧，則明理。未斷惑者亦可明理，而能明理，即可斷惑。「明理」與「斷惑」乃互助也，故聽經研教不可少。切莫走向其他岔路者，必「一直」走去。打七，吾云：「放下萬緣，一直念下去！」咱則彎曲，不一直也。要得「一往直前」。[2]

十月二十二日（三），於慈光圖書館週三《華嚴經》講座，

---

[1] 徐鳴亞編：《私立中國醫藥學院歷屆董事會議紀錄彙編》。
[2] 李炳南講，陳雍澤記：《彌陀要解筆記》（1974 年 8 月 5 日－1975 年 10 月 21 日），未刊本。

宣講〈十無盡藏品第二十二〉。

十月二十三日（四），晚，於善果林太虛紀念館宣講《法句譬喻經》。

十月二十四日，佛光山叢林大學約六十餘位四眾弟子過訪中部，請先生闡述「淨土法要」。於慈光圖書館茶點接待。演講後出家學員致贈禮物，先生亦以禮回敬。[1]

是日晚，於中興大學夜間部中文系五年級「佛學概要」課程，講授《佛學實況直介》第二表「求覺之動機」、第三表「覺行圓滿之狀況」。

十月二十七日（一），上午八時至十時，於內典研究班開講《佛說八大人覺經》。[2]

> 求師既不易，求學焉亦易易？師資難求。人必有責任感，不分義務或報酬者。凡答應人之事，必作圓滿。吾不上課時，皆不閒，均看書，小人閒居為不善。
>
> 凡事辦不好者，皆乏良心者。人有良知良能，真心辦，

---

1 〈內典研究班大事登記簿〉，《內典班文牘》（1973-1977年），台中蓮社檔案。

2 《佛說八大人覺經》自1975年10月27日開講，至1975年11月18日圓滿。據：連淑美：「雪廬老人在臺講經一覽表」；李炳南講，陳雍澤記：《八大人覺經筆記》（1975年10月27日－1975年11月18日），未刊本。

良心顯,怎會辦不好。昔蓮社國文補習班之教師皆義務,卻風雨無阻,難得也。今校中師如之何?故由此可見國之前途,得人者昌也。

表依經文,表、經對照,何者先說?必須知道。

說經之前,先知「本經大致」——云其輪廓,故云「經之大旨」,必先明者:以佛說何經皆有用意,佛皆為度生,究度何類而說何法?本經為早期譯,無三分,故不能不先談談。[1]

十月二十八日(二),上午八時至十時,於內典研究班講授《佛說八大人覺經》。

十月二十九日(三),於慈光圖書館週三《華嚴經》講座,宣講〈十無盡藏品第二十二〉「三、慚藏」。[2]

十月三十日(四),晚,於善果林太虛紀念館宣講《法句譬喻經》。

十一月三日(一),上午八時至十時,於內典研究班講授《佛說八大人覺經》。

---

[1] 李炳南講,陳雍澤記:《八大人覺經筆記》(1975 年 10 月 27 日－1975 年 11 月 18 日),未刊本。
[2] 李炳南:《大方廣佛華嚴經講述表解》,《全集》第 1 冊之 2,頁 131。

十一月四日（二），上午八時至十時，於內典研究班講授《佛說八大人覺經》。

十一月五日（三），於慈光圖書館週三《華嚴經》講座，宣講〈十無盡藏品第二十二〉。

十一月六日（四），晚，於善果林太虛紀念館宣講《法句譬喻經》。

十一月七日（五），晚，於中興大學夜間部中文系五年級「佛學概要」課程，講授《佛學實況直介》第三表「覺行圓滿之狀況」。

十一月十日（一），上午八時至十時，於內典研究班講授《佛說八大人覺經》。

十一月十一日（二），上午八時至十時，於內典研究班講授《佛說八大人覺經》。

十一月十二日（三），於慈光圖書館週三《華嚴經》講座，宣講〈十無盡藏品第二十二〉「四、愧藏」。[1]

---

[1] 李炳南：《大方廣佛華嚴經講述表解》，《全集》第 1 冊之 2，頁 132-133。另參見：李炳南（雪廬老人）講，淨業整理：〈愧〉，《明倫》第 514 期（2021 年 5 月）。

十一月十三日（四），晚，於善果林太虛紀念館宣講《法句譬喻經》。

十一月十四日（五），晚，於中興大學夜間部中文系五年級「佛學概要」課程，講授《佛學實況直介》第三表「覺行圓滿之狀況」。

十一月十七日（一），上午八時至十時，於內典研究班講授《佛說八大人覺經》。

十一月十八日（二），上午八時至十時，於內典研究班宣講《佛說八大人覺經》圓滿。

　　吾為汝釋「表解」耳。表如是，講時必善巧方便，勿有什麼即說什麼。本經之文，大小乘皆有，難講者也。但依之行，定可解脫。[1]

是日，蓮友子弟輔導團召開第一次籌備會。會後，籌備人員，內典班學員簡金武、李榮輝、吳聰敏、陳雍澤，至正氣街寓所，請示蓮友子弟輔導團組織章程等相關事宜。先生開示：不圖名利，不變初心，作中流砥柱。

　　陳雍澤，《日記：靜思錄（一）》（1975 年 11 月 18 日）：與和光、智果、希仁三兄赴雪公府，請示蓮友

---

[1] 李炳南講，陳雍澤記：《八大人覺經筆記》（1975 年 10 月 27 日－1975 年 11 月 18 日），未刊本。

子弟輔導團組織章程。師開示如下：

1. 勿藉佛法，貪名圖利：印祖見有為其登報刊登宣揚者，即喝斥止之，不圖名也。衣衲簡樸，屋但一桌一床，食但粥、醬菜或白菜。不圖利也。此均自然之舉，非造作也。故其德威，感人至深。
2. 法天行健，強哉矯：不圖名利者，定遇障難。貴能不變初心，愈挫愈奮。若知難而退，一事無成，人即不信任之矣，將永無作為也。
3. 辦事必不怕苦及困難。有毅力承擔方可。不辦則已，辦則必有始有終。
4. 站住人格，把穩方針。隨緣不變，不退轉。
5. 知其不可而為之，作中流砥柱。
6. 畢業後，各行自業，隨緣弘法，勿存必辦道場，專弘法化之心，宜隨因緣而辦。既辦之，則必有始有終，勿變質。
7. 誰毀誰譽？蓋棺論定耳！
8. 嚴防男女之界，貴防微杜漸。師生互愛，乃亂倫之恥行，以師徒如父子故。
9. 輔導蓮友子弟，固宜男師授男，女女亦然。且於家庭亦先知悉，防與其家同齡（或相近）之男或女，有不正行為。苟違之，此工作全體瓦解矣。

以上九條為開示大要。我等四子同感：「叨恩深懼損師明」，予等亦當以是報師恩也，以師志為志、以師行為

行。[1]

十一月十九日（三），於慈光圖書館週三《華嚴經》講座，宣講〈十無盡藏品第二十二〉。

十一月二十日（四），晚，於善果林太虛紀念館宣講《法句譬喻經》。

十一月二十一日（五），晚，於中興大學夜間部中文系五年級「佛學概要」課程，講授《佛學實況直介》第四表「對宇宙人生之基本觀察」。

十一月二十四日（一），上午八時至十時，於內典研究班開講《顯密圓通成佛心要集》，首卷為「顯教心要」，可視為佛學概論，讀之可知各宗要義。[2]

　　本書乃為顯密互爭，彼為融合者也。密之規矩重口傳，不可自授，如受戒必師故。本書言顯教至簡明，各宗均言之。今言顯教，理也，此全為佛教知識也，以法華、圓覺皆成佛，而其異何在？又與華嚴何別？期能背之又列表，則看各宗經典可不亂，此即佛學概論也。此

---

[1] 陳雍澤：《日記：靜思錄（一）》（1975 年 7 月至 1976 年 6 月），未刊本。
[2] 《顯密圓通成佛心要集》自 1975 年 11 月 24 日開講，至 1976 年 1 月 5 日圓滿。據：連淑美：「雪廬老人在臺講經一覽表」。

書為四六文,觀此知昔之僧如何。[1]

十一月二十五日(二),上午八時至十時,於內典研究班講授《顯密圓通成佛心要集》。

十一月二十六日(三),於慈光圖書館週三《華嚴經》講座,宣講〈十無盡藏品第二十二〉「五、聞藏」。[2]

十一月二十七日(四),晚,於善果林太虛紀念館宣講《法句譬喻經》。

十一月二十八日(五),晚,於中興大學夜間部中文系五年級「佛學概要」課程,講授《佛學實況直介》第四表「對宇宙人生之基本觀察」:(乙)四大種、(丙)五蘊身;第五表「人生當前領受之觀察」(觀受是苦):(甲)領受種類。

是月,《慧炬》月刊登載先生詩〈世道〉八首。[3]

---

[1] 李炳南講,陳雍澤記:《顯密圓通成佛心要筆記》(1975年11月24日－1976年1月5日),未刊本。
[2] 李炳南:《大方廣佛華嚴經講述表解》,《全集》第1冊之2,頁134。
[3] 德明(李炳南):〈世道八首〉,《慧炬》第139期(1976年11月),頁60-61;該組詩作於1975年春夏之間,見前譜文。

十二月一日（一），上午八時至十時，於內典研究班講授《顯密圓通成佛心要集》。

十二月二日（二），上午八時至十時，於內典研究班講授《顯密圓通成佛心要集》。

十二月三日（三），於慈光圖書館週三《華嚴經》講座，宣講〈十無盡藏品第二十二〉。

十二月四日（四），晚，於善果林太虛紀念館宣講《法句譬喻經》。

十二月五日（五），晚，於中興大學夜間部中文系五年級「佛學概要」課程，講授《佛學實況直介》第五表「人生當前領受之觀察」（觀受是苦）：（乙）苦果略舉、（丙）三界統苦。

十二月七日（日），應邀出席蓮友子弟輔導團第二次籌備會。先生指示辦事應有愈挫愈勇之精神。

  陳雍澤，《日記：靜思錄（一）》（1975 年 12 月 7 日）：雪公於蓮友子弟輔導團第二次籌備會開示：

1. 天下無敗事，而有敗人。蓋受挫則餒，再則萎而息。此乃心志不堅者。必有愈挫愈奮之精神，不怕失敗。所云失敗，正是成功之累積。受挫時，立即檢討改進，繼續幹，不可退心。

2. 少年得志，事事順遂，非善兆。蓋易起輕慢貢高心。於人則處而不敬，於事則謀而不密。敗因如是植矣。[1]

十二月八日（一），上午八時至十時，於內典研究班講授《顯密圓通成佛心要集》。

十二月九日（二），上午八時至十時，於內典研究班講授《顯密圓通成佛心要集》。

十二月十日（三），於慈光圖書館週三《華嚴經》講座，宣講〈十無盡藏品第二十二〉。

十二月十一日（四），晚，於善果林太虛紀念館宣講《法句譬喻經》。

十二月十二日（五），晚，於中興大學夜間部中文系五年級「佛學概要」課程，講授《佛學實況直介》第五表「人生當前領受之觀察」（觀受是苦）：（丁）受苦益起顛倒；第六表「人生動態之觀察」：（甲）十八界。

十二月十三日（六），即日起靈山寺舉行乙卯年佛七，請先生開示兩次。十四日開示以千斤鐵板壓皮球為喻，指點惡業起時，以佛號制伏，此即伏惑，平日即應如此修

1　陳雍澤：《日記》（1975 年 7 月至 1976 年 6 月），未刊本。

持。十六日再次開示則以十個刑警常跟隨為喻，指點莫被煩惱拉牽入三途受苦。兩次開示共有三首偈頌。

〈千斤鐵板壓皮球——六十四年十二月十四日靈山寺佛七開示〉：參加佛七，第一必須知道為何要結七念佛？如何在家念佛？在此處結七念佛，求世間福報，並非佛的本意。佛的本意是為度眾生，使念佛眾生命終時，得以往生西方極樂，了脫生死。可是往生西方，須具相當的條件。得一心不亂，往生才有把握，不得一心不亂，往生無把握。命終時，雖有人來助念，但「全由助念，即得往生」，經典未曾有此說。我們自問：念佛得一心否？見思惑未斷，不得一心。修淨土宗念佛法門，雖不斷見思惑，也要降伏住。伏住不起妄想，即得一心，可得往生。伏惑，則是一心不亂。

修念佛法門，要正助雙修。正功夫是念佛，助功夫是六度萬行。助功夫，最簡要者為凡事不欺騙人，不惱害人。若具足而言，可依十善業修行，凡身口意業與十善相違者，要勉強制伏，使它不起。惡業起時，就以佛號制伏它，此即是伏惑。平日要注重這樣修持，不要說這功夫甚淺，圓教十地菩薩，還須修十善業！

諸位依此修行，十惡業起時，就以佛號伏住。如皮球，壓伏則沉，不壓伏則浮起來。若能洩去球中的氣，再壓以鐵板，球便不再浮起了。若不洩去球中的氣，只壓鐵板，也可把球弄破。球中的氣，比喻見思惑，若能抽掉氣，又壓鐵板，球便不再吸氣了。

最後以一偈作結論：

一心全在日常修，三毒消除口四收；久久自然成習慣，千斤鐵板壓皮球。[1]

〈乙卯靈山寺佛七開示——學佛與不學佛之分別〉：刑警十個常跟隨，前頭牽引後面催；誠心念佛沖他散，六字停時他又回。

得把惑伏住，令不起作用，如何能伏住？佛法不必多，貴在實行，即「隨緣消舊業，更莫造新殃。」吾人生長在此惡劣環境，只有隨緣受報而消舊業，既知要消舊業，則要覺悟改過，將十惡業改為十善業。時時「存好心、說好話、做好事」，如此可消舊業。

若貪、瞋、癡、慢、疑之念頭起時，立刻以一句佛號壓之，令其惡念不起，則將來解脫有望，否則眼前之原子彈也躲不過。是故「伏惑」乃必定要修之行，若「貪、瞋、癡、慢、疑」為魔，其念頭一起，當下以佛號壓之，但魔亦有力量，愈壓愈壓不住，則須助力。行十善業，即是念佛正功夫之助力，若做十惡業，則是增加魔子魔孫之力，故多行善念佛，則不懼魔矣。

吾人若起一妄念，立刻以「十聲佛號壓伏住」所謂：「一個妄念十聲佛，妄念不如佛號多」，此乃「伏惑之法」。用功一久，佛號多，妄念少，臨命終時，八識田中種子一搖，其亂七八糟之妄念種子，被多數佛號種子

---

[1] 李炳南講，徐醒民記：〈千斤鐵板壓皮球——六十四年十二月十四日靈山寺佛七開示〉，《明倫》514期（2021年5月）；本文《全集》未見收。

1975 年・民國 64 年 | 86 歲

壓住,妄念不易出來,佛號容易出來,吾人即可蒙佛接引,帶業往生,修行就成功矣。

「一念妄起十聲佛,妄念不如佛聲多,若非妄念剎那起,怎得佛號似穿梭。」[1]

十二月十五日(一),上午八時至十時,於內典研究班講授《顯密圓通成佛心要集》。

十二月十六日(二),上午八時至十時,於內典研究班講授《顯密圓通成佛心要集》。

十二月十七日(三),於慈光圖書館週三《華嚴經》講座,宣講〈十無盡藏品第二十二〉。

十二月十八日(四),晚,於善果林太虛紀念館宣講《法句譬喻經》。

十二月十九日(五),晚,於中興大學夜間部中文系五年級「佛學概要」課程,講授《佛學實況直介》第六表「人生動態之觀察」:(乙)八識。

---

[1] 李炳南居士講,黃泳記:〈乙卯靈山寺佛七開示〉,《脩學法要》,《全集》第 9 冊,頁 287-300;最後偈之下半據:清龍:〈一念妄起十聲佛〉,〈師訓集錦(二)〉,《明倫》第 174 期(1987 年 5 月);該文述及此偈為「民國六十四年(1975)夏曆十一月,恩師在臺中靈山寺佛七」所開示。

2629

十二月二十日（六），《明倫》月刊刊載「佛化春聯」發行消息，由先生作聯、周家麟書寫。每件有門聯壹套、「大家恭禧」壹幅、「春」六字、「福」三字、「壽」一字。[1]

十二月二十二日（一），上午八時至十時，於內典研究班講授《顯密圓通成佛心要集》。

是日為冬至，有：〈國際混沌近三十年又逢冬至誌感〉，前後又有：〈劍〉、〈獨厚〉、〈古琴〉、〈仲冬望夜看月當頭〉、〈虛室〉、〈不輸〉、〈堅冰〉。（《雪廬詩集》，頁458-460）

〈國際混沌近三十年又逢冬至誌感〉：至日長何許，寒凝二紀餘；葭灰殊寂寞，斗柄故趑趄。天地慳昌運，衣冠望不如；終須春萬國，正月布麟書。

〈劍〉：文由官爵顯，名亦後來傳；處士誰徵幸，惟聞孟浩然。青霜今不識，白屋久空懸；混沌終須判，持之去鬪天。

〈不輸〉：鬢已飛霜心已冰，忽聞詩道近重興；西風殘照出門去，時彥不輸唐薛能。（李杜之詩、諸葛之政，能皆蔑視。）

〈堅冰〉：人情幻奇雲，我克心止水；十載成堅冰，狂風吹不起。

---

1 〈佛化春聯〉，《明倫》第49期（1975年12月20日）。

十二月二十三日（二），上午八時至十時，於內典研究班講授《顯密圓通成佛心要集》。

十二月二十四日（三），於慈光圖書館週三《華嚴經》講座，宣講〈十無盡藏品第二十二〉。

十二月二十五日（四），晚，於善果林太虛紀念館宣講《法句譬喻經》。

十二月二十六日（五），晚，於中興大學夜間部中文系五年級「佛學概要」課程，講授《佛學實況直介》第六表「人生動態之觀察」：（丙）見思惑：見惑。

十二月二十九日（一），上午八時至十時，於內典研究班講授《顯密圓通成佛心要集》。

十二月三十日（二），上午八時至十時，於內典研究班講授《顯密圓通成佛心要集》。

十二月三十一日（三），於慈光圖書館週三《華嚴經》講座，宣講〈十無盡藏品第二十二〉。

1976年・民國65年・乙卯－丙辰
87歲

【國內外大事】
- 周恩來、朱德、毛澤東相繼去世。四人幫解散。鄧小平復出。
- 唐山大地震。
- 文化大革命結束。

【譜主大事】
- 一月,元旦起,應慎齋堂邀請演講兩天,開示《彌陀要解》中「善根福德因緣」要義。
- 二月,於台中蓮社新建大殿,與蓮友舉行新春團拜。
  明倫社舉辦第十期大專佛學講座高級班,講授《華嚴經・十無盡藏品》之「慚愧二藏」與「國學提要」。
  於內典研究班「修身」課講授《御批歷代通鑑輯覽》。
- 三月,於慈光圖書館創辦「蓮友子弟輔導團」,課餘輔導蓮友子弟。
  中慧念佛班結期念佛,開示〈知果畏因宜謹慎,逢緣遇境好修行〉。
- 四月,在台中蓮社新建講堂,每逢週四晚上開講《法句譬喻經》。
- 七月,明倫社舉辦第十一期「大專佛學講座」,為期二十一天,公講授《佛學概要十四講表》及「國學提要」。

- 九月至十一月,因病休養,停止講經。各講座由諸師代理。

一月一日（四）、二日（五），下午二時三十分起，於慎齋堂開示兩次，擇取蕅益大師《彌陀要解》「執持名號」一段，指點「善根福德因緣」之「淨土精華」要義。[1]

〈丙辰年（六十五年）元旦慎齋堂講話——淨土精華〉：平素講經不能專講念佛法門。今天專把念佛法門，向諸位說一說。這個事情不在教理，全在實行的功夫，就是幫助大家得一心的方法。

這次依著蕅益大師的《要解》來講，印光祖師說《彌陀要解》是：「古佛再來注解，也不過如此。」古來注解此經的祖師雖然很多，但是，此經精華之處，蕅益大師全都說了。

一、正示行者執持名號以立行

「菩提正道名善根，即親因。」凡是學佛的，只要學大乘佛法，就是以菩提為宗要，「菩提正道」名字叫「善根」，善根是往生的親因。

「種種助道，施戒禪等名福德，即助緣。」

學佛必須正助雙修，正功夫乃自己修行使心性成就，還須有幫助的功夫。修正功夫時有障礙，有福德可以幫助去障礙。

「聲聞緣覺菩提善根少，人天有漏福業福德少，皆不可生淨土。」

---

[1] 李炳南講，鍾清泉、陳慧玲記：〈丙辰年（六十五年）元旦慎齋堂講話——淨土精華〉，《脩學法要續編》，《全集》第 10 冊之 1，頁 72-111。

《彌陀經》是大乘法門，不只要往生，還得「乘願再來」！要是存著「我到西方極樂世界，可不再來了。」這一個心不合菩提正道，就永遠不能去了。人與天人，不懂善根是修本性，做的善事是有漏福業，福德也太少、太小，只能到天上或人間，沒辦法往生西方。

二、唯以信願執持名號，則一一聲悉具多善根福德

善根福德，要怎麼樣具足呢？「唯以信願執持名號」。修淨土有三要，三要是「信願行」，就是菩提心，就是菩薩心。

「信」有兩種，一種是正信，對於佛理都明白，懂得「心即是佛，佛即是心」，這樣的信才有道理，這叫「正信」。還有一種叫「不覺信」，對於道理不明白，說什麼，就信什麼，這可以說就是迷信。這個不覺信也有大管用。因為他沒分別心，他一心相信。一心相信，他的心成了「一心不亂」！不論是正信或是不覺信，有一樣便會成就，一個是明白，一個是不明白，這兩個信都能成功。

再講這個「願」，「願」就是立住志向。中國文化叫「志向」，願和「志向」一樣，有這個字就能成功。佛家講「願」有方便法，叫「欣厭」。這兩個字是初求道者必要的條件，但是，功夫一進步，這兩個字就絕對不要，比如禪家有了欣厭，心就不平等，便難明心見性。但是，在淨土法門，欣厭要緊。發願就是要「欣厭」。

「執持名號」，「名號」就是六字洪名「南無阿彌陀佛」。念這一句六字洪名，念的聲音就是化身佛，念這

一聲佛，萬緣都放下，什麼也沒有，叫「一念相應」，譬如插頭或開關接上了，就能點亮滿室的燈光，這就是相應。「一念相應一念佛，念念相應念念佛」，佛就在眼前，當時就見了佛了。

三、菩提正道

　　信願行三個字懂得，還要懂得三個全是一回事，那就是「菩提正道」。這三個字合起來，在念佛時就是一樁事。先明此理，把心變好了，念佛時就不必再胡思亂想，一句阿彌陀佛，信願行都在裡頭。這樣的念，「一聲悉具多善根福德」，念這麼一句佛，善根也多了，福德也多了。

「菩提心」在《大智度論》上列了很多種，其中五種菩提最要緊，最低限度要有其中兩種。一種是「發心菩提」，發自己了生死的心。第二叫「伏心菩提」，「伏」是壓住，這些惑不必斷，只要設法叫它不起，它一起來就壓伏住，別叫它發作出來，這叫「伏」，伏住就行！

「散心稱名，福善亦不可量，況一心不亂哉！」
不論幹什麼，你的心存著六字洪名在心裡，心裡散亂不在定中，但也在想阿彌陀佛，這叫「散心稱名」。心散亂不在定中也不要緊，無論幹什麼，心裡都是阿彌陀佛，如眼看錶幾點鐘了，心中也有阿彌陀佛。要是能念到一心不亂，那善根福德更了不得了。

四、感應道交，文成印壞

　　在一念的功夫，信願行三個心合成一個。這裡必須

有「發心」，不論是發心菩提或是伏心菩提，菩提心才能發生起來，有了菩提心就感應，沒有菩提心就不感應。願發動了，對方就應。所謂「道交」，阿彌陀佛發四十八願願意接我，我也願意去，他的心跟我的心是一樣，兩心相應，心就通了，就接上了，這就叫「道交」。

念佛一感應道交，念的阿彌陀佛就如那個蠟刻的紋，蠟上就刻了阿彌陀佛，蠟就是你的念頭，念阿彌陀佛、阿彌陀佛……，蠟就刻上了佛的印。

五、彌陀聖眾，不來而來，親垂接引

「彌陀聖眾，不來而來，親垂接引」。吾人臨命終時，阿彌陀佛與諸聖眾，現在其前，來接引我們，「不來而來」，阿彌陀佛沒來接你，他雖沒來等於來了一樣。因為盡虛空遍法界皆是你的心，你跑到那裡去，也是你這個心，極樂世界也不出你的心。所以，佛來接引，不來而來。

「行人心識，不往而往，託質寶蓮也。」極樂、婆婆全在一心，所以，往生並沒有去，卻也等於上蓮花裡頭去了。

六、執持則念念憶佛名號，故是思慧

念佛不是光在嘴裡唱佛，要在心裡念，思念這個佛，一念阿彌陀佛，眼前就有阿彌陀佛，便刻上印子了。有時嘴裡不念，心裡時時刻刻想，也是思。有口無心的念佛，不能算念佛。「執持」是抓住不放鬆他，則「念念憶佛名號」，起一個念頭，不論幹什麼，這個念頭都是為佛來幹。

「念念憶佛名號，故是思慧。」

常常這樣思念，心定在佛號，漸漸就開悟了。雖然是思慧，同時也有修慧了，因為你念佛的時候，心就造了極樂世界，造了阿彌陀佛，就是「文成印壞」，感應道交了，這就是「修」。

「事持者，信有西方阿彌陀佛，而未達是心作佛，是心是佛，但以決志願求生故，如子憶母，無時暫忘。」

念佛的人並不懂得感應道交的道理，叫「未達是心作佛」；他也不懂自己這個心就是佛，叫「未達是心是佛」。「但以決志願求生故」，他也發了願往生西方，但不知西方是在他的心中，用「如子憶母」的心念佛，也能成功，這叫「事持」。

「理持者，信有西方阿彌陀佛，是我心具，是我心造，即以自心所具所造洪名，為繫心之境，令不暫忘也。」

信有西方阿彌陀佛，是在我心裡，阿彌陀佛就在這個盡虛空遍法界中。懂此理來信願持名，謂之「理持」。

一月四日（日），在善果林為念佛班佛七開示一次，教導得一心之方法。[1]

一月五日（一），上午八時至十時，於內典研究班講授《顯

---

[1] 【數位典藏】錄音／佛學講授／開示／念佛班開示：〈善果林〉。又參見：李炳南講，陳雍澤記：〈佛七開示〉（1976年1月4日），未刊本。

密圓通成佛心要集》至「顯教心要」圓滿,「密教心要」以下未講。

〈顯教心要〉:「或身心不安多思多慮。或入觀時種種相現。不與本觀相應等皆須觀之。如夢如幻全體非實。或觀之皆是自家真心。起信論云。當念唯心。境界則滅。終不為惱。」

「如夢如幻」,吾常觀之。如遇一切事,不分辨成否,皆作如是觀。昔日不學佛時,則辦不成即殺人,辦政治不如是不可。而今日遇了道、受了戒,故不如此!伏惑故。

「或觀之皆是自家真心」,本來如是,一切唯心故。心是真空,凡相皆妄,故「境界則滅終不為惱。」

然而汝等今日辦公事,仍應一點不可出錯。有人阻礙受害時,必得想法保護公務。盡責,故必抗之,否則他人燒佛毀經、殺汝父母,亦不覺乎。故云:可與適道,未可與權。保佛、法、父母,即護道也。佛法亦云:先有實智,後有權智也。本書宜用心思之。[1]

一月七日(三),晚,於慈光圖書館週三《華嚴經》講座,宣講〈十無盡藏品第二十二〉,乙卯年講經圓滿。

先生蒞臺,講經說法二十六年有餘。是年於華嚴講座曾自述現今比初來時進步甚多。

---

[1] 李炳南講,陳雍澤記:《顯密圓通成佛心要筆記》(1975年11月24日－1976年1月5日),未刊本。

編者，〈明倫采風・聽經藏種子〉：雪公說：今日聽《華嚴》，因緣殊勝，聽後深藏種子，日後遇緣即起現行，開智慧。我少年讀書，雖印象不深，來臺後，二十六年有餘，現今比初來時進步甚多，少年所讀的書皆能憶知。諸位聞經，若不退轉，爾後自有不可思議的妙用。[1]

　　【案】先生自言功夫進境，於佛學如此，於儒學亦然。曾於「論語班」謂：「這個是九十歲的學問，吾六十歲時，說不出來。」（見1981年10月2日譜文）

一月八日（四），晚，善果林太虛紀念館《法句譬喻經》，乙卯年講經圓滿。[2]

一月九日（五），晚，於中興大學夜間部中文系五年級「佛學概要」課程，講授《佛學實況直介》第六表「人生動態之觀察」：（丙）見思惑：思惑。

一月十日（六），內典班本學期課程結束。下週由研究生自行準備各科心得作表，繳各教授改正後呈班主任核示。[3]

1　編者：〈明倫采風・聽經藏種子〉，《明倫》第520期（2021年12月）。
2　〈慈光圖書館　善果林講經圓滿　蓮社農曆元旦團拜〉，《明倫》第50期（1976年1月20日）。
3　〈公告〉（中注語字第62號，1975年11月24日），《內典班文牘》（1973-1977年），台中蓮社檔案。

是日,至善果林太虛紀念館主持六十四學年度慧炬月刊社辦理之獎學金中部地區頒發會。應慧炬社董事長周宣德邀請頒發並致詞,勉勵受獎諸生以「十分之三研究佛學,十分之七學佛行為」。會後周董事長率同學祝賀先生八八壽辰,齊向先生三頂禮;先生謙辭,一一頂禮回敬。

〈新聞〉:本社代辦六十四學年度美佛會密勒等九項獎學金,中部地區頒發會,已於一月十日在臺中太虛紀念館舉行。本社周董事長宣德邀請李雪廬老師代為頒發,由興大智海學社社長李德明代表二十八位得獎同學接受。頒獎後,首請李老師致詞。他說,今日全國大專佛學社團蓬勃發展,已引起各國佛教界支持。這要歸功於慧炬社周老師最初的倡導,以及各方的響應、資助,使得數千在校同學自都能精進學佛。在座得獎的同學,不但要在校成績優良,還希望大家在佛學上能有更好的成績。如今想使佛學普及,不是一般人容易辦到的,必須由高級知識分子來推動,這才是最有效的辦法。各位既學佛,一切都要依佛之言行。最後,李老師以「十分之三研究佛學,十分之七學佛行為」與大家共勉。接著周老師致詞。他說,李老師說「三分研學、七分實行」,這是名言,諸位將來要做中國之棟樑,內佛外儒是需要學的,先有了儒家的行持,進一步漸入佛的知見,放下名利,修菩薩道,行之既久,至老不休,方有成道之日。如僅將三藏閱畢,其行為仍為宿生的習氣牽引,不能止惡行善,博學又有何用?希望大家「依教奉

行」,才是真佛子。會後,大家一起為李老師祝壽,共進壽糕,十分歡喜。[1]

〈附記〉:會後周師順為雪公祝八八壽辰,周師率同學齊向雪公三頂禮,雪公一一「頂禮」回敬,至第三禮時,和光、志道二兄急扶之,怕老人不支,師始未下拜,然急言之「甚為罪過!甚為罪過!」並云「多謝!多謝!」也![2]

一月十三日(二),內典研究班學期結束,學員至先生寓所辭行並拜早年。先生開示立志及學習方法。[3]

李炳南居士講,陳雍澤記,〈雪公對內典班開示〉:

一、出外弘法,態度謙恭、莊重,不輕浮亂笑(常因笑而出男女之誤會,慎之),不妄發議論(可免出錯)。此雖呆板,然時久亦無弊。

二、於各校弘法,與大專講座因時間同,故教材宜異。

三、廣學多聞,書本上學原則,於社會上運用。社會即試驗所,冷眼觀察一切人事動態心行,印證所學。

---

1 〈新聞〉,《慧炬》第 141/142 期合刊(1976 年 1/2 月),頁 88-89。
2 李炳南主席,(佚名)記錄:〈慧炬月刊社代辦各項獎學金中部社團得獎頒獎典禮〉(1976 年 1 月 10 日),《台中蓮社歷年會議紀錄》,台中蓮社檔案。另參見:李炳南講,陳雍澤記:〈慧炬月刊社代辦各項獎學金中部社團得獎頒發典禮〉(1976 年 1 月 10 日),未刊本。
3 李炳南講,陳雍澤記,〈對內典班開示〉(1976 年 1 月 13 日),未刊本。

多聞多思以致用——尋師訪友，然亦須擇明師，否則增惑。

四、學國文方法：腹中至少有五十篇文章，則作文無難。「讀書破萬卷，下筆如有神。」

五、人格第一，德行至要。

六、立志不變，強哉矯。

七、辦事不辦則已，辦則必屬「真事」——利眾生者。若此則必損己：犧牲自己，利眾生，雖拚上命、賣財產，亦必幹到底，不成不歇，如文天祥、岳飛、孔子、孟子者。若無此等聖賢，天地正氣，云何傳之！

八、辦事不怕失敗。若常勝則慢心長，敗之源也。必於敗中求經驗，多經一事、多長一智，不怕失敗，怕無骨氣也。

九、吾辦司法案件，必徹查其案由，雖終夜不眠，必查明白，令水落石出方罷手，故有無數「無頭案件」經吾解決。

十、辦事必具「忍辱」度，切忌瞋心起，伏惑至要，不怕念起怕覺遲，覺則急壓一聲佛。

十一、爾後隨緣弘法，勿辦道場，是非多故。然亦非定論，可進則進，該退則退也。

十二、孔子「三十而立」，汝亦必立志。

十三、「持其志勿暴其氣」，此聖人境界。「吾善養吾浩然之氣」，氣既出，必使之合乎「浩然」，「八風吹不動」之謂也。嗚呼，此亦非凡人可及

也,故要在「念起即覺」,求伏惑可也,但可伏耳,不之斷也。

一月十六日(五),晚,於中興大學夜間部中文系五年級「佛學概要」課程,講授《佛學實況直介》第六表「人生動態之觀察」補充說明,識:對境起了別。

一月三十一日(六),丙辰年正月初一,於台中蓮社新建大殿舉行團拜。蓮社改建工程尚未竣工,一樓尚可先行使用辦理特定活動。[1](見《圖冊》,1976年圖1)

二月三日(二)至七日(六),舉行第十期明倫大專佛學講座,是期為高級班,為期五天。先生講授《華嚴經‧十無盡藏品》中之「慚愧二藏」八小時;周家麟講授《大乘起信論》八小時;徐醒民居士講授《百法明門論》八小時。參加學員有一百八十名。[2]

二月三日(二),下午三時至五時,明倫講座第十期高級班舉行開學典禮。

---

1 〈蓮社農曆元旦團拜〉,《明倫》第50期(1976年1月20日);【數位典藏】照片/道場活動/新春團拜/〈65年新春團拜之二〉。
2 〈明倫社第十期大專佛學講座高級班-生活作息時間及課程表〉(1976年2月3日),《大專講座資料》,台中蓮社檔案。據陳雍澤記,該期先生另講授〈中國文化之本末〉。詳後2月6日文。

二月四日（三），上午八時至十時，於明倫講座講授《華嚴經‧十無盡藏品‧慚愧二藏》。

二月五日（四），上午八時至十時，於明倫講座講授《華嚴經‧十無盡藏品‧慚愧二藏》。

二月六日（五），上午八時至十時，於明倫講座講授〈中國文化之本末〉，詳說「志道、據德、依仁、游藝」。[1]

  李炳南居士講授，陳雍澤記，〈中國文化之本末〉：
先交代，此甚難懂。昔未曾聞，今初聞者，自有生疏之感。

中國文化總綱乃十三經，大文章自六經來也。餘為廿四史、百家雜鈔。四庫全書，等於三藏。雖多，能得重心即可，昔人亦未徹明。吾自學佛後，見中國書始明其幾分之幾耳，非全明白也。吾與各位志同道合，今日為汝云其要旨。

《論語》：「子曰：志於道，據於德，依於仁，游於藝。」簡單數字，卻為中國文化重心。有注云：此乃孔子教學生者也。然而師不自行，如何教人？吾故云：此乃孔子自行者也，孔子為文化集大成者，故知此善，方行之。此即文化之本也。《大學》有云：「物有本末，事有終始。」《論語》這四句，有本有末。

---

[1] 李炳南講，陳雍澤記：〈中國文化之本末〉（1976 年 2 月 6 日），《第八冊筆記》，未刊本。

一、志於道。

　　志者，心之一部分，（一）向也。學佛者要「明心見性」，但心在何處？《楞嚴經》七處徵心不得。（二）志者，念也。念頭即心也，念頭到處跑，如「心猿意馬」；而又有「念茲在茲」，念在何處，心即在何處。如淨土行人，念佛時萬緣放下，一心在佛，如聚火鏡，即可著火。中國學問云「克念作聖，罔念作狂」，管住念頭即可作聖人。「志於道」，即把心念在「道」上。

道之義難明，不可思議，難體會，但卻不可囫圇。性，凡動物皆有本性，以此性有覺悟之用，故云佛性。此覺性從何而來？《中庸》云「天命之謂性」，天者非天帝、上帝，乃天然也，佛言「法爾如是」，儒言「自然」者也。自然而有，找不出其所以然，不可捉摸。性即道也，本性非善非惡，不思善不思惡，即本來面目，故禪者不念佛，不但不念佛，一切不念。然非頑空，以有「寂」——寂滅，清清淨淨。又非死者，以能「照」故，「寂而常照，照而常寂」，寂照合之即本性。《中庸》又云「率性之謂道」，順著性不變樣，即為道，即不違本性也。

志向之目標定在「道」上，不違，如堯舜等，乃垂拱而治；無為而治，卻天下太平。故目標定在道，心即道，道即心，二者合一。故欲辦天下大事，大學之道「在明明德」，而後「在親民」，……「平天下」，心中明亮方不錯事。此句即本，有此，才向外發展。

二、據於德。

　　據，守住；守住「德」。得於心現於行之謂「德」。

性為寂照之境，乃靜者。至此則為動者，心起念頭。念頭既不離道，故念頭仍為光明者，正大無私，心念如是即為德。

三、依於仁。

依，標準之義、依照義。辦事依照何者而辦？依仁而辦，是仁則辦，非仁則不辦。仁，親厚之義，對自己身外之人皆親之，且以厚道恩惠加之。

四、游於藝。

「游」，出入之義，「誰能出不由戶，何莫由斯道也。」不能離乎道也。「藝」者，技能也，學術也。古時有六藝：禮樂射御書數（前二至要），又有百工。

此四者，前二為本，而後生後二為末。前二互比，道為本，德為末。後二互比，仁為本，藝為末。前二為本，後二為末，能學後二即可。

二月七日（六），晚七時至九時，明倫講座第十期高級班舉行結業典禮。[1]（見《圖冊》，1976年圖2）

明倫第十期大專佛學講座高級班，自二月三日至七日，在臺中慈光圖書館舉行，於二月七日晚上圓滿結束。結業典禮於七日晚上七點三十分開始，導師雪廬老人，與周老師聖遊，徐老師自民等，均應邀觀禮，并頒獎及致臨別贈言。

---

1 【數位典藏】照片／教育研習／大專佛學講座／〈明倫講座第十期〉。

本期講座，參加同學，除正式生二十二名外，尚有旁聽生一百五十多名，盛況一時。測驗成績，非常優良，成績平均，皆在九十五分以上。本期課程，雖然僅有短短五天的時間，同學們卻皆能勇猛精進，志誠聞法，故不論在解或行方面，都飽餐法味，法喜充滿。[1]

二月十日（二），辭菩提救濟院導師一職，特書〈臨別贈言〉分送菩提救濟院各董事。[2]（見《圖冊》，1976 年圖 3）

〈臨別贈言〉：

一、佛教辦理慈益事業，實由台中創始。曾抵抗外教侵侮，取得各界信譽，其重要可知。凡護教利生之士，對臺中佛教四機構，自應至心維護，以積福德。

二、救濟院前無經費，組織不完，以致平素無人主持，諸事多由本人越俎亂管。今日大非昔比，似宜出相當待遇，聘一總務，每日按時上班指揮。再雇一工友，在內勞作。其餘祕書及會計等，亦應調整組編，使有統系各負其責，有條不紊。董事會居高監臨，長治久安矣。

三、此後得品學兼優之才，再謀興作，如無新才，保守不墮，亦有功德。

李炳南再頂禮　二月十日

---

1 〈第十期明倫講座二月七日圓滿結束〉，《明倫》第 51 期（1976 年 2 月 20 日）。

2 李炳南：〈臨別贈言〉，《內典班文牘》（1973-1977 年），台中蓮社檔案。

張式銘，《張慶祝師姑九十回顧》：蓮社改建，尚未粉刷，老師臨別贈言，以後講經，再不做其他事情。從此就不再去太虛紀念館講經，改為圖書館週三晚上及蓮社週四晚上講經。未改建前是十姊妹輪流在蓮社講。[1]

【案】菩提仁愛之家〈創辦四十年大事紀〉，繫此文件時間為一九七五年二月，[2] 唯「臨別」係指講經地點遷回蓮社，則時序當為一九七六年。又據內典班學員陳雍澤一九七六年三月十日「日記」，可確證：

「六十五年三月十日，週三，晴

晴天霹靂，一場虛驚。下午，陳祕書忽上樓云：雪公將西去，以〈臨別囑言〉為證。眾師兄乍聞之，莫不頓現愁顏，皆有福薄障深之感。後經班長上樓與師談話，方知誤會。蓋雪公欲辭菩提救濟院導師一職也，特書〈臨別贈言〉分送各董事。原委說明，乃如釋重負，稍覺寬慰。」[3]

二月十二日（四），晚七時至九時，於先生正氣街寓所召開「明倫講座第十期高級班得失檢討會」。

〈明倫講座第十期高級班得失檢討報告雪公開示〉：

一、今日佛門多歧，邪見紛紛，學員如何不被蠱惑？須具「正知正見」。夫正知正見，言之易，達之難

---

1 張式銘，《張慶祝師姑九十回顧》，頁 62。
2 菩提仁愛之家，〈創辦四十年大事紀〉：http://www.bodhi.org.tw/index.php?sid=c.1&no=47#bodhi8
3 陳雍澤：「日記」（1976 年 3 月 10 日），未刊本。

也。吾學佛初十年無正知見。印祖勸吾「不可到處任意聞法」，吾不以為然，仍偷往聞法也。當時但知學佛為了生死，而不明佛門人事實況，誤以凡學佛者皆好人也！當知，不明人事狀況，則說法不契機。且古來緇素間，罕有合作無間者。昔日之互爭，尚屬輕微，以彼等學問深厚故；今則不然，烈於昔日無數倍。末法時期鬥諍堅固誠哉是言也。

二、今日佛門缺「有道德者」，不缺「能人」（曹操、王莽之流）——彼等意氣用事，為私利，損公事，亦能幹之也。今人之鬥爭，已無法治矣。

三、咱臺中所做的這一套，於今日環境中，屬單槍匹馬，若於外地推動此，則不之能！此乃吾有「中立不移之強立性」，即「我行我素」也，不靠彼等，而自幹之。於「知識分子」隨緣辦之，而限定人數，以「得一、二賢人，勝得一二千人」，「人多無君子」，人雖多卻無根，皆隨風倒，何用哉？「千人諾諾不如一士諤諤」，古來均是由一人轉環境風俗也。是以但能「我行我素」憑己之定力，永不退轉即可，而同學參加者必重質不重量也！然我行我素並非任己性，求獨善，故吾仍推行「大專講座」。如推巨石，雖推不動，然終日推之，立志不變，則時久即有相助者也！此則「只問耕耘，不問收穫」是也。由「四為三不」可知，「三不」者，咱不為之，而今日之下，為之者可歷歷引證也！蓋不求名利者少也！

凡佛家之事，吾一概分文不沾，如興大「佛學課」不取一文，于研究班亦盡義務，且其「預算」透支，皆吾自補之，不令沈先生知。四機構之屋，亦不住，甘心住此破屋中，吾有此「骨氣」！如是為之，他人尚且不諒解，若取其一文，則更不得了矣！吾之理直，故言之方能氣壯也！噫！知吾者鮮矣！

四、期汝等皆先做「好人」，至要者也。佛門中缺有「德」、「行」者，蓋不論「講」得「好」或「不好」者，均為「錢」也！咱則必圖眾人之福。如是方對得起「這一生」及此「皮囊」也。故推行活動，不分成績好壞，勿懈怠，勿受挫而退！

五、昔蓮社各班，開會輪流至班員家中，故情感之聯絡極佳，各項活動推展極為順利，此等基層工作，今後宜再推行之！蓋此對「臨終助念」亦一大助力也！

六、「知己知彼，百戰百勝」不明環境，則辦不了事，說不了話，作不了文章，故為增「歷史」課。

七、求學必先扎住根柢，根固則榮，故底子好，即可變化自如，於通俗講座自可得心應手。通俗講演，但如撒廣告引人入門者耳，如引人來買貨也。既引之來，必得有貨給人，否則店中無貨，賣何耶？買何耶？故必自有根柢，方可教人，更高深者，且必自有功夫始可。臺中三位往生者，乃（一）張寬心。澄清醫院之老闆娘，係「有錢人」，卻「無分

別」，死信之，人云幹何即幹之，臺中聞法大會從不缺席。（二）鄧明香之母，朱斐居士岳母。終日老實念佛，都數萬聲，從不退轉！（三）鄭勝陽之母。機緣殊勝而得生，臺中助念往生之第一人，蓋於聽經中，臨終最後一念為經句，且聞法者多，助念者勇猛，能得此機緣，難得者也！

八、密宗亦佛法也，若云只可弘淨，不可弘密，有是理乎？但看個人之因緣耳。吾曾言「若釋迦佛來教吾淨土以外之法門，且勝淨土之萬倍者，吾亦不改修淨土之志也！」當知各宗皆可云「徹底」，亦可云「不徹底」，蓋徹底與否，關鍵在「人」，非關「法」也。

九、辦事必知先後本末，「物有本末，事有終始，知所先後，則近道矣」，求道者亦必知本末先後，知之則近道矣！以佛法來辦政治，則不大通暢，蓋政治以「人」為主，佛法則以「全體」（眾生）為主。如今之「消滅蟑螂」、「捕殺老鼠」，以人觀之，彼為害蟲，政治保人故除之，而於佛法慈悲上觀之，則屬殺生也！故於各種「法門」、「事物」之用途必知之，方可通權達變，然使人「行權」至難者也！如云「可與共學未可與適道，可與適道未可與立，可與立未可與權！」

十、學問之道必有次第，勿躐等，否則無成！今之大佛學家均犯此也！《學佛淺說》之次序，好於《佛法導論》，以之奠基，方可閱《淨土三經》、《徑中

1976年・民國65年｜87歲

《徑又徑》等。

十一、學佛目的——「今世可得福，未來可了生死」，必正助雙修，正功念佛，助功則十善業，以之伏惑！然而學佛者十之八皆求現世福報，十之二求徹底之了生死也！

十二、問：《明倫》月刊樂捐徵信，有反對者，則應如何為之？答：反對者皆不捐錢者，捐者則默然也！若不刊之，則捐者起疑心，刊之，則不捐者起妒心！然則仍以刊之為上策。蓋辦事必「兩利相較取其重，兩害相較取其輕」也。[1]

二月二十日（五），內典班開學，正式上課。授課科目、時間同上學期。

二月二十一日（六），函復王仲懿，請代筆〈觀徐石上教授畫展〉七古一首。[2]

〈王仲懿之五〉：仲懿老弟大鑒：前為石上兄作文及半，而畫展時已蒙石上代筆，至以為感。如再作文似雷同，茲改作七古一首。然書寫恐延時日，因病後手不應心，又加客多擾亂，不易為也。謹奉上宣紙，懇費神橡筆代揮。星三在圖書館晤面，再將私章親交加蓋。不

---

1 李炳南講，陳雍澤記：〈明倫講座第十期高級班得失檢討報告〉（1976年2月12日），《台中蓮社歷年會議紀錄》，台中蓮社檔案。
2 【數位典藏】書信／在家居士／〈王仲懿之五〉。詩見後：是年春。

情之請,希原。肅此,並頌

道祺　　　　　　　　小兄李炳南拜啟　二月廿一日

稿隨函附,石上晤時祈代候。

【小傳】徐人眾(1911-),山東萊陽人,七十歲後自號「石上老人」。畢業於北平大學藝術學院,師從齊白石。曾任國民政府十一綏靖區司令部少將祕書長,兼中正中學校長;青島市警備司令部參謀長。遷臺後,專事藝術,之後長期旅居美國,專心於繪畫、治印,旁治詩詞、書法。

二月二十三日(一),上午八時至十時,於內典研究班「修身」課開始講授《御批歷代通鑑輯覽》。

歷史內容包括考據、知識、文學、譜牒,能否得利則在信受奉行。

先言教書大計。當知,吾所言似平常即不平常,必存得未曾有之心始可。諸位來此班,福甚大,然但四年耳。然文化脫節之中,此四年中,無論家庭等一切,皆幸福也。然得不得,仍在乎人也。

學期開始,先為言「信受奉行」四字。佛經流通分最後一句皆然,初中終妙,不可忽也。諸位必不會,會則必成功;不成就者,皆不懂此四字。學一切,皆須此,全備之。[1]

---

1 李炳南講,吳聰敏記:《歷代通鑑輯覽筆記》(1976年2月23日),未刊本。

1976年・民國 65 年｜87 歲

【案】內典研究班「修身」課講授《御批歷代通鑑輯覽》自是日（二年級下學期開學）起，至一九七八年一月七日（四年級上學期課程結束）止，講授四學期。

二月二十五日（三），慈光圖書館丙辰年週三《華嚴經》講座開講，宣講〈十無盡藏品第二十二〉。

二月二十六日（四），上午八時至十時，於內典研究班「修身」課講授《御批歷代通鑑輯覽》。

晚，善果林太虛紀念館丙辰年週四《法句譬喻經》講座開講。

二月二十七日（五），晚，於中興大學夜間部中文系五年級「佛學概要」課程，講授《佛學實況直介》第七表「宇宙器世間安立概況」：（甲）一個單位世界範圍，（乙）大千之名，（丙）數量。

是月，《佛學問答類編・二續》發行。

徐醒民，〈佛學問答類編二續編序〉：佛學，覺學也。覺學易為覺者說，不易為不覺者說。不覺者不知其所需，說亦不能進。是以為不覺者說，不惟說之難，而又難於多方接引，俾其知所需而問之也。業師東魯雪廬老人，弘化臺中，幾一世矣。聞而思之有不甚解者，或遠處不得而聞者，咸以書翰求釋疑義。師一一裁答之。

問之多而答之要。或有外道故以難質，師應其機與答之。或折或攝，悉出於悲心。故問之邪而答之正。皆具破迷啟悟之功。問答之文，相繼載於覺群，覺生，以至菩提樹。後以學者需求益廣，乃輯成書，由《初編》，《二編》，而至《續編》，流通海內外。《續編》為師八秩祝嘏，今又七年餘，後續之文復累累，且又要於前。明倫諸友稟之於師，決再續輯，由青蓮社出版，將付鎸，囑民為弁言。

中華民國歲次乙卯荷月中浣受業弟子廬江徐醒民謹識[1]

謝嘉峰，〈雪廬老人《佛學問答・淨土類》要義之探述〉：民國六十四（1975）年，筆者忝任青蓮出版社經理，承雪公老恩師囑咐，將雪公於《菩提樹》雜誌刊載之「佛學問答」尚未出版者，結集成書。由現任台中市佛教蓮社導師徐醒民先生分十二類編入。當時《佛學問答》已出版者，有《佛學問答類編》上冊、下冊及《續篇》三種，經筆者請示雪公，雪公定名為《佛學問答類編・二續》，送臺中信義美術印刷公司打字排版，並請多位學長協助校對，於民國六十五（1976）年二月出版流通。[2]

【案】先生《佛學問答》歷年結集版本甚多，最

---

[1] 徐醒民：〈佛學問答類編二續編序〉，《佛學問答類編（上）》，《全集》第 5 冊，頁 5-7。
[2] 謝嘉峰：〈雪廬老人《佛學問答・淨土類》要義之探述〉，《應教木鐸振春風——紀念李炳南教授往生三十週年學術研討會論文集》（臺中：青蓮出版社，2017 年 10 月），頁 235-280。

早有一九五一年六月、一九五二年七月兩集，至一九五五年十二月，出版《佛學問答類編》為「類編」之始。後又於一九六二年六月由陳慧劍編輯整合，出版《佛學問答類編》（上、下冊）。一九六八年十二月先生八秩祝嘏，增編《續集》，並為三冊。一九七六年，又增編《二續》發行，為第四冊。唯第三、第四冊獨立發行，至《全集》始匯輯成一書。（詳見1951年6月20日譜文）

是月，大學第二學期開學，持續任教中興大學中文系「李杜詩」、夜間部中文系「佛學概要」；東海大學中文研究所任教「詩學研究」。

三月一日（一），上午八時至十時，於內典研究班「修身」課講授《御批歷代通鑑輯覽》。

三月二日（二），上午八時至十時，於內典研究班「修身」課講授《御批歷代通鑑輯覽》。

三月三日（三），於慈光圖書館週三《華嚴經》講座，宣講〈十無盡藏品第二十二〉。

三月四日（四），晚，於善果林太虛紀念館宣講《法句譬喻經》。

三月五日（五），晚，於中興大學夜間部中文系五年級「佛學概要」課程，講授《佛學實況直介》第八表「宇宙有情世間概況」：（甲）六道狀況。

三月六日（六）起三日，中興大學智海社於該校學生活動中心舉辦文物展。先生特抽空前往參觀。[1]

三月七日（日），蓮友子弟輔導團於慈光圖書館舉行第一期開學典禮，先生應邀出席並開示：萬事「人」為主。人賴教育以植人格。而學校、家庭、社會這三種教育，昔存今亡。復興，此時也。徐醒民致辭指出：此課與校課，相輔相成；一通百通，真學問在此。[2]

「兒童德育週」星期日上午在蓮社講堂集合蓮友子弟一起學習；其教育對象為國小學生；課程有：唱歌、故事、紙劇、念佛等。「蓮友子弟輔導團」精神上承接「兒童德育週」，年齡已擴大至高中、國中；上課日期為隔週上午上課；課程以國文、論語為主，高中另有《史記》課程，鹿港學者施人豪任《史記》教席，許多鄰近大學大學生前來旁聽。[3]

【案】蓮友子弟輔導團於一九七五年十一月十八日

---

1 〈中興大學智海社訊〉，《明倫》第52期（1976年4月8日）。
2 陳雍澤：《日記：靜思錄（一）》（1975年7月至1976年6月），未刊本。
3 洪錦淳：《臺灣當代居士佛教團體台中蓮社之研究》，頁193，注142、143。

召開第一次籌備會，一九七五年十二月七日召開第二次籌備會，一九七六年二月二十二日召開第三次籌備會。而後於一九七六年三月七日舉行第一期開學典禮，至一九七六年六月二十日，共上課八次，每次四小時，合計三十二小時課時。第二期於一九七六年九月十九日開學，上下學期各上課八次，合計上課十六次，六十四小時課時。除集會上課外，亦有特別輔導，由教師至蓮友家個別家教陪讀者。

蓮友子弟輔導團工作人員有：團主任：簡金武，教務：吳聰敏，訓導：吳碧霞。教師有：施人豪、紀潔芳、邱榮森、許文彬等及各班導師。男生誠班（高中生）導師：陳任弘，敬班（國中生）導師：（不詳，待查）。女生高中班導師：黃潔怡，國中班導師：羅阿琴。課程有：佛學、常禮舉要、吟詩、梵音集。內典研究班學員有多位擔任蓮友子弟輔導團工作幹部。[1]

三月八日（一），上午八時至十時，於內典研究班「修身」課講授《御批歷代通鑑輯覽》。

三月九日（二），上午八時至十時，於內典研究班「修身」課講授《御批歷代通鑑輯覽》。

---

[1] 陳雍澤：《日記：靜思錄（一）》（1975 年 7 月至 1976 年 6 月），未刊本。

三月十日（三），於慈光圖書館週三《華嚴經》講座，宣講〈十無盡藏品第二十二〉。

三月十一日（四），晚，於善果林太虛紀念館宣講《法句譬喻經》。

三月十二日（五），晚，於中興大學夜間部中文系五年級「佛學概要」課程，講授《佛學實況直介》第八表「宇宙有情世間概況」：（乙）互相輪迴，（附一）器世間歸納觀，（附二）宇宙人生範圍。

　　李炳南居士講，吳希仁記，《佛學實況直介筆記》：編此表有次第，先明何為佛學、何以要研佛學，次明其內容也。當知，所言不離宇宙人生，此為吾人環境，必知之始有辦法，不知則受其束縛。佛學中，乃告之以其經驗歷。

三月十五日（一），上午八時至十時，於內典研究班「修身」課講授《御批歷代通鑑輯覽》。

三月十六日（二），上午八時至十時，於內典研究班「修身」課講授《御批歷代通鑑輯覽》。

三月十七日（三），於慈光圖書館週三《華嚴經》講座，宣講〈十無盡藏品第二十二〉。

1976 年・民國 65 年 | 87 歲

三月十八日（四），晚，於善果林太虛紀念館宣講《法句譬喻經》。

是日，為中興大學智海社十五週年社慶題辭祝賀。
〈題智海學社學刊之五〉：四海澄清。心月圓明。智光淨色。即印文成。汪洋涓滴。輪象滿盈。朗照無闕。狂瀾不生。
智海學社十五週年大慶　　　　　　　　　李炳南敬祝[1]

三月十九日（五），晚，於中興大學夜間部中文系五年級「佛學概要」課程，講授《佛學實況直介》第九表「內容設施梗概」：（甲）佛法總綱，（乙）佛法大意。

三月二十一日（日），赴中興大學惠蓀堂參加該校智海社舉辦之十五週年社慶大團圓。
興大智海社為慶祝十五週年紀念，於三月二十一日，在興大惠蓀堂舉行社慶大團圓，計有師長、畢業學長、社員百餘人參加。八點半，社員、畢業學長即陸續抵達。十點半，李老師炳南特地趕來參加，指導老師許祖成教授亦隨之而到。十一點，大會準時開始。首先由社長李德明報告學社近況，接著恭請李老師代周宣德老師，贈送學社「深解勝義」匾額一只，並分別贈言畢業

---

[1] 李炳南：〈題智海學社學刊之五〉，《雪廬老人題畫遺墨》，《全集》第 16 冊，頁 355。日期據：《智海卅週年紀念專刊》，頁 52。

學長及在校同學。[1]

炳公恩師對畢業學長們的開示,特別提到一點——我們要追求高尚的娛樂,不是下流卑賤的狂歡,相信諸位學長都有所得於心了。社慶大會最引人注目的,就是那五年才一次,為慶祝智海十五歲生日精心設計的大蛋糕,大家期待已久的時刻終於來臨了,由雪公恩師主持,歷居社長的陪同協助下,在鼓掌聲中吹熄了蠟燭,學長莫不為之欣喜,為之光榮,展望著智海慧命綿綿無盡。[2]

三月二十二日(一),上午八時至十時,於內典研究班「修身」課講授《御批歷代通鑑輯覽》。

是日,草擬〈東海大學中文研究所詩學課程進度概況〉,提報上學期課程內容與進度。[3](見《圖冊》,1976年圖4)

〈本校研究所上學期詩學課程進度概況〉:
一、中國文藝以禮樂為首,詩為樂之章,樂必有聲韻。中國古今詩歌多類,總以聲韻為主,否則不能被諸管絃,更無所謂樂章。上學期使諸生先知四聲,運用喉舌高低開合之呼,俾發音準確,方能知詩格律。

---

1 〈新聞〉,《慧炬》第145期(1976年5月),頁96。
2 陳彩娥:〈智海社慶特寫〉,《明倫》第53期(1976年5月20日)。
3 李炳南:〈東海大學文學院中文研究所詩學課程進度概況手稿〉,《雪廬老人題畫遺墨》,《全集》第16冊,頁375。

二、中國詩歌，皆有韻腳，《切韻》、《廣韻》，至宋失習。但後之詩，皆依《平水韻》百零六目，至今仍之，亦必須使學者明了韻學。

三、詩至有唐，已登極峰，無體不備，格局多變，學詩不解唐詩，等於食不知味。特將絕律古今體之格局、聲調、取境、正變各語，分別舉例，編成講義，發給諸生，直授研習。

李炳南報告　三月廿二日

三月二十三日（二），上午八時至十時，於內典研究班「修身」課講授《御批歷代通鑑輯覽》。

三月二十四日（三），於慈光圖書館週三《華嚴經》講座，宣講〈十無盡藏品第二十二〉。

三月二十五日（四），晚，於善果林太虛紀念館宣講《法句譬喻經》。

三月二十六日（五），晚，於中興大學夜間部中文系五年級「佛學概要」課程，講授《佛學實況直介》第九表「內容設施梗概」：（丙）二門並修——解門、行門，（丁）設喻；第十表「研究佛學須先略知別相」：（甲）佛學難解，（乙）諸法三分——體、相、用。

三月二十七日（六），中慧念佛班於台中蓮社結期念佛三

日，先生開示：欲求一心不亂，須有三種功夫：一、遇境伏惑，令已生惡種不起；二、淨念相繼，令未生惡不生；三、發深信願，直下承擔。[1]

〈知果畏因宜謹慎，逢緣遇境好修行〉：吾淨宗勸人，或曰「萬修萬人去」，或曰「十念往生」，或曰「臨終助念往生」，皆是隨根立說，各有條件，不可拘執。所謂「萬修萬人去」，如何謂之修？當如何修？須先考究，並非掐珠隨口而宣，即是修行，且若是不修，云何去耶？再者「十念往生」，莫說十念，十萬念念念虛浮，則臨欲命終，危險危險！蓋十萬之中，未得一念之一心不亂也。又「助念往生」，若助者念，被助者不念，亦不往生。

遇境伏惑

諸位此次念佛，既求「一心不亂」，然而何以求而不得耶？蓋自作不得主故。真心本性作不得主，即見思惑作主。欲得一心不亂之果，當種淨念相繼之因。修行有正功夫，有助功夫，正功夫是念佛；助功夫，則三十七助道品乃至六波羅蜜等皆是。吾人平日所為之事皆可為助道，但視用心如何耳。比如我今在此教書，若未曾用心轉向菩提，便只是教書而已，若視作布施，則為助道矣。尚須於日久天長起煩惱中，練習功夫。所謂

---

[1] 李炳南講，吳碧霞記：〈知果畏因宜謹慎，逢緣遇境好修行〉，《明倫》第 166 期（1986 年 7 月）；收見：《脩學法要》，《全集》第 9 冊，頁 315-322。

修行，便在於一起心即能覺，不為境界所動。古德有云：「不怕念起，只怕覺遲。」修淨土者，既覺之時，速將佛號壓伏之，斯之謂伏惑。

深信因果

先說念頭。為何有煩惱？為何有善心？因為有念頭，念頭即是因緣，而因果之理，即在「萬法因緣生」上。森羅萬象，觸心發識，一旦分別，便落印象，印象者，種子也，此是因；又此種子，復能薰習其他種子起現行，便成緣，名親因緣。如此，便在自家心地上，不必格外找因緣，而因緣隨時來，故生死輪迴，永遠不斷。如是，則為之奈何？曰：亦唯念佛，令淨念相繼。蓋念頭皆自類相引，若能念到一片佛號連綿不絕，當路擋住，其他有漏念頭，無由起現行，無緣不生故。

直下承擔

念佛時，雖不解理，若肯發深信願，功亦不小，全事即理故。事者，如極樂世界種種莊嚴，是阿彌陀佛為攝眾生，慈悲變現，莊嚴是事，而其極妙處，是常寂光淨土，真空玄妙，是理。故雖有人譏誚極樂世界為化城，然化城卻有真受用──諸位但能將彌陀聖號，發之於心，出之於口，入之於耳，著之於心，便是相應。蓋念佛者，心即我，我即心；心念佛，心即佛，則佛即我──吾人念佛時，敢當下承擔，了無虛怯；阿彌陀佛即是我，我今念佛，是阿彌陀佛在念佛，自念自佛，念自性佛，其功偉矣！且我即阿彌陀佛，便不能不信因果，且問：有殺盜淫妄之佛乎？如何再作殺盜淫妄之勾

當?果能如是觀想,便不解理,修行亦有大力用。
結語
　　以上所談,有三大綱:一曰遇境伏惑,二曰深信因果,三曰直下承擔——遇境伏惑,在洗舊種以必淨;深信因果,在拒新種而不受;直下承擔,是圓事理之方便。若能三者互用,何愁一心不亂之不果,極樂世界之不生?[1]

三月三十日(二),上午八時至十時,於內典研究班「修身」課講授《御批歷代通鑑輯覽》。

是日,美國佛教會沈家楨來函,感謝臺中蓮友百萬元捐款樂助美國佛教會莊嚴寺之興建。

　　沈家楨,〈沈家楨來函〉(1976年3月30日):炳南大德慈鑒:茲由駐台譯經院戈本捷兄轉上美佛會莊嚴寺建寺專款,收據二十四張,共計新臺幣一百零三萬元。蓮座抽籤次序,係按每滿三萬八千臺幣者,有權抽籤一座。

　　復有上陳者,便中請轉告各捐款善知識,莊嚴寺之大殿阿彌陀佛像,已向香港上海王泰生訂製,計佛身坐像為一丈六尺佛尺,連蓮座迴光共合英尺三十呎六吋。

---

[1] 李炳南講,吳碧霞記:〈知果畏因宜謹慎逢緣遇境好修行〉,《明倫》第166期(1986年7月);收見:《脩學法要》,《全集》第9冊,頁315-322。

交貨時期預訂約後兩年。又山地已作詳細測量，完成後當作進一步之規劃。為求將來主要建築確能代表中國文化，已敦請臺灣之姚文光建築師（主建忠烈祠者）為顧問。謹此報聞。又捐款徵信，擬於近期內在雜誌發表，倘公等有繼續捐助，使莊嚴寺可以早日興工，自更所馨香祈禱者。此頌法喜無量。

弟沈家楨頂禮　七六、三、三十[1]

【案】美國佛教會於一九七五年十一月十六日通過，籌建莊嚴寺。大雄寶殿占地二萬平方呎，供丈八彌陀金身，可容四百人同時誦經拜佛打坐。[2] 隨後即刊布於台灣譯經院成立專戶代收樂捐款。

三月三十一日（三），於慈光圖書館週三《華嚴經》講座，宣講〈十無盡藏品第二十二〉。

是月，題寫宋儒周濂溪〈愛蓮說〉，祝賀周榮富新居落成。[3]

（見《圖冊》，1976年圖5）

是年春，有詩〈歸雲〉、〈花意〉、〈作嫁〉、〈觀徐石上教授畫

1　沈家楨：〈沈家楨來函〉（1976年3月30日），《內典班文牘》（1973-1977年），台中蓮社檔案。
2　〈新聞〉，《慧炬》第141/142期合刊（1976年1/2月），頁82。
3　李炳南：〈蓮花〉，《雪廬老人題畫遺墨》，《全集》第16冊，頁207。

展〉[1]、〈海上送友〉、〈鳴〉、〈循溪看桃花遣懷〉。(《雪廬詩集》，頁 461-463)

　〈歸雲〉：日出春郊潤，風輕夜雨微；歸雲留不住，懶再化龍飛。

　〈作嫁〉：為他作嫁十餘年，多少酸辛只仰天；紅燭綠窗深夜後，不知時有未曾眠。

　〈海上送友〉：碧海連天末，征帆淡欲無；疑從玄水府，泛上大羅都。尺素愁何寄，高歌興已孤；羨君總勝我，回首憶蓬壺。

　〈鳴〉：羯鼓胡笳日月新，賡揚群怨憶前塵。誰從辛亥采風雅，六十年間鳴一人。

四月一日（四），晚，於善果林太虛紀念館宣講《法句譬喻經》。

四月二日（五），晚，於中興大學夜間部中文系五年級「佛學概要」課程，講授《佛學實況直介》第十表「研究佛學須先略知別相」：（乙）諸法三分——體、相、用，（丙）生起三由——因、緣、果。

四月六日（二），上午八時至十時，於內典研究班「修身」課講授《御批歷代通鑑輯覽》。

---

[1] 李炳南：〈觀徐石上教授畫展〉，刊見：《自立晚報・副刊》，「自立詩壇」，1976 年 3 月 17 日，第 9 版。

1976年・民國 65年 | 87歲

四月七日（三），於慈光圖書館週三《華嚴經》講座，宣講〈十無盡藏品第二十二〉。

四月八日（四），佛誕節，教主降生二五二〇週年，臺中市佛教會於臺中市中山堂舉行慶祝大會，由該會理事長翁茹苳主持，聖印法師、振光法師、真得法師率眾浴佛誦經，市長、國代等各界士紳佛教徒眾三萬餘人參加。[1]

是日晚，於善果林太虛紀念館宣講《法句譬喻經》至〈廣衍品第二十九〉。講經畢，先生交代，本經將由善果林移往台中蓮社續講。

　　今日為佛誕節。早上參加慶祝佛誕遊行時，吾曾聞執事者言：蓮社已改建年餘，吾未去講經。而今一樓地藏殿已初步完成，可作講堂，請回此宣講。然吾甚忙碌，而蓮社又為臺中咱道場之本源頭，故不答應不可。雖應之，卻無法分身來本林，幸好此處聽眾多為本市及外來者，故四月二十二日擬至蓮社續講。以該處地近，咱又是多年相聚者，故移往他處。至下學年，吾將辭去大學之授課，另抽空來此講法。屆時再說吧！[2]

四月九日（五），晚，於中興大學夜間部中文系五年級「佛

---

1 〈新聞〉，《菩提樹》第 282 期（1976 年 5 月 8 日），頁 48。
2 李炳南講，陳雍澤記：《法句譬喻經筆記》（1974 年 12 月 26 日－1976 年 12 月 30 日），未刊本。

學概要」課程,講授《佛學實況直介》第十表「研究佛學須先略知別相」:(丙)生起三由——因、緣、果,(丁)法有兩端——事、理。

四月十二日(一),上午八時至十時,於內典研究班「修身」課講授《御批歷代通鑑輯覽》。

四月十三日(二),上午八時至十時,於內典研究班「修身」課講授《御批歷代通鑑輯覽》。

四月十四日(三),於慈光圖書館週三《華嚴經》講座,宣講〈十無盡藏品第二十二〉。

四月十五日(四),晚,於善果林太虛紀念館宣講《法句譬喻經》。此為善果林講經最後一講,次週起,移至台中蓮社宣講,此後先生未再至善果林講經。

四月十六日(五),晚,於中興大學夜間部中文系五年級「佛學概要」課程,講授《佛學實況直介》。

四月十九日(一),上午八時至十時,於內典研究班「修身」課講授《御批歷代通鑑輯覽》。

四月二十日(二),上午八時至十時,於內典研究班「修身」課講授《御批歷代通鑑輯覽》。

1976 年・民國 65 年 | 87 歲

四月二十一日（三），於慈光圖書館週三《華嚴經》講座，宣講〈十無盡藏品第二十二〉「六、施藏」。[1]

四月二十二日（四），於台中蓮社新建講堂，每週四晚開講《法句譬喻經》。

　　台中蓮社改建工程進展順利，該社自國曆四月二十二日起每逢星期四下午七時起敦請導師雪廬老居士，在該社地藏殿宣講《法句譬喻經》，聽講者每次都在五百人左右，大家無不法喜充滿，收益良多。[2]

　　【案】蓮社一樓原稱「地藏殿」，後來改稱「講堂」。

四月二十三日（五），晚，於中興大學夜間部中文系五年級「佛學概要」課程，講授《佛學實況直介》。

四月二十五日（日），下午二時，至善果林太虛紀念館，列席菩提救濟院第四屆第四次董事會，於會中報告，十二年前即已辭職，但仍持續承當院務籌款還債，今外債已清，且置有四處不動產，院務稍有基礎，因此決定引退。[3]

---

1 李炳南：《大方廣佛華嚴經講述表解》，《全集》第 1 冊之 2，頁 145。
2 〈新聞〉，《明倫》第 53 期（1976 年 5 月 20 日）。
3 周邦道主席，游俊傑記錄：〈菩提救濟院第四屆董事會第四次會議紀錄〉（1976 年 4 月 25 日）。

周邦道主席，游俊傑記錄：〈菩提救濟院第四屆董事會第四次會議紀錄〉：

甲、報告事項

李導師：本人這次向諸位告假引退。事實上在十二年前，即已辭去創辦人暨董事之職，曾在報上刊登聲明，社會處有案可查。後因經營虧累，經臺北四位董事來中參加整頓行列。本人雖已辭職，在朋友立場，仍以代總務身分，為貴院負籌款還帳等工作。一直幹了十幾年，不但外債已清，還替貴院置有四處不動產，已有幾分基礎。本人年近九十，精神體力各方面都已照顧不來，尤其金錢方面更甚。因此，日前特以書面向諸位告假引退。尚請諸公恕諒，愛人以德。三月間所印〈臨別贈言〉，有下列三項（【案】略，見是年二月十日譜文）。

四月二十六日（一），上午八時至十時，於內典研究班「修身」課講授《御批歷代通鑑輯覽》。

四月二十七日（二），上午八時至十時，於內典研究班「修身」課講授《御批歷代通鑑輯覽》。

四月二十八日（三），於慈光圖書館週三《華嚴經》講座，宣講〈十無盡藏品第二十二〉「七、慧藏」。[1]

---

[1] 李炳南：《大方廣佛華嚴經講述表解》，《全集》第1冊之2，頁146。

1976年・民國65年 | 87歲

四月二十九日（四），晚，於台中蓮社一樓講堂，宣講《法句譬喻經》。

四月三十日（五），晚，於中興大學夜間部中文系五年級「佛學概要」課程，講授《佛學實況直介》。

是年春夏之間，讀史有感詩作多首：〈六朝夢〉、〈鄉村訪友〉、〈負心歎〉、〈朋蠹〉、〈讀魏公子傳〉、〈蘇季子〉、〈孺子〉、〈浣紗女子漂母〉、〈陳子昂〉、〈李謫仙〉、〈鬼谷〉、〈金谷〉、〈人生〉。（《雪廬詩集》，頁463-468）

〈六朝夢〉（清末民初洪憲復辟，北伐易幟東遷。）：柳絮盈顛不是春，羞將霧眼對花辰；天時國步如流水，夢裏六朝醒後人。

〈負心歎〉：有美西海來，百年飼東道；佳麗慣放恣，輒投狡童抱。扶桑存亡際，報怨施再造；翻然忍乘危，助虐推我倒。麒麟罹網羅，梟獍荷天保；叩閽何所之，呵壁徒憂惱。鴻儒不決疑，掉臂徵佛老；負心若盡除，世上賸荒草。

〈朋蠹〉：采薇采薇首陽山，有客有客金谷園；由來如是奚足言，顧盼一笑開北軒。書有蠹，琴無絃，聞道脈，望腹笥，萬卷成神仙。奎光四壁照，飽學良朋百與千。莫教三徑遊曲士，使我不得心悠然。閒來抽柱叩琴歌我錦囊句，知我者高軒，未若良朋賢。

〈讀魏公子傳〉：平生好廣交，天下幾知友。冠蓋

2673

罕疏放,鄙夫逐杯酒。文人習輕浮,血性多不有。嘗觀信陵傳,豪氣冲牛斗。澆風自西來,正義從拑口。龍門古良史,感憤牛馬走;大書揚屠沽,及與抱關叟。三復益心傾,吾同若攜手。

〈蘇季子〉：落泊無憑藉,蕭然一布衫;竟能封虎豹,不得出崤函。天下原多佞,朝中各有讒;君才終未達,笑煞五湖帆。

〈浣紗女子漂母〉：韓信無雙士,伍員天下豪;釣竿淮水上,亡命楚江皐。絕處思多助,何人拔一毛;仁心與巨眼,惟有浣紗曹。

〈人生〉：人生任長短,世事多苦艱;唐虞久湮滅,寰海恣群姦。我憂何以解,放去心自閒;行樂豈惟酒,一歌散襟顏。願為信天翁,私省非癡頑;尼山今復起,應不重述刪。

五月三日（一）,上午八時至十時,於內典研究班「修身」課講授《御批歷代通鑑輯覽》。

五月五日（三）,於慈光圖書館週三《華嚴經》講座,宣講〈十無盡藏品第二十二〉。

五月六日（四）,上午八時至十時,於內典研究班「修身」課講授《御批歷代通鑑輯覽》。

晚,於台中蓮社一樓講堂,宣講《法句譬喻經》。

五月七日（五），晚，於中興大學夜間部中文系五年級「佛學概要」課程，講授《佛學實況直介》第十二表「五戒十善」：（甲）五戒，（乙）十善，（丙）應辨：一、因有真偽純雜大小轉變，果有正依二報千差萬別。二、有漏為世間功德，著相求福；無漏為出世間功德，離相去障。

五月九日（日），蓮友子弟輔導團舉辦慶祝母親節國樂欣賞會，由臺中師範專校大漢社主奏。先生受邀蒞會並致辭開示母教之重要，說明「太太」之義，示為母之責，期挽狂瀾，為天下倡。[1]

五月十日（一），上午八時至十時，於內典研究班「修身」課講授《御批歷代通鑑輯覽》。

五月十二日（三），於慈光圖書館週三《華嚴經》講座，宣講〈十無盡藏品第二十二〉。

五月十三日（四），上午八時至十時，於內典研究班「修身」課講授《御批歷代通鑑輯覽》。

晚，於台中蓮社一樓講堂，宣講《法句譬喻經》。

---

[1] 陳雍澤：《日記：靜思錄（一）》（1975年7月至1976年6月），未刊本。

五月十四日（五），晚，於中興大學夜間部中文系五年級「佛學概要」課程，講授《佛學實況直介》第十三表「四諦十二因緣」：（甲）四諦，（乙）雙重因果。

五月十五日（六），下午四時，至慈光圖書館參加本學期「慧炬月刊社」代辦各項獎學金中部地區頒發典禮。先生應邀代為頒發並致詞勉勵。（見《圖冊》，1976 年圖 6）

　　六十四學年度第二學期，本社代辦各項獎學金，中部地區頒發典禮，已於五月十五日假臺中慈光圖書館舉行。由本社周宣德董事長主持，並邀請李雪廬老師代為頒發。興大智海學社社長李德明代表中部六大專院校二十九位受獎同學接受。周居士首先報告，接著請李老師開示：一、獎學金的設立，也是藉此名目使青年人走上正路，因要寫佛學論文，一定要研讀佛經才可。看經若能把一句看透徹，入了八識田中，就是三藐三菩提的佛種子。一年學一句，十年就有十句，一句話感動就能證果，有十句真不得了。此得感謝周老師的功德。二、佛學為覺悟之學，世間一切皆在覺悟之中，所以也包括宗教在內，但不可以為佛學就是純宗教。覺──徹悟到底，世間其他宗教還是世間法，未能超出世間有何用處？佛學超出世間為全世界宗教所無，講究的是大公無私，犧牲自己，不但外財，就是內財慧命皆可犧牲，此是大乘菩薩道的真精神，不是關起門來的自了漢。此門學問了不起，將來願了生死就可了生死，辦事也是世間一等好手。會中並邀請師大田博元老師及中醫學院施人

豪老師致詞。[1]

五月十六日（日），上午九時，至慈光圖書館參加中部大專學佛青年演講比賽。先生擔任評審，並於比賽後講評指點講演術。

詹氏基金會、慈光圖書館暨明倫社，於五月十六日上午九點正，假臺中慈光圖書館，舉辦中部大專學佛青年演講比賽。題目為一、怎樣輔導青少年心理建設，二、怎樣才是學佛的正知正見，計有興大、東海、逢甲、中醫、靜宜、師專、商專、勤益工專等八校十五位同學參加，邀請李炳南、周邦道等八位老師評審。

講演後恭請李老師講評：講演一術，在孔子教學四大科中，居在第二，可見其重要，對於講演能講得不錯已不易，又能講說佛法，此真是大學問。此次比賽，大多講得不錯，講演時稿子一定要熟，熟了自能生巧，若是怕忘了可列大綱，但也不過五、六句，不可超過十句。上臺演講全身是口，舉手低頭皆能傳神，若是照講稿念，則失去神采，所以奉勸諸位，必得多練習，稿子務必要熟。

最後評定結果，第一名洪錦淳（師專），第二名曾沈益（師專）、陳立君（醫藥）等，各得獎金、錦旗、書籍。[2]

五月十七日（一），上午八時至十時，於內典研究班「修

---

1 〈新聞〉，《慧炬》第 145 期（1976 年 5 月），頁 84-86。
2 〈新聞〉，《慧炬》第 145 期（1976 年 5 月），頁 89-91。

身」課講授《御批歷代通鑑輯覽》。

五月十九日（三），晚，於慈光圖書館週三《華嚴經》講座，宣講〈十無盡藏品第二十二〉。

五月二十日（四），上午八時至十時，於內典研究班「修身」課講授《御批歷代通鑑輯覽》。

晚，於台中蓮社一樓講堂，宣講《法句譬喻經》。

五月二十一日（五），晚，於中興大學夜間部中文系五年級「佛學概要」課程，講授《佛學實況直介》第十三表「四諦十二因緣」：（乙）雙重因果、（丙）喻語：十二重城、十二輪。

五月二十四日（一），上午八時至十時，於內典研究班「修身」課講授《御批歷代通鑑輯覽》。

五月二十六日（三），於慈光圖書館週三《華嚴經》講座，宣講〈十無盡藏品第二十二〉「八、念藏」。[1]

五月二十七日（四），上午八時至十時，於內典研究班「修

---

1 李炳南：《大方廣佛華嚴經講述表解》，《全集》第 1 冊之 2，頁 150。

1976年・民國65年 | 87歲

身」課講授《御批歷代通鑑輯覽》。

晚，於台中蓮社一樓講堂，宣講《法句譬喻經》。

五月二十八日（五），晚，於中興大學夜間部中文系五年級「佛學概要」課程，講授《佛學實況直介》第十四表「六度萬行」。

五月三十一日（一），上午八時至十時，於內典研究班「修身」課講授《御批歷代通鑑輯覽》。

六月二日（三），於慈光圖書館週三《華嚴經》講座，宣講〈十無盡藏品第二十二〉。

六月三日（四），上午八時至十時，於內典研究班「修身」課講授《御批歷代通鑑輯覽》。

晚，於台中蓮社一樓講堂，宣講《法句譬喻經》。

六月七日（一）至九日（三），中興大學舉行應屆畢業生學期考試。為中文系四年級「李杜詩」、夜間部中文系五年級「佛學概要」出考題。（《圖冊》，1976年圖7）
〈六十四年中興大學第二學期期末考李白杜甫詩試題〉：
（甲）默寫。杜甫〈江月〉五律一首。

2679

（乙）默寫。杜甫〈登樓〉七律一首。

（丙）默寫。李白〈蘇臺懷古〉一首。

（丁）解釋。杜甫〈九日藍田崔氏莊〉七律中「羞將短髮還吹帽，笑倩旁人為正冠」解說明白。

（戊）解釋。杜甫宿府七律中「強移棲息一枝安」解其含義？

（己）解釋。李白望廬山瀑布「日照香爐生紫烟」及「疑是銀河落九天」如何解？

（庚）畫平仄。「花近高樓傷客心」及「銀河沒半輪」將平仄符號畫在右方。

（辛）指韻。「輪」、「班」、「歡」、「村」、「遲」指出各在何韻？

（壬）對聯。「柳｜川─橋─上｜雨｜初─晴─」對不可失粘。[1]

〈佛學概要試題〉：

（一）「第一表」一切智，道種智，一切種智，如何解釋。

（二）「第二表」研究諸法，須三分之，試三分為何？

（三）「第四表」苦果種類，試舉之。

（四）「第六表」有頭出頭沒之喻，所喻何事？

（五）「第八表」二門並修，試按表列出。

---

1 【數位典藏】手稿／其他著作／大專院校授課試卷／〈六十四年中興大學第二學期期末考李白杜甫詩試題〉。

（六）「第九表」見思二惑之名，全述出。
（七）「第十表」十善，試舉其名？
（八）「第十一表」四諦法，能按表列者，略言。
（九）「第十二表」六度之名舉出，再將布施分幾種分言之。
（十）「第十三表」行門捷徑，即淨土心宗，其三要法是何，舉出？[1]

六月七日（一），上午八時至十時，於內典研究班「修身」課講授《御批歷代通鑑輯覽》。

六月九日（三），於慈光圖書館週三《華嚴經》講座，宣講〈十無盡藏品第二十二〉。

六月十日（四），上午八時至十時，於內典研究班「修身」課講授《御批歷代通鑑輯覽》。

晚，於台中蓮社一樓講堂，宣講《法句譬喻經》。

六月十四日（一），上午八時至十時，於內典研究班「修身」課講授《御批歷代通鑑輯覽》。

---

1 【數位典藏】手稿／其他著作／大專院校授課試卷／〈佛學概要試題〉。【案】該紙試題未載記日期，先生於中興大學日夜間中文系授此課自六十二至六十四共三學年。姑且繫於最後一年。

六月十六日（三），於慈光圖書館週三《華嚴經》講座，宣講〈十無盡藏品第二十二〉「九、持藏」。[1]

六月十七日（四），上午八時至十時，於內典研究班「修身」課講授《御批歷代通鑑輯覽》。內典班本學期課程結束。

晚，於台中蓮社一樓講堂，宣講《法句譬喻經》。

是日，去函許祖成，指示鐘點費請自留用。[2]（《圖冊》，1976年圖8）

〈許祖成之一〉：成弟大鑒：此鐘費可留自用，因學生已畢業，無發獎金之必要矣。再下年度，佛學常識，兄不能再任講。弟斟酌情形，可任則任之；如無暇，即聽校中自去處理也。專此并頌

道祺　　　　　　　　　兄李炳南謹啟　六月十七日

【案】是函未紀年。先生於一九七三年九月（六十二學年度）任教中興大學中文系「佛學概論」課程，至一九七六年六月（六十四學年度），於該校夜間部中文系五年級畢業班圓滿後為止。

1　李炳南：《大方廣佛華嚴經講述表解》，《全集》第1冊之2，頁154。
2　李炳南，〈復許祖成居士書之一〉，《雪廬老人題畫遺墨》，《全集》第16冊，頁300。

六月二十日（日），上午，蓮友子弟輔導團舉行第一期結業典禮。先生應邀蒞會開示：為人態度應誠應敬，並叮嚀不忘本，以慈光為母校，有振興、保護之責。

　　　陳雍澤，《日記：靜思錄（一）》（1976年6月20日）：蓮友子弟輔導團舉行第一期結業典禮，今晨行之。雪公及徐師（醒民）、王主委（炯如），應邀蒞臨指導。雪公開示：

1. 誠者可通人天。敬者，不苟且，須盡十分則盡十分，縱使九分九厘，亦是不敬。敬事者，成功之本。天下亂，事不成，乏誠信故。盡己之謂忠也。
2. 以慈光為母校。事有興衰，萬法無常故。身為慈光一員，負有振興、保護慈光之責。若見其衰，當念此處曾為作育英才、弘揚德育之所，而思助之，不忍見其頹，則事可濟。擴而充之，天下興亡，匹夫有責，蓋我即國家，國家即我，存亡與共，人人同此心，焉有不強哉！[1]

六月二十三日（三），於慈光圖書館週三《華嚴經》講座，宣講〈十無盡藏品第二十二〉「十、辯藏」。[2]

六月二十四日（四），晚，於台中蓮社一樓講堂，宣講《法

---

[1] 陳雍澤：《日記：靜思錄（一）》（1975年7月至1976年6月），未刊本。
[2] 李炳南：《大方廣佛華嚴經講述表解》，《全集》第1冊之2，頁155。

句譬喻經》。

六月二十五日（五），中華佛教居士會理事長李謇率團員何尚時等十四人組成臺灣省環島弘法訪問團，是日抵臺中訪問，於午後來訪，並至慈光圖書館、菩提樹雜誌社參觀。[1]

六月三十日（三），於慈光圖書館週三《華嚴經》講座，宣講〈十無盡藏品第二十二〉。

是月，應《世界李氏宗譜》編纂人李鴻儒邀請，填報「宗親調查表」。[2]（見《圖冊》，1891年圖4）

是月，臺中孔廟落成。臺中孔廟興建之初，聘請先生為首席顧問，於孔廟建築、祭祀、服飾、儀節等，多方請益。孔廟落成後，有關祭孔大典祭品，先生仍主張依古禮。[3]

是月，因應救濟院改組仁愛之家，去函寶松慈善基金會發起

---

[1] 〈新聞〉，《菩提樹》第284期（1976年7月8日），頁49。
[2] 見：李鴻儒，〈纂修世界李氏宗譜緣起〉（1976年），台中蓮社收藏。文末有：「贊同即請將所附宗親調查表於六月卅日前填覆以利彙編。」
[3] 先生講《禮記・曲禮》時，提及當時有人提出節儉，應去「牛」，先生代表奉祀官府出席，故仍主張從古制。見：李炳南居士講，吳碧霞記：《禮記筆記》（1978年5月23日）。

人郭鄭真如，詢問基金會後續經營辦理意見。[1]（見《圖冊》，1976年圖9）

　　李炳南居士，〈去函林江濤轉郭鄭真如（稿）〉（無年日）：真如老居士道鑒：久違德輝，至深懷感。前旬貴眷郭鶴瑞、陳淑卿等四位大居士駕臨臺中，參拜寶松大師遺像，藉以暢談，頗感歡悅。學人正有心事遂向略說大概。近中政府新令所有救濟院改組仁愛之家，新進董事，志道不一，甚難合作。且學人年近九旬，朝暮難保。寶松基金會若不提早計畫，恐後化為私爭。謹函說明現況，請示方針，藉以遵辦。專此順請
道安　　　　　　　　　　　　　　末學李○○頂禮
貢獻意見如後
一、事或停辦，除還借外，將現有基金全數匯寄貴處，另附月表可作參考。
二、聞貴眷在臺住有多人，請派人接管。
三、現在負責辦理者係任該院之原發起人林進蘭居士。以後倘貴眷接管，林居士可從旁幫忙。
四、續辦以離開仁愛之家為妥。學人能另尋地址。

　　【案】寶松基金係南洋郭鄭真如於一九七○年來臺中捐贈「寶松和尚紀念療養院」後所建立（見1970年10月20日、1971年6月譜文），至此為因應變化而有是

---

[1] 李炳南：〈去函林江濤轉郭鄭真如（稿）〉（無年日），台中蓮社收藏。信函時間及函文標題，據林江濤：〈致李炳南先生函〉（台中蓮社收藏），函文落款為「六月廿七日」，信封郵戳為1976年6月28日。

函。（後續見 1976 年 9 月 10 日譜文）

七月一日（四），晚，於台中蓮社一樓講堂，宣講《法句譬喻經》。

七月五日（一），上午八至十時，為第十一期「明倫大專佛學講座」小組長講習課程開示。
　　【案】十一期「明倫講座」將於九日起舉行，為提升學員學習效果，先行為擔任小組長之服務同學安排五天小組長講習，除請資深學長講授六門功課要義以再次複習，也請總幹事李榮輝講授「領導統御」。

七月七日（三），於慈光圖書館週三《華嚴經》講座，宣講〈十無盡藏品第二十二〉。

七月八日（四），晚，於台中蓮社一樓講堂，宣講《法句譬喻經》。

七月九日（五）至三十日（五），明倫社於慈光圖書館舉辦第十一期「大專佛學講座」，為期二十一天。會性法師講授《阿彌陀經》，先生講授《佛學概要十四講表》及「國學提要」，許寬成講授〈普賢行願品〉，徐醒民講授《唯識簡介》；周家麟講授《般若心經》，簡金武講授《八大人覺經》。

七月十日（六），上午八時至十時，明倫講座第十一期初級班開學典禮。先生開示講座宗旨：一、在對國家民族盡義務：食其毛、踐其土，故必報國家恩。二、為未來歸宿尋正途：人格為要、明辨邪正。[1]

七月十一日（日），上午八時至十時，於明倫講座講授《佛學概要十四講表》。

七月十二日（一），上午八時至十時，於明倫講座講授《佛學概要十四講表》。

七月十三日（二），上午八時至十時，於明倫講座講授《佛學概要十四講表》。

七月十四日（三），晚七時半至九時半，於慈光圖書館週三《華嚴經》講座，宣講〈十無盡藏品第二十二〉。

七月十五日（四），晚七時半至九時半，於台中蓮社宣講《法句譬喻經》。

七月十六日（五），晚七時半至九時半，於明倫講座「國

---

[1] 李炳南講，陳雍澤記：〈第十一期開學訓示〉（1976 年 7 月 10 日），未刊本。

學」課程，講授《大學》之二綱八目。[1]

七月十七日（六），上午八時至十時，於明倫講座講授《佛學概要十四講表》。

七月十八日（日），上午八時至十時，於明倫講座講授《佛學概要十四講表》。

七月十九日（一），下午，三時半至五時半，於明倫講座講授《佛學概要十四講表》。

七月二十一日（三），晚七時半至九時半，於慈光圖書館週三《華嚴經》講座，宣講〈十無盡藏品第二十二〉。

七月二十二日（四），晚七時半至九時時，於台中蓮社宣講《法句譬喻經》。

七月二十三日（五），晚七時半至九時半，於明倫講座「國學」課程，講授《大學》之二綱八目。

七月二十四日（六），上午八時至十時，於明倫講座講授《佛學概要十四講表》。

---

[1] 【數位典藏】錄音／儒學研究／大學／〈二綱八目〉。

七月二十五日（日），上午八時至十時，於明倫講座講授《佛學概要十四講表》。

七月二十六日（一），上午八時至十時，於明倫講座講授《佛學概要十四講表》。

七月二十七日（二），晚七時半至九時半，於明倫講座「國學」課程，講授《禮記》之大同小康世界。[1]

七月二十八日（三），晚七時半至九時半，於慈光圖書館週三《華嚴經》講座，宣講〈十無盡藏品第二十二〉。

七月二十九日（四），晚七時半至九時半，於台中蓮社宣講《法句譬喻經》。

七月三十日（五），上午八時至十時，於慈光圖書館舉行明倫講座第十一期初級班結業典禮，先生勉勵同學精進求學，誠實做人。（見《圖冊》，1976年圖10）

  一年一度的暑期明倫社大專青年佛學講座於七月三十日圓滿結訓。雪公老師結訓開示時，以上求下化發揚中國文化為目標，以有恆、不怕難的精神，廣學多聞的態度，勉勵每個學員。並希望將在講座虛心求學，誠

---

1 【數位典藏】錄音／儒學研究／禮記／〈大同小康世界〉；僅標注時間，未詳對象、地點。今據前注推知係於明倫講座講授。

實做人的精神保持不失,發揚到社會每個角落。[1]

　　李炳南居士講授,陳雍澤記,〈明倫第十一期結業典禮開示〉:學佛須知:

有恆不變:活一日幹一日,至死不變,強哉矯;擇善固執,今則希聖希賢,後則往生成佛。

應世之方:外儒內佛;以讀書為消遣;不怕困難,有煩惱才有菩提。[2]

七月,菩提救濟院奉政府通令改名為「菩提仁愛之家」,目的事業不變。[3]

是年夏,有〈玄都觀懷古〉二首、〈柳川閒眺〉、〈唐玄宗〉、〈讀王叟詩〉、〈動物園〉、〈植物園〉、〈客去〉、〈兵戈流離五十餘年處患難而心不能無愍故為文辭多怨尤雖知而不改難矣哉〉、〈西顧〉、〈夏日水村訪友〉、〈又歸來〉、〈醉鄉〉。(《雪廬詩集》,頁 468-473)

　〈動物園〉:此囿非靈囿,腥羶溢四隅;鷹梟方飽肉,豺虎各當途。映日舞蛟妾,臨風鳴蟋蛄;鳳麟終不見,感慨德恆孤。

　〈植物園〉:拂面芬芳氣,橫胸錦繡堆;芝蘭三徑

---

[1] 〈新聞〉,《慧炬》第 148/149 期合刊(1976 年 9/10 月),頁 111-112。

[2] 李炳南講,陳雍澤記:〈明倫第十一期結業典禮開示〉(1976 年 7 月 30 日),《第八冊筆記》,未刊本。

[3] 謝嘉峰:《雪公與菩提》。

秀，桃李萬株開。蒲葉拜修竹，海棠依瘦梅；無情聚色相，何處有如來。

〈客去〉：怊悵斜陽別柳川，遲歸獨坐小窗前；詩人一去無良夜，好月猶來掛碧天。山色蒼蒼思遠籟，芸香隱隱隔秋煙；此行何處逢知己，共賞奇文濁酒邊。

〈兵戈流離五十餘年處患難而心不能無慍故為文辭多怨尤雖知而不改難矣哉〉：文字無盡藏，怨尤無盡業；風雅有丕變，永傷從不洽。太清納眾垢，坦蕩何喋喋；拂逆尋常事，介胸器乃狹。逍遙海上鷗，鳴噪野塘鴨；我思斬鈍根，慧劍欲出匣，應自為秦火，辭源斷三峽。

〈西顧〉：落日照東牆，一蟬鳴高樹；讀罷出北軒，涼階獨散步；竹外歇鑪煙，石床列茶具。故園六十年，猶向心中住；四方走天涯，盡是烽火路；幾番夢時清，歸去掃林墓；匹夫義首邱，惻惻常西顧。

〈又歸來〉：莫笑生平百不如，沙中曾學擊秦車；千金散去無身世，一領歸來有草廬。舉袖欲遮今日雨，求師還讀古人書；江山間氣浩然在，難信文章驅鱷魚。

八月四日（三），於慈光圖書館週三《華嚴經》講座，開始宣講〈升兜率天宮品第二十三〉。[1]

---

1 李炳南：《大方廣佛華嚴經講述表解》，《全集》第1冊之2，頁159；《華嚴經表解》有「生兜率天宮品第二十三」手稿共4頁，見：【數位典藏】手稿／佛學講授／華嚴講表／生兜率天宮品第二十三。

八月五日（四），晚，於台中蓮社一樓講堂，宣講《法句譬喻經》。

八月十一日（三），於慈光圖書館週三《華嚴經》講座，宣講〈升兜率天宮品第二十三〉。

八月十二日（四），晚，於台中蓮社一樓講堂，宣講《法句譬喻經》。

八月十三日（五），明倫社主委王炯如及內典班全體學員，代表明倫講座全體工作人員，至正氣街召開檢討會議。先生開示：聯絡人才，並指點辦事、求學、教學、習字等要訣。[1]

　　李炳南居士講授，陳雍澤記，〈為王主委及內典班員開示〉：
一、聯絡人才，維繫道心：能辦好此事者即人才。蓮社各班組織即是，班長皆吾親選。古今成事者，皆靠聯絡，平時互繫，才有力量。此事須親為，不假他人。因「吾不與祭，如不祭」故。
二、精神不死：精神必振奮，具獨立自主及忍辱負重、衛道弘道之精神。
三、辦事：四庫全書雖多，要旨不外乎「齊家治國平天

---

[1] 李炳南講，陳雍澤記：〈為王主委及內典班員開示〉（1976 年 8 月 13 日），《第八冊筆記》，未刊本。

下」,此辦事也。求學旨在「學以致用」,亦是辦事。然此至難者也。主事者必全神貫注、籠罩全場、戰兢不苟方成。必磨練,不怕失敗,無天生之幹才也。心公正則辦事不致出大錯,必洞明人情事故,體諒他人;必明全盤大局,知己知彼,方不糊塗。有次第、計畫、勿零亂。

四、儒佛大用:儒為政治學,治人;佛為教化學,治心。合則雙美,離則兩傷。二者并用,其效至妙。

五、求學:國文,唐宋明文為主。此刻汝等宜作重點式之學習,得旨握本。若如古人求學法,已不可能矣。家教,以德育輔之。勿礙子弟校課,要顧及世情。學前兒童可教經典,入校後,以校課為主。

六、教學:上課嚴,分數寬。正課中加德育,行為陶冶、民族精神。

七、習字:契今機者,小楷實用,大楷應酬。先擇良帖,選五、六字或十字,天天練到與帖相似後再換字。經四、五年工夫,嫻熟此帖,再換他帖。練至遺貌取神,似帖非帖者,即汝自家風格。貴在天天恆習。

八月十八日(三),於慈光圖書館週三《華嚴經》講座,宣講〈升兜率天宮品第二十三〉。

八月十九日(四),晚,於台中蓮社一樓講堂,宣講《法句譬喻經》。

八月二十三日（一），內典研究班第三學年第一學期開學。先生擔任週一、週四上午各兩節「修身」課。

〈內典研究班第三學年第一學期上課時間一覽表〉：

	一節	二節	三四節	五六節
週一	李炳南老師「修身」			會性法師「法華玄義」
週二	會性法師「法華玄義」		王禮卿老師「國文」	許祖成老師「論語」
週三	徐醒民老師「唯識諸論」		陳老師「英文」	
週四	李炳南老師「修身」		楊老師「歷史」	王禮卿老師「國文」
週五	周家麟老師《大乘起信論》			徐醒民老師「成唯識論」
週六	周家麟老師「尺牘」		陳老師「英文」	
餘為週會、研討會及複講時間。[1]

是日，上午八時至十時，於內典研究班「修身」課講授《御批歷代通鑑輯覽》。

八月二十五日（三），於慈光圖書館週三《華嚴經》講座，宣講〈升兜率天宮品第二十三〉「見佛嚴處」。[2]

---

1 〈內典研究班第三學年第一學期上課時間一覽表〉，《內典班文牘》（1973-1977年），台中蓮社檔案。
2 李炳南：《大方廣佛華嚴經講述表解》，《全集》第1冊之2，頁159。

1976 年・民國 65 年 | 87 歲

八月二十六日（四），晚，於台中蓮社一樓講堂，宣講《法句譬喻經》。

八月二十九日（日），下午一時，至臺中市民權路土地銀行招待所，參加中國醫藥學院董事會第六屆第三次會議。[1]

八月三十日（一），上午八時至十時，於內典研究班「修身」課講授《御批歷代通鑑輯覽》。

八月，靜宜學院中文系主任李威熊初就任，請中國醫藥學院祕書施人豪引見來訪。日後，先生至其寓所回訪。

　　施人豪，〈無盡的追思──記雪公恩師二三事〉：摯友李威熊兄甫任靜宜中文系主任（現任政大系主任），要求筆者引見拜謁雪公老師，老師對這位年輕學人讚許有加。過了幾天，威熊兄告訴我，雪公老師在勝陽師兄的陪同下，帶了禮物和佛書到宿舍去回拜，使他感到不安。我告訴他，這是依禮行事，衹是我們年輕人常把它忽略而已。老師的風範，是一種身教，教我們必須通達人情世故，而不要做「書獃子」或「佛獃子」。[2]

八月，重慶舊友王獻唐族姪王仲懿，雅愛王獻唐題墨，先生

---

[1] 見：徐鳴亞編：《私立中國醫藥學院歷屆董事會議紀錄彙編》。
[2] 施人豪：〈無盡的追思──記雪公恩師二三事〉，《明倫》第 164 期（1986 年 4 月 5 月）。案：李威熊於 1976 至 1978 年擔任靜宜學院中文系主任。

盡所藏付之，於是編為《向湖遺墨》，請先生及王獻唐舊屬屈萬里題寫序跋。先生敘交遊往事及其人才情。

〈向湖遺墨跋〉：蘆橋之役，隨孔上公走渝州，迨市遭空襲，成焦土，遂遷渝西歌樂山之椒，結宇曰狩蘭別墅。政府樞衡，多散居山麓左右。獻唐時襄主國史館事，館在山右向湖，距蘭墅三里許，頻往還。或集文酒之會，越日猶以詩箋寄興，戲多而莊少，可以再下濁酒也。獻唐治漢學，又精考據，多才藝，兼通內典。人有平仲之敬，且蘊曼倩之諧，凡會偶不在座，眾不樂也。徐蚌亂作，浮海來臺，再稔，聞獻唐憂憤歸道山，十年患難之交，其愴懷為何如哉！其華宗仲懿弟徵遺墨，擬有編述，余搜篋得是，盡與之。悲夫！重展誦維，前塵如夢。既而思之，今醒耶？流離未嘗有諸異。一夢耶？兩夢耶？醒耶？未耶？亦不得而知焉。姑妄說夢，抑真說夢，又豈知夢實有夢非有，今實有今非有也哉？

歲丙辰孟秋上浣穀下李炳南跋於柳川陋室[1]

屈萬里，〈序〉：向湖老人詩文書畫無一不精，而尤長於古器物及文字聲韻之考訂，稽古之作等身，多以傳布，而往往不留手稿，故友人得而寶之者，率為書畫及詩詞函札真迹也。雪翁上人得老人函札、詩稿特多，歷經喪亂，長物盡失，而老人手蹟裒然獨存，蓋三十有

---

[1] 李炳南：〈向湖遺墨跋〉，陳永寶編校：《王獻唐先生詩文書畫集》（南投：中興新村，王仲懿印行，1986年），頁 6-8；該件書法係請人代筆，文收見：《雪廬寓臺文存》，《全集》第 14 冊之 2，頁 171-172。落款見原書。

1976 年・民國 65 年 | 87 歲

餘年矣。老人族子仲懿先生為雪翁高弟,知其所藏,數數請觀,而每一展閱則有豔羨之色。雪翁察其欲得之誠,遂悉舉以贈,即此冊也。

自予於柱下事老人多年,東鄰犯順,復攜經籍文物相隨入川,誼為僚屬而情同師生。仲懿先生出此命題,予不敢辭。函札則亦莊亦諧,妙語如珠;絕句則空靈雋永,超俗絕塵。千載而下,讀此遺墨者,亦可想見老人之風範也。

中華民國六十五年四月十八日,魚臺後學屈萬里謹識於臺北。時老人謝世已十六載矣。[1]

是年夏,慧炬機構創辦人周宣德響應先生提倡念佛,於臺北寓所成立「淨廬念佛會」。

響應雪公老師提倡念佛,民國六十五年夏天,慧炬機構創辦人周宣德居士,將自己的寓所命名為「淨廬」,同時邀請了慈光講座的前後期同學,李榮輝、熊琬、陳正雄、洪石獅、蔡宏謀、張樹福等人,共同成立「淨廬念佛會」。念佛會成立後,先是每週一次,在慎公老師舊宅,其後移至慧炬印光祖師紀念堂,每週六晚間一次。[2]

---

1 屈萬里:〈序〉,陳永寶編校:《王獻唐先生詩文書畫集》(南投:中興新村,王仲懿印行,1986 年),頁 3-5。
2 陳清香:〈紀念李公雪廬老師往生二十週年〉,《慧炬》第 503 期(2006 年 5 月),頁 3-8。

九月一日（三），晨，修書寄董正之，勸告：佛家諍事以不訴訟、吃小虧、事化烏有，最為上策，以免佛面無光。[1]

（見《圖冊》，1976年圖11）

〈董正之之四〉（去函）：正之弟鑒：南洋之事，對方在北部已發傳單，諒已鑑及。且聞擬訴諸法律，兄甚以為憂。已託子慎向對方曉以大義，聞有退步之意。事已如此，終須解決，何必多生歧路？風雨滿城，千言萬語，總歸佛面無光。弟雖聰明，但感情用事過重，此是最吃虧處。初步已錯，不可再錯；應和平靜氣，細商辦法。須知現在人情多好幸災樂禍，惟恐天下不亂；有一分則宣傳十分，隔岸觀火、不踏汙泥。古人云：自己跌倒自己起。尋一魯仲廉〔連〕難得久矣。此中情節樞紐，兄固不詳，然不訴訟、吃小虧、銷聲隱迹、事化烏有，最為上策。釜底抽薪為對，不宜揚湯止沸也。再貢區區，並頌

淨祺　　　　　　　　兄李炳南謹啟　九月一日早

【案】是函所指事不詳，疑為至南洋推銷《中華大藏經》事。參見南亭法師，《南亭和尚自傳》：「（1976年7月7日）晚上，宴請洗塵法師，有藏經會諸同仁在。董立法委員正之，偕修訂大藏經會印行部主管陸崇仁、菩提樹刊主編朱斐，去香港、南洋，為

1　【數位典藏】書信／在家居士／董正之／〈董正之之四〉；〈復董正之居士書（八）〉，《雪廬老人題畫遺墨》，《全集》第16冊，頁292。

中華大藏經推銷,得若干部。歸後不久,陸崇仁派其子去香港、南洋,收了合臺幣幾百萬元經款,既未歸公,而寄出之藏經,有若干頁糊塗不明,則陸崇仁有隱私也。」[1]

是日晚,於慈光圖書館週三《華嚴經》講座,宣講〈升兜率天宮品第二十三〉。

九月二日(四),上午八時至十時,於內典研究班「修身」課講授《御批歷代通鑑輯覽》。

晚,於台中蓮社一樓講堂,宣講《法句譬喻經》。

九月八日(三),中秋節,是晚慈光圖書館週三《華嚴經》講座停講一次。

是日,《菩提樹》月刊第二八六期發行,刊出「佛學問答」專欄最後一次。
【案】「佛學問答」專欄自一九四九年於《覺群》初刊,歷《覺生》時期延用同名專欄,一九五二年十二月《菩提樹》創刊至一九七六年九月二八六期

---

[1] 釋南亭:《南亭和尚自傳》,《南亭和尚全集(十二)》(臺北:財團法人台北市華嚴蓮社,1994年),頁 465-466,https://nanting.dila.edu.tw/home/index.html

最後一次刊載,前後共計二十七年。本期或下期出刊時,並無本專欄停刊相關說明。當是此後先生因病休養兩閱月,講經、撰文一律暫停,「佛學問答」專欄遂就此停刊。

九月九日(四),是晚台中蓮社《法句譬喻經》講座,由徐醒民代講。為免驚動蓮友,宣布時稱「雪公因公北上,請徐醒民老師代講。」《法句譬喻經》講座自本週起至十二月三十日圓滿,先生因病休養,均由徐醒民代講。[1]

九月十日(五),指示菩提救濟院寶松慈善基金會解散之處置事宜。(見《圖冊》,1976年圖12)

　　寶松慈善基金,已函請郭老居士派人接辦。郭主張停辦。內中之款,十分之八,皆係本人之至友所出。為信用起見,不論大小數目,俟本人身體少健,自當清算明白,一一交還出錢人收回。至趙茂老經手之八萬,郵寄趙茂老轉交南洋。此機構純屬私人團結,在合理之中,自應由發起此事之人與出錢人共同解決。　　炳具九月十日

　　【案】寶松基金係南洋郭鄭真如於一九七〇年來臺中捐贈「寶松和尚紀念療養院」後所建立(見1970年10月20日、1971年6月譜文),至一九七六年六月,先生函詢後續經管建議(見該項譜文),於是有此最後作為。

1　參見:陳雍澤筆記:《靜思集(二)》,1976年,未刊稿。

日後郭鄭真如表示,基金會雖停辦,但已捐出者不宜收回,因另組「寶松紀念館香燈會」,以生息供養每日之香燈,並以餘款推動慈善救濟等事。

〈去函林江濤轉郭鄭真如〉:寶松和尚基金慈善會自遭波折停辦以後,弟已將各發心人所捐之款按名退還,並取得收據。惟鄭真如原創辦人一份,拒而不收。其餘捐款人雖已將款收去,比聞真如創辦人拒不收回,大家俱感慚愧,以為拆散慈善事業,有背因果;已捐之款,再行收回,理亦欠通。遂集合討論,議決仍將收回之款獻出。除趙茂老提去之數,大家願攤錢補足,仍維持六十萬四千六百五十元之原數,另組一「寶松紀念館香燈會」,即以此基金生息,供養每日之香燈以副創辦人報師恩大願。月有餘款,再捐助天災人禍貧苦等善事。[1]

九月十五日(三),是晚慈光圖書館《華嚴經》講座,由周家麟代講。本週起至十一月十七日,先生因病休養,慈光圖書館週三《華嚴經》講座,由周家麟代理。[2]

九月十六日(四),是晚台中蓮社《法句譬喻經》講座,由徐醒民代講。即日起至十二月三十日是經宣講圓滿,皆

---

1 李炳南:〈去函林江濤轉郭鄭真如〉(代抄手稿,無年日),鄭如玲提供。
2 參見:李炳南講,陳雍澤筆記:《華嚴經筆記(四)》(1976年),未刊稿。

由徐醒民代講。[1]

本學期，先生各校任課另有：中興大學中文系四年級「李杜詩」兩小時、夜間部中文系「詩選」三小時，東海大學中文研究所「漢晉詩研究」兩小時。「漢晉詩研究」有講義及備課手稿《漢晉詩選》一冊。（《圖冊》，1976年圖13）[2]

〈「漢晉詩選」目次〉：漢晉詩選及眉注一篇、古詩十九首、蘇軾詩四首、李陵與蘇軾詩三首、靖節先生詩（歸園田居、乞食、移居、飲酒）、讀山海經、謝靈運詩（登池上樓、石壁精舍還湖中作、游東田）、謝朓（暫使下都夜發新林至京邑贈西府同僚、登江中孤嶼、詠史、詠懷）。

〈「漢晉詩選」摘要〉：「漢晉詩選」手稿一冊，為先生於民國六十六年左右，為東海中文研究所開課之講義與備課稿。所選之詩自古詩十九首始，下及蘇武、李陵、陶淵明、謝靈運、謝朓、左思與阮籍之經典詩作，共計四十七首，其中又以陶詩選錄最多。詩作由學生代抄，先生以黑、紅二色小楷眉注其間，有名詞簡釋、文理分析與氣韻、旨趣之評點。雖難看出先生於詩選之完整講述內容，然亦可略窺先生讀詩、解詩之細膩用心。（吳毓純編撰，張清泉審訂）

1　據：陳雍澤筆記，未刊本。
2　【數位典藏】手稿／詩學研究／漢晉詩選。

1976 年・民國 65 年 | 87 歲

九月二十日（一），先生身體不適，內典班請病假休息。

九月二十一日（二），「內典研究班」教務處函陳創辦人沈家楨，說明班主任炳南先生臥病情形，未能及時函復所詢問會務事。

〈教務處致函沈家楨〉（1976 年 9 月 21 日）：楨公道長座右，頃奉寄李炳南主任華翰，查詢會班中事。惟李主任適患重感冒已近二週，執筆無力。一俟病勢少癒，當即敬覆。耑此，代稟。敬請

道安　　　　　教務處拜啟　六十五年九月二十一日[1]

【案】此係回復經注語譯會創辦人沈家楨一九七六年九月四日函詢會務事，先生病情稍癒後即於十月三十日復函。見後譜文。

十月八日（五），夏曆閏八月十五，有詩：〈丙辰閏八月十五玩月〉二首，前後又有〈孤月〉、〈除隘〉、〈孟秋朏夕〉、〈秋葵〉、〈送友渡洋接眷〉、〈盜跖〉、〈城市閒居雜詠〉二十二首。（《雪廬詩集》，頁 473-477）

〈丙辰閏八月十五玩月〉二首：
前夕不如今夕涼，素娥環珮定新妝；湛湛露下開天鏡，依舊廣寒飄桂香。
惟願吳剛勤斧修，清光每夜正當頭；人間久畏蒸煩熱，二十七年天續秋。

---

1 〈教務處致函沈家楨〉（1976 年 9 月 21 日），《內典班文牘》（1973-1977 年），台中蓮社檔案。

〈孤月〉：孤月穿雲出，嵌空輪影寒；象高人物小，心嚮羽毛難。君子隔秋水，草蟲鳴藥欄；宵深瀼白露，花上滾珠團。

〈送友渡洋接眷〉：出門萬叢山，君去何日還；山雖增離恨，亦可遮愁顏。倚窗思遠道，不度函谷關；日月過隙駒，梅花早臺灣。歸時雙飛翼，仙侶語綿蠻；天光接海色，把臂青雲間。

〈城市閒居雜詠〉二十二首（錄六）：
喜慍非貪位，無私只為官；朱黃爭僭號，誰起問長安。
門前何所有，水木萬青山；無福未曾賞，今朝纔得閒。
君向山中住，書城是我家；君來檢經史，我去話桑麻。
燈火高樓遠，笙歌似有無；後庭花不唱，依舊是陳都。
已解菜根味，隨緣薑與椒；夢中猶食肉，物我未全消。
性是四禪天，心惟八福田；飢來飽餐後，倚枕去高眠。

十月十三日（三），為近日染病，函謝各方探視問候。（見《圖冊》，1976年圖14）

〈一函遍復〉：學人一時不慎，染重感冒，承蒙大德蓮友駕臨問候，或贈珍品，暨種種藥餌，拜受隆情，感激不盡。本當踵門叩謝，以現在尚未復元，謹先鳴謝，尚祈鑒原。並請

道安　　　　學人李炳南頂禮　六十五年十月十三日[1]

1　李炳南：〈一函遍復〉（1976年10月13日），《內典班文牘》（1973-1977年），台中蓮社檔案。

仁俊法師有詩問候。先生亦有〈訓仁上人重赴美州見贈〉二首奉答。(《雪廬詩集》,頁 480)

仁俊法師,〈清晨登山感懷奉贈李炳南長者〉:

興健堪登第一峰,朝暈燦後察塵中;山當谷口風來足,影沐湖光意自空。

濯眼松濤天外遠,清心拍味葉頭濃;殷勤萬里瞻雲樹,憶切聲光夢裏通。[1]

〈訓仁上人重赴美州見贈〉二首:

歸來還荷舊時藤,故國招提一炷燈;化跡當前人不識,空留香瓣待高僧。

大法西傳項放光,歷天初日是東方;只應先覺舒金臂,去作花旗彼岸航。

【案】仁俊法師於是年十一月八日至臺中訪候。當日紀事及法師小傳見當日譜文。

是日晚,慈光圖書館《華嚴經》講座,仍由周家麟代講。先生於講前至講堂向大眾致謝:養病期間,多蒙蓮友關心照顧,餽食贈藥、放生念佛等。另印〈致蓮友函〉申謝。

十月十四日(四),是晚台中蓮社《法句譬喻經》講座,由徐醒民代講。先生於講前至講堂向大眾致謝:養病期

---

1 釋仁俊:〈清晨登山感懷奉贈李炳南長者〉,《慧炬》第 148/149 期合刊(1976 年 9/10 月),頁 99-100。

間，多蒙蓮友關心照顧，餽食贈藥、放生念佛等。

十月二十一日（四），上午八時至十時，於內典研究班「修身」課講授《御批歷代通鑑輯覽》。

十月二十八日（四），上午八時至十時，於內典研究班「修身」課講授《御批歷代通鑑輯覽》。

十月三十日（六），先生病情稍癒，當即函復沈家楨詢問會務、班務事。兩年來，譯注會因諸編輯委員咸感困難而中輟，並無成績；內典班則課時緊密，較常人學習時數倍徙。若因資力負擔擬終止，自當遵辦，兩年支持，已是大恩。先生願負全責，不使沈居士困擾，且必將善始善終，唯盼終止日期早日通知。

〈復沈家楨居士函〉（1976 年 10 月 30 日）：楨公長老座下，奉一九七六、九、四示，適病，曾函奉告，月餘始起，遲復至歉。茲將兩機構狀況及計畫分答如後。

一、查譯注會四年，分為兩期者，原計畫若成績好，後期即求發展，另聘一總審定人，須經閱過全藏者。來稿先經班內教授學生等初校，平順無疵，再送總審決定，方繕請送　公處核定。妥則給稿費，不妥退還，不給稿費，無甚損失。不意所收之稿五、六份，文理、佛理不夠水準皆予退去。本會特聘之法師某及蔡念生、周慶光諸居士，亦譯至一半，感覺

困難,通行輟止,然經費無損,僅徐教授譯有明朝蕅益祖師《百法明門論直解》一稿,以未經總審決定,未敢送核。是此二年,非不工作,乃無成績是實。總之先決問題,端在專門人才。

二、內典研究班之意,非為使其專去講經,即為翻譯工作之預備,與譯經會名二實一。所學與餘人亦不相同,餘人雖聽學二十七年,每年聽學合計一百七十鐘點左右,研究班學生所學,每月即得一百七十鐘點以上,此二年所得已超過餘人二十七年所學,以上二項屬於報告狀況及計畫。

三、公對炳二年以來推心置腹,銘感萬分,有所見到之處,敢不實言,譯注必採祖師之注,以其有解有修,譯出方不誤人,如注尚看不懂,何能譯經?今日不務外表,而埋頭苦研佛經者,非無其人,但感罕聞罕遇,故不培養人才,不有通藏大德審定,難圓此種事業。

又憶許巍文兄初商此事,曾言此乃百年大計,炳自思年近九旬,朝暮之人,只允勉為四年,以做開荒耕土下種而已,灌溉收穫有是基礎,以待來賢,世間俗學,尚須十年寒窗之苦,此等大事,豈能兩三年所能收效。以上係重述貢獻。

四、資力負擔乃屬實際問題,我公年來廣結法緣,無遮布施,不免有力不從心之時,乃意中事。再加今日環境亦有種種困擾,倘譯注會研究班或擬停止,炳深了此中困難,自應遵從。又蒙慮到諸生今後安

　　　　排，慈悲周詳，會班聞之同深銘感。炳雖不才，尚能應付，必使上不增我公困擾，下不使諸生解望，善始善終，皆大歡喜，願負全責，請釋慈注。諸生受一日之佛化教育，養一日之慧命，兩年以來受恩無窮，炳同銜感永劫難酬。大恩無可言報，惟有自策精進，自他兩度，以盡萬一。
　以上係奉答徵訊。關於停辦日期，尚懇早賜指示，以便有所籌備，庶免倉卒，措手不及，掬誠上言，恭候慈音，并請道安
　（附）關於此事許巍文、謝守正兩兄俱蒙愛護，各與一份并及。[1]

十月三十一日（日），重陽節，有詩：〈丙辰重陽〉二首，前後又有：〈重陽後五日登高〉、〈憂樂〉、〈晨興〉、〈時風〉、〈月夜聞笛〉、〈晨風〉。（《雪廬詩集》，頁477-482）

　　　〈丙辰重陽〉二首：
庭柯瑟瑟曉風涼，雲捲天高似降霜；多少鄰家具糕酒，何時故國有重陽。
歷下南山憶舊登，松間藉草醉詩朋；如逢尺素來相問，野眺孤吟一杖藤。
　　　〈重陽後五日登高〉：秋霽天氣新，忽思登高去；

---

[1] 李炳南：〈復沈家楨居士函〉（1976年10月30日），《內典班文牘》（1973-1977年），台中蓮社檔案。

1976年・民國65年 | 87歲

良晨逗佳興，策杖南郭路。重陽跡雖陳，行我欣所遇；或為躡白雲，或撫孤松樹。聞籟發清音，酌泉勿須酤；憑眺任邱壑，徘徊無定處。天地大錦囊，萬殊妙詩句；應以靜心通，漫勞韻自賦。興盡詠而歸，亦不待山暮。

〈憂樂〉：忘妻未足訕，俯仰我何有；憂樂無所依，安須一斗酒。少陵散千愁，太白愁更愁；二公詩萬古，懷抱不同流。傖夫異於是，興念風馬牛；中年絕杜康，老漸息空想。嘗聞寄歸言，究屬誰來往；今觀無住心，雲水俱蕩蕩。

〈晨興〉：晨興盥漱罷，禮佛焚名香；村鐘歌清越，簷鳥啼旭陽。啟扉納爽氣，庭綠滋幽芳；引水升煙火，朝飢自炊糧。右手持箸餐，左手開縹緗；欣然有所得，投箸眉飛揚。剝啄來遠客，拋書理壺觴；習聞閒方靜，不道閒更忙。

十一月二日（二），於內典研究班「修身」課講授《御批歷代通鑑輯覽》。

十一月八日（一），上午八時至十時，於內典研究班「修身」課講授《御批歷代通鑑輯覽》。

午後一時四十分，陪同仁俊法師至內典研究班，法師開示「安心創命」。

　　仁俊法師講，陳雍澤記，〈仁俊開示筆記〉：
1. 學佛要在三業并重、內外兼顧、言行相應，方有不思

議之力量產生。
2. 三業特重於心，以其為身、口之主宰故。心調理得宜，則身、口皆淨，人格自完，於社會上人則曰：「此乃李師之學生，受良好之佛法薰陶。」故必重於心。
3. 然心之安至不易。以有無始「習、見」故，由之所薰習之我見，至深刻，若不從根本處轉，依然故我，則心安不了。故安心之障，乃我之習、見也。今諸位親近李師、朱居士，受其薰陶，久之，亦能調伏，心安得下。
4. 心安則心健全。須心安方能真見佛法所云至理，方有整體認識與見解。以佛法時間無窮，作此觀則知己之生命非渺小，以無始來身命相續，知此則有警覺，則能明身心當下為緣有，我性不可得。緣有性空，但空非一無所有，為建立世出世因緣，由空故更積極。因緣之實性空，而調我見、我慢。知身為空，但如幻化之空非無。如此之身命，充滿力量，有創造生命之無上勇氣。
5. 諸位今或受嚴格訓練，然值得。以法器必經嚴訓也。
6. 佛法建於少欲知足，願貴弘大且多，欲貴少。
法師開示畢，請老師指教，並謂「諸位若以為合佛法，則留之，否則可忘也。」
雪公開示：學佛二利，方便隨緣，然必歸於了生死。[1]

---

[1] 釋仁俊講，陳雍澤記：〈仁俊法師開示筆記〉（1976年11月8日），未刊本。

【小傳】仁俊法師（1919-2011），俗名劉寶根，江蘇省泰興縣人，一九二五年，七歲出家。一九三五年，十七歲，於寶華山受具足戒。二十歲時，入常州天寧寺佛學院研習，初識大醒法師。一九四一年，隨大醒法師，赴閩南佛學院求學。一九四三年畢業，回天寧寺。歷任杭州「武林佛學院」、上海「靜安佛學院」任教，時聖嚴法師、了中法師皆為該院學僧。一九五三年，隨印順法師入臺，住新竹青草湖「福嚴精舍」。一九六〇年前後，在臺北新店建「同淨蘭若」，在當地弘化。

一九七三年，應「美國佛教會」之請，赴紐約任「大覺寺」住持，歷任「美國佛教會」副會長、會長。一九九〇年設「同淨蘭若」於新澤西州，而後創辦名為「佛法度假」之假期佛法講習，成立「印順導師基金會」、創辦《正覺之音》。法師除就近在新澤西「同淨蘭若」、紐約「東初禪寺」、「大覺寺」、「莊嚴寺」、及美西、美南各佛教社團講經弘法不輟，並經常應邀遠赴南美、加拿大、臺灣、大陸、香港、新加坡等地弘法。筆耕不息，文章常見於《海潮音》、《菩提樹》、《慧炬》，以及美國《美佛慧訊》、與《正覺之音》。二〇一一年二月九日因肺癌，病逝於臺北慈濟醫院，享壽九十二，僧臘七十七。

十一月十一日（四），上午八時至十時，於內典研究班「修

身」課講授《御批歷代通鑑輯覽》。

十一月十二日（五），蓮友謝嘉峰、何美雪於台中蓮社一樓講堂辦理佛化婚禮，請先生福證。此為蓮社改建後第一對新人舉行婚禮。先生開示結婚為大事，應以此為基礎，完善五倫。（見《圖冊》，1976年圖15）

〈雪公恩師為嘉峰美雪佛化婚禮福證開示〉（丙辰立冬後五日）：謝府、何府二位家長，諸位嘉賓、新郎新娘：

承雙方邀約來證婚。兩府上都是多年的老朋友，新郎新娘在臺中上學，是我的學生。既是世交，當然說話就不客氣一點了。

結婚是國家的一種大典禮！這是政治問題，並不是宗教問題，宗教只能以宣揚文化。佛法是一種文化，沒有主婚權，今日你怎麼用佛化結婚典禮呢？這就是變通，國家的禮大家都不曉得了，無禮可遵，而民間的風俗大家也不要了，那麼結婚怎麼個結法呢？諸位可要曉得，佛法並不給你辦政治，這個越權的行為啊！這只可以通融證婚就是的了。誰證婚呢？你不要認為是我給你證婚，你們是佛教徒，佛給你證婚，我沒這種資格，我不過是今天臨時的，代表佛給你蓋個圖章，我是個代表人。

你們既是佛教徒，今天結了婚以後，遵守一切的規矩，什麼規矩呢？佛化結婚有一個要點，就是很近人情的，五戒裡頭的不准邪淫，這個也不跟現在風俗相悖。男子愛各人的妻子，妻子恭敬各人的丈夫，這是按照我們中國的五

倫上，這是當然的啊！一夫一妻，男女居室人之大倫，這是禮沒什麼話說，除此而外，不許有絲毫的錯亂。

今天結婚，重要點，夫婦兩個人的責任，成了人了，要給社會上辦事。這是第一步。而後你在家庭裡能孝順父母、教育子弟、和諧兄弟，宜兄宜弟、宜室宜家，這個樣子你家庭治好了，才夠得上有資格到社會上來，做一切事情才有資格。家庭治不好，社會上辦事怎會辦好，這是一定的道理，就是責任！結婚以後，得要負起責任來給社會上辦事，這是中國的意義啊！

今天我也是證婚人，算是給你們兩個人致訓詞，你們既是我的學生，我的學生，沒壞學生。只要變了質，就不是我的學生。敬祝二位，夫唱婦隨、白頭到老、多子多孫、金玉滿堂！[1]

十一月十五日（一），《慧炬》月刊創刊十五週年，題畫致賀。（見《圖冊》，1976 年圖 16）

〈慧炬雜誌創刊十五週年紀念〉：基十五年，月十五圓。長眉長壽，自在安然。十無盡藏，一念現前。慧炬雜誌創刊十五週年紀念　江逸子畫　李炳南題贈[2]

---

1 〈雪公恩師為嘉峰美雪佛化婚禮福證開示〉（丙辰立冬後五日），台中蓮社檔案。
2 李炳南：〈慧炬雜誌創刊十五週年紀念〉，《慧炬》第 150 期（1976 年 11 月），頁 30；收見：《雪廬老人題畫遺墨》，《全集》第 16 冊，頁 175。

十一月十六日（二），於內典研究班「修身」課講授《御批歷代通鑑輯覽》。

十一月十八日（四），上午八時至十時，於內典研究班「修身」課講授《御批歷代通鑑輯覽》卷六：「周景王二年・鄭公以公孫僑為政。」[1]

是日，謝正雄轉來沈家楨致許巍文函，略謂須將資力集中於莊嚴寺，並已詢問先生得其同意。[2]

〈謝正雄致鄭勝陽函〉（1976 年 11 月 18 日）：勝陽吾兄慧鑒：十四日臺中來去匆匆，未能拜謁深憾。今晨接沈居士復許居士函，許居士要弟複印一份，并致函吾兄轉呈老師參考。至於老師致許居士函已影印寄美，不用擔心。特此，順頌淨安。老師前請代候，許居士亦在此致候，不另。

　　　　　　弟正雄合十　十一月十八日夜（六五年）

〈沈家楨致許巍文函〉（1976 年 11 月 18 日）：巍文我兄慧鑒：弟年齡體況，自知必須將精力、資力集中在幾件事上，不宜再鋪張太廣。國內現在的經濟力量，已遠

---

[1] 以下至 1977 年 10 月 18 日教學進度，據：徐醒民錄製：「歷代通鑑輯覽雪公講課錄音」（1976 年 11 月 18 日－1977 年 10 月 18 日），共五十二件，台中蓮社檔案。

[2] 謝正雄：〈謝正雄致鄭勝陽函〉（1976 年 11 月 18 日）附〈沈家楨致許巍文函〉（1976 年 11 月 18 日），《內典班文牘》（1973-1977 年），台中蓮社檔案。

非昔比，寺院及佛教組織，今日的問題已不在錢，而在如何善於用錢。而國外的情形還差得太遠，徵於莊嚴寺籌捐情形，實令弟擔心，是以將弟意直接詢問，李公今其處示，正如弟所料想，內典班之繼續，在李公領導下，決無問題。至四年、二年之問題實非重要，但依弟處存卷紀錄，弟第一回即聲明試辦兩年，後來炳公雖改變兄之原提議，但弟因敬佩炳公，故仍出資，此事迄今已達到兄初衷之一部分，弟問心無憾。謹覆，并候

法安　　弟家楨合十　七六、十一、十一（民六五）

【案】一九七三年底，「美國佛教會駐台譯經院」常務董事許巍文透過謝正雄引見，拜訪先生，後又多次來函力勸先生接受該院董事長沈家楨委託，辦理佛典語譯事，其中且有「彼一生所做之事絕少中途廢止者」以取信先生（見1973年12月7日、1974年1月25日譜文）。許巍文自覺應負責任，是以致函沈家楨，力主繼續辦理。經先生以「不可強人之難」止之（見後11月26日文）。

十一月二十三日（二），上午八時至十時，於內典研究班「修身」課講授《御批歷代通鑑輯覽》卷七：「周景王二十三年・楚世子建奔宋，楚殺其傅伍奢及子尚。」

十一月二十四日（三），先生因病休養兩閱月，是日恢復於慈光圖書館主持《華嚴經》講座，宣講〈兜率宮中偈讚品第二十四〉。講前說明第二十三品〈升兜率天宮品〉

> 與第二十四品之差別。
>
> 　　學人前所講者為升兜率天品。此品何意？佛說此法係對大菩薩也。以大乘法上必求佛法，下必度眾生。度眾生乃菩薩之責任，非菩薩無以度生。而菩薩階位有十信、十住、十行、十迴向、十地……等五十二級。學人講時為十行菩薩。佛初於娑婆講之，再又升一層，以上邊之人比此土智高，故逐級升之。前之十無盡藏品已不得了，而十行上為十向，乃升兜率天宮品。此品亦屬兜率品，以初之兜率品為經文，道場如何、佛坐大殿、供養等莊嚴。此品仍此，而全以頌言也，全是頌故難講。[1]

十一月二十五日（四），上午八時至十時，於內典研究班「修身」課講授《御批歷代通鑑輯覽》卷七：「周景王二十三年・鄭大夫公孫僑卒。」

十一月二十六日（五），召開「內典研究班」班務會議，說明變化及因應辦法：創辦人沈家楨經費支持至是年，後續一年半經費先生自籌。課程將調整縮減，但天台學、國文為必修課不變，研究生伙食費研究費亦不變。

> 〈內典班四年期之中途變化及因應辦法〉：吾與沈素不識，以新竹者找我二次，吾皆辭之。後以許巍文來函再三勸，彼以譯經為務，吾則無此學問，昔譯經均

---

[1] 李炳南講，陳雍澤記：《華嚴經筆記（四）》（1976 年 11 月 24 日），未刊本。

國家請三藏法師為之,今末法,經不明何能譯之?故以譯祖師注為主,今人注不譯。如蕅祖注不明,瑛公作講義,此作法也!若錯處,則祖師負責可也。對方勉強允可。以培人才為主,非只四年,乃永遠培養人才也!今白衣把佛法當功課,日日研習者無人也!

咱四年,前二年試驗期,契約訂四年。汝等犧牲一切來此,出去後又要辦事。學之好壞、成否,在汝自己功夫,吾人盡上心耳!而研此非斷斷續續,必天天幹,吾生病一、二月,今再念之,即覺生疏也!講經尚且如此難也!

汝等每月所支皆省用而有餘,吾未領用其分文。而改建蓮社時,彼有意捐之,吾不願。彼等意欲送我汽車,吾不要,以吾有計畫,吾不沾其一毫。有人建議吾亦不從。

其意欲停止,云但立二年之期,不認為四年,而其二年半亦捐數百萬也。故許巍文令謝正雄來,云如何對得起學生,若欲對得起,則四年如是為之即了!許去美告之,若不辦亦得令四年滿期,彼未回函。吾知之,乃速告許氏,不可強人之難!以再二年吾更苦二年!吾在臺中所為,均「枵腹從公」,吾曾云,無處住,即住橋下,不住公家之屋,人云傻蛋,吾不管之,吾以合理心安為主!

以彼云停止,又逼其拿兩年之款,吾不安!以人知之,若再為此,則人又說是非!以今多人向其要錢也!故吾云停止即停,否則吾辦不下去!臺中有人云,吾以此而發財也!如之何?吾自籌每年十五、六萬之雜費也!吾若

不辦此,何有此倒楣事。故隨其意,不強其難!其意乃至十二月止也!吾攉其速告止期,以吾不可擅自停辦!彼栽培咱二年半,不可有怨言!此乃攀緣其處者,所弄出者也,故佛門中先物色人才,品行端正者即人才。停止後,咱已應此事,故再難亦必撐下,每月需五萬六千元,一年半須一百十萬元,吾一向不外捐,均人自動拿來者,故只可裁員減薪——指辦事人員,而汝等始終不變待遇,以汝有汝等之犧牲,主要在培人才故,師長們皆為汝等也。

◎研究費、伙食,不可變更。

◎吾與徐、周二師,可盡義務,若他師非佛徒者,欲盡義務,則咱受不了,難以報答故,「收人一尺,必報人一丈!」故吾不隨便受人之惠!無法報答故!如王師,體衰,又辭他校課,寧來此,為咱盡義務乎?咱受不了!會性法師遠地而來,又為出家人,亦不可令其盡義務!

◎英文、論語、歷史,聘書至明年六月,故期屆即可止,不送新聘書即可也。裁減後,一年需四十萬(月支三萬三),下半年廿三萬,共六十三萬元。

◎人必受挫折,否則事不成。受此挫折。可令志氣升十丈。[1]

---

1 〈內典班四年期之中途變化及因應辦法〉(1976年11月26日),《內典班文牘》(1973-1977年),台中蓮社檔案。

先生告誡後學，沈家楨雖然中輟資助，但資助兩年半之恩德仍在，不可忘恩。

張慶祝口述，張式銘整理，《張慶祝師姑九十回顧》：沈家楨贊助內典班兩年，就停止了。原因是他在美國想買兩座山做道場。老師臨時募款，張進興出三十萬，我（張慶祝）出八萬元，進蘭二萬元，老師共拿一百萬元祝賀沈家楨。以後由老師及蓮社提供內典班後二年的經費。[1]

何玉貞口述，洪錦淳記錄，「心貞居士口述」：兩年後，沈居士以資金另有他用，不能繼續支持「內典班」學費告知炳南先生。一九七五年沈家楨捐贈紐約價值一千多萬美元的二百二十五英畝土地予美國佛教會，用以建造莊嚴寺。不能繼續支持「內典班」，應與其建設經費需求頗多有關。一九八〇沈居士從航運業退休後，專心指導修建該寺；炳南先生在蓮社籌措經費，加倍捐莊嚴寺，酬沈居士昔日襄贊之情。沈居士訝異台中蓮社財力，何以當時自己不能開班？[2]

吳聰敏，〈雪廬老人的現實踐履與終極關懷〉：「內典研究班」，專門栽培弘法人才。原先約定一期四年，未料當進行了兩年，一方面由於沈居士準備在紐約蓋「莊嚴寺」，資金緊縮；另一方面雙方辦學宗旨，認

---

1 張式銘：《張慶祝師姑九十回顧》，頁 73。
2 何玉貞口述，洪錦淳記錄：「心貞居士口述」（2006 年 2 月 23 日）。見：洪錦淳：《臺灣當代居士佛教團體台中蓮社之研究》，頁 181，注 90。

知似有落差，是以希望提前解約。老人不願事情只辦一半，就半途而廢，遂自行籌措後兩年經費，而且還籌措另外一筆超過前兩年的經費回捐給沈居士，讓沈居士感佩不已，特別於莊嚴寺設立雪公之蓮華座，作為報答。[1]

【案】是年三月三十日，沈家楨即有函謝臺中蓮友捐款莊嚴寺，款額有百餘萬元新臺幣。捐款莊嚴寺與停辦內典班之前後序似有異說。

十一月三十日（二），上午八時至十時，於內典研究班「修身」課講授《御批歷代通鑑輯覽》卷七：「周敬王十五年·楚申包胥以秦師救楚。」

十二月一日（三），於慈光圖書館週三《華嚴經》講座，宣講〈兜率宮中偈讚品第二十四〉。

十二月二日（四），上午八時至十時，於內典研究班「修身」課講授《御批歷代通鑑輯覽》卷七：「周敬王二十三年·魯以孔子攝相事。」

是日，沈家楨來函，感佩先生顧慮周全、善始善終旨意。改組日請先生決定。當即復函，依經費核撥至本年

---

[1] 吳聰敏：〈雪廬老人的現實踐履與終極關懷〉，《應教木鐸振春風——紀念李炳南教授往生三十週年學術研討會論文集》，頁1-13。

度十二月為停止日。[1]

　　沈家楨，〈沈家楨來函〉（1976年12月2日）：
炳公慧鑒：三讀諭示深感吾公慈悲體貼之忱溢於言行，衷心仰佩，是真大善智識菩薩勝行，顧慮周全，尤蒙擔負諸生今後安排，滿其心願，釋弟慮念，萬分銘感。研究班何日改組，請公決定，結束費用多少則請見示，俾匯上結帳，弟近日以大寶法王之蒞紐，容稍有暇即函諸生，以符公善始善終之旨意，此兩年來不僅諸生蒙益，而弟受公待人處事精誠感召之薰沐，尤非言詞所能表達，感慕於萬一，還望公善攝尊體，不時賜教以匡不逮。雲天遙望不勝依依

　　　　　　　　小弟沈家楨再拜　七六、十二、二
　〈復函致沈家楨（稿）〉（1976年12月8日）：
（前缺）示停止之日期，由弟自授權性質，當可根據而行，即等於遵照沈公經費至本年十二月為止，自當辦至十二月末日為止。放寒假時即交代一切，至沈公函內又言結束費用，細思停辦并無費用，偶有想不到之款，由弟自行負擔為便，謹此報告蒙注萬謝，并請
道安　　　　　　　　小弟李〇〇頂禮　十二月八日

是日，發通函，敬告友人從來避壽之理由在於祖先訓

---

[1] 沈家楨：〈沈家楨來函〉（1976年12月2日）、李炳南：〈復函致沈家楨（稿）〉（1976年12月8日），《內典班文牘》（1973-1977年），台中蓮社檔案。

示、印光大師示範，以及教界事多。請友朋莫為祝壽。
（《圖冊》，1976年圖17）

〈敬辭祝壽（油印通函）〉：○○賢弟大鑒：接示敬悉，為賤辰擬祝，萬分銘感，見愛之厚，無以復加，非敢不恭固卻，實有苦衷存焉，茲不得已只有今日吐出。敝族耕讀傳家，世守寒素，先叔祖舉人，大挑知縣，在任時曾受官紳祝壽，為曾祖示斥有玷官箴，卸任以後且有不許進門之舉，經親友多方勸解始息，以後子孫引以為戒。傳至先嚴，皆不敢稱壽，此其一。先師印祖，德高須彌，度生滿天下，向拒稱壽，為其弟者寧敢僭分，此其二。兄現仍為公務員，上有主官，豈能目無長上，妄自稱尊，此其三。此次來臺與他人異，因戰事緊急，不及顧家，隻身扈孔府文物來奔，居臺二十六年，兄弟妻子十餘口，存亡未知，每逢節年，暗地飲泣，賤辰自己受樂，與兄弟友于之道大虧，果能臨席大吞，樂不思蜀，是合劉後主、陳後主而為一人矣，此其四。今日佛教正在多事之秋，閉門不出，禍尚天來，何敢招搖自速打秋風之毀謗，星火燎原，何敢不慎，此其五。太虛館擬聚，雖云節約，向所未有，忽而出此，邀甲忘乙，則乙怪，邀丙忘丁，則丁怪，不免又出厚薄誤會，生誤會，則離而不祥焉，此其六。前哲多訓「無事為榮」、「知止不殆」、「多事多患」、「辱從榮興」，我輩道義之交，親在心腑，知能鑒原，故敢盡情說出，請求作罷，大家清心。又知諸弟雖能諒解，深恐愛情難釋，敬懇於是日，各在各府，朝課之時，代念佛

1976年・民國65年 | 87歲

號十聲,為兄消愆,乃為真實法益,受惠無窮矣。掬誠恭懇。並叩
慈安　　　　　　　十二月二日　小兄涕淚頂禮上陳
屆期,兄仍按昔年之例遠出。
中華民國六十五年十二月二日
中華民國六十七年二月十六日[1]

兩年前,先生諸弟子即有為慶祝先生九秩大壽,於太虛紀念堂舉行簽名祝嘏之意。周邦道請朱鏡宙於壽冊題序說明緣由。朱鏡宙極讚先生上壽,而望之若五十許人;講經時聲如洪鐘,為眾生故,席不暇暖。唯簽名祝嘏活動因先生堅拒而取消。

　　朱鏡宙,〈李雪廬先生九秩簽名祝嘏弁言〉:有日者過病榻而言曰:乙卯歲冬,為李師雪廬九秩正臘,子將奚以壽?雪師八秩應為丙午,子曰:戊申,非定論也。予笑曰:君誠日者也,知有干支數論而已矣!獨未聞雪師治佛氏無生之學而有得于心者?我侍雪師,四十年而近,未嘗見其以生之所從始示人;我亦未嘗叩以其生之所從始。世說戊申,君言丙午,既非面命,同屬臆測。要皆出于一念仰止之誠,吾亦猶是耳。況生本無生,抑何干支數論之齗齗為?

---

1 李炳南:〈敬辭祝壽(油印通函)〉,台中蓮社收藏。最後兩行年月日,據游俊傑居士代鈔本(台中蓮社收藏)補。另參見:〈雪公敬辭祝壽〉,《明倫》第374期(2007年5月)。

夫師，穀下一布衣也。遭世喪亂，義不帝秦，辟地海隅，孑然一身，初無陶朱倚頓之積也。慎言謹行，更無蘇張縱橫之術也。本篳路藍縷之心，抱啟辟山林之願，默默耕耘，龍天呵護，于是醫院也，圖書館也，蓮社也，養老育幼也，平地湧現樓臺，舉凡壽人、壽世之業，幾于一肩挑盡！吾更何辭以壽？！師臻上壽，而耳益聰，目益明，步履矯捷，齒牙不搖，望之若五十許人。每登獅座，聲如洪鐘，移時不倦。而又于太學授詩、禮、醫工俗論，為眾生故，終日席不暇暖。吾嘗戲問：為繼絕學，抑為貨賄？但笑不答。蓋知其不可為而為，大菩薩應世演化，于如如平等法中，偶顯神通，遊戲人間，作水月佛事，但求了願，初無容心于其間。平居於《華嚴》《彌陀》二經，致力尤勤，數數講解，字字珠圓，皆從性海中流出。有親炙門下者，能得其髓，分化一方，聲譽藉甚，然後知此老教在《華嚴》，行在《彌陀》。夫彌陀，華言無量壽，師當住壽無量、與眾生同遊華嚴果海，寧可以干支數論域之哉？

吾又聞之，師精力過人，著述等身，八十以前，已由門弟子彙為四種，印行傳世。茲逢九十大慶，師屢誡宣揚，不敢有違，乃裒八十以後所作亦成四種，付之梨棗，壽同無極，至於懸弧之辰，于太虛堂簽名祝嘏，藉申敬意。周子慶光，寓書命綴數言于簡端。因廣日者之意以報。時中華民國六十四年乙卯孟冬之月，樂清朱鏡宙識于菩提病室。

附誌：太虛堂簽名申敬，因雪老堅拒，故未舉行。[1]

十二月七日（二），上午八時至十時，於內典研究班「修身」課講授《御批歷代通鑑輯覽》卷七：「周敬王二十四年・於越敗吳于檇李。」

十二月八日（三），於慈光圖書館週三《華嚴經》講座，宣講〈兜率宮中偈讚品第二十四〉。

十二月九日（四），上午八時至十時，於內典研究班「修身」課講授《御批歷代通鑑輯覽》卷八：「周敬王三十六年・齊國書伐魯。」

十二月十四日（二），上午八時至十時，於內典研究班「修身」課講授《御批歷代通鑑輯覽》卷八：「周元王三年・范蠡去越，越子殺其大夫文種。」

十二月十五日（三），於慈光圖書館週三《華嚴經》講座，宣講〈兜率宮中偈讚品第二十四〉。

十二月十六日（四），上午八時至十時，於內典研究班「修身」課講授《御批歷代通鑑輯覽》卷八：「周貞定王

---

[1] 朱鏡宙：〈李雪廬先生九秩簽名祝嘏弁言〉，《詠莪堂文錄》（著者，1976年增訂版），頁323-324。

十六年‧晉趙無恤及魏駒韓虎攻荀瑤，滅之。」

十二月二十一日（二），上午八時至十時，於內典研究班「修身」課講授《御批歷代通鑑輯覽》卷八：「周威烈王元年‧晉趙無恤卒。」

十二月二十二日（三），於慈光圖書館週三《華嚴經》講座，宣講〈兜率宮中偈讚品第二十四〉。

十二月二十三日（四），上午八時至十時，於內典研究班「修身」課講授《御批歷代通鑑輯覽》卷八：「周威烈王二十一年‧晉魏斯以魏成為相，以吳起為將。」

十二月二十八日（二），上午八時至十時，於內典研究班「修身」課講授《御批歷代通鑑輯覽》卷九：「周安王十五年‧魏吳起奔楚，楚以為相。」

十二月二十九日（三），於慈光圖書館週三《華嚴經》講座，宣講〈兜率宮中偈讚品第二十四〉。

十二月三十日（四），上午八時至十時，於內典研究班「修身」課講授《御批歷代通鑑輯覽》卷九：「周顯王二十九年‧秦衛鞅伐魏，誘執其將公子卬，敗之。」

是日晚，台中蓮社《法句譬喻經》講座，由徐醒民代講

1976 年・民國 65 年 | 87 歲

圓滿。下週起由內典班學員開始習講。

是年，回應蓮社內當家何玉貞詢問，成立「十二光」家庭念佛班。

> 謝嘉峰，〈一川流水送西歸──何玉貞老居士往生記〉：民國六十五至六十六年，蓮社重建時，老居士向雪公報告：「四十八願」念佛班的蓮友都已經滿了，再有發心的蓮友要如何安排？雪公說，那就成立「十二光」班，正助雙修，護持蓮社。[1]

---

[1] 謝嘉峰：〈一川流水送西歸──何玉貞老居士往生記〉，《明倫》第 409 期（2010 年 11 月）。

1977年・民國66年・丙辰－丁巳
88歲

【國內外大事】

- 一月,臺北市善導寺住持、日月潭玄奘寺住持道安法師捨報。
- 十二月,中華佛教文化館住持東初法師捨報。

【譜主大事】

- 元旦,應邀於慎齋堂開示。採《華嚴疏鈔》引《瑜伽師地論》中之「進修九善」。
- 一月,明倫社於慈光圖書館舉辦第十二期大專佛學講座高級班,為期十天。先生講授〈大勢至菩薩念佛圓通章〉。
- 七月九日,明倫講座第十三期大專佛學講座,於慈光圖書館舉行,為期二十一天。講授《佛學概要十四講表》。
- 八月,內典班遷回蓮社。
- 十二月,台中蓮社舉行重建落成典禮。先生指示:蓮社重在研究學術,辦理社會教育及慈善公益事業。

一月一日（六），元旦，應邀於慎齋堂開示。採《華嚴疏鈔》引《瑜伽師地論》中《醍醐喻經》「進修九善」法，指導如何精進修持。[1]

〈進修九善〉：佛教徒當然要聞思修，聽了佛法得研究思惟，不思惟有什麼用處？思惟了，得按法子作去，才能以成功。進修一切法，進是精進，修是按這個法門修。修並不是今天修明天不修，這是一天一天進步，這就叫進修。一切法，不論你是修禪、淨、密、律，皆有這種法門，離開這種法門皆不成就。這個法子是教我們修行的一個軌道，叫進修九善，就是說出九條法子。九條法子，皆是說要精進修持。不得其門，修不如法，若按這九條修就入了法。這九條也有次序，知道次序，就容易得利益。

植眾德本：

　　一、欲為根本者，起希望故。

　　二、作意所生者，數數警覺故。

　　三、觸所集起者，和心心所，對勝境故。

六根清淨：

　　四、受所引攝者，領在心故。

　　五、以念為主者，常明記故。

　　六、定為上首，心澄寂故。

---

[1] 李炳南講，直靜（詹曙華）整理：〈進修九善（上、中、下）〉，《明倫》第 487-489 期（2018 年 9-11 月）；《全集》未見收；錄音見：【數位典藏】錄音／佛學講授／慎齋堂元旦開示／〈慎齋堂元旦開示之一〉。

圓滿成就：
　　七、慧為最勝者，擇善惡故。
　　八、解脫為堅固者，息纏縛故。
　　九、出離為後邊者，覺道滿故。

是日，青蓮出版社影印出版《太上寶筏圖說》，題辭說明是書要旨在教導人深信因果、諸惡莫作。[1]（見《圖冊》，1977 年圖 1）

　　〈題太上寶筏圖說〉：深信因果，諸惡莫作，為世間法萬福之源；亦為出世法正修之助緣。其習淨業而不能明教理者，權可藉此伏惑，帶業往生。善巧方便，皆成菩提。　　雪叟

一月二日（日），靈山寺丙辰年佛七第二天，受邀開示。以數珠珠首中佛像教一心念佛。[2]

　　〈這是一心不亂時〉：佛七這個七天，不是容易的，用多少的人力財力，才能辦這七天。這七天我們得不到利益，那就很可惜了。不過，在這裡念七天，總比在家裡好啊！好，不能算成就，不成就就算是很可惜！

1　李炳南：〈題太上寶筏圖說〉，《雪廬老人題畫遺墨》，《全集》第 16 冊，頁 340。該書於 1977 年元旦，由青蓮出版社影印出版。
2　李炳南講，直靜（詹曙華）整理：〈這是一心不亂時——民國六十五年佛七開示（上、下）〉，《明倫》第 521-522 期（2022 年 1 月、2/3 月合刊）。案，是期為丙辰年靈山寺佛七，《明倫》該文附表解，標題作「民國六十五年十一月彌陀佛七」係為夏曆。

在佛七,要緊是求一心不亂。

過去幾天不成功的,趕緊修十善業,十行、十地菩薩還得行十善業。大家一修十善業,這就是考驗,十善業若聽明白,那就改變了,就開愚了。記住這句話:諸惡莫作,凡有壞事你做就改,這個力量就大了。一改就變了心,變了心再念佛。念佛,先在心裡想,嘴裡念出來自己聽,聽了再進到心裡去。喉頭出來,出來再到耳裡進去,這麼來回轉,哪裡也不跑,這很要緊。譬如咱們掛這個佛珠,佛珠裡頭有佛像,佛珠是很小的一個珠子,兩眼看不到裡頭的佛像,必須對著光,閉上一個眼看裡頭,就看見了。這個時候,就是一心不亂,要是二個心亂了也看不見。說一首偈子給大家聽:

「佛在珠中事出奇」,小珠裡藏著佛像。

「眼睛對準莫輕移」,眼的瞳仁對好了,光對好了。佛像、瞳仁、光,這三條合起來。莫輕易再搖動,一搖動就變了,不搖動就得一心。

「三根普被皆能辦」,淨土法門是三根普被,參禪須上等根器才成功,下等根器沒分!淨土法門,上中下都能成功。譬如拿這個佛珠看,窮人也能看,傻子也能看,都成功,三根普被,皆辦得到。

「這是一心不亂時」,這個時候就是一心不亂。

一月四日(二),上午八時至十時,於內典研究班「修身」課講授《御批歷代通鑑輯覽》卷九:「周顯王十六年·齊伐魏以救趙。」

一月五日（三），於慈光圖書館週三《華嚴經》講座，宣講〈兜率宮中偈讚品第二十四〉。[1]

一月六日（四），上午八時至十時，於內典研究班「修身」課講授《御批歷代通鑑輯覽》卷九：「周顯王三十六年‧燕趙魏齊楚合從以擯秦，以蘇秦為從約長，并相六國。」

是日晚，台中蓮社週四講經由「內典班」學員開始習講，首場由簡金武習講《八大人覺經》，邱瑞興譯臺語。先生自此不再於蓮社週四經筵宣講，唯每週四晚必定蒞席督課，翌日，於內典班上課時，指導精進之道。學員於講席旁特設導師席位以示尊崇。

〈內典班研究生學講經名一覽表〉：

次序	經名	學講者	教材依據
一	佛說八大人覺經	簡金武	蕅祖注、雪公表解、圓瑛法師注、寶靜法師講注
二	佛說四十二章經	吳聰敏	蕅祖三經解、疏鈔（續法）、講記（雪公）
三	佛說尸迦羅越六方禮經	連淑美	
四	佛說演道俗業經	吳碧霞	
五	佛說十善業道經	陳雍澤	

---

1 《華嚴經表解》有「兜率宮中偈讚品第二十四」手稿共 15 頁，見：【數位典藏】手稿 / 佛學講授 / 華嚴講表 / 兜率宮中偈讚品第二十四。

1977 年・民國 66 年 | 88 歲

六	阿難問事佛吉凶經	簡金武	雪公之表解
七	普賢行願品	連淑美	
八	觀世音菩薩普門品	吳聰敏	觀音經玄義記、疏記、文句記、會義、講義（諦閑）
九	地藏菩薩本願經上卷	簡金武	科注
十	地藏菩薩本願經中卷	吳碧霞	科注
十一	地藏菩薩本願經下卷	陳雍澤	科注
十二	佛說盂蘭盆經	吳聰敏	疏、新疏、折衷疏、箋注
十三	佛說無量壽經	連淑美	義疏

一月十一日（二），上午八時至十時，於內典研究班「修身」課講授《御批歷代通鑑輯覽》卷九：「周顯王三十七年・秦以齊魏之師伐趙，蘇秦去趙適燕，從約解。」

一月十二日（三），於慈光圖書館週三《華嚴經》講座，宣講〈兜率宮中偈讚品第二十四〉。

一月十三日（四），上午八時至十時，於內典研究班「修身」課講授《御批歷代通鑑輯覽》卷九：「周赧王二年・楚屈匄伐秦。秦欲伐齊，患其與楚從親，乃使張儀說楚王。」內典班本學期課程結束。

晚，至蓮社，蒞席內典班學員簡金武習講《八大人覺經》，翌日，於內典班上課時點評指導。

一月十四日（五），中興大學智海社同學於學校假日念佛三天。先生應邀開示，依蕅益大師《彌陀要解》，講授關於修淨土的道理與方法，並回答淨宗修學問題。[1]

〈伏惑‧信因果——民國 66 年 1 月 14 日智海學社念佛三天應邀講話〉：《彌陀要解》，印光祖師他老人家說：「古佛再來注解，也就是如此了。」對於《彌陀要解》贊成到這個樣子。他老人家是證了果的人，他說的我們當然相信。

《彌陀要解》雖然普遍流傳，並不是人人聽得懂。今天跟你們講，比較在理論方面，深刻一點講，這在外頭與道場講開示不一樣。我平素專講這個，現在講也不出這個範圍，但和平素講的不一樣。三天念佛，求一心不亂，不是隨便念佛的，這個心特別恭敬。淨土宗說勸人的一些話，所謂萬修萬人去，乃至十念即可往生，在臨終助念十念也可以往生，這三條在經上都有。

「萬修萬人去」，修不是那麼簡單，不修怎麼去？誰念著阿彌陀佛，念著這是修啊，這是修的若干條件中的一部分。沒有整個合起來，這是沒修。若干條件合著修，這是萬修萬人去。

「乃至十念就可以往生」，執持名號，以聖言量為標準，聖言量是「一心不亂」，臨命終時得阿彌陀佛接引

---

[1] 李炳南講述，詹曙華整理：〈伏惑‧信因果——民國 66 年 1 月 14 日智海學社念佛三天應邀講話〉，《明倫》第 449-453 期（2014 年 11 月－2015 年 4 月）。《全集》未見收。

往生,十念裡一心不亂。你念二十五年,沒有十句一心不亂,這怎麼往生?信解行,解這麼不清楚,信當然也是盲修瞎練。至於臨命終,助念也是十念往生。臨終時,四大分散,風刀解體,很難受啊。提不起十念來,助念的人提醒他,幫助臨終人提起正念。若光是助念的人念,臨終者他不念,沒幫助上啊。

佛法皆有方便,一起惑,不怕念起,只怕覺遲。起了妄念不管伏不伏得住,起了妄念,一句妄念十句阿彌陀佛,十句妄念一百個阿彌陀佛,一百個妄念一千個阿彌陀佛,妄念不如佛聲多。就怕他不起惑,不起惑佛反而念的少,起惑了佛愈念得多。這個辦法是很好的方法,「不怕念起,只怕覺遲」。念頭壓得住,什麼時候呢?就在平素。不念佛,幹社會的事,在哪時候伏惑?在哪時候伏住?念佛時,清淨不干擾的時候,自然而然就伏惑了。平素若不伏惑,上這裡來伏惑,在道場這裡惑少。你離開這裡,跟社會一接觸,惑又都起來了。用功,全在不念佛的時候,在外頭大家交接的功夫,要緊是在哪時候伏惑啊!伏惑就是一心。禪宗,靠伏惑沒用處。你們大家必須伏惑,就在不念佛的時候。禪宗是在煩惱之中斷惑,淨土宗是在煩惱之中伏惑。

答問

在學校時的早晚課,定得愈簡單愈好。經典,有時間就看,行解相應就行了。行的功夫,愈簡單愈好。解的功夫,愈多愈好。別的宗必得斷惑才能成功,斷了惑就不要緊了,不會再起亂子。淨土宗可不行,沒斷惑的功

夫,就危險。沒斷惑叫做帶業往生,業還帶著。業一亂就完了,臨命終時要不亂。

學佛不必藏在深山,就在這個社會上,如在淤泥裡種蓮花,事事清淨心就行了。不怕念起,就怕覺遲,只要心裡一起壞心,就把它壓下去,這叫伏惑,它還沒斷。把這個練長了,就管用。命終,雖沒斷惑,別人給你助念,你起了惡念頭,因伏惑伏慣了,把它伏住,八識田裡頭的種子如搖彩,搖不出壞心,把洪名搖出來,就保險了。

唯識講八個識,八個識分別起現行,最後都是這個第八識起作用。平素諸惡皆作,到命終很不保險。大家聽著感到困難,不幹了,以為沒希望。咱們趕快幹,你得多種善根。惑都斷了,沒種子,沒芽往外長出來。咱沒斷惑,當然還有惑。用佛號壓妄念,日子久了它在旁邊又長出來,雖不會斷,只要再壓,看它往那裡跑,我就那裡壓,壓慣了,一出來就用佛號壓,不怕念起就怕覺遲,一念隨著發,這樣子就保險。

一月十九日(三),於慈光圖書館週三《華嚴經》講座,宣講〈兜率宮中偈讚品第二十四〉。

一月二十日(四),晚,至蓮社,蒞席內典班學員簡金武習講《八大人覺經》,翌日,於內典班上課時點評指導。

是日,大寒,有〈大寒節偶感〉,前後又有:〈昧爽車

站送友〉、〈山中訪友〉、〈夷狄春秋〉、〈斷癡〉、〈快車中遠眺〉、〈瑤池桃花〉、〈美總統尼克森日相田中各被賄案鞫訊〉、〈消遙〉、〈清夜遠思〉、〈岐途〉、〈月魄〉、〈無補〉。（《雪廬詩集》，頁483-487）

〈大寒節偶感〉（時有以陰謀陷害見告者）：天時人事莫相猜，無不隨緣笑口開；經過大寒春始至，何妨橫逆似山來。

〈昧爽車站送友〉：閑階月西墜，零露沾我衣；出門望前路，燈火離亭輝。故人霧中來，嚅囁情依依；笛鳴車不待，矯手隔窗揮。拖烟繞山去，旭日開錦霏；寸心逐天末，踽踽忘旋歸。

〈斷癡〉：美酒輕紈值萬金，抽刀斷水更癡心；卓然識得魚鳶樂，天自高寬淵自深。

〈快車中遠眺〉：龍蛇起陸挾風雷，遠樹如屏近忽開；穩坐不知天地轉，眾山相對拱車來。

〈瑤池桃花〉（美人女權運動會鬧我禮運，感有作也）：一樹胭脂隔岸紅，桃花無賴笑東風；瑤池倚慣西王母，不識尼山萬丈桐。

〈美總統尼克森日相田中各被賄案鞫訊〉：宦海東西合渭流，邦家穢史為君修；青天白日光無量，昨照衣冠今照囚。

一月二十一日（五），於慈光圖書館內典研究班，指點講經注意事項，並指示成員講演、辦事、文學不同學習方

向。[1]

　　李炳南居士講授，陳雍澤記，〈講經要項並開示各人路線〉：講經講書講演，三者大同小異，性質不一故。教材、教態、聲調，與講演不同，今在此三方面練之。教材最重要，多讀書以充實教材，聲調次之。音量可由練習放出，掌握抑揚頓挫長短高低，如法即可。

品行好，才可成。汝等八名，品均可立也。技能則應分擔之。以講演、辦事、文學，皆弘法所需故。

希仁、連、吳與簡，四人學講。思齊，字有根柢，好好練。先練小字，買小字帖臨，可選晉唐之帖，唐以下勿學，「取法乎上，僅得乎中。」劉、李練辦事，李有辦事才也。澤，忠厚可靠，四門中自選一門，勿勉強，選有興趣者練之。會計中有非算盤所能計量者，吾閱帳目，可知其中動手腳否。

畢業後，找職業。無則人輕之。有辦事人才，則慈光之地可建大樓弘法，有前途。

　　【案】希仁為吳聰敏，連為連淑美，吳為吳碧霞，簡為簡金武。劉為劉國榮，李為李榮輝，澤為陳雍澤。八位為內典研究班學生。

是日，臺北市善導寺住持、日月潭玄奘寺住持道安法師捨報。先生有輓聯敬弔。[2]（見《圖冊》，1977年圖2）

1　李炳南講，陳雍澤記：〈講經要項並開示各人路線〉（1977年1月21日），《第八冊筆記》，未刊本。
2　〈安公老法師示寂〉，江逸子提供。

〈安公老法師示寂〉：
六度雖齊修，當此鬥諍方興，藹藹言行尤忍辱；
三臺胡不弔，那知因緣已盡，茫茫信向失皈依。

　　　　　　　　　　　　弟子李炳南恭輓

一月二十四日（一），應邀於臺中菸葉試驗所講演「齊家報國」。[1]

一月二十六日（三），於慈光圖書館週三《華嚴經》講座，宣講〈兜率宮中偈讚品第二十四〉。

一月二十七日（四），晚，至蓮社，蒞席內典班學員簡金武習講《八大人覺經》，翌日，於內典班上課時點評指導。

一月三十一日（一）至二月九日（三），明倫社於慈光圖書館舉辦第十二期明倫大專佛學講座高級班，為期十天，會性法師講授《八宗綱要》八小時，先生講授〈大勢至菩薩念佛圓通章〉四小時，徐醒民講授《百法明門論》十六小時，周家麟《大乘起信論》十二小時。[2]

1　李炳南講，陳雍澤記：〈齊家報國〉（講表）（1977年1月24日），未刊本。
2　〈新聞〉，《明倫》第59期（2014年9/10月合刊）；另參見〈明倫社第十二期大專佛學講座高級班課程表〉（1977年1月31日），明倫講座，台中蓮社檔案。

二月一日（二），上午八時至十時，明倫講座第十二期高級班舉行開學典禮。先生致詞指出講座多年，原則固然不變，目標則隨時勢調整，如今當儒佛合一：注重人格。[1]

〈人格為先〉：我們這個班，按照以前的規矩接續下來，原則固然是不變，臨時的事項稍微有點跟從前不同。講的人，當然按著經典講，不能變的。然而所指的目標，可就不一樣了。目標隨著現在的環境，有點變換，講解的時候，當然有偏重某一條。

現在提倡文化，什麼是中國文化？民族精神簡單扼要，就是孔子一句話：「志於道、據於德、依於仁、游於藝」四條，包括中國的文化一切。道是不變的，學佛懂得不變隨緣，學了佛再講這個才能懂，他倆有密切關係。

據於德，道是靜的，德是動的。心不動則已，一動皆都是利益大家的，離不開這個目標，皆是這個德。一到外頭，實行的條件，叫做仁，叫一切的人都得好處。游於藝，藝是一切一切農工商等等這些，那個時候沒這個名字，就是指今日的科學，種種的製造，種種的科學。孫中山他老人家說這個三民主義，民族不用講了，民權就是利益大家的，並不是一個人只要過得去，於我有好處就行，游於藝就是民生主義。

我來臺灣二十九年了，我來的時候，臺灣這裡開口是孔子公，家裡供著牌位，人家信仰佛教。我來到這裡，看

---

[1] 李炳南講述，詹曙華整理：〈人格為先〉，《明倫》第447-448期（2014年9-10月）。

到臺灣人不反對這個，我辦一個國文補習班。在蓮社，我注重歷史，你從何而來，中國有些什麼事情，必得知道。所以國文補習班，有歷史，有佛學課。

佛法提倡了多少年，到了今日之下，佛家又變了質。順應這些病，我們得訂個標準，現在我們得儒佛合一。凡是學佛的同一個病，別的先不管，同學們來了，我們是志同道合，你願意學中國文化也好，你願意學佛也好，可是一個標準。今天無論怎麼樣，學佛想成就，必得人格立得住才能成就。

佛法裡最要緊戒定慧，第一個根本是戒啊，以戒為師，不念中國書，求戒也行，守住戒的，不必念中國書也可以。中國書不但是消極的不妨礙大家，還積極的利益大家，佛家的戒就是如此。小乘戒不妨礙大家，要守住自己。大乘戒菩薩戒，推動利益大家。守戒就行了，咱們求這個目標。

自己的人格要立不起來，連個人都成不了，怎麼能學佛？學佛能成就嗎？現在佛法之衰，絕對的不是什麼天主教、基督教，什麼一貫道來破壞我們，國必自伐而人伐之，人必自侮而人侮之，我們自己害自己，人家才來侵犯我們。從今以後，我們這個講座的目標，先注重人格，在臺中學佛就限制在這上頭。

二月二日（三），晚七時至九時，於慈光圖書館週三《華嚴經》講座，宣講〈兜率宮中偈讚品第二十四〉。

二月三日（四），晚七時至九時，至蓮社，蒞席內典班學員簡金武習講《八大人覺經》，翌日，於內典班上課時點評指導。

二月四日（五），上午八時至十時，於明倫講座講授〈大勢至菩薩念佛圓通章〉。

　　陳正一，〈佛學研習十天〉：雪公老師講的：「這次所選的四門課都是當今所馬上用得到的。」這就是明倫講座的特色。得其門，而又能契其理機。四門課──佛學、大乘起信論、大乘百法明門論、八宗綱要。

　　「佛學」，此是雪公老師所開的課。老師在選定題材時，煞費一番苦心。經過多次思慮，方於開講前一天決定說〈大勢至菩薩念佛圓通章〉。此章中，大勢至菩薩說明其得圓通的方法在於「都攝六根，淨念相繼，得三摩地，斯為第一。」圓通者即是圓融通達無礙的意思。經中引用了一段比喻。譬如母子相憶，二憶念深，則必相逢相見，歷生不相違遠。十方如來憐念眾生，如母憶子，眾生如能以「憶母」之至誠懇切心念佛，則現前當來必定見佛，去佛不遠。便能得三摩地，便能得圓通。[1]

二月六日（日），上午八時至十時，於明倫講座講授〈大勢至菩薩念佛圓通章〉。

---

[1] 陳正一：〈佛學研習十天〉，《明倫》第 62 期（1977 年 5 月 20 日）。

1977年・民國66年 | 88歲

二月七日（一），至桃園蓮社弘法。許炎墩、游俊傑、鄭勝陽隨行。（見《圖冊》，1977年圖3）

二月九日（三），上午八時至十時，明倫講座第十二期高級班舉行結業典禮。（見《圖冊》，1977年圖4）

二月十五日（二），致函菩提仁愛之家董事，婉謝邀聘擔任榮譽家長。（見《圖冊》，1977年圖5）

　　　　慶光、子慎、茂林、凌波、正之諸位董事惠鑒：前週蒙屈大駕送下菩提仁愛之家榮譽家長聘書，慚感交幷。查炳南年近九旬，視聽皆衰。今秋大病以後，推卸各事，閉門潛修。社會業務，無力再事追隨，重招罪戾。謹將聘書璧還，至懇收回成命，遂我戒得之願。公務自有權限，私交久敬無央。掬誠上陳，敬請俯允。聘書附。並頌公祺　　　　李炳南謹啟　二月十五日

二月十八日（五），丁巳年正月初一。蓮社團拜後舉行放生活動，先生有詩〈丁巳元旦放鳥〉、〈真樂〉。（《雪廬詩集》，頁487-488）

　　　〈丁巳元旦放鳥〉：觸藩驚不定，蹈踐亂啁啾；出手非加害，開籠欲縱囚。人心今更險，利網豈堪投；遠去棲山壑，高翔莫逗留。

　　　〈真樂〉：我自有真樂，世人寧不知；隨緣觀變化，欲與拙言辭。雲鳥空中遂，芳菲露下滋；欣欣醒老眼，還似少年時。

二月二十四日（四），夏曆正月初七，人日，有〈丁巳人日遣興〉，前後又有〈新歲閭里有擊鼓者音節可賞忽觸鄉思〉、〈美國大風雪斃人甚多適尼季失眾辱國及其大選新成之際愛而有言〉。（《雪廬詩集》，頁488-489）

〈丁巳人日遣興〉（鏤金貼帳望仙樓，事喻我莊敬自強，不信西國口惠也）：蓬萊島上覆堯天，又讀詩書三十年；品節當思干祿後，文章難定蓋棺前。金人貼帳誰為主，王母空樓莫望仙；今喜萬家羹七菜，還應及早下幽燕。

〈新歲閭里有擊鼓者音節可賞忽觸鄉思〉：漁陽慷慨鼓三撾，發似新雷感歲華；川水東流無晝夜，烽臺西望有蟲沙。雖須誅佞王孫賈，安得推賢鮑叔牙；我欲鄉關問韶樂，薰風一曲遍天涯。

二月二十八日（一），內典研究班六十六學年度第二學期開學上課，為三年級下學期。

本學期，續於中興大學中文系開設「李杜詩」專課，於中興大學夜間部中文系開設「詩選」課。夜間部中文系於二月二十八日開學，講授：劉長卿〈清明後登城眺望〉。[1]

本學期，續於東海大學中文研究所開設「陶謝詩研究」，二年級王能傑、宋丘龍等五位研究生於正氣街寓所上課。

---

[1] 【數位典藏】錄音／詩文研究／唐詩講授／〈清明後登城眺望〉。

【案】各大學兼課，本學期中興大學夜間部中文系「詩選」於週一晚上課兩小時、週五晚上課一小時；東海大學中文研究所於週五上午上課兩小時。另，中興大學中文系「李杜詩」兩小時因不確知上課時段，無法於每週次呈現。

三月一日（二），晚七時半至九時半，於內典研究班「修身」課講授《御批歷代通鑑輯覽》卷九：「周赧王七年‧秦甘茂伐韓宜陽。秦王使甘茂約魏以伐韓。」

三月四日（五），上午，於正氣街寓所為東海大學中研所「詩學研究」授課。

三月五日（六），上午八時至十時，於內典研究班「修身」課講授《御批歷代通鑑輯覽》卷九：「周赧王十六年‧秦以齊田文為丞相。」

三月八日（二），晚七時半至九時半，於內典研究班「修身」課講授《御批歷代通鑑輯覽》卷九：「周赧王十九年‧楚君槐卒於秦。」

三月九日（三），於慈光圖書館週三《華嚴經》講座，宣講〈兜率宮中偈讚品第二十四〉。

三月十日（四），晚，內典研究班學員吳聰敏於蓮社講堂習

講《佛說四十二章經》。先生蒞席督課，翌日，於內典班上課時點評指導。

三月十一日（五），上午，於正氣街寓所為東海大學中研所「詩學研究」授課。

晚，於中興大學夜間部中文系「詩選」課，講授：王維〈春日與裴迪過新昌里訪呂逸人不遇〉。[1]

三月十二日（六），上午八時至十時，於內典研究班「修身」課講授《御批歷代通鑑輯覽》卷九：「周赧王三十二年・趙使藺相如獻璧于秦。」

三月十四日（一），晚，於中興大學夜間部中文系「詩選」課，講授：張九齡〈湖口望廬山瀑布之一〉。[2]

三月十五日（二），晚七時半至九時半，於內典研究班「修身」課講授《御批歷代通鑑輯覽》卷十：「周赧王三十六年・秦趙會於澠池。」

三月十六日（三），於慈光圖書館週三《華嚴經》講座，宣講〈兜率宮中偈讚品第二十四〉。

1　【數位典藏】錄音／詩文研究／唐詩講授。
2　【數位典藏】錄音／詩文研究／唐詩講授。

1977 年・民國 66 年 | 88 歲

三月十七日（四），晚，至蓮社，蒞席內典班學員吳聰敏習講《佛說四十二章經》，翌日，於內典班上課時點評指導。

三月十八日（五），上午，於正氣街寓所為東海大學中研所「詩學研究」授課。

晚，於中興大學夜間部中文系「詩選」授課。

三月十九日（六），上午八時至十時，於內典研究班「修身」課講授《御批歷代通鑑輯覽》卷十：「周赧王三十一年・燕上將軍樂毅以秦魏韓趙之師伐齊。」

三月二十一日（一），晚，於中興大學夜間部中文系「詩選」授課。

三月二十二日（二），晚七時半至九時半，於內典研究班「修身」課講授《御批歷代通鑑輯覽》卷十：「周赧王三十六年・田單復齊。」

三月二十三日（三），於慈光圖書館週三《華嚴經》講座，宣講〈兜率宮中偈讚品第二十四〉。

三月二十四日（四），晚，至蓮社，蒞席內典班學員吳聰敏習講《佛說四十二章經》，翌日，於內典班上課時點評

2747

指導。

三月二十五日（五），上午，於正氣街寓所為東海大學中研所「詩學研究」授課。

晚，於中興大學夜間部中文系「詩選」課，講授：杜甫〈聞官軍收河南河北〉。[1]

三月二十六日（六），上午八時至十時，於內典研究班「修身」課講授《御批歷代通鑑輯覽》卷十：「周赧王三十六年・趙封樂毅為望諸君。趙王與樂毅謀伐燕。」

三月二十八日（一），晚，於中興大學夜間部中文系「詩選」課，講授：王維〈漢江臨汎〉、崔顥〈行經華陰〉。[2]

三月三十日（三），於慈光圖書館週三《華嚴經》講座，宣講〈兜率宮中偈讚品第二十四〉。

三月三十一日（四），晚，至蓮社，蒞席內典班學員吳聰敏習講《佛說四十二章經》，翌日，於內典班上課時點評指導。

---

[1] 【數位典藏】錄音／詩文研究／唐詩講授。
[2] 【數位典藏】錄音／詩文研究／唐詩講授。

是年春,有詩〈正月十六夜〉、〈烈火〉、〈新春〉、〈三退已遠歸舊隱〉、〈春夜看花遲歸〉、〈贈俠客〉、〈深悔〉、〈白日〉、〈看杜鵑花〉、〈力衰〉、〈園有花開〉、〈贈狂狷〉、〈憂世〉、〈流鶯〉、〈偶成〉。(《雪廬詩集》,頁489-494)

〈正月十六夜〉:笙歌依舊萬人歡,愛上高樓獨倚欄;矯首中天看月色,今宵似減九分寒。

〈三退已遠歸舊隱〉:義利向誰辯,頹然歸舊楹;芸窗書味永,客枕夢痕清。荒徑從花落,柴扉有鳥鳴;偶聞談往事,顧盼兩肩輕。

〈力衰〉:力衰不能耕,只得投鋤去;簷前謝主人,情熱語多絮。挽臂再慰留,棄農可執御;否然與司閽,更許閒居處。揮涕銘厚恩,不勞難自恕;仰瞻鵬圖遠,永報常思慮。

〈偶成〉二首:

余生一向不多疑,天命盈虛似可知;呂望鼓刀春自去,無心釣渭白頭時。

清風明月且高歌,無地立錐奈我何;莫羨蕭然一樽酒,淵明罣礙醉鄉多。

四月四日(一),寒食節,有詩〈宅近柳川寒食遣興〉、〈觀水月〉、〈清夜詠〉、〈偕友訪僧並享午齋〉、〈覓句〉、〈清夜醒後〉。(《雪廬詩集》,頁494-496)

〈偕友訪僧並享午齋〉:大乘無事不相諧,元亮廬山任放懷;也有詩人偏斷酒,露葵摩詰喜清齋。

〈覓句〉：地闊天寬客九重，茫茫何處覓行縱；應知有相分明遠，若到忘機自在逢。沙塞春深纔落雁，寒山夜半不鳴鐘；豁然如濬泉源水，一畫千言集筆鋒。

四月六日（三），於慈光圖書館週三《華嚴經》講座，宣講〈兜率宮中偈讚品第二十四〉。

四月七日（四），晚，至蓮社，蒞席內典班學員吳聰敏習講《佛說四十二章經》，翌日，於內典班上課時點評指導。

四月八日（五），上午，於正氣街寓所為東海大學中研所「詩學研究」授課。

晚，於中興大學夜間部中文系「詩選」授課。

四月九日（六），上午八時至十時，於內典研究班「修身」課，先講評週四講經，而後講授《御批歷代通鑑輯覽》卷十：「周赧王四十五年‧秦圍趙閼與，趙奢擊卻之。」

四月十一日（一），晚，於中興大學夜間部中文系「詩選」課，講授：孟浩然〈過故人莊〉、李白〈訪戴天山道士不遇〉。[1]

---

[1] 【數位典藏】錄音／詩文研究／唐詩講授。

1977年・民國66年｜88歲

四月十二日（二），晚七時半至九時半，於內典研究班「修身」課講授《御批歷代通鑑輯覽》卷十：「周赧王五十五年・秦王齕攻趙上黨，拔之。」

四月十三日（三），於慈光圖書館週三《華嚴經》講座，宣講〈兜率宮中偈讚品第二十四〉。

四月十四日（四），晚，至蓮社，蒞席內典班學員吳聰敏習講《佛說四十二章經》，翌日，於內典班上課時點評指導。

四月十五日（五），上午，於正氣街寓所為東海大學中研所「詩學研究」授課。

晚，於中興大學夜間部中文系「詩選」課，講授：司空曙〈賊平後送人北歸〉。[1]

四月十六日（六），上午八時至十時，於內典研究班「修身」課講授《御批歷代通鑑輯覽》卷十：「周赧王四十五年・秦以范雎為客卿。」

四月十八日（一），晚，於中興大學夜間部中文系「詩選」課，講授：劉禹錫〈秋日題竇員外崇德里新居〉、常建

---

1 【數位典藏】錄音／詩文研究／唐詩講授。

〈題破山寺後院〉。[1]

四月十九日（二），晚七時半至九時半，於內典研究班「修身」課講授《御批歷代通鑑輯覽》卷十：「周赧王四十九年‧秦君廢其母，逐魏冉、華戎、公子市、公子悝，以范雎為丞相，封應侯。」

四月二十日（三），於慈光圖書館週三《華嚴經》講座，宣講〈兜率宮中偈讚品第二十四〉。

四月二十一日（四），晚，至蓮社，蒞席內典班學員吳聰敏習講《佛說四十二章經》，翌日，於內典班上課時點評指導。

四月二十二日（五），上午，於正氣街寓所為東海大學中研所「詩學研究」授課。

是日晚，於中興大學夜間部中文系「詩選」授課。

是日，美國法界大學副校長恆觀法師，由董正之陪同訪問臺中，於慈光圖書館講演，停留數日，駐錫菩提救濟院靈巖書樓。

中美佛教總會宣化法師主持的金山寺所創設的法界

---

1 【數位典藏】錄音／詩文研究／唐詩講授。

1977年・民國66年 | 88歲

大學副校長恆觀法師，四月八日來臺，應邀至中佛會大專講座、慧炬月刊粥會、志蓮精舍等處演講。十九日由立法委員董正之居士陪同南下，到臺南假市立圖書館演講，聽眾有八百多人之多。二十二日由董居士陪到臺中，在慈光圖書館公開講演，聽眾四百餘人。駐錫菩提救濟院靈巖書樓。恆觀法師持戒精嚴，每日一餐，晚不倒單。[1]

【小傳】恆觀法師，耶魯大學學士、史丹福大學碩士。一九六六年，任職美國海軍，派到臺灣，擔任駐臺美軍顧問團擔任軍需處副處長。一九六七年，因為菩提海雜誌社社長果容引介，得聞度輪法師事蹟。一九六九年，返美後即至三藩市佛教講堂成為度輪法師弟子。一九七〇年主編中美佛教總會之《金剛菩提海》佛刊，並兼任佛典翻譯會中美佛教總會財政委員。一九七一年落髮出家，同年十一月，到臺灣臺中慈善寺受具足戒，歷任中美佛教總會祕書兼金山寺知客師、法界大學副校長。

恆觀法師駐留臺中數日，臨行，至內典研究班發表心得，講前先啟問禮之義，而後開示戒之要，並對先生簡樸生活極為讚歎。先生亦對恆觀法師之真修自律甚表欽敬。而後，先生與內典班同學送行至火車站月臺。（見《圖冊》，1977年圖6）

---

1 〈新聞〉，《菩提樹》第294期（1977年5月8日），頁50。

陳雍澤，《日記》（1977年4月23日）：晨，恆觀法師蒞臨班上開示。先是法師謙遜請同學告知禮之義，又請雪公告知此疑。雪公乃謙言代同學答之，起立問訊法師後，徐而言。法師請雪公坐下言之，師亦如之，云：「禮貴中庸，過則雙方皆勞，不及則慢，均非所宜。今日三台時弊，教授倡以不拘禮、不行禮，生即放縱矣！本班嚴責以禮，正治此弊之藥，然用之他處則不宜也。」言畢，由法師開示戒（禮）之要——生定發慧要津故，及美人習性及弘法之方便法。[1]

大概是民國六十五年的春節期間，當時擔任美國萬佛聖城法界佛教大學副校長的恆觀法師（他是一位宣化上人剃度的美籍比丘）到臺灣來弘法，並留在臺中參學了好幾天，臨行前向內典班的同學發表心得，認為這次來臺給他最大的啟示，是一位這麼頗富盛名、德高望重的長者，竟然住的只是一小棟泥土所砌、石灰塗壁的簡陋平房，他一再地說：「其中有道啊！」這位美國比丘可真獨具慧眼了！[2]

四月二十五日（一），晚，於中興大學夜間部中文系「詩選」授課。

四月二十六日（二），晚七時半至九時半，於內典研究班

1　陳雍澤：《日記》（1977年4月23日），未刊本。
2　希仁（吳聰敏）：〈憶雪公恩師內佛外儒的風範〉，《明倫》第263期（1996年4月）。

「修身」課講授《御批歷代通鑑輯覽》卷十:「周赧王五十六年・秦攻趙,拔武安、皮牢,定太原、上黨。」

四月二十七日(三),於慈光圖書館週三《華嚴經》講座,宣講〈兜率宮中偈讚品第二十四〉。

四月二十八日(四),晚,至蓮社,蒞席內典班學員吳聰敏習講《佛說四十二章經》,翌日,於內典班上課時點評指導。

四月二十九日(五),上午,於正氣街寓所為東海大學中研所「詩學研究」授課。

是日晚,於中興大學夜間部中文系「詩選」授課。

四月三十日(六),上午八時至十時,於內典研究班「修身」課講授《御批歷代通鑑輯覽》卷十:「周赧王五十七年・魏晉鄙帥師救趙,次於鄴。公子無忌襲殺鄙,奪其軍以進。」

五月二日(一),晚,於中興大學夜間部中文系「詩選」課,講授:杜甫〈禹廟〉;王維〈過乘如禪師蕭居士嵩邱蘭若〉。[1]

---

1 【數位典藏】錄音／詩文研究／唐詩講授。

五月三日（二），晚七時半至九時半，於內典研究班「修身」課講授《御批歷代通鑑輯覽》卷十：「周赧王五十八年・秦殺白起。」

五月四日（三），於慈光圖書館週三《華嚴經》講座，宣講〈兜率宮中偈讚品第二十四〉。

五月五日（四），晚，至蓮社，蒞席內典班學員吳聰敏習講《佛說四十二章經》，翌日，於內典班上課時點評指導。

五月六日（五），上午，於正氣街寓所為東海大學中研所「詩學研究」授課。

是日晚，於中興大學夜間部中文系「詩選」授課。

五月七日（六），上午八時至十時，於內典研究班「修身」課，先講評週四講經，再講授《御批歷代通鑑輯覽》卷十：「東周君一年（丙午）・秦丞相范雎免。」

五月九日（一），晚，於中興大學夜間部中文系「詩選」授課。

五月十日（二），晚七時半至九時半，於內典研究班「修身」課講授《御批歷代通鑑輯覽》卷十：「東周君五年

1977年・民國66年 | 88歲

（庚戌）・燕伐趙，趙敗之，遂圍燕。」

五月十一日（三），於慈光圖書館週三《華嚴經》講座，宣講〈兜率宮中偈讚品第二十四〉。

五月十二日（四），至中國醫藥學院為中醫系學生講述「《內經》簡介」。說明《內經》之重要，為張仲景《傷寒論》與華陀解剖學之根源，不只治病，實在養生不老；其內容則在指點陰陽五行、五運六氣，人與大環境之互動關連。其學深廣而實用，鼓勵同學多下苦工必有所成。[1]

〈《內經》簡介〉：《內經》八十一篇皆重要！
通病：一、學校學生不感興趣。二、有人不相信——今吾云者加強信心也！
此書不在三代以後者，以「生死」大事，無人能解決。此書乃黃帝「學成升天」解了此關。故道家之煉丹、吐納、成仙皆學此也！但非人人皆能之也。成而生天，乃「精氣神」練得通了任督二脈，精氣變成「神」，出了竅而生天也。今亦有人練氣功，小周天者也。人有營衛二氣，彼練此也。令氣血流通，維持正常態度即無病！水流通即不朽，故無病！然此亦非人人能之，無恆故！

---

[1] 李炳南：〈內經簡介——於中國醫藥學院為中醫系學生講述〉（1977年5月12日），《台中蓮社歷年會議紀錄》，台中蓮社檔案；【數位典藏】錄音/中醫研究/內經/〈內經〉。

故求第二步之「長生不老」，此亦不易，必有「態度正常」才可，然咱之起居飲食，何人正常？如四季何時作息，且吃過飯不可剪指甲及理髮，免去營養也！故做不到「長生不老」。

做到則「無內傷」，無內傷即無外感，固首為真人。次為至人。三為聖人——對環境皆了然，順乎自然，不違天道。再為賢人。咱為何等人？皆夠不上，故未老先衰。今百歲少見，且不到六十即衰——未老先衰也！即如得兒子，必精氣神充足才可！故近六十即不得子，然功夫好者八十亦可得子，張仲景如是！

故《內經》作用，先令升天，次令不老，後令少病。今則成專門治病者！

真能依其法治病，皆可治好！以「三分吃藥，七分調養」中醫治病法專講究環境也！

諦信《內經》以之為本

次則此書不可疑惑。云何人們不疑《神農本草》，而疑《內經》？此者初為口傳，後為竹板木簡，故古書之錯不免也。此書可靠——查中國歷史左傳等，扁鵲（秦越人）之事可知，此均載于《經》中也！

今之中醫少研《內經》也！吾流亡六十年，見得甚廣，七十年前，百人中少得一人見過《內經》，不懂故。而張仲景之《傷寒論》與華陀解剖學，均出自《內經》，古人均專心研究故深入。張仲景以後至明代之名醫，何人敢云《內經》不好？且無人敢離經叛道，皆依《內經》治病！此話為加強同學之信心！古來中醫皆以《內

1977年・民國66年｜88歲

經》為本也！真正名醫無一不明《內經》者。
且研中醫不可謗西醫，待汝明白中西醫後，謗之不遲也，不然少妄言。應知中國一切學問，不分農工商法醫，均有一個「統系」，不可離「天地人」三才！

（一）人：如中醫，昔時不可解剖，故必深明內之五臟六腑，外之皮毛骨節亦必了然，故不必解剖即可治病，此乃有形者也。另者，無形者亦必明之——如「氣」不之見，而「血」卻賴之推動！以氣乃「神」也，神在何處？此乃形而上之學！

（二）天者：日月星辰也，與咱有關。如月、日之出，水漲潮，早晨初一十五漲潮，何故？而人為小天地，亦與「天」之配合天干地支也，日月之動影響大地之動，亦影響人之變動也！若吾可控制環境，則不生老病死等也，吾多少可控制一些，如吾已九十，說話可愈說愈大聲，以吾學中醫故！《內經》所云與諸星座皆有關！如太陽有黑子，地球即起變化，故能控制「天」即可。（三）「地」：五行十方，一切皆以「五」配合。如：五方、五味、五行，數目字但至「五」為止，六至十亦為「五」也，以五加一為六，加二為七，加三為八，均為一至五也，故五臟五腑均與天地互關也。學此必明《易經》才可！看《內經》亦必念《禮記》，且必明《詩經》，才可多識草木鳥獸之名！故《內經》與環境——天地人大有關係！故相生相剋意在此也。《內經》內容乃云「陰陽五行五運六氣」，年年不一，處處不同，時時變動也，故《內經》——必合一切天地人觀之。

善明陰陽五行之變

　　中醫治病無特效藥，病況百變故。陰陽五行跟隨天時變化。醫者易也，隨時變化，非一成不變也。吾某次在四川時，八月天，是日下雨，天氣仍熱。一人患狹心症，病人蓋二床被，手足發涼，無汗。試以開水令喝，亦可咽下。乃以蔥薑湯令飲，一碗全喝完。乃令二小時後，再煎服之。此乃「胃口中寒」。如此即瘉。在能知變化也。如：痢疾、瘧疾之病，變化至大，與「咳嗽」均難治。

針灸——不看《內經》而為人扎針，至危險！一日十二時辰，何病於何時扎針，冷熱陰晴等，扎針之時亦不一，雖不立死，亦為人加病也！且亦非學什麼針法，即一定治何病也。西醫之器具亦應知之，以為參考也。

　　總之必配合三才的環境，診斷及下藥皆必如此。如用藥有「五色」等藥性，「性」是令精氣神寄託者。趁年輕時努力研之，以發揚光大。古人研學在得其學問，非為私益賺錢等！研之必不怕吃苦才可成功！

是日晚，至蓮社，蒞席內典班學員吳聰敏習講《佛說四十二章經》，翌日，於內典班上課時點評指導。

五月十三日（五），上午，於正氣街寓所為東海大學中研所「詩學研究」授課。

是日晚，於中興大學夜間部中文系「詩選」授課。

五月十四日（六），上午八時至十時，於內典研究班「修身」課講授《御批歷代通鑑輯覽》卷十：「周赧王五十八年・秦太子之子異人自趙逃歸。」

五月十六日（一），晚，於中興大學夜間部中文系「詩選」課，講授：李商隱〈籌筆驛〉。[1]

五月十七日（二），晚七時半至九時半，於內典研究班「修身」課講授《御批歷代通鑑輯覽》卷十：「東周君（庚戌）・秦王稷薨，子柱立。」

五月十八日（三），於慈光圖書館週三《華嚴經》講座，宣講〈兜率宮中偈讚品第二十四〉。

五月十九日（四），晚，至蓮社，蒞席內典班學員吳聰敏習講《佛說四十二章經》，翌日，於內典班上課時點評指導。

五月二十日（五），上午，於正氣街寓所為東海大學中研所「詩學研究」授課。

是日晚，於中興大學夜間部中文系「詩選」授課。

---

1 【數位典藏】錄音／詩文研究／唐詩講授。

五月二十一日（六），上午八時至十時，於內典研究班「修身」課講授《御批歷代通鑑輯覽》：「七國－丁巳・趙以李牧為將。」

五月二十二日（日），至慈光圖書館參加本學年度中部大專生學佛青年講演比賽，擔任評審及賽後講評。[1]

五月二十三日（一），晚，於中興大學夜間部中文系「詩選」課，講授：王維六言古體詩〈田園樂〉。[2]

五月二十四日（二），晚七時半至九時半，於內典研究班「修身」課講授《御批歷代通鑑輯覽》卷十：「七國－丁卯・秦伐趙，趙以李牧為大將軍，敗秦師於宜安。」

五月二十五日（三），於慈光圖書館週三《華嚴經》講座，宣講〈兜率宮中偈讚品第二十四〉。

五月二十六日（四），晚，至蓮社，蒞席內典班學員吳聰敏習講《佛說四十二章經》，翌日，於內典班上課時點評指導。

五月二十七日（五），上午，於正氣街寓所為東海大學中研

---

[1] 〈新聞〉，《慧炬》第 157/158 期（1976 年 6/7 月），頁 82-83。
[2] 【數位典藏】錄音／詩文研究／唐詩講授。

1977 年・民國 66 年 ｜ 88 歲

所「詩學研究」授課。

是日晚，於中興大學夜間部中文系「詩選」授課。

五月二十八日（六），上午十時至十二時，於內典研究班「修身」課講授《御批歷代通鑑輯覽》卷十：「辛未・秦滅韓，虜王安。」

五月二十九日（日），南亭法師至陽明山參加中華學術院佛教文化研究所十週年紀念會，與會者有多位發言讚歎先生弘化與慈善事業之功蹟。

南亭法師，〈臺北市陽明山中華學術院佛教文化研究所十周年紀念感言〉：「三、五年來，各處所辦的大專學生夏令營，每年都有幾百人參加。這是淵源於李炳南老居士慈光圖書館夏令佛學講座。他老人家是年年辦的，直至無法容納為止。」「關於慈善方面，李炳老主辦的菩提醫院、養老院、其他幼稚園、托兒所、圖書館，救孤恤貧，應有盡有。至於書報雜誌、印施佛書等等，不去說它了。」以上所寫的，都是我在佛教文化研究所十周年紀念會上，聽演講者讚揚佛教而一齊湧上心頭的喜悅。[1]

---

[1] 釋南亭：〈臺北市陽明山中華學術院佛教文化研究所十周年紀念感言〉，《南亭和尚全集（十一）》（臺北：財團法人台北市華嚴蓮社，1990 年 9 月），頁 330-332，https://nanting.dila.edu.tw/home/index.html

五月三十日（一），晚，於中興大學夜間部中文系「詩選」授課。

五月三十一日（二），晚七時半至九時半，於內典研究班「修身」課講授《御批歷代通鑑輯覽》卷十一：「秦始皇二十六年・初號皇帝，除諡。」

是月，題辭祝賀中國醫藥學院醫王學社創立十五年。[1]（見《圖冊》，1977年圖7）

〈題醫王學社學刊之二〉：阿伽陀藥，洗滌心塵，砥礪半世，圓鏡重新。
醫王學社十五週年紀念　　　　　　東魯李炳南敬題

六月一日（三），於慈光圖書館週三《華嚴經》講座，宣講〈兜率宮中偈讚品第二十四〉。

六月二日（四），晚，至蓮社，蒞席內典班學員吳聰敏習講《佛說四十二章經》，翌日，於內典班上課時點評指導。

六月三日（五），上午，於正氣街寓所為東海大學中研所「詩學研究」授課。

---

[1] 李炳南：〈題醫王學社學刊之二〉，《雪廬老人題畫遺墨》，《全集》第16冊，頁347。

1977年・民國66年 | 88歲

晚，於中興大學夜間部中文系「詩選」課，講授：張九齡〈望月懷遠〉。[1]

六月四日（六），上午八時至十時，於內典研究班「修身」課講授《御批歷代通鑑輯覽》卷十一：「秦始皇三十四年・燒詩、書、百家語。」

六月六日（一），晚，於中興大學夜間部中文系「詩選」課，講授：杜甫〈月夜〉、韓偓〈中秋禁直〉。[2]

六月七日（二），晚七時半至九時半，於內典研究班「修身」課講授《御批歷代通鑑輯覽》卷十一：「秦始皇三十七年・帝東巡至沙邱崩。」

六月八日（三），於慈光圖書館週三《華嚴經》講座，宣講〈十迴向品第二十五〉「釋名加分」。解說「十迴向位」名義，以及「迴向」要義。[3]（見《圖冊》，1977年圖8）

　　十向甚高，然較之十地猶劣，聖、賢不同，以斷惑多少論也。今此十向，乃賢之極，再往上，十地聖者矣。何以謂乃三賢之上？三賢先學「住」，住者安住不動

1　【數位典藏】錄音／詩文研究／唐詩講授。
2　【數位典藏】錄音／詩文研究／唐詩講授。
3　李炳南：《大方廣佛華嚴經講述表解》，《全集》第1冊之2，頁185；《華嚴經表解》有「十迴向品第二十五」手稿共148頁，見：【數位典藏】手稿／佛學講授／華嚴講表／十迴向品第二十五。

也，佛法先需令其覺易，方不致望畏而退，必令懂且能行。至於行之長久否，姑且不論。然說一次不足，故必十，經此十，方算「穩當一點」。故不說則動，動又說，又穩當，將動，又說，如是如是。次曰十「行」，行者，自行而又勸他行。不住何行？且問，吾三十年矣，住矣乎？諸位今聞此，得益大矣，諸位如七寶珍樹，須澆水方敷榮，聽經即如澆水。且問，汝能保證十年後還聞經否？若淨土有把握，可不聞，若無把握，還須聽也（增上緣也）。其次十「向」，須佛理明白方能學，行至此，一大阿僧祇劫，汝壽能乎？故吾倡淨土，懂理固佳，不懂亦可行，汝當知，學淨土便宜大矣，深信而行可矣。奈眾人時間不敷，不行淨土，如何成就？吾根性好解，解至此，覺甚難，方恍然淨土即華嚴也，若有機會，再講彌陀經當用華嚴說之也，汝若當生錯過，實在可惜。

「迴向」，理已明，方學此：將所修種種善根、福德，一律收起，此「迴」義，而「向」（對象），將一切送給一對象，整天做，隨時迴向。此聞者愕而不欲也，今舉事，則汝將不反對矣，如火炬燎然，諸炬來引，亦皆燎然，本炬光不見少，而諸炬源自本炬，亦可謂屬本炬也，明乎此理，何樂不為？

迴向類多，歸之不外此三：迴向眾生、迴向菩提、迴向實際。（看表）有眾未明，汝送於彼，彼則明，若汝所修善根不欲饒益，則不名迴向，至此稱迴向，若無迴向之實，不稱此名也。吾念佛完迴向，須真心迴之，則上

此階,然此亦須會解彼八句迴向之文也。

第一,同於布施。第二,不同,專為菩提,前不究竟,此令徹底覺悟,自覺證果位,而自得徹底解脫:隨喜凡夫福田,向無上菩提。如汝聽經,此道場之一份子也,眾之功德,汝取之,連同汝所有來為彼迴向,迴向何者,無上菩提也。然須整個回,如此彼此增上,是互助也。第三,迴向實際,即真如、佛性、本性也,此本性人人有,人人不見,便等無有,今此須明心見性,真如不變,實相隨緣,同也,本性隨緣,千變萬化,若為惑覆,則不生作用,今令人人透出真如,便成功矣。[1]

六月九日(四),晚,至蓮社,蒞席內典班學員吳聰敏習講《佛說四十二章經》,翌日,於內典班上課時點評指導。

六月十日(五),上午,於正氣街寓所為東海大學中研所「詩學研究」授課。

晚,於中興大學夜間部中文系「詩選」課,講授:白居易〈八月十五夜禁中獨直對月憶元九〉。[2]

---

[1] 李炳南講,吳碧霞記:《華嚴經筆記》「十迴向品・卷23・頁14・行2」(1977年6月8日),未刊稿。

[2] 【數位典藏】錄音/詩文研究/唐詩講授。

六月十一日（六），上午八時至十時，於內典研究班「修身」課講授《御批歷代通鑑輯覽》卷十一：「二世皇帝」。先生談「亡秦者胡」。

六月十四日（二），晚七時半至九時半，於內典研究班「修身」課講授《御批歷代通鑑輯覽》卷十一：「秋七月，陳勝、吳廣起兵于蘄。」內典研究班本學期課程結束。

是日晚，於中興大學夜間部中文系「詩選」課，講授：李白〈下終南山過斛斯山人宿置酒〉、〈月下獨酌〉。[1]

六月十五日（三），於慈光圖書館週三《華嚴經》講座，宣講〈十迴向品第二十五〉，開示：迴向眾生、迴向菩提、迴向實際，名為正迴向；迴向福報為有漏，為倒迴向。

　　問曰：吾人修多少年矣，幾時修到十向耶？曰：以吾視汝今日，無人能到十向也，非特汝，吾且不至也，蓋須一僧祇也。問曰：不管它如何？曰：如此好事，不管可惜，有善巧方便則可。方便者何？上次說過，聽經功德大，有此機緣，則隨喜之，若懂迴向，汝等有功德，未發心，則吾取以迴向無量無邊大千世界，則吾之隨喜，亦有無邊功德也——此事端在懂不懂也。
　　此，吾懂，故吾凡遇事，隨著隨喜，隨著迴向，出來一

---

[1] 【數位典藏】錄音／詩文研究／唐詩講授。

趨,也沾不少便宜。當知萬法唯心,任何奇事,亦心所造也,此理,久聞者能知,新學則否。

此三（迴向眾生、迴向菩提、迴向實際）,名為正迴向,除此名倒迴向。「迴向眾生」：吾人當知「大公無私」四字,眾生皆有八苦,汝既懂且能解,則當助他,故一切功德,迴向眾生,雖迴向,功德不見少,故勿慳吝。其次「迴向菩提」,必得果位,不得,解決痛苦不徹底,誰成？自他皆成,若他不成,吾猶盡心也。其次「迴向實際」,證佛果,心中有罣礙,便不乾淨,則非純粹真如,不合實際,必令乾乾淨淨,絲毫不掛。無此非真迴向,記住「大公無私」。

倒迴向者,以迴向福報,有漏者是也,求福報,如以金剛鑽換取一元糖、鹽。何其可惜哉！且若求果報,自然有花報,又何勞刻意求之,故此名倒迴向。[1]

六月十六日（四）,晚,至蓮社,蒞席內典班學員吳聰敏習講《佛說四十二章經》,翌日,於內典班上課時點評指導。

六月十七日（五）,上午,於正氣街寓所為東海大學中研所「詩學研究」授課。

---

1 李炳南講,吳碧霞記：《華嚴經筆記》「十迴向品・卷23・頁14・行4」（1977年6月15日）,未刊稿。

是日晚，於中興大學夜間部中文系「詩選」授課。

六月二十二日（三），於慈光圖書館週三《華嚴經》講座，宣講〈十迴向品第二十五〉，解說獲得諸佛加被護持之五種因緣。[1]

> 前次所講，諸位務細研之，再回頭對照《彌陀經》，昭昭明矣。此乃十迴向之地位也，此去，則登地矣。《彌陀經》上謂：講三十七道品之後四，次方念三寶，眾人或疑，今觀此，方知至十行，乃有「聽經資格」，十向「乃有說法資格」，故吾人說、講，種善根而已也，至於加被，《彌陀經》云汝念佛心中有佛，佛乃加被，吾人念佛至今，何嘗感應，既不應，何能加被也哉？[2]

六月二十三日（四），晚，至蓮社，蒞席內典班學員吳聰敏習講《佛說四十二章經》，翌日，於內典班上課時點評指導。

六月二十九日（三），於慈光圖書館週三《華嚴經》講座，宣講〈十迴向品第二十五〉：續上週，解說「辨加所為」。

---

1 李炳南：〈辨加所為〉，《大方廣佛華嚴經講述表解》，《全集》第 1 冊之 2，頁 186。
2 李炳南講，吳碧霞記：《華嚴經筆記》「十迴向品‧卷 23‧頁 14‧行 7」（1977 年 6 月 22 日），未刊稿。

佛學總不離戒、定、慧，起步諸惡莫作，眾善奉行，次能稍不散亂，守得住，稱定，此定，智光大定也，入定，心中任何妄想皆無，一念不起，心放光明。然入定還不行，猶須無量無邊佛來加被。如何加被耶，有五種因緣具足，諸佛方加被，加被者，佛力加於修者身上。然吾人何以不覺？佛時時應，吾人不覺耳，猶如明鏡，佛乃明，吾乃昏，故吾不照也，有五因緣，佛力方加得上，否則或不接受，或接受不了。

五因緣具，佛一切威德神通力量皆加金剛幢菩薩身上，可以接受矣。成就如何？上回列表說明過，共十條，雖十，表無量也，其末句，扎住善根矣，根皆扎，則雖風雨飄搖，亦不動，有根有力矣。

菩薩十住，聽經善根尚無。十行雖能聽，不能說，無善巧契眾機也，故成就後進一步行，去說法，然此說與佛不同，乃十向，謂可以說法矣。求學非易，不可呆板，學什麼，講什麼。如昔孔子弟子，問何時不學，子指以「死」方不學，所謂「活到老學到老」是也。今所說者，謂「能力」可以矣。

總結，入定，根基好，講十向法門，令眾學，即是。[1]

六月三十日（四），內典研究班學員吳聰敏於蓮社習講《佛說四十二章經》圓滿，翌日，於內典班上課時，藉評析

---

1 李炳南講，吳碧霞記：《華嚴經筆記》「十迴向品・卷23・頁14・行9」（1977年6月29日），未刊稿。

開示講經學習要點：教材、講說應依聽者之需要定標準，抉擇輕重短長。
一、上軌道，若進之速遲，依各人能力。然非走之變彎路也，皆為正路。講經、教書、演講，各有難處。演講在痛快淋漓，活潑不失莊嚴。講經則應莊嚴，次痛快、後淋漓。汝莊嚴，聲亦善，然教材於輕重未抓住。此難也，學識之故。此必學先認貨，次始能作，如做杯子。輕重所在，用心者可知，不用心者聽不出也。

吾之講經，到各地皆不同，有輕有重，輕者即講過。吾自開研究班後，講經乃變。當用心焉，何以短文說長時耶？此控制難也。要依對方之需要定標準。此在教材，而表現則在講態聲調上也。惜吾未能親自講後，再糾正焉。講態、聲調善，教材則佛之教材。曲高和寡，入不進去。知不足，知入不進去，方為進步，否則退矣。吾尚如此。

爾後，講經、講書、詩等，皆注意焉。吾之於重點不言者，以為平常。必於外聞後，能認貨焉始可。如賣碗然。必見聞多，比較過，始可為言之也。要汝知其善、有興趣，乃可為言之；否則，善者以為惡、惡以為善，亦如之何哉？小兒食當歸鴨，則死，以不夠程度也。

二、講時太長，此翻譯難，且恐聽眾厭煩也，要變化多；要定於一，全副精神聚於此，眼皆與聽眾通過電。

三、講義旨與發議論。議論少發，或言比喻等各方面，

是為發議論。以此為難,蓋發或與經旨違也。

四、美國有始無終,臺灣人有始有終,且求續之,此對汝等厚矣。然吾不能為之,以已九十歲故。伏生傳易經,口齒不清,但七十餘耳。吾已衰相,講書二小時,即須食些物矣。七十不留宿、八十不留飯,以熟透矣。若有人可主持之,乃可以再辦,此甚難也。蓋誤人子弟,消耗錢財,則喪盡天良也。

五、吾知恥近乎勇。吾少年不用功,後乃用心焉。青年時必提精神為之!臺灣非寶地,要在人才也。出人才,乃為寶也。[1]

六月,題昔所作詩〈西風〉贈謝潤德。

〈贈謝潤德居士〉:暮天雲傍遠山盡。碧海濤隨孤月升。半島西風愁萬里。明朝倚樹望金陵。
丁巳長夏　潤德師兄雅正　　　　　　　　　李炳南[2]

六月底,東海大學中文研究所首批修課學生修學兩年課程圓滿,有學生於期末報告後附加一篇〈課後感〉敘述兩年學習,感受最深者為先生之道德感化。先生回應:所任科目為詩學,自是正心誠意修身齊家之術。(見《圖冊》,1977年圖9)

1　李炳南開示,吳聰敏記:「《四十二章經》習講後開示」(1977年6月30日),未刊本。
2　李炳南:〈贈謝潤德居士〉,《雪廬老人題畫遺墨》,《全集》第16冊,頁99。

宋丘龍，〈課後感〉：聞教二載，弟子感受最深者，乃夫子之道德教育。夫子學問之門牆，弟子或無由得窺；而夫子道德之感化，則如磁石之引針，使人心嚮往之。

夫子本身即為最好之道德教育教科書，凡接聞夫子教化者，莫不有同然之感。而夫子於課堂中時時耳提面命者，亦莫不是欲學生修習道德，作一好人。常掛口中者，其為人情世故之一事。蓋小至修身齊家，大至治國平天下，莫不是人情世故之運用。愛民如子，人情世故也；濟弱扶傾，人情世故也；己所不欲，勿施於人，人情世故也；乃至四維八德皆人情世故。

自西風東漸，於傳統之人情世故之事，多加屏斥，以謂不合時宜。而不合國情之西潮，遂壓倒東風。然謂道德標準可隨時代而變則可，而道德德目（如四維八德）之本質，則斷不可變。而今一般無識之徒所欲變者正在此，此動搖根本之舉實堪深憂。

夫子有感國人之道德低落，實是國家衰亡之由。故大聲疾呼者，講求道德也。傳有之：高山仰止，景行行之；雖不能至，然心嚮往之。龍不敏，請事斯語。

〔先生批語〕：孔子志於道、據於德、依於仁、遊於藝；道、德修己，仁以益世，藝助民生，此四者原屬一貫，若離之皆有病焉。老朽所任之課乃係詩學，可以興觀羣怨，自屬正誠脩齊之術。守本分而講述，非有奇

1977 年・民國 66 年 | 88 歲

特。承賢契謬贊，深為慚愧。[1]

本學年課程結束後，先生辭兼嗣後中興大學日間部中文系課程，有〈却聘〉詩作。總計在該系兼任十年，教授《禮記》、「佛學概要」、「李杜詩」等專課。

〈却聘〉：適意隨行止，違時似守株；智非師泄柳，義不謗浮屠。舍我有人在，結鄰慚德孤；明朝片帆遠，海上訪蓬壺。（《雪廬詩集》，頁 498-499）

【案】先生兼任教職有中國醫藥學院醫科《內經》專課，至一九七三年七月為止，不再應聘。中興大學中文系（日間部）先後開設有《禮記》、「佛學概要」、「李杜詩」，至一九七七年七月為止，不再應聘。此詩〈却聘〉當即指不再接聘任教中興大學中文系事。此後，大學任教尚有中興大學夜間部中文系「詩選」及東海大學中文研究所「詩學研究」課程。

是年初夏，台中蓮社改建大樓，外觀大致完成。先生欣而有作：〈台中蓮社創基三十年今因地狹改建重樓飛甍啄檐極為壯麗位於綠川南湄水西流繞川鐵路輪常轉焉〉，又有〈台中蓮社晚歸〉。（《雪廬詩集》，頁 497-498）

〈台中蓮社創基三十年今因地狹改建重樓飛甍啄檐

---

[1] 宋丘龍：〈課後感〉（1977 年 6 月），宋丘龍珍藏。案：宋丘龍為東海大學中文研究所第六屆學生，1977 年 6 月畢業。曾任東海大學中文系助教，並任教於陸軍軍官學校、國立高雄工專等校。

極為壯麗位於綠川南湄水西流繞川鐵路輪常轉焉〉二首：
飛空樓閣綠楊陰，三十年前舊淨林；識得川流隨落日，
晚鐘同印向西心。
雷音迢遞六時鳴，輾轉金輪度眾生；遊目登臺雲漢外，
萬家燈火夜常明。
　〈台中蓮社晚歸〉：霞色西天末，遠林帶餘暉；
倒流何處去，喧鳥望巢歸。殿深燈火靜，定香薰緇衣；
擊磬開貝誦，韻清聲輒微。芳徑露華濃，新涼浸檐扉；
中庭烟初歛，河轉星未稀。出門步明月，回顧心依依；
時見叢柳梢，紺琳鬪翬飛。今宵應無夢，念息離百非；
縱著廬山相，亦能助悟機。（市內兩川水皆西流）

七月六日（三），於慈光圖書館週三《華嚴經》講座，宣講〈十迴向品第二十五〉「語業勸說以增辯才」。[1]

　　此品乃十迴向，是修大乘法，行菩薩道五十二階級，其中賢人之位，過此，則登地矣。登地即為聖，十地滿，等、妙覺、成佛矣，話雖如此，行不簡單，菩薩從初發心至十向滿須經一祇，殊非易！而成佛須三祇，一至七地，又一祇，越後越難，從八至十，又一祇，可見其難。此外，修行，有頓修，漸修，頓悟，漸悟。一修一悟，皆有漸頓，喻如上樓，階階而上，謂之漸，以電梯上，謂之頓，頓者，雖未階階上，空間未曾省減，

---

[1] 李炳南：《大方廣佛華嚴經講述表解》，《全集》第1冊之2，頁188。

而時間加速矣。至於華嚴,乃圓教,修、悟皆頓。諸位若懂,依行,或不依行;不懂,絕對不能行。既爾,何故說之?蓋利根之聞者難,利根之說者,尤難,如是,奈何?吾說大華嚴,教汝行小華嚴(按:淨土),是頓之頓,當生成就,且不論男女。故,此是難信之法也!

既如是,講省事者可矣,何須講麻煩者,然彼省事者,一言括多言,難說。再說,論教則說華嚴,是不得不然也。上次說菩薩修十迴向法門,是金剛幢菩薩,入智光大定,此時有恆河沙數佛前來加被菩薩,何以,此經乃法身佛講經,是主佛,沙佛則是伴佛助教,且思其智若何?要知吾人學佛,可以說是少見寡聞,學不多,今此則有多佛加被,故學得多。問曰:「吾人學佛有多佛加被否?」曰:「程度不到,佛力亦加不上,如幼稚園不能教微積分然。」故必須到十迴向,乃能有如是加被。如彼小乘,佛不加被,何以,彼不度眾生,則佛不加;至於淨土法門,是二力法門,非程度到,凡往生淨土者(老太婆亦受加),皆須乘願再來,有斯願力,方得加被也。今此,乃佛加菩薩,出而弘法。

今此段與後二段,共三段,乃佛令菩薩出而弘法,先「打打氣」,如何?一語業勸說,以增辯。增辯者,弘法有人問難,若不能應,法則不弘,故先增辯,既學得多,又有四加行,再有辯才,則可為矣。[1]

---

1 李炳南講,吳碧霞記:《華嚴經筆記》「十迴向品・卷23・頁15・行3」(1977年7月6日),未刊稿。

七月七日（四），內典班學員習講，輪由連淑美習講《佛說尸迦羅越六方禮經》。學員於講席旁特設導師席，先生同前，每講次必蒞場督課，並於講後召集內典班諸生互評，最後綜合評點。

七月九日（日）至三十日（六），上午八時至十時，明倫講座第十三期大專佛學講座，於慈光圖書館舉行，為期二十一天。師資陣容及課程為：會性法師講授《阿彌陀經》十八小時，先生講授《佛學概要十四講表》十四小時，許寬成講授〈普賢行願品〉十六小時，徐醒民講授《唯識簡介》二十小時；周家麟講授《般若心經》十六小時，簡金武講授《八大人覺經》十六小時。參加學員三百多人。由各地發心學長作多項服務。

七月十日（日），上午八時至十時，明倫講座第十三期初級班開學典禮。先生開示：參加講座最主要在保持人性，此須認識正確道路、站住人格基礎。

　　許清福，〈佛學研習二十一天〉：雪公恩師在開學典禮上開示我們，參加講座的主要目的是保持人性，觀今日社會，令人心怵膽寒，混雜難以看到人的本性，那只有研習佛學，始可破除各種障礙，導入人生正路。亦是我們來學的兩個重點：（一）認識正確的路子。（二）站住人格基礎。[1]

---

1 許清福：〈佛學研習二十一天〉，《明倫》第 68 期（1977 年 11 月 20 日）。

1977 年・民國 66 年 | 88 歲

七月十二日（二），晚七時半至九時半，於明倫講座講授《佛學概要十四講表》。

七月十三日（三），於慈光圖書館週三《華嚴經》講座，宣講〈十迴向品第二十五〉。

七月十四日（四），晚，至蓮社，蒞席內典班學員連淑美習講《佛說尸迦羅越六方禮經》，於講後召集內典班學員交流互評，並點評指導。

七月十五日（五），晚七時半至九時半，於明倫講座講授《佛學概要十四講表》。

七月十六日（六），晚七時半至九時半，於明倫講座講授《佛學概要十四講表》。

七月十九日（二），晚七時半至九時半，於明倫講座講授《佛學概要十四講表》。

七月二十日（三），於慈光圖書館週三《華嚴經》講座，宣講〈十迴向品第二十五〉。

七月二十一日（四），晚，至蓮社，蒞席內典班學員連淑美習講《佛說尸迦羅越六方禮經》，於講後召集內典班學員交流互評，並點評指導。

七月二十二日（五），晚七時半至九時半，於明倫講座講授《佛學概要十四講表》。

七月二十三日（六），晚七時半至九時半，於明倫講座講授《佛學概要十四講表》。

七月二十五日（一），上午八時至十時，於明倫講座講授《佛學概要十四講表》。

七月二十七日（三），於慈光圖書館週三《華嚴經》講座，宣講〈十迴向品第二十五〉。

七月二十八日（四），晚，至蓮社，蒞席內典班學員連淑美習講《佛說尸迦羅越六方禮經》，於講後召集內典班學員交流互評，並點評指導。

七月三十日（六），上午八時至十時，明倫講座第十三期初級班結業典禮，師生合影留念。（見《圖冊》，1977 年圖 10）

七月三十一日（日），日、夜，兩度為內典班研究生講授〈李太白春夜宴桃李園序〉。[1]

---

1 【數位典藏】錄音／詩文研究／古文講授／〈李太白春夜宴桃李園序之一〉。另參見：李炳南講，陳雍澤記：〈李太白春夜宴桃李園序講授筆記〉（1977 年 7 月 31 日日夜各一講、1977 年 9 月 9 日，共三講）。

1977年・民國66年｜88歲

　　　李炳南居士講授，陳雍澤記，〈李太白春夜宴桃李園序講記〉：

章法：因（總／別）、緣（人／文／時／景）、果（詩成／詩不成）

外表有象易知：切題、章句／科判、脈絡

內容無形難悟：境界、辭藻、氣象、識見

是年夏，有〈詠凌霄花〉、〈交通優待老人仁政日新偶懷舊遊〉、〈仲夏晚坐聞蛙〉、〈困讀時文〉、〈讀禮運〉、〈列國無政〉、〈答客問〉、〈關子嶺有泉投火則然沃水復熄記實〉、〈與竹為鄰〉、〈競選〉、〈夢與友人賞月〉、〈宗周〉、〈偶似〉。（《雪廬詩集》，頁498-502）

　　〈詠凌霄花〉：瀘水南遊興已闌，凌霄獨未見彫殘；驕陽盛夏燔如火，不改披心一寸丹。

　　〈仲夏晚坐聞蛙〉：蛙鼓填填西日昏，人間深掩萬千門；空懸明月開天鏡，不照黃粱敗相魂。馬禍如洪憂後累，麟經雖火幸今存；從來中夏無長夜，坐待東山上曉暾。

　　〈困讀時文〉：史乘羗胡亂，分明事可求；來賓各行夏，問鼎不稱酋。今古旋天地，文章梗舌喉；西風偃東草，詰屈甚殷周。

　　〈讀禮運〉：洙泗東流去，五洋通滙波；蛟龍性馴順，島嶼氣清和。士恥書空怨，農嘔擊壤歌；大安同一體，禮樂壽人多。

　　〈列國無政〉：列國時無政，聯盟意若何；名都蹲

虎豹，大海飽蛟鼉。否欲滄桑變，復修天地和；伏犧新世界，留與後昆過。

〈答客問〉：十萬卷書毛與皮，南船北馬鬢成絲；捫胸能述無多品，韓柳文章李杜詩。

〈競選〉：好讓古人慣，無爭今日難；陶朱必得位，原憲莫求官。華夏非常道，戎羌不異端；巢由流水曲，牛飲沒遮攔。

〈夢與友人賞月〉：夢接千程近，同行看月圓；醒來光在壁，疑可手捫天。窗竹搖清影，牀書倚舊氈；出門思有問，蟲語咽秋煙。

〈宗周〉：宗周多難此東遷，再訪瑤池欲問年；憂國何慚人在野，結羣徒有雁橫天。犬戎終服降沙塞，穆馬西征收日邊；四海歸心文武政，一時同解兆民懸。

八月三日（三），於慈光圖書館週三《華嚴經》講座，宣講〈十迴向品第二十五〉。

八月四日（四），晚，至蓮社，蒞席內典班學員連淑美習講《佛說尸迦羅越六方禮經》，於講後召集內典班學員交流互評，並點評指導。

八月十日（三），於慈光圖書館週三《華嚴經》講座，宣講〈十迴向品第二十五〉「初、救護眾生離眾生相迴

向」。[1]

八月十一日（四），晚，至蓮社，蒞席內典班學員連淑美習講《佛說尸迦羅越六方禮經》，於講後召集內典班學員交流互評，並點評指導。

八月十二日（五），晚，王炯如與內典班多位學員前往正氣街請教如何辦事，先生示以：恩威並濟，有恆負責，有血性有真性情。[2]

　　李炳南居士講授，陳雍澤記，〈訪恩師論辦事記要〉：

一、辦事原則：要在「恩威並濟」。夫以德服人是心服，以威服人則反是。然以德辦事成之者，唯聖能之。若賢者如子產亦以嚴治鄭，孔明治蜀亦然。故無威不足以辦事。

二、辦事須「有恆」與「負責任」之精神：有恆為持久不變，負責則可靠可信。郭阿花師姑足以當之。

三、必具真性情，有血性，方可與交。如內典班離慈光圖書館，郭居士為之痛哭流涕傷心，非為利也，乃真性情流露。先練作夢，夢雖假，卻為真情所現。

四、臺中道場始末。首創蓮社，有問題焉，乃建慈書

1　李炳南：《大方廣佛華嚴經講述表解》，《全集》第1冊之2，頁193。

2　李炳南講，陳雍澤記：〈訪恩師論辦事記要〉（1977年8月12日），《第八冊筆記》，未刊本。

館，後來再建育幼院，而後才有救濟院。今救濟院又出問題，乃改建蓮社。興替如是，萬法無常。
五、辦事失敗或吃苦頭，貴在能得經驗閱歷，記取教訓。否則白白吃苦，太冤枉。
六、觀人必於細處。如郭阿花居士，吉祥班乃人數至多者，班員皆聽其話，可以一知餘。彼主持慈書館，大大小小事皆親身察驗之，負責故。雖不免令人厭煩，卻為好表現也，不誤事。
七、演公學問好，高於〇公數倍，多閱大經論故。惜其書注囉嗦。若江公《金剛經講義》，曾云者後仍言之，固為囉嗦，卻非病，以其為「講義」，非「注疏」故，此均有定規，勿亂。如「疏鈔」，「疏」以注本文，至簡要；「鈔」再注「疏」，均同一人為之也。
八、注疏勿妄作聰明。古注無者，卻任意注之，大不可。學問之道，必遵「知之為知之，不知為不知，是知也。」既遍尋諸書，皆不得其注者，乃知古人不知其講法，方略之。明乎此，雖仍不懂，卻算是「知」也。以經注經者，有所本，不害人。

先生重視學以致用，期以自利利他，常藉機教導弟子致用利他之辦事技巧。

鄭勝陽講，佚名記，〈做佛菩薩的工作〉：以前跟隨雪公老師的時候，我沒有過年、過節。每天跟隨雪公老師，雪公老師到哪裡，我跟到哪裡。跟到有時候很

累,累的時候,我跟雪公老師說:「老師你會累嗎?」「累什麼?」「我感覺到工作那麼多。」他說,「唉,你啊,不要說像這樣,你一天再將事情增加一千件,我也不會累。」

我的態度,他馬上知道我不信。有一天,吃飽之後,他的桌上,剛好有一盤瓜子放在那裡。他跟我說,來,來,我教你。他叫我抓一把瓜子起來,「排好。」我想,不知道要教我什麼法術。「排!排整齊啊。」排一排,排得很長。「來,第五個拿起來,處理掉。」那怎麼處理?「連處理都不會啊,吃掉啊。」就叫我咬開,吃掉,處理掉。「放下,你還拿著幹什麼?」「再來,第八個拿起來,放回去。」我想咬下去了,又叫我放回去。「時間還沒有到。你就看,哪一個因緣到了,你就拿起來,慢慢處理掉。不管你多少的工作,多少東西,你放著,不要放在你的身軀,不要放在你的心中,再多來,也不怕,再多來,也不累。」

「你不是問我累不累嗎?再一千粒過來放著,你就放下,心裡保持空靈。」叫我心要保持空靈,再隨時拿起來處理,隨時拿起來處理,你再多來也不怕,還怕什麼呢!我慢慢地做,他才跟我說,那法院有很多的案件分給你,你都拿著嗎?用卷宗把它放、放、放,要的時候,調卷出來,看一看,看如何處理,處理好的,歸檔。[1]

---

1 鄭勝陽講,佚名記:〈做佛菩薩的工作〉(2004 年 9 月 12 日講),《雪心會訊》第 9 期(2020 年 10 月 30 日),第 1 版。

八月十四日（日），立秋後七日，有詩〈秋意〉，前後又有〈答人問阿氏登月球何無所見〉、〈境來〉、〈平生之淚〉、〈西望〉、〈謝絕諸緣〉、〈僻居自適〉、〈逢少年〉、〈學者時來研討李杜境界答以二絕〉、〈周居士喜直吹電扇屢勸止改用蒲扇索題〉、〈友人贈蕉扇濟南產價廉用廣〉、〈野寺訪僧〉。（《雪廬詩集》，頁 502-506）〈平生之淚〉述遭逢之世亂。

〈秋意〉（夏曆六月二十三日立秋後七日作）：秋意晨光裏，金天露氣清；宵來簟猶熱，星動樹無聲。看鳥高巢盡，忘衫一領輕；未堪棄羅扇，暫借掩朱明。

〈答人問阿氏登月球何無所見〉：鐵翼凌雲作壯遊，嫦娥未掩廣寒秋；清光萬古詩成海，慧眼欣欣碧眼愁。

〈平生之淚〉：弱冠遭喪亂，繕性仍多情；多情豈無淚，萬苦未嘗傾。干戈遍華夏，燹火焚連城；空戰崩雷電，慨身片羽輕。所親皆離散，飢渴時孤征；曾為賊中虜，笑罵求鼎烹。世間有鐵漢，非我攜同行；鈍根本無立，矜躁猶未平。但聞人一義，泫然已吞聲；高呼復擊案，四座回首驚。淚泉在何許，應彼肝膽生；修綆不能汲，契心湧縱橫。

〈西望〉二首（初首指其旗象）：
盜能由道賊能佳，西望花旗品幾階；一角斑痕韓越淚，中多溝壑漢枯骸。（援韓越皆中輟，又背盟我國。）
幽屬桓靈必有雙，兒孫幾輩振家邦；遙憐三世新盟主，都向韓公問受降。（尼等謁北平事）

〈謝絕諸緣〉：壯歲皆龍象，衰殘獨老翁；近來如夢寐，久不辨青紅。須達布金願，旃延論議功；諸緣謝隨喜，深望恕癡聾。

〈學者時來研討李杜境界答以二絕〉：
十年欣賞少陵詩，雖飲醇醪未覺奇；唱澈三唐窮兩宋，始驚千古是宗師。
旭日青天散彩雲，微機誰識獨超群；終教詩聖退三舍，無敵北平飛將軍。

（淺嘗僅見豪放，深入窺得天然，知李微言者鮮矣！）

〈周居士喜直吹電扇屢勸止改用蒲扇索題〉：夷機揚厲氣，四座失中和；未若蒲葵扇，清風水不波。

〈友人贈蕉扇濟南產價廉用廣〉：一葉飄千里，羅紈意不同；手搖心自喜，瀟灑故鄉風。

八月十七日（三），於慈光圖書館週三《華嚴經》講座，宣講〈十迴向品第二十五〉。

八月十八日（四），晚，至蓮社，蒞席內典班學員連淑美習講《佛說尸迦羅越六方禮經》，於講後召集內典班學員交流互評，並點評指導。

八月十九日（五），晚，內典研究班於慈光圖書館舉行惜別晚會。內典班前三年因蓮社改建，借慈光圖書館上課，今蓮社改建完成，第四年遷回台中蓮社上課。先生於晚

會說明內典班開辦緣由、變化因應，以及遷返蓮社在於信守承諾；同時向慈光圖書館郭阿花等工作人員問訊致謝。（《圖冊》，1977年圖11）

〈丁巳孟秋內典班返蓮社與慈光圖書館師姑惜別晚會雪公開示〉：

一、本班緣由：三求始應

今之晚會，乃為內典班借慈光辦之者。夫內典班者，昔訂四年為期，辦得好，則續而不止。此發動者，非臺中人，乃一美國華僑，彼來求吾，本不應；後再三要求，若不答應，恐為破壞者之責備，乃應之。此言初期之況。

二、三處關係：本班先借慈館後返蓮社

然而辦此事業，乃純粹弘揚佛法。辦則須立案，而臺中諸道場，性質不一。慈書館為文化機構，不可雜以佛教。蓮社則專弘佛法，故內典班附設焉。然蓮社初無房子，乃借用「慈光」，實則「蓮社」、「慈光」本為一家人也。初，蓮社改建時，即計畫有內典班，先借用慈光，改建後搬回蓮社，早即有此計畫也。

三、在慈光之況：援斷自續

當知，辦事要懂人情事故，而此乃隨時變者。今日之風為不講信用。美僑非但未續之，且未完四年也，而此期間，蓮社已建新屋。未續之事，蓮社難講，同學亦難講。初，同學之入班，有自願契約，不可半途而廢，廢則須賠學費。然此時若停辦，非同學之故。而臺中人歡喜青年學佛，故願續辦，吾本不敢答應，不相信臺灣

人窮而足以為之。然臺中人竟自出資，剩二年之經費，湊之綽綽有餘矣！而吾不忍令大家皆出一切經費。夫辦事須知：有事則吾先為之，須錢亦須吾先往外拿，領導者必如此。故吾雖窮亦小拿之，諸位老師見之，亦皆自願義務為之。既如是，吾固應續辦之也。此言內典班在慈光辦學之經過情形。下言蓮社之事，如此再互相勾連著，有關係也。

四、返蓮社之故：重理論、抑人情

本班至今又已完成一年，但剩一年矣！吾意完成後，不可再辦。既只剩一年，亦不必搬返蓮社，在此亦可。然蓮社方面不允許，以為不返社，則昔之籌建經手者以為成了欺人。是故當知：一切事皆勾勾連連，其中絕不簡單。然三年來，在慈光受郭阿花老居士及諸位同修等出大力氣，且互有感情，終難分難捨。郭阿花等不肯讓同學搬往蓮社，同學亦不願往──此皆為人情也。而辦事有人情，亦有理論。蓮社之難處是理論，須講信用故。二者不能兼，不得已完成理論而抑下人情。蓋在吾領導內之人，皆不可失信用！此實際狀況，搬往蓮社，不得不如此也。

五、晚會旨趣：心永在慈光

同學既往蓮社，而身在彼，心仍在此。心在內，誰能知之？今之座談會，乃表現內心來也。敬送一銀盾，且座談，專為表現對郭居士與諸同修之敬意與念念不忘也，且互相溝通情感。待一年後，蓮社亦停辦內典班，縱有想拿錢出來者，亦不辦。蓋吾將死之人，無精神力

量也。同學亦畢業,分散各地做事,縱有離臺中者,心亦必在慈光圖書館也,此吾替同學言之也。

六、慰勉與敬謝

三年來,郭老居士與諸位同修,對蓮社內典班同學之照顧,吾看得甚清楚,亦甚感激,甚欽佩!無量無邊之功德,實實在在。在吾等者皆少,主要在郭老居士等之身上也。今由內典班全體同學,向郭老居士行三問訊禮,致以最上謝意。吾亦向汝等問訊,以示敬意也![1]

八月二十四日(三),於慈光圖書館週三《華嚴經》講座,宣講〈十迴向品第二十五〉。

八月二十五日(四),晚,至蓮社,蒞席內典班學員連淑美習講《佛說尸迦羅越六方禮經》,於講後召集內典班學員交流互評,並點評指導。

八月二十八日(日),中興大學智海學社畢業生禮請開示,先生指點解門、行門之學習,以及居塵學道之要旨。[2]

一、法門無高下之分,契機者為良,勿存高下之見。

二、淨土法門三根普被,學淨三類:1.學老太婆者:篤實深信,不妄分別。成功者萬中但五十人耳。2.由

---

[1] 〈丁巳孟秋內典班返蓮社與圖書館師姑惜別晚會雪公開示〉(1977年8月19日),《台中蓮社歷年會議紀錄》,台中蓮社檔案。

[2] 李炳南講,徐貴源轉述,陳雍澤記:〈對智海畢業學長開示〉(1977年8月28日),未刊本。

解起行：解理生信而後行，萬中但二十人耳。3. 即解即行：解一分、信一分、行一分。——咱但可採此法，中根不上不下故。

三、解門：融通性相。相：《百法明門論》、《八識規矩頌》。性：《金剛經講義》、《心經》。淨：《彌陀要解》。此五部以三年為期，若十年亦不為多。至末研《妙宗鈔》，重在「鈔」，總攝禪淨密律故。

四、行門：伏惑往生。惑起佛號壓，貴在有恆令熟。隨緣消舊業，更不造新殃。不怕念起只怕覺遲。惑為何？十惡業也。勤修十善為助功，一心不亂方成就。犯十惡，則斷難往生。

五、居塵學道：先求作個完人，具人心，非人面獸心。洞明人情事故，絕無不明人情事故之糊塗佛。行義，義者，誼也，應為者也。如救犬，純由惻隱之心，非求報酬。能行義即為良知良能。學《論語》，修十善，孔子乃大士示現，讀此知人情事故，不成聖亦成賢也。

八月三十日（二），上午八時三十分，慧炬月刊社永久常務董事楊管北喪禮在臺北市立殯儀館景行廳舉行，先生致贈輓額：弘法護國。[1]

---

1 見：〈楊管北紀念專輯〉，《慧炬》第 159/160 期（1977 年 9/10 月），頁 75、頁 81。

八月三十一日（三），於慈光圖書館週三《華嚴經》講座，宣講〈十迴向品第二十五〉。

九月七日（三），於慈光圖書館週三《華嚴經》講座，宣講〈十迴向品第二十五〉。

九月八日（四），晚，至蓮社，蒞席內典班學員連淑美習講《佛說尸迦羅越六方禮經》，於講後召集內典班學員交流互評，並點評指導。

九月九日（五），於蓮社為內典班講授〈李太白春夜宴桃李園序〉，為第三度講授。[1]

> 李炳南居士講授，陳雍澤記，〈李太白春夜宴桃李園序講授筆記〉：此文已講過兩次，今何又言之？以來此學之後，必有所表現。不會表現，如市場有菜，不經名廚，亦不能吃。今為救急，再為言之。今之學講演作文，要必「文對題」，勿「文不對題」。二不可節外生枝，胡扯。第三，不可拖泥帶水，提水勿掉起泥巴，弄不清楚，讓人生厭。第四，勿一鍋粘粥，一鍋粥飯豆子等，分不清楚，語無倫次。
>
> 此文，由頭至尾，皆照應了「題目」七字。全文不胡

---

[1] 【數位典藏】錄音／詩文研究／古文講授／〈李太白春夜宴桃李園序之二〉。另參見：李炳南講，陳雍澤記：〈李太白春夜宴桃李園序講授筆記〉（1977年7月31日日夜各一講、1977年9月9日，共三講），《第六六～六八年冊》，未刊本。

扯,不節外生枝,亦不拖泥帶水,要言不煩。看之,一段是一段、一句一字是一句一字,清清楚楚,不混雜。今日說之重點專在「清楚」上。諸位學此,勿成人人怕聽之講演者。

九月十日(六),於蓮社新建講堂,為董正之開示「實相」妙理,內典班研究生等與席旁聽。[1]

李炳南居士講授,陳雍澤記,〈為董正之開示實相妙理〉:日前恆觀法師來此,有人談及「實相」而不了,今無法細說實相之理,因為聽聞《華嚴》者,知此必證涅槃或明涅槃理者,才能談此。吾今談此,特先向佛行禮,以吾不夠格談此也。吾但記問之學,不足為師也。

「實相」無相也,凡相皆妄,故「無相」即是「真實」的,是名「實相」。學佛貴證涅槃,涅槃、實相、無為、真如、實際……等,名異事同,其別乃各有經義也。原則如是。

各宗皆為證「涅槃」而各有其修法,所行之途既不一,故所取之名不一。「因」之名不一,得「果」之名亦不同。名雖不一,而其實則皆同也,同為一事。

如天台之三諦三觀:作空觀時曰「真如」,以空觀乃「真」,無一點夾雜故。作假觀時曰「法界」,什麼都有,然不著相。法界指萬法之界限:萬法皆空也。而萬

---

[1] 李炳南講,陳雍澤記:〈為董正之開示實相妙理〉(1977年9月10日),《第六六~六八年冊》,未刊本。

法何來？從真空來，故為妙有。作中觀時曰「實相」。華嚴云「隨緣不變，不變隨緣」，是其教義。「性」雖無為、不動，此時為「不變」；而萬法皆從此中生，生即「隨緣」，隨境而變也。此由內往外說「不變隨緣」。至「隨緣不變」，須至見真如始能不變，七地以上才可不退而能此。

以上教理，不可妄說。明乎此，用功時不分何宗，皆歸入「實相」。先明其理，才可會歸此道。所知為理，所行為法；法行至極，則「歸元無二路」，雖不明所歸者之理，卻歸入極理也。如淨土之「一心不亂」，乃涅槃也、實際也；而不寫實際等名，令人免於生怖，但能七日得一心，即可達此也。故修淨土，要必得「一心不亂」。他宗未斷見思惑，皆必入輪迴；淨土獨特，可「帶業往生」，非云「證果」也。

是日，又為開示「《大學》經文之組織法」為二綱八目。[1]

〈《大學》經文之組織法〉：

一、標二綱：大學之道在明明德（自行／內／體），在親民（化他／外／用），在止於至善（二綱之極則）。

二、止之要：知止而後有定、靜、安、慮、得

三、標先後明其要：物有本末（理也）、事有終

---

[1] 李炳南講，陳雍澤記：〈為董正之講解《大學》經文之組織法〉（1977年9月10日），未刊本。

始,知所先後則近道矣。(內四,物有本末;外四,事有終始)

四、約事以明:古之欲明明德於天下者先治其國,……致知在格物。(先果後因,事有終始,以修身為本,以平天下為指歸)

五、約理以明:物格而後知至,……國治而後天下平。(先因後果,物有本末,以明德為本,以正心為極則)

六、示行法:自天子以至於庶人,壹是皆以修身為本。

七、總結勸:其本亂而末治者……,未之有也。

【案】先生日後又為董正之講解《大學》首章,見一九八三年十二月十五日譜文。

九月十四日(三),於慈光圖書館週三《華嚴經》講座,宣講〈十迴向品第二十五〉。

〈華嚴迴向品日喻與彌陀經供佛〉:《華嚴》云:「如是不但為淨一佛剎故,不但為信一佛故,不但為見一佛故,不但為了一法故,起大智願,回向阿耨多羅三藐三菩提。」《彌陀》各以清旦盛花,供十萬億佛,回到本國,六時鳥樹演法。應知如是殊勝因緣,故得三種不退,一生補處,豈偶然哉。[1]

---

1 李炳南講述,徐醒民記:〈經書隨錄手稿——華嚴迴向品日喻與彌陀經供佛〉,《明倫》第360期(2005年12月)。

是日，周邦道來函，為赴日參訪，請先生說項請兩位畫家提供佛像書畫等結緣。[1]（見《圖冊》，1977年圖12）

　　周邦道，〈周邦道來函〉（1977年9月14日）：雪公夫子大人函丈：頃奉諭示暨題字譜系等項，經即轉與通甫兄。「蘩」字經查中華大字典（歐陽溥存等編）「（八）蘩，草名。爾雅釋草，蘩，由胡。（按：廣雅釋草，蘩母，蒡葧也，蘩與繁通）」。繁蘩既通，又「葉蘩」連詞，閱者自甚順適也。日本靈友會定于十月廿七日招待中華佛教居士會常務理監事往東京一遊，會中推定李慎齋騫、蕭一葦、子慎、時英、邦道等前往，現準備書畫為禮物。子慎兄意擬請江錦祥逸子居士惠畫（佛象、山水）數幅（不題上款，亦不必裱），未識函丈方便代倩否？如渠同意，乞屬其交時英兄覆，俾可與半僧先生畫併寄。耑此肅呈，順叩

崇安　　　　弟子周邦道拜上　六十六年九月十四日晚烟如居士善繪畫佛象人物，擬亦請惠數幅，乞便中轉致，以資宣揚。

九月十五日（四），晚，至蓮社，蒞席內典班學員連淑美習講《佛說尸迦羅越六方禮經》，於講後召集內典班學員交流互評，並點評指導。

九月十九日（一），內典研究班開學，遷返改建完成之台中

1　周邦道：〈周邦道來函〉（1977年9月14日），江逸子提供。

1977年・民國66年｜88歲

蓮社上課。先生本學年上下學期「修身」課，分別講授《御批歷代通鑑輯覽》、《禮記》，於週二晚、週六上午共四小時課程。（見《圖冊》，1977年圖13）[1]

【案】據內典班學員筆記，本學期至學期末「修身」課，講授《御批歷代通鑑輯覽》。[2]徐醒民有先生講授之《大學筆記》（1977年9月－1977年10月），[3]未知是否另有其他教學。

是日晚六時二十至八時十分，於中興大學夜間部中文系講授「詩選」。

本學年，先生各校任課有：東海大學中文研究所「唐詩研究」，週五上午十時至十二時，兩小時課程；中興大學夜間部中文系講授「詩選」，週一晚六時二十分至八時十分、週五晚六時二十分至七時十分，三小時課程。

九月二十日（二），晚七時半至九時半，於台中蓮社為內典班講授《御批歷代通鑑輯覽》卷十一：「秦二世元年九

---

[1] 〈內典研究班第四學年第二學期上課時間一覽表〉，《內典班文牘》（1973-1977年），台中蓮社檔案。本件為第二學期課表，內典班同一學年之上下學期課程相同。
[2] 陳雍澤：《修身筆記》（1976年4月3日－1978年1月7日），未刊本。
[3] 見：洪錦淳：〈雪廬老人《禮記》選講特色及其所涵蘊的價值〉附表「選講的篇目、時間、地點」。

月‧劉邦起兵于沛，自立為沛公。」

九月二十一日（三），晚七時十五至九時十五，於慈光圖書館週三《華嚴經》講座，宣講〈十迴向品第二十五〉「明迴向相」。[1]

九月二十二日（四），晚，至蓮社，蒞席內典班學員連淑美習講《佛說尸迦羅越六方禮經》圓滿，於講後召集內典班學員交流互評，並點評指導。

九月二十三日（五），上午十時至十二時，於台中蓮社為東海大學中文研究所講授「詩學研究」。

晚六時二十至七時十分，於中興大學夜間部中文系講授「詩選」。

九月二十四日（六），上午十時至十二時，於台中蓮社講授《御批歷代通鑑輯覽》卷十一：「沛公得張良以為廄將。」

九月二十六日（一），晚六時二十分至八時十分，於中興大學夜間部中文系講授「詩選」。

---

1 李炳南：《大方廣佛華嚴經講述表解》，《全集》第1冊之2，頁196。

九月二十七日（二），中秋節，台中蓮社聯體機構於蓮社頂樓涼亭舉行中秋月光同樂會，賞月吟詩。先全體齊唱〈三寶歌〉、〈蓮社社歌〉、請先生開示，而後有經典背誦、詩歌吟唱及國樂演奏等節目。吟詩節目中有先生新舊詩作〈蘇州報恩寺瞻塔〉、〈中秋宵陰詩禪諸友咸感抑鬱俄雲散〉等多首。並主持東、西二亭命名比賽，東亭曰「指月」，寓禪門因指見月之旨，西亭曰「懷西」，申淨土決志生西之願。[1]

是日，先生有詩〈中秋薄陰同友賞月〉，前後又有〈文尚西化字體多改〉、〈文禍〉八首、〈退院僧〉、〈憶生公〉、〈邦交非無道義在其國風觀中美盟約屢呈不貞之象曷勝慨然〉五首、〈題壁懸少陵畫像〉、〈重逢淨宗豫上人〉、〈林清坡女士畫禪室唫草題詞〉二首、〈詩道久亡報社厚酬徵之罕有應者〉二首、〈詩厄〉。（《雪廬詩集》，頁507-514）

〈中秋薄陰同友賞月〉：碧落秋分東海涯，廣寒宮殿隔輕紗；塵寰盡布珊瑚地，仙桂還開玳瑁花。文會於今惟我輩，離情此夕是誰家；無人更解圓明後，又把清光淡淡遮。

〈文尚西化字體多改〉：知有今朝厄，初曾泣鬼神；史倉愁四目，后墨結三鄰。夷夏天殊戴，龍蛇像不倫；

---

[1] 〈丁巳中秋台中蓮社聯體機構中秋月光同樂會〉（1977年9月27日），《台中蓮社歷年會議紀錄》，台中蓮社檔案。

孤碑封泰嶽，沒字亦稱秦。
〈詩道久亡報社厚酬徵之罕有應者〉二首：
一句難論價，三年未輟思；餐遲歸鳥後，燭滅曉鐘時。白屋牆皆墨，紅顏鬢早絲；良朋共欣賞，阿堵竟何知。
艱難師一字，睥睨笑千金；御手調羹飯，棲鴉借上林。薰風歌已杳，濮水夜方深；遍國無談者，歸來面壁吟。
〈詩厄〉：春秋久不作，今豈有詩傳；況直西風急，難容蕙草妍。金絲湮魯壁，簡策散秦煙；世季終當復，潛龍或在田。

九月二十八日（三），晚七時十五分至九時十五分，於慈光圖書館週三《華嚴經》講座，宣講〈十迴向品第二十五〉。

九月二十九日（四），晚，至蓮社。內典班學員習講輪由吳碧霞習講《佛說演道俗業經》，先生蒞席督課，於講後召集內典班學員交流互評，並點評指導。

九月三十日（五），上午十時至十二時，於台中蓮社為東海大學中文研究所講授「詩學研究」。

晚六時二十分至七時十分，於中興大學夜間部中文系講授「詩選」。

是月，《聲調舉隅》由中興大學中文系倡印，青蓮出版社發

行。與《學詩先讀求味》同為《詩階述唐》之一部。二書多年來,皆以油印本免費提供為「詩選」教材。《聲調舉隅》選詩近體八十四,古體十六首,共百首,對平仄、格局、要旨、取境等略加標注與講解。後附〈吟誦常則〉,指導吟詩方法。[1]

十月一日(六),上午十時至十二時,於台中蓮社講授《御批歷代通鑑輯覽》卷十一:「秦二世二年・下右丞相去疾、左丞相斯吏。去疾自殺,斯要斬、夷三族。以宦者趙高為中丞相。」

十月三日(一),晚六時二十分至八時十分,於中興大學夜間部中文系講授「詩選」。

十月四日(二),晚七時半至九時半,於台中蓮社講授《御批歷代通鑑輯覽》卷十一:「秦二世二年・二世曰:趙君為人精廉彊力,下知人情、上能適朕。朕非屬趙君,當誰任哉!」

十月五日(三),晚七時十五分至九時十五分,於慈光圖書館週三《華嚴經》講座,宣講〈十迴向品第二十五〉。

---

[1] 李炳南,《聲調舉隅》,收見《詩階述唐》,《全集》第 13 冊,頁 239-383。

十月六日（四），晚，至蓮社，蒞席內典班學員吳碧霞習講《佛說演道俗業經》，於講後召集內典班學員交流互評，並點評指導。

十月七日（五），上午十時至十二時，於台中蓮社為東海大學中文研究所講授「詩學研究」。

午後，於蓮社為董正之開示「儒家根本學說」，內典班研究生等與席旁聽。[1]

李炳南居士講授，陳雍澤記，〈為董正之開示儒家根本學說〉：道德仁義：仁義，唯儒家言之；道德，在儒家為世間法，在道家為超世間法，在佛家為出世間法。道德仁義為根本，禮為末，但「禮尚往來」，不明禮則不知「義仁德道」。孔門只有顏回及仁，其他弟子夠不上，可知其難。

道，「天命之謂性、率性之謂道。」天命即天然，此至好之解，卻有人反對。可參見〈復性書〉三篇。道由性出，故道無體。性無體無相，天然而有。稍稍一動，最初一動，道不靜了。德是道之動態，行有所得義。既有動，則是起用於人，「仁者人也，親親為大」，親是加厚於人，先加於父母，次兄弟、他人……。此待人之法。有私心則無仁，恕、剛為近仁，「剛毅木訥近

---

[1] 李炳南講，陳雍澤記：〈為董正之開示儒家根本學說〉（1977年10月7日），《第六六～六八年冊》，未刊本。

仁」,正直無私故。仁不離道,因為道不生不滅、川流不息,力行近乎仁。義,宜也,「尊賢為大」,儒家親君子遠小人,佛家親近善知識遠離惡知識。必尊重好人,長者視為師,平輩視為友。

儒家如是。勿以之與佛家比。因為儒家為政治學,佛家為教育。若以佛家辦政治,依小乘經,亦是賞罰分明,大乘則好壞人平等,如此辦政治,吾不贊成。捐盜為師,則各廟何必設「武裝護法」之韋馱菩薩與伽藍菩薩?

在立法院能與正人君子聯合倡文化,則前途可觀。三達德智仁勇缺一不可,勇,「雖千萬人,吾往矣」,但為「義」,捨生取義也。

晚六時二十分至七時十分,於中興大學夜間部中文系講授「詩選」。

十月八日(六),上午十時至十二時,於台中蓮社講授《御批歷代通鑑輯覽》卷十一:「秦二世三年‧楚次將項籍矯殺宋義而代之,大破章邯軍、虜王離。」

十月十一日(二),晚七時半至九時半,於台中蓮社講授《御批歷代通鑑輯覽》卷十一:「沛公使酈食其說陳留,下之。」

十月十二日(三),晚七時十五分至九時十五分,於慈光圖

書館週三《華嚴經》講座,宣講〈十迴向品第二十五〉。

十月十三日(四),晚,至蓮社,蒞席內典班學員吳碧霞習講《佛說演道俗業經》,於講後召集內典班學員交流互評,並點評指導。

十月十四日(五),上午十時至十二時,於台中蓮社為東海大學中文研究所講授「詩學研究」。

晚六時二十至七時十分,於中興大學夜間部中文系講授「詩選」。

十月十五日(六),上午十時至十二時,於台中蓮社講授《御批歷代通鑑輯覽》卷十一:「趙高弒帝于望夷宮,立子嬰為王。子嬰誅高、夷三族。」

十月十七日(一),晚六時二十分至八時十分,於中興大學夜間部中文系講授「詩選」。

十月十八日(二),晚七時半至九時半,於台中蓮社為內典研究班「修身」課講授《御批歷代通鑑輯覽》卷十二:「沛公入咸陽,還軍霸上,除秦苛法。」[1]。

---

1 據:徐醒民錄製:「歷代通鑑輯覽雪公講課錄音」(1976 年 11 月 18 日－1977 年 10 月 18 日),共 52 件,台中蓮社檔案。

1977 年・民國 66 年｜88 歲

十月十九日（三），晚七時十五分至九時十五分，於慈光圖書館週三《華嚴經》講座，宣講〈十迴向品第二十五〉「代苦救護」。[1]

十月二十日（四），晚，至蓮社，蒞席內典班學員吳碧霞習講《佛說演道俗業經》，於講後召集內典班學員交流互評，並點評指導。

十月二十一日（五），上午十時至十二時，於台中蓮社為東海大學中文研究所講授「詩學研究」。

晚六時二十至七時十分，於中興大學夜間部中文系講授「詩選」。

十月二十二日（六），上午十時至十二時，於台中蓮社為內典研究班「修身」課講授《御批歷代通鑑輯覽》。

十月二十三日（日），重陽節，前後有〈丁巳重九應邀登高〉三首，又有〈九月十五月夜望月〉、〈阿氏登月無見唯物唯心紛爭不息〉、〈靜夜思〉、〈駱駝歌〉、〈溪畔閑眺〉、〈秋雨川上晚晴〉、〈魯郡肥桃果佳天下〉、〈登懷西亭〉、〈明潭月夜泛舟〉。（《雪廬詩集》，頁 514-518）

---

[1] 李炳南：《大方廣佛華嚴經講述表解》，《全集》第 1 冊之 2，頁 198。

〈丁巳重九應邀登高〉三首：

歲時無感有誰能，況在他鄉老似僧；好友來邀山上去，愁顏暫破喜同登。

名流習氣亦超群，山水當前却論文；等是娛人清不似，詩魂酒意共氤氳。

秋山佳色入斜暉，打帽無聲黃葉飛；少待東南弦月送，菊花叢外踏雲歸。

〈九月十五月夜望月〉：高爽天容淨，清涼月色幽；輪圓非既望，氣肅異中秋。客早吹簫去，時當落帽遊；還堪過赤壁，但不見黃州。

〈阿氏登月無見唯物唯心紛爭不息〉：物華入夢形不倫，夢境纔醒無一塵；空中萬象醒不睹，瞑目瞌睡來金銀。目開渺茫閉方見，理無事有疑鬼神；佛言聖凡殊五眼，偏執謬妄諍長短。看蟲成輪輪仍蟲，抱冰稱炭自欺煖；廣庭去辯公是非，譟雜各為左右袒。唯唯否否吾不能，人云亦云難服膺。當遊蓬萊閬苑靈鷲窟，百萬圖書求足徵；再持金鎞回到人間世，為他盲病內障外障刮千層。

〈明潭月夜泛舟〉：鏡潭印秋月，淰淰如碧天。停櫂不欲進，恐碎清光圓。蘆花水之曲，銀漢搖晴煙。人坐九霄上，迥勝塵謫仙。披襟壯思飛，無酒亦陶然。何必遊赤壁，洞簫客蘇船。

十月二十四日（一），晚六時二十分至八時十分，於中興大學夜間部中文系講授「詩選」。

1977年・民國66年｜88歲

十月二十六日（三），晚七時十五分至九時十五分，於慈光圖書館週三《華嚴經》講座，宣講〈十迴向品第二十五〉。

十月二十七日（四），晚，至蓮社，蒞席內典班學員吳碧霞習講《佛說演道俗業經》，於講後召集內典班學員交流互評，並點評指導。

十月二十八日（五），上午十時至十二時，於台中蓮社為東海大學中文研究所講授「詩學研究」。

晚六時二十至七時十分，於中興大學夜間部中文系講授「詩選」。

十月二十九日（六），上午十時至十二時，於台中蓮社為內典研究班「修身」課講授《御批歷代通鑑輯覽》。

十月三十一日（一），是日晚，於中興大學夜間部中文系「詩選」授課。

是月，有蓮友數人來訪。有請教為人媳婦之道，先生指導：長輩在，長輩作主；長輩不在，才自己作主。
　　林品玲，〈緬懷與期許〉：婚後有機緣親近雪公，那也是唯一的一次。民國六十六年十月左右，與三、五同事拜見雪公，當場請教老師為人媳婦之問題。末學問：「家中只有我一人學佛，而公公、婆婆每逢過節，

必準備三牲等祭品，要媳婦去祭拜土地公、祖先等，這與學佛、拜佛有相違之處，該如何調適？」雪公嚴肅地回答：「長輩在，就須聽從長輩的吩咐，祭拜之物可以買現成的，等將來你可以自己做主的時候，就依佛教方式來辦理。」末學聽後，心中有了拿捏的分寸，做起來就不覺得矛盾、有礙了。這種善巧的方法，不就是「白衣學佛不離世法，必須敦倫盡分」最好的注解嗎？[1]

十一月一日（二），晚七時半至九時半，於台中蓮社為內典研究班「修身」課講授《御批歷代通鑑輯覽》。

十一月二日（三），於慈光圖書館週三《華嚴經》講座，宣講〈十迴向品第二十五〉。

十一月三日（四），晚，至蓮社，蒞席內典班學員吳碧霞習講《佛說演道俗業經》，於講後召集內典班學員交流互評，並點評指導。

十一月四日（五），上午十時至十二時，於台中蓮社為東海大學中文研究所講授「詩學研究」。

晚六時二十分至七時十分，於中興大學夜間部中文系講

---

[1] 林品玲：〈緬懷與期許〉，《回首前塵二十春——雪廬老人示寂廿週年紀念專輯》，頁 110-112。

授「詩選」。

十一月五日（六），上午十時至十二時，於台中蓮社為內典研究班「修身」課講授《御批歷代通鑑輯覽》。

十一月七日（一），晚六時二十分至八時十分，於中興大學夜間部中文系講授「詩選」。

十一月八日（二），晚七時半至九時半，於台中蓮社為內典研究班「修身」課講授《御批歷代通鑑輯覽》。

十一月九日（三），於慈光圖書館週三《華嚴經》講座，宣講〈十迴向品第二十五〉。

十一月十日（四），晚，至蓮社，蒞席內典班學員吳碧霞習講《佛說演道俗業經》，於講後召集內典班學員交流互評，並點評指導。

十一月十一日（五），上午十時至十二時，於台中蓮社為東海大學中文研究所講授「詩學研究」。

晚六時二十至七時十分，於中興大學夜間部中文系講授「詩選」。

十一月十四日（一），晚六時二十至八時十分，於中興大學

夜間部中文系講授「詩選」。

十一月十五日（二），晚七時半至九時半，於台中蓮社為內典研究班「修身」課講授《御批歷代通鑑輯覽》。

十一月十六日（三），於慈光圖書館週三《華嚴經》講座，宣講〈十迴向品第二十五〉「令彼得樂」。[1]

十一月十七日（四），晚，至蓮社，蒞席內典班學員吳碧霞習講《佛說演道俗業經》，於講後召集內典班學員交流互評，並點評指導。

十一月十八日（五），上午十時至十二時，於台中蓮社為東海大學中文研究所講授「詩學研究」。

晚六時二十分至七時十分，於中興大學夜間部中文系講授「詩選」。

十一月十九日（六），上午十時至十二時，於台中蓮社為內典研究班「修身」課講授《御批歷代通鑑輯覽》。

十一月二十一日（一），晚六時二十分至八時十分，於中興

---

[1] 李炳南：《大方廣佛華嚴經講述表解》，《全集》第 1 冊之 2，頁 202。

1977 年・民國 66 年 | 88 歲

大學夜間部中文系講授「詩選」。

十一月二十二日（二），晚七時半至九時半，於台中蓮社為內典研究班「修身」課講授《御批歷代通鑑輯覽》。

十一月二十三日（三），於慈光圖書館週三《華嚴經》講座，宣講〈十迴向品第二十五〉。

十一月二十四日（四），晚，至蓮社，蒞席內典班學員吳碧霞習講《佛說演道俗業經》，於講後召集內典班學員交流互評，並點評指導。

十一月二十五日（五）至二十八日（一），美國恆觀法師再度蒞中訪問，駐錫蓮社。

　　陳雍澤，〈恆觀法師蒞臨台中蓮社見聞述懷〉：法師不擾人，隨緣而處。初抵蓮社，即問二課時間、內容、人員。次日向所接觸人員詢問姓名而載之，並詢班上課程、師之教法等。雪公敦倫盡分，談佛法時必云：「我弟子談此以供養您老人家。」稱對方法師或老師。初見面及臨別，均向法師頂禮。行必讓先，坐必尊讓上座。且為他著想，初夜慮及在大殿不倒單，恐風大，且入生地，如廁不便，交代必請法師委屈，於導師寮中作息。[1]

1　陳雍澤：〈恆觀法師蒞臨台中蓮社見聞述懷〉（1977 年 11 月 25 日夜 10 時 30 分至 28 日下午 3 時），《第六六－六八年冊》，未刊本。

十一月二十五日（五），上午十時至十二時，於台中蓮社為東海大學中文研究所講授「詩學研究」。

晚六時二十分至七時十分，於中興大學夜間部中文系講授「詩選」。

十一月二十六日（六），上午十時至十二時，於台中蓮社為內典研究班「修身」課講授《御批歷代通鑑輯覽》。

十一月二十八日（一），晚六時二十分至八時十分，於中興大學夜間部中文系講授「詩選」。

十一月二十九日（二），晚七時半至九時半，於台中蓮社為內典研究班「修身」課講授《御批歷代通鑑輯覽》。

十一月三十日（三），於慈光圖書館週三《華嚴經》講座，宣講〈十迴向品第二十五〉。

是月，為《菩提樹》創刊二十五週年，發行第三〇〇期，題辭「象徵圓通」紀念。（《圖冊》，1977年圖14）

十二月一日（四），晚，至蓮社，蒞席內典班學員吳碧霞習講《佛說演道俗業經》，於講後召集內典班學員交流互評，並點評指導。

十二月二日（五），上午十時至十二時，於台中蓮社為東海大學中文研究所講授「詩學研究」。

晚六時二十分至七時十分，於中興大學夜間部中文系講授「詩選」。

十二月三日（六），上午十時至十二時，於台中蓮社為內典研究班「修身」課講授《御批歷代通鑑輯覽》。

十二月五日（一），晚六時二十分至八時十分，於中興大學夜間部中文系講授「詩選」。

十二月六日（二），晚七時半至九時半，於台中蓮社為內典研究班「修身」課講授《御批歷代通鑑輯覽》。

十二月七日（三），於慈光圖書館週三《華嚴經》講座，宣講〈十迴向品第二十五〉。

十二月八日（四），晚，至蓮社，蒞席內典班學員吳碧霞習講《佛說演道俗業經》，於講後召集內典班學員交流互評，並點評指導。

十二月九日（五），上午十時至十二時，於台中蓮社為東海大學中文研究所講授「詩學研究」。

晚六時二十分至七時十分,於中興大學夜間部中文系講授「詩選」。

十二月十一日(日),台中蓮社舉行重建落成典禮。(見《圖冊》,1977年圖15)上午九時,恭請會性法師啟鑰後典禮開始。典禮中,先生指示:蓮社重在研究學術,辦理社會教育及慈善公益事業,除春秋二季祭祖以外不辦法會,在家人絕不許傳授皈依,收受供養。並期勉蓮友要堅持戒法,不能變質。

〈台中蓮社重建落成典禮開示〉:今天是本社重建落成的典禮,因遵照國家政令,一切都要從簡,除不得不舉行這樣的儀式外,其他既不宴會,也不收禮,假如諸位厚意有所贈送,本社概不接受,請多加原諒。

蓮社的性質,和寺廟所學的一樣,但所做的事不同。蓮社在晉朝就有,都是在家研究佛學者的組織,是一個社會團體,在今天是財團法人,寺廟則完全是一個宗教團體。不過這幾年,新政令把蓮社也列入寺廟管理,在行動上不免不方便。

蓮社只准研究學術,辦理慈善公益事業,再就是辦社會教育,在家人不許受皈依,收供養。我們蓮社自成立以來,每逢初一、十五,或佛菩薩聖誕,都把門關起來,怕大家來布施。二十幾年來,我們蓮友自己有淨財,所有天災人禍,不論中外,只要力之所及,都盡量辦,一概不許勸捐。但是每次國家辦公益慈善事業,都先響應,公開請大家樂意捐助,數目多少,當時公布。

1977年・民國 66 年｜88 歲

今天本人原想多說幾句，因諸位贈送的寶貴言語中，多數虛贊小弟，實在萬分不敢當。以一樁事的成就，都是大家的力量。譬如這蓮社，乃是長官的領導，社會上各界的愛護，蓮友們的盡力，本人不過說說空話而已，一切功德，事業，都是諸位的。今天贊歎本人，本人在那裡坐得不安，上來也不敢再多說話。
以後還是希望同修們，本著過去的宗旨，盡力做慈善事業，辦社會教育，不能變質，所謂「人存政舉，人亡政息。」變質則對不起各界這樣愛護我們，也對不起佛。[1]

同時，蓮社三樓藏經樓舉行「臺中佛教人士文物展」，展出文物有：先生弘化成果、先生珍藏法寶，如印光大師書函、先生戒牒；蓮友舍利：靈山寺德欽法師水晶舍利、周楊慧卿居士舍利、江秀英居士舍利……等；呂佛庭、江逸子等居士書畫。參觀人士超過三千人。[2]

台中蓮社重建，除二樓大殿門匾保留早年孔德成先生題寫之「萬德莊嚴」與「親睹如來無量光」，各門楹先生皆另撰對聯。（《圖冊》，1977 年圖 15）
〈台中蓮社一樓講堂〉：
中華民國六十五年丙辰冬月吉旦
　　空諦假諦妙觀皆歸中道

---

[1] 李炳南講，連淑美記：〈台中蓮社重建落成典禮開示〉，《脩學法要》，《全集》第 9 冊，頁 362-363。
[2] 陳雍澤：《日記》（1977 年 12 月 11 日），未刊本。

柳川綠川同源復匯聖流
　　　　　　　　　　李炳南敬撰　周邦道敬書

〈台中蓮社二樓大殿內楣〉：
中華民國六十五年丙辰冬月吉旦
　　無量光壽莊嚴聖號音聞真教體
　　雙運智悲輔弼化身剎海盡艘航
　　　　　　　　　　李炳南敬撰　周邦道敬書

〈台中蓮社二樓大殿門聯〉：
民國六十五年九月
　　光明遍十方平等圓成清淨土
　　極樂無歧路率真悉發菩提心
　　　　　　　　　　李炳南敬撰　周家麟敬書

〈台中蓮社二樓大殿匾〉：
台中市佛教蓮社落成紀念
　　萬德莊嚴
　　　　　　孔德成書（印）中華民國四十年十二月

〈台中蓮社二樓大殿內匾〉：
戊戌春日
　　親睹如來無量光
　　　　　　　　　　　　　　孔德成題

〈台中蓮社三樓圖書室門聯〉：
中華民國六十五年菊月穀旦
　　藏通別圓諸化法解行幾許
　　慈悲喜捨無量心悟入何時
　　　　　　　　　　李炳南敬撰　陳其銓拜書

1977年・民國66年｜88歲

台中蓮社重建落成，趙士英繪有〈九蓮圖〉，由先生題辭贈送蓮社。（《圖冊》，1977年圖16）

〈妙法蓮華〉：是法微妙難思，無物堪喻，乃取蓮華以喻之，謂蓮華花果同時，喻妙法權實一體。蓮華有三義，可喻妙法：一為蓮故有花，可喻妙法，為此一實，故施三權；二華開則蓮現，可喻妙法，權開則實顯；三華〔落〕則蓮成，以其葩落而見，可喻妙法，權廢則實立。華妙法妙，故稱妙法蓮華。

　　　台中蓮社重建落成紀念　　　　雲南趙士英繪贈
　　　　　　　　　　　　　　　　　歷下李炳南敬題[1]

【案】題辭係錄自諦閑法師《妙法蓮華經觀世音菩薩普門品講義》「釋名」中文字。

先生指派周家麟撰有〈台中市佛教蓮社拓建落成碑記〉記其事。

周家麟，〈台中市佛教蓮社拓建落成碑記〉：丁巳孟秋，本社拓建落成，道俗雲集，海眾同歡，因緣之勝，得未曾有。蓋樹德務本，源遠而流長也。先是，導師東魯李公雪廬老居士，鑒於光復初期，臺地佛法，淹於時潮，尚乎乘急，而中臺之士，渴慕正法實踐，乃應時機，循廬山芳型，倡建蓮社，宏揚淨宗。首由許克綏、朱炎煌二居士，鉅資購地，羣倫繼輸淨財，建於綠

---

1 李炳南：〈九蓮圖〉、〈妙法蓮華〉，《雪廬老人題畫遺墨》，《全集》第16冊，頁208、209。

川南湄。化俗塵為梵剎,即凡居現莊嚴,從茲修講與日以俱進,南北聞風而興起,十萬佛緣,欣見於海外矣。及三十年來,不遺餘力,陸續創辦國文班、文藝班、中慧班、印贈經書會、大專佛學講座、國學講座、內典研究班等學術機構,以正其知;暨四十八願等諸念佛班,而導其行;復響應政府,推動社會福利事業,先後創設圖書館、幼稚園、托兒所、育幼院、醫院、救濟院、施診所、安老所等,使老安幼長,貧疾有養,流風所及,多方景從。佛教機構,創興文化慈益事業,東南亞實自臺中始也。然而時丁末法,鬥爭堅固,正知未溥,人心陷溺,淨業亟待普及,大乘亟須闡發,原社殿舍,年久失修,且為市地所局,不敷宏化所需,聿於甲寅歲尾,董事會集議拓建,各方聞之,咸爭隨喜。復經縝密規劃,三年而厥功告成。薨棟巍峨,觀瞻增上,宏法輔治,各稱得宜。行見佛日增輝,光明遍照於瀛海,化行俗美,智德普加於十方,四恩共濟,三有齊資,有厚望焉。謹誌沿革。　　　　　周家麟敬撰、徐醒民敬校
中華民國六十六年歲次丁巳年七月穀旦[1]

十二月十二日(一),晚六時二十分至八時十分,於中興大學夜間部中文系「詩選」課,講授:李端〈聽箏〉。[2]

---

1 周家麟撰、徐醒民校:〈台中市佛教蓮社拓建落成碑記〉,《台中市佛教蓮社改建落成簡介》(臺中:台中市佛教蓮社籌建委員會,1977 年 12 月 11 日),頁 1。

2 【數位典藏】錄音／詩文研究／唐詩講授。

十二月十三日（二），晚七時半至九時半，於台中蓮社為內典研究班「修身」課講授《御批歷代通鑑輯覽》。

十二月十四日（三），於慈光圖書館週三《華嚴經》講座，宣講〈十迴向品第二十五〉「離眾生相迴向」。[1]

十二月十五日（四），晚，至蓮社，蒞席內典班學員吳碧霞習講《佛說演道俗業經》，於講後召集內典班學員交流互評，並點評指導。

函復戈本捷、戈周騰伉儷，感謝惠贈蓮社落成賀禮。寫經一幅收下，禮金則遵守規定璧還。

〈戈本捷及戈周騰之十八〉：法安賢具壽文席：惠書誦悉，前承托連文宗居士帶下《心經》一幅，暨厚儀肆佰元，以為蓮社落成賀禮，誠意殷勤，欣感無已。關於寫經一幅，必當請人精裱並懸掛之，以增蓮社之光輝也。功德無量！至於禮金一節，為遵蓮社執事之規定，所有蓮友厚儀禮品等，皆未敢收，今原璧奉還，有拂雅意，維希慈悲原諒！專函申謝，順頌

潭福　　　　　　　　　侍李炳南謹啟　十五日[2]

---

1 李炳南：《大方廣佛華嚴經講述表解》，《全集》第 1 冊之 2，頁 204。
2 【數位典藏】書信／在家居士／戈本捷及戈周騰／〈戈本捷及戈周騰十八〉。

十二月十六日（五），上午十時至十二時，於台中蓮社為東海大學中文研究所講授「詩學研究」。

晚六時二十分至七時十分，於中興大學夜間部中文系「詩選」課，講授：宣宗宮人〈題紅葉〉、杜牧〈獵騎〉。[1]

十二月十七日（六），上午十時至十二時，於台中蓮社為內典研究班「修身」課講授《御批歷代通鑑輯覽》。

十二月十九日（一），晚六時二十分至八時十分，於中興大學夜間部中文系講授「詩選」。

十二月二十日（二），晚，於蓮社舉行「蓮社落成慰勉工作同仁茶話會」。先生慰勉工作人員，並再次強調蓮社是「人民學術團體」，而非「寺廟」。鼓勵大眾常來觀佛、憶佛，讚許蓮友之辛勞，並為大眾祝禱。（《圖冊》，1977年圖17）

　　落成典禮後茶會開示，慰勉工作人員茶會，再次強調蓮社是「人民學術團體」，而非「寺廟」。如昔日文人設立之「文昌社」。故蓮友皆當志同道合，齊聚一堂，研習儒佛大道。鼓勵同修常來蓮社瞻仰禮佛，因為大殿新塑之西方三聖，丈六金身，巍然聳立，莊嚴慈

---

[1] 【數位典藏】錄音／詩文研究／唐詩講授。

悲，宛如極樂世界之一隅。藉由「觀佛」，進而「憶佛」，再能「夢佛」，可助速得一心不亂。讚許蓮友為協助重建工程，三年中之辛勞，及落成當日，各項工作之費心。所有功德，各不唐捐。今後唯有精進道業，正助雙修，用報眾生恩及三寶恩。末以三願為眾祝禱，一願業障消除，二願伏惑一心，三願臨終上品。[1]

「陳雍澤口述」：內典班本預計慈光二年、蓮社二年，後因蓮社改建工程，在慈光三年，於六十六年八月搬回蓮社，在現今三樓的萬佛堂為教室。當時二樓大殿佛像仍在塑造中，每日中午休息，都會去看師傅工作。雕塑師傅從臺北請來，很厲害，但師傅說雪公才真厲害，會指點如何處理佛像。金箔共貼三次，十分莊嚴。六十六年十二月落成典禮，雪公開示蓮社乃極樂世界的一角落，佛像丈六金身，請大家一定要來蓮社拜佛。後來佛像被整容成肉色皮膚，衣金色，與原本大不相同。[2]

十二月二十一日（三），於慈光圖書館週三《華嚴經》講座，宣講〈十迴向品第二十五〉。

十二月二十二日（四），晚，至蓮社，蒞席內典班學員吳碧霞習講《佛說演道俗業經》，於講後召集內典班學員交

---

1 陳雍澤：〈重溫師訓立知見〉，《明倫》第 423 期（2012 年 4 月）。
2 林其賢：「陳雍澤口述紀錄」，2022 年 7 月 30 日，台中蓮社。

流互評,並點評指導。

十二月二十三日(五),上午十時至十二時,於台中蓮社為東海大學中文研究所講授「詩學研究」。

晚六時二十分至七時十分,於中興大學夜間部中文系「詩選」課,講授:殷堯藩〈贈歌人郭婉〉。[1]

十二月二十四日(六),上午十時至十二時,於台中蓮社為內典研究班「修身」課講授《御批歷代通鑑輯覽》。

十二月二十五日(日),下午一時,至臺中市民權路土地銀行招待所,參加中國醫藥學院董事會第六屆第七次會議。[2]

是日,靈山寺丁巳年佛七第五日。晚,為佛七大眾開示。有偈:

〈結七原求得一心〉:念佛必要求一心,何容懈怠廢光陰;此生不到蓮邦去,苦海火坑日日深。[3]

十二月二十六日(一),靈山寺丁巳年佛七第六日。上午於

---

[1] 【數位典藏】錄音/詩文研究/唐詩講授。
[2] 見:徐鳴亞編:《私立中國醫藥學院歷屆董事會議紀錄彙編》。
[3] 李炳南:〈結七原求得一心〉,《明倫》第372期(2007年2/3月合刊)。

佛七開示,指點以伏惑為目標,伏惑即可得一心,得一心即能帶業往生。有偈:

　　萬人斷惑一人無,十善彌陀有別途;妄念何妨時刻起,草生石壓久功夫。[1]

〈草生石壓久功夫〉:老同修常聽講,都知道淨土為特別法門,最為祕密,所以諸經之中以《彌陀經》最難講,但卻容易成就。淨土法門為難信之法,不懂佛理或可相信,懂得佛理了反而不信,這不足為奇。一心不亂為方便語,令眾生聽了不畏難,其實斷了見思惑,證羅漢果,才得一心。斷盡見思惑就不入輪迴,能生西方更好,即使不生西方,也不入輪迴了。

實在說來一種法門有一種方法,淨土法門伏惑有如石壓草,只許淨土宗可以此法子成就,其他宗伏惑便沒有一點用處,因為還是不究竟。惑不起就透光明,臨終佛接引到西方去,到了淨土那裡,不必由你再操心惑斷或不斷,只要經過一個變易生死,便入常寂光,便宜極了。所謂「萬修萬人去」,全在能伏惑,帶業往生,若不能伏惑不算修。因沒有一個人不打妄想,除非斷了惑才沒了妄想。怕的是妄想起來還不知其為妄想,就受害了,這叫「不覺」。古人云:「不怕念起,只怕覺遲」,覺得太晚了就沒辦法,要在覺。一覺心中有妄想,就以六字洪名的正念來壓,一句壓不住用十句,十句再不行用百句,再起就再壓,必得趕盡殺絕。但是妄念愈去愈

---

[1] 〈新聞〉,《慧炬》第 165 期(1978 年 3 月),頁 99。

多,這是因為有道就有魔。如何對治呢?要緊就在正助雙修,如鳥的雙翼。

正功夫就是佛號,助功夫有三十七道品,記不住沒關係,記住十善業便可以了。十善業的不貪、不瞋、不癡,這是三種根本煩惱,舉凡貪名圖利,發脾氣都是惡業,而智慧開了,貪瞋癡自然消除。如果功夫很好了,善念也得壓,因為有漏善只得人天福報,不能了脫生死。善惡念都不起了,真如本性露出來,那時就成功了。但是修淨土法門的伏惑功夫,不是一、二天所能為,果真能伏惑就能往生,不能伏惑,就不能到西方,所以這伏惑法不能不學。

總結來說,學佛依通途法門都得斷惑才能成就,這是得真一心,甚難!甚難!正法時期守戒即可成就,到了象法時期參禪方可成就,現在到了末法時期唯有淨土方可成就,再過去到了滅法時期就沒有成就。淨土法門的特別處,在於伏惑帶業往生,懂得十善業為好,十惡為壞,一個惡念起就以四字、六字洪名壓伏,口不說壞話,也不幹惡事,不怕他妄念起,愈起妄想我就愈壓。這樣日久天長,看誰有恆心,有毅力,誰的功夫深就成功。[1]

是日晚六時二十分至八時十分,於中興大學夜間部中文

---

1 雪廬老人(李炳南):〈草生石壓久功夫〉,《明倫》第 373 期(2007 年 4 月)。

系講授「詩選」。

十二月二十八日（三），於慈光圖書館週三《華嚴經》講座，宣講〈十迴向品第二十五〉。

十二月二十九日（四），晚，至蓮社，蒞席內典班學員吳碧霞習講《佛說演道俗業經》圓滿，於講後召集內典班學員交流互評，並點評指導。

　　師提示：經中或結云「是為四」，或不結四，其理當思。此猶《八大人覺經》「覺悟」、「覺知」之別，亦由起疑而現。發現問題，研究之（思），久而知不通，突一轉彎則悟矣，此即是「參」。參時專注於所緣境，即是「定」也。[1]

十二月三十日（五），上午十時至十二時，於台中蓮社為東海大學中文研究所講授「詩學研究」。

晚六時二十分至七時十分，於中興大學夜間部中文系「詩選」課，講授：杜甫〈春夜喜雨〉、聲調譜小借二式。[2]

---

[1] 吳碧霞：「佛說演道俗業經習講筆記」（1977年9月29日－1977年12月29日），未刊本。
[2] 【數位典藏】錄音／詩文研究／唐詩講授。

十二月三十一日（六），上午十時至十二時，於台中蓮社為內典研究班「修身」課講授《御批歷代通鑑輯覽》。

是年冬，有〈忘典歎〉、〈狂歌謠〉、〈憶舊〉、〈蒞新〉、〈登臺〉。（《雪廬詩集》，頁519-521）

〈忘典歎〉（甚於忘祖矣）：霓燈耀庠序，博士機車鳴；阿閣聚冠帶，高談四座驚。羣疑滿人間，譜牒堆書城；家各論世系，茫然義難明。或云必考據，求證窮幽情；智者先首肯，冥思得其精。曾宣猿是祖，音轉軒轅名；鼓掌齊贊歎，飛毫記縱橫。新聞標大字，叫賣衢巷盈；余心在鴻鵠，騁目游太清。

〈狂歌謠〉：君不見，春秋六十更六朝，入峽渡海孤雲飄；蠻夷羌胡亂華夏，歷代文獻從此凋；反倫掘墳禁漢字，滅族戕性書全燒。九陽熾空雪如手，迅雷風雨朝復朝；豺狼當途鳳麟死，荊棘遍種鋤良苗。黃泉碧落抑人世，大惑塞胸無可消。已矣哉，素乎行乎有時待，深淵同溺誰援超。屈平沉湘尚幽怨，賈誼遠遷悲寂寥。余之所遭甚於古，傾吐其蘊多浮囂。嗚呼，天欲聾兮不聽，地欲啞兮不語，余心音若秋湧潮，願君哀恕狂歌謠。

〈憶舊〉：故國三千里，陽臺一片雲；孤帆巫峽水，萬古別離心。

〈蒞新〉：御前列隊足威儀，新選賢能蒞任時；為政應先言語妙，親民善說外交辭。

〈登臺〉（與新職遊所聞述其競選之苦也）：百尺高臺日色昏，群山迢遞漸無痕；不堪呼籲長街夜，譙鼓

1977 年・民國 66 年｜88 歲

異時猶斷魂。

是年，為佛教出版社發行之《印光大師全集》題寫書名。[1]
（見《圖冊》，1977 年圖 18）

【案】《印光大師全集》，精裝七冊，由臺北佛教出版社廣定法師搜集，一九七七年初版發行。原出版六冊，一九七九年三月一日再版時，增補《印光大師紀念文集》為第七冊。

是年，曾應王禮卿教授邀請，至其府上與中興大學中文系學生座談。建議於古文義法批點之外，閱讀《聊齋誌異》、《閱微草堂筆記》以增加古文讀寫能力。

陳欽忠，〈翛然意遠——憶嚴師窗課二三事〉：眾議成立古典詩社「以廣才情」，名曰「舞雩詩社」，由我忝任負責人。

重頭戲是號召社員拜訪王老師府上。欣蒙老師應允，還說會請雪廬老人李炳南居士同來座談。到了約定的某個星期天，一行人來到南門路五十九巷的一棟別墅，三坪大的客廳，沙發上端坐兩老，同學們席地聽講，師母忙進忙出親切招呼，兩位耆老的金聲玉振環繞耳邊，那情景是今天三百元吃到飽的導生餐會無法想像的。老師對我們的學習情形十分關心，還問大家最近忙些什麼，有人回答：「剛

---

[1] 李炳南：〈題印光大師全集〉，《雪廬老人題畫遺墨》，《全集》第 16 冊，頁 363。

買了一本林雲銘《古文析義》來讀。」老師點點頭。另一人說：「姚祖恩《史記菁華錄》已經讀完！」老師注目領首說好。一旁的雪廬老人補充道：「古文義法批點著作之外，《聊齋誌異》、《閱微草堂筆記》，以文言之筆而能曲盡世間人情事理之妙，亦不妨一讀。」（後來許多同學的書架上果真多了這兩本書）

最後話題回到老師素來關心的古文閱讀能力上。但見他重新點燃先前吸的半截香煙，徐徐說道：「文言文與語體文自是兩路，白話文也有寫得好的，另當別論。研治國學則須提高古文閱讀能力，勤於習作是不二法門。現在大學生的文言程度太低，連從前的高小（初中）都不如！」

說完轉頭面向李老師，李老應道：「那是大大的不如啊！」中氣十足的一句山東語，聽過的不止我一人，是否至今仍覺腦袋嗡嗡地響。這樣的教言，今天怕是再也沒人說、也不可能再聽到有人提起；這樣的對話，應也是當代文言與白話之爭的最後一筆。隨著老人家遠去，終成絕響，思之慨然。無論如何，這些針砭之言，在我們當時年輕的心底激起不少漣漪，愧惡之餘，惟有見賢思齊，何曾有些許遲疑。[1]

---

1 陳欽忠：〈翛然意遠——憶嚴師窗課二三事〉，《王禮卿教授百年誕辰紀念文集》（臺中：中興大學中國文學系，2011 年 12 月），頁 293-295。

1978年・民國67年・丁巳－戊午

89歲

【國內外大事】
- 三月，蔣經國當選總統。
- 十月，中山高速公路全線通車。
- 十二月，美國卡特總統宣布與我國中斷邦交。

【譜主大事】
- 一月，元旦起，應慎齋堂邀請演講兩日，開示「雲棲法彙節要」。
- 東海大學中國文學研究所「漢晉詩學研究」課程詩選課畢，特別將作詩與講解詩之要訣，撰成〈詩法二十字訣〉教授諸生。
- 三月，台中蓮社春季祭祖，禮請屏東會性法師蒞社，為眾舉行皈依典禮。爾後，每年春、秋二次祭祖，皆依此例舉行皈依禮。
- 六月，於台中蓮社一樓講堂舉行「內典研究班」畢業典禮。
- 八月，夏曆七月十三日，為大勢至菩薩聖誕日，先生蒞蓮社上香致敬，以為慣例。
- 十月，台中蓮社附設國文補習班第二十二期開辦，先生講授《禮記》。
- 十一月，慈光育幼院改組。由郭秀銘任院長，連淑美任副院長、吳碧霞任教保主任。

於蓮社召開「新念佛班聯合成立大會」。
- 十二月，夏曆十一月初四日，為印光祖師生西三十八週年紀念日，蒞蓮社祖師堂禮拜、供養，其後成為慣例。
夏曆十一月二十七日，赴台中蓮社往生堂，祭拜梅光羲先生，其後亦成為慣例。

一月一日（日）至二日（一），慎齋堂元旦開示兩天。選取蓮池大師《雲棲法彙》中法語，以及《印光大師文鈔》中法語，指點居塵學道要義。

〈戊午年（六十七年）元旦慎齋堂講話——在家學佛之道〉：

了脫生死是修行正因

新年照例在此講經兩天，每年都選一些經上所講的話，和諸位談；但今年換另一種方法，說一些比較實用，而不去談玄說妙，因為學佛的重點，就在於了解學佛真正的意義，並辨明和其他宗教不同之處。
我們修行不是只為消災免難，若只講消災免難也可不用說，為什麼呢？因為做善事自然而然便可以免難，其他宗教也是勸人為善！但是佛教和其他宗教最主要不相同之處，就是在去掉最大的禍患，即生死痛苦。死後在這六道輪迴中受苦，苦不堪言，在這六道之中，又多是在畜生、餓鬼、地獄三途中轉來轉去。所以經上說人身難得，既然失去人身，就是往三途下去，要再到人道、天道就不容易了。學佛的宗旨最重要在於不墮三途乃至脫離六道輪迴，了脫生死。若不知學佛為此大事的人，看見學佛人的拜佛、念佛，就會誤以為那只是在拖磨時間。

末法修行唯念佛得度

學人來臺已有三十年，說過大小部經好幾種，剛開始還不太相信念佛成就，到臺三十年後，才感覺到佛說的經典中，確實是千經萬論處處指歸「淨土法門」，以

前尚未看過大經不知道，看過之後才知不論哪一部經都有淨土法門。有研究的人看看《彌陀經》覺得沒什麼困難，只要照學講即可，這種人是小看《彌陀經》，以為《彌陀經》非常簡單。其實此經的境界，在經中也有提到「唯佛與佛乃能究盡」，其中道理只有佛和佛才能了知，一般人只知道一些皮毛。即使是佛學大師，將《彌陀經》中某一個問題去問他，他也無從解答！

淨土宗的祖師，自古從晉朝開始，至印光祖師總共有十三代，除了印光祖師一開始就由淨土宗入手外，以前的祖師都是學過禪宗，且已證了果位，才學淨土的，所以做了淨土宗的祖師。為什麼他學了禪宗證了果位，又來學淨土呢？大家想一想。

甲、總說

居家學佛之道

　　祖師法語頭一句：「夫學佛者，無論莊嚴形跡」，當時的學佛人注重外表，好做表面功夫給人看，廟蓋得很大很莊嚴，以為廟蓋得愈大，功德也就愈大。但是進一步問他的功夫如何？和我相同，我半點功夫也沒有！所以這樣就是注重外表，沒有用。

第二句：「止貴真實修行」，真實即指真誠，要依教奉行，佛怎麼說，我們就怎麼做。不要學外表，因為沒有這些外表也沒有關係，比如唱念，現在的人學佛，其實都只是在學唱念。死時，這些唱念有什麼用？不僅唱念沒用，連受戒，得了好大一張的戒牒，沒有功夫，只拿著戒牒也沒有用。

乙、別明

一、常服念佛：「在家居士，不必定要緇衣道巾。帶髮之人，自可常服念佛。」

二、寂默念佛：「不必定要敲魚擊鼓，好靜之人，自可寂默念佛。」

三、閉門念佛：「不必定要成群做會，怕事的人，自可閉門念佛。」

四、依教念佛：「不必定要入寺聽經，識字之人，自可依教念佛。」

五、安坐家堂念佛：「千里燒香，不如安坐家堂念佛。」

六、孝順父母念佛：「供奉邪師，不如孝順父母念佛。」

七、獨身清淨念佛：「廣交魔友，不如獨身清淨念佛。」

八、現在作福念佛：「寄庫來生，不如現在作福念佛。」

九、悔過自新念佛：「許願保禳，不如悔過自新念佛。」

十、一字不識念佛：「學習外道文書，不如一字不識念佛。」

十一、老實持戒念佛：「無知妄談禪理，不如老實持戒念佛。」

十二、正信因果念佛：「希求妖鬼靈通，不如正信因果念佛。」

丙、結勸

「以要言之，端心滅惡，如是念佛，號曰善人。攝心除散，如是念佛，號曰賢人。悟心斷惑，如是念佛，號曰聖人。」

後語

　　蓮池大師這段開示，勸誡修行人，修行若不走正路，專求外表，非但自己虛度光陰，不得真實利益，且害了別人，這是外在的魔障，只要聽聞正法就能除障。要知戒、定、慧三學為佛法總綱，只要得定自然有神通，然神通不了生死沒什麼用處，它只不過為證果後善巧度化眾生之用。除妖魔鬼怪外，玩魔術、弄怪力亂神之事，只會害自己。佛在世時，其弟子中已證羅漢果者，佛申誡弟子們不許顯神通，故知今日臺灣若真有神通之人，他嘴絕不說出而表現的一定規規矩矩，與平常人絕沒二樣。所以凡宣傳自己的人，在戒律上稱作「自讚毀他」是犯大戒律，犯了戒還能修行什麼？他顯神通必有其企圖，不外名利二條。若能識魔，見怪不怪，則其怪自敗，自能不著魔。[1]

　　〈印光法師文鈔・節要〉：一句佛號綿綿密密，常時憶念，凡有忿怒、淫欲、好勝、賭氣等念，偶爾萌動，即作念云：「我念佛人，何可起此種念乎？」念起即息，久則凡一切勞神損身之念，皆無由起，終日由佛不可思議功德，加持身心，敢保不須十日，即見大效。若只偶念一句兩句，便欲見效，則是自欺欺人，雖有功德，欲即由此癒病，決不可得。

---

[1] 李炳南講，鍾清泉記：〈戊午年（六十七年）元旦慎齋堂講話——在家學佛之道〉，《脩學法要續編》，《全集》第 10 冊之 1，頁 112-138。

近來修行者多著魔,皆由以躁妄心,冀勝境界,勿道其境是魔,即是勝境,一生貪著歡喜等心,便受損不受益矣,況其境未必的是勝境乎。倘其人有涵養,無躁妄心,見諸境界,直同未見,不生歡喜貪著,恐怖驚疑,勿道勝境現有益,即魔境現亦有益。何以故,不為魔轉,即能上進故。[1]

一月四日(三),晚七時十五分至九時十五分,於慈光圖書館週三《華嚴經》講座,宣講〈十迴向品第二十五〉。

一月五日(四),晚,內典班學員習講輪由陳雍澤習講《佛說十善業道經》,先生蒞席督課,於講後召集內典班學員交流,並點評指導。

　　陳雍澤,〈雪公恩師評點開示〉:
1. 講經因緣及釋經題,必簡要,字句清楚。即簡要詳明。
2. 為何說譯者?表明此非假託。有偽經故,引此證明。
3. 過門方法,如序分是提要;以下正宗分,是詳細內容。不相干的不必過門。
4. 力戒發議論。重心在把本文的字、句、段說清楚即可。即:先明文理脈絡,再破字解句述義。
5. 引證經文或事例,必明本義,以備他人問難。

---

1 〈印光法師文鈔・節要〉兩則,前則錄自《印光大師文鈔・續編(卷上)》〈與胡作初書〉,後則錄自《印光大師文鈔・正編》〈復何慧昭書〉;講說紀錄見:【數位典藏】錄音/佛學講授/開示/慎齋堂元旦開示/〈慎齋堂元旦開示之八〉。

6. 必定令聽眾聽明白，故必深刻揣摩彼等心理，充分準備。如：這句話如何說，才可令人生歡喜心？要厚積薄發，準備十分，只說三分。

7. 各段落之間，必有介紹話，即過門。如，李白〈春夜宴桃李園序〉，文中「夫天地者」，夫，說到那個天地……。「況」陽春召我以煙景之況，是比上段更進一層，「更何況陽春……。可用作過門之語詞，又如：「再者」或「那是什麼情況呢？看下頭之文」，這兩句都是過門的話。

8. 經文宗旨必深思細究，弄明白。

9. 講說要清楚。即，這條說明白以後，再說另一條。不含混。

10. 講畢，必深刻檢討錯處改進，下次避免。必痛下死工夫，不如此，不成材。學劉霜橋老師，講完後，一夜難眠，輾轉思索求進，才有成就。

11. 佛陀教人，做人第一件事，即去除貪心。因貪是三毒之首。六度，施為首，正對治貪毒。四攝法，亦布施為先。菩提大道，必先修捨心。以上四點，均為對治貪毒之工夫。

12. 禪與淨是正功，必有助功。如鳥兩翼，缺一不可。守十善為助工夫，守之不造惡，心清淨，可伏惑。久之，斷惑。[1]

---

[1] 陳雍澤：〈雪公恩師評點開示〉（1978年1月5日至1978年4月13日），未刊本。

一月六日（五），上午十時至十二時，於台中蓮社為東海大學中文研究所學生講授「詩學研究」。特別將作詩與講解詩之要訣，撰成〈詩法二十字訣〉教授諸生。[1]（見《圖冊》，1978年圖1）

〈詩法二十字訣〉：
外式句字聯段章，以及聲韻體譜格。超象穩響境氣神，考據事時人地義。
詩本分此二十端，作者當知前十五。講解更向後五求，庶不棄珠空買櫝。

徐醒民，〈雪廬老人詩法〉：今談學詩，應自唐詩開始。唐詩尚有跡象可尋，唐以前歷代詩，渾淪元氣，無跡象可求，非初學者力所能及。此中二十字，即是講唐詩法度，學者知此法度後，始可與言作詩以及研讀唐人詩。
「外式句字聯段章」者，詩之格式有內有外，外是外表，自此兩句十個字，皆講詩法之外表者。
「以及聲韻體譜格」者，此聲韻等五個字，亦是外式。
「超象穩響境氣神」者，前十字，有象，好講，此超越跡象，難講。同司空圖《詩品》：「超以象外，得其環中。」環中者，圓環之中，空無跡象也。以下各字，即是超出象外者。
「考據事時人地義」者，詩亦不能不講考據。

---

1 「二十字訣」，有稱「學詩二十字訣」、「詩法二十字訣」者。見：徐醒民：〈弘儒弘佛一詩翁〉，《明倫》第363期（2006年4月）；張清泉：〈雪廬詩教旨趣〉，《明倫》第390期（2008年12月）。

「詩本分此二十端，作者當知前十五。」詩法之根本，分說，即是以上二十個字。學作詩者，應當了解前十五個字，即「句字聯段章，聲韻體譜格，穩響境氣神。」
「講解更向後五求，庶不棄珠空買櫝。」講解古人詩，更須向後五字「事時人地義」求之，庶幾能將古人詩講解不錯誤，不致有買櫝還珠之憾。[1]

【案】「詩法二十字」最早講授紀錄見於一九七八年一月〈研究生期末報告評語（中研二蔡星村）〉（見後）。前引徐醒民〈雪廬老人詩法〉有「前言」稱：「師昔曾在東海大學中文研究所教授詩學，於講畢唐詩選以及漢魏六朝詩選時，特撰此歌講授諸生。」推知為學期末講授。

晚六時二十分至七時十分，於中興大學夜間部中文系「詩選」課，講授：杜甫〈返照〉、考試出題方式詮解。[2]

一月七日（六），上午十時至十二時，於台中蓮社為內典研究班「修身」課講授《御批歷代通鑑輯覽》。內典班本學期課程結束。先生於「修身」課講授《御批歷代通鑑輯覽》四學期，著重由史事指向因果之理。

吳碧霞，〈雪廬老人的精神與風範（上）〉：老人

---

1 徐醒民：〈雪廬老人詩法〉，《明倫》第263期（1996年4月）。
2 【數位典藏】錄音／詩文研究／唐詩講授。

平日教導學生,除講因果的理致,更著重事實的指證:《陰騭文》、《太上感應篇》、《太上寶筏》、《歷史感應統紀》,皆所提倡;乃至講述歷史,於朝代的開創、中落、中興、完結,興衰存亡的來龍去脈,皆指向因果。因果有「事」,該通三世,指證確鑿;因果有「理」,維繫人心,要在慎獨。[1]

【案】內典研究班「修身」課講授《御批歷代通鑑輯覽》自一九七六年二月二十三日(二年級下學期)起,至是日(四年級上學期結束)止,講授四學期;一九七八年二月二十五日(四年級下學期)起,改講授《禮記》。詳見該日文。

一月九日(一),晚六時二十分至八時十分,於中興大學夜間部中文系「詩選」課,講授:張泌〈洞庭阻風〉、蘇味道〈正月十五日夜〉。[2]

一月十一日(三),於慈光圖書館週三《華嚴經》講座,宣講〈十迴向品第二十五〉。

一月十二日(四),晚,內典班學員習講輪由陳雍澤習講《佛說十善業道經》,先生蒞席督課,於講後召集內典

---

1 吳碧霞,〈雪廬老人的精神與風範(上)〉,《明倫》第283期(1998年4月)。
2 【數位典藏】錄音／詩文研究／唐詩講授。

班學員交流,並點評指導。

一月十三日(五),上午十時至十二時,於台中蓮社為東海大學中文研究所「詩學研究」續講授〈詩法二十字訣〉。

晚六時二十分至七時十分,於中興大學夜間部中文系講授「詩選」。

一月十六日(一),於中興大學夜間部中文系「詩選」課,講授:杜甫〈小至〉。[1]

是日,夏曆臘八,有〈臘雷〉、〈丁巳臘八雷雨〉;此前有〈霧社山中賞梅〉,之後有〈義犬塚有序〉。(《雪廬詩集》,頁 521-522)

〈霧社山中賞梅〉:遙憶故園雪,瓊林開玉花;南來梅萬樹,疑是北還家。

〈臘雷〉:何事天丕變,依稀失箸驚;維時臨臘祭,震地發雷聲。欲卜心先怯,披書眼獨明;若逢蘇味道,稱瑞賀昇平。

〈丁巳臘八雷雨〉:臘八傾盆雨不寒,沉沉雷憾暮雲端;孤山誰憶林高士,坐對梅花愁眼看。(梅為國花也)

---

[1] 【數位典藏】錄音/詩文研究/唐詩講授。

一月十七日（二），於蓮社為董正之講李白詩〈與史郎中欽聽黃鶴樓上吹笛〉，內典班研究生等與席旁聽。[1]

> 李炳南居士講授，陳雍澤記，〈為董正之講李白詩〉：一為遷客去長沙，西望長安不見家。黃鶴樓中吹玉笛，江城五月落梅花。
>
> 「外式句字聯段章」[2]，注家若不合二十字法式，必誤解作者心意。好詩文，好在「見識」，立意高。二十字分內外，內者難學也。如《詩三百篇》無題，所言何物，不直陳，乃「言者無罪，聞者足戒。」故詩尚含蓄。李白詩意看不出，從「二十字」求詩中之義則不誤。
>
> 李白此詩，不容易解，今人不懂，古注亦然。但《千家詩》編者有眼力，選錄此詩。此首關乎其年譜，離考據則講不成。此詩作於安史亂後，唐明皇流亡至四川，其子肅宗未經同意即登帝位，永王璘出征勤王，失敗，李白受牽連，流貶夜郎（貴州）。至洞庭湖時，遇大赦而得自由，乃東往至黃鶴樓故人留之。
>
> 此詩首字「一」，此字即了不得。二十八個字乃二十八位聖賢，一個都動不得，亦參不上一個屠夫。「一」，竟然也！想不到也！「一為遷客」，「想不到我竟然作了遷客！」流放夜郎為何說是「去長沙」？長沙遷客乃賈誼也。賈誼是被奸臣所誣害，此溫柔敦厚，不得罪皇

1　李炳南講，陳雍澤記：〈為董正之講李白詩〉（1978年1月17日），未刊本。

2　案，此為先生「詩法二十字訣」之前五字，二十字訣請參見1978年1月6日文。

上,又至死不低頭。自己身分於此站住。

次句講地點。在湖北作此詩,李白不是長安人,何有家?若住長安,則云長安即可,何必云「不見家」?家指正主明皇,主人即家也。雖是肅宗赦罪,然仍念故主,不忘故主之恩。

第三句為實境,然「昔人已乘黃鶴去」,主人已仙逝,空餘此樓。此與次句何干?

他處皆是十月開梅花,江城何以五月會有落梅?此為聞笛曲〈落梅〉。凡詩中談梅皆是思鄉憶家,藉此調與「見家」照應。詩旨:憶明皇,怨肅宗。全詩意豐情深,卻極溫柔敦厚。

李白少時求學,厭而不學。出遊忽見一老婦磨杵,問之答曰:「鐵杵磨成繡花針!」李之成功非偶然也,此詩至少念百遍才稍知其味,李白之功夫,爐火純青,詩意看不出;杜甫則可見其功力外露。

是日,又與董正之談及密宗修學事。[1]

李炳南居士講,陳雍澤記,〈與董正之談密宗〉:一句「南無阿彌陀佛」之功德利益,講十年亦講不完。何以?千經萬論,處處指歸故。此六字包盡禪律密。「阿」,華嚴字母,若無此字,則無他字。密宗之一切法皆含攝此字中,六字皆祕密不翻。

---

[1] 李炳南講,陳雍澤記:〈與董正之談密宗〉(1978年1月17日),未刊本。

> 吾之師承：禪宗為北京真空禪師。唯識為梅大士。研學唯識之風氣由梅大士創始，非歐陽漸也。密有三位藏傳上師，皆為活佛（呼圖克圖），除貢噶佛爺講講密法外，餘皆不講。吾學百多法門，此乃不了義者。以此不可講解，但講《大日如來經》。
> 淨土宗乃當生成就，了不得，卻不明白。密宗乃即身成就，今之學密者，十個人中找不出一人不講神通。

一月十八日（三），於慈光圖書館週三《華嚴經》講座，宣講〈十迴向品第二十五〉。

> 是日，中華佛教文化館開山和尚東初法師涅槃讚頌法會，假善導寺舉行。先生有輓幛「菩提圓成」敬輓。[1]

一月十九日（四），晚，內典班學員陳雍澤習講《佛說十善業道經》，先生蒞席督課，於講後召集內典班學員交流，並點評指導。

一月二十日（五），晚，召開蓮社相關機構辦事人員座談會，有鑒於天象反常，怪異頻生，契機警眾。

> 李炳南居士講，陳雍澤記，〈臘八聞雷開示〉：今日談話，原擬於週三、週四之經筵中以五分鐘講述，後

---

[1] 見：東初老和尚永懷集編輯委員會編：《東初老和尚永懷集》（臺北：中華佛教文化館，1978年），頁234。

未行之。何以？恐聽者誤會，以為吾妖言惑眾。怕惹是非，故作罷，而於今夜言之。

此無妖言惑眾，可查《禮記・月令》：「冬行夏令」。「八月打雷遍地是賊」，孔子對反常之雷，夜間則即起端身正坐，不敢睡。怪事皆為不祥之兆。曾子至愚，卻「一日三省吾身」而得孔子之道之真傳。從今起，常自我反省，他人好壞少管，先改正自己為要。知子莫若父，知弟莫如師，知己莫若省。一律小心謹慎，則一切災難可免也。[1]

一月二十一日（六），於蓮社念佛班開示，由近日臘八聞雷、天象反常、災異頻生，感而警眾。[2]

一月二十三日（一），夏曆臘月十五日，有〈丁巳月望皆陰獨臘望皎潔無雲〉。（《雪廬詩集》，頁523）

　　　星稀無際月中天，十望雲遮虛度年；自象高明終普照，非依臘鼓助清圓。

是月，批閱東海大學中文研究所學生期末報告。評語略及教

---

[1] 李炳南講，陳雍澤記：〈臘八打雷開示〉（1978年1月20日），未刊本。
[2] 【數位典藏】錄音／佛學講授／開示／念佛班開示／〈念佛班之五〉。

學重心。[1]（見《圖冊》，1978年圖2）

「研究生期末報告・批閱評語（中研二蔡星村）」：由來說詩之書，多尚議論，故專評文長短，少說技藝法度。終使初學無有入處，等於空言。實則文字與法度，兩不能離；偏執一方，如人有肉無骨或有骨無肉，皆不可也。

余授人詩，兩者並說，然亦有偏重法度之時。因評文者已汗牛充棟，論法者則寥若辰星，特救其偏，以求學者得實用也。平素所授之二十字皆詩法之要，非獨聲調一端。必全知之，始能知古人之詩，始可弄翰自作也。觀君研究，已知修業時心有警悟，不憚贅言，期有深造。

【案】「平素所授之二十字」指「詩法二十字訣」。（請參見1978年1月6日文）

二月六日（一），丁巳年除夕，有〈丁巳除夕〉。（《雪廬詩集》，頁523）

國步愁仍舊，仙臺歲又新；梅開殘雪夜，夢斷故園春。天峻無焦土，時危見德鄰；明朝逢賀客，強語笑相親。

二月七日（二），戊午年新正。於台中蓮社新建大殿帶領大

---

[1] 雪廬紀念堂收存東海大學中研所學生王來福、蔡星村、王淑禎、朱銘漢、蔡長錦、蔡宗祈、周芬伶、廖美玉等八本「詩學期末報告」，先生各有批閱評語及評分，應係同期作業。王來福該本筆記注記時間為1978年1月18日。

眾舉行新春團拜。[1]（見《圖冊》，1978年圖3）

二月十七日（一），夏曆正月十一，有〈正月十一夜勁風掃雲星斗燦然旅臺初見〉，此前有〈空懷〉、〈宴客〉、〈養氣〉、〈桃源〉、〈雞鳴〉、〈臨溪述懷〉、〈觀棋〉、〈普濟寺訪友〉、〈私淑〉、〈非時之言〉。（《雪廬詩集》，頁524-528）

〈正月十一夜勁風掃雲星斗燦然旅臺初見〉：連夕北風勁，海天淨煙雲；藍光似春水，靜止無波紋。朦朧三十載，重見星斗文；銀漢長且廣，月明增十分。偶逢此良夜，懷古謝將軍；披裘發高詠，白雪滿松群。

〈普濟寺訪友〉（時尚各界以觀光相號招，即歐美化也，此寺無之。）：訪隱入蘭若，悠然清客心；人天同水火，城市有山林。竹院僧皆衲，香龕佛獨金；象超歐美外，時發磬魚音。

〈私淑〉：魯連不愛金，為展平生志；陶潛不好名，善養浩然氣。二公皆我師，千古淑其義；顯世終自隱，歸田不求忮。我志蓄未申，守氣殊非易；鉛刀亦當揮，何必憂鈍利。願得鮑叔牙，一朝來把臂；乾坤隻眼明，高臥安夢寐。

〈非時之言〉：我作自欣賞，遭逢他不知；所處雖同境，觸機則多岐。況今文運轉，西風正當時。熊魚

---

[1] 【數位典藏】照片／道場活動／新春團拜／〈67年新春團拜之一〉、〈67年新春團拜之二〉。

愁嚼蠟，粃糠快朵頤。或震陶謝名，含糊誦其辭。敢以所謬解，大言多指疵。我詩非美玉，不急求沽之。但吐喉中梗，隱顯任推移。古人不可見，來者才難羈；問誰五百歲，脫履倚長屺。

二月二十日（一），內典班開學，為四年課程最後一學期。課程同上學期，先生週二晚、週六上午開設《禮記》課。[1]

是日晚六時二十分至八時十分，於中興大學夜間部中文系「詩選」課，講授：杜甫〈九日藍田崔氏莊〉、〈春望〉。[2]

二月二十三日（四），晚，內典班學員陳雍澤習講《佛說十善業道經》，先生蒞席督課，於講後召集內典班學員交流，並點評指導。

二月二十四日（五），上午十時至十二時，於台中蓮社為東海大學中文研究所講授「詩學研究」。

是日晚六時二十分至七時十分，於中興大學夜間部中文

1　見 1977 年 9 月 19 日譜文。
2　【數位典藏】錄音／詩文研究／唐詩講授。

系「詩選」課，講授：司空曙〈賊平後送人北歸〉。[1]

二月二十五日（六），即日起至四月，於台中蓮社為內典班講授《禮記》。[2] 是日講〈曲禮〉二則：敖不可長，欲不可從，志不可滿，樂不可極。賢者狎而敬之，畏而愛之。愛而知其惡，憎而知其善。積而能散，安安而能遷。[3]

〈前言〉（徐醒民筆記）：去年講歷史，目的在明善惡，惟恐失之於惡，今年停講，改講《禮記》，主旨是學行為，其次是學文章。[4]

《禮記筆記》（吳碧霞筆記）：本次講說，重在行為，然非全無文，以「大文章自六經來」，故即經之本身，便有文也；然此非所重，當知之。中國自播遷來，存文化者，唯臺灣耳，至於他國，或不言人道，或言而淺淺，且年景每況愈下，故汝當急急乎學「為人」也。吾說歷史，為令汝懂人情，長見識，否則為社會辦事，辦不到好處，然或有由此學壞者，方今多「好事辦成壞事」，故云：好事不如無事也。

此「正主意為行為」，「次焉則學文章」。「禮」之一

---

1 【數位典藏】錄音／詩文研究／唐詩講授。
2 見：洪錦淳：〈雪廬老人《禮記》選講特色及其所涵蘊的價值〉附表「《禮記》選講的篇目、時間、地點」。另，《禮記曲禮選講講記（二）》標題下亦錄載開講時間為「67年2月25日」；見：明倫月刊資訊網：http://www.minlun.org.tw/1pt/1-dreamweaver/24-01.htm
3 【數位典藏】錄音／儒學研究／禮記／〈曲禮之二十四〉。
4 李炳南講，徐醒民記：《禮記曲禮選講講記（二）·前言》。

字,非見人鞠躬,跪拜,此唯儀耳,謂之禮貌,貌是外表,然孰為知禮者?汝等固不知禮,吾亦不知,此非謙也,孔子弟子,多有不知者,故林放問禮本,孔子大讚,可知。

「禮」者,節度也,何為應辦,何不應辦,劃分節度,是禮也,知乎此不得了,然今所提倡者非此,唯禮貌而已。禮之本,令「發乎情,止乎禮」,中庸云:「發而中節」,是之謂也。

「記」者,記諸書採來之記載也。

◎曲禮曰:毋不敬,儼若思,安定辭,安民哉

「毋不敬」毋是禁止之辭,令汝「別不敬」,敬在心,表於外曰恭,敬者,辦事規規矩矩,不敢有誤,當辦十分,做九分,是不敬,敬事而信也。

此句說心,居心當安正當中,任何事由心發動,心動,固不有錯誤;不發,亦無錯誤,如〈中庸〉言。

「儼若思」說身之動態,「儼」謂坐立皆莊重也,行如風等言可知,而莊重之態似何,曰「若思」,如人思想,必靜下來方能思,心不動,在內,一動,專注於其事,不四下跑,是「誠於中,形於外」,——汝之念佛工夫,成功不成功,到何程度,吾皆知,此非神通,見貌可知——是身業。

「安定辭」,說話須安詳,穩定住。說此言,在此言上,否則有口無心,心不在焉,便不合度,是口業也。

此三豈非十善業耶?古祖師學佛戒,彼讀儒書,故一念

即入也。[1]

同時亦決定是年停止辦理暑期大專佛學講座。

〈前言〉（徐醒民筆記）：今年大勢不利，諸位必須冷靜，少說話，少管閒事。見有不順事理的事，必須忍著，今年暑假大專佛學講座也必須停辦。[2]

《禮記筆記》（吳碧霞筆記）：今年當少說話，少管閒事——勸諸位須冷靜、忍耐，有深意焉，蓋今之人，迷矣！故令汝：看來不合理者，亦少說話，好事亦不如無事也。擬今夏不辦講座，亦有其故。今者，有人說禪談密，然非吾所學之禪密等，我之師，唯識有梅師，密有三活佛，禪有真空師，而我未嘗言之也。今者或論神通，致人於神經病，種種表現，令國人、政府不齒，故勸汝少言閉口，以避禍也，汝莫顯能，能躲過今年，便好。古（易）云：「知幾其神乎！」非神通也，讀書人以事測知未來，故如有神也，若至於事相已顯，結果已成，為時晚矣。[3]

---

1 李炳南講，吳碧霞記：《禮記筆記》（1978年2月25日），未刊本；另參見：李炳南講，徐醒民記：《禮記曲禮選講講記（二）》（1978年2月25日），明倫月刊資訊網：http://www.minlun.org.tw/1pt/1-dreamweaver/24-01.htm
2 李炳南講，徐醒民記：《禮記曲禮選講講記（二）·前言》。
3 李炳南講，吳碧霞記：《禮記筆記》（1978年2月25日），未刊本。

1978年・民國 67 年│89 歲

二月二十七日（一），晚六時二十分至八時十分，於中興大學夜間部中文系講授「詩選」。

二月二十八日（二），於台中蓮社為內典班講授《禮記・曲禮》三則：1. 臨財毋苟得，臨難毋苟免。很毋求勝，分毋求多。疑事毋質，直而勿有。2. 若夫，坐如尸，立如齊。禮從宜，使從俗。3. 夫禮者所以定親疏，決嫌疑，別同異，明是非也。[1]

是年孟春，有詩〈客去〉、〈送僧南歸〉、〈春晴〉、〈寒山寺鐘〉、〈教育改授語文已六十年古籍國人多不能讀〉、〈憶故鄉自遣〉、〈望合歡山雪〉。（《雪廬詩集》，頁 528-531）

　　〈教育改授語文已六十年古籍國人多不能讀〉：豎儒狂且病，天未喪文時；左馬灼今古，膏肓無藥醫。臨風草自偃，吠日犬何知；麟筆如重見，族秦書李斯。

　　〈憶故鄉自遣〉：雄郡巍巍貫魯青，風光瀟灑作東屏；攀龍秋谷皆吾老，泰嶽黃河各典型。君子人多天下小，蓬萊文秘海山靈；南飛倦鳥鳴何似，北望魁杓七處星。

　　〈望合歡山雪〉（他山無雪）：合歡山頭雪，皓皓摩青天；遙看似雲屯，不與眾峰連。雲雪同皎潔，無由辨媸妍；我來紅塵外，便是蓬島仙。回首人間世，喧呶

1　【數位典藏】錄音／儒學研究／禮記／〈曲禮之二十五〉。

各紛然;難將箇中意,向彼作言詮。

是年新春,蓮友結七念佛,先生應請開示修福修慧為一事,並指導念佛、憶佛方法。

〈戊午年新春結七念佛開示〉:學佛不論十年、一百年也不離修福慧二字。經上說:「不可以少善根福德因緣得生彼國。」初學佛者多半注重修福,老同修多注重修慧,其實福慧為一樁事,不可以打做兩橛。

念佛為的是什麼?不外現在能消災免難,將來能往生西方。消災免難即是修福,往生西方即是修慧,若現在不能消災免難就是沒有福,現在既是不能消災免難,將來要往生西方就很不保險。既是不能往生西方就是沒有慧,就是沒得一心。

福慧是怎麼一樁事呢?本性本清淨光明,但有無明覆住透不出光明,喻如鏡體有塵埃而不能照,現修福時如以抹布來拭鏡,只要塵去了光也就透出來,所以修福即是修慧。如何念法呢?念佛法門有二種方法:一為念佛,一為憶佛。念是念茲在茲,即念佛時心在佛上,心即是佛,比如我們早晚二課時念佛,念由心起,聲由口出,再從耳入、心記,身口意三業合起來念。

但在家人不似出家人,一天要做三堂,五堂功課的不多,能一天念上三小時就很不錯,其餘二十一小時皆散亂、造業。這種念佛功夫還不夠半杯水,又怎能救火。但佛有方便法,即謂憶佛。憶是明記不忘,行住坐臥,穿衣吃飯皆不許忘,即使到最不淨的廁所裡,心也要有佛,

記得清清楚楚。諸位想想有一件事幹什麼皆忘不掉，那是什麼呢？即「吃」。有時肚子不餓，時間到了也吃，念佛如到了像吃這種地步，自然也就水到渠成了。[1]

【案】是文時間明確，但參加人員與舉行地點未詳。一九七二年一月，蓮社念佛班員假善果林靈巖書樓打佛七，先生前往開示（見該項譜文），此當為類似法會。

三月一日（三），晚七時十五分至九時十五分，於慈光圖書館週三《華嚴經》講座，宣講第二十四卷〈十迴向品第二十五〉「二、不壞迴向」。[2]

三月二日（四），晚，內典班學員陳雍澤習講《佛說十善業道經》，先生蒞席督課，於講後召集內典班學員交流，並點評指導。

三月三日（五），上午十時至十二時，於台中蓮社為東海大學中文研究所講授「詩學研究」。

晚六時二十分至七時十分，於中興大學夜間部中文系

---

[1] 李炳南講，游若篍記：〈戊午年新春結七念佛開示〉，《脩學法要》，《全集》第 9 冊，頁 206-211。
[2] 李炳南：《大方廣佛華嚴經講述表解》，《全集》第 1 冊之 2，頁 209-212。

「詩選」課,講授:杜甫〈聞官軍收河南河北〉。[1]

三月四日(六),上午十時至十二時,於台中蓮社為內典班講授《禮記・曲禮》。

三月五日(日),晚七時三十分至八時三十分,至蓮社參加「班長聯誼會」。聯誼會由蓮社社長朱炎煌主持,致詞後即佈達並發聘,由內典班學員陳雍澤任總務主任。先生亦致詞向大眾介紹新任。(《蓮社日誌》)

三月六日(一),晚六時二十至八時十分,於中興大學夜間部中文系講授「詩選」。

三月七日(二),晚七時半至九時半,於台中蓮社為內典班講授《禮記・曲禮》。

三月八日(三),晚七時十五分至九時十五分,於慈光圖書館週三《華嚴經》講座,宣講〈十迴向品第二十五〉「二、不壞迴向」。

三月九日(四),晚,內典班學員陳雍澤習講《佛說十善業道經》,先生蒞席督課,於講後召集內典班學員交流,並點評指導。

---

1 【數位典藏】錄音／詩文研究／唐詩講授。

三月十日（五），上午十時至十二時，於台中蓮社為東海大學中文研究所講授「詩學研究」。

晚六時二十分至七時十分，於中興大學夜間部中文系「詩選」課，講授：白居易〈自河南經亂關內阻饑兄弟離散各在一處因望月有感聊書所懷寄上浮梁大兄於潛七兄烏江十五兄兼示符離及下邽弟妹〉。[1]

三月十一日（六），上午十時至十二時，於台中蓮社為內典班講授《禮記‧曲禮》。

三月十三日（一），上午十時，在蓮社為中慧班班長廖玉嬌長公子謝發達及吳鳳梅佛教婚禮福證。

是日晚，於中興大學夜間部中文系「詩選」課，講授：張九齡〈湖口望廬山瀑布〉。[2]

三月十四日（二），上午十時三十分，聖嚴法師蒞社匆匆，一訪而去。先生囑備茶點待客，均備妥，法師以時促乃拜佛後即離去。（《蓮社日誌》）

晚七時半至九時半，於台中蓮社為內典班講授《禮記‧

---

[1] 【數位典藏】錄音／詩文研究／唐詩講授。
[2] 【數位典藏】錄音／詩文研究／唐詩講授。

曲禮》。

三月十五日（三），晚七時十五分至九時十五分，於慈光圖書館週三《華嚴經》講座，宣講〈十迴向品第二十五〉「二、不壞迴向」。

三月十六日（四），中興大學智海學社慶祝第十七屆社慶，於該校交誼廳舉辦文物展。先生特前往參觀，並簽名紀念。[1]

是日晚，內典班學員陳雍澤習講《佛說十善業道經》，先生蒞席督課，於講後召集內典班學員交流，並點評指導。

三月十七日（五），上午十時至十二時，於台中蓮社為東海大學中文研究所講授「詩學研究」。

晚六時二十分至七時十分，於中興大學夜間部中文系「詩選」課，講授：王維〈漢江臨汎〉。[2]

三月十八日（六），即日起三日，台中蓮社舉行春季祭祖。第二日下午二時三十分，先生至蓮社上香，並說明一切

---

1 〈新聞〉，《慧炬》第 168/169 期合刊（1978 年 7 月），頁 119。
2 【數位典藏】錄音／詩文研究／唐詩講授。

規矩法式，依照靈巖山寺規，大殿念佛，至祖先位前行禮，再回殿迴向。第三日下午四時，恭請會性法師舉行皈依禮。爾後，每年春、秋二次祭祖，皆依此例恭請會性法師舉行皈依禮。（《蓮社日誌》）

三月十八日（六），上午十時至十二時，於台中蓮社為內典班講授《禮記・曲禮》。

三月二十日（一），於中興大學夜間部中文系「詩選」課，講授：崔顥〈行經華陰〉、張泌〈秋晚過洞庭〉。[1]

三月二十一日（二），晚七時半至九時半，於台中蓮社為內典班講授《禮記・曲禮》。

三月二十二日（三），晚七時十五分至九時十五分，於慈光圖書館週三《華嚴經》講座，宣講〈十迴向品第二十五〉「二、不壞迴向」。

三月二十三日（四），上午十一時半，臺北佛教蓮社蓮友一行一百二十六人，由淨心法師率領，詹金枝聯絡至台中蓮社參觀，先生設午宴招待。社長朱炎煌及蓮友許炎墩、藍文奎、趙鋑銓、黃火朝、林進蘭、張慶祝、蕭慧心、林慧縈、阿英姑、研究班班員、游俊傑等多位接待

---

[1] 【數位典藏】錄音／詩文研究／唐詩講授。

陪訪。

> 【案】來訪蓮友為臺北蓮雲念佛班,係一九五四年由台中蓮社弘法人員前往臺北輔助詹金枝組織之家庭念佛班,與台中蓮社關係密切,曾多次來訪。核心人物為詹金枝(小傳見1962年2月21日)。

是日晚,內典班學員陳雍澤習講《佛說十善業道經》,先生蒞席督課,於講後召集內典班學員交流,並點評指導。

三月二十四日(五),上午十時至十二時,於台中蓮社為東海大學中文研究所講授「詩學研究」。

晚六時二十分至七時十分,於中興大學夜間部中文系「詩選」課,講授:孟浩然〈過故人莊〉、李白〈訪戴天山道士不遇〉。[1]

三月二十五日(六),上午十時至十二時,於台中蓮社為內典班講授《禮記‧曲禮》。

三月二十七日(一),晚六時二十分至八時十分,於中興大學夜間部中文系「詩選」課,講授授王維〈春日與裴迪

---

[1] 【數位典藏】錄音/詩文研究/唐詩講授。

1978 年・民國 67 年 | 89 歲

過新昌里訪呂逸人不遇〉。[1]

三月二十八日（二），晚七時半至九時半，於台中蓮社為內典班講授《禮記・曲禮》。

三月二十九日（三），晚七時十五分至九時十五分，於慈光圖書館週三《華嚴經》講座，宣講〈十迴向品第二十五〉「二、不壞迴向」。

三月三十日（四），晚，內典班學員陳雍澤習講《佛說十善業道經》，先生蒞席督課，於講後召集內典班學員交流，並點評指導。

三月三十一日（五），上午十時至十二時，於台中蓮社為東海大學中文研究所講授「詩學研究」。

晚六時二十分至七時十分，於中興大學夜間部中文系「詩選」課，講授：劉禹錫〈秋日題竇員外崇德里新居〉。[2]

是年仲春，有詩〈贈詩僧〉、〈適志〉、〈福人〉、〈訊湖南張齡函勞興居〉、〈吳鳳廟〉、〈誦李太白黃鶴樓聞

1　【數位典藏】錄音／詩文研究／唐詩講授。
2　【數位典藏】錄音／詩文研究／唐詩講授。

笛詩偶興非時之感〉、〈幽居〉、〈歲九十述趣〉、〈春朝微雨訪友不遇獲贈〉、〈事有所辭忽憶古人口號〉、〈美初為世信義國杜氏為政一還數屆因之失策列國喪亂棄唾之報載近有欲整信譽計〉三首。（《雪廬詩集》，頁 531-535）

〈適志〉：我愛焦尾琴，入山常在抱；松間偶解囊，春雪飛皓皓。朱絃響正音，不必廣陵道；縱或無人知，自彈自傾倒。志各有其適，無絃趣亦好；朋堂奏胡笳，却步心如擣。酒邀陶元亮，門拒陳叔寶；徐徐澗底風，不偃峰上草。

〈歲九十述趣〉：春至惟山笑，償詩借籟鳴；干戈百年眼，不見有昇平。六國興亡地，三都帝后城；淚波今古匯，濡筆弔蒼生。

〈事有所辭忽憶古人口號〉：廉頗老去自超群，一飯猶餐肉十斤；但愧無能報知遇，貔貅難御沐猴軍。（頗在楚無功，曰：我思用趙人。）

四月一日（六），上午十時至十二時，於台中蓮社為內典班講授《禮記》。是月至五月，進度為〈檀弓〉篇。[1]

〈禮記檀弓篇講記〉（1978 年）：檀弓篇注重喪禮，學文學不可不知，實用則與今日有差異。例如棺木，如今則流行火葬。世故人情也有差異，古人有遠道

---

[1] 見：洪錦淳：〈雪廬老人《禮記》選講特色及其所涵蘊的價值〉附表「《禮記》選講的篇目、時間、地點」。

去觀禮的情形,今則無禮可觀,因為無禮無樂。

禮樂是一國之本,政治法律是一國之末。亡國是各世代都有的,惟有德者居之,國常亡,但是民族不能亡。所實行的事,不能違背民族文化,否則自取滅亡。制禮作樂是聖賢的事,我國的民族文化是「志道,據德,依仁,游藝」。文化的根本絕不可變,志於道,據於德,依於仁,都是文化的根本。[1]

四月三日(一),晚六時二十分至八時十分,於中興大學夜間部中文系講授「詩選」。

四月四日(二),晚七時半至九時半,於台中蓮社為內典班講授《禮記‧檀弓》。

四月五日(三),晚七時十五分至九時十五分,於慈光圖書館週三講座,宣講〈十迴向品第二十五〉「二、不壞迴向」。

四月六日(四),晚,內典班學員陳雍澤習講《佛說十善業道經》,先生蒞席督課,於講後召集內典班學員交流,並點評指導。

---

[1] 〈禮記檀弓篇講記〉(1978年),明倫月刊資訊網:「雪公專集」,http://www.minlun.org.tw/1pt/1-dreamweaver/24-01.htm。本篇未見收《全集》。

四月七日（五），上午十時至十二時，於台中蓮社為東海大學中文研究所講授「詩學研究」。

晚六時二十分至七時十分，於中興大學夜間部中文系講授「詩選」課，講授：常建〈題破山寺後院〉、杜甫〈禹廟〉。[1]

四月八日（六），佛誕節，臺中市佛教支會舉辦慶祝遊行。先生領隊，各聯體機構負責人陪行。

下午二時，桃園蓮社蓮友四十人至蓮社參觀。（《蓮社日誌》）

四月九日（日），夏曆三月三日，有詩〈戊午修禊〉，此後至春末又有〈復興文化演說後追憶〉、〈前週美卡氏欲整信譽今又派其副求謀共黨〉、〈廖添丁鄉農也日據臺後憤而棄業為游俠專劫庫財散給貧眾日人無如之何〉、〈野老贈葵菜〉、〈移竹贈友〉、〈對月〉、〈觀蜀葵〉、〈革天〉、〈陋居〉、〈松柏坑山亭遠眺〉、〈感遇〉。（《雪廬詩集》，頁535-540）

〈戊午修禊〉：今日誠足樂，壺觴酌花前；詩翁發高詠，佳士鳴朱絃。令節各修禊，余心聽自然；樂歌皆慷慨，感觸情思遷。達人勸進酒，鯨吸杯倒懸。人生莫

---

[1] 【數位典藏】錄音／詩文研究／唐詩講授／寺廟類。

百慮，同醉同飛仙；肴核盤已盡，顧笑邀來年。

〈復興文化演說後追憶〉二首：

羌胡入主是歸降，一例興圖獻漢邦；禮俗同方今忽改，未崩墳墓返西艫。（十六國五季、遼、金、元、清，入主皆從漢化，今先西化。）

萬國可汗齊戴天，貞觀無忝大同年；但聞時彥歌歐美，鄉校塵封史不傳。

〈陋居〉：射書籌箠一生勞，金盡歸來鬢二毛；瀘水猶蒸人正溺，蓬山雖好義難逃。奢言食客三彈劍，不識屠夫偶鼓刀；陋室漫憂天下事，料應匡濟有時豪。

〈感遇〉：無慚槖筆聖門遊，巴峽十年風雨舟；禮樂今依蓬島霧，江山長憶秣陵秋。任教言語論天下，輒許文章挽末流；還似宣尼忘肉味，非時不慍少人酬。

【案】〈感遇〉係寫與孔德成先生之交誼。

四月十日（一），晚六時二十至八時十分，於中興大學夜間部中文系「詩選」課，習作評論一題「杏村沽酒」詩。[1]

四月十一日（二），下午四時，高雄鳳山佛教蓮社蓮友共一百五十人，由煮雲法師率領，蒞臨台中蓮社參訪，先生親臨接待。（《蓮社日誌》）

晚七時半至九時半，於台中蓮社為內典班講授《禮記·

---

1 【數位典藏】錄音／詩文研究／唐詩講授／其他／習作評論。

檀弓》。

四月十二日（三），於慈光圖書館週三《華嚴經》講座，宣講〈十迴向品第二十五〉「二、不壞迴向」。

四月十三日（四），晚，內典班學員陳雍澤習講《佛說十善業道經》圓滿，先生蒞席督課，於講後召集內典班學員交流，並點評指導。

　　陳雍澤，〈雪公恩師評點開示〉：
1. 念念為對方著想，如母之愛子，念念為子，自然生出護念孩子的方法，不必教，就會了。講經也是此理，想辦法表達，讓人聽懂。辦一切事都是如此。
2. 深思起疑，自求深入其意境。
3. 務必去我慢心。[1]

　　【案】內典班學員五位學員練習講經，第一輪習講圓滿。次週起輪由簡金武開始第二輪習講，先生偶爾蒞席督課，不再錄列。

四月十四日（五），上午十時至十二時，於台中蓮社為東海大學中文研究所講授「詩學研究」。

　　晚六時二十至七時十分，於中興大學夜間部中文系講授

---

[1] 陳雍澤：〈雪公恩師評點開示〉（1978年1月5日至1978年4月13日），未刊本。

「詩選」。

四月十五日（六），上午十時至十二時，於台中蓮社為內典班講授《禮記・檀弓》。

四月十七日（一），晚六時二十至八時十分，於中興大學夜間部中文系講授「詩選」。

四月十八日（二），晚七時半至九時半，於台中蓮社為內典班講授《禮記・檀弓》。

四月十九日（三），晚七時十五至九時十五，於慈光圖書館週三《華嚴經》講座，宣講〈十迴向品第二十五〉「二、不壞迴向」。

四月二十一日（五），上午十時至十二時，於台中蓮社為東海大學中文研究所講授「詩學研究」。

晚六時二十至七時十分，於中興大學夜間部中文系講授「詩選」。

四月二十二日（六），上午十時至十二時，於台中蓮社為內典班講授《禮記・檀弓》。

四月二十四日（一），晚六時二十至八時十分，於中興大學

夜間部中文系講授「詩選」。

四月二十五日（二），晚七時半至九時半，於台中蓮社為內典班講授《禮記・檀弓》。

是日，應聘擔任東海大學研究生論文考試委員。（見《圖冊》，1978年圖4）

四月二十六日（三），晚七時十五分至九時十五分，於慈光圖書館週三《華嚴經》講座，宣講〈十迴向品第二十五〉「二、不壞迴向」。

四月二十八日（五），上午十時至十二時，於台中蓮社為東海大學中文研究所講授「詩學研究」。

晚六時二十分至七時十分，於中興大學夜間部中文系講授「詩選」。

四月二十九日（六），上午十時至十二時，於台中蓮社為內典班講授《禮記・檀弓》。

五月一日（一），晚六時二十分至八時十分，於中興大學夜間部中文系講授「詩選」。

五月二日（二），晚七時半至九時半，於台中蓮社為內典班

講授《禮記》。是月進度為〈月令〉、〈王制〉。

五月三日（三），於慈光圖書館週三《華嚴經》講座，宣講〈十迴向品第二十五〉「二、不壞迴向」。

五月五日（五），上午十時至十二時，於台中蓮社為東海大學中文研究所講授「詩學研究」。

晚六時二十分至七時十分，於中興大學夜間部中文系講授「詩選」。

五月六日（六），上午十時至十二時，於台中蓮社為內典班講授《禮記》。

五月八日（一），晚六時二十分至八時十分，於中興大學夜間部中文系講授「詩選」。

五月九日（二），晚七時半至九時半，於台中蓮社為內典班講授《禮記》。

五月十日（三），於慈光圖書館週三《華嚴經》講座，宣講〈十迴向品第二十五〉「二、不壞迴向」。

五月十二日（五），上午十時至十二時，於台中蓮社為東海大學中文研究所講授「詩學研究」。

晚六時二十至七時十分,於中興大學夜間部中文系講授「詩選」。

五月十三日(六),上午十時至十二時,於台中蓮社為內典班講授《禮記》。

五月十五日(一),晚六時二十至八時十分,於中興大學夜間部中文系講授「詩選」。

五月十六日(二),晚七時半至九時半,於台中蓮社為內典班講授《禮記》。

五月十七日(三),於慈光圖書館週三《華嚴經》講座,宣講〈十迴向品第二十五〉「三、等一切佛迴向」。[1]

五月十九日(五),上午十時至十二時,於台中蓮社為東海大學中文研究所講授「詩學研究」。

晚六時二十分至七時十分,於中興大學夜間部中文系講授「詩選」。

五月二十日(六),上午十時至十二時,於台中蓮社為內典

---

[1] 李炳南:《大方廣佛華嚴經講述表解》,《全集》第1冊之2,頁214。

班講授《禮記》。

五月二十二日（一），晚六時二十分至八時十分，於中興大學夜間部中文系講授「詩選」。

五月二十三日（二），晚七時半至九時半，於台中蓮社為內典班講授《禮記》。

五月二十四日（三），晚七時十五分至九時十五分，於慈光圖書館週三《華嚴經》講座，宣講〈十迴向品第二十五〉「三、等一切佛迴向」。

五月二十六日（五），上午十時至十二時，於台中蓮社為東海大學中文研究所講授「詩學研究」。

晚六時二十分至七時十分，於中興大學夜間部中文系講授「詩選」。

五月二十七日（六），上午十時至十二時，於台中蓮社為內典班講授《禮記》。

五月二十九日（一），晚，於中興大學夜間部中文系「詩選」，以李白〈渡荊門送別〉一詩為例，講授〈詩法二

十字訣〉前五字：句、字、聯、段、章。[1]

五月三十日（二），晚七時半至九時半，於台中蓮社為內典班講授《禮記》。

五月三十一日（三），於慈光圖書館週三《華嚴經》講座，宣講〈十迴向品第二十五〉「三、等一切佛迴向」。

夏初，有〈首夏霖雨晚霽〉、〈朋來〉、〈遙思〉。（《雪廬詩集》，頁540-541）

〈朋來〉：車馬達人巷，茅茨幽客庵；朋來休問字，煮茗可清談。衣冠思漢制，風雅遣誰擔；若乃徵文獻，天涯訪老聃。

〈遙思〉：天西碧雲落，晚霽月鉤新；疑是凌波艇，愁無蕩槳人。看誰招隻手，使我渡沙塵；不向蟾宮住，鄉心灤水春。

是月，中華電視轉播臺北國軍文藝活動中心國劇聯合大公演全本「四郎探母」。[2] 先生曾於游俊傑府上觀此劇，且常於課間推薦同學觀賞國劇。

---

1 李炳南講，吳碧霞記：《詩選筆記》（中興大學夜間部中文系，1978年5月29日－1979年2月23日），未刊本。
2 呂佛庭有云：「五月二十一日下午九時，從電視欣賞華視轉播臺北國軍文藝活動中心國劇聯合大公演全本〈四郎探母〉」。見：呂佛庭，《憶夢錄》（臺北：東大圖書，1996年），頁712。

1978年・民國67年｜89歲

〈常禮舉要：子、居家（三）〉：看唱戲，吾每星期看一次，吾看一次幹什麼？上學啊！你會說：「你還用上學嗎？」吾怎麼不用上學？孔子說過，你入了墳墓就不上學了，吾怎麼不上學呢！吾有好幾個字不認識，吾來到臺灣才懂得的。[1]

是月，為游俊傑令媛游式鈺高中畢業，節錄《禮記》〈禮運〉篇、〈樂記〉篇勉勵。（見《圖冊》，1978年圖5）[2]

何謂人情？喜怒哀懼愛惡欲，七者弗學而能。何謂人義？父慈子孝、兄良弟悌、夫義婦德〔聽〕、長惠幼順、君仁臣忠，十者謂之人義。講信修睦，謂之人利；爭奪相殺，謂之人患。故聖人所以治人七情、脩十義、講信修睦、尚辭讓、去爭奪，舍禮何以治之？

右節錄〈禮運〉

凡音者生於人心者也，樂者通倫理者也。是故知聲而不知音者，禽獸是也；知音而不知樂者，眾庶是也。唯君子為能知樂。是故審聲以知音，審音以知樂，審樂以知政，而治道備矣。是不知聲者不可與言音，不知音者不可與言樂。知樂則幾於禮矣。

右節錄〈樂記〉

式鈺賢世台紀念　　　　　　　　　　　　　　李炳南

---

1 〈常禮舉要：子、居家（三）〉，《明倫》第396期（2009年7/8月合刊）。
2 【數位典藏】墨寶／賦詩書翰／〈贈游式鈺居士〉。

六月二日（五），上午十時至十二時，於台中蓮社為東海大學中文研究所講授「詩學研究」。

晚六時二十分至七時十分，於中興大學夜間部中文系「詩選」課，評論習作：以「合歡山望雪」為題。[1]

六月三日（六），上午十時至十二時，於台中蓮社為內典班講授《禮記》。是月進度為：〈曾子問〉、〈文王世子〉、〈禮運〉。

晚，於中興大學夜間部中文系講授「詩選」。

六月五日（一），晚六時二十分至八時十分，於中興大學夜間部中文系講授「詩選」。

六月六日（二），下午三時，至臺中市民權路土地銀行招待所，參加中國醫藥學院董事會第六屆第九次會議。[2]

晚七時半至九時半，於台中蓮社為內典班講授《禮記》。

---

1 【數位典藏】錄音／詩文研究／唐詩講授／其他／〈習作評論－題「合歡山望雪」詩〉。【案】是件錄音注記日期為「1978/06/03」，疑應為「1978/06/02」週五課程。
2 見：徐鳴亞編：《私立中國醫藥學院歷屆董事會議紀錄彙編》。

1978 年・民國 67 年 | 89 歲

六月七日（三），於慈光圖書館週三《華嚴經》講座，宣講〈十迴向品第二十五〉「三、等一切佛迴向」。

六月九日（五），上午十時至十二時，於台中蓮社為東海大學中文研究所講授「詩學研究」。

晚六時二十分至七時十分，於中興大學夜間部中文系講授「詩選」。

六月十日（六），端午節。有詩多首：〈天中節〉、〈詩人節觀競渡〉、〈午日登山北望〉、〈聽索忍尼辛廣播述感〉；前後又有〈夏〉、〈雙國士〉、〈夜吟〉、〈觀蓮憶鄉大明湖〉、〈寄內〉、〈我棄〉、〈侮慢〉、〈觀人家壁懸淵明畫〉、〈下山〉、〈獨樂〉、〈夜坐〉、〈問侶〉、〈觀波〉。
（《雪廬詩集》，頁 542-547）

〈雙國士〉（中央日報六十七年六月十日載：俄索忍尼辛痛斥西方道德淪喪，警告美國；美高華德力陳：縱容共產黨後果。皆匡時讜論。）：秦楚弟兄皆虎狼，遙天國士結成雙；堅持正義人猶聚，久障洪流志不降。日月胸襟思魯仲，乾坤器識有劉邦；鏘鏘霄漢同鳴鳳，何事恆沙下里腔。

〈觀蓮憶鄉大明湖〉（蓮為濟南市花）：百花洲賸綠楊煙，歷下亭南駐客船；四面蓮開君子界，時當雷雨獨昂然。（百花洲為大明湖渡口）

〈寄內〉（代人作）：梁間猶憶燕呢喃，十載鄉心

淚一函；江上新霜楓葉紫，石頭城畔有歸帆。

〈聽索忍尼辛廣播述感〉：河橋垂柳短，戶限綠苔生；花好春仍在，山多鳥不鳴。停雲連北斗，落日暝西城；去者如今返，猶堪舉世驚。

〈獨樂〉：誰能老去細論文，長揖出門深謝君；禮未重興難入世，心從所好不同群。朋來陋巷無車馬，獨樂蕭齋有典墳；李白知交裏水叟，千秋吾亦仰清芬。

〈詩人節觀競渡〉（余亦庚寅年生）：臨流懷屈子，降我亦庚寅；侘傺超前烈，文章落後塵。遏雲震鼉鼓，衝浪耀龍鱗；一掬心誰弔，天涯欲結鄰。

〈午日登山北望〉：依舊登臨怯，鄉心不可攔；柏彫殷社改，日午夏時端。誰謂村無剩，料應山未殘；橋陵何處是，思拜漢衣冠。

六月十二日（一），晚六時二十分至八時十分，於中興大學夜間部中文系講授「詩選」。

六月十三日（二），晚七時半至九時半，於台中蓮社為內典班講授《禮記》。

六月十四日（三），於慈光圖書館週三《華嚴經》講座，宣講〈十迴向品第二十五〉「三、等一切佛迴向」。

六月十六日（五），上午十時至十二時，於台中蓮社為東海大學中文研究所講授「詩學研究」。本學年課程結束。

晚六時二十至七時十分，於中興大學夜間部中文系講授「詩選」。本學年課程結束。

六月十七日（六），上午十時至十二時，於台中蓮社為內典班講授《禮記》。內典班四年課程圓滿。

是日晚，台中市佛教蓮社由社長朱炎煌召開該年度第一次董監事暨社務工作人員聯席會議，討論留用先生新培養之人才，並為持續蓮社弘法發展，擬成立弘化基金推動。

　　朱炎煌主席，羅阿琴記錄，〈六十七年度第一次董監事暨社務工作人員聯席會議紀錄〉：
三、主席：朱社長　記錄：羅阿琴
四、出席：朱炎煌、賴天生、黃火朝、趙鋑銓、蘇陳愛、黃雪銀、王烱如、許炎墩、吳健銘、蔡進來、鄭勝陽、朱家豐、林看治、陳雍澤
五、主席報告：老師教導之學生要畢業了，但願老師之心血不要白費。設法留住大專學生在臺中，發揮老師的精神。望大家體念老師的心理，但願留住幾位學生在臺中助弘佛法。既要做，得用些許錢，但蓮社財力很微，望大家提議該如何來辦理，使蓮社的工作能夠辦得有聲有色。
六、工作報告：
　　（三）弘法組報告：
　　此乃蓮社很重要工作，六年前有老師之生為國聲電

臺之董事長，與老師研究能否在電臺播音，使法音遍及中南部，當時為五時半至六時，當時反應是時間太早，但因為電臺六點以後要收廣播費，且很高，後交涉每月為三千元，由老師籌措，自此反應很好，而印了很多書及錄音帶來贈送。

社會之弘化工作，蓮社定期講經、念佛，慈光、霧峰，新的陣容是豐原佈教所，那兒是一個講堂，借咱佈教，向縣府備案，每星期日晚上，已講了三、四年，連慈龍寺已有十年，太平鄉淨業念佛堂週日、二念佛。蓮社星期六晚有大專講座，又如監獄之佈教，中部大專學社團時常由蓮社派人前往弘法。

因為各地來要求，無法完全滿足之，為東勢有個念佛班，及東勢街上皆曾要求，中間許祖成居士曾前往講經，但無法繼續，后里、鹿港、員林等皆曾經來要求，草屯、大甲、清水等中部團體，都希望蓮社弘化人員能去弘法，但皆無法令其滿足。

二十年來每週連延不斷的弘法，蓮社可說是正法之所在地，欲求佛法惟有來蓮社可得故，不可以今日為滿足，希望能繼續發展。

七、討論事項：

蘇愛居士：當初欲建蓮社時，師曰房子建得好，沒人也沒用，而今有了人才，佛法很深，今開此董事會，要推行工作，若都以物質來布施是很難，若能以弘法人員前往弘法，是最好的度生方法，若弘法要錢，應該是利用眾人的力量較好。當初師初來時，由十姊妹至街頭

巷尾去弘法,而今年紀已大,如何去推行文化工作,請大家討論。

個別發言:過去並無弘法基金,明天之聯誼會要組織念佛團,過去有小組也得加強組織,明天得要求大家,看誰發心及如何去提倡推行,而弘法工作之推行,也得有個計畫,看如何使此案成立,如何推行,以加強弘法團,是否要成立弘法基金等。過去之弘法組今年紀都已大了,要靠他們是不可能的,老師有一批新的學生,得先了解多少人在臺中,多少人在北部、中部等,得好好組織,他們是有專門職業,若沒有職業,當如何支持之?及弘法津貼等該如何支配。

社長:當成立弘法基金,去承當電臺之費用及其他弘法費用。希望大家能捐出一些,來做做善事,但得有個肯發心之人出來跑腿推行,使能長久。今日台中蓮社的名聲是很大,外地有人用此去募捐,這是很不應該的,現在希望在座之人發心出來做,即功德無量,節省零頭錢即可成立。

決議:弘化組基金會由社長當召集人,而以後若有樂捐的名單,拜託明倫社順便印出,給予鼓勵。

「名稱」後日再研究,以後再請教老師。

(一)名稱:暫定「台中市佛教蓮社推展文教工作基金委員會」

(二)召集人:正—朱炎煌,副—蘇愛、許炎墩

(三)委員:本社董監事,熱心贊助者

(四)章程草案另訂之。[1]

六月十八日(日),上午十時,台中市佛教蓮社由社長朱炎煌召開念佛班聯誼會,蓮社董監事、工作伙伴,以及三十六班念佛班[2]各有正副班長代表出席,全部出席人數百餘名。先生應邀列席指導。會議討論念佛班及助念團之整理事宜,先生應邀以導師立場指導三種辦法:找新人接手、新舊共同、籌設基金。

朱炎煌主席,羅阿琴記錄,〈台中市佛教蓮社六十七年度各念佛班聯誼會會議紀錄〉:

七、主席報告—朱炎煌社長:諸位同修大德,勞動大家來此討論數事。過去有念佛班,但這數年皆已散去,望今日能加強組織,希望各位班長能組織起來念佛。蓮社近數年來很散,望有發心者起來組織助念團。以報答恩師數十年來之教導。今蓮社陳總務很發心,若大家有事,多與之聯絡。要組織念佛班,也希望老師所教年輕的一代加入。

---

1 朱炎煌主席,羅阿琴記錄:〈台中市佛教蓮社六十七年度第一次董監事暨社務工作人員聯席會議紀錄〉(1978年6月17日),《台中蓮社歷年會議紀錄》,台中蓮社檔案。
2 是時念佛班有:威儀班、中正班、布施班、施法班、施財班、雙修班、九蓮班、實相班、青光班、持戒班、復興班、懷西班、勝幢班、方廣班、佛喜班、高峰班、旭光班、朝新班、能忍班、翰香班、寶華班、先度班、般若班、等覺班、開泰班、德聚班、文藝班、中慧班、修文班、智度班、誠中班、國光班、信義班、后里班、東勢班、端立班,共三十六班。

八、導師開示：主席、各位同修：當初蓮社念佛班有見面聚會之佛學問答，但因蓮社改建，停了二年，有些人遷居，有的年紀大往生了，有些年紀大走不動，因上之三個原因，以致念佛班形成有名無實，而散掉了。

臺灣念佛在以前雖有，但不風行。自從建了蓮社，提倡淨土念佛是台中蓮社始，組念佛班、打佛七、建蓮社、辦慈善事業⋯⋯等，皆從台中蓮社始，至今已三十年。談佛法得有根據，台中蓮社只談佛經及祖師之語，餘者一概不幹。念佛尚不得一心，其他何能一心。余在台中蓮社講經三十年，皆同一路線，有個目標，無論何經終結皆歸在念佛。最後能否得一心而往生，完全看自己是否皆依佛經去做。

台中蓮社念佛比較純。前十五年真能往生者三人，生善道的很多。往生得有證據，要經名師指點，不可欺人。後十五年往生者較少，因時間久了就懈怠退轉，自古以來皆如是。佛昔時亦有退轉的，若自己策勵，即可不退。

淨土宗歷代祖師，為了臨命終時往生之事，特別重要。其他法門無當生成就者，菩薩成佛得三大阿僧祇劫。而欲成個羅漢得幾萬年天上人間七番生死。淨土得當生成就，不許第二生。因今生不往生，入六道有隔陰之迷，不能繼續修行念佛，即不可靠。若要當生成就，功夫好者沒問題，但功夫較差者為何？組織助念團。助念團並非人人可幹，得有訓練。今日錄音機播音，有小小之助益，沒太大之用處。中國醫術之扎針，在穴道上畫出記

號。按幾分幾寸扎上卻不靈,而內行的扎上即靈。《內經》上有「神不及也」,扎針時得全身精神運在臂上,而至手上至針上扎進去,是有神的才有用,若無神則為死的針沒有用,錄音機也是沒有精神。活人念佛得貫注精神,把精神貫在臨終人的身上,這樣才有用,助念得依佛法而行,否則無效。修行功夫如印光祖師,臨終時也是得助念,何況凡夫,故蓮社有助念團之組織,但散了乃一大損失。若事發生了,只好找個人發心,以致助念團等於沒有一樣,必得有個組織才可以。否則這前途大有危險。

組織助念團不易,有其規矩,得先組念佛班,一班十幾二十,若有往生的需要助念,本班的先去助念,但人不多,而各念佛班有個聯繫,每個念佛班出一、二人,組成一助念團輪流去助念,得有輪班值日表,不能光叫一、二人,日久天長的去幹。助念團在蓮社用輪流的,該輪誰就誰去,一次四、五個人即可,不可太多人。

但今日念佛班已散,為組助念團,得先組念佛班。又有一個原則,咱們本班有臨終的去助念,而本班以外的不去應付,因為若去了,人家送紅包,一次不收,但時間一久,若收了一回,那就壞了事,蓮社就成了開佛店。蓮社不許如此。以前初一、十五佛菩薩聖誕,皆把蓮社大門關起來,要拜拜到別的地方去,若常出去讓人招待等,心亂了,則一切都不行了。去助念,滿肚子為了錢,就變了質。現在要緊在組織助念團,但有困難。現在念佛班一班有只剩四人、三人,或二、一人的,大多

不全了,而蓮社之辦事者不知,仍向舊地址去送信,而班長看人少了,有何用處呢?解決辦法:

第一:舊的念佛班班長還在的,仍為班長,尊重老人,若欲再找人增加可以,若不願增加也可以。但班長若年紀大如我,已九十歲了,力不能勝,可以想法子推薦人接棒,而自己可以退休。

第二:除了舊的老同修得尊重,而青年人再組織新的,舊班的是老前輩,可以指導新的同修,此亦很好。

第三:組織助念團來,一個月內至多或有三位蓮友往生,派三次出去,得有個預算,車資、飯錢及其他香燭等,完全由蓮社籌款項,不同其他用途,成立基金,本不動,由利息來支出,所發數目得從厚,不能向外人拿錢。若蓮社有辦法,由蓮社辦,若沒法子,我來負責籌錢,但概不向大家捐錢。

這三個辦法有了,助念團即不愁了,今請諸位老同修來,無論班員是多少,主要求大家精神上的支持,我們這裡與他處不同,我們是尊重老人,目的如此而已。今天不是講演,而是向諸位說明,這個辦法聽了,若蓮友們有更好的方法,可請諸位發表,社長必會尊重大家的意見。

社長補充:

希望大家回去,重新組織念佛班,而有發心參加助念團的,報名到蓮社來,請大家發心。

今天發下以前師所訂的「各班決志生西實行互助會案」，有祖師開示，很切要，乃在策勵各位精進念佛修行，以求生西方。上次開會發給各班的念佛班之名冊，有三分之二已交回，有三分之一未交回，希能交回。而今發回者，請各班保管。念佛班組成，以後再來組織助念團。最後請各班班長、副班長鼓勵班員來聽經、念佛使他們能發心參加助念團。[1]

張式銘，《張慶祝師姑九十回顧》：六十四年改建蓮社，六十六年落成。蓮社落成後，後車站附近有一位阿換師姊往生，我請人去助念，卻沒人去，大家懈怠。我告訴老師，三天後老師來蓮社召開助念會議，老師自己買一部紅色的助念車，我出資三萬元。[2]

六月二十一日（三），於慈光圖書館週三《華嚴經》講座，宣講〈十迴向品第二十五〉「三、等一切佛迴向」。

六月二十五日（日），上午十時，於台中佛教蓮社一樓講堂舉行內典研究班結業典禮。結業學員為李榮輝、簡金武、劉國榮、李子成、陳雍澤、吳聰敏、連淑美、吳碧霞八位學員，與會師長有王禮卿、許祖成、周家麟、徐醒民四位教師，來賓有周邦道、周宣德兩位居士，並

---

[1] 朱炎煌主席，羅阿琴記錄：〈台中市佛教蓮社六十七年度各念佛班聯誼會會議紀錄〉（1978年6月18日），《台中蓮社歷年會議紀錄》，台中蓮社檔案。
[2] 張式銘：《張慶祝師姑九十回顧》，頁62。

1978 年・民國 67 年 | 89 歲

請台中佛教蓮社朱炎煌及蓮友八十餘位蒞會。[1]（見《圖冊》，1978 年圖 6）

先生以「內典研究班」班主任主持典禮，述說開辦因緣、變化，並勖勉畢業學員：知恩報恩，上求下化，精進不退。

〈台中市佛教蓮社附設內典研究班結業典禮紀錄〉[2]：
一、頒發結業證書：八位學員一一向老師問訊（本該頂禮因老師指示改問訊禮）後，虔誠恭敬接受這張代表四年來的辛勤向學，師長的殷勤教誨，及承擔儒佛大任的結業證書。
二、本班贈送教授紀念品：由炳公恩師一一贈送給諸位老師
三、學員贈送師長紀念品：由李榮輝學員代表，一一贈送給諸位師長。
四、贈送大德紀念品：由本社朱社長代表接受
五、以下為致詞部分。
（一）主席致詞
　　內典研究班此一構想，早在十年前就已有了計畫，但未實行。原因一是為人數較多，再就是經費問題，因研究佛經不是臨時捐款湊足錢即可，此為日久天長之

---

[1]【數位典藏】照片／教育研習／內典班／〈結業典禮〉。
[2]〈台中市佛教蓮社附設內典研究班結業典禮紀錄〉（1978 年 6 月 25 日），《內典班文牘》（1973-1977 年），台中蓮社檔案。

事。學問若僅只一、二年實在不中用,尤其對佛經,恐怕四、五年猶覺短,但因各學校皆以四學年為一階段,故原則上仍以四年為一期。

四年前美華僑沈居士找我辦翻譯佛經。此一問題困難頗多。本人實在沒此能力,故也沒敢答應。又因沈居士屢次找佛學大德,但都沒有人辦得了,故我為他設法,但有附帶條件,先設內典研究班,學好儒書佛典後再辦譯經之事。後徵求得他的同意,開創此研究班。

辦了二年後,沈居士想要開始譯經;此真辦不到,故只好停辦。臺中的同修們覺得若中途而廢很可惜,故大家都願意拿出錢來,使研究班能維持到底;這件事頗使我為難;我自年輕時就一向會花錢,不會存錢;今要人家拿錢出來,我真開不出口,據估計一年半下來,所需的經費大約要八十幾萬。後湊足了經費;幹了幾個月後又感覺有些困難;原因是當時物價上漲,此時在臺北有位同修周榮富居士,他願意提供伙食費,並又有二、三位同修也捐了七、八萬元;研究班內又有二位教授,說什麼也不領鐘點費,一位總務也是同樣不領錢,所以一年半下來又剩餘了十幾萬;如此現總共還剩二十幾萬。這是我的原則:辦公費不經我的同意,連一塊錢也不許隨意花;所以不但不會不夠,還會有餘。現已將帳目交代清楚了,我也可清心了。

這幾位學生,他們自畢業後也各有職務;但為研究佛學,也都放下了職務,這種犧牲的精神,令人可敬;又各位教授來此上課,十分的賣力,又令我心不安;這

可從批改作文時看出；值得慶幸。又借住在蓮社、圖書館，受人之照顧，借用人之房子、物質；想想看自己有何德能，來報答人家的恩惠呢？想想看人家對我好，我應如何呢？當然也是對人家好，但這不需用嘴說，得表現出來才是。因他們年輕不懂，故在此特再強調出來。

今日，為他們的結業典禮，我們一切從簡，不鋪張，只請了社長、發心的蓮友及提供獎學金數人而已，且一切禮不接受；說不接受就是不接受；我既是說出就要給學生有好榜樣；上次蓮社落成時也是同樣的不受禮，學生學了，才能做正人君子，欲為國效勞，至少要做個誠實君子。

我今天只是報告狀況，不是演說；典禮結束後請留下便餐。

（二）師長開示

王禮卿老師：我不擅長講演，今很榮幸來參加你們的結業典禮，講講過去四年來，與你們相處的感受；同學們在李老師的教導下；思想、待人、處事方面與一般的大學生不同；在求學、做人方面皆有特殊的心得；李老師的指導可說是很完美了；我今天僅提出二點感想，以供諸位參考。

一、不光讀書；做人、做事，可說一切皆不離理、事，所謂理事無礙；即對義理的看法，適用於事事物物，皆需圓融無礙。對於進化論之觀點；青年學生都非常相信；達爾文的進化論在學術界的價值很高，在生物界物質文明方面皆可適用；然而進化論的原則並不適於各方

面；如唐詩、晉賦、漢文章，這種智慧創造的東西，就不適進化之原則；再次如忠孝節義之道德觀念；在今日也不如從前的那樣重視，故可說，道德不是物質，不適於進化之原理原則。今日大多青年奉進化論為神明，以為事事物物皆適於進化論；此為錯誤的；故在這裡僅提出「讀書，要明其理而加以活用，不可固執。」

二、對事情不能光看其表面，要深入的觀察，才能得其要義。就以漢光武帝時之嚴子陵不仕，一般人只以為他釣魚、不貪名，在他個人只是性情很清高，但對國家民族有何貢獻呢？漢光武帝他為很英明的君主；他統一天下之後，深知文治武功這是有形的建設，而要使國家有永久的規模，立百年之基礎，就必須從道德風俗建設，他要使嚴子陵清高的品德，讓社會了解，以造成東漢重氣節之風氣，故嚴子陵的隱居，對後漢之貢獻，可以今日之術語，謂之精神建設。故對一件事，要能深入觀察，才會發濃厚的興趣；才能了解民族文化深度之價值及其精神所在；故特提出「對事理要深入的觀察」，僅提出此二點供諸位參考。

許祖成老師：首先向您們道賀；能在此勢利紛華之時代，到處都是引誘之事物，而同學們能不受誘惑，屹然不動，堅定信心的向學，對於名分勢利皆看得很淡；一般人求得「博士」後，就身價百倍，名利雙修；同學們能為學問為佛法，精勤不懈，不受引誘，不受搖動；且心裡也明白，能辨別對國家、民族的大義，與各人之身心性命的關係，這有了小智慧、也已有小定；四年來

有了這定慧的增上緣；可說已打下了基礎，如蓋房子，地基已堅固，以後隨能力而建造房屋，不會再塌下，故可預見同學們人生的光明前途已經開始了。

再者、當此佛法衰微、人心敗壞之際；剛才王老師提出東漢光武帝時嚴子陵高士；王老師在今天說此話，其用意同學可想而知。諸位同學，國家之長治久安，就靠各位的發心，各位同學須負起之大任，則國家、民族、大眾才可得大福、大慧。同學應如維摩詰大居士隨緣度眾；並以文殊之般若智；催伏魔軍；四年來不息不間的求道，以後仍需精進下去，以淨佛國。

三者、在老師的領導之下，及各位老師辛勤努力的栽培學子，今日幼苗已長大，開花結實，這是可預先賀喜的。今日各位之成就，各位之福慧成就，也就是我之福慧成就，我內心充滿喜氣洋洋；在此祝賀各位。

（三）來賓致詞

周邦道老師：老師在臺，首先開創之機構很多，如蓮社、圖書館、救濟院、研究班等，都是老師最先領導的；剛才聆聽老師這創班四年來之財務報告狀況，及各位老師辛勞義務的教導諸位；同學精勤的向學精神，以及大德們在精神物質方面的支援，這些都令人敬佩不已。前些日子，曾前往松山寺。寫了《金剛般若經》，印出送與諸位，同學有如金剛之堅強、堅固；擺脫一切困難來此求學；《金剛經》上有依何因緣得此堅固力；以此來加強你們的堅固力；你們如同八大金剛，將威震八風。

你們專精的求學，四年來必有不少心得，現又年輕，來日必有不可限量之成就，老師傳尼山之道統，釋迦之佛性，儒佛這兩家之學問，都見之於同學身上，同學的一舉一動，一言一行皆是老師的指導；同學們任重而道遠；今特加強你們的堅固力，能受持讀誦書寫此經；佛學界向諸位同學道喜。

　　周宣德老師：今天是研究班結業典禮的日子；本來我就打算不管請不請我來，我都要來。後來帶著請帖來見到老師時，老師說：「兩周都來了。」
老師開創之事業，如慈光、明倫講座，自此後講座風氣大盛，如各處之講座及齋戒等，這數十年來，在大專院校成立的社團有六十一所；教化的人數有七、八萬人，這些振興的份子，都是老師領導出來的。但這只是廣度、面的發展，還須變成深度。

同學們四年下來，清淨心大概是有了，以後追隨聖賢就全在各人發心，你們八位之中，我較熟悉的也有四位，這裡提出連淑美來向大家說明，她向道之精神，她畢業後也曾在我雜誌社工作，每星期三必定來聽老師講《華嚴經》，聽後再回臺北上班，後要來研究班聽課，曾要我擔保，我毅然答應（保證她一心向學）。今說此為增強各位之信心。再說，研究佛學不難有人，但真正下功夫的就是你們八位，可與清末民初時的支那佛學院相媲美；各位一天上六節課，晚上還要筆錄做功課，四年來不間斷，也不計較名位，雖沒有博士學位，要是整理四年來之筆錄，也不難得博士學位。

以後各人回家後各盡職守,並以行持表現出菩薩心來給大家示範,真恭喜你們。

(四)學員致謝詞

李榮輝代表致謝詞:諸位老師、大德:今天在這結業典禮,我們要說些心裡話,古人云:「大恩不敢言謝」,我們對師長、大德們心中的感激正是如此;在我們的八識田中,滿懷有感激懷恩的心情。我們是來自各地處,不同的根器,能有機緣聚集在一堂,在老師的慈暉中,學習言語辦事;在教導、磨練之下,做人、做事方面皆得到啟發;這些怎不令人感激懷念。另有諸位大德在物質上的幫助,精神上的鼓勵,及日常生活的照顧,都令我們感激不已。今天在這結業典禮上,感到萬分慚愧;由於我們的魯鈍,不能達到老師、大德的期望;在此自慚之中又感到任重道遠;我們將以師心為己心,以師志為己志,貢獻出自己的生命力量,盡未來際永不止息;還希望老師、大德們給予不斷的教誨與提攜;並恭祝　身體健康光壽無量。

(五)蓮社社長致謝詞

朱炎煌社長:感謝諸位來賓蒞臨研究班的結業典禮。「佛法難聞,人身難得」,老師乘願再來,來此宣揚佛法;四年來同學們在此精進不懈的研究也很難得;在年輕的時候就聽聞佛法很不易;大家學得「如如不動清淨心」;希望能把心得傳給大眾,能一傳十,再十傳百,便能改變社會風氣了。

內典班教師王禮卿另有〈贈內典班畢業諸生〉詩二首。（見《圖冊》，1978 年圖 7）王教授任教國文課整四年，與學員結緣深厚，日後王教授夫人丁汝訒有〈高陽台〉詞一闋，感謝先生及內典班同學。

王禮卿，〈贈內典班畢業諸生〉二首：

未羽迦陵已蘊真，早霑法雨滌根塵；四年文字傳般若，應自靈山一會因。

八代高文近百篇，詞林心法篋中傳；兩都鉅賦留餘帙，珍重人生未盡緣。[1]

丁汝訒，〈高陽台〉——感謝李老師勸導向佛及諸同學關愛以詞誌謝：

才見春鋤，旋看夏刈，近來稍顯清臞。誰說人情，而今不若當初。永懷無限殷勤意，夕陽中，訪扁延盧。時薰蘄州艾，沉香繚繞檀爐。　靈山自有通衢。盼招回歧路，度化痴愚。萬點心波，凝成一片澄湖。非圖滴滴楊枝水，求孽根妄念消除。拜蓮台，好趁因緣，勿怠須臾。[2]

【案】王禮卿教授任教內典班國文課整四年。後兩年，以內典班每週上四小時不夠，要求學員同時至中興大學中文系王教授開設之《歷代文選》課旁聽。因

---

[1] 王禮卿：〈贈內典班畢業諸生〉，《誦芬館詩集》，《王禮卿教授百年誕辰記紀念文集》（臺中：中興大學中國文學崇，2011 年 12 月），頁 371-372。

[2] 丁汝訒：〈高陽台〉，《汝訒詞稿》，《王禮卿教授百年誕辰紀念文集》，頁 423。

此，整部《歷代文選》將近百篇，最後只剩下班固〈兩都賦〉之〈東都賦〉未講完。[1] 詩中「兩都鉅賦留餘帙」指此。

先生亦有詩和王禮卿〈贈內典班畢業諸生〉，並另撰〈申謝〉詩感謝其用心教導。（《雪廬詩集》，頁541）

〈和王教授贈內典班畢業諸生〉二首：
木鐸文章各自鳴，諸城從不例桐城；鴻儒今古皆君子，幾卷書題游夏名。
輞川春水接天藍，遙寄鯤臺注劍潭；沈浸青衿成八俊，俱能鵬化欲圖南。

〈申謝〉：四載槀比髮更疏，言難傾盡意何如；杏壇滴雨皆成海，永掬心香爇雪廬。

吳聰敏，〈永懷禮卿師——談禮公與蓮社所結法緣〉：第一年開學之初，雪公一一頂禮任課老師，這個舉動曾讓我們同學震撼與感動；而禮公老師教學也相對的負責，每次批改作文完，必先送雪公過目，再發予同學，一一加以指導，四載如一日，其認真態度有如此者。[2]

---

1 吳聰敏：〈永懷禮卿師——談禮公與蓮社所結法緣〉，《明倫》第431期（2013年1月）。
2 吳聰敏：〈永懷禮卿師——談禮公與蓮社所結法緣〉，《明倫》第431期（2013年1月）。

內典班學員,亦各得先生題辭留念。[1]（見《圖冊》,1978年圖8）

六月二十八日（三）,於慈光圖書館週三《華嚴經》講座,宣講〈十迴向品第二十五〉「三、等一切佛迴向」。

是月,《明倫》月刊發行第七十五期,改報紙型為期刊型。先生鼓勵專心辦刊,不用擔心經費問題;並指示辦刊原則四不:「不打筆仗,不登廣告,不自我宣傳,不批評出家人」。

> 黃潔怡,〈雪公與明倫〉:筆者自《明倫》七十五期起,參與編務的工作,之前《明倫》尚屬報刊型出版。當《明倫》以三十二開四十八頁風貌出刊後,雪公便鼓勵道:「好好幹,不用擔心錢,編三期後,一定有感應。」感應?一本小小的佛儒刊物,會有什麼感應?果然三個月不到,臺北護法周榮富大德,便發心每月護持《明倫》印刷費,雪公答應接受一半印刷費的捐助,另一半要《明倫》自己張羅,因此許多《明倫》學長,也都發心定期樂助,就這樣《明倫》以免費贈閱方式,與讀者廣結法緣,直至今日。
>
> 「不打筆仗,不登廣告,不自我宣傳,不批評出家人。」

---

[1] 李炳南:〈谷關山中觀瀑〉、〈聞鐘〉、〈煮茶留客〉、〈境來〉、〈秋山遠眺〉、〈觀碁〉、〈山水〉,《雪廬老人題畫遺墨》,《全集》第16冊,頁91-97、162。

這是雪公一再給《明倫》耳提面命的指示。雪公要弟子們默默幹，多積陰德，下筆行文，都要讓讀者蒙受法益。[1]

六月底，觀月有〈下弦〉，前後又有〈開闢〉、〈看山〉、〈答人問河套圈〉、〈誦李太白黃鶴樓聞笛誌感〉、〈竹鳴〉、〈有省〉、〈美蘇更迭爭霸皆以他國為壑〉、〈逢鄉人〉、〈雨象答或問〉。（《雪廬詩集》，頁547-550）

〈有省〉：三徑有藜藿，連床堆古書；盈筐採朝食，湛露濕衣裙。飽後開書帙，朗吟聲滿廬；微言輒有省，今密前何疏。夕陽高樹杪，鳥雀喧庭除；同鳴可同群，鳥樂人何如。

〈美蘇更迭爭霸皆以他國為壑〉：遠矚西北塞，風沙搏混芒；金蛇欲吞豕，麋浪太平洋。乾坤久陰霾，使我摧肝腸。上辰居北拱，下車指南翔；經緯三六度，軒轅奠中央；聖賢在華夏，濟世非戎羌。聞雞盍興起，繩祖圖自強；厚積五千載，開承重發揚。慷慨提慧劍，願揮蘇萬方。

〈逢鄉人〉：忽漫相逢意便親，暫留沽酒話黃昏；聽來往事皆惆悵，多少平生未報恩。

〈雨象答或問〉：西風初起未開天，窗度流雲樹掛泉；且喜吾家多舊物，遊依篆笠臥依氈。

---

1 弘安（黃潔怡）：〈雪公與明倫〉，《明倫》第300期（1999年12月）。

七月一日，內典班畢業學員劉國榮，經先生指派至蓮社任慈務主任。該班陳雍澤先已於是年三月接任蓮社總務主任。蓮社改建初完，兩位新任主任與常住師姑等聯手合作，接續重整興辦各項事務。

  「陳雍澤口述」：六十七年三月五日雪公叫我先來蓮社做總務工作。因當時的總務張進興居士做很多年了，身體又不甚好，跟老師要人，要很多次，雪公才叫弟擔任此事。[1]

  治喪委員會，〈劉公國榮（誠達）老居士生平介紹〉：（劉國榮）內典班一畢業，在台中蓮社擔任慈務主任協助救濟與放生。民國六十七年協助成立「念佛班」，民國六十九年成立「榮富助念團」擔任副團長等。[2]

七月五日（三），於慈光圖書館週三《華嚴經》講座，宣講〈十迴向品第二十五〉「三、等一切佛迴向」。

七月七日（五），上午，參加台中蓮社社長朱炎煌夫人王錦告別式，前往祭弔者近百人。王錦於七月五日往生，多位蓮友及大專同學前往助念。

七月十二日（三），於慈光圖書館週三《華嚴經》講座，宣

---

1 林其賢記錄：「陳雍澤口述」，2022 年 9 月 12 日。
2 治喪委員會：〈劉公國榮（誠達）老居士生平介紹〉，2022 年 9 月 9 日。

1978年・民國67年｜89歲

講〈十迴向品第二十五〉「四、至一切處迴向」。[1] 先生宣講迴向教理，亦恆常如是，時時迴向。

　　林美津，〈師訓集錦（一）——時時迴向〉：某日，侍師於車座內，停駛於慈光圖書館前，勝陽兄入內辦事。當時，有一女學生，從館內走出，忽見雪公坐於車內，便從手提袋裡，取出鋁箔包裝之牛奶一瓶，虔誠供養老師，雪公慈祥接受後，轉問後學：「女生何名？」後學答：「不知也。」不久，勝陽兄回到車內，雪公再追問他：「那女生是誰？」答：「林ＸＸ」。雪公點頭說：「好！回去再給她迴向。」原來，老人家再三追問女生姓名，是要將那包牛奶帶回家供佛，並迴向給那位虔誠的女生。雪公老師平素凡有可用、可食之物，無不先供佛迴向後再使用，即便是一小包的牛奶，亦復如是，此即老人平日所教「時時迴向」也。[2]

七月十六日（日），上午九時，前往水湳蓮社，參加該社落成暨慈蓮托兒所十週年所慶、幼稚班畢業典禮，並開示。（《蓮社日誌》）

七月十八日（二），周邦道來函，謙稱推介簡生任教職事非

1　李炳南：《大方廣佛華嚴經講述表解》，《全集》第1冊之2，頁218。
2　林美津：〈師訓集錦（一）——時時迴向〉，《明倫》第173期（1987年4月）。

其功勞,請勿致謝。[1]（《圖冊》1978 年圖 9）

周邦道,〈周邦道來函〉（1978 年 7 月 18 日）：
雪公夫子大人函丈：簡生事就,仰仗德望,邦道不過從中述敘聯繫而已。羅校長慨然俞允,道義情感成分居多。已立即馳謝,如貽儀物,恐渠不便接受。昨晚曾與秀英言及,敬乞考慮。至簡生北來道謝,則等於見外矣,萬乞尼止為禱。秀英在該校負會計重責,續聘中似亦具有不言之因緣也。謹此肅覆,虔頌
崇安　學生周邦道頂禮　六十七年七月十八日午後二時

【案】此當係先生為內典研究班畢業學員簡金武謀教職事。「羅校長」應是時任臺中師範專科學校校長之羅人杰。

七月十九日（三）,於慈光圖書館週三《華嚴經》講座,宣講〈十迴向品第二十五〉「四、至一切處迴向」。

七月二十六日（三）,於慈光圖書館週三《華嚴經》講座,宣講〈十迴向品第二十五〉「四、至一切處迴向」。

七月三十一日（一）,蓮社董事長董正之自臺北返中蒞社,上午十時至十一時,先生特為開示念佛法要。[2]

1　周邦道：〈周邦道來函〉（1978 年 7 月 18 日）,台中蓮社收藏。
2　李炳南講,陳火爐記：〈雪公開示念佛法要〉（1978 年 7 月 31 日）,《台中蓮社歷年會議紀錄》,台中蓮社檔案。

〈雪公開示念佛法要〉：大家學佛，目的為何？真正目的即解脫、了生死，此當明白。若學佛而辦不到，即非學佛，沒用處，只是胡亂一套，耽誤光陰，得些福報而已。不了生死，即是走錯路。了生死，在今末法，修行法子，除淨土一門，別的法如禪、淨、密……雖均是佛法，但做不到。大家做不到，我亦做不到。常說：禪、密吾皆學過，跟真正證果之人學，未成功，是以專修淨土，淨土老師亦是證果，只有我這壞學生，自量其力，只有老實念佛。說實在，我修淨土，不過下品下生，出三界而已，餘做不到。我學了六十多年，講經五十多年，你們有否？或許你們根器好，可是不見名師。我密宗老師，三位均是西藏活佛，唯識梅老師是大家，淨土是十三代祖師，可是皆不中用。但我走的是正路，三十年來我所教的是正路，果真理會，一句「諦聽」，記於心中不忘，即成就。

去年臘八打雷，吾即說過，今年人人著魔，人多長病，其餘亦多魔障。今臺灣禪密大興，今年即大講神通，如此便宜，為何我不去？我知那是大妄語，哪來神通？三十七助道品，初步學的人，先學四念處，有了定，方有四神足。有定才有神通，不可誤人慧命，以為自殺即可成就，這連戒均不見了，佛家是不准自殺的。

今將淨土要緊之話說說，常聽人說一心很難，不錯，斷惑才一心，這是祖師說的。你們想想，你念佛，我亦念，我說過「我念和你們不一樣」，可是從未有人問，這即是相應不理。學問是自己求，今日是我往外送，按

中國文化,「只聞來學,未聞往教」,我是不合禮的。人之將死,其言也善,今日所說,三十年來即如此說,做不到即再說。注意聽,「淨土三要」:信、願、行,有升堂、入室之不同,今講為升堂之三要。

一、「信」,三件事:純、一、續。

(一) 純:不純,信即沒有了。如學佛,又學些道教、外道……,即不純。即使完全學佛,禪淨雙修,亦不純。淨土除印祖,餘皆先禪成就了,再修淨,不是混合雙修。又淨土中有四,那一法?實相不懂,十六觀、觀相,二六時中不離,誰能做到?持名,人人會持。閻浮提耳根最利,音聲成就,六字即是佛,將其名觀成實,即是成功。

(二) 一:不一即不信。念之時,修觀之時,念茲在茲,只在此六字或四字上,此外一點不許有。如念佛時夾雜上一聲「咳嗽」即不專一。專心念,連「咳嗽」亦不會起,念茲在茲,如取火鏡,須對準光,搖動即不行,心無二用也。

(三) 續:不續亦是不信。必二六時中續之不斷,不續即生滅法,不能成就。《彌陀經》云:七寶池蓮花,念即長,不念即萎。不能續之,不能成就,怎麼辦呢?〈大勢至菩薩念佛圓通章〉:淨念相繼。

二、「願」,包含兩個字,即蕅祖《要解》中「欣厭」二字。

《要解》,印祖曰:古佛不逾。《要解》即是以三要注之。其中特重「願」,不然念至一心不亂,亦不

往生。欣厭者（只許淨土用），《彌陀經》上所言，信其中所言均好，都願意做，都是玩樂亦好，鳥叫願聽，七寶行樹願看，彼世界之事，皆欣喜求之。厭則厭此娑婆，什麼事皆厭。記住「欣厭」二字，財色名食睡，地獄五條根，至相當程度和功夫即不必，有即倒楣。

三、「行」，小《彌陀經》之持名。

　　大家學念佛，也知求一心，入定，但不得其法。念佛，祖師注曰：念茲在茲，發於心，出之口，入於耳。收於心，心發心收，心一入定，則心有佛，而使周圍環境皆為佛也。朝暮二課，是固定時候，不可趕著念即完了。心念佛時，妄想欲起，佛號擋住，佛號成了障礙（反面之障）。祖師行住坐臥均在定中，我們不行，不可強求。〈圓通章〉有：憶佛念佛。憶佛者何？八萬四千法皆是方便，念佛則是不假方便。不問做何事，以「憶佛」當吃飯，以此為法食。今在此和大家談佛法，喝茶⋯⋯皆為吃飯。諸位若能以六字洪名當世間飯，即可。憶佛不是入定，行住坐臥不離此也。

　　以上平素即說，未以「信、願、行」說而已。前說迴向亦須一心不亂（否則無效），凡修行均如是，道、儒家亦求一心不亂。無「信願行」即無三要。無「信」則不行，無「願」，一心不亂亦不往生，無「行」則說食數寶。個人努力，依此修行，準得往生。

與董正之晤別後，旋得舊友李漢鳴過世消息，日後有詩哀悼。

〈哭李立法委員漢鳴〉：八旬稱壽考，猶自斷人腸；烽火數千里，交情三十霜。秋山墳已草，白首淚霑裳；慰藉容徯倖，招魂在故鄉。（《雪廬詩集》，頁 558）

【案】李漢鳴係山東省第六區選出之第一屆立法委員，於一九七八年七月三十日病逝。[1] 來臺初期寓居臺中，曾任台中蓮社精進念佛班班長（見 1955 年 2 月 15 日譜文），又於一九六三年菩提醫院籌建時，與張佩環等居士共同捐建「炳公恩師室」一間。一九七〇年前後，因政府為中央民意代表建屋遷居臺北。

是年夏，為靈山寺供奉之普賢菩薩像重加裝裱，先生特撰識語，該像係先生自四川攜至臺灣者。（《圖冊》，1978 年圖 10）

歲戊寅，避寇入蜀，渝州山中大霧期間，空襲例停。友人遊峨嵋，於金頂寺得普賢大士印模，人皆以為寶。友知余好佛，歸遺之。後攜來臺，逢靈山寺建淨宗道場，謹供奉焉。至戊午夏季，加裝池。特識其因緣。

季夏，有詩：〈長夏觀雲〉、〈美人〉、〈窮未詩工自嘲〉、〈訪山僧〉、〈居處有竹〉、〈今昔〉、〈西方月〉。（《雪廬詩集》，頁 551-553）

〈窮未詩工自嘲〉：錐立久無地，何人如我窮；詩

---

[1] 見：（67）台統（一）義字第 3184 號（67.09.04），《總統府公報》第 3404 號。

成漫驚喜，斧鑿未能工。筆硯思投火，金銀枉斷蓬；欣然獲杯水，不負老彫蟲。（尚舌耕教詩）

〈居處有竹〉：高節臨清澗，翛翛上紫冥；吟風時絕倒，來雨輒垂青。獨坐琴餘嘯，遲回客忘形；此間居處好，陋室有芳馨。

〈今昔〉：無由白髮三千丈，次第青春九十年；一事未更何苦樂，寸心分別有方圓。郇厨列鼎腹求果，謝月當空人自眠；惟欲激知今昔水，幾回濱上對流川。

〈西方月〉：白下白宮無二月，中天皎皎是蓬瀛；新鈎同與殘鈎沒，不信西方月獨明。

八月二日（三），於慈光圖書館週三《華嚴經》講座，宣講〈十迴向品第二十五〉「四、至一切處迴向」。

八月六日（日），上午十時，青蓮念佛班於蓮社舉行班會，到會者共十五人，禮請先生開示念佛法要。會後於蓮社聚餐。（《蓮社日誌》）

八月九日（三），於慈光圖書館週三《華嚴經》講座，宣講〈十迴向品第二十五〉「四、至一切處迴向」。

八月十日（四），夏曆七月七日，在詩〈戊午七夕〉，之後又有〈餘年〉、〈秋思〉、〈信宿〉、〈坦腹〉、〈題畫雪境〉。
（《雪廬詩集》，頁 553-554）

〈戊午七夕〉：天上佳期會，人間喪亂愁；仁心來

眾鵲，苦緒渡牽牛。湯武從多怨，鰥嫠遍五洲；銀河歡喜淚，莫向下方流。

〈餘年〉：叔季難言道，行藏不禱天；升沉雲狗影，敬怠古今權。三徑可高詠，一廬能坐禪；我同貴公子，等是養餘年。

〈坦腹〉：坦腹軒然笑，乾坤一局棋；此中無所有，更不著時宜。

八月十五日（二），函董正之，因故友李漢鳴過世，於無常深有所儆。亦盼董正之把握學習時機。（見《圖冊》，1978年圖11）

〈董正之之五〉（去函）：正之弟鑒：此晤別後，即得漢鳴老友謣耗，痛極。益反省九十耄〔耋〕身，旦夕之暫矣。近日迭接家豐及進蘭口傳云，弟即來臺中多住。諸學者皆喜，不獨兄心暢快也。但敬候至今未見光臨，未免渴思。實恐今歲時事多魔，善美難成，或有種種意外。雖然若發強剛毅、難忍能忍，未嘗不逢逆化順，諒不河漢斯言。兄思可與言者已不多矣，學佛者志不在了生死，修淨者不解一心不亂，佛家有六字治病之法，獨參禪者修之，他宗不聞。中國文化體道藝用而不知藝之本位亦分體用，文學一道乃文字般若。傳道藝不解文字，是無入門之徑，而詩為文學之祖，昔亡其義，今亡其文，尚奢誇是文學專家，真緣木求魚而已。弟撥障速來，當言其法要，希代傳來者為盼。并頌

時福　　　　　　　　　　兄李炳南拜啟八月十五日

1978年・民國67年 | 89歲

唐詩云：有花堪折只須折，莫待無花空折枝。[1]

八月十六日（三），夏曆七月十三日，為大勢至菩薩聖誕日，先生至蓮社上香致敬，以為慣例。（《蓮社日誌》）

是日晚，於慈光圖書館週三《華嚴經》講座，宣講〈十迴向品第二十五〉「四、至一切處迴向」。

八月十八日（五），中元節，有詩〈中元墓祭野望〉，日後又有〈索居〉、〈姊妹花〉、〈辭酒以詩謝之〉、〈秋雨有憶〉、〈歌詩〉、〈何園〉、〈蟬蛩聲皆感人時至而憶故鄉音也〉、〈國詩與西化詩之諍〉、〈教育〉、〈不借〉、〈宴大坑藍氏別墅〉、〈客夢倦歸〉、〈唐詩人〉。（《雪廬詩集》，頁554-559）

〈中元墓祭野望〉：亂塚草如茵，紙灰澆大春；始知封馬鬣，盡是太平人。

〈索居〉：吟詩三兩首，箪臥有餘清；罷讀客燈息，索居虛室明。殘宵書入夢，一院籟無聲；欲說斯何境，悠然妄又生。

〈國詩與西化詩之諍〉：赤地飽藜藿，曾從鄰壑求；稻粱生未識，鼎鼐見無由。坦率情獻曝，何妨說養

---

1 【數位典藏】書信/在家居士/董正之/〈董正之之五〉；收見：〈復董正之居士書（一）〉，《雪廬老人題畫遺墨》，《全集》第16冊，頁284。

羞；操刀思執耳，先必目全牛。

〈教育〉：揚棄詩書舊，迎來馬列新；山河襟上淚，墳墓路旁塵。自我成黃禍，招他殖白民；興亡天下事，教育是何人。

〈不借〉三首（覽白話詩而作）：

珠容魚目混，虎豈犬形求；名器難相借，太陽光獨流。無妨白非馬，未可客同囚；萬古橋陵在，依然拜冕旒。

六詩華夏藝，歷歷五千年；豈料新營壘，來爭古瓦磚。寒蟬秋柳陌，飛鼠夕陽天；似未聞詞曲，分庭不讓前。

已傍黃金岸，未知風雅津；廁階經掃地，悞國漢和親。除夕天何舊，斜弓月不新；弦歌調韻語，翰墨識丁人。

〈客夢倦歸〉：客夢倦遊車馬歸，關山萬里事多違；驚醒喜臥舊牀帳，猶把他鄉當故扉。

八月二十三日（三），於慈光圖書館週三《華嚴經》講座，宣講〈十迴向品第二十五〉「四、至一切處迴向」。

八月二十四日（四），蓮社董事長董正之自臺北返中蒞社，先生特以近日《華嚴》經筵「至一切處迴向」之「通顯迴向」，為其開示一心要旨。[1]

〈通顯迴向　一心不亂〉：只要學佛，想出世解脫，那是何等大事，不一心怎能得到？出世法，不一心

---

[1] 李炳南講，直靜（詹曙華）、淨業（鍾清泉）整理：〈通顯迴向　一心不亂〉，《明倫》第525期（2022年6月）。

不成功,世間法不一心也不成功。今日之下,你們的學問都不夠熟,沒經過負責任的老師教,就不行。師與資這是兩方面的事,兩者不具,這種學問怎能堅固?

迴向也要一心,世間法也是,老言語說「心無二用」。農工手藝均要心無二用,今日你學佛未能一心不亂,沒注意,等於跟佛打妄語。不光咱修淨土的人,學各宗均須一心不亂。真正心在學問上,衣食住行一看就知道,此人必能入道。

淨土的一心不亂

不亂(不生妄念):淨土法門是佛法的特別法門,此法門,空假中是融合的。

怎樣叫心不亂?不亂,不生妄念。人的念頭叫它不起,辦不到。不亂是要別起妄念。現在你學的是什麼,心就在學上,專心致意。

一心(專注正境):境是所。念一起,必遭遇境。正境,專注,能所才合一。微息之間,就有妄有正。大家修淨土有正助雙修,修正功夫得找幫助當護法,那就是助功夫。如三十七助道品,能將正境之外的邪境打消。

自意(不由他悟):要是想自己做主,就得「自意」,自己做主。

尊敬(於田般重):田指你修的道,道與田地一樣,你得尊重,還得恭敬它。尊敬,就是收心。故印祖叫你從恭敬中求,要尊敬。尊師重道,必得尊師,道之厚薄全在個人。不尊重不能得一心,一敬就收心。

不動(違順不動):一動就亂,敬了才叫不亂,不亂了

就是定。遇違遇順,尊敬與一心都不變。你今天受什麼困苦艱難,都要不變,到這算一段落。

無住(不住於法):現在你修淨土,還是有住。無住而無所不住,要是住了,不只在此安住,隨便往哪也可去,故禪家有「無住而後生心」。禪家講疑,疑就是信,信就是疑。淨土宗講信願行,禪宗講疑,因為不信才求起信。為不疑才求起疑。信是疑的結果,疑是信的開始。

八月二十九日(二),晚七時半,國文補習班召開「六十七年度第一次班務會議」,由班主任蔣俊義主持,與會者有王烱如、黃平福、王能傑、簡金武、吳碧霞、劉國榮等。會中討論本班因蓮社改建而停止招生,今擬恢復招生之計畫。(《蓮社日誌》)

八月三十日(三),於慈光圖書館週三《華嚴經》講座,宣講〈十迴向品第二十五〉「四、至一切處迴向」。

九月六日(三),於慈光圖書館週三《華嚴經》講座,宣講〈十迴向品第二十五〉「五、無盡功德藏迴向」。[1]

九月十三日(三),於慈光圖書館週三《華嚴經》講座,宣

---

1 李炳南:《大方廣佛華嚴經講述表解》,《全集》第 1 冊之 2,頁 222。

1978 年・民國 67 年｜89 歲

講〈十迴向品第二十五〉「五、無盡功德藏迴向」。

九月十五日（五），晚，中興大學本學年度開學，於夜間部中文系續任教「詩選」，講授：李白〈靜夜思〉、〈鳳凰台〉。[1]

　　文可類推，詩則難矣，吾說二十字，非個人創格，唐即有之，唯未有看出者而已。吾生清末，文化未脫節，師皆秀才以上，考試雖未必真實，然以刑罰為後盾，則非法較少，較可靠，而秀才為塾師，多在鄉間，市中多舉人也。且吾所學，乃師親教，吾學且自研究，不人云亦云也。如〈送梓州李使君〉之格局，全唐詩四萬首，無一同此例，全詩無主無客而精神全部在客，此無一人看出。

　　【案】「二十字」指「詩法二十字訣」。（請參見 1978 年 1 月 6 日文；「〈送梓州李使君〉之格局」解說，請參見 1979 年 6 月 8 日文）

九月十六日（六），上午，於蓮社大殿為內典班結業研究生陳雍澤、黃素蓮佛化婚禮福證，典禮後，中午素宴席開三十桌。（《蓮社日誌》）

九月十七日（日），中秋節，有詩〈中秋月夜〉，前後又

---

[1] 李炳南講，吳碧霞記：《詩選筆記》（中興大學夜間部中文系，1978 年 5 月 29 日－1979 年 2 月 23 日），未刊本。

有:〈丹桂〉、〈月下蚓笛〉、〈歲九十自輯詩稿有感〉、〈曇花〉、〈狙公〉、〈題江逸子畫黑馬〉、〈蠻觸歎〉、〈息交〉、〈北辰〉、〈江山秋月〉、〈所見心有〉、〈溫舊〉、〈聞蜀道譬言〉。(《雪廬詩集》,頁559-564)

〈中秋月夜〉:長空雲歛晚涼新,倚樹吟秋客一人;今夜飛觴遍天下,不知明月與誰親。

〈歲九十自輯詩稿有感〉:搜腸嘔血識辛酸,不入朱絲丁字闌;七十春秋千五首,天教留與後人看。

【案】據統計,《雪廬詩集》共有一千七百零三題,二千零四十六首。計自《燬餘稿》至《辛亥續鈔·上》有詩一千二百五十九首;加上《辛亥續鈔(中)》至此詩二百一十四首,共有一千四百六十三首。加上《燬餘稿》時期被燬詩作,確實超過一千五百首。而近三年詩作尤多,一九七七年九十一首,一九七八年有一百七十五首,一九七九年有一百三十七首。

〈曇花〉:良夜瓊花向我開,玉環乘月下瑤臺;香籠四壁侵書案,一片詩心誰送來。

〈狙公〉:廢約結盟皆戲猴,莫生歡喜莫生愁;狙公應有權衡智,芋數隨機自在投。

〈題江逸子畫黑馬〉:何方得烏騅,鬣尾霑雪泥;壯志在千里,昂頭翻玉蹄。空群非冀北,返不瑤池西;江生發逸興,思與韓趙齊。硯田產龍媒,天岸御風嘶;亦堪江漢上,破浪驚蛟驪。伯樂不知畫,莫徵彼來題;予亦不知馬,滄溟妄測蠡。

【案】為江逸子所畫黑馬題辭，畫題為〈龍媒嘶風圖〉，落款有「戊午中秋　雪叟李炳南歲九十敬觀」。[1]（見《圖冊》，1978年圖12）

〈息交〉：笑似禪僧靜閉關，息交何必定深山；半生憂國徒多事，竟夕吟詩自不閒。夷夏時宜皆未達，公私舊怨一齊刪；丹丘碧澗猶牽興，風月無猜喜往還。

〈溫舊〉：重溫舊業異生平，一字千金萬物輕；不羨西鄰宮室好，幽居白屋六時明。

九月十八日（一），晚，於中興大學夜間部中文系「詩選」，講授：李白〈勞勞亭〉。

古語云：唐詩晉字漢文章，會了唐詩，方能上溯漢魏，下探宋元，且亦已不欲看唐以後詩矣。

至唐詩有古體、近體之分，近體有絕有律，除此外，即古詩，然是唐之古，非前人之古也。

今先教近體規矩在前，易懂，古則否，故先易後難。

又絕之與律，何難何易？先知律絕皆有五、七言，此中，七律用上力，易好，五律較難矣，次七絕尤難，五絕則最難矣。雖然，先學則先五絕，形式簡單，故易學，其學則由難而易，至成功，當知五言乃內涵豐富之難也。

---

[1] 李炳南：〈雪鬣烏騅圖〉，收見澹寧齋編著：《雪廬老人題畫遺墨輯》，頁45；〈龍媒嘶風圖〉，《雪廬老人題畫遺墨》，《全集》第16冊，頁193。

> 汝先記平聲三十韻目。次，平仄以「一｜」為符號，蓋詩皆可唱，有譜調也。唱時，不外「長、短、高、低」。[1]

九月十九日（二），下午三時十分，高雄有佛弟子乘二車至蓮社參觀，並恭請先生開示。（《蓮社日誌》）

九月二十日（三），於慈光圖書館週三《華嚴經》講座，宣講〈十迴向品第二十五〉「五、無盡功德藏迴向」。

> 是日，劉汝浩自臺北來臺中，預會講席並贈書，先生有詩：〈時講華嚴劉霜橋遠以南來堂詩集見贈〉三首。
> 　〈時講華嚴劉霜橋遠以南來堂詩集見贈〉三首：
> 蒼蒼雞足陽春雪，三百年間結雪廬；晚鐘佳句金陵寺，借問何音是歲除。
> 華嚴此夕演清涼，感得高僧到草堂；疑是飛來峰有二，頓教今雪蓺心香。
> 劉生有贈每稀奇，篋出南來數卷詩；秋月穿雲風在樹，蒲團疊起放參時。（《雪廬詩集》，頁 564-565）

九月二十二日（五），東海大學開學，於中文系研究所「詩學」課程開講，先有「緒言」，再講授：蘇頲〈汾上驚

---

[1] 李炳南講，吳碧霞記：《詩選筆記》（中興大學夜間部中文系，1978 年 5 月 29 日－1979 年 2 月 23 日），未刊本。以下各週講次同此，不再注記出處。

秋〉；王維〈九月九日憶山東兄弟〉。（見《圖冊》，1978年圖13）

〈東海大學中研所開講緒言〉：詩之始有統系，當屬詩經，此凡學詩者所當讀，注家非一，爭論不休，可取準者毛詩鄭箋也。此注有小序，謂之題目可也。至宋捨小序，則不復可論矣。詩亡，有漢詩作，其味則遜矣。其次六朝詩，氣度又遜矣，唯陶淵明略存氣骨，至於謝則如女子上妝詩其天然矣，然至唐，復振於體，自創律絕。新創故，以前之詩謂古，又非律絕者亦稱古，是唐之古。唐以後諸朝，不能爭較，故宋而有詞，元明後有曲，皆以不能越前朝故，故清末明初，皆究唐詩也。

吾欲教者，法度也，然公輸般能與人規矩不能與人巧，故汝學規矩後，當自用功研究。汝一週二小時，必自基礎學起。

詩者，唯中國有，今之新詩，冒詩之名，而作用不類也，蓋詩者，自擊壤歌伊始，皆押韻，是音韻學也。又詩不作議論，諸種文體皆有其限，詩有規矩，今之詩，何規矩之有耶？

詩有平上去入四聲共一〇六韻，此韻書也，另有聲調譜，亦須備，汝須背熟上平、下平（陰平、陽平）三十韻目，知此可以唱詩，唯唱方能知味。[1]

---

1 李炳南講，吳碧霞記：《詩選筆記（甲）》（東海大學中研所，1978年9月22日－1979年6月22日），未刊本。以下各週講次同此，不再注記出處。

李建崑，〈先師李炳南居士二、三事〉：我後來在東海念研究所碩士班的時候，第二度當李老師的學生，我上研究所是民國六十七年到六十九年。大概是民國六十七年到六十八年間，修讀到他的唐詩專業課程。上課的地點就在台中蓮社的舊址。印象中他使用《詩階述唐》及其他補充的講義作教材。那時候他以一種執簡馭繁、極其簡潔的方式介紹唐詩的聲律、詩法、意境，還包括吟唱。看似簡單的教學，卻令人印象深刻，因為內涵其實是很深刻的。受到老師的影響，後來我們有幾位同學都投入唐詩的研究。李老師一定沒有想到，末學後來也是受到他的感召，走入唐詩的教學與研究。我們的第三屆學長當中還有一位修行人，就是李子成（果清法師）；第六屆張滿足也成為修行人，就是佛光山依空法師。由此可知，李炳南老師在興大與東海的教澤非常之深遠，他在佛門造就不少龍象，也在學界栽成一些後進，實在非常了不起。[1]

是日晚，於中興大學夜間部中文系「詩選」，講授：盧綸〈塞下曲〉及《聲調譜》仄起二式。[2]

---

1 李建崑：〈先師李炳南居士二、三事〉，浮生漫錄：https://www.potatomedia.co/post/1a5c3a3a-95f0-4b3a-a912-b4d0dd60af3a
2 李炳南講，吳碧霞記：《詩選筆記》（中興大學夜間部中文系，1978 年 5 月 29 日－1979 年 2 月 23 日），未刊本。以下各週講次同此，不再注記出處。

九月二十三日（六），即日起三日，台中蓮社舉行秋季祭祖。首日晚七時半，恭請先生蒞社上香及灑淨。

　　秋季祭祖今日開始第一天，南北各地蓮友來此虔祭祖先，以報祖德，中午開二十桌供眾。下午六時，上會下性法師自屏東趕抵蓮社，為主持明日之皈依典禮。下午七時半，恭請雪公導師蒞社上香及灑淨。

秋季之第二天，正逢假日，蓮友來社祭拜者更多，中午開三十桌以供眾。下午三時放生。下午二時至三時半念佛。下午四時行皈依典禮，恭請 上會下性法師為皈依師，報名參加者有壹佰參拾多位。下午二時及七時半之念佛，均請 上會下性法師主持上香。

秋祭第三天，人數較前二日少，法節仍同，晚上為普施鬼神眾，及大迴向。（《蓮社日誌》）

九月二十五日（一），晚，於中興大學夜間部中文系「詩選」，講授：王維〈山中送別〉、蘇頲〈汾上驚秋〉。

　　「日暮掩柴扉」：「日暮」二字有幽默，送客再回來，天已日暮，第一個幽默。「掩柴扉」，把門關上了，日暮，應該關門呀，若如是，與首句何干？王維何許人？其朋友必定同類，如是雅人，白天逛山景，晚上更逛山景，何以？天上一輪明月，非俗人能知，有無限意思，明月在山中、水中、海中、洋樓、茅棚中各是一種味道，朋友在，夜不掩扉，朋友走，無知己，將門一關，第二層幽默。

　　講蘇頲〈汾上驚秋〉時曰：當知古人讀經外，又讀

史、子、集,最低,當念《綱鑑易知錄》,得功名後回頭念《二十四史》,此外,至少念五子:荀、揚、文中子、老、莊,其實也念不了,至少兩子,老、莊是也,其中典故甚多。文中子,王通也,在山西河汾之間教學,唐之魏徵、李靖,皆其弟子。

九月二十七日(三),於慈光圖書館週三《華嚴經》講座,宣講〈十迴向品第二十五〉「五、無盡功德藏迴向:清淨業行所流所引」。[1]

九月二十九日(五),在蓮社為東海大學中研所講授「詩學研究」。先以唐詩為基礎,講授王維〈九月九日憶山東兄弟〉。

　　交代:課勿耽誤,所教有次第故。研究與學不同,汝今主題在學也。蓋研究乃於此門功課已有底,惟知其然不知其所以然,不能深入,故研究之,今汝於詩,尚未入門,固當學也。

詩者,文學之精華也,具文、義、音韻吞吐及格局等,功夫千錘百鍊,可謂精到所以然處,何能數日即成,今我教,用善巧方便,教汝近路,望汝接受之(懂局,然眼高手低),今明格局,到水平線即可以。

---

[1] 李炳南:《大方廣佛華嚴經講述表解》,《全集》第1冊之2,頁224。

1978年・民國 67 年 | 89 歲

　　是日晚，於中興大學夜間部中文系「詩選」授課。

是月，周宣德伉儷八十歲雙慶，捐淨廬為慧炬社址，先生捐資作慧炬基金。
　　周宣德，〈悼念李雪公老師〉：我以《慧炬》多皆贈送大專學佛青年，經費奇絀自不待言。在賤壽屆滿八十，先將貸款興建的住宅——取名「淨廬」，獻作慧炬社址。雪公聞訊即惠賜詩畫；並饒贈淨資作慧炬基金。[1]

十月一日（日），晚八時，蓮社附設國文補習班第二十二期開學典禮，於蓮社講堂舉行。班主任蔣俊義主持，周家麟、徐醒民兩位老師，並有開示。參加同學正式及旁聽共五十名。（《蓮社日誌》）
　　【案】國文補習班因蓮社改建，一九七三年至一九七七年暫停招生五年。是年恢復招生。

十月二日（一），晚，於中興大學夜間部中文系「詩選」，講授：王維〈九月九日憶山東兄弟〉、王昌齡〈芙蓉樓送辛漸〉。
　　看「詩眼」，眼作何用？眼最傳神，詩必有眼，提一句之精神，方才活動，古人云五言眼在三，七言眼在五，我不盲從，不以之為然，吾以為不定何處也。

---

[1] 周宣德：〈悼念李雪公老師〉，《慧炬》第 264 期（1986 年 6 月 15 日），頁 12-15。

問：眼在何處？有曰倍，師云很好。曰親，師云等下說出。有曰客，有曰獨。

詩，非未學者可言道也，親、客二字，改亦可，非眼也。

第二句「倍」字，點明平素已思親矣，然，一句中，有一眼，有二眼者。

首句眼在獨。一個人在外作客，若有妻子兒女，非獨，無則為獨，一獨字貫全體。

次句，倍雖為眼，而每更佳，任何一回佳節皆倍思親。每與倍有呼應作用。

第三句，遙，第四句徧、少，二眼，而少從徧來，亦呼應。

四句詩，兩個單眼，兩個雙眼。

十月三日（二），晚，國文補習班開始上課，先生本屆講授《禮記》，是月進度為〈禮運〉篇。[1] 上課者連同旁聽生共一百六十名。（《蓮社日誌》）

十月四日（三），於慈光圖書館週三《華嚴經》講座，宣講〈十迴向品第二十五〉「五、無盡功德藏迴向」。

十月六日（五），上午，假蓮社為東海大學中文研究所「詩

---

1 李炳南講，吳碧霞記：《禮記筆記》（1978 年 10 月－1978 年 10 月），未刊本。

學」課程講授：王昌齡〈芙蓉樓送辛漸〉、劉禹錫〈石頭城〉。

　　才份高不足，也須學三、五年，肚中有五百篇詩，方能見人之高下。

吾所說，注重方法，文字汝可查字典而得，方法查不出，《聲調譜》中，正調至少須會，三十個平韻韻目須記熟。

古詩，有唐及唐以前之別，今人多學唐之古，蓋尚有規矩可循也，唐之前，沒範圍，更難作，且自漢至唐，音韻歷變誰能知之？

唐詩四萬八千首，選精粹，李、杜、王、孟四家耳。除此四，亦有好手，然比不了；非全不能比，猶有部分可比，王昌齡之古，與彼不能比，然七絕與李太白抗衡，甚至有一、二高於李上。

　　是日晚，於中興大學夜間部中文系「詩選」授課。

十月九日（一），晚，於中興大學夜間部中文系「詩選」，講授：王昌齡〈芙蓉樓送辛漸〉、劉禹錫〈石頭城〉、李白〈下江陵〉。

十月十日（二），國慶日。董正之南來，先生特為開示。[1]

---

[1]「董正之老師南來講話」，黃潔怡筆記。

是日亦為重陽節,有〈重陽憶弟歷山舊會〉、〈戊午雙十國慶適逢夏歷重九有憶〉,此後至秋末又有〈契機〉、〈讀五代史〉二首、〈調心〉、〈心閒〉、〈窗月〉、〈客去後〉、〈漁舟〉、〈秋望〉、〈答讀史者〉、〈逢秋〉、〈啜茗〉、〈黃葉〉、〈今人〉、〈籬菊〉、〈丁字〉、〈經籍〉、〈情真〉、〈燈昏〉、〈叩閽〉、〈知音〉、〈晉人〉、〈眼見〉、〈不履〉。(《雪廬詩集》,頁 565-571)

〈重陽憶弟歷山舊會〉(佛山賞菊為邑景之一):萸會松岡上,聯吟菊世間;歸城秋色近,隔海客齋閒。弟歲應遲步,才華憶壯顏;重陽杳何處,西顧舊家山。

〈戊午雙十國慶適逢夏歷重九有憶〉:龍鍾孤櫂客三臺,不與西風聞雁來;國步寧無交泰象,菊花端為九秋開。讖書如幻終虛語,時事知機仗俊才;我昔新亭衣濺淚,舊痕重檢久徘徊。

〈契機〉:朝躡塗山暮虎邱,御風曾作太清遊;河推神禹方平治,石離生公不點頭。但向人間傳此語,隨他海上付東流;歸來閉戶惟高臥,每入長宵夢許由。

〈讀五代史〉二首:
戍鼓敲殘五代空,狐丘兔窟帝王宮;當年多少蒼生骨,狼藉秋風秋雨中。
晃旒丹陛拜千官,能定乾坤幾日安;莫笑秦隋亡二世,終身也比上天難。

〈調心〉:莫道平天下,匹夫誰可調;心同江海水,無日不生潮。

〈心閒〉：郭外多幽趣，掃雲歸草廬；心閒憂自解，不必賴琴書。

〈答讀史者〉：水止凝玉壺，狂風吹不起；古今事理平，天下無君子。

〈今人〉：今人不賞詩，孤憤難自遏；磊塊蕩胸中，衝喉似擊缽。

〈籬菊〉：新漉重陽酒，未霜籬菊榮；王宏今已杳，我欲薦淵明。

〈丁字〉：丁字將絕世，蟹書已傾國；半殘琅琊臺，猶頌秦功德。

〈經籍〉：元清塞北來，經籍皆璀璨；今日是何時，千鈞一髮貫。

〈不履〉：海島多勁風，經冬草猶碧；不曾履冰霜，無以知松柏。

十月十一日（三），於慈光圖書館週三《華嚴經》講座，宣講〈十迴向品第二十五〉「五、無盡功德藏迴向」。

十月十三日（五），上午，假蓮社為東海大學中研所「詩學」課程講授：李白〈渡荊門送別〉。

　　五律乃五絕之加多也。凡詩，皆各有格局，而聲調則有定式。

聲調譜，正格有十六，另有變調，變化甚多，其中以五律居多，變化全在五律上。何以須知變調？蓋不知不能講唐詩也，如《唐詩三百首》，變調甚多，有人云「古

人不在乎！」豈有此理！汝學，須學內行。

此首仄起不入韻，分前後半，譜調同，而格局與五絕則不同。五絕，譜子對了，韻押對了，便可。至於五律則領、脛至少要是對聯，起、結則隨意。亦有例外，二聯中可減至一聯半，若減一聯，是極例外，亦須一氣貫串也。《唐詩三百首》之編者詩懂得，然於聲調、格局則未必知，亦不稱內行也。

沒地點之詩，罷了，有地點者，必得說，此詩有地點，於全詩意義有關。古人讀萬卷書，行萬里路，蓋唯讀書，不能有真體驗，且若出遊，得江山之間氣，則作品氣象不同。

詩，一字不重，蓋一字有一字之關係，絕無一語是廢話，此謂文，此外，要緊在意思，此須多讀書多閱人情，否則心胸狹隘，如何作出境界廣大之詩文耶？

是日晚七時至次晨三時，蓮友為因車禍喪生之何美枝助念。何美枝為菩提救濟院文書，先生及蓮友聞訊均悲痛萬分。告別式於十七日上午於太虛大師紀念館舉行。
（《蓮社日誌》）

十月十五日（日），下午一時至三時四十分，前往臺中市民權路土地銀行招待所，參加中國醫藥學院董事會第七屆第一次會議。[1]

---

[1] 見：徐鳴亞編：《私立中國醫藥學院歷屆董事會議紀錄彙編》。

十月十七日（二），夜，於蓮社國文補習班講授《禮記》。

十月十八日（三），於慈光圖書館週三《華嚴經》講座，宣講〈十迴向品第二十五〉「五、無盡功德藏迴向」。

十月二十日（五），上午，假蓮社為東海大學中文研究所「詩學」課程講授：陳子昂〈春夜別友〉、王維〈山居秋暝〉。

是日晚，於中興大學夜間部中文系「詩選」授課。

十月二十三日（一），晚，於中興大學夜間部中文系「詩選」，講授：王維〈山居秋暝〉、杜甫〈題元武禪師屋壁〉、杜甫〈聞官軍收河南河北〉。[1]

十月二十四日（二），夜，於蓮社國文補習班講授《禮記》。

十月二十五日（三），於慈光圖書館週三《華嚴經》講座，宣講〈十迴向品第二十五〉「五、無盡功德藏迴向」。

十月二十七日（五），上午，為東海大學中國文學研究所

---

1 李炳南講，吳碧霞記：《詩選筆記》（中興大學夜間部中文系，1978年5月29日－1979年2月23日），未刊本。

「詩學」課程講授：杜甫〈題元武禪師屋壁〉。

是日晚，於中興大學夜間部中文系「詩選」，講授：杜甫〈聞官軍收河南河北〉，吟誦練習。

十月三十日（一），是日晚，於中興大學夜間部中文系「詩選」授課。

是日，孔德成先生來函，請先生代理監辦新舊任出納移交事宜。[1]

> 孔德成，〈孔德成先生來函〉（1978年10月30日）：炳兄：新任出納，想已與壯兄面洽。弟本周以事不克前來，移交事，請代弟監辦為荷。并已函壯兄矣。以出納不可一日無專守也。專此，即請
> 公祺　　　　　　　　弟孔德成敬上　六七、十、卅
> 致壯飛兄件附請閱

十月三十一日（二），晚，於蓮社國文補習班講授《禮記》。

十一月一日（三），於慈光圖書館週三《華嚴經》講座，宣講〈十迴向品第二十五〉「五、無盡功德藏迴向」。

---

[1] 孔德成：〈孔德成先生來函〉（1978年10月30日），台中蓮社收藏。

1978 年・民國 67 年 | 89 歲

十一月三日（五），上午，為東海大學中國文學研究所「詩學」課程授課。

晚，於中興大學夜間部中文系「詩選」，講授吟誦規則。

十一月六日（一），晚，於中興大學夜間部中文系「詩選」，講授：張旭〈桃花溪〉、戴叔倫〈蘇谿亭〉。

十一月七日（二），晚，於蓮社國文補習班講授《禮記》。

十一月八日（三），於慈光圖書館週三《華嚴經》講座，宣講〈十迴向品第二十五〉「五、無盡功德藏迴向：能受能說之眾」。[1]

十一月十日（五），為東海大學中國文學研究所「詩學」課程講授：劉禹錫〈西塞山懷古〉、皇甫冉〈秋日東郊作〉、崔顥〈行經華陰〉。

是日晚，於中興大學夜間部中文系「詩選」，講授：孟浩然〈宿建德江〉、李頻〈渡漢江〉。

---

[1] 李炳南：《大方廣佛華嚴經講述表解》，《全集》第 1 冊之 2，頁 229。

十一月十二日（日），上午九時，先生邀集蓮社社長朱炎煌、郭秀銘、王清漢、連淑美、吳碧霞、游俊傑、鄭勝陽等，於蓮社會客室討論慈光育幼院院務。會中開示：託人莫疑、知人善任、福由德生、功歸大眾、過吾獨擔。十一時，偕同至育幼院，向所有辦事人員佈達新人事：郭秀銘任院長，「內典班」畢業學員連淑美任副院長、吳碧霞任教保主任。（《蓮社日誌》）

洪錦淳，《臺灣當代居士佛教團體台中蓮社之研究》：民國六十七年（1978），育幼院的赤字再次驚動炳南先生，一個非營利性的慈善育幼機構，本來可以廣收四方捐款，淪落至此，必定有人謀不臧的問題；先生深入瞭解狀況之後，立即召開董事會，主張遣散所有行政、教保人員，重新招募工作人員。為了避免重蹈覆轍，先生知道一定要找肯發心、不貪財、不怕苦的人來；一時之間，不可能全部執事都是這樣的人才，但領導者必定是要可信賴的人。先生找來一個忠誠信徒郭秀銘居士擔任院長，她承諾幫忙半年，但不支薪、不上班；先生應允。正巧先生「內典班」學生畢業，女弟子連淑美任副院長，吳碧霞任教保主任，兩位負責實務性工作，三人聯手整頓育幼院。[1]

洪錦淳採訪記錄，「郭秀銘口述」：連、吳兩位當時月薪僅為新臺幣三千六百元，較一般公務員低許多，其視育幼院為奉獻工作亦可察知。兩位皆是大學中文

---

[1] 洪錦淳：《臺灣當代居士佛教團體台中蓮社之研究》，頁221。

1978年・民國 67 年 | 89 歲

系畢業,當時欲尋教職並非難事,但兩人犧牲個人經濟利益考量,任職育幼院。時師專畢業生,一畢業月薪七千二百左右,則其所支薪水約為一般公教人員之半。[1]

【案】郭秀銘係經游俊傑推薦拜識先生。游俊傑與郭秀銘夫婿林錫炘為商校同學,林為華僑銀行副理,郭則開委託行,曾任臺中市婦女會理事長。郭受先生委託,原只答應接手半年,接手後即持續下來,與內典班兩位女弟子聯手,穩定慈光育幼院發展。先是將院童離院年齡延後,支持院生至十八歲離院,為全臺最早將離院年齡延長至十八歲之育幼院。爾後迭獲政府表揚,犖犖大者,如一九九一、一九九二年獲臺灣省政府社會處獎勵,又於一九九二年全國育幼院評鑑中,榮獲「優等獎」及「院童生活輔導成績優良獎」等獎項。

先生特別指示育幼院團隊,對院童應教養並重,不可養而不教。院長郭秀銘因投入此慈善事業,個人與家庭皆有所受用。

黃潔怡,〈痛斷肝腸話恩師:訪慈光育幼院院長──郭秀銘居士〉:末學(郭秀銘)親近恩師之因緣是經已故游俊傑居士的介紹,雖然時間並不很長,但受

---

1 洪錦淳採訪記錄:「郭秀銘口述」(2007 年 1 月 30 日),見:洪錦淳:《臺灣當代居士佛教團體台中蓮社之研究》,頁 221,注 100。

到的感召卻很大。過去末學一直沒有辦育幼院的行政經驗，可是永遠記得，剛接這份工作時，雪公老師告訴我說：「我們育幼院的孩子，都是父母雙亡。或被遺棄的孤兒。我們辦育幼院不只要讓他們吃得飽、穿得暖，最重要是要教育他們，我們不能讓他們只知道吃，而不知要奮進學習。還有一個人的學問才情有高低，但要以品行為第一。」經恩師明確的指引，末學與連淑美副院長，吳碧霞主任，都能觀念一致，只要孩子肯讀書，都儘量栽培，並時時在品德上加以輔正。七、八年來，我們的孩子雖沒有很好，但在氣質上，很有提昇。

我常在茶餘飯後將院裡情形告訴家人，家中孩子受到耳濡目染，都能體會到雪公老師精神的偉大，對行善、救濟，不用特意教導，他們自然樂為，對學佛念佛，子女也都能虔誠恭敬，受到潛移默化。

八、九年前某天清晨，我與外子準備開車到龍潭探視服役的兒子，突然電話聲響，游居士打電話來說：「雪公老師有事要找你，請你來一下！」我說：「不行，我今晨要趕往龍潭，改天可以嗎？」「不會耽誤你太久。」於是匆匆前去拜見恩師，恩師拿出一純金打造的卍字，交給末學說：「這個我持過咒你帶在車上，可以保佑你開車平安。」謝過恩師後，就開車前往桃園。後來在回程中，想順道參觀中正機場，那知突然間閃出一部大巴士在前面，我急煞車猛念佛，車身已扭轉了九十度，驚魂未定，在倒車中，突然又閃現一部大卡車橫在前頭，我急忙再煞車，這時車身已倒旋了一百八十度，就這樣

嚇破魂地無心參觀，一路開回臺中。這場化險為夷的車禍，恩師有如未卜先知般的送卍字持咒加被，我想惟有身歷險境的人，才能體會其中的不可思議。[1]

十一月十三日（一），是日晚，於中興大學夜間部中文系「詩選」授課。

十一月十四日（二），晚，於蓮社國文補習班講授《禮記》，聽課者有一百四十多人。（《蓮社日誌》）

十一月十五日（三），於慈光圖書館週三《華嚴經》講座，宣講〈十迴向品第二十五〉「五、無盡功德藏迴向」。

十一月十七日（五），為東海大學中國文學研究所「詩學」課程講授：陶潛〈歸園田居〉五首。

是日晚，於中興大學夜間部中文系「詩選」授課。

十一月十八日（六），晚七時半，於蓮社講堂召開「新念佛班聯合成立大會」。由社長朱炎煌主席報告念佛班新班成立經過、班員特色，以及共修之方式與時間。此次成立者計有：依仁、由義、崇禮、開智、威信、端立等

---

[1] 弘安（黃潔怡）：〈痛斷肝腸話恩師：訪慈光育幼院院長——郭秀銘居士〉，《明倫》第 164 期（1986 年 4/5 月合刊）。

班。先生開示,整頓舊班與成立新班應並行,俟念佛班健全,進而成立助念團。

〈新念佛班聯合成立大會‧開示〉:蓮社成立伊始,即有家庭念佛班之組織,多至一百餘班。然至今各班已多變化,或老成凋謝、或遷居他徙,故宜整頓舊班,並成立新班,吸收新人,雙步並進。迨念佛班健全,即可進而成立助念團。[1]

是日上午,省府民政廳至台中蓮社視察,抽查本年度辦理公益慈善事業之原始憑證後,對蓮社之會計制度完善,極表讚歎。

上十時半,省府民政廳洪先生蒞社視察,市府及南區公所各有一員陪同。朱社長亦來社陪之。洪先生抽查本社六十七年度(自六十六年七月一日至六十七年六月三十日止)辦理公益慈善事業之原始憑證,結果均合規定,讚曰本社會計制度極佳,帳目清楚。并訊問本社經費來源?社長答曰:由社員蓮友自動樂捐,不向外募。無他處之「賽錢箱」「添油香」等名堂,為本社特色之一。并告以本社係一「人民學術團體」而非「寺廟團體」。蓋本社全由在家人主事,不收皈依,不妄募捐,而盡力做文教弘揚工作,如國文補習班義務教學、空中弘法等,并積極做社會慈善救濟工作也。[2]

---

[1] 〈新念佛班聯合成立大會‧開示〉(1978年11月18日),《台中蓮社歷年會議紀錄》,台中蓮社檔案。
[2] 《蓮社日誌》(1978年),台中蓮社檔案。

十一月二十日（一），中午，於蓮社，宴請中興大學前任校長劉道元，并中文系前主任李滌生及弓英德，蓮社董事長董正之及社長朱炎煌作陪。餐後陪同參觀蓮社殿宇。（《蓮社日誌》）

【案】《蓮社日誌》記中文系前主任為「李滌生及龔主任」，「龔主任」應係指「弓英德」。李滌生為該系第一任系主任，弓英德為第二任系主任。

是日晚，於中興大學夜間部中文系「詩選」授課。

十一月二十一日（二），晚，於蓮社國文補習班講授《禮記》。

十一月二十二日（三），於慈光圖書館週三《華嚴經》講座，宣講〈十迴向品第二十五〉「五、無盡功德藏迴向」。

十一月二十四日（五），為東海大學中國文學研究所「詩學」課程授課。

是日晚，於中興大學夜間部中文系「詩選」授課。

十一月二十七日（一），是日晚，於中興大學夜間部中文系「詩選」授課。

十一月二十八日（二），晚，於蓮社國文補習班講授《禮

記》。

十一月二十九日（三），於慈光圖書館週三《華嚴經》講座，宣講〈十迴向品第二十五〉「五、無盡功德藏迴向」。

十二月一日（五），為東海大學中國文學研究所「詩學」課程授課。

是日晚，於中興大學夜間部中文系「詩選」課，講授：韋應物〈聽江笛送陸侍御〉。

十二月三日（日），夏曆十一月初四日，為印光祖師生西三十八週年紀念日，先生至蓮社祖師堂禮拜、供養，并放生迴向。其後成為慣例。（《蓮社社史》）

十二月四日（一），是日晚，於中興大學夜間部中文系「詩選」授課。

十二月五日（二），晚，於蓮社國文補習班講授《禮記》。（《蓮社日誌》）

十二月六日（三），於慈光圖書館週三《華嚴經》講座，宣講〈十迴向品第二十五〉「五、無盡功德藏迴向」。

十二月八日（五），為東海大學中國文學研究所「詩學」課

程講授：研陶謝詩示例。

是日晚，於中興大學夜間部中文系「詩選」授課。

十二月十日（日），夏曆十一月十一日，靈山寺舉辦戊午佛七，首日及第五日，禮請先生開示。靈山寺佛七首日，先生開示：結七在「剋期求證」，並說明淨宗正助修法：正功四層工夫在恭敬、繫心佛號、自念自聽、心佛交融；助功之一為懺悔、隨喜、迴向，二為欣厭，三為以佛號伏惑。

　　今天是結七第一天，首先須知結七之義，是在「剋期求證」。修淨土念佛法門，必得一心不亂始有成就。斷見思惑，始真正得一心也。然斷見思惑太難，故有特別法，先求其伏惑；即起惑時，以佛號伏之，功夫熟練，惑起即伏，如此得相似之一心，亦能帶業往生。
諸宗修行不離「正助雙修」。正工夫即是去妄念，直透心性；助工夫即是助顯心性，除用功之魔障。今依次略說淨土正助修法：
先說正功：七日之中，必須時時心存恭敬，如來法身徧一切處，非但大殿上佛像視為佛，一色一香，莫非佛之妙色妙心；如是於所處環境，一一皆作佛觀，則言行自然恭敬，不復懈怠。恭敬乃趣菩提之祕訣；此第一層工夫。既坐定已，則宜放下萬緣，收心一處，繫於一句洪名；譬如湍流船舫，拴於椿上，自免流失之難；此第二層工夫。復次，持名，須將此六字洪名，從心想起，由

口念出，依耳聽入；譬如三輪，來回輾轉，務必心想得清清楚楚，口念得清清楚楚，耳聽得清清楚楚；如此自念自聽，字字靠緊，其中勿使打失一句；此第三層工夫。又，念佛時，不論口誦意持，當令全無雜音，單存佛號之音；而以彌陀法身遍一切處，佛光亦遍一切處；故念佛時，由我出心聲，心聲入佛光，佛光入心聲；如是心聲佛光交融，則我即彌陀，彌陀即我；此第四層工夫。依上所說，精進修去，層層拶入；令熟處轉生，生處轉熟，待到第四層次，即是一心功成之日也。

次言助功：眾生無始劫來，煩惱習深，妄念紛騰；今欲以一句佛名，一下逼令不造業，無妄想，絕非短期所能辦到，故必輔以助行之功也。苟能日日省察己惡，誠心懺悔，俾消業障；而見他為善，則隨喜讚歎，以增福德。如是，懺悔隨喜，並皆迴向往生西方；此則助行之一也。次者，欣厭之法：於日常生活中，不論食、衣、住、行，凡娑婆種種，一概觀為汙穢而厭離之；於淨土三經中，所說極樂種種，統通觀為清淨而欣羨之。厭離則無貪戀之心，欣羨自增求生之願，待其欣厭之極，則身雖寓娑婆，已非娑婆久客；雖未登極樂，早列蓮邦佳賓；此淨宗之妙訣，固不可與他宗不欣不厭同日而語；是為助行之二也。再者，方便伏惑之法；須知念佛不得一心者，妄念亂之也。欲求即斷，甚不容易。今乃暫求伏惑之法；古德云「不怕念起，但恐覺遲。」若能念起即覺，一覺即以佛號壓之，如此魔來佛壓，譬如以石壓草，壓之既久，惑自不起，亦得方便一心，待生西後，

再去斷惑,此為淨土之特別法,不可以他宗來問難;是為助行之三也。

希望大家,今後七日,無論在道場或回家路上,皆如此修。以下為拈一偈,以作結論曰:

淨土難信卻易行,全由二力正助功;必得一心方有效,方便伏惑即感通。[1]

十二月十一日(一),是日晚,於中興大學夜間部中文系「詩選」授課。

十二月十二日(二),晚,於蓮社國文補習班講授《禮記》。

十二月十三日(三),於慈光圖書館週三《華嚴經》講座,宣講〈十迴向品第二十五〉「五、無盡功德藏迴向」。

十二月十四日(四),靈山寺佛七第五日,於下午二時,第二次開示。(《蓮社日誌》)

我們來求一心,不求別的。「心」,學佛只要懂得這個「心」,功夫就不錯了。今天就把「心」的意思給諸位說說,使諸位在這上頭用功。

---

[1] 李炳南講,吳聰敏記:〈戊午年靈山寺佛七開示之一〉,《脩學法要》,《全集》第 9 冊,頁 212-216;另參見:李炳南講,田繼嚴錄、吳碧霞校訂:〈戊午年靈山寺佛七開示(上)〉,《脩學法要》,《全集》第 9 冊,頁 216-232。

這個「心」就是個人起的念頭，心想什麼事情，就起什麼念頭。念頭，就是心。所以修行的人就是修這個念頭。念頭怎麼修法？「不教他起妄念，不教他雜亂」。〈大勢至菩薩念佛圓通章〉「淨念相繼」，使這乾淨的念頭接著不斷。什麼叫作「淨」？淨是純一個念頭，沒有雜亂。無有喜、怒、哀、樂、愛、惡、懼七情，沒有殺、盜、婬、妄，沒有貪、瞋、癡，沒有這些東西，這個念頭就乾淨了。我們什麼惑也沒斷，哪能就淨了呢？你念的是阿彌陀佛，在佛之中阿彌陀佛是第一，你心裡念，心就是阿彌陀佛，阿彌陀佛就是你的念頭，除了這個以外什麼也沒有，這就成功了。哪一種方法也沒有這一種簡單，所以是不假方便自得心開。不必再用這法子、那法子。這是最要緊的話，你修行就這個樣子，把你的念頭變成阿彌陀佛，阿彌陀佛以外什麼心也沒有，這就叫「一心」。

一起了妄念、一切不理它，阿彌陀佛、阿彌陀佛……，起一妄念，念上幾十個阿彌陀佛壓下去了，這叫做「伏惑」。把它壓住了，這個樣子，你臨命終的功夫，一搖晃，一搖動，上頭的先出來，下頭的出不來，上頭是阿彌陀佛，就由阿彌陀佛接著走了。以上說的就是「不怕念起，就怕覺遲」，這是一個法子。

在家儘是世間的俗事情。怎麼辦呢？不論幹什麼不要忘了阿彌陀佛，不必嘴裡出口，在心裡想，就把境界接過來，這是「憶佛」心裡不要忘了佛，你會這麼變化，這就行了。全在平素日久天長地在飲食起居上練習，平素

你練常了,習慣成自然,你就成功了。下面這個偈子念給大家聽:

雜念皆是平素罪,若不造業念不生;從今切莫再造業,一心不亂自然成。[1]

十二月十五日(五),為東海大學中國文學研究所「詩學」課程講授:謝靈運〈石壁精舍還湖中作〉。

是日晚,於中興大學夜間部中文系「詩選」授課。

是日為夏曆十一月十六日,有〈戊午十一月望夜月當頭〉。此前有〈題畫〉二首(〈太白畫贊〉、〈太白黃鶴樓送孟浩然〉)、〈李太白詩傷時憂國體多興比鮮有識者名高毀來宋人詩話謗之尤甚〉、〈干祿〉、〈老松〉、〈大同吟〉、〈觸感〉、〈答寓好望角故人〉、〈難默〉、〈忽念〉、〈法侶〉、〈供梅有懷〉、〈紛更〉、〈自賞〉、〈醼會答客問〉。(《雪廬詩集》,頁 571-579)

〈太白畫贊〉:樽酒堪消萬古愁,何能醉煞洞庭秋;無端謫落青天下,未肯升沉濁水流。大雅不來邀月飲,壯思飛起入山遊;仙才觀世開醒眼,獨拔汾陽出罪囚。

〈太白黃鶴樓送孟浩然〉:李侯遙望廣陵船,倒坐

---

[1] 李炳南講,田繼嚴錄、吳碧霞校訂:〈戊午年靈山寺佛七開示(下)〉,《脩學法要》,《全集》第 9 冊,頁 233-246。

何人孟浩然；帆似孤雲山色裏，悠悠真欲沒江天。

〈李太白詩傷時憂國體多興比鮮有識者名高毀來宋人詩話謗之尤甚〉：受詩商賜仰雙賢，繼美無多降謫仙；但得微言能善述，由人累黍去量天。

〈難默〉：壯年已止酒，善感仍賦詩；臨事多結怨，大庭厭聞私。九十何有樂，鹿裘未變夷；此堪慰平生，豈必葛天時。南山茂松竹，北澗流清漪；招彼應者少，嗟嗟難默辭。

〈忽念〉：心廣天地寬，所居安湫隘；曾散百萬金，視之如草芥。未能德潤身，久守殺生戒；依舊富潤屋，連牀書可賣。況有舌作耕，客稀無酒債；菜糜足體肥，肥體興豪邁。開窗望東山，輒得妙境界；忽念蒼生憂，時為霖雨快。

〈法侶〉：蕭齋有佳客，抵掌無塵語；非故互投好，座中多法侶，歡來亦問難，任說不齟齬。有時大笑去，心未存我汝，偕遊不流連，丘壑有定所；班荊夕陽餐，清蔬美雞黍；緩歸揮手分，相憶招翰楮。

〈供梅有懷〉：梅花插玉瓶，何處寄折枝；夙昔巴水畔，雪晴曾見之。恍如故人來，顏色憶舊時。神韻皆未改，重逢澎海湄；鏡中余已老，鬚髮各成絲；豈有駐顏術，斗躔三世移。此花非昔花，西望懷三巴；話雨幾人在，鵑空喚歸家。大江流不盡，東去無我槎；莫向洛陽鳴，兵戈亂如麻。春至愁亦至，相對徒咨嗟。

〈自賞〉：詩乃身外物，何由牽我心；猗蘭滋舊雨，沉灩豁胸襟。嚶求有同好，獨處誰知音；不知亦不慍，

1978年・民國67年 | 89歲

自賞無絃琴。後世縱遇識,我身拱木岑。字隨蒼頡滅,海涸桑成林;麻姑若還在,文獻恐非今。且寄松窗下,幽思發高吟。

〈醵會答客問〉:雪廬高揖答群賢,無益人間九十年;今始知非有何補,空搔白首愧青天。

十二月十六日(六),美國卡特總統宣布與我國中斷邦交,先生賦詩〈楚懷王〉及〈誌憤〉五首,深致感慨。並與聯體機構負責人商議決定,於《臺灣日報》刊登「竭誠擁護政府」之新聞廣告,以安定人心。(《蓮社社史》)

〈楚懷王〉(戊午年十二月十六日紀):唇齒齊交舊,商於六里空;懷王頑不省,屈子怨無窮。洹水盟何在,武關欺復同;助秦誰作首,願爾答蒼穹。(《雪廬詩集》,頁579)

〈美卡特政府突與我國絕交誌憤〉五首:(《雪廬詩集》,頁579-580)

未解匡天下,相趨左衽時;酣眠三十載,受事幾多欺。
牝馬西南喪,漢旌風雪持;古今三豎禍,管仲有先知。
卡氏言皆偽,大姦常似忠;清晨作舟楫,昏夜掘山洪。
濟溺自援手,揚帆天有風;前行無限好,不必恨書空。
絕交非有怨,妻薄買臣寒;心羨東家富,身投北里欄。
故夫無不幸,新翻振何難;九萬鵬飛路,傾缸水未乾。
合眾新邦祚,光榮二百年;獨夫遺國恥,舉世葬人權。
事虎甘為鬼,稱臣不象賢;華林神永在,飲恨泣黃泉。
(華盛頓 林肯)

白宮今已汙，願早復清芬；天地無常厭，高雷尚不群。
協和惟信睦，沃衍在耕耘；應借寅賓日，西方霽暮雲。
（高華德　雷根）

十二月十八日（一），是日晚，於中興大學夜間部中文系「詩選」授課。

十二月十九日（二），晚，於蓮社國文補習班講授《禮記》。

十二月二十日（三），於慈光圖書館週三《華嚴經》講座，宣講〈十迴向品第二十五〉「五、無盡功德藏迴向」。

十二月二十一日（四），上午十一時，臺北天華出版公司李雲鵬率同仁十二位，蒞臨台中蓮社拜訪，中午由先生宴客，并為彼開示佛法。（《蓮社日誌》）

十二月二十二日（五），為東海大學中國文學研究所「詩學」課程講授：謝朓〈暫使下都夜發新林至京邑贈西府同僚〉、〈遊東田〉。

是日晚，於中興大學夜間部中文系「詩選」授課。

十二月二十三日（六），上午十時半，連文宗與袁桂蘭於蓮社舉行佛化婚禮，恭請先生福證，中午開十桌宴客。

（《蓮社日誌》）

十二月二十六日（二），夏曆十一月二十七日，為梅光羲大士（1880-1947）誕日，先生至往生堂祭拜，其後亦成為慣例。（《蓮社社史》）

是日晚，於蓮社國文補習班講授《禮記》，本學期課程結束。（《蓮社社史》）

十二月二十七日（三），於慈光圖書館週三《華嚴經》講座，宣講〈十迴向品第二十五〉「五、無盡功德藏迴向」。

十二月二十九日（五），為東海大學中國文學研究所「詩學」課程講授：杜甫〈春日〉。

是日晚，於中興大學夜間部中文系「詩選」授課。

十二月，李鴻儒主編之《世界李氏宗譜》出版，〈新修宗譜〉列先生世系：曾祖父：銑，曾祖母：楊氏；祖父：景純，祖母：趙氏；父：壽村，母：翟師遠。[1]

---

[1] 李鴻儒主編：《世界李氏宗譜》第二輯（臺北：世界李氏宗親總會宗譜纂修委員會，1978年12月），卷九，譜系五，頁312。見《圖冊》，1891年圖4。

是年冬,有詩〈知遯〉、〈獨夫〉、〈避賢〉二首、〈冬日贈漁翁〉、〈偕遊〉、〈報歲蘭〉、〈贈中國醫藥學院〉。(《雪廬詩集》,頁580-583)

〈知遯〉:違時不知遯,憂苦纏其身;借問胡為爾,好匡岐路人。涼薄未孚眾,披肝親所親;見疑且歸去,策杖奚逡巡。故山尚青照,閭里非舊鄰;略除階上草,淨掃茅屋塵。跌坐開梵典,咿唔日移申;妖祥強守默,庶免招世嗔。

〈獨夫〉(卡特受故鄉唾棄):依稀匹殷紂,紐約步窮途;故國羞喬木,旻天厭獨夫。萬方推沛水,一德戴匈奴;周武義旗遠,蒼生應自穌。

〈避賢〉二首:
道義維何語渺茫,儒冠只解誦文章;人間不有多金聚,安得奪標南面王。
未有賢能不貨財,胡天妙語獨心裁;煙城車馬忙投刺,茅屋傍山歸去來。

〈贈中國醫藥學院〉:三才古聖溯同源,萬象森羅指掌言;日月運行天有序,陰陽營衛體常諠。時潮決岸堆沙礫,文獻無徵嘯鳥猿;二十年來終不讓,仁人崛起復農軒。

是年,林政彥移民美國,擬將使用年餘之轎車贈予先生,先生一再婉辭不受。

林政彥,〈播蓮種憶前緣〉:後因舉家遷美,離開前,擬以私用轎車贈與老恩師乘用,但老人家一再婉

辭,不肯接納,其崇高的人格,簡樸的生活,令人敬佩。(該車僅年餘,車況甚佳,後轉贈某寺)[1]

　　【案】日後,林政彥出資成就《明倫》月刊在美發行。(見後 1986 年文)

是年,日本荒尾素次博士造訪菩提仁愛之家附設醫院,由常董林進蘭、家主任藍文奎及院長張靜雄陪同至正氣街寓所拜訪先生。[2]

　　【案】荒尾素次曾多次到訪:一九七八年初次造訪菩提醫院時曾至正氣街寓所拜會,一九八一年十一月二十二日又至菩提醫院並再度來訪,至一九八五年十月,第三度前來,贈送菩提醫院東芝 X 光機一臺。[3]

1　林政彥:〈播蓮種憶前緣〉,《明倫》第 193 期(1989 年 4 月)。
2　謝嘉峰:《雪公與菩提》。
3　謝嘉峰:《雪公與菩提》。

1979年・民國68年・戊午－己未
90歲

【國內外大事】
- 二月,中越戰爭。
- 十二月,高雄爆發美麗島事件。

【譜主大事】
- 一月,元旦起,應慎齋堂邀請演說兩日,開示「蓮池大師警眾法語」。
- 二月,於台中蓮社舉辦第十四期大專國學講座。
  重慶舊友、中央研究院院士屈萬里因肺癌病逝。
  成立「蓮慈基金救濟會」。
- 三月,蓮社社長朱炎煌往生。
- 四月,桃園蓮社八十多位蓮友,聯袂參訪台中蓮社,為開示「正知正見之要及末法修行正途——淨土念佛法門」。
- 六月,於台中蓮社錄音室,指導中興大學中文系夜間部學生「唐詩吟誦」,錄製成吟詩錄音帶。
- 九月,由於電臺廣播成績斐然,成立「明倫廣播節目供應社」,擴大空中弘法事業。
  於孔子誕辰紀念日祭禮後,向奉祀官孔德成先生提辭職。
- 十月,台中蓮社附設國文補習班第二十三期開辦,續講授《禮記》。

1979年・民國68年｜90歲

一月一日（一）、二日（二），元旦兩天假期，應慎齋堂邀請，為蓮友講說佛法。以蓮池大師警眾法語為教材，開示當善用彌陀名號，用功折伏妄念，以求淨念相繼。有〈正是用功時節〉紀錄。[1]

〈正是用功時節〉：學佛必須先有目標，若沒有目標就沒有成就。每宗各有目標，看似普通，做起來皆做不到。臺中不論講什麼經文都離不開淨土。《阿彌陀經》說，淨土法門是「難信之法」，難信在哪裡？淨土法門看似平常，做起來不平常，所以是難信之法。

蓮池大師是淨土宗祖師，早年學禪，斷了見思惑，證了果，然後修淨土法門。十三代的淨土宗祖師，除印光祖師不是學禪以外，其他都是學禪，證了果以後學淨土，他們證果後才知道證果多麼的難。淨土的道理，我們不懂，那祖師說什麼話，我們就信什麼，欲知山下路，必問過來人。這篇法語是蓮池大師對學了多年的淨土學人說的「警眾法語」，這些法語就是祕密。

妄念一起就念佛，這是成佛最要緊的一句話。學佛的人要先守戒，守戒後生定，定就是把心收攝起來，不起妄念了。攝心就是要定，任何宗派都是要求定，如水要靜止才照得清楚，而其他的法門不容易得定，只有淨土念佛法門容易做。

「萬念紛飛之際，正是做工夫時節。」諸位同修做功課

---

[1] 李炳南講，鍾清泉整理：〈正是用功時節（一～四）〉，《明倫》第286-289期（1998年7-11月）；《全集》未見收。

覺得有妄念,愈念妄念愈多,於是不想念,其實不念妄念更多,這是不覺,迷到極處了。所以覺得萬念紛飛正是覺悟的時候。知道自己錯誤的人,才是起了覺悟之人。念佛也不是一念就立刻收心,總還會有妄念,那就要「旋收旋散,旋散旋收」一句佛號一直念下去,妄念起了就趕快收心,收心回來念佛,這樣不能斷惑也能伏惑,伏惑就行。

「久後工夫純熟,自然妄念不起。」佛號和妄念譬如「生、熟」兩個字,該熟的事我們一點都不熟,該生的事你偏熟了,生熟顛倒。若念佛念熟了,那些殺盜淫妄的壞心就變生了。

大勢至菩薩的法門是「憶佛念佛」,念佛是念茲在茲,咱們辦不到,但憶佛辦得到。憶佛是明記不忘,無論做什麼事不要忘了佛,如喝茶、吃飯不忘佛,一切都是為阿彌陀佛做的。從事士農工商任何行業都忘不了吃飯,若把念佛拿來當飯,便能「淨念相繼」。淨念相繼,念念相續無間斷「得三摩地」,三摩地就是正定。念佛就是要求彌陀大定,《彌陀經》不明說,若一說大家會認為辦不到。蓮池大師在此則開示明說,持佛名號就是得定的祕密法,若不得定如何開智慧?如何往生?得了定才不亂。祕密說出來了,切莫他求,除了淨土能成就外,其他都辦不到。

一月三日(三),於慈光圖書館週三《華嚴經》講座,宣講〈十迴向品第二十五〉「五、無盡功德藏迴向」。

1979年・民國 68 年｜90 歲

一月五日（五），臘月初七，先生九十壽誕。友生齊聚祝壽。（見《圖冊》，1979 年圖 1）

一月十日（三），於慈光圖書館週三《華嚴經》講座，宣講〈十迴向品第二十五〉「五、無盡功德藏迴向」。

一月十二日（五），為東海大學中國文學研究所「詩學」課程講授：〈古詩聲調譜〉。本學期課程結束。

是日晚，於中興大學夜間部中文系「詩選」授課。

一月十四日（日），上午十時，至台中蓮社為簡金武、謝惠蘭；許春貴、周小玲四位居士佛化婚禮福證。（《蓮社日誌》）

一月十七日（三），下午一時半，率同蓮友三十多人參加賴耀耕老居士告別式。（《蓮社日誌》）

一月十九日（五），晚七時，召集聯體機構負責人，為臺中市政府委託辦理之「復興文化端正禮俗觀摩會」舉行籌備會，與會者共四十多位，先生蒞臨開示。（《蓮社日誌》）

夜九時，以導師列席參加於蓮社會客室舉行之蓮社常務董事會議，議決：慈光育幼院新聘董事四名，原有四位

改聘為名譽董事。

朱炎煌主席、陳雍澤記錄,〈台中市佛教蓮社六十八年度第一次常務董事會會議紀錄〉:

導師開示:育幼院之董事會局部改組。更動之四位董事皆吾之熟人,再聘為名譽董事,則於事理兩便也。新聘之四位,許(炎墩)居士乃本院創設人之一,且曾任院長多年;而游(俊傑)居士早年亦曾參與院務,二位皆熟於此道,故能助益良多。至於林(漢周)居士乃省議員,劉(茂安)居士為市議員,皆熱心公益,對外皆可維護本院權益。今皆全案通過,實為院童之福也。再者,咱辦慈益事業,但盡心力,自有功德。佛陀菩薩,了了在目,願共勉之。[1]

一月二十五日(四),臘月二十七日,中午,於蓮社與諸蓮友圍爐歡聚,席開八桌。(《蓮社日誌》)

一月二十六日(五),上午十時半,水湳蓮社陳修善董事長令郎佛化婚禮,與李水江佛化婚禮同時進行,恭請先生福證。(《蓮社日誌》)

一月二十八日(日),己未年正月初一,上午十時,蓮友約

---

[1] 朱炎煌主席、陳雍澤記錄:〈台中市佛教蓮社六十八年度第一次常務董事會會議紀錄〉(1979年1月19日),《台中蓮社董監事會議紀錄》,台中蓮社檔案。

1979 年・民國 68 年｜90 歲

六百人至蓮社團拜，先生亦蒞臨上香。（《蓮社日誌》）

二月四日（日），夏曆正月初八，立春。有詩〈正月初八立春已近上元燈節〉，其後又有〈遊山歸來〉、〈春草〉、〈索詩〉、〈五代史書後〉、〈聽唱彈詞猶存固有禮俗〉、〈讀稗史〉。（《雪廬詩集》，頁 583-585）

〈正月初八立春已近上元燈節〉：大寒衝過便回春，又見鼇山燈火新；尷尬朱門歌管早，東風只為荷鋤人。

〈春草〉（指佞、含羞二草，名寓東西文化。）：春意滿滄洲，尋芳策杖遊；東皋多指佞，西鄙少含羞。總為時風偃，何曾野火留；思瞻大同界，不欲畫鴻溝。

〈索詩〉：避債無臺鬢已絲，錦囊儲滿是償時；鳥鳴花放春先到，不恤高齡也索詩。

〈五代史書後〉：五朝王業槿花開，宇宙茫茫人未來；叱咤風雲多絳灌，不生房杜一分材。

二月十日（六），即日起至十三日（二），明倫社於台中蓮社舉辦第十四期大專國學講座。首日上午，舉行開學典禮，禮請先生及周家麟、徐醒民等教師開示。本期課程除佛學外，另加《論語》，故講座名稱為「國學講座」。先生講授《論語》第一學而篇第一、第二章，指明：學而章三段，為知行總說；其為章二段，孝悌為修齊治平基礎。

2947

〈論語時需講要〉：
學而章三段，為知行總說

第一段　受業始終：「子曰學而時習之，不亦說乎。」

學是求著接受教育。習是溫習所學的事業。悅是學習成功以後，心中得的愉快。

學習什麼事業？這裡指的是中華聖賢文化。大體就是格物、致知、誠意、正心、修身、齊家、治國、平天下等這些事。也是人人離不開的事，必須學纔會辦。怎麼個學法？說來很不簡單，在開始必先有個印象，使心專一。將孔子走的路線舉出來，作個標準。

人類皆有無聲無嗅的天性，純真純潔，卻是一切理想思路的主體。但能不失真純面目，就名曰「道」。《禮記・中庸》篇說「天命之謂性，率性之謂道」，是道字正解。其中有自然知覺，稱曰良知，就是性「德」。又有自然能力稱曰良能，就是性的「仁」善。這三種事是內在的本體。本體具備，自然發起作用。「藝」術百工，一切事物，有形無形，都是他為原動力。藝術一句，凡儒家的六藝四教，典章文物等，都包括其中。不過因時增減而已。這是外在的大用。

孔子的學行準則，就是「志於道、據於德、依於仁、游於藝。」中華歷代聖賢文化，經孔子一番整理，才有系統，所以稱曰集大成。孔子自己學行準則，就是中華文化的中心。這一段「學」字，雖然為讀書士人說的，但是各界各業皆可採用。所學有了真得，纔能愉快。這卻

不分彼此,一樣的心理。

　　第二段　名顯道宏:「有朋自遠方來,不亦樂乎。」
學有成就,名已遠揚。倘有志同道合的,遠來求學,或來訪問,竟能把自己所得、廣益人群社會,豈不是很歡樂的事。

　　第三段　時機不合:「人不知而不慍,不亦君子乎。」
假若時機不合,不逢知音,空懷大才,無處去用;既是學有所得,自然知命不可牢騷不平,自傷中和。應該養氣持志,不怨不尤,完成宏量君子,天爵更為尊貴。

其為章二段,孝悌為修齊治平基礎

　　第一段孝悌為行仁開源:「有子曰,其為人也孝弟,而好犯上者,鮮矣。不好犯上而好作亂者,未之有也。」
前章舉的六藝。第一件就是禮。《禮記》的第一句話是「毋不敬」,這是禮的總綱。人有禮敬必吉,家有禮敬能昌,國有禮敬自強,若無禮敬必亂。「毋不敬」也有先後輕重區別。至親者、位尊者、有德者、自然居先。父母親而又尊,更要先之又先,必須孝敬。兄長同胞,又先我生,必盡悌道。然後推及一切皆加禮敬。凡侵犯侮慢等事,概不能作。敬父母兄長名曰「孝弟」。禮敬一切名曰「行仁」。這是修身至平天下一貫的路線,從始至終,有先有後。不守家庭規矩,破壞社會秩序,違犯國家法律,都非禮敬行仁,是名作亂。因這些事都有

級層主管，深恥侵犯長上的人，再去為非作亂，是不可能的，這是治安的根本辦法。

　　第二段行仁為達道之本：「君子務本，本立而道生。孝弟也者，其為仁之本與。」

上段孝悌定亂，事雖易知，理卻深密難明，因這是聖賢的大道。所以有二段解釋，舉出內在的本體，教人用孝悌去求，自能易，否則多言悟少。

辦事澈底，必須通理達道，若一知半解，不能成什麼大事。這裡忽然提出「務本」來，就是事宜追求根本，只要立住根本，大道自會發生。要來說他，還得繞個彎子，須先說出孝悌的根本，更說明孝悌是仁的根本。要知行仁，便是修道的路程，道已在近前，既明且達，事就一貫成功了。所以孔子志道依仁。在《禮記·中庸》篇有解釋——「修道以仁。」[1]

　　【案】一九七一年二月，第一屆明倫講座開辦，定三週教授六門功課規例，然而緣於社會變遷漸趨複雜，一九七八年停辦一年後，於一九七九年續辦第十四期時，特別重視人格教育基礎，增加《論語》課程，講座改稱「國學講座」。

二月十一日（日），國學講座第二日。上午九時半，禮請先

---

1 李炳南講，徐醒民記：〈論語時需講要（一、二）〉，《明倫》第83-84期（1979年3-4月）；收見《論語講要》，《全集》第11冊，頁35-41。

生主持放生。

二月十三日（二），下午，明倫國學講座第十四期圓滿，晚上舉行結業典禮。（《圖冊》，1979年圖2）

二月十四日（三），本年度講經開始，於慈光圖書館週三《華嚴經》講座，宣講〈十迴向品第二十五〉「六、隨順堅固一切善根迴向」。[1]

二月十六日（五），東海中文研究所開學。本學期開授「李杜詩研究」，開學「緒言」後，講授王維〈送元二使安西〉。[2]

是日，重慶舊友、中央研究院院士屈萬里因肺癌病逝，享年七十三歲。屈萬里為先生抗戰居重慶歌樂山時奉祀官府同事，與奉祀官孔德成及先生交情深厚，初來臺時，對奉祀官府且有饋米之恩。先生聞耗有〈屈院士萬里註經未竟齎恨以沒哭之〉詩三首，七月，又有〈薦故友屈翼鵬抗日時同寓重慶〉詩一首。孔德成先生為撰墓誌銘。

---

[1] 李炳南：《大方廣佛華嚴經講述表解》，《全集》第1冊之2，頁233。
[2] 李炳南講，吳碧霞記：《詩選筆記（甲）》（東海大學中研所，1978年9月22日－1979年6月22日），未刊本。以下各週講次同此，不再注記出處。

〈屈院士萬里註經未竟齎恨以沒哭之〉三首（《雪廬詩集》，頁 585-586）：

方寸炎秦火，蓬萊有洞天；異端純叛道，屈子欲承肩；呦呦人間事，悠悠地下眠；知澆萬壺酒，難以慰重泉。

九十杖無力，心飛思撫棺；文章天下有，道義古今難；老淚盈襟落，芳聲一指彈；空餘書帶草，留與故人看。

松柏有本性，君才生不時；羌胡宗庠教，天地少人師；夕照雲初斂，幽蘭露未滋；云亡榮典重，泉下莫能辭。

〈薦故友屈翼鵬抗日時同寓重慶〉：巴州同作客，回首似鄉關；雨歇霧屯野，鵑啼花滿山；前塵歸夢寐，素月落臺灣；蕉荔薦豐潔，魂來享此間。（《雪廬詩集》，頁 605）

孔德成，〈屈萬里先生墓誌銘〉：于休君子，明姿亮特。敏求好古，本務學殖。名山不朽，是曰立言。匪惟枝葉，實尋厥根。已達達人，誨人不倦。異域周流，秉心植援。同塵往哲，厚志薄身，英華芳潤，百世垂型。　　　　　　　　　　曲阜同學弟孔德成敬書[1]

【案】屈萬里（1907-1979），字翼鵬，山東省魚臺縣人。中央研究院院士，歷任山東省圖書館編藏部主任、奉祀官伴讀、國立中央圖書館編纂、特藏組主任、臺灣大學中文系主任、中央研究院歷史語言研究所所長、中央圖書館館長。（【小傳】見 1937 年 10 月 12

---

[1] 屈世劍：〈不可一日無此君〉，《山東圖書館學刊》（2009 年第 3 期），頁 116-117。

日譜文）孔德成先生與炳南先生原已徵得屈萬里同意，接替先生擔任至聖奉祀官府主任祕書工作。而今屈氏猝逝，先生該職之交卸遂又延宕。[1]

二月十八日（日），至慈光育幼院列席參加第九屆董事會第一次會議。選出常務董事五位，再推選董正之為董事長。[2]

二月十九日（一），於中興大學夜間部中文系「詩選」課，講授：徐仲雅〈棕樹〉、虞世南〈蟬〉。[3]

二月二十一日（三），於慈光圖書館週三《華嚴經》講座，宣講〈十迴向品第二十五〉「六、隨順堅固一切善根迴向」。

二月二十三日（五），上午，為東海大學中國文學研究所「詩學」課程講授：李白〈客中行〉、張籍〈秋思〉。
　　吾以詩解萬古愁，不求聞達也，後人縱有知音，吾骨已灰。我作，留與文化復興後，供人消遣也，消遣總

---

[1] 林其賢記錄：「王瑋中口述」，2024年1月18日，台中蓮社。
[2] 朱炎煌主席、李子成記錄：〈臺中市私立慈光育幼院第九屆董事會第一次會議紀錄〉（1979年2月18日），《台中蓮社歷年會議紀錄》，台中蓮社檔案。
[3] 李炳南講，吳碧霞記：《詩選筆記》（中興大學夜間部中文系，1978年5月29日－1979年2月23日），未刊本。

比罵人好。[1]

是日晚,於中興大學夜間部中文系「詩選」課,講授詠物體體式風格,凡詠物體,絕不離諷、喻二種。[2]

二月二十六日(一),是日晚,於中興大學夜間部中文系「詩選」授課。

二月二十七日(二),晚七時半,於蓮社會客室舉行「蓮慈基金救濟會」成立大會,參加委員有:何玉貞、劉國榮、鐘玉意、林忠鈺、陳雍澤等五位,先生主席說明成立緣由在緊急救助,而後分派任務,並立有組織章程及辦事細則等規章。並指示:爾後臺中各基金會,可成立聯誼會,然各主其事互不干涉。

  一、咱於世間求職安身之外,必再求學,且多做善事,今組此會緣此之故。臺中機構此者有五、六個,何以不集中為一?蓋組而為一,則不單以組織大,必設辦事人員,安立薪水,成立財團法人……等,問題不小,尤以錢財更易生爭執。今之基金皆蓮社救濟會之餘款,再接受樂捐,合而營運之。雖由樂捐而得,然亦屬公款,絕不可入私囊。此筆基金今有

---

[1] 李炳南講,吳碧霞記:「詩選筆記(甲)》(東海大學中文所,1978年9月22日-1979年6月22日),未刊本。
[2] 李炳南講,吳碧霞記:《詩選筆記》(中興大學夜間部中文系,1978年5月29日-1979年2月23日),未刊本。

五十萬元，再受樂捐，然禁募捐，湊成一筆款項，或置不動產，或存銀行，以其孳息，按月作濟助工作。而臺中各基金會，爾後可成立聯誼會，然各主其事互不干涉；以各單位之孳息，統籌作慈益事業。若見緊急需助者，可由各單位湊上萬元助之，如此，則不費力而可作無限功德，故作功德不單用錢始可，但存心好即可得之。然指定用途之款，救何災難，必全數用之，切勿吝與而存留，方合因果。咱乃道義結合者，非為名利也！既為團體必有規則以遵循，故立有「組織章程」、「辦事細則」、「會員資格及樂捐辦法」與「印信及各類表格」等，憑此推展業務。

二、此筆基金置不動產或存銀行，另行研議，然以穩當儲存為要。

三、各項職務分派：

1. 主任委員：何玉貞居士，擔負一切會務興衰之責及保管基金。
2. 祕書：陳雍澤居士，協助主任委員營運基金。
3. 司帳及出納：劉國榮居士
4. 監察：林忠鈺居士，凡經費有所動支必經「監察」蓋章才有效。
5. 調查及發放：鐘玉意居士。此工作若途遠者，一人辦不了，可互相聯繫，暇者辦之或請同學助之。

上述工作以後三項為要，故必慎為之。另請「顧

問」指導,聘鄭勝陽居士為顧問。

四、存真心辦真事,作功德,不在錢之多寡,但於心之真偽,如公案「貧婦施燈獨明」發心幹慈益事,功不唐捐,再勉之。[1]

二月二十八日(三),於慈光圖書館週三《華嚴經》講座,宣講〈十迴向品第二十五〉「六、隨順堅固一切善根迴向」。

是年仲春,有詩〈慰眾〉、〈西顧有思〉、〈春曉〉、〈先鳴〉、〈前月老友張齡以詩遙壽突聞辭世哭之〉、〈聯文之學湘省為冠曾左後張齡獨擅憶之〉。(《雪廬詩集》,頁586-587)

〈西顧有思〉:西蜀八年狩,扈歸吳苑時;山隨大江轉,舟載夕陽遲。故舊浮雲散,墳田蔓草滋;喪家今更久,無信事應知。

〈前月老友張齡以詩遙壽突聞辭世哭之〉:壽相心無著,蘭言道有親;翰香還襲袖,愕訊竟離塵。文獻天何厭,知交夢自頻;難將盈把淚,遙寄洞庭春。

〈聯文之學湘省為冠曾左後張齡獨擅憶之〉:文章曾左後,傾倒獨張侯;品藻一峰立,辭源三峽流。雲停

---

[1] 李炳南主席,陳雍澤記錄:〈台中蓮社蓮慈基金救濟會成立大會紀錄〉(1979年2月27日),《台中蓮社歷年會議紀錄》,台中蓮社檔案。

濟南郡，雁唳岳陽樓；此意無人識，黯然髭白頭。

【小傳】張齡（1910-1979），字劍芬，號無諍居士，湖南湘潭人，早年曾任湖南郴州縣長，此後歷任國民政府祕書等政界公職。善寫對聯，且熱心佛教弘法事業。臺灣各大寺院之碑文、塔銘、對聯等，出諸其手者為數甚多。有「湖南才子」美譽。

本學期，續於台中蓮社為東海大學中研所學生開設「李杜詩研究」。

三月二日（五），為東海大學中國文學研究所「詩學」課程講評習作。

是日晚，於中興大學夜間部中文系「詩選」授課。

是日晚，蓮社第二十二屆國文補習班，下學期開學典禮。

三月五日（一），是日晚，於中興大學夜間部中文系「詩選」授課。

三月六日（二），下午，先生偕同蓮社同仁至水湳全民醫院探望社長朱炎煌。朱社長因意外摔倒以致腦震盪。

晚，於蓮社國文補習班講授《禮記》。（《蓮社日誌》）

三月七日（三），上午五時，蓮社社長朱炎煌不幸往生，蓮友前往助念八小時。

是日晚，慈光圖書館週三《華嚴經》講座，由周家麟代理，宣講：〈讚佛偈〉。[1]

三月八日（四），上午九時，至蓮社會議室主持朱炎煌社長治喪會，各董監事及多位蓮友與會。
　　　　李炳南主席、陳雍澤記錄：〈台中市佛教蓮社六十八年度第二次董監事會議紀錄〉：
時間：六十八年三月八日上午九時三十分
地點：本社會議室
出席：（朱家孝眷等及蓮社諸幹事，名單從略）
　　　主席：今日會議屬私人性質，係討論故朱社長治喪事宜，一切事情由孝眷作主，遵循禮法及風俗為之。若孝眷無心力辦之，則委託至親或至友。若至親作不了主則請至友內行者任之。今者社長往生，其子弟皆年少，亦不明本地風俗，故由親友出來。若彼等均不管事，則至友理應出來，道義助之。今由江寬玉發言，由至親及友人協同開會，由汝家人懇求蓮社出來作主，才不背人情。在座諸位董監事，許多均是社長相交二、三十年者，故應幫忙。然必由孝眷來請。若無人管此事，則咱義不容辭相助。

---

[1] 李炳南講，徐醒民記：《華嚴經筆記》，未刊本。

> 江寬玉（朱社長夫人）：社長生前唯師命是從，今一切依眾議，請大家幫忙。
>
> 主席：今依孝眷之請，出席者皆為治喪委員，依議行事。由寬玉作主，咱皆盡力幫助。所議諸事皆必合情合理，且勿傷孝眷之和睦，必往遠處想才可。
>
> 決議事項：（以下略）[1]

三月九日（五），為東海大學中國文學研究所「詩學」課程講授：李白〈秋登宣城謝朓北樓〉、劉長卿〈經漂母墓〉。

是日晚，於中興大學夜間部中文系「詩選」授課。

三月十三日（二），晚，於蓮社國文補習班講授《禮記》。

三月十四日（三），於慈光圖書館週三《華嚴經》講座，宣講〈十迴向品第二十五〉「六、隨順堅固一切善根迴向」。

三月十六日（五），為東海大學中國文學研究所「詩學」課程授課。

是日晚，於中興大學夜間部中文系「詩選」授課。

---

1 李炳南主席，陳雍澤記錄：〈台中市佛教蓮社六十八年度第二次董監事會議紀錄〉（1979 年 3 月 8 日），台中蓮社檔案。

三月十七日（六），上午十時，至市立殯儀館參加朱炎煌社長告別式。先生有輓聯，臨祭時，哭之甚慟。

　　黃潔怡，〈痛斷肝腸話恩師——訪台中蓮社老社長朱炎煌夫人江寬玉居士〉：老恩師世法出世法都做得十分圓融，並且念舊，當年先夫去世，追悼會上，老恩師哭得很傷心，輓聯寫道：「空谷知音少，傳心未竟離塵去；綠川頻回首，雨淚難收憶汝時。」老恩師這般疼惜學生，今日恩師往生，叫作學生的怎不肝腸寸斷？[1]

　　朱明威，〈憶雪廬公與先父朱炎煌之佛緣〉：先父不幸在民國六十八年因中風猝逝，享年七十有餘，過世前數天，雪廬公即警告先父往後數天裡起居須多加注意，然而生死有命，先父尚未盡弟子之勞，即突然逝去，與世長辭，雪廬公聞噩耗，悲從中來，慟哭不已，他老人家親筆寫了一幅輓聯以示哀悼之意。從輓聯中，不難看出雪廬公對先父之厚愛及深厚的佛緣。[2]

　　【案】朱炎煌（1909-1979）為一九四九年先生初抵臺中即追隨學法之學眾，護持先生籌組蓮社、成立慈光圖書館等諸多法業。（小傳見1949年5月29日譜文）

三月十八日（日），蓮社春季祭祖第二天。下午，恭請會性法師主持皈依典禮。晚七時半，先生至蓮社上香。

1　弘安（黃潔怡），〈痛斷肝腸話恩師——訪台中蓮社老社長朱炎煌夫人江寬玉居士〉，《明倫》第164期（1986年4/5月合刊）。
2　朱明威：〈憶雪廬公與先父朱炎煌之佛緣〉，《明倫》第170期（1986年12月）。

三月十九日（一），晚，於中興大學夜間部中文系「詩選」授課。

三月二十日（二），晚，於蓮社國文補習班講授《禮記》。

三月二十一日（三），於慈光圖書館週三《華嚴經》講座，宣講〈十迴向品第二十五〉「六、隨順堅固一切善根迴向」。

是日，蓮友呂日新往生。先生於其臨終前曾為開頂加持，置光明咒砂於胸前，復加持密咒於陀羅經被覆蓋其身。呂日新令媛呂富枝亦資深蓮友，為中慧班之二姊。

呂富枝，〈先父呂公諱日新生西事略〉：先父在世七十有八歲，為人淳厚慈祥，閑靜少言，恭儉自持，仁恕待人，平生孝親敬老，矜恤孤苦，行醫五十年，不計酬報，憐貧濟困，施財施醫，彰彰在人耳目。民國四十五年，父年五十五，幸遇雪公恩師，從此篤信佛教，皈依三寶，自慈光圖書館成立，即往聽經，風雨無阻，初學數年，散心念佛，繼而定課，禮佛持誦，閑暇輒掐珠持念，年來進而隨出入息，繫念佛號，嘗言今生決志，非生西不可。曾囑家人臨終時，預約三五善友助念，不可哭泣，擾我正念，切記！切記！

吾父臨終臥病，兩天三夜之中，助緣殊勝，承蒙雪公老師親來為父結印持咒開頂，置光明咒砂於胸前，復加持密咒於陀羅尼經被，覆蓋身上，又蒙數位尼師，數十蓮

友,陸續輪班,陪同家人,環繞父側,至誠懇切,日夜念佛,助父往生。至二十三日辰時,在寧靜氣氛,和諧助念佛號中,忽見數朵金色圓光,從父頭頂,晃耀而過,甚感奇異,環視門外窗口,並無動靜,回頭注視吾父,微微開眼,容色安定,這時圓光再度呈現,在此一剎那間,寂然瞑目,毫無苦狀,安詳而逝。[1]

三月二十二日(四),因應朱炎煌社長往生,指示蓮社應速推出臨時社長代理,並推薦育幼院董事遞補人選。[2](見《圖冊》,1979年圖3)

〈朱社長往生蓮社代理社長事〉(1979年3月22日):蓮社事多,不可一日無主。望速下列各件為禱。

李炳南謹建議　三月廿二日

一、公推臨時社長代理名義(常務推即可)。

二、推薦李榮輝居士補育幼院董事。用函聘。

即在本星期日舉辦即可,不再行招集。

三月二十三日(五),為東海大學中國文學研究所「詩學」課程講授:杜甫〈明妃村〉,並示學詩階序。

是日晚,於中興大學夜間部中文系「詩選」授課。

---

[1] 呂富枝:〈先父呂公諱日新生西事略〉,《明倫》第86期(1979年6月)。
[2] 〈朱社長往生蓮社代理社長事〉(1979年3月22日),《台中蓮社董監事會議紀錄》,台中蓮社檔案。

三月二十五日（日），上午九時，蓮友齊聚蓮社，誦《地藏經》、念佛，迴向朱炎煌社長，及莊心如、丁俊生、張劍芬、劉添川、呂日新、朱王錦、何美枝等大德，先生蒞臨上香。中午舉行常務董事會議，推選王焵如董事代理社長職務。（《蓮社日誌》）

三月二十六日（一），是日晚，於中興大學夜間部中文系「詩選」授課。

三月二十七日（二），晚，於蓮社國文補習班講授《禮記》。

三月二十八日（三），於慈光圖書館週三《華嚴經》講座，宣講〈十迴向品第二十五〉「六、隨順堅固一切善根迴向」。

四月二日（一），是日晚，於中興大學夜間部中文系「詩選」授課。

四月三日（二），於台中蓮社為第二十二期國文補習班講授《禮記》：少儀之一。

　　1.毋拔來，毋報往，毋瀆神，毋循枉，毋測未至。2.洗盥執食飲者勿氣，有問焉，則辟咡而對。3.國家靡敝，則車不雕几，甲不組縢，食器不刻鏤，君子不履絲

屨，馬不常秣。[1]

四月四日（三），於慈光圖書館週三《華嚴經》講座，宣講〈十迴向品第二十五〉「六、隨順堅固一切善根迴向」。

四月五日（四），清明節前後，有〈己未寒食西顧〉、〈掃墓節〉、〈清明靄後郊步〉、〈十年〉、〈塞下曲〉、〈登臺〉、〈桃溪春靄寄恨〉、〈遣愁〉。（《雪廬詩集》，頁588-590）

〈己未寒食西顧〉：寒食他鄉四十年，霑襟依舊念墳田；首邱能在王師後，瞑目無拘骨肉前。老眼看花遲有恨，山居插柳淡橫煙；東風雖綠神州樹，不與黎元解倒懸。

〈掃墓節〉：吉禮經居首，興邦道有尊；踏青多士女，未解酒澆墦。備具無量義，真成眾妙門；追思民德厚，一綫若亡存。

〈十年〉（今之學者多不能辨四時也）：博士堂堂已出奇，太平西渡又求師；十年回首勤修業，幾箇方中解四時。

〈遣愁〉：絲管宣湮鬱，吟詩遣萬愁；何妨知遇少，聊為識真留。阿氏月空到，明皇宸豫遊；見聞皆有分，六趣不同眸。

---

[1] 【數位典藏】錄音／儒學研究／禮記／〈少儀之一〉。

四月六日（五），為東海大學中國文學研究所「詩學」課程講授：李白〈月下獨酌〉。

是日晚，於中興大學夜間部中文系「詩選」授課。

四月八日（日），佛誕節，適逢下雨，蓮社及聯體機構隊伍仍照常出發遊行，淋雨而歸。（《蓮社日誌》）

四月九日（一），是日晚，於中興大學夜間部中文系「詩選」授課。

四月十日（二），晚，於蓮社國文補習班講授《禮記》。

四月十一日（三），於慈光圖書館週三《華嚴經》講座，宣講〈十迴向品第二十五〉「六、隨順堅固一切善根迴向」。

四月十二日（四），下午三時，至蓮社開示佛法，並對省立圖書館人事主任解疑。

四月十三日（五），為東海大學中國文學研究所「詩學」課程講授：李白〈宣州謝朓樓餞別校書叔雲〉、李白〈山中答俗人〉。

是日晚，於中興大學夜間部中文系「詩選」授課。

四月十六日（一），是日晚，於中興大學夜間部中文系「詩選」授課。

四月十七日（二），晚，於台中蓮社第二十二期國文補習班講授《禮記》：學記之一。

> 玉不琢，不成器；人不學，不知道。是故古之王者建國君民，教學為先。[1]

四月十八日（三），於慈光圖書館週三《華嚴經》講座，宣講〈十迴向品第二十五〉「六、隨順堅固一切善根迴向」。

四月二十日（五），為東海大學中國文學研究所「詩學」課程講授：王維〈春日與裴迪過新昌里訪呂逸人不遇〉。

是日晚，於中興大學夜間部中文系「詩選」授課。

四月二十三日（一），召集蓮社工作同仁，自述「以佛存心，以儒辦事，以老處世」，開導大眾。

> 炳南先生說：「吾以『佛』存心，以『儒』辦事，以『老』處世。亦即以佛之慈悲為懷；以孔子之有為有守、賞罰分明來辦事；以老子之三寶：慈、儉、不敢為

---

[1] 【數位典藏】錄音／儒學研究／禮記／〈學記之一〉。

天下先,為處世原則。」[1]

是日晚,於中興大學夜間部中文系「詩選」授課。

四月二十四日(二),晚,於蓮社國文補習班講授《禮記》。

四月二十五日(三),於慈光圖書館週三《華嚴經》講座,宣講〈十迴向品第二十五〉「六、隨順堅固一切善根迴向」。

四月二十七日(五),為東海大學中國文學研究所「詩學」課程講授:杜甫〈羌村〉、常建〈題破山寺後院〉。

是日晚,於中興大學夜間部中文系「詩選」授課。

四月二十九日(日),桃園蓮社蓮友一行八十多人,聯袂參訪蓮社,禮請先生開示。先生指導:「正知正見之要及末法修行正途—淨土念佛法門」。(《蓮社社史》)

四月三十日(一),是日晚,於中興大學夜間部中文系「詩選」授課。

---

1 陳雍澤:《雪廬老人儒佛會通思想研究》,頁 543。

是日,孔德成先生來函,談及立法院審查預算時,有委員質詢奉祀官府預算及組織法等事。(見《圖冊》,1979年圖4)

　　孔德成,〈孔德成先生來函〉(1979年4月30日):趙明德兄來,今上午列席立院,會畢來報,一切尚好,惟最後劉錫五委員,質詢內部:(一)至聖府預算,可不必增加。(二)該府組織法,前數年曾詢及,今未送立院,何故?內部邱部長答:(在總合內部所轄總答時答)「(一)按例增列。(二)須從長計議。(甲)查劉委員,數年〔前〕確曾詢及此事(組法),兄應亦當尚憶之。組法事,是否由兄訪劉?此事兄酌後,請先與弟商之再定。(乙)此前是否由兄以兄名義函邱部長,述本府數十年之情形(有卷,可稽查之)?(丙)可由弟名義,函邱部長,謝其關照,(皆言謝其此次之關照,不必言及將來也。)並函謝內部民政司居司長(字伯均。民司,現是否仍居司長,請趙電詢黃科長。)、會計科黃科長(台甫?問趙),謝其關照。以上各節,當由趙兄再行面詳。匆此,即頌

炳兄公綏　　　　　　　弟德成敬上　六八、四、卅
　　　　　　　　　　　下午四時二十五分。臺北[1]

　【案】劉錫五(1899-1997),字輯廷,別號柳塘。河南省鞏縣人。國立北京大學中國文學系畢業,一九四八年當選河南省第一屆立法委員。曾任國立

---

[1] 孔德成:〈孔德成先生來函〉(1979年4月30日),黃潔怡提供。

中央大學中文系主任、中華民國健康長壽會理事長。一九七一年曾邀請先生出任健康長壽會名譽理事。（小傳見 1971 年 6 月）

五月一日（二），晚，於蓮社國文補習班講授《禮記》。

五月二日（三），於慈光圖書館週三《華嚴經》講座，宣講〈十迴向品第二十五〉「六、隨順堅固一切善根迴向」。

　　是日，孔德成先生來函，回復同意先生有關日前立法院審議預算時相關事宜建議。
　　　　孔德成，〈孔德成先生來函〉（1979 年 5 月 2 日）：炳兄：示悉。（一）可先致邱部長謝函。（二）所慮與弟見同，恐更節外生枝也。（三）弟星期日（五月六日）下午八時半左右，始能訪尊廬。先復，即頌
　　　　禪安　　　　　　　弟德成敬復啟　六八、五、二夜[1]

五月四日（五），上午，為東海大學中國文學研究所「詩學」課程授課。

　　是日晚，於中興大學夜間部中文系「詩選」授課。

五月六日（日），上午十時，宴請豐原啟聰學校校長，與獅

1　孔德成：〈孔德成先生來函〉（1979 年 5 月 2 日），黃潔怡提供。

潭國中賴茂源校長。內典研究班八位同學作陪。（《蓮社日誌》）

五月七日（一），是日晚，於中興大學夜間部中文系「詩選」授課。

五月八日（二），晚，於蓮社國文補習班講授《禮記》。

五月九日（三），於慈光圖書館週三《華嚴經》講座，宣講〈十迴向品第二十五〉「六、隨順堅固一切善根迴向」。

五月十日（四），應聘擔任東海大學中國文學研究所第八屆研究生王家歆畢業論文考試委員。論文題目為：《楚辭九章集釋》。先生評為「堪稱九章之善注，獲讀者與有助焉。」[1]（見《圖冊》，1979年圖5）

「王家歆畢業論文・評語」：體為集釋，自應述而不作。然所采各家校字注解韻釋等，均能捨繁取精，此其眼界高曠使然。至各按語，意皆允中。古書錯簡譌字在所不免，向多爭執，或涉偏激。茲著不尚武斷，且主闕疑待考，凡有所述，辭氣力求謙和，尤見修養，俱可式也。文字方面，修辭簡潔、氣韻悠揚，取資古今兼收左右豐富組織、條目井然，頗為醒眼，堪稱九章之善注，獲讀者與有助焉。

---

[1] 「王家歆－楚辭九章集釋口試評分表」，王家歆提供。

五月十一日（五），為東海大學中國文學研究所「詩學」課程講授：杜甫〈禹廟〉、王維〈田園樂〉、柳宗元〈漁翁〉。

是日晚，於中興大學夜間部中文系「詩選」授課。

五月十三日（日），臺中市政府委託蓮社辦理「復興文化端正禮俗觀摩會」，蓮社召集各聯體機構舉辦籌備會。先生開示辦理之意義與要點。[1]

五月十四日（一），晚，於中興大學夜間部中文系「詩選」授課。

五月十五日（二），晚，於蓮社國文補習班講授《禮記》。

五月十六日（三），於慈光圖書館週三《華嚴經》講座，宣講〈十迴向品第二十五〉「六、隨順堅固一切善根迴向」。

五月十八日（五），為東海大學中國文學研究所「詩學」課程講授：王維〈過乘如禪師蕭居士嵩丘蘭若〉。

是日晚，於中興大學夜間部中文系「詩選」授課。

---

1 【數位典藏】錄音／其他／〈復興文化端正禮俗觀摩會〉。

五月二十一日（一），晚，於中興大學夜間部中文系「詩選」授課。

五月二十二日（二），晚，於蓮社國文補習班講授《禮記》。

五月二十三日（三），於慈光圖書館週三《華嚴經》講座，宣講〈十迴向品第二十五〉「六、隨順堅固一切善根迴向」。

五月二十五日（五），為東海大學中國文學研究所「詩學」課程講授：杜甫〈蜀相廟〉。

是日晚，於中興大學夜間部中文系「詩選」授課。

五月二十八日（一），晚，於中興大學夜間部中文系「詩選」授課。

五月二十九日（二），晚，於蓮社國文補習班講授《禮記》。

五月三十日（三），於慈光圖書館週三《華嚴經》講座，宣講〈十迴向品第二十五〉「六、隨順堅固一切善根迴向」。

是日為端午節，有〈端午弔屈子〉，先生生年與屈原同為庚寅，深有感慨。初夏，另有詩〈留客〉、〈天涯春

怨〉、〈鳳凰木〉、〈海濱遠眺〉三首、〈文體〉二首、〈夜窗聽雨〉、〈摘蔬〉、〈蝴蜨〉、〈聖德〉、〈柳川阻雨有憶〉、〈詩塵〉、〈梅雨〉、〈明湖飛絮憶舊〉、〈繅絲〉、〈觀樂〉。(《雪廬詩集》,頁590-596)

〈端午弔屈子〉(屈子與余生年同為庚寅):索居逢午日。開卷悵庚寅。濁世仍沉醉。清湘不染塵。投詩蓬島上。寄淚楚江濱。同曆何生我。艱難愧古人。

〈留客〉:孟夏天已長。清談覺時促。興至將若何。留君酌樽醁。國人述文獻。罕見今有獨。素心冰在壺。山立身如玉。感慨予亦言。放懷無拘束。巖棲非廟廊。左右從所欲。良會難再逢。黃昏應秉燭。

〈文體〉二首(時尚中西文語混雜成篇):
五味有偏嗜。何須言語爭。只愁離正氣。貽誤入旁生。天賤芻為狗。池訛石吼鯨。石芻猶假類。不類莫欺名。
由瑟聖門擯。鄭聲如佞人。金絲終有調。蛙蚓定非鄰。不解冶長罪。徒勞吳季塵。中和天地籟。何日育群倫。

〈聖德〉:聖德如天古帝堯。無將富貴逼由巢。漢唐開國傷仁恕。不許賢才臥草茅。

六月一日(五),上午,為東海大學中國文學研究所「詩學」課程講授:李商隱〈籌筆驛〉。

晚七時半,先生至蓮社指導中興大學中文系夜間部同學吟詩配樂。(《蓮社日誌》)

六月三日（日），上午十時，先生至蓮社錄音室指導中興大學中文系夜間部同學數十名錄製「唐詩吟誦」，後製完成吟詩錄音帶。（《蓮社日誌》）

六月四日（一），晚，於中興大學夜間部中文系「詩選」授課。

六月五日（二），晚，於蓮社國文補習班講授《禮記》。

六月六日（三），於慈光圖書館週三《華嚴經》講座，宣講〈十迴向品第二十五〉「六、隨順堅固一切善根迴向」。

六月八日（五），為東海大學中國文學研究所「詩學」課程講授：王維〈送梓州李使君〉。

　　　　王維〈送梓州李使君〉：萬壑樹參天，千山響杜鵑；山中一夜雨，樹杪百重泉。漢女輸橦布，巴人訟芋田；文翁翻教授，不敢倚先賢。

此詩古注久訛。八句，一聯寫地理，二聯寫氣候，三聯寫風俗人情，四聯寫其地之舊官。其取境如此，無落淚，亦無勸酒之言。

起聯、頷聯兩聯格局：作詩不許重字。「山中」從「千山」句來，「樹杪」從「樹參天」句來，而故意不令整齊（「樹」不在第二字）。頷聯乃從起聯來，四句唸成一氣。

脛聯：彼去作官，故為言其風土民情。收稅與平官司，

二事最要,別人去四川,寫此二句安不上。男耕女織,上句「漢女輸橦布」,去收稅,土產如此。下句「巴人訟芋田」,種地相連,故常爭執,打官司。汝當官者,要為判明白。送別而贈言如此,亦可對得起李使君矣。結聯:古注以為寫李使君,文理不通。末句有注為「敢不倚前賢」,則王維送李使君,乃看不起李使君。有是理耶?吾之講法:無一句說李使君,句句皆說其他。文翁在那裡改辦教育,「前賢」但問官司,但管納稅耳。文翁不敢依前賢,兩句言外之意:汝去則應興應革,當依汝之辦法辦。[1]

是日晚,於中興大學夜間部中文系「詩選」授課。

六月十日(日),下午二時至五時二十分,前往臺中市民權路土地銀行招待所,參加中國醫藥學院董事會第七屆第三次會議。[2]

六月十一日(一),晚,於中興大學夜間部中文系「詩選」授課。

六月十二日(二),晚,於蓮社國文補習班講授《禮記》。

---

[1] 李炳南講,吳聰敏記:《東海中研所詩學筆記》(1979年6月8日),未刊本。
[2] 見:徐鳴亞編:《私立中國醫藥學院歷屆董事會議紀錄彙編》。

六月十三日（三），於慈光圖書館週三《華嚴經》講座，宣講〈十迴向品第二十五〉「六、隨順堅固一切善根迴向：不施之義」。[1]

六月十五（五）、二十二日（五），連續兩週，於東海大學中國文學研究所「詩學」課程講授〈詩法二十字訣〉。[2]

六月十六日（六），至臺中省立圖書館參觀畫家楊鄂西全省巡迴個展，呂佛庭、江逸子、紀潔芳陪行。楊鄂西榮獲全國美展第一名，為紀潔芳中學好友，特為引見。（見《圖冊》，1979 年圖 6）

六月十七日（日），晚八時，至台中佛教蓮社參加國文補習班第二十二期學生結業典禮，結業學員十九名。該班修業期限原訂三個月（自 1978 年 10 月 1 日至 12 月 30 日），應學員要求延期三個月，經呈報市政府同意，自是年三月迄今。[3]

---

1 李炳南：《大方廣佛華嚴經講述表解》，《全集》第 1 冊之 2，頁 238。
2 〈詩法二十字訣〉請參見：徐醒民：〈雪廬老人詩法〉，《明倫》第 263 期（1996 年 4 月）。日期據：李炳南講，吳碧霞記：《詩選筆記（甲）》（東海大學中文所，1978 年 9 月 22 日－1979 年 6 月 22 日），未刊本。
3 《國文補習班文書》，台中蓮社檔案。

1979 年・民國 68 年｜90 歲

六月二十日（三），於慈光圖書館週三《華嚴經》講座，宣講〈十迴向品第二十五〉「六、隨順堅固一切善根迴向」。

六月二十七日（三），於慈光圖書館週三《華嚴經》講座，宣講〈十迴向品第二十五〉「六、隨順堅固一切善根迴向」。

是月，普濟寺福壽塔落成，禮請先生撰聯並書。
〈普濟寺福壽塔〉：中華民國六十八年六月
朝聞經　夕聞經　薰久自然超彼岸
生亦夢　滅亦夢　覺來何有望鄉台

李炳南敬題[1]

是月，至慈光育幼院附設慈德幼稚園與本年度結業學童合照。（見《圖冊》，1979 年圖 7）

是月，各大學本學年課程結束。東海大學中文研究所「李杜詩研究」課程，研究生王家歆期末報告〈柳宗元漁翁詩集釋〉，先生批示頗加期許。[2]（見《圖冊》，1979 年圖 8）
「柳宗元漁翁詩集釋・評語」：考據精詳，足盡研究之能事。但詩話一端，多失持平，不可盡信，庶不

---

[1] 李炳南：〈普濟寺福壽塔〉（照片），2023 年 7 月 12 日攝影，蔡孟秩、洪雪香提供。
[2] 「李杜詩研究報告－柳宗元漁翁詩集釋評語」，王家歆提供。

2977

受其淆亂。君才超超,當以自見再加明辨,不難登極峰也。

仲夏,有詩〈辭教〉,唯仍未能卸職。稍後曾至當時政府十大建設之臺中港遊覽,有〈臺中港觀海艦〉。前後又有:〈橫流〉、〈夏五月山居〉、〈慰離〉、〈臺北情人廟〉、〈此際〉、〈天涯〉、〈夜讀〉、〈炎暑貯冰僧過清話〉、〈嚴更柝聲〉、〈宇宙觀答學者〉、〈索居〉、〈幻想〉、〈更新〉。(《雪廬詩集》,頁 596-602)

〈辭教〉:麈尾驅蠅亦拂塵,讓賢高揖退庠門;文翁去蜀從心好,七二泉南讀魯論。

【案】一九七七年七月有〈卻聘〉詩,辭卸中興大學中文系兼任教職。尚有中興大學夜間部中文系及東海大學中研所兩處兼職。東海大學課至翌年一九八〇年七月始辭卸,中興大學夜間部至一九八一年七月辭卸。

〈臺中港觀海艦〉:不似長鯨碧海潮,儼然泰嶽北溟超。十年鎔鐵堪衝浪,萬里乘風欲度遼。日月升恆初鶴紀,雲霞蒸蔚聳仙嶠。時來看展飛龍翼,雷雨蒼生震九霄。(見《圖冊》,1979 年圖 9)

〈夜讀〉:境寂似無我,芸書夜生香。眼勞心不倦,莫負青燈光。四夷亂華夏,文德安陶唐。掩卷長太息,開軒獨徬徨。群蛙噪殘月,冷露霑衣裳。天地悠久運,啟明自東方。

〈宇宙觀答學者〉:地球檐滴水,芥子明月鄰。所納洲島聚,七分金粒塵。星雲萬千億,生滅速轉輪。語

顯無可盡，語微我及人。顯歸空鳥跡，微則難與陳。垂名留皮業，曠野傾水銀。迷時有明暗，覺後無冬春。覺心當前認，言說都非真。

七月一日（日），上午十時，應邀至蓮社為文藝班家庭念佛班開示。文藝班班員二十四名於班長胡遠志及陳天生、林鳳一諸居士領導下，重新籌組家庭念佛班，以進道業，中午於蓮社聚餐，下午召開念佛班籌備會，會中決定每月共修念佛一次。（《蓮社日誌》）

七月四日（三），於慈光圖書館週三《華嚴經》講座，宣講〈十迴向品第二十五〉「六、隨順堅固一切善根迴向」。

七月五日（四），下午三時，至蓮社參加電臺廣播協調會。與會者另有：國聲電臺黃總經理、蔡臺長、林主任、主播小姐、明倫社王炯如主委等十多人，晚上由蓮社設宴招待。（《蓮社日誌》）

七月六日（五），即日起，每週五下午六時半，先生利用暑假期間為大眾講授《禮記·曲禮》，參加者約一百八十人。（《蓮社日誌》）首次有：講前小言、曲禮曰：毋不敬，儼若思，安定辭，安民哉！[1]

---

1 【數位典藏】錄音／儒學研究／禮記／〈曲禮之一〉。

【案】【數位典藏】有〈曲禮23件〉錄音。[1]國文補習班第二十二期於一九七九年六月十七日結業,第二十三期則於一九七九年十月七日開辦。《蓮社日誌》一九七九年七月六日,記有先生於每週五晚於蓮社開講《禮記》;一九七九年八月三十一日為「暑期最後一次禮記課」,因知此為暑期特別講座,非國文補習班課程。

七月八日(日),下午一時至四時五十分,前往臺北市愛國西路自由之家,參加中國醫藥學院董事會第七屆第一次臨時會議。[2]

七月十一日(三),於慈光圖書館週三《華嚴經》講座,宣講〈十迴向品第二十五〉「六、隨順堅固一切善根迴向」。

七月十三日(五),於台中蓮社講授《禮記・曲禮》。
〈曲禮之二〉:敖不可長,欲不可從,志不可滿,樂不可極。賢者狎而敬之,畏而愛之。愛而知其惡,憎而知其善。[3]

---

1 【數位典藏】錄音／儒學研究／禮記／〈曲禮23件〉。
2 見:徐鳴亞編:《私立中國醫藥學院歷屆董事會議紀錄彙編》。
3 【數位典藏】錄音／儒學研究／禮記／〈曲禮之二〉。

七月十八日（三），於慈光圖書館週三《華嚴經》講座，宣講〈十迴向品第二十五〉「六、隨順堅固一切善根迴向」。

七月十九日（四），上午十時，臺南蓮友許春明至蓮社拜訪，先生特為開示，並招待午餐。（《蓮社日誌》）

七月二十日（五），於台中蓮社講授《禮記・曲禮》。
〈曲禮之三〉：若夫，坐如尸，立如齊。禮從宜，使從俗。夫禮者所以定親疏，決嫌疑，別同異，明是非也。[1]

七月二十五日（三），於慈光圖書館週三《華嚴經》講座，宣講〈十迴向品第二十五〉「六、隨順堅固一切善根迴向：顯十施心」。[2]

七月二十七日（五），於台中蓮社講授《禮記・曲禮》。
〈曲禮之四〉：禮聞取於人，不聞取人。禮聞來學，不聞往教。道德仁義，非禮不成，教訓正俗，非禮不備。[3]

---

[1] 【數位典藏】錄音／儒學研究／禮記／〈曲禮之三〉。
[2] 李炳南：《大方廣佛華嚴經講述表解》，《全集》第1冊之2，頁240。
[3] 【數位典藏】錄音／儒學研究／禮記／〈曲禮之四〉。

是日，孔德成先生來函，略及赴日本行程及奉祀官府事已與內政部黃科長接洽。

  孔德成，〈孔德成先生來函〉（1979 年 7 月 27 日）：炳兄：手示及附件均悉。敬謝！弟下月十日去日，行前諸事甚繁，但甚願行〔前〕能返中一行也。匆復，即頌

時安   弟德成敬啟　六八、七、廿七
此信竟，接明德兄電，知已攜文件來北，面晤黃科長矣。伊歸，想當面報也。　又及[1]

季夏，有〈雪廬吟〉及〈護念生物〉、〈重遊藍居士別墅〉、〈群言〉、〈貧樂〉、〈讀蘇東坡集後〉等詩。

  （《雪廬詩集》，頁 602-606）

  〈雪廬吟〉：雪廬暗香溢，如雪花在缾；良夕久無客，對之不伶仃。可啜凍頂茶，自烹非樵青；憑几開書帙，朗吟共芳馨。吾廬得三益，迥異劉郎銘；始旦升紅日，絕勝子雲亭；南陽吾豈敢，淡泊師典型。

  〈貧樂〉：纔知峻德在清貧，難把昌言付解人；荊楚今非和氏璧，蓬瀛俱是四夷賓。能無摧稅掃詩興，幸免折腰傷性真；如此還天雙白手，超然拔地萬紅塵。

  〈讀蘇東坡集後〉：風雨波濤筆燦然，髯蘇堪並古人肩；詼諧不遜東方朔，豪放還同李謫仙。對晤姑言墳

---

[1] 孔德成：〈孔德成先生來函〉（1979 年 7 月 27 日），黃潔怡提供。

裡鬼,隨時常在水中天;嶺南荒邈今非是,滿地經書口塞絲。

是月,為周傳禮先翁周琴一行述撰跋。

〈周琴一公行述跋〉:國學大旨,立德為本,功言次之,故有天爵人爵之別。漢唐以降,儒佛交融,歷代良相名將,政皆遵儒,教每依佛也,鴻儒亦然。傳禮先生之王考琴一公,於徐蚌之役,全家陷寇中。遯世韜光數十年,惟以天爵行乎患難之間,守忠貞,行孝弟,推慈憫,親族睦鄉,以終其志。傳禮先生貢職國家,寓臺,得凶耗,哀毀之餘,痛述先芬,以期顯揚。更以佛法追薦,且普為大陸迴向,可謂世澤篤厚,後昆能繼烈矣。詩云:孝思維則,此之謂也。

己未季夏稷下李炳南年九十敬讀手衰勉識[1]

【案】周傳禮(1915-?),生平不詳,一九五二年至一九六九年間,曾任臺灣省立成功大學圖書館館長。

八月一日(三),於慈光圖書館週三《華嚴經》講座,宣講〈十迴向品第二十五〉「六、隨順堅固一切善根迴向」。因有超級颱風警報稱於晚九時登陸,因此提早一小時結束,並宣布明日蓮社講經停講一次。(《蓮社日誌》)

---

[1] 李炳南:〈周琴一公行述跋〉,《明倫》第88期(1979年8月);收見《雪廬寓臺文存》,《全集》第14冊之2,頁173-174。落款據原刊。

八月三日（五），於台中蓮社講授《禮記・曲禮》。

〈曲禮之五〉：太上貴德，其次務施報。禮尚往來，往而不來，非禮也；來而不往，亦非禮也。人有禮則安，無禮則危，故曰，禮者不可不學也。[1]

是日，蓮社首印「陀羅尼經被」五百條，送請先生加持。日後如有正信蓮友往生，免費贈送助其生西。（《蓮社日誌》）「陀羅尼經被」，係先生將樣本交付李子成臨摹手繪，而後製版，印贈蓮友。（《圖冊》，1979年圖10）

〈果清法師訪談紀錄〉：「陀羅尼經被」重繪時間，約在六十八年五月至八月間，地點在任職之慈光育幼院。雪公交代書寫要領為至誠恭敬，慎重其事，所作皆為自利利他。重繪時，心中默念佛號。[2]

陳雍澤，「口述」：雪公取經被樣本，請李子成居士（今果清律師）手繪，陸續製版，印贈蓮友。子成居士在內典班上課時，雪公即鼓勵他要練好小楷。重繪陀羅尼經被時，子成居士照雪公拿來的原件，包括咒輪、梵文，以毛筆於銅版紙上，一筆一畫臨摹，且筆筆以佛號加持！[3]

---

[1] 【數位典藏】錄音／儒學研究／禮記／〈曲禮之五〉。
[2] 張式銘：〈果清法師訪談紀錄〉，2024 年 9 月 14 日，於台中蓮社。
[3] 林其賢：「陳雍澤口述紀錄」，LINE 通訊軟體，2023 年 12 月 18 日。

1979年・民國68年 | 90歲

八月四日（六），蓮社文藝班及新舊念佛班舉行大會，禮請先生開示。會後文藝班繼續念佛共修，其餘各班召開班長會議，研商今後各班念佛共修時間安排。（《蓮社日誌》）

八月八日（三），於慈光圖書館週三《華嚴經》講座，宣講〈十迴向品第二十五〉「六、隨順堅固一切善根迴向」。

是日，夏曆閏六月十六日，立秋。有〈閏六月十六日適西曆八月八日俗呼父親節〉，此前有〈己未閏六月十五日夜〉、〈立秋節前新涼數日〉、〈選美中選〉、〈吾志〉、〈讀窮後詩工語自笑〉、〈秋意早〉、〈晚晴〉。（《雪廬詩集》，頁607-609）

〈吾志〉：我志無人識，捫心只自知；憂深隨手寫，事莫向他咨。試看關雎解，尚攻毛鄭疵；能空興怨盡，投筆絕吟詩。

〈讀窮後詩工語自笑〉：早得貧中樂，獨愁詩未工；冥頑虎丘石，戲謔醉亭翁。僧滅頭曾點，酒醒窗已紅；年年春爛縵，猶自覓西東。

〈己未閏六月十五日夜〉：今夕是何年，心盲欲問天；名同雙陸戲，時中二宮絃。瑟瑟新秋立，炎炎大暑遷；斯須雲物異，君子慎機先。

〈閏六月十六日適西曆八月八日俗呼父親節〉：雙八稱乾父，六爻無母名；經書塵沒滅，夷夏日枯榮。陵

谷村三里，溝澮水一泓；不知川匯海，山嶽向天橫。

八月九日（六），孔德成先生行將赴日講學，託請費心奉祀官府事。

孔德成：〈孔德成先生來函〉（1979年8月9日）：
炳兄：弟明午東行，匆匆不及走別，至悵，至歉！諸事請多費心，至懇。
本月十六日返國，歸來，當圖快聚。匆此，即頌
道安　　　　　　　　弟德成敬上　六八、八、九。[1]

八月十日（五），於台中蓮社講授《禮記・曲禮》。

〈曲禮之六〉：見父之執，不謂之進不敢進，不謂之退不敢退。不問，不敢對。此孝子之行也。夫為人子者，出必告，反必面，所遊必有常，所習必有業。恆言不稱老。[2]

八月十五日（三），於慈光圖書館週三《華嚴經》講座，宣講〈十迴向品第二十五〉「六、隨順堅固一切善根迴向」。

八月十七日（五），於台中蓮社講授《禮記・曲禮》。

〈曲禮之七〉：父母存，不許友以死，不有私財。

---

[1] 孔德成：〈孔德成先生來函〉（1979年8月9日），黃潔怡提供。
[2] 【數位典藏】錄音／儒學研究／禮記／〈曲禮之六〉。

幼子常視毋誑，童子不衣裘裳。立必正方，不傾聽。從於先生，不越路而與人言。遭先生於道，趨而進，正立拱手。先生與之言則對，不與之言則趨而退。[1]

八月二十二日（三），於慈光圖書館週三《華嚴經》講座，宣講〈十迴向品第二十五〉「六、隨順堅固一切善根迴向」。

八月二十四日（五），於台中蓮社講授《禮記・曲禮》。
〈曲禮之八〉：凡進食之禮，左殽右胾，食居人之左，羹居人之右；膾炙處外，醯醬處內，蔥渫處末，酒漿處右，以脯脩置者，左朐右末。客若降等，執食興辭，主人興辭於客，然後客坐。[2]

八月二十九日（三），於慈光圖書館週三《華嚴經》講座，宣講〈十迴向品第二十五〉「六、隨順堅固一切善根迴向」。

是日，夏曆七月七日，有〈己未七夕前望月〉，憶昔「入蜀十年，來去皆泊江陵，去上元，歸中秋。」又有〈七夕前連宵驟雨〉、〈乞巧〉、〈竹聲〉、〈看電視機國劇〉、〈答詩僧〉、〈候蟲〉、〈冬嶺秀孤松〉、〈客中聞秋

---

1 【數位典藏】錄音／儒學研究／禮記／〈曲禮之七〉。
2 【數位典藏】錄音／儒學研究／禮記／〈曲禮之八〉。

〈己未七夕前望月〉：短鬢伶仃羈遠遊，梧桐階下又聞秋；往還回首江陵月，不似瑤臺掛玉鉤。（前入蜀十年，來去皆泊江陵，去上元，歸中秋。）

〈看電視機國劇〉：非今非古說應難，且把茶甌一笑看；是假是真留不住，眼前憂苦眼前歡。

八月三十一日（五），於台中蓮社講授《禮記・曲禮》。此為暑期最後一次《禮記》課，先生特備薄荷錠與每位學子結緣。（《蓮社日誌》）

〈曲禮之九〉：濡肉齒決，乾肉不齒決。長者賜，少者賤者不敢辭。知生者弔，知死者傷。知生而不知死，弔而不傷。知死而不知生，傷而不弔。弔喪弗能賻，不問其所費。問疾弗能遺，不問其所欲。見人弗能館，不問其所舍。賜人者不曰來取，與人者不問其所欲。[1]

是月，至建德街參加瑞光托兒所創校十週年校慶。[2]

九月四日（二），夏曆七月十三日，大勢至菩薩聖誕。上午十時，蓮友二十多位至三樓祖師堂行禮上供，先生亦蒞臨上香。行禮後，先生指示：以後本日行禮課誦法節，

---

1 【數位典藏】錄音／儒學研究／禮記／〈曲禮之九〉。
2 許炎墩口述，許漱瑩記錄：《許氏家族略史》（臺中：瑞光基金會，2009年7月），頁101。

應至大殿舉行,蓋勢至菩薩為西方三聖,供於大殿故,然後再至三樓向祖師行禮即可。明年起應改,方符正規。(《蓮社日誌》)

九月五日(三),於慈光圖書館週三《華嚴經》講座,宣講〈十迴向品第二十五〉「六、隨順堅固一切善根迴向」。

九月六日(四),中元節。有〈七月十五霽後夜醒觀月〉,前後又有〈軍人節〉、〈秋曉〉、〈思雁〉、〈時風紀實〉。(《雪廬詩集》,頁612-614)

〈軍人節〉:塵封魚匣劍龍鳴,捲袖摩挲萬感生;猶憶彈歌風四壁,欻然搔首雪千莖。河山未復誰能老,血氣方剛好請纓;羨彼壯年身衛國,渭濱釣者早知兵。

〈七月十五霽後夜醒觀月〉:涼雨連朝雲密生,殘宵月色一窗明;披衣似與故人對,照我偏垂孤客情。燦燦稀星圓北斗,蕭蕭遠樹度秋聲;雖非無境超塵外,心已寒潭落水清。

〈思雁〉:孤島從無雁,客愁徒自增;涸鱗思北海,鎩羽化南鵬。紫塞沙千里,碧天秋幾層;纔知不如鳥,時及任飛騰。

是日,將奉祀官孔德成先生指示補發之調整待遇璧還,託出納主任王瑋中保管。(見《圖冊》,1979年圖11)

「便箋」(1979年9月6日):主官諭發本人六八年七八九等三個月補發調整待遇三份。茲將原封拜託代

為保管是禱。此致瑋中主任。　　李炳南具　九月六日[1]

九月八日（六），《菩提樹》月刊本期登載先生為中國佛教會前理事長道源法師《觀無量壽經講記》所撰序，指出淨土三經中歷來解說《觀經》者少，以難修故；但仍應求知，以免慧不生。讚歎道源法師建淨宗道場，專擅弘講；又得振教法師，記錄暢達；實為雙璧。

〈道源法師講觀無量壽經序〉：三藏浩浩，無非明淨，通途遠而難；三經鼎足善巧，別徑近而易。世界悉檀，先以欲牽，能順其穢；帶業往生，伏惑出世，能融其穢。然三經修法，亦分難易，小本《彌陀》，一心持名，徑中有徑最易，故修者普。大本《無量壽經》，詳說緣因，開發善根為助，較繁修少。若夫《觀經》，依經所示，以心作觀，少違教義，名為邪觀，名為妄想。而聖境廣大，凡心隘陋，十三觀雖開方便，心粗境細，猶難作到，故從古修者講者，直鳳毛麟角如也。或言：三經鼎峙，豈宜知一忽二？言固如是，然亦有說也。是行宜守專，知必求全；行不專則定不成，知不全則慧不生。無定無慧，於淨何有？有淨萬人去者，必明乎此也。今之學者，問以何謂淨穢，愕然茫然，無以應。問以何生西後，始悉憶念三寶，又茫然，無以應。問以心佛交感，九品生相，七寶有相，人天凡相等，俱無所應。是不知淨，無有淨，唐捐其功，乃不讀《觀經》之過也。

---

1 「便箋」（1979 年 9 月 6 日），雪心文教基金會收藏。

宿德道源法師者，乘願再來人也，示生豫州，幼出家受具足戒，遍參名山，精天台教義，曾久卓錫靈巖，喜宏淨。來臺建海會寺，為三臺專一之淨宗道場也。憫學人呰封，於臺北志蓮精舍，敷講《觀無量壽經》，由振教法師記錄，批郤導窾，深入淺出，微密顯章，如指掌文。記錄，文取語體，義皆暢達，可稱雙璧，不同智《疏》禮《鈔》，必精臺教後能讀也。道公久病目，視力艱，每講經以深鏡助之，不自為苦。此經講座圓滿，世臘適臻八秩，為眾忘身，其悲心至於斯也。茲者斯講流通，三寶云何、淨穢奚別、九品等相、心佛是誰、無餘蘊矣。猶之孽海慈航，待於津岸，尚徘徊不登，寧非不智也哉？余不敏，讀正感焉，公來徵序，欣然而有辭。謹述所知，隨喜勸請來者，時哉時哉，不可復失。

中華民國第二己未季秋優婆塞李德明恭識[1]

【案】今通行本道源法師《觀無量壽佛經講記》有李炳南居士〈序〉，文末標識為「丙辰冬至月優婆塞李炳南恭識」；卷首題記有「道源老法師六十五年冬講於臺北志蓮精舍」。據序文有「由振教法師記錄，……讀正感焉，公來徵序」，見得是於講經紀錄發表後撰〈序〉。已知道源老法師開講此經於一九七六年（民65）冬，如此則是書〈序文〉落款所

---

[1] 李炳南：〈道源法師講觀無量壽經序〉，《菩提樹》第322期（1979年9月8日），頁30；收見：《雪廬寓臺文存》，《全集》第14冊之2，頁134-137。

稱「丙辰冬至月（1976年12月）」，時日如此相近，實有可疑。且記錄者廣化（振教）法師〈跋語〉中自陳，於經筵圓滿後大病半年，病癒後發心從頭寫起，因此殊無可能於同年十二月成書。經考，此《講記》於一九七八年（民67）二月起，在《菩提樹》第三〇三／三〇四期合刊登載，至一九七九年（民68）六月八日第三一九期圓滿。先生閱讀後，於《菩提樹》第三二二期（1979年9月8日）刊載講記〈序文〉，文末落款之時間為「中華民國第二己未季秋」，當據此為是。

九月十二日（三），於慈光圖書館週三《華嚴經》講座，宣講〈十迴向品第二十五〉「六、隨順堅固一切善根迴向」。

是日，「明倫廣播節目供應社」經行政院新聞局核可，頒發許可證成立，擴大空中弘法事業。（見《圖冊》，1979年圖12）

　　黃懷中，〈創辦廣播弘法〉：民國六十八年九月十二日，由行政院新聞局頒發許可證，成立合法之廣播節目供應社，以闡揚中華文化、提倡倫理道德、推行社會教育、維護善良風俗為宗旨，冀復興我博大精深之中華文化遺產。明倫廣播節目供應社成立後，先後製作出國語節目「中國寓言故事」、「中國歷史人物故事」、「論語」、「人生漫談」、「教育漫談」、「古詩欣

賞」……等等。每個節目均用深入淺出的方式錄製,並且配上優雅的音樂,使人聽了歡喜受益。供應社每週提供國聲廣播電臺三個單元,漁業廣播電臺六個單元,益世廣播電臺一個單元,民本廣播電臺一個單元,燕聲廣播電臺一個單元,復興廣播電臺六個單元。全盛時期約有十年,有十一家廣播電臺,一百多個頻道播出本社弘法社教節目,擁有四十萬名聽眾,連大陸福建省、河南省等地都有聽眾來信。

廣播社剛成立時,所有的硬體設備及經費,都很艱困,但是參與的工作人員,都是思想純正、深具服務熱忱之知識青年。他們利用業餘時間,奉獻所長,完全義務工作,不取任何報酬,這批生力軍,無疑是廣播社最大的資源。後來,雪公老師建築了弘道大樓,其中特闢一間二十四坪大的辦公室,做為錄音間,及設立一切錄音和製作大型盤帶必要的設備。[1]

九月十六日(日),上午十時半,文藝班於蓮社舉行敬師午宴。先禮請先生為眾開示,而後介紹各班員眷屬,再入席。宴畢至錄音室觀賞蓮社工作簡介,後又召開座談會。(《蓮社日誌》)

---

[1] 黃懷中:〈創辦廣播弘法〉,《回首前塵二十春——雪廬老人示寂廿週年紀年專輯》,頁37-39;另參見:〈新聞〉,《慧炬》第200/201期合刊(1981年3月),頁77-78。

九月十八日（二），上午十時，於蓮社為東海大學中文研究所研究生，講授「詩選導論」。本學年為第五學年為東海中研所開課，亦是最後一學年。開講前先交代課程進行方式，不論開課名稱如何，學詩須從基礎開始，以《詩階述唐》為主要教材。[1]

《詩選筆記（乙）》（吳碧霞筆記）：學校訂功課，多表面文章，然教學最須實事求是，且吾班研究班也，又不同於大學部全在老師，故吾今先問之。

汝四人，於詩之道若何？《詩經》不必論，漢、魏之詩曾涉獵否？吾學詩時，看不懂漢魏詩，學詩者，宜倒著念——從唐、宋起。蓋詩至宋，變質矣，成詞。昔《老殘遊記》，曾論初學「三、百、千、千」，吾亦從此四種下手，蓋凡初學，必須學詩，詩乃唱歌，易生興趣（年輕人光講理，沒興趣），故初學即誦《千家詩》，不只一家，故謂千家，體唯絕、律而已。而詩言志——既為人，「人道敏政」，蓋人生於世，世者人群社會，人人思想不一，政治乃人群之間互訂規約，互為牽就，你讓一步，我讓一步，則寬矣。又政講平等，大家都過得去方可。中國書分四庫，「經」者，人心之標準，乃中道不偏者也，是謂恰到好處，說易則易矣，世故人情，沒什麼高遠，然難則難矣，難在恰到好處也。其次「史」記人之興衰存亡，如何行之則興，如何行之則

---

[1] 李炳南講，吳碧霞記：《詩選筆記（乙）》（東海大學中文所，1979年9月18日－1980年1月8日），未刊本。以下各週講次同此。

衰，此史之主體也，至於地理物產，則其副也。其次「子」也，哲學，在經史外有特別思想，千奇百怪，可為參考。然孔孟非一子否耶？曰是醇乎醇者也，故列之經書之林，其餘有大醇小疵，乃至小醇大疵矣。其次「集」也，乃供玩賞，講究美育者也，以上三種，須有辭藻表達，人方願看，是小焉之耳。孔說亦然，德行、言語、政事、文學，文學列末。汝所學，末也。

校中所訂功課亦漢、魏、六朝、唐、宋之目，名曰一年，實不符實也。話說回來，讀《千家詩》，多風花雪月，如何有裨政道？古「誦詩聞國政，講易見天心」，今失其義矣，《千家詩》後，欲念專集，隨自便可矣。《詩三百篇》之旨，我一知半解，於其韻及學法，吾未解也，唯聞古人述記而已，吾今誦詩，其詩韻遠矣，如何吞、吐，時代曠遠，誰復知之？如國家，古音「意姑」，於今不復相通。詩之道早絕，漢家方法變，然渾淪元氣，尚好；六朝，已講辭藻，失其元氣也，曹氏父子之味還好，惜其德卑下，至唐後振，宋衰則不得不變為詞。

吾講詩，重唐，唐諸體備，可上溯漢魏，下開明清故亦可矣。我問於汝，汝，學何詩，作何詩？（大部分答唐詩。）又詩中何體多？（有答絕多律少，五古最多。）懂《聲調譜》否？（無人答）師曰：不懂《聲調譜》安可？此音韻學也。再問：有首句入韻，有不入韻者，且問平韻多少？仄韻多少？不懂如何？再問：有詩韻乎？（多是《詩韻集成》）

我不管學校訂的什麼詩，名「陶謝」，名「漢詩」，隨

他,我不管,汝之基礎未有,如何即高談闊論?汝且先唐詩。古人學詩,整天學,須學一年才多少會作,我今年則必令汝會,並成內行,欲再深不可,如此而已。講義我發:一《詩階述唐》,一《聲調譜》。果然唐詩學好,可上至漢魏,下至明清,可矣。

又光講不行,須汝自己念,古人「下筆千言,倚馬可待」,是其胸次中有,則握筆洋洋灑灑,左右逢源,如源頭活水之來也。又汝今回,先看詩韻,此韻乃平水韻韻目。目下若干同韻字,吾能誦,汝且緩。

是日,函復戈本捷夫人周騰函,指點面對身病之法,並承許作早課時代為迴向。

〈戈本捷及戈周騰之九〉:騰賢具壽鑒,接函悉四大不調,至為馳系,然此事任何人所不免,應作平常觀。先使心中安靜,勿過著身相,病隨心理,自會減輕。所囑之事,一切照辦,從今晨作課已如法辦理,擬一星期為度,以後各校事務即忙,時間難以分配矣,但每日朝課俱有《心經》、〈大悲咒〉、〈往生咒〉三種,一律代為迴向,以一年為期。謹此奉復,希大歡喜。順頌

健祺　　　　　　　　　　　侍李炳南謹啟　十八日

本捷兄前代為請安

九月十九日(三),於慈光圖書館週三《華嚴經》講座,宣講〈十迴向品第二十五〉「六、隨順堅固一切善根迴

向：三世間諸說」。[1]

九月二十三日（日），於蓮社講授《易經》。說明易者言象，時時有現象，明之即明道，不明理者輒怨天尤人，實則不明人己，一團糊塗，乃自錯也。[2]

九月二十五日（二），為東海大學中國文學研究所研究生講述詩選：王之渙〈登鸛雀樓〉。[3]

九月二十六日（三），於慈光圖書館週三《華嚴經》講座，宣講〈十迴向品第二十五〉「六、隨順堅固一切善根迴向」。

九月二十八日（日），於孔子誕辰紀念日祭禮後，向奉祀官孔德成先生提辭職書，擬辭卸奉祀官府主任祕書職。（見《圖冊》，1979 年圖 13）唯孔先生堅留，並未准辭。後雖以「顧問」稱，實質仍是主任祕書職缺。[4]

〈孔德成之一〉（去函）：奉祀官鈞座，謹稟者：

---

1 李炳南：《大方廣佛華嚴經講述表解》，《全集》第 1 冊之 2，頁 244。
2 李炳南講，陳雍澤記：〈易學筆記〉（1979 年 9 月 23 日），未刊本。
3 李炳南講，吳碧霞記：《詩選筆記（乙）》。
4 「並未准辭」據「郭基發訪談紀錄」（2021 年 7 月 30 日）；郭基發曾任職奉祀官府祕書。

職以年屆九旬，心力俱衰，屢懇辭退本府主任祕書一職均未蒙准，厚恩汪洋山海難喻，銘骨沒齒未或能忘。但以大局為重，安可因私廢公？然四十年追隨，驟然言辭，中心實如火焚，時勢所迫，無可如何而已。茲擬以公私兩全之法，請將主任祕書辭去以讓賢能，鈞座憐老念舊，另調職在本府任一閒散之職，依然常隨左右，備充資〔諮〕詢，借舊事告諸來者，俾減隔閡。至府中預算，職深明了。此種計畫，決不影響經費。另有說明。語出至誠，時日迫人，萬懇睿察俯允，不勝企待之至。
恭叩

鈞安　　　　　　主任祕書李炳南謹呈　九月二十八日[1]

【案】本件時間未詳。汪士淳《儒者行》（頁282）錄記為一九七九年。經考：一九七九年九月六日，先生便簽不受「補發調整待遇」，應已有辭職打算，而尚未請辭。一九八〇年二月十一日，孔先生來函云「壯兄對內改顧問，對外仍以祕書名義行之，如兄例也。」（見該日文）及一九八〇年六月二十五日孔先生來函謂「一切均合手續千乞萬勿再行客氣」，請先生勿拒受薪金。是日為一九七九年九月六日後、一九八〇年二月十一日前唯一之「九月二十八日」，因繫於此。

是月，《明倫》月刊刊載「明倫四科舉要」，係先生為明倫

---

[1] 【數位典藏】書信／在家居士／孔德成／〈孔德成之一〉。

社所訂定之四項學習內容：研經、言語、文章、辦事。

  明倫有四科，導師雪公手所訂也。一曰研經、二曰言語、三曰文章、四曰辦事。研經植德本，故舉凡儒十三經、佛三藏十二部皆當研之，而貴能得其旨；若力有不逮，則《論語》、《彌陀》二經列首要。辦事增福慧，凡利眾諸事，均可為之，而必也通達人情，故宜兼讀《廿五史》；至時或不給，則《御批通鑑輯覽》為不可少。言語文章，是應世工具，一要有次序，一要能暢達；則古來詩文佳作，儘令吟詠；若苦其泛濫，則《閱微草堂筆記》甚可參考。如是四者備，而後可以弘經，可以護法。然此事能得通才，固最為善，否則各專其一，和合相配，亦堪共襄盛舉。有心人聞之，庶幾有以勸者乎！[1]

本學年，持續於中興大學夜間部中文系開設「詩選」，修課學生為五年級應屆畢業班學生。

十月二日（二），為東海大學中國文學研究所「詩學研究」講述詩選導論及李白〈勞勞亭〉、張旭〈桃花溪〉、戴叔倫〈蘇谿亭〉、李白〈早發白帝城〉。

  汝須看各種注子，始知我解詩用力之深也，目今，很少人注意內容，皆注意表面而已，汝若學作詩，方知改字，一動百搖，必也全詩脈絡一貫，到無可改處，方

---

1 李炳南：〈明倫采掇〉，《明倫》第 89 期（1979 年 9 月）。

稱成就。昔時賈島,「二句三年得」,吾人還嫌他小家氣,可見學詩之難。昔時凡學文者,必學詩,一者詩言性情,可開靈性;二者,詩乃字斟句酌,是精金美玉之作也。

我說什麼汝等照辦,保證到時間,平平妥妥作出來。至於好,看個人功夫,則非我所能用力也。

首先,吾令汝背三十韻,若欲為古詩,仄聲韻亦須背。或曰:韻之限人甚矣哉!答曰:有範圍者易學,無範圍者難精。吾初學時,死板板記,問師巧法,師云:無巧,勤即是巧,所謂「勤能補拙」是也。吾至六十歲,始略有所悟,亦吃苦後所得也。故學文,不可不讀,古人云「口誦心惟」,子曰「學而不思則罔,思而不學則殆。」今之人,教人思而不學,則肚中空空能思者何?[1]

十月三日(三),於慈光圖書館週三《華嚴經》講座,宣講〈十迴向品第二十五〉「六、隨順堅固一切善根迴向:十六智寶」。[2]

是日,函復馬來西亞蔡榮華,並應其索書《佛學常識課本》。[3](見《圖冊》,1979年圖14)

---

1 李炳南講,吳碧霞記:《詩選筆記(乙)》。
2 李炳南:《大方廣佛華嚴經講述表解》,《全集》第1冊之2,頁245。
3 香光編輯委員會:《李炳南老居士復蔡榮華居士書函輯》,頁32-33。

〈復蔡榮華函〉：榮華賢弟台鑒：天涯海角，相思如一。奉函欣悉法緣殊勝、菩提心廣，至以為頌。按世尊長隨眾千二百人皆是外道，能轉之歸正，善莫大焉，望好自為之，以觀將來之果也。囑索之《常識課本》，近年未曾重印，手中無存，屢與瑞成交涉，特檢出百本，謹寄上六十本，如後再用自當續印也。但得利生，理當盡力。他書亦檢數種一并發郵，到時希函示以免路途有誤。近來臺中學佛之青年較前增加，亦好現象。但一般人藉此機會則假學佛而多網利，魔障亦甚於前也。兄年屆九旬，精力已衰，但事更忙，只有隨緣隨分盡其在我而已。書另寄。專此布臆并頌

道祺　　　　　　　　兄李炳南謹啟　十月三日

十月五日（五），中秋節。有〈西曆十月五日值我國中秋節〉、〈中秋大坑山莊賞月〉、〈八月十五夜望月〉，前後又有〈老友趙生重過留舍〉、〈靜夜詠〉、〈恆河〉、〈深省〉、〈讀隋書〉、〈埔里觀音山觀瀑〉、〈閱藏室〉。（《雪廬詩集》，頁614-618）

〈西曆十月五日值我國中秋節〉：逢節他鄉慣，年年未減愁；書空雁橫塞，酹酒月當樓。香影無梅訊，金銀簇桂頭；假時天不改，依舊是中秋。

〈中秋大坑山莊賞月〉三首：
初上月昏黃，群山夜色涼；中天開玉鏡，無地不秋光。
回首溪山在，冰魂不染塵；知交莫錯過，萬古一詩人。
緩步歸城巷，樓臺鼓瑟笙；舉頭再看月，不似在山清。

〈八月十五夜望月〉：明月如奇文，千看不厭倦；文或人不知，月能群類見。孤島羈歲深，琴書無親眷；今宵雲盡收，玉魄碧空冒。流光若垂青，慰藉相晤面；露寒樹蒼蒼，萬里秋一片。持心寄光中，西轉入禹甸。

〈恆河〉（傷釋門今著，各言多背經義。）：靈峰埋蔓草，祇樹杳秋煙；比目能興浪，無腸竟唾天。十方文字淚，萬卷野干禪；重問西來意，波旬有別傳。

〈深省〉：秉燭何為者，昏途九十春；讀書思過半，落筆語難新。愚蔽空文藻，老來知古人；垂帷欲溫故，惆悵望前塵。

〈埔里觀音山觀瀑〉二首：
碧山懸瀑疊千尋。隔岸噴珠濺我襟。歸到溪流仍作響。衝崖轉石有雷音。
誰闢連山兩地青。玉龍天半吸滄溟。眉溪便是蓬瀛水。不羨朗吟飛洞庭。

至埔里遊觀音瀑布時，為隨行子弟開示觀水之要。[1]

李炳南居士講，陳雍澤記，〈敬陪恩師遊埔里觀音瀑布紀要〉：為政必得其要。如從政、從法者，觀乎「法」字從「水」，水性乃流濕就下，故導人者必因勢利導，不可強制。如方言，各地之俗不一，數千年來，天生即習其音，不可強為一統。如北方人不會念入聲，

---

[1] 李炳南講，陳雍澤記：〈敬陪恩師遊埔里觀音瀑布紀要〉（1979年），未刊本。

南方人不會念上聲。各順其性,有民族意識存焉。如於異地,聞鄉音則倍感親切,可由此以團固人心也。

師問:瀑布之源何處?云何流之不息?曰:其源無盡,永無止息。故人必內懷德學,方可左右逢源,取之不盡。若腹無學德,空空如也,妄充人師,烏乎可?

至任何地方,必明其山川形勢,洞悉水源脈流,方可濟事。蓋水關係國計民生經濟國防至大。

辦事必有始有終。故一同出去,回來必再會合而散。必互相遷就,勿率性而為。

十月六日(六),晚,於中興大學夜間部中文系「詩選」授課。

十月七日(日),晚七時,蓮社附設國文補習班第二十三期及明倫社六十八學年度學期間講座聯合開學典禮。本期國文補習班報名二十一名,由先生繼續講授《禮記》,蔣俊義講授《佛學常識》,周家麟講授《尺牘》,徐醒民講授《論語》。[1] 明倫社所辦大專學期間講座,則由簡金武講授《八大人覺經》,自十月十三日至翌年一月十二日,每週六下午舉行,共十三講次。

十月九日(二),為東海大學中國文學研究所「詩學研究」講授孟浩然〈宿建德江〉、李頻〈渡漢江〉、李白〈早

---

1 〈41-69年國文補習班歷年活動〉,台中蓮社檔案。

發白帝城〉。

十月十日（三），於慈光圖書館週三《華嚴經》講座，宣講〈十迴向品第二十五〉「六、隨順堅固一切善根迴向：百福計數」。[1]

十月十二日（五），晚七時，於蓮社國文補習班講授《禮記·曲禮》，聽者甚眾。（《蓮社日誌》）
〈曲禮之十〉：禮之序、介禮記、三禮、子曰：夏禮吾能言之杞不足徵也、禮記、曲禮、毋不敬，儼若思，安定辭，安民哉！[2]

十月十三日（六），即日起兩日，蓮社舉行秋季祭祖，各地蓮友陸續返社念佛祭祖。第二日，蓮友返社者尤多，午宴計約四十桌。下午四時，恭請會性法師主持皈依典禮，參加皈依者計有二百一十人。[3]

是日晚，於中興大學夜間部中文系「詩選」授課。

十月十六日（二），為東海大學中國文學研究所講述詩選：

---

1 李炳南：《大方廣佛華嚴經講述表解》，《全集》第1冊之2，頁246。
2 【數位典藏】錄音／儒學研究／禮記／〈曲禮之十〉。
3 《蓮社日誌》；普門講堂編：〈會性（法師）自述略歷〉，《會性法師略歷》（屏東：普門講堂，2011年），頁68。

杜工部〈月夜〉。[1]

是日晚，於中興大學夜間部中文系「詩選」授課。

十月十七日（三），於慈光圖書館週三《華嚴經》講座，宣講〈十迴向品第二十五〉「六、隨順堅固一切善根迴向」。

十月十九日（五），晚七時，於蓮社國文補習班講授《禮記・曲禮》。（《蓮社日誌》）
〈曲禮之十一〉：敖不可長，欲不可縱，志不可滿，樂不可極[2]

十月二十日（六），晚，於中興大學夜間部中文系「詩選」授課。

十月二十一日（日），上午九時，於蓮社錄音室，為台中蓮社暨聯體機構辦事人員及中興大學智海學社幹部與畢業學生開示。勉勵奮發勤學，並自述：「我二十歲以前，好義逞勇，無惡不作，不喜讀書。二十歲以後，才知恥

1　李炳南講，吳碧霞記：《詩選筆記（乙）》。
2　【數位典藏】錄音／儒學研究／禮記／〈曲禮之十一〉。

奮發，苦學勤參。」[1]

十月二十三日（二），為東海大學中國文學研究所講述詩選：王維〈九月九日憶山東兄弟〉、韋應物〈聽江笛送陸侍御〉。[2]

是日晚，於中興大學夜間部中文系「詩選」授課。

十月二十四日（三），於慈光圖書館週三《華嚴經》講座，宣講〈十迴向品第二十五〉「六、隨順堅固一切善根迴向」。

十月二十六日（五），晚七時，於蓮社國文補習班講授《禮記‧曲禮》。（《蓮社日誌》）

〈曲禮之十二〉：賢者狎而敬之，畏而愛之。愛而知其惡，憎而知其善。[3]

十月二十七日（六），晚，於中興大學夜間部中文系「詩選」授課。

---

1 陳雍澤：《雪廬老人儒佛融會思想研究》，頁 40；《蓮社日誌》。另有述及任職莒縣，城被圍時，與盜匪交涉事，請見：1928 年 8 月譜文。
2 李炳南講，吳碧霞記：《詩選筆記（乙）》。
3 【數位典藏】錄音／儒學研究／禮記／〈曲禮之十二〉。

十月二十九日（一），重陽節。有〈己未重陽雜詠〉。此前再度至谷關旅遊，有〈谷關攬勝雜詠〉（〈觀瀑布寄意〉、〈觀音巖〉、〈八仙下碁臺〉、〈重遊谷關詠歸〉）四題八首。前後又有：〈友來話夜〉、〈欲書〉、〈國際時尚〉、〈美國總統卡特違憲與我廢約絕交參議員高華德仗義訴訟理申〉、〈又〉、〈知遇〉、〈絕遊〉、〈秋籬賞菊〉。
（《雪廬詩集》，頁 618-627）

〈知遇〉：詩興愁偏掃，愁多詩有痕；隨時求自遣，無意向人言。日暖花迎笑，風輕鳥集喧；靈犀通萬物，彩筆不煩冤。

〈絕遊〉（前詩謂室有三益，今言不同）：我室何所有，如來書與花；心息塵不起，眼明遍知遐。蘭蕙潛送馨，虞詩吐奇葩；靜觀皆師友，俯仰思無邪。開牖入晨鐘，夕扉絕歡譁；隨時增三益，不必遊天涯。

〈己未重陽雜詠〉四首：
荻蘆蕭瑟滿江關，孤雁秋風尚未還；短髮時搔非落帽，心隨斜日念家山。

夕照東籬山有痕，無人孤館勸芳樽；菊花為客誰為主，九點秋煙我稷門。（九點煙唐李賀詩句，齊之歷山周匝列孤山九，前人立坊題曰：齊煙九點。）

登高一覽塞山青，海外茱萸客九齡；羨煞南朝憂國淚，臨風灑處是新亭。

歷山風雅夢痕殘，尚憶題詩滿翠巒；秋色鄉關等閒度，今無一似始知難。

〈秋籬賞菊〉二首（人工造菊，四時皆開，予不觀

之）：

宛然名畫亦新詩，紫豔黃華各見奇；更羨獨超塵境外，一年佳氣在秋時。

東籬延佇曉風寒，佳色湛湛露未乾；一自非時矯虔後，無人更解九秋看。

〈重遊谷關詠歸〉二首：

回峰天共轉，眾壑水交流；鴉噪松篁晚，客稀煙靄浮。重來多不識，臨去小淹留；舊雨誰還至，前塵二十秋。

從吾二三子，歸路發高歌；器識才堪用，蒼黎志若何。看山作霖雨，樂水浴沂波；不羨霓裳曲，群仙詠大羅。

【案】與諸弟子至谷關郊遊（照片見《圖冊》，1979年圖15）。趙麗真提供照片時，出示底片注記為「68.11.9，龍谷瀑布。」龍谷瀑布位於谷關，一九七九年，當地「谷關遊樂區」開幕，盛極一時，因此「68.11.9」之紀年當無誤，至月、日則恐有失記。是年十月三十日，先生為東海大學研究生授課，講述近日詩作，即有〈谷關攬勝雜詠〉四題八首（見下10月30日譜文），出遊自當更早於此時。

十月三十日（二），為東海大學中國文學研究所「詩學研究」課程，講述李白〈送孟浩然之廣陵〉以及近日自著詩選：七題十四首。

好詩，人之性也。蓋詩乃樂之詞，樂乃詩之音，而樂在禮先，可見是性中之物也。六經之中，《詩經》先念何也？

一、詩必幽默,所見說此,實非此也,須回過味來,如吃橄欖。
二、詩必中正和平,溫柔敦厚,詩之教也,必有興觀群怨之思想,若風花雪月,枝葉也,必與政治合,「誦詩三百,授之以政,不達,雖多,亦奚以為?」
三、必須有賦比興,風雅頌也。
四、詩言志,我今是超然派,亦不計他人如何。詩,非悟了,不能作。我之詩,方法亦在李杜外,喻之頂上肉髻,可也。
五、七律,作來須莊嚴敦厚,如鯨魚大海中。五、七絕則須飄洒。

近日自著詩七題十四首:〈美總統卡特違憲與我廢約絕交參議員高華德仗義訴訟理申〉、〈己未重陽雜詠〉四首、〈谷關風景區攬勝觀瀑布寄意〉二首、〈重遊谷關歸詠〉二首、〈觀音巖〉二首、〈谷關歸途凝思〉、〈八仙下碁臺〉二首。[1]

是日晚,於中興大學夜間部中文系「詩選」授課。

十月三十一日(三),於慈光圖書館週三《華嚴經》講座,宣講〈十迴向品第二十五〉「六、隨順堅固一切善根迴向」。

---

[1] 李炳南講,吳碧霞記:《詩選筆記(乙)》。

十月，臺南吳修齊印贈佛經佛書七種約五萬冊以紀念雙親，請先生撰序推薦。

〈吳修齊居士紀念雙親印施貝經梵集序〉：予友吳修齊居士，儒而隱於貨殖者也。中歲習佛學，深入力行，以菩提願廣攝，潛化者眾。予寓臺三十餘年，每見其供養佛法緇素，及布施一切福田，恆無虛歲。建國之第二癸丑，曾印施江注《金經講義》，予為序弁。餘善細行，繁莫能及。居今之世，而誠身履道，矯矯不群者，有而且見矣。

今夏來函曰：十月為其王考妣羽化一世鳳紀，罔極之恩，擬輸臺幣千五百萬圓，建紀念雙親獎學金會，以輔寒士志學，而顯揚先德。復印貝經梵集七種，約五萬冊，期度含識，共登覺岸。以此善根，都為先靈迴向。其類：乃江著《金剛經講義》，乃《金剛般若波羅蜜經句解易知》，此為般若部之綱領，學處之最究竟者。講義精而入微，句解簡能抉要，習者雖鈍能轉利，可以頓及堂奧也。次乃《觀無量壽經》，乃《龍舒淨土文》，此為向果之坦途，群經所指歸也。觀照徵萬法唯心，淨文鋪三經津梁，法固佛境難契，易入實由是焉。若夫《了凡四訓》，闡禍福無常，因果可轉，繫鈴解鈴，在自振奮。《普陀山傳奇》，記通靈諸事，在感與應，感發乎誠，未之或爽。《佛教精神與特色》，如導初機觀海，先明航路，艣艨交錯，開駛則有循不亂也。經為

體,集為用,道不遠人,行者不致入歧矣。[1]

【案】據吳修齊《八十回憶》,一九七九年十月十八日、二十八日為父母「登天三十週年紀念日,印贈佛書——江味農著《金剛經講義》精裝本三千部,及《金剛般若波羅密經句解易知》、《佛說觀無量壽經》、《龍舒淨土文》、《南海普陀山傳奇異聞錄》、《了凡四訓白話解釋》等五種各六千本。並注記一九七三年也曾印贈江味農《金剛經講義》精裝本二千部。[2] 當時亦請先生撰序,見一九七二年二月二十九日譜文。

十一月二日(五),晚,於台中蓮社國文補習班講授《禮記‧曲禮》。

〈曲禮之十三〉:禮聞取於人,不聞取人。禮聞來學,不聞往教。道德仁義,非禮不成,教訓正俗,非禮不備。[3]

十一月三日(六),下午三時,十餘念佛班聯合共修,四時許,恭請先生開示念佛法要。(《蓮社日誌》)

是日晚,於中興大學夜間部中文系「詩選」授課。

---

1 李炳南:〈吳修齊居士紀念雙親印施貝經梵集序〉,《雪廬寓臺文存》,《全集》第 14 冊之 2,頁 140-143。
2 吳修齊:《八十回憶》(臺北:龍文,1993 年),頁 313-315。
3 【數位典藏】錄音 / 儒學研究 / 禮記 /〈曲禮之十三〉。

十一月六日（二），為東海大學中國文學研究所講述詩選：金昌緒〈伊州歌〉。[1]

是日晚，於中興大學夜間部中文系「詩選」授課。

十一月七日（三），於慈光圖書館週三《華嚴經》講座，宣講〈十迴向品第二十五〉「六、隨順堅固一切善根迴向」。

十一月八日（四），夏曆九月十九日，展重陽節。有詩〈展重陽〉，其後又有〈客多〉、〈茶興〉、〈達觀〉、〈答學者問〉、〈不知〉、〈觀時〉五首、〈桐樹〉、〈知己〉。（《雪廬詩集》，頁 622-625）

〈展重陽〉（時知詩者少）：一番風雨一重陽，幾處詩人再舉觴；莫道催租秋興減，從來不課硯田糧。

〈客多〉：老去客不減，高談風又生；齒牙天籟闊，鬢髮雪山明。竹密留雲住，花開結鳥盟；往來多自在，疏慢少趨迎。

〈茶興〉：詩似不速客，茶酣飄忽來；俗氛千仞壁，遐想五丁開。樹下提新井，簷前洗綠苔；八义有奇士，七碗愧非才。

〈答學者問〉：行似雲間月，言同水底天；命雖由玉帝，性本是金仙。邈邈三祇劫，空空一指禪；其中無

---

[1] 李炳南講，吳碧霞記：《詩選筆記（乙）》。

所有,強與話蹄筌。

〈不知〉:庭退學詩秋復春,斯文殘闕久無鄰;不知邦國千年後,雅頌鳴時得幾人。

〈知己〉:欲辨經書悔已遲,未明古訓少新知;臨文每作淵冰想,或恐粗疏誤入時。

十一月九日(五),晚,於台中蓮社國文補習班講授《禮記·曲禮》。

〈曲禮之十四〉:班朝治軍,涖官行法,非禮威嚴不行。禱祠祭祀,供給鬼神,非禮不誠不莊。是以君子恭敬撙節退讓以明禮。[1]

十一月十日(六),晚,於中興大學夜間部中文系「詩選」授課。

十一月十二日(一),上午九時,青蓮念佛班重聚,恭請先生開示,會後並於蓮社聚餐。(《蓮社日誌》)

十一月十三日(二),為東海大學中國文學研究所「詩選」課程評論〈展重陽登高〉習作。[2]

是日晚,於中興大學夜間部中文系「詩選」授課。

1　【數位典藏】錄音／儒學研究／禮記／〈曲禮之十四〉。
2　李炳南講,吳碧霞記:《詩選筆記(乙)》。

十一月十四日（三），於慈光圖書館週三《華嚴經》講座，宣講〈十迴向品第二十五〉「六、隨順堅固一切善根迴向」。

十一月十六日（五），晚，於台中蓮社國文補習班講授《禮記‧曲禮》。

〈曲禮之十五〉：太上貴德，其次務施報。禮尚往來，往而不來，非禮也；來而不往，亦非禮也。人有禮則安，無禮則危，故曰，禮者不可不學也。夫禮者，自卑而尊人。雖負販者，必有尊也，而況富貴乎？富貴而知好禮，則不驕不淫；貧賤而知好禮，則志不懾。[1]

十一月十七日（六），晚，於中興大學夜間部中文系「詩選」授課。

十一月二十日（二），為東海大學中國文學研究所「詩學研究」教授「聲調譜」，並講述近所作詩〈延雲〉。

樂從情來，使情歸乎正，無傷也，而詩乃樂之神，文之祖，故學詩，首務也。今日改過，進步在當首，至於境界之大進，須多讀書，又作詩須吟，吟之中出神。

師自寫一首五律：曰，稿也。

〈延雲〉：凭几獨長吟，片雲來竹林；豁然思有助，豈曰物無心。此道亡經久，新交入未深；開軒延靄靄，何

---

[1] 【數位典藏】錄音／儒學研究／禮記／〈曲禮之十五〉。

幸獲知音。

此首看境界，完全寫情。首句三折，眼在「獨」。二句眼在「來」，不速之客也。唯一片耳，見雲豁然，如有所助，雲乃無心之物，然真無心乎？領聯流水格，三句承首句，四句承二句。用吟，則有詩，故云此道詩亡然後春秋作，其亡由來久矣，雖有新交，奈何其入未深，二句亦流水。正寫詩，前二聯，有吟詩者，有助詩者，皆非正寫。於是乎開軒延靄靄之停雲。噫！今也何幸得此知音。

合時，別敗筆！不論如何不好，也要說好。另教兩個小借法。[1]

是日晚，於中興大學夜間部中文系「詩選」授課。

十一月二十一日（三），於慈光圖書館週三《華嚴經》講座，宣講〈十迴向品第二十五〉「六、隨順堅固一切善根迴向」。

十一月二十三日（五），於台中蓮社國文補習班講授《禮記・曲禮》。

〈曲禮之十六〉：帷薄之外不趨，堂上不趨，執玉不趨，堂上接武，堂下布武。室中不翔，並坐不橫肱。

---

[1] 李炳南講，吳碧霞記：《詩選筆記（乙）》。【案】〈延雲〉後改題為〈片雲〉，字詞亦略修改。見是年孟冬譜文。

授立不跪，授坐不立。[1]

十一月二十四日（六），晚，於中興大學夜間部中文系「詩選」授課。

十一月二十七日（二），為東海大學中國文學研究所講述詩選：王維〈送元二使安西〉。[2]

是日晚，於中興大學夜間部中文系「詩選」授課。

十一月二十八日（三），於慈光圖書館週三《華嚴經》講座，宣講〈十迴向品第二十五〉「六、隨順堅固一切善根迴向」。

孟冬，有〈讀王禮卿教授詮證遺山論詩〉、〈野寺〉、〈讀題壁〉、〈贈名書家〉（時倡國字改拉丁文）、〈守默〉、〈思古〉、〈片雲〉、〈竹〉、〈讀史〉、〈補屋〉。（《雪廬詩集》，頁 627-630）

〈讀王禮卿教授詮證遺山論詩〉：水止月圓隨處觀，年來眼老始知難；空遊五嶽仙何在，無術尋求換骨

---

[1] 【數位典藏】錄音／儒學研究／禮記／〈曲禮之十六〉。
[2] 李炳南講，吳碧霞記：《詩選筆記（乙）》。

丹。[1]（《圖冊》，1979年圖16）

【案】王禮卿為中興大學中文系教授，擔任內典研究班四年古文課程。先生《辛亥續鈔》曾送請王禮卿審閱，有眉注批語甚多，具見文會交誼。（小傳見1974年8月1日）

《遺山論詩詮證》一九七六年四月出版，榮獲教育部第二屆國家文藝獎，卷首有〈自題遺山論詩詮證〉（五首）：

苦為元門撰鄭箋，痛心劫灰漫騷壇，欲憑一縷存風雅，莫作爐餘淚史看。

明昌大定逐輕塵，詩筆風流七百春。文運中銷輿藁換，天將雙恨付才人。

不入兩西宗派圖，遑論東野玉川盧；唐音杜格蘇神采，始信北人氣韻殊。

少日曾為中晚驕，才輊寧敢騁驊騮；老來我亦循公矩，可附詩家第幾流？

略同遭遇不同時，悵望千秋有所思，爰仿鍾嶸論漢藻，蘭成詞賦定襄詩。[2]

〈贈名書家〉（時倡國字改拉丁文）：翰墨由來寶，仙臺獨有君；臨池恆十載，入木已三分。蒼頡昔過客，

---

1 【數位典藏】手稿／詩文創作／辛亥續鈔下／〈讀王禮卿教授詮證遺山論詩〉；【數位典藏】手稿／詩文創作／辛亥續鈔下未定稿／〈讀王禮卿教授詮證遺山論詩〉。
2 王禮卿：〈自題遺山論詩詮證五章（代序）〉，《遺山論詩詮證》（臺北：中華叢書編審委員會，1976年4月），卷首。

拉丁時尚文；黃庭寫萬卷，難以換鵝群。

〈守默〉：日出雲常蔽，春歸鳥不鳴；天高民是耳，地靜籟多聲。有國增新亂，無人信舊盟；看誰開醒眼，頓悟釋佳兵。

〈思古〉：漢武堪為百代雄，秦皇器小語難同；蒸民禮樂三千歲，不是輪臺悔後功。

〈片雲〉：凭几獨長吟，片雲來竹林；豁然詩有助，豈曰物無心。此道亡已久，新交言未深；開軒延靄靄，何幸獲知音。

〈讀史〉：新聲蜀道雨淋鈴，夜色淒淒不忍聽；君王回首開元世，悵望江天祭九齡。

〈補屋〉：茅檐新補失幽姿，雲不停飛月到遲；栽得數竿修竹後，半階清影一窗詩。

十一月三十日（五），於台中蓮社國文補習班講授《禮記・曲禮》。

〈曲禮之十七〉：尊客之前不叱狗。讓食不唾。侍坐於君子，君子欠伸，撰杖屨，視日蚤莫，侍坐者請出矣。[1]

十二月一日（六），晚，於中興大學夜間部中文系「詩選」授課。

十二月二日（日），下午一時，至臺中市民權路土地銀行招

---

1 【數位典藏】錄音／儒學研究／禮記／〈曲禮之十七〉。

1979 年・民國 68 年｜90 歲

待所，參加中國醫藥學院董事會第七屆第五次會議。[1]

是日，蓮社前社長許克綏及其夫人許蕭玉，其公子許炎墩等以兩老年近九旬，為報答親恩，特邀請數十位蓮友，於蓮社舉行「慈悲三昧水懺法會」，並請先生上香。許炎墩並獻金六萬元，作蓮社慈善救濟金。會後設席八桌，宴請先生、諸蓮友及其親友以答謝。（《蓮社日誌》）

十二月四日（二），為東海大學中文研究所「詩學研究」講述詩選：杜工部〈登岳陽樓〉。

　　自宋以後，有詩話出，詩話多見取一、二句評之者，未見評全首，且好詩話亦不過十分之三，餘則不好。我所作，多講明方法，指示路線，很少評論古人。[2]

是日晚，於中興大學夜間部中文系「詩選」授課。

十二月五日（三），於慈光圖書館週三《華嚴經》講座，宣講〈十迴向品第二十五〉「六、隨順堅固一切善根迴向：意生身三種」。[3]

1　見：徐鳴亞編：《私立中國醫藥學院歷屆董事會議紀錄彙編》。
2　李炳南講，吳碧霞記：《詩選筆記（乙）》。
3　李炳南：《大方廣佛華嚴經講述表解》，《全集》第 1 冊之 2，頁 249。

十二月六日（四），中午，蓮社董事長董正之於蓮社設宴招待諸位師友。下午三時，先生於會客室為大眾講述近作詩〈展重陽登高〉。（《蓮社日誌》）

十二月七日（五），上午九時，先生於蓮社會客室為董正之等講自作詩〈遊谷關寄意〉。（《蓮社日誌》）

是夜，於台中蓮社國文補習班講授《禮記・曲禮》。
〈曲禮之十八〉：貧者不以貨財為禮，老者不以筋力為禮。共食不飽，共飯不澤手。[1]

十二月八日（六），夜八時，建成路王朝玄居士府上佛堂新塑佛像，恭請先生開光，蓮友多人前往隨喜念佛。（《蓮社日誌》）

十二月十一日（二），為東海大學中文研究所「詩學研究」講述詩選：王維〈相思〉。[2]

是日晚，於中興大學夜間部中文系「詩選」授課。

十二月十二日（三），於慈光圖書館週三《華嚴經》講座，宣講〈十迴向品第二十五〉「六、隨順堅固一切善根迴

---

[1] 【數位典藏】錄音／儒學研究／禮記／〈曲禮之十八〉。
[2] 李炳南講，吳碧霞記：《詩選筆記（乙）》。

向」。

十二月十三日（四），下午六時，基隆念佛會約八十位會友蒞臨蓮社，拜訪先生。先生開示念佛成就大意。會眾堅捐四千元，屢辭不獲，先生囑作印經功德。（《蓮社日誌》）

十二月十四日（五），慧炬雜誌社董事長周宣德於蓮社設晚宴二桌，招待先生及諸師長。（《蓮社日誌》）

周宣德即將移民赴美，特來辭行。周宣德赴美後，先生仍常函示勗勉，一心念佛。

　　民國六十八年十二月間，慎公因病赴美易地療養並方便靜修。[1]

　　周宣德，〈悼念李雪公老師〉：我自民國六十九年春來美養病，雪公不遺在遠，屢有函件勗勉：「務必一門深入，不要夾雜……。」[2]

　　【案】據〈南昌周子慎居士年譜〉，周宣德赴美時間為一九七九年十二月二十六日。[3]

1　朱斐：〈懷念兩位菩薩行者──為紀念周子慎大士一百一十歲誕辰而寫〉，《慧炬》第 535/536 期合刊（2009 年 1/2 月），頁 54-56。
2　周宣德：〈悼念李雪公老師〉，《慧炬》第 264 期（1986 年 6 月 15 日），頁 12-15。
3　〈南昌周子慎居士年譜〉，《周子慎居士伉儷追思錄》（臺北：慧炬出版社，1990 年 11 月），頁 44-93。

是日晚，先生於台中蓮社國文補習班講授《禮記‧曲禮》。

〈曲禮之十九〉：凡為君使者，已受命，君言不宿於家。君言至，則主人出拜君言之辱。使者歸，則必拜送於門外。[1]

十二月十五日（六），晚，於中興大學夜間部中文系「詩選」授課。

十二月十八日（二），為東海大學中文研究所「詩學研究」講述詩選：戴叔倫〈憶原上人〉。

此講義適初機，由簡至繁，簡未必易，如唐詩中五絕最難，名者幾家耳。至於複雜，則屬七律，然較易學，今先簡後繁，由易入故也。

從今後，講義汝自看，我講不依次第，汝可得者或有二，一、杜工部〈春日懷李白〉，諸詩話所說，十之八、九錯謬，二、杜工部〈登岳陽樓〉，亦因歷來報上諸篇討論，多有誤解，故說之。蓋，看不明白，說得再好，亦枉然。[2]

是日晚，於中興大學夜間部中文系「詩選」授課。

---

1 【數位典藏】錄音／儒學研究／禮記／〈曲禮之十九〉。
2 李炳南講，吳碧霞記：《詩選筆記（乙）》。

1979年・民國68年 | 90歲

十二月十九日（三），於慈光圖書館週三《華嚴經》講座，宣講〈十迴向品第二十五〉「六、隨順堅固一切善根迴向」。

十二月二十一日（五），於台中蓮社國文補習班講授《禮記・曲禮》。
　　〈曲禮之二十〉：適墓不登壟，助葬必執紼。臨喪不笑。揖人必違其位。望柩不歌。入臨不翔。當食不歎。鄰有喪，舂不相；里有殯，不巷歌。適墓不歌，哭日不歌。送喪不由徑，送葬不辟塗潦。[1]

是日，題墨贈予游俊傑令郎游青士。[2]
　　〈入孝出弟〉：入孝出弟。敬業樂群。讀書為善。誠意淨心。行而勿輟。萬事可成。　陽生節前
青士世台　　　　　　　　　　　　　九旬叟李炳南

十二月二十二日（六），夏曆十一月初四，印光大師圓寂紀念日，上午八時半，先生至蓮社三樓祖師堂上香。
　　（《蓮社日誌》）

是日晚，於中興大學夜間部中文系「詩選」授課。

1　【數位典藏】錄音／儒學研究／禮記／〈曲禮之二十〉。
2　李炳南：〈入孝出弟〉，《雪廬老人題畫遺墨》，頁35。

是日為冬至,有〈己未冬至月當頭〉,前後又有〈四十年前秋寓漢上與傅覺夢強小競潘第雲諸子雅集曾作畫圖今檢篋偶得感而題之〉、〈戲答故人乘興寄詩〉、〈合歡山雪遊人以詩過談贈之〉、〈望合歡山積雪乃予課生之詩題有以白象喻者意新句澀采而詠成喜能啟予〉、〈霧社觀梅憶旅美鄉人徐石上〉。(《雪廬詩集》,頁630-633)

〈己未冬至月當頭〉:寒宵散步獨披裘,一院清光似水流;天地茫茫往還少,百年容易月當頭。

〈四十年前秋寓漢上與傅覺夢強小競潘第雲諸子雅集曾作畫圖今檢篋偶得感而題之〉:漢皋今昔兩茫然,雅集分明几席前;萬里鄉關人倚閣,一江秋水雁橫天。西風宛在黃花圃,造物難回白髮年;作畫題詩隨處戲,癡心竟欲駐雲煙。

〈望合歡山積雪乃予課生之詩題有以白象喻者意新句澀采而詠成喜能啟予〉:峨嵋西望未能攀,何日飛來不復還;又似普賢兜率去,長留白象在人間。

十二月二十六日(三),於慈光圖書館週三《華嚴經》講座,宣講〈十迴向品第二十五〉「六、隨順堅固一切善根迴向」。

十二月二十八日(五),夏曆十一月初十,上午九時許,先生親往蓮社致贈梅檀木雕刻之三聖像,供奉於三樓萬佛堂,並為之安座開光。三聖像係先生與張慶祝、林進蘭三人共同發心。(《蓮社日誌》)

1979年・民國 68 年｜90 歲

是日晚，於台中蓮社國文補習班講授《禮記・曲禮》。
〈曲禮之二十一〉：客車不入大門。婦人不立乘。犬馬不上於堂。君使士射，不能，則辭以疾。[1]

十二月二十九日（六），晚，於中興大學夜間部中文系「詩選」授課。

十二月三十日（日），夏曆十一月十二日，靈山寺己未年佛七之第二日，下午二時，禮請先生開示，指點得一心兩條件：諸惡莫作、伏惑。
〈靈山寺佛七開示之十一〉：洪名正修十善助，正助同功惑能伏；此亦因緣事一心，帶業往生果成熟。
淨土宗與別的宗有大不同處，別的宗當生就在這裡修，能成就的，一千萬人找不出一個人，凡是成就的，那都是多劫修，修了多少生，這一生成熟了，那才成就，沒有一下生來一下就成就。惟有淨土宗，前生修過更好，沒修過這一生就修，只要按著規矩做，這一生也成就，這叫做當生成就之法門啊！這一生要是不成就的話，可就白忙了。
現在你做了多少好事，念了多少佛，下一生有你的好處，再轉生時，若轉生到人道，得個人身很好，能享福，享福有什麼用處呢？享福的時候，佛法都忘掉了，老祖宗叫這是「隔陰之迷」。享的福多，造的業多，第

---

[1] 【數位典藏】錄音／儒學研究／禮記／〈曲禮之二十一〉。

三生就往下掉落,誰曉得還能不能聞到佛法。大家要知道這個,成就就在這一生,很要緊。

成就,遠處的不談,臺中三十年來有不少同修,活著時,成就不成就看不出來,命終時,光我學人知道的,這個三十年來,臺中同仁壽命終了將近三千人,這三千人成就有多少?三千人大概十人以上,二十人都不到,兩千九百八十人沒成就。過去的人沒成就,將來的人怎麼樣呢?

《阿彌陀經》有一句話,要念到「一心不亂」,到時候才能往生,一心不亂的有幾個呢?一心不亂怎麼這麼難呢?因著我們多生多劫造的罪業。一念佛東想西想、胡思亂想,那是你的罪業,是見思惑作祟,無那些東西才得一心,有那些東西不會一心,所以學佛講斷惑。

現在學佛的人多了,人家造罪,他造他的,你學佛你學你的,學了佛受了戒就守戒,不受戒也不能再造壞事,你造壞事見思惑就長上來了,絕對不能得一心。惑我們斷不了,要伏惑。以上是第一個條件。

第二個條件,淨土法門有西方三聖,阿彌陀佛、觀世音菩薩、大勢至菩薩。大勢至菩薩,專修念佛法門。他把他的心得說出來——「淨念相繼」。念一句阿彌陀佛就是淨念。淨念不斷,出家人一心修行,出家人修行一天,比我們在家人修一年工夫還好。在家人淨念相繼,一天到晚光念佛,什麼也不幹,這個我們辦不到。那怎麼辦呢?還有一個法子「憶佛」。念是心裡想、嘴裡念、耳裡聽,別的羼雜不進去,這個可以入定。要是這個方法辦不到,就憶

佛。憶就是做什麼事情都別忘了佛，幹什麼都有阿彌陀佛，我心裡不忘，不必嘴裡念，我心裡有，這就是憶佛。行、住、坐、臥，心裡皆是為著阿彌陀佛，睡覺也是為著阿彌陀佛嗎？我不睡覺，隔天起來我坐在那裡念佛沒精神。所以，幹什麼都是為著佛。[1]

是年，為江逸子《普門品圖解》題跋，讚其韻致，應以此為祖本，使之悠久。（見《圖冊》，1979 年圖 17）

〈江居士逸子普門品圖解跋〉：法華此品專刊，由來已久，意甚善也。後人又繪圖增說，益啟讀者觀感，流通廣故，信而行者，因普焉。但古本展轉，不免漫漶，再詳考圖與說，亦有符節相違之處。有心者以江生逸子精繪業，而又研內典，遂有新畫重編之議。事成，以印場縮樣徵序，余即諾為之矣。然初見非墨稿。歲戊午，逸子以其墨稿囑跋，余曰：前已序矣，胡為重跋？曰：物各異也，事不一也。當翻復細審，欣然歎曰：誠不同也。墨與印，若月及江影，雖似而神非，水無聲，而風不鳴也。原與縮，如鏡及人身，雖類而韻少，線乏力而烘缺潤氣。然則此貴而彼輕乎？曰：說不如是，應祖此為本，可珍襲藏之，使之悠久，永作規範。視彼為枝葉，宜繁衍茂之，使之廣普，便其流通。各得旨用，

---

[1] 雪廬老人（李炳南）講，直靜、淨業整理：〈靈山寺佛七開示〉，《明倫》第 538 期（2023 年 10 月）；【數位典藏】錄音／佛學講授／開示／靈山寺／〈靈山寺佛七開示之十一〉。

未可軒輊焉。論藝有殊,論道則一而已。

雪廬李炳南年九十跋[1]

【案】先生前為是書所撰序為〈重鐫觀世音菩薩普門示現圖證序〉。(見 1969 年 8 月 8 日譜文)

是年,先生講學方向有明顯趨勢:從做人根本、日用尋常處提撕指點。

吳聰敏,〈寶島遍栽九品蓮——由《佛說阿彌陀經義蘊》管窺雪廬老人的淨土思想〉:雪公九十歲(1979)前後,其講學的方向似乎有明顯的趨勢,即不論教材、用語,皆往做人的根本、日用尋常處提撕指點。如:八十九、九十歲(1978、1979)仍講授《禮記》;九十一、九十二歲(1980、1981)也著重講授《論語・上論》;九十三歲〔1982〕再講授《常禮舉要》;九十三、九十四歲(1982、1983)又講授《論語・下論》。[2]

---

1 李炳南:〈江居士逸子普門品圖解跋〉,《雪廬寓臺文存》,《全集》第 14 冊之 2,頁 147-148;落款據:〈普門品示現圖畫冊跋〉,《雪廬老人題畫遺墨》,《全集》第 16 冊,頁 14-15。又:江逸子(錦祥),《觀世音菩薩普門品示現圖》(大古出版社,2012 年)有先生跋亦同。跋文草稿由江逸子提供
2 吳聰敏:〈寶島遍栽九品蓮——由《佛說阿彌陀經義蘊》管窺雪廬老人的淨土思想〉,《紀念李炳南教授往生 20 週年學術研討會論文集》(臺中:青蓮出版社,2006 年 10 月),頁 237-266。

1980 年・民國 69 年・己未－庚申

91 歲

【國內外大事】
- 九月，兩伊戰爭爆發。
- 十一月，雷根當選美國總統。

【譜主大事】
- 一月，元旦，於慎齋堂開示念佛法要。
- 二月，赴豐原佈教所春季佛七開示。
- 三月，至台中蓮社青蓮念佛班會開示〈念佛班修學之道〉。
- 四月，為重印《莒志》作序，並賦詩〈重印莒志應序〉三首。
- 六月，指導中興大學夜間部中文系學生，於錄音室錄製吟詩錄音帶。
- 七月，創立「財團法人臺中市私立蓮友慈益基金會」。
  輾轉得知滯留大陸家人近況，乃得以書信聯繫。
- 八月，「論語講習班」獲准成立。
  台中蓮社「榮富助念團」成立大會，為蓮友開示「助念團辦事要領」及「臨終助念方法」。聆法者約四百人。
  《明倫》月刊發行百期，賦詩〈祝明倫雜誌十年百期〉二首。
- 九月，中秋節之夜，與諸弟子約一百六十人，於台中蓮社指月亭賞月。

- 十月,創辦「臺中論語講習班」第一期開學。
- 十一月,籌購隔壁大樓,即現之「弘道樓」,其後,闢為明倫社、月刊社、出版社等辦公之用。
  中興大學教授、智海社指導老師許祖成往生。

1980年・民國69年 | 91歲

一月一日（二），下午二時至五時，於慎齋堂開示念佛法要。[1]

一月二日（三），上午十時，蓮社董事長董正之自臺北至蓮社，與聞先生說法。（《蓮社日誌》）

晚，於慈光圖書館週三《華嚴經》講座，宣講〈十迴向品第二十五〉「六、隨順堅固一切善根迴向」。

一月三日（四），中午，董正之宴請周榮富伉儷，先生、王烱如社長、林進蘭等作陪。（《蓮社日誌》）

一月四日（五），於台中蓮社國文補習班講授《禮記・曲禮》。
　　〈曲禮之二十二〉：君子已孤不更名，已孤暴貴，不為父作謚。居喪，未葬，讀喪禮，既葬，讀祭禮，喪復常，續樂章。[2]

一月五日（六），晚，於中興大學夜間部中文系「詩選」授課。

1　【數位典藏】錄音【數位典藏】錄音／佛學講授／開示／〈慎齋堂元旦開示之三〉。
2　【數位典藏】錄音／儒學研究／禮記／〈曲禮之二十二〉。

一月六日（日），應孫張清揚禮請，至臺中市向上路孫立人將軍府邸為其主持祖先牌位點主儀式。（《圖冊》，1980年圖1）

【案】是事日期未詳，據孫安平（孫立人長公子）回憶，約當一九七九年冬或一九八〇年初，今據照片中有日曆為紅色「一月、6日」，推斷為一九八〇年一月六日週日。據孫安平說明，點主儀式係由孫張清揚禮請，且將軍與先生亦原就熟識。[1] 孫張清揚於一九五一年台中蓮社初創立時即受先生邀聘為名譽社董，並多次蒞臨臺中弘法。

【小傳】孫立人（1900-1990），字撫民，號仲能，安徽舒城縣人，中華民國陸軍二級上將。一九一四年，考取清華學校庚子賠款留美預科，一九二三年畢業赴美，先後獲得普渡大學土木工程學士學位、維吉尼亞軍校博雅教育學士學位。一九二八年返國，歷任各軍職，一九三二年，調任財政部稅警總團第四團團長。

一九四二年，任陸軍新編三十八師師長，派往英屬緬甸指揮仁安羌之戰，以寡敵眾擊退日軍，救出七千餘被圍英軍及五百多名西方記者和傳教士，在此戰後孫立人被英軍和美軍暱稱為「中國的隆美爾」或「東方隆美爾」。二次世界大戰勝利後，英國授予大英帝國司令勳章，亦為四名獲授美國功勳勳章的中國軍官

---

[1] 孫安平：〈回函致台中蓮社董事長張式銘〉（2024年7月9日）。

（與蔣中正、戴安瀾和謝莽）。一九四七年七月，調派於南京新成立的陸軍訓練司令部，負責全國國防新軍訓練的重任。同年十一月，陸軍訓練司令部遷往臺灣，負責鳳山陸軍軍官學校第四軍官訓練班訓練和整編軍隊。一九五〇年，任陸軍總司令兼任臺灣防衛總司令。一九五五年，被指控涉嫌兵變，軟禁三十三年，至一九八八年五月，李登輝總統下令解除軟禁，恢復其自由。一九九〇年，病逝家中，享壽八十九歲。

妻張清揚（張晶英）、張美英，子女以「中國安定，天下太平」寓意，取名為：中平、安平、天平、太平。

一月八日（二），為東海大學中國文學研究所講述詩選：張仲素〈春閨思〉、劉方平〈春怨〉。本學期課程結束。

　　研究有二，一曰文字，一曰法度；法度有限度，無論學何物，皆須有規矩。蓋學者，先學他人也，然後方知自己超出他人否，如是，知道得多，方有所謂「發明」也。如織此毛巾，外行覺難，內行容易，且亦知舊與新之良劣如何也。

詩與文，值今衰頹，若國家安定，須用文化，則詩與文在首要，其中微妙奧秘處，浮泛者不知，其實此詩文，與政治、教育大有關係。[1]

---

1 李炳南講，吳碧霞記：《詩選筆記（乙）》。

是日晚,於中興大學夜間部中文系「詩選」授課。

一月九日(三),於慈光圖書館週三《華嚴經》講座,宣講〈十迴向品第二十五〉「六、隨順堅固一切善根迴向」。

一月十一日(五),於台中蓮社國文補習班講授《禮記‧曲禮》。本學期結束,下學期於三月七日開學。
〈曲禮之二十三〉:君於士,不答拜也,非其臣,則答拜之。大夫於其臣,雖賤,必答拜之。男女相答拜也。[1]

一月十六日(三),於慈光圖書館週三《華嚴經》講座,宣講〈十迴向品第二十五〉「六、隨順堅固一切善根迴向」。

一月二十一日(一),大寒,有詩〈己未大寒節〉。(《雪廬詩集》,頁633)
〈己未大寒節〉(時國際醞釀世戰,縱橫不定):嚴寒襲孤島,曉起不添裳;淑氣蒸東海,殘冬沒大荒。天機一弱綫,國步九迴腸;珠樹蓬瀛好,春禽任集翔。

一月二十三日(三),於慈光圖書館週三《華嚴經》講座,

---

[1] 【數位典藏】錄音/儒學研究/禮記/〈曲禮之二十三〉。

宣講〈十迴向品第二十五〉「六、隨順堅固一切善根迴向」。

一月二十四日（四），夏曆十二月初七，先生誕辰，蓮社特備壽麵為先生祝嘏，并自農十二月初一起一週，每晨誦念《金剛經》，迴向先生常住世間。（《蓮社日誌》）

一月三十日（三），夏曆十二月十三日，慈光圖書館週三《華嚴經》講座，宣講〈十迴向品第二十五〉「六、隨順堅固一切善根迴向」。本年度圓滿。

二月二日（六），下午，為二月份各念佛班共修時間，亦為本年度最後一次共修念佛。念佛後恭請先生開示念佛法要，先生懇切開示：學佛勿憑感情，應確實為了生死而發心，實行隨喜、懺悔、迴向，念佛才有成就。與會者共有二百多名。

〈隨喜懺悔迴向〉：己未臘月十六日，雪廬老人開示台中蓮社念佛班，在結語中，特別提示，要想念佛有成就，必須實行三條事：

其一，凡見他人作世間一切善事，以及作出世間一切善事，一律隨喜。有財者，以財幫助。無財者，以力幫助。縱然財力俱無，也要以一念赤誠之心祝其成功。

其二，發現自己造惡業，或見他人造惡業，一律懺悔。自惡，一懺之後，永不再作。他人之惡，代其懺

後，亦願其從此斷除。

其三，隨喜功德，懺悔功德，一律拿過來，全部送給眾生，這就是迴向。這樣，似乎一無所得，但自心由此清淨，念佛可得一心不亂。[1]

二月五日（二），立春，有詩〈立春〉，後又有〈時近歲除久陰〉。（《雪廬詩集》，頁633-634）

〈立春〉：昨日冬何在，餘寒尚作威；雪消山未笑，梅瘦薺初肥。禹甸傷春入，天涯阻客歸；遙憐故親友，久采首陽薇。

〈時近歲除久陰〉：年近長陰晦，天高已忘晴；群商喧午市，寒雨灑春城。愁逐桃符換，青隨臘鼓生；終開新世運，白日萬方明。

二月十一日（一），孔德成先生來函，請府中同仁勿北上拜年。[2]

孔德成，〈孔德成來函〉（1980年2月11日）：炳兄：茲寄上二手條，乞飭傳閱後歸檔。府中仝仁北來事，務乞代為擋駕，一為決不敢承厚意，二為無法款接，益增內心之愧罪。拜懇拜懇！專此即頌

春釐　　　　　　　　弟德成拜手　六九、二、十一

---

[1] 〈社論——隨喜懺悔迴向〉，《明倫》第94期（1980年3月）；【數位典藏】錄音／佛學講授／開示／念佛班開示／〈念佛班開示之四〉。

[2] 孔德成：〈孔德成來函〉（1980年2月11日），台中蓮社收藏。

壯兄對內改「顧問」，對外仍以「祕書」名義行之，免多政擾。如兄例也。又及

二月十二日（二），上午七時半，率同張慶祝等蓮友一行，至彰化市參加蔡靜枝老居士告別式。中午，至慈光育幼院與全體教職員生圍爐聚餐。（《蓮社日誌》）

二月十三日（三），臘月二十七日，中午，至蓮社與蓮社同仁圍爐。國聲電臺節目部正蒞臨訪問「明倫廣播節目供應社」，一併招待，席開十五桌。（《蓮社日誌》）

二月十六日（六），庚申年正月初一，上午十時，至蓮社參加團拜，互祝新春如意。參加者甚多，殿外走廊亦為之塞。（《蓮社日誌》）

二月十九日（二），正月初四，應周慧德邀請，在家中為蓮友開示：心外無佛，佛外無心；能伏惑，即能一心，即能心即是佛，即是常寂光。

〈念佛班開示之三〉：佛大慈大悲，看見眾生迷惑顛倒，學也學不到成佛，便開了特別法門。特別法門，就是你們今天修的淨土法門，在八萬四千法門以外的法門，不必斷惑，講不上惑的名字也行，可以當生成就。一萬人學這個法子，但是找不出三、二個信的來，所以稱「易行難信之法」，容易做，不容易信。

念佛念了幾十年，怎麼不相信呢？《阿彌陀經》上說，

念佛要念到一心不亂，大家念了三十年的佛，哪一個念到一心不亂？既沒得一心，就是不相信。

「帶業往生」的辦法，愈學佛愈不信，認為在佛的八萬四千法門找不出來。特別法門的妙處就在這上頭，不斷惑也得能臨時一心，叫「伏惑」。我斷了惑？我沒斷，但我伏了惑。我伏了惑，才敢給你們講話。你念阿彌陀佛，我也念阿彌陀佛，你念的跟我念的不一樣啊！怎麼個不一樣法？真正要緊的話，在誓得一心，你得先信這一條。

《華嚴經》說，心、佛、眾生這三條是一件事情，不是兩個事情。有人問：「佛他是一個境界，我們怎麼又是一個境界呢？」你沒管住心，心不在佛上，都在「凡所有相，皆是虛妄」的虛妄假相上。我的心伏惑，心就在佛上。要是能伏惑，你的心在佛上就行了。心就是佛，佛就是心，心外沒有佛，這個各宗都一樣。要是把你的心甩開，心外找佛去，那阿彌陀佛就跟我沒關係了。

阿彌陀佛就是你，你只有這個心，心就是佛，佛就是你，這三個是一件事情。心外無佛，你在心外找佛去，你就是魔。早晚課念佛時，你就要在心裡念佛，若嘴裡念佛，心裡想別的，一點用處也沒有，打不開這一關，我參過禪，我懂這個。心念佛，心裡就成了佛，這叫「一念相應一念佛」。

一念怎麼相應呢？雜念都沒有了，清清楚楚的不亂，念這麼一聲佛，就是相應。這一念你本身就是佛，你就變成佛心了。念佛的人就是阿彌陀佛，你幹過殺盜淫妄嗎？還幹貪瞋癡慢疑嗎？阿彌陀佛還幹這個？阿彌陀佛

他不幹殺盜淫妄了,也不幹貪瞋癡慢疑了。心幹貪瞋癡,這心不是佛。心裡一起念,想幹這些貪瞋癡時,想想:我既然是阿彌陀佛,我不幹這些了,這全在平素就要念啊!這就是祕密,全在你平素一念,你要能把這個都放下,心裡乾乾淨淨,心一乾淨了,乾淨以外沒有別的了,就成了功,這就是常寂光淨土。[1]

二月二十四日(日),正月初九,上午十時,赴豐原佈教所,為該所春季佛七開示,臺中蓮友亦有二十多位前往恭聽。(《蓮社日誌》)先生題辭「念佛憶佛」贈送豐原佈教所。(見《圖冊》,1980年圖2)

〈念佛憶佛〉:念佛憶佛,分理與事。念茲在茲曰念,明記不忘曰憶;斯可淨念相繼,道果易成。

豐原佈教所紀念　　　　　　　　　　　　　李炳南[2]

二月二十六日(二),晚七時,於蓮社錄音室召集相關人員討論成立「論語講習班」事宜。先生任主席,報告擬籌辦「論語講習班」培養人才,冀以造成風氣。

〈論語講習班籌備會紀錄〉(1980年2月26日):

五、出席:李炳南、周家麟、徐醒民、鄭勝陽、王烱如
　　　　　李榮輝、陳雍澤、李子成、劉國榮、林資木

1　【數位典藏】錄音/佛學講授/開示/念佛班開示/〈念佛班開示之三〉;音檔整理,全集未見收。
2　李炳南:〈念佛憶佛〉,《雪廬老人題畫遺墨》,頁26。

連淑美、吳碧霞

六、主席報告：

（一）目下本省，工商發達，經濟繁榮，惜無根本；本即五倫八德也。今即有人倡，卻乏人響應。

（二）中國文化在《十三經》，然其中純為孔子之言，無所參雜者，唯《論語》一書也。

（三）今鑒於「國家興亡，匹夫有責」，擬辦一「論語講習班」，培養人才，弘傳《論語》，冀以造成風氣。

（四）臺中辦事，向不圖名利。今主其事者，亦必拿真心辦之。開辦費自當籌設。[1]

二月二十八日（四），台中蓮社舉辦春季祭祖，禮請會性法師為信眾授三皈。[2]

本學期，持續擔任中興大學夜間部中文系詩選課程。東海大學中文研究所詩學課程，上課地點自台中蓮社移至正氣街先生寓所上課。原借台中蓮社會客室上課，可容納旁聽生，至寓所上課則無旁聽生。

三月二日（日），去函董正之，預告今歲擬舉辦論語講習夜

---

[1] 〈論語講習班籌備會紀錄〉（1980年2月26日），《台中蓮社歷年會議紀錄》，台中蓮社檔案。
[2] 普門講堂編：〈會性（法師）自述略歷〉，《會性法師略歷》，頁69。

班,並約當面詳談。[1]（見《圖冊》,1980年圖3）

〈董正之之九〉（去函）：正之弟鑒：手書敬悉。世界多故,影響國政,立院繁忙,在所不免。又為佛寺護持,功等須彌,實亦潛培國之元氣也。至佩！政務之暇,抽時談道,較安。中部今歲,擬辦一論語講習夜班,藉助國家提倡文化之實質。雖知艱困,各盡其心而已。詳情晤談。順頌春祺　　兄李炳南拜啟　三月二日

三月四日（二）,於正氣街寓所為東海大學中文研究所詩學課程授課。

晚,於中興大學夜間部中文系「詩選」授課。

三月五日（三）,庚申年講經開始。晚,於慈光圖書館週三《華嚴經》講座,宣講〈十迴向品第二十五〉「六、隨順堅固一切善根迴向」。（《蓮社日誌》）

三月六日（四）,下午四時,於蓮社錄音室召開「論語講習班籌備會」第一次會議,參加者有周榮富、周陳實解伉儷,及大專青年等共十六名。主席報告籌設緣起,並感謝周榮富發心支持。會議確認開設時程及籌備人員。

---

[1] 【數位典藏】書信/在家居士/董正之/〈董正之之九〉；收見：〈復董正之居士書（五）〉,《雪廬老人題畫遺墨》,《全集》第16冊,頁289。

〈論語講習班籌備會紀錄〉（1980年3月6日）：

六、主席報告：

（一）周董事長發大心，擬辦社會公益慈善事業。衡諸時局，弘揚中華文化實為今日社會所急需。

（二）目下本省民生富裕，惜無教育，所學盡是枝葉，忽視心理建設，故社會風氣大壞。

（三）國家今雖覺悟，亦倡中華文化。唯不知文化之重心，亦無具體之實行方法，但徒託空言。

（四）中華文化在《十三經》，然其中純為孔子之言者，唯《論語》一書。

（五）臺灣人素即仰信孔子，其破壞文化也較內地為輕，故擬設一「論語講習夜班」，為期二年。

（六）希望政府，響應此舉，各校附設「論語夜班」。

（七）報告上次會議決議事項。（請見上次會議紀錄）

七、提案討論

（一、二、三略）

（四）上課時間：每星期一、二、五、六，下午六時至九時。

（五）經費預算：每年約九十萬元。

（六）籌備委員：王烱如、李榮輝、陳雍澤、吳聰敏、簡金武。[1]

---

[1] 〈論語講習班籌備會紀錄〉（1980年3月6日），《台中蓮社歷年會議紀錄》，台中蓮社檔案。

三月七日（五），台中蓮社國文補習班第二十三期下學期開學。原由先生講授《禮記》，因事忙調課，由徐醒民上《論語》。（《蓮社日誌》）

三月八日（六），三月份念佛班共修，由趙鋑銓領導念佛一小時後，恭請先生為大眾開示念佛法要，及籌組助念團之法。

〈福慧雙尊——念佛班共修開示〉：精進的念佛，今年要求得一心不亂。要是一心不亂，便稍有成就。你能念得一心不亂有個成就，後來往生西方極樂世界一定有把握了。怎麼成就法呢？念佛時，心不要往別處想。不念佛的時候，平素壞事不能做。全在「平素」兩個字，凡是壞事不能做，諸惡莫作。與我們沒關係的事情少管，這兩年，世界到大亂的時候，各國自己也遭大亂，少管閒事多念佛為主意，求一心，這是第一條。第二，念佛班要組織起來，班長要選一個念佛的老人，他懂得念佛法，好給本班講講。選兩位班長更好，一正一副。一位懂得念佛的，可以引導本班的班員，念佛是什麼意思？怎麼個念法才合法？最近新同修多，對於念佛法門不大清楚，平素要教，這不是一天的功夫。另一位能辦事的，雖然對於學理不甚明白，也不要緊，他能辦事，不辭勞苦。他二位配合起來，這個班就能整齊。這是第二件事了。

淨土法門，真正懂局的都有個助念團。當初我們蓮社原本有助念團，自打一蓋房子，本人的事情一多，加上助念團

幾個辦事的人有了年紀，過去了，就沒人領導了。助念團必得有訓練，他才能領導，這幾年這是一個大缺陷。

淨土法門是在臺中這裡提倡的，助念團也是臺中提倡的，皆是遵照淨土道場靈巖山印光祖師訂出來的規矩辦的。把規矩錯用了，就當作是趕經懺，在外頭念經、念懺，那就沒用處了。

想法子組織助念團，把舊章程找出來，選幾個人主辦，選幾個人組織，把這個章程改改。助念團的人，不找外人，從前也是這個樣子，在念佛班裡找出來。把人選出來後，得有訓練。出去助念，我們不能要人家的一個錢。出去助念的經費、路費、飲食等等，還有些花消，不能讓大家餓著、渴著出去作事情，這些經費我想法子。我們絕對不拿佛法賣錢，一文錢我們不要，這個樣子才有功德。你給他助了念，他當然得好處，你這個助念的人也作了功德，這樣不是布施嗎？你自然有功德，這個事情我們必得辦的。若念佛班不能整整齊齊的，這個助念團辦不起來，這是第三點[1]。

【案】是年六月七日，念佛班共修，先生開示助念團成立事宜。旋於八月二日，助念團正式成立；並於八月九日，舉辦助念訓練，開示〈助念之意義與規矩〉。詳後各項。

---

[1] 李炳南（雪廬老人）講，直靜、淨業整理：〈福慧雙尊—念佛班共修開示〉，《明倫》第530-531期（2022年12月－2023年1月）。

三月十一日（二），於正氣街寓所為東海大學中文研究所詩學課程授課。

是日晚，於中興大學夜間部中文系「詩選」授課。

三月十二日（三），於慈光圖書館週三《華嚴經》講座，宣講〈十迴向品第二十五〉「六、隨順堅固一切善根迴向」。

三月十四日（五），夜，台中蓮社國文補習班《禮記》課程，因先生事冗，改由徐醒民上《論語》。（《蓮社日誌》）

三月十五日（六），晚，於中興大學夜間部中文系「詩選」授課。

三月十八日（二），於正氣街寓所為東海大學中文研究所詩學課程授課。

是日晚，於中興大學夜間部中文系「詩選」授課。

三月十九日（三），於慈光圖書館週三《華嚴經》講座，宣講〈十迴向品第二十五〉「六、隨順堅固一切善根迴向」。

三月二十一日（五），即日起至五月十六日，於台中蓮社第

二十三期國文補習班講授《禮記・檀弓》。[1]

〈檀弓之一〉：魯莊公及宋人戰於乘丘，縣賁父御，卜國為右。馬驚，敗績，公隊，佐車授綏。公曰：「末之卜也。」縣賁父曰：「他日不敗績，而今敗績，是無勇也。」遂死之。圉人浴馬，有流矢在白肉，公曰：非其罪也。遂誄之。士之有誄，自此始也。[2]

三月二十二日（六），晚，於中興大學夜間部中文系「詩選」授課。

三月二十三日（日），上午九時半，至蓮社為蓮友鄭勝榮及蕭芳蘭佛化婚禮福證。（《蓮社日誌》）

三月二十五日（二），於正氣街寓所為東海大學中文研究所詩學課程授課。

晚，於中興大學夜間部中文系「詩選」授課。

三月二十六日（三），於慈光圖書館週三《華嚴經》講座，宣講〈十迴向品第二十五〉「六、隨順堅固一切善根迴

---

1 【數位典藏】錄音／儒學研究／禮記／檀弓；李炳南居士講，吳碧霞記：《禮記檀弓筆記》（1980年3月28日－5月16日），未刊本。

2 【數位典藏】錄音／儒學研究／禮記／〈檀弓之一〉、〈檀弓之九〉。

向」。

三月二十八日（五），於台中蓮社第二十三期國文補習班講授《禮記・檀弓》。

〈檀弓之二〉：大公封於營丘，比及五世，皆反葬於周。君子曰：「樂樂其所自生，禮不忘其本。古之人有言曰：狐死正丘首。仁也。」[1]

三月二十九日（六），上午十時，至蓮社為巫錦漳及蔡美貴佛化婚禮福證，中午至紫竹林餐廳參加餐宴。（《蓮社日誌》）

晚，於中興大學夜間部中文系「詩選」授課。

三月三十日（日），上午九時，至慈光育幼院為青蓮念佛班同學開示〈念佛班員修學之道〉：先守住人格，才能學佛。守住人格須講求中國文化，《論語》中：「志於道，據於德，依於仁，游於藝」，即中國文化之菁華。會後由慈光育幼院招待午餐，席開三桌。（《蓮社日誌》）

〈念佛班員修學之道〉：人群社會辦事不只靠自己一人，雖各自工作，而精神上必須聯繫，或寫信、或見面，可相團聚。余事忙，然全為公事，不為私事。吾人結合原有二層意義：余教書汝上學，此二者乃國家必要

---

1 【數位典藏】錄音／儒學研究／禮記／〈檀弓之二〉。

工作,有國家則必須有教育,這是人民思想來源,此事太重要,人心好壞全在教育上,而中國與外國教育宗旨不同。

中國教育道統乃是自黃帝堯舜文武周公孔子,一根線傳下來,至孔子集大成,整理歸納為一個系統,此即中國教育道統,亦即中國文化。余讀孔子書,才知中國文化可歸納為四句話,即:「志於道,據於德,依於仁,游於藝。」

中國無論任何事物皆含有「道」,孔子所講乃是堯舜文武周公所傳下來的道。〈中庸〉說:「率性之謂道,修道之謂教。」又說:「道也者不可須臾離也,可離非道也。」《論語》說:「朝聞道夕可死矣。」可見道之重要,此道乃一體萬用,孔子即志於此。

孔子說:「人道敏政,地道敏樹」,中國文化是人天二道。地不長植物即不算地,人必得懂政治,政治即道,要將社會治理得安安定定,使大家皆得公安,故曰:「有道明君,無道昏君」。道者不可須臾離,辦任何事皆不可離了道,使天下國家皆不得公安。這就是中國文化、孔子思想,此為世間法最高目標。

汝既是一個人,人方能學佛成佛,然若將孔子這段話忘了,則汝亦不可能學佛成佛。佛法亦有次第,以人乘為根本,人天基礎未打好,乃是空中樓閣。今奉勸汝等,要以人格作基礎,否則人天二道站不住,無法學佛。中國以前學佛成功者,皆是真正讀書人、通儒,先有中國文化作基礎。

學佛最大目的是「了生死」,有學問發大心者可學大乘,一切犧牲自己利益眾生,辦一切事皆為利益大家,令眾生得好處,如《華嚴經‧迴向品》所說。若能力不夠,則諸惡莫作,眾善奉行,深信因果,老實念佛,亦能了生死。

余之功課,無論多忙,必定要作。汝今學佛眼前求消災免難,將來則須求一結果,若眼前不能消災免難,將來不得往生,則是一場胡鬧。[1]

三月三十一日(一),夏曆二月十五日,花朝節,有〈庚申花朝自遣〉;後又有:〈詩必作多始知其難答諸生〉、〈春社聯吟後客歸〉、〈津渡迎友從日本歸來〉、〈偶憶〉、〈中樂久崩聞遠有弄笛者感焉〉、〈鳳凰木花〉、〈倚鳳凰樹憶鳳凰臺〉、〈幽居暮春〉、〈遠避〉。(《雪廬詩集》,頁634-637)

〈庚申花朝自遣〉:島漱重浮島,仙鄉盡是仙;山春花對笑,水暖柳搖煙。有國累烽火,忘機開洞天;青城留閱世,白髮莫愁年。

〈詩必作多始知其難答諸生〉:賦詩觀海事攸同,今古奇才未易窮;浩蕩五洋寧尺度,流傳幾首奪天工。要當乘筏衝溟渤,精勉濡毫擬國風;萬卷絃歌還隔岸,

---

[1] 李炳南講,黃平福記:〈念佛班員修學之道〉,《明倫》第318期(2001年10月);後題為〈庚申年(六十九年)青蓮念佛班會講話──念佛班員修學之道〉,收見:《脩學法要續編》,《全集》第10冊之1,頁199-203。

不嘗鹹味總虧功。

〈倚鳳凰樹憶鳳凰臺〉：古寺曾遊認鳳臺，九苞應向秣陵開；謫仙懷古題詩去，未必他年不復來。

〈遠避〉：遠避文壇久，幽居野趣生；不才無可盡，素業亦浮名。水闊天容碧，山空月色清；風林流雅韻，好鳥日嚶嚶。

四月一日（二），於正氣街寓所為東海大學中文研究所詩學課程授課。

晚，於中興大學夜間部中文系「詩選」授課。

四月二日（三），於慈光圖書館週三《華嚴經》講座，宣講〈十迴向品第二十五〉「六、隨順堅固一切善根迴向」。

四月八日（二），佛誕節，蓮友參加佛誕遊行，七點半，大眾先於民生路光明國中大門外集合，八時一刻，由先生率領，出發至平等街佛教支會，會合後出發遊行。遊行至十一時五十分結束。

晚七時，於錄音室為明倫社幹部開示，講授自作之詩三首。（《蓮社日誌》）

四月九日（三），於慈光圖書館週三《華嚴經》講座，宣

講〈十迴向品第二十五〉「六、隨順堅固一切善根迴向」。

四月十一日（五），於台中蓮社第二十三期國文補習班講授《禮記・檀弓》。

〈檀弓之三〉：戰于郎，公叔禺人遇負杖入保者息，曰：「使之雖病也，任之雖重也，君子不能為謀也，士弗能死也，不可！我則既言矣。」與其鄰童汪踦往，皆死焉。[1]

四月十二日（六）、十三日（日），蓮社舉辦春季祭祖。會性法師為眾證皈依，報名人數共二百零九人。下午二時放生。（《蓮社日誌》）

四月十五日（二），於正氣街寓所為東海大學中文研究所詩學課程授課。

晚，於中興大學夜間部中文系「詩選」授課。

四月十六日（三），於慈光圖書館週三《華嚴經》講座，宣講〈十迴向品第二十五〉「六、隨順堅固一切善根迴向」。

---

[1] 【數位典藏】錄音／儒學研究／禮記／〈檀弓之三〉。

四月十八日（五），於台中蓮社第二十三期國文補習班講授《禮記・檀弓》。

〈檀弓之四〉：子路去魯，謂顏淵曰：「何以贈我？」曰：「吾聞之也，去國則哭於墓而後行，反其國不哭，展墓而入。」謂子路曰：「何以處我？」子路曰：「吾聞之也，過墓則式，過祀則下。」[1]

四月十九日（六），晚，於中興大學夜間部中文系「詩選」授課。

四月二十日（日），為中興大學夜間部中文系「詩選」期中考出考題。[2]

四月二十二日（二），於正氣街寓所為東海大學中文研究所詩學課程授課。

四月二十三日（三），於慈光圖書館週三《華嚴經》講座，宣講〈十迴向品第二十五〉「六、隨順堅固一切善根迴向」。

四月二十五日（五），於台中蓮社第二十三期國文補習班講

---

1 【數位典藏】錄音／儒學研究／禮記／〈檀弓之四〉。
2 【數位典藏】手稿／其他著作／大專院校授課試卷／〈六十八年中興大學第二學期期中考試題〉。

授《禮記‧檀弓》。

〈檀弓之五〉：孔子過泰山側，有婦人哭於墓者而哀，夫子式而聽之。使子路問之曰：「子之哭也，壹似重有憂者。」[1]

四月二十九日（二），於正氣街寓所為東海大學中文研究所詩學課程授課。

晚，於中興大學夜間部中文系「詩選」授課。

四月三十日（三），於慈光圖書館週三《華嚴經》講座，宣講〈十迴向品第二十五〉「六、隨順堅固一切善根迴向」。

是月，撰〈景印重修莒志序〉。《重修莒志》於一九三六年在莒縣出版，此後家國屢遭劫難，鄉人屢訪未果。經莒人羅宏文、唐立生多方索訪，由友人吳洽民在美國芝加哥大學影印一部，擬在臺影印。因先生為《重修莒志》分纂官，於是請為撰序。先生詳述當年志局同仁文會、編纂規制，以及出版後諸友遭遇，百感交集。

〈景印重修莒志序〉：國有史，郡縣有志，其為文獻可徵，則一也。中華民國鼎革，歲甲戌，國步粗安，官紳協議重修。設局於賈氏花園，徵聘莊太史心如任總纂，分纂及與其事者，均邑之鴻儒，可謂濟濟一時。余

---

[1] 【數位典藏】錄音／儒學研究／禮記／〈檀弓之五〉。

不才，亦忝廁足其間，由之鄒廚鼎鼐，不遺滌刀俎，吹薪火等役，如是而已。是志也，詳不失簡，文不奪質，謂其依範而述也可，謂其創作亦無不可。三載事竣，治裝歸，短燭撫劍而論史，霜晨插菊而聯吟，以及兵匪壓境，掊斂農商，無不長形夢寐中。丁丑日人入寇，蒸民離散，共黨乘之，莒成荒墟。余入蜀，山居八年，日降後，東遊金陵。逢趙子阿南，得莊太史卒於闕里之耗，往哭其墓。遍詢莒友，知修志諸子，或遇害，或不詳其蹤，時路猶梗，每遙望而弔之。徐蚌禍作狩臺，眾庶追隨，又逢阿南，倍相親。不數載亦作古，亟趨撫棺盡慟。噫！賈園盛集，惟余一人矣。比聞大陸，行馬列法，改文字焚書，國粹鮮克有存。

史有齊曾兩度喪國，皆依莒助重興，中樞因摭鮑叔語，於行都通衢，鐫曰毋忘在莒，勵眾圖恢復也。余讀之，其感奮之情，更有異於人者，而莒人自必又甚於余矣。政院主計處主祕唐君立生，乃志局文牘戢符公哲嗣，函云全臺求莒志，十數年不得。有沭陽契友吳洽民，知其如此，檢所存芝加哥大學，中國方志目錄，列有重修莒志，全部都二十冊。遂函莒人羅宏文氏及立生，繼由吳氏洽借，在芝影印一部，於今春運臺。思之事甚奇，桑梓厚德，吳氏忠謀，豈謂偶然。踰日立生再函，附在芝影印樣模，云擬在臺重印，並徵序。睹物，百感交集，恍如賈園雨窗，握管話舊。不圖距五十年，再作馮婦，頓忘耄荒不文，遽諾之。

是志也，湮於本國，得於他邦，有呵護歟？乃感格歟？

抑天之不喪斯文歟？或禹甸之重光禎祥歟？必有其一。爰歷綴其原委，以觀厥後。古云：有志竟成，果能永誓毋忘，焉知來朝之奇，不更奇於今日之奇。若夫探古於且于樂疊，浴風於沭水浮丘，詠歌之餘，當回憶寓臺之毋忘在莒。或捧此志書，轉向告曰：毋忘在臺！毋忘在臺！如斯企望，余亦不懈於莒之父老。

中華民國六十九年庚申仲春歷下李豔炳南氏謹識[1]

又有〈重印莒志應序〉三首。（《雪廬詩集》，頁 639-640）

〈重印莒志應序〉三首（甲戌莒志，余忝列纂事，政府狩臺，書盡亡，邑人由美芝加哥得之，影印一部寄臺，咸議於臺復加翻印，向余徵序，不圖五十年再作馮婦。）：

文獻求徵結翰緣，累朝追述到金天；槐安已杳應無夢，醒後還如未醒前。（莒為少昊封國，城中有城陽王槐。）

信是文章護有神，芝加館裏墨痕新；此間皆謂蓬萊島，疑在故鄉歸故人。（臺省咸稱仙島）

五十春秋我獨存，雄風聖跡撿書論；他年展墓應垂淚，泉壤多添突欲魂。（大陸改行馬列）

---

[1] 李炳南：〈景印重修莒志序〉，《雪廬寓臺文存》，《全集》第 14 冊之 2，頁 160-163；《重修莒志選》，《全集》第 12 冊之 3，頁 1-4。

五月一日（四），臺北周榮富及祕書呂先生，昨夜蒞中聞法，中午由蓮社便餐招待，先生、社長王炯如、許炎墩、游俊傑、鄭勝陽等作陪。（《蓮社日誌》）

五月二日（五），於台中蓮社第二十三期國文補習班講授《禮記‧檀弓》。
〈檀弓之六〉：齊大饑，黔敖為食於路，以待饑者食之。有饑者蒙袂輯屨貿貿然來。黔敖左奉食，右執飲，曰：「嗟來食。」揚其目而視之，曰：「予唯不食嗟來之食，以至於斯也。」從而謝焉，終不食而死。[1]

五月三日（六），晚，於中興大學夜間部中文系「詩選」授課。

五月四日（日），下午一時至四時三十分，前往臺中市民權路土地銀行招待所，參加中國醫藥學院董事會第七屆第二次臨時會議暨附設實習醫院興建委員會聯席會議。[2]

五月五日（一），立夏，有詩〈立夏〉。（《雪廬詩集》，頁637）
軒窗開四面，萬象眼中明；樹色殘春綠，山光首夏晴。日長書欲困，秧滿鳥還鳴；不信唯工巧，人間廢讀耕。

1　【數位典藏】錄音／儒學研究／禮記／〈檀弓之六〉。
2　見：徐鳴亞編：《私立中國醫藥學院歷屆董事會議紀錄彙編》。

1980 年・民國 69 年 | 91 歲

五月六日（二），於正氣街寓所為東海大學中文研究所詩學課程授課。

晚，於中興大學夜間部中文系「詩選」授課。

五月七日（三），於慈光圖書館週三《華嚴經》講座，宣講〈十迴向品第二十五〉「六、隨順堅固一切善根迴向」。

五月九日（五），於台中蓮社第二十三期國文補習班講授《禮記・檀弓》。

〈檀弓之七〉：晉獻文子成室。晉大夫發焉。張老曰：「美哉輪焉，美哉奐焉！歌於斯，哭於斯，聚國族於斯。」[1]

五月十日（六），晚，於中興大學夜間部中文系「詩選」授課。

五月中旬，為中興大學夜間部中文系「詩選」課程出畢業考試題。該校於五月二十一日舉行應屆畢業生畢業考試。[2]
（見《圖冊》，1980 年圖 4）

---

1 【數位典藏】錄音／儒學研究／禮記／〈檀弓之七〉。
2 【數位典藏】手稿／其他著作／大專院校授課試卷／〈中興大學夜間部六十八年第二學期試卷〉；有〈應屆畢業考試〉試卷及〈國立中興大學台中夜間部通知〉各一張。

五月十三日（二），於正氣街寓所為東海大學中文研究所詩學課程授課。

晚，於中興大學夜間部中文系「詩選」授課。

五月十四日（三），於慈光圖書館週三《華嚴經》講座，宣講〈十迴向品第二十五〉「六、隨順堅固一切善根迴向」。

五月十六日（五），於台中蓮社第二十三期國文補習班講授《禮記・檀弓》。

〈檀弓之八〉：陽門之介夫死，司城子罕入而哭之哀。[1]

五月十七日（六），晚，於中興大學夜間部中文系「詩選」授課。

五月二十日（二），於正氣街寓所為東海大學中文研究所詩學課程授課。

五月二十一日（三），於慈光圖書館週三《華嚴經》講座，宣講〈十迴向品第二十五〉「六、隨順堅固一切善根迴

---

[1]【數位典藏】錄音／儒學研究／禮記／〈檀弓之八〉。

向：隨順善根迴向智性」。[1]

五月二十三日（五），於台中蓮社第二十三期國文補習班講授《禮記》。

〈王制之一〉：天子社稷皆大牢，諸侯社稷皆少牢。大夫士宗廟之祭，有田則祭，無田則薦。[2]

晚八時半，召開明倫社節目製作研討會，先生蒞臨開示。該會同時歡送李榮輝因公出國，前往美國及加拿大參加國際特殊教育會議及參觀活動。（《蓮社日誌》）

五月二十五日（日），上午十時，中興大學智海學社借用講堂，舉辦歡送應屆畢業同學聚餐，禮請先生為應屆畢業生開示佛法。（《蓮社日誌》）

五月二十七日（二），於正氣街寓所為東海大學中文研究所詩學課程授課。

五月二十八日（三），於慈光圖書館週三《華嚴經》講座，宣講〈十迴向品第二十五〉「六、隨順堅固一切善根迴向」。

---

[1] 李炳南：《大方廣佛華嚴經講述表解》，《全集》第 1 冊之 2，頁 262。
[2] 【數位典藏】錄音／儒學研究／禮記／〈王制之一〉。

五月三十日（五），於台中蓮社第二十三期國文補習班講授《禮記・王制》。

　　〈王制之二〉：凡作刑罰，輕無赦。刑者侀也，侀者成也，一成而不可變，故君子盡心焉。[1]

六月一日（日），明倫廣播節目供應社提供「中華文化節目」一週年，上午十時，於蓮社錄音室舉行慶祝會。國聲電臺有蔡董事長兼臺長、黃總經理、朱副臺長、林主任等九位參加，明倫社亦有二十多位參加。慶祝會禮請先生蒞臨開示。中午明倫社敬備素筵三桌招待。（《蓮社日誌》）

六月三日（二），於正氣街寓所為東海大學中文研究所詩學課程授課。

六月四日（三），於慈光圖書館週三《華嚴經》講座，宣講〈十迴向品第二十五〉「六、隨順堅固一切善根迴向」。

六月六日（五），於台中蓮社第二十三期國文補習班講授《禮記・文王世子》。

　　〈文王世子〉：仲尼曰：「昔者周公攝政，踐阼而治，抗世子法於伯禽，所以善成王也。聞之曰：『為人

1　【數位典藏】錄音／儒學研究／禮記／〈王制之二〉。

1980 年・民國 69 年 | 91 歲

臣者，殺其身有益於君則為之。』」[1]

六月七日（六），下午一時至三時四十分，前往臺中市民權路土地銀行招待所，參加中國醫藥學院董事會第七屆第七次會議。董事長陳立夫主席報告：鄭通和院長服務已八年，因病請辭。為表敬意謝忱，請董事炳南先生撰文，並由董事長親書，於交接時致上。[2]

下午三時至五時，念佛班六月份共修，先生為眾開示助念團成立事宜。（《蓮社日誌》）

六月八日（日），上午九時，先生指導中興大學夜間部中文系學生，於錄音室錄製吟詩錄音帶，中午素齋招待。（《蓮社日誌》）

六月十日（二），於正氣街寓所為東海大學中文研究所詩學課程授課。

六月十一日（三），於慈光圖書館週三《華嚴經》講座，宣講〈十迴向品第二十五〉「六、隨順堅固一切善根迴向」。

---

1 【數位典藏】錄音／儒學研究／禮記／〈文王世子〉。
2 見：徐鳴亞編：《私立中國醫藥學院歷屆董事會議紀錄彙編》。

3061

六月十三日（五），晚八時，至台中蓮社參加附設國文補習班第二十三期結業典禮，並開示。本期共有十位學員畢業。（《蓮社日誌》）

【案】台中蓮社附設國文補習班，自一九五二年四月開辦，至一九八〇年六月，其間除一九七三至一九七七年因蓮社改建，停止招生外，每年開辦，計共招收二十三期學員。一九八〇年十月，開辦論語講習班，國文補習班暫停招生。

六月十七日（二），端午節，有詩〈端陽〉。（《雪廬詩集》，頁638）

〈端陽〉（候值麥秋）：榴花吐火竹搖煙。清影遲移晝不眠。風物似秋光似水。端陽佳氣日中天。

六月十八日（三），於慈光圖書館週三《華嚴經》講座，宣講〈十迴向品第二十五〉「六、隨順堅固一切善根迴向」。

六月二十四日（二），於正氣街寓所為東海大學中文研究所詩學課程授課。本學期結束。為東海大學任教最後一堂課。自一九七五年九月起任教該所，計共五年。

六月二十五日（三），於慈光圖書館週三《華嚴經》講座，宣講〈十迴向品第二十五〉「六、隨順堅固一切善根迴向」。

是日,孔德成先生來函,請勿拒受薪資。[1](《圖冊》,1980 年圖 5)

孔德成,〈孔德成來函〉(1980 年 6 月 25 日):
炳兄侍史:手示奉悉。一切均合手續,千乞萬勿再行客氣,益使弟不安也。專頌
大安　　　　　　　　　　　弟德成敬上　六九、六、廿五

六月二十九日(日),上午九時,於蓮社錄音室召開論語講習班第二次籌備會,參加者另有周家麟、徐醒民二師、王烱如社長及學員、正式生二十名,預計九月中旬開學,每週一、二、五、六,上課四晚,為期二年。(《蓮社檔案》)

主席李炳南,記錄簡金武、陳清爽:〈論語講習班第二次籌備會會議紀錄〉:
主席致詞:凡辦事非令自高興即辦,必先有思想;思想由平素觀察多次而生。有感想再有計劃,如此經多少過程才成。今此次余有多少經驗閱歷才敢為。若有大成則可辦,少則不辦。故凡事豫則立,不豫則廢。
夫教育,昔無學校唯有私塾,名儒如范仲淹、司馬光,皆讀書於寺廟,廟有靜室一禪房。此普通者。若私塾則有財有地位人家子弟方入。凡所教非只教書,以品行為第一、學問第二。
今辦此事,余有二感想。一者余初來臺灣,所見非今之

---

[1] 孔德成:〈孔德成來函〉(1980 年 6 月 25 日),台中蓮社收藏。

況。工業固不如今,而民風儉樸厚道。今則物質進化,智識降低也多,品德則已降至不知所以,故國家必亂,以物質發展物欲而無學問道德故。二者,佛教界至今日亦壞得不知所以。三十年前臺灣和尚不傳戒、不講經;余恭敬三寶不在其會傳戒、會講經,只要能規規矩矩「諸惡莫作、眾善奉行」,余即服之。今則成電氣化、洋化、歐美化。歐美無佛法,今雖有與我國異。我國佛教出許多名人,印度之佛、法、僧皆到中國來。今往歐美傳法乃未斷見思惑者,昔來中國乃已證果之人,故無法相較。佛法、中國文化俱至此,故有憂思。

見諸位品行好,學問則不行。余等學佛又學儒,須知佛法五乘,人格尚不夠,豈可成佛。今之學佛者,人格壞為惡後再於佛前求懺悔,而明日又犯。如此,佛學不成,反亂社會。須知學佛乃文化事業,非政治,須分清。

學佛必靠一人即佛所說為聖言量。儒家則除孔子一人外皆不行,孟子尚差。秉孔子之道於社會辦事則可,咱力雖小,但「國家興亡,匹夫有責」。佛家亦然,但盡己力耳。今講孔道《論語》,於諸位有益,然今之學若如校中一週僅兩、三節無用。蓋學如吃飯,必日日食,所謂「學而時習之」。中國文化第一為道,「道也者,不可須臾離也」,如空氣於人,一時不吸即亡。而今蓮社已有根柢可相助,另有人願發獎學金,兩年內,余要求諸同學咬緊牙根、拚上命去幹。余雖九十多歲,亦拚著精神。若有好成績,再出去講。故此為布施之預備。
◎上課時間:夜課共四晚,每晚三小時,二小時講課,

一小時念誦。此大關鍵處,若記不住則無用。如此犧牲時間即是為「四為三不」而幹。能如此必有好報應。如予今尚能如此即是。
◎教師:兩位,余週一、五,教《上論》;徐老師每週二、六教《下論》。另教務主任周家麟老師監督學生背,並負責班上一切事。
◎旁聽:可以,但須有限制。須經選擇審核,以防止學後用為謀利。[1]

「論語講習班」成立,有詩〈論語講習班成立誌感〉,又有〈論語各疏宋儒而後注家訐有心傳每外牽佛老力闢之行成薄俗〉二首。(《雪廬詩集》,頁 638-639)

〈論語講習班成立誌感〉:道統五千載,崇朝今古分;書刪孔尼父,典祀卓文君。歲月逝如水,乾坤飄似雲;何期新舊雨,有志樂同群。

〈論語各疏宋儒而後注家訐有心傳每外牽佛老力闢之行成薄俗〉二首:
巍巍夫子九重天,豈可輕論示掌拳;只此穹靈還不識,況能無量話三千。

堯帝巢由各一方,朝廷山野兩徜徉;未聞攻伐誰鳴鼓,青史何曾有謗傷。

---

1 李炳南主席,簡金武、陳清爽記錄:〈論語講習班第二次籌備會會議紀錄〉(1980 年 6 月 29 日),《台中蓮社歷年會議紀錄》,台中蓮社檔案。

七月二日（三），於慈光圖書館週三《華嚴經》講座，宣講〈十迴向品第二十五〉「七、等隨順一切眾生迴向」。[1]

七月九日（三），於慈光圖書館週三《華嚴經》講座，宣講〈十迴向品第二十五〉「七、等隨順一切眾生迴向」。

七月十一日（五），晚七時半，召開「財團法人臺中市私立蓮友慈益基金會」成立大會，及第一屆董事會。先生受推舉為董事長；常務董事有：羅張慶祝、游俊傑、林進蘭、李榮輝；董事有何玉貞、蘇陳愛、劉國榮等十人。
（《蓮社日誌》；《圖冊》，1980 年圖 6）

七月十六日（三），於慈光圖書館週三《華嚴經》講座，宣講〈十迴向品第二十五〉「七、等隨順一切眾生迴向」。

七月二十三日（三），於慈光圖書館週三《華嚴經》講座，宣講〈十迴向品第二十五〉「七、等隨順一切眾生迴向」。

七月二十八日（一），是日午，香港嚴德法師來訪，請求開示。先生原再三謙辭，終以其遠道求法之誠，略示研學

---

[1] 李炳南：《大方廣佛華嚴經講述表解》，《全集》第 1 冊之 2，頁 264-265。

教理初階：先研學蕅益大師《佛遺教三經解》及其《百法明門論直解》各五次，再入淨土教典：先研學《佛說阿彌陀經摘注接蒙》及黃智海《佛說阿彌陀經白話解釋》各二次，再研蓮池大師《阿彌陀經疏鈔》五次，而入蕅益大師《阿彌陀經要解》六次。如是方上正路。若云修法，則另論矣。[1]

七月三十日（三），於慈光圖書館週三《華嚴經》講座，宣講〈十迴向品第二十五〉「七、等隨順一切眾生迴向」。

七月三十一日（四），夏曆六月二十日，去函山東老家，兒姪三人同函通訊。函附近日照片。（見《圖冊》，1980年圖7）此為兩岸隔離三十餘年後之首度去函家書。

〈李俊龍之一〉：龍兒麟姪蛟姪均知：與鄭國材先生見面，並見其信中所記我家之事，我弟、我妻俱已老病去世，雖古今皆然，終不免傷痛。所幸汝三人皆能自謀生活，甚覺心安；家宅如舊，猶為難得。但求汝等皆好，便是李門大福。我行醫多年，尚能溫飽。因鄉間多信漢醫，可以敷衍度日。身體康健，每日素食兩次，無病，不必掛念。汝等善自衛生至要。

九十一歲老人父伯炳南親筆　農曆六月二十日[2]

1　陳雍澤：《筆記》（1980年7月28日），未刊本。嚴德法師原籍廣東，生於馬來西亞，駐錫香港多年。
2　【數位典藏】書信／在家居士／〈李俊龍之一〉。

李俊龍，〈回憶父親〉：物換星移，三十年一瞬間過去，海峽兩岸形勢的緩和，一九八〇年六月接到父親第一封來信，得知他老人家仍然健在，全家托他老人家的福蔭，也都平安康健。[1]

弘安，〈雪公靈骨返鄉記〉（1988年）：記得雪公老師在日，初接家書，得知老師母三十多年來，依然守節在李家，連嘆難得。李公子是學醫的，當年，都被掃地出門，李公子曾被勞改二十多年，以致四十五歲才成家。老師母則被迫掃街，雪公在故里的書籍、信件全部被毀。李公子成家後，夫妻亦未住在一處，生活十分困苦，師母四年前還在羽毛球工廠做工，她老繭滿手，粗糙不堪。李師兄後來在濟南西郊肺結核醫院工作，生活才漸改善。目前已經退休。其媳婦現在還在羽球廠工作，收入甚是微薄。兩位孫女十六、七歲還在求學，長得很清秀懂事。生活情形尚可。[2]

是日，蓮社數位辦事人員，前往正氣街寓所，請示工作事宜。先生指點時有謂：「可再督促諸位五年。」群弟子僉謂：求師長久住世，以挽劫運。[3]

---

1 李俊龍：〈回憶父親〉，《明倫》第 193 期（1989 年 4 月），雪公往生三周年特刊。
2 弘安（黃潔怡）：〈雪公靈骨返鄉記〉，《明倫》第 193 期（1989 年 4 月），雪公往生三周年特刊。
3 陳雍澤：《筆記》（1980 年 7 月 31 日），未刊本。

1980 年・民國 69 年 | 91 歲

是月，慈光講座資深學員紀海珊將往嘉義任教，向先生告假時得開示：內佛外儒，通達人情事故。

紀海珊，〈通達人情事故〉：數年前，後學課業告一段落，準備踏入社會工作時，曾前去請示雪公老恩師，今後立身處事，應注意哪些事項？老恩師言道：「在社會上，要注意不要跟人家不一樣，要內佛外儒通達人情事故。」[1]

【案】先生教學，重視「人情事故」，此與常見成詞「人情世故」有別。如〈內典班訓〉有「洞明人情事故，學問切實履行。」《論語講記・講前介言》有：「學《論語》是為了保人格，懂得人情事故。不懂人情便是大奸慝，而且必須懂得事故，事情該如何辦。」

八月二日（六），下午三至五時，舉行八月份念佛共修，並召開「榮富助念團」成立大會。團長周榮富伉儷，特由臺北趕來參加盛會。參加蓮友約四百人。周榮富伉儷樂助一切助念開支，先生指派其擔任團長；另指派副團長三位：趙鋖銓、曾賜賢、劉國榮。先生詳細開示助念團辦事要項，供執事者參考。[2]

〈台中蓮社榮富助念團成立大會紀錄〉：念佛法門

1　紀海珊：「通達人情事故」，見：弘安等人：〈師訓集錦（四）〉，《明倫》第 184 期（1988 年 5 月）。
2　〈台中蓮社榮富助念團成立大會紀錄〉（1980 年 8 月 2 日），《台中蓮社歷年會議紀錄》，台中蓮社檔案。

在臺灣，我們蓮社是第一次辦的，我們開發。念佛法門很不簡單，平素大家在家念佛，後來預備往生最要緊，個人功夫有好的，有功夫不甚好的，往生不盡然人人皆有把握。淨土宗祖師訂的助念團，一直到清朝末年，第十三代祖師印光祖師，在靈巖山還是組織助念團，印光祖師往生也有助念團。我們台中蓮社的助念團，出去助念的這些方法，用的靈巖山的。

有人看了說，怎麼這麼簡單，平時六字洪名，到了臨命終時四字念明白了就可以，法器也要力求簡單，且有一定的法則，引磬是金聲，木魚是木聲，前者的聲音是上升，後者的聲音較濁往下沉，念過《禮記·樂記》者，就懂得這道理。只可以用引磬。聲音的影響力很大。臨命終時阿彌陀佛念得清清楚楚誰就往生。助念團目的是在幫助往生，不是求熱鬧。

蓮社在從前即有助念團，舊蓮友即知。助念團成立前，要先成立念佛班，以念佛班為主成立念佛團，助念團是沒有念佛班以外的人，且助念只對團員的家屬不對外。

助念團要有經費，支出由團支出不用別人家的。助念前要有計畫，如時間、人數，去助念總是要好幾天，不是去一天就往生，也許一天或二天或三天，大概以訂三天的時間為數，一次二個人，二十四小時則要輪二十四人。一天若十二小時則十二人，約預備三天的經費，若有餘則留下次用。若經費不夠，須念到第四天也要繼續念下去。以前人都喜做功德，現在的人只知享受不做功德，現在我們的經費由周團長一個月出資一萬元。

到住家是決不麻煩人家，只可喝水，餘吃的東西自己帶。

另外一個問題是派人去助念。如何輪排，我今天只說出辦法，你們自己去訂，舊班的多是年長者，不便排上去，出去念佛，路途上安全與否需考慮。

助念的對象是專為念佛班的蓮友，一者不找麻煩，二者若是外人他又不念佛，我們無從幫起。不是念佛班的直接眷屬我們都不去，這個須知道。團則修訂好以後開始訓練，訓練時第一次我來告訴你們念什麼。

八月四日（一），晚七時，至蓮社為會眾講解〈影印重修莒志序〉。（《蓮社日誌》）

八月六日（三），於慈光圖書館週三《華嚴經》講座，宣講〈十迴向品第二十五〉「七、等隨順一切眾生迴向」。

八月七日（四），立秋，為《明倫》月刊發行十年百號，賦詩題辭紀念。[1]（見《圖冊》，1980年圖8）又有〈立秋夜窗聽雨〉。前後又有〈西螢〉、〈久旱大雨索居遣興〉。（《雪廬詩集》，頁 640-643）

〈祝明倫雜誌十年百期〉二首：

---

[1] 李炳南：〈題明倫月刊十年百號紀念〉，《明倫》第 100 期（1980年8月）；收見：《雪廬老人題畫遺墨》，《全集》第 16 冊，頁 342；《雪廬詩集》，《全集》第 14 冊之 1，頁 642-3。

茫茫四塞蔽胡塵，禹甸堯天雨露新；禮運萬邦俱不識，臺中高士獨明倫。
十載高登百尺竿，於茲進步更何難；緣生自我無他秘，捧出心來與佛看。
明倫月刊十年百號紀念　　　　庚申立秋雨晨李炳南祝
〈立秋夜窗聽雨〉：棲禽歸暮雨，涼意浸空庭。蕭颯籬邊竹，淋漓屋角鈴。長風挾秋至，獨夜隔窗聽。應洗群山碧，明朝望野亭。

八月九日（六），台中蓮社附設「臺中論語講習班」經陳報臺中市政府，來函准予備查。（《蓮社檔案》）

是日，台中蓮社榮富助念團舉辦第一次助念訓練，先生詳細開示助念須知及助念方法。

〈助念之意義與規矩〉：助念即助對方往生。助念者對往生之道理與方法，必須清楚，對方才能得到利益。人臨終時，各人神識不一。平日所為，此刻影子會一一現行，帶著本性往外走。此時完全是業力在作主，力量大者，在前頭。惡業多，則惡種子力量大，一衝出來就下三道。若善業多，善種子，就領著上人天二道。平日有念佛功夫，就有佛種子，佛種子力量大，先出來就蒙佛接引，往生西方。若力量小出不來，別人在旁幫助念佛，就容易出來。所以平日有修持，臨終時佛種子先出，往生就有希望。助念正是幫助提起佛號。

佛教徒不論平素念多少經，或多少咒，臨命終時，種子

出來的,唯有阿彌陀佛四字才有用,才能幫助往生。此語甚為重要,大家必須深深記住。

助念時,要遵守規矩。家人千萬不能出來打擾,亂出主意。人死了不要圖什麼熱鬧。助念團來到家中,可以準備茶水,其餘均不用準備,助念者必須注意二點:

1. 自己吃飯,不麻煩別人,只喝茶可以。
2. 萬不可收紅包,此絕對不可破例。萬一破規矩,變成不給紅包就心不在焉,不誠心念,助念變成去賣錢,這是破壞佛法。連收人東西也不可以,在家人去助念,拿錢就是造罪業,拿人紅包這助念團就完了。大家要學印祖,否則是叛徒,不遵守規矩就是欺師滅祖。

凡是蓮友加入念佛班,都有名冊。班員的直接眷屬相信佛法,有了事我們就去助念。若有不信的,就不用說了,這是助念的範圍。

去助念應準備的東西是——帶三尺大的佛像、臥香爐、二個引磬、二個蠟燭、香(以香不斷),一杯水及碗,這些我們帶去,不論他家有無。佛像擺的位置,以病人能看到的為原則,不一定要釘上、掛上,用擺的亦可。也不一定分東西南北,因各人房子不一樣,十方原來不分東西南北的,有佛像就是西方。六字、四字按照規矩念,先念南無西方極樂世界大慈大悲阿彌陀佛,再由六字轉四字,用二個引磬互相配合。香燭帶去用完可用對方的,若沒有,不點也可以。進門後,班長先裝佛像,點上燭及香,坐位安排好,就開始念。坐位安定好很重

要,這可安病人的心,免得病人跟著我們東張西望。病人如果不甚危急,可從南無西方極樂世界大慈大悲阿彌陀佛,開始念。若危急從六字念,再更危急直接念四字即可。一聲阿彌陀佛,三乘皆包括。重要在能引起病人的佛號,功德就無量了。

助念者,尚須注意,凡進門前,必須先找主人,見了主人後才可以進房子,以免東西遺失被嫌疑。主人領我們上那去,我們才進那裡。不助念時在一旁不做事,助念時全心在佛號上。助念中,閒雜人不進來擾亂,可以遠看,不可以說要進來探病,說些動情感的話與行為,要知病人一動情就完了。助念時要尊重助念團的規則。只要是在助念,別人都不能去探病,打閒岔,以免動情愛失去正念。亦不能讓病人聽到其他聲音,哭聲更不可以。如此也許會有人發生誤會,認為禁止太多,助念者要忍受這些誤會。病人臨終前若想喝水或吃東西,可以拿給他吃,但不能談話,只能口念佛號拿到前面餵他吃,若說了話,病人的心裡有別的聲音,就不能一心了。

大家平日做功課時都要求一心不亂,臨終更要一心。助念者不能咳嗽、哈啾、或發其他聲音,令病人聽了都不好,這要平日練習,要練得無雜音。否則病人正念著佛,被一聲哈啾攪擾,就不知要魂飛何處了。正要斷氣,此刻最重要,於緊要關頭時,家人會想聚在病人前,這要禁止,且不准哭,不可爸啊!媽啊的叫,一律要念佛,會動情就是家人亂壞的。斷了氣後,靈魂還沒

走,八識的業力還在身上出不來。功夫好與罪業重者,彈指間就出去了,普通人則出不來,如從蝸牛殼要脫出來般的難過,因此二十四小時不斷佛號就保險了。古人很重視這點。孔子曰,三天後才大殮,三天後靈魂才走,聖人都懂,普通人對生死大事多半不明瞭。

班長要告訴家人,十二小時內不許動,不許換衣服或摸身體等,誰都不准動,過了助念時間才能動。身體若硬了用熱水敷即可。助念到此告一個段落,念四句迴向文,行個禮就完畢,班長有陀羅尼經被的送一條,光明咒砂送一包。出了門,我們就一概不管。

總之,助念的意義與規矩,大家不能不懂。古淨土大德,有寫一本《飭終須知》大家可參考研讀。果能幫助一人往生,成就一尊佛,功德莫能名啊![1]

日後,蓮社總務主任陳雍澤請示助念細節及人力不足時之應對,先生開示處置方式。

陳雍澤,〈重溫師訓立知見〉:民國六十九年八月二日本社「榮富助念團」成立大會,雪公詳示助念之要領與規矩,並多次指點助念之迷津。

(一)助念團來自各念佛班發心助念者所組成,以相互協助。若該念佛班無人參加助念團,一旦有班員

---

[1] 李炳南講,顏彩雲記:〈助念之意義與規矩〉,《明倫》第 158 期(1985 年 9 月);收見:《脩學法要》,《全集》第 9 冊,頁 323-328。

往生，則無法獲得助念團協助。蓋禮尚往來，只來不往，不合事理。

（二）助念之功效，不在人數眾多，在於助念者之心力與定力。心力真誠懇切，念力又一心專注，如此功效不可思議。喻如中醫針灸，療效不在此針，醫師若真誠心與定功，往往一針見效。

（三）助念須知，亡者斷氣以後，三小時內，念佛速度不宜緩慢，必稍加快而用力，助其神識速出頂門而生西。

（四）助念人力若不足，每一時段，三人即可。一敲引磬，一出聲念，一人默念休息。十五分鐘後，念者敲磬，默者出聲，敲者休息，如此交換，三次一輪。輪換兩次，可念九十分鐘。蓋助念在求佛號不斷，讓臨終者在昏亂之八識田中，偶然清醒時，聽到佛聲，勾起平日念佛之種子，而能淨念相繼，超生淨域。[1]

八月十三日（三），於慈光圖書館週三《華嚴經》講座，宣講〈十迴向品第二十五〉「七、等隨順一切眾生迴向」。

八月二十日（三），於慈光圖書館週三《華嚴經》講座，宣講〈十迴向品第二十五〉「七、等隨順一切眾生迴向：

---

[1] 陳雍澤：〈重溫師訓立知見〉，《明倫》第 423 期（2012 年 4 月）。

內施迴向四文」。[1]

是日，台中蓮社舉辦秋季祭祖，會性法師為信眾授三皈，受者計三百六十五人。[2]

八月二十三日（六），夏曆七月十三日，大勢至菩薩聖誕日，上午八時，至蓮社大殿禮佛及二位護法菩薩各三拜，再至三樓禮佛及印光祖師各三拜，再至一樓講堂禮佛。（《蓮社日誌》）

八月二十五日（一），中元節，有〈七月十五夜瞻禮盂蘭盆會〉、〈歸途待月賞秋〉，前後又有〈電視機普及閭閻國劇節目僅存禮俗〉。（《雪廬詩集》，頁 640-641）

〈七月十五夜瞻禮盂蘭盆會〉：今宵盂蘭會，山月滿輪秋；常願臨岐照，何須秉燭遊。深微川上語，晝夜水東流；諸法心空寂，能消萬古愁。

〈電視機普及閭閻，國劇節目僅存禮俗〉：興悲淚不乾，時或仰天歎；慧眼當前事，愚人作戲看。

八月二十七日（三），於慈光圖書館週三《華嚴經》講座，宣講〈十迴向品第二十五〉「七、等隨順一切眾生迴向」。

---

1 李炳南：《大方廣佛華嚴經講述表解》，《全集》第 1 冊之 2，頁 267。
2 普門講堂編：〈會性（法師）自述略歷〉，《會性法師略歷》（屏東：普門講堂，2011 年）頁 70。

是月，為江逸子〈會棋圖〉題詩，並藉機教育孔府同仁辦事貴在通情達理。（見《圖冊》，1980年圖9）

〈觀棋〉：應著人間讓子棋，平衡結局最相宜；從無君子求全勝，得意當時是錯時。（《雪廬詩集》，頁444）

江逸子，〈對奕圖〉（庚申七月）：是時，於孔府公暇之餘，信手繪製〈對奕圖〉自娛。適同仁游俊傑兄自外洽務歸來，雪公詢其過程。游兄據實複述之。雪公莞爾說：「能力不謬，厚道略遜。」我聞而請教之。老人謂：「演講可編講義，辦事則難有講義，因事在人情中，貴在通情達理，忠、恕、信、達。」遂問我，〈對奕圖〉為孰而作？我說即興信手而作。遂徵請賜題。少頃老人題妥，同仁聚而觀之。我說：「此堪為我座右銘也」，不意卻被俊傑兄搶先一手奪走。之後又補繪多幅，皆由老人題贈有緣。[1]

九月三日（三），於慈光圖書館週三《華嚴經》講座，宣講〈十迴向品第二十五〉「七、等隨順一切眾生迴向」。

九月九日（二），上午九時，至慈光圖書館參加呂正凉告別式。呂為台中蓮社初創時女子弘法班十姊妹之大姊。

【案】呂正凉（1905-1980），本名廖阿員，冠夫姓為呂廖阿員。十姊妹簡介見一九五一年十月譜文。另

---

[1] 收見澹寧齋編著：《雪廬老人題畫遺墨輯》，頁48。

參見柯翠園:〈呂廖阿員(呂正涼)老居士故事〉。[1]

九月十日(三),於慈光圖書館週三《華嚴經》講座,宣講〈十迴向品第二十五〉「七、等隨順一切眾生迴向」。

九月十六日(二),晚七時,明倫社委員會與論語班籌備會聯合召開,議決「論語講習班簡章」。

〈臺中論語講習班簡章〉:

一、本班講習論語,造就弘揚中國文化人才為宗旨。

二、本班班址暫設臺中市民生路九巷卅二號台中蓮社內。

三、本班學員人數暫定二十名。

四、學員需具備下列各項資格:

　(一)中華民國國民、品行端正、有正當職業者。

　(二)曾在公私立大專院校或中等學校畢業者。

　(三)信仰佛教且曾受三皈依二年以上者。

　(四)男生服完兵役者。

五、學員講習期限二年,每週一、二、五、六晚,六時三十分至九時三十分上課,寒暑假及國定假日比照一般學校。

六、學員之待遇

　(一)學雜費用一律全免。

　(二)為鼓勵學員進修,酌量發給獎學金。

---

[1] 柯翠園:〈呂廖阿員(呂正涼)老居士故事〉,http://www.bodhi.org.tw/index.php?sid=5.3.95

　　　　（三）學員如未結業即輟學者，應退還已領之獎學
　　　　　　金。
　七、本班編制
　　　　（一）設班主任一人，負全班教導責任。
　　　　（二）設教師二人，由主任選聘之。
　　　　（三）設職員二人或三人，暫由蓮社調兼。
　八、本班教師一律比照大學兼任教師標準，支給教學鐘
　　　　點費。
　九、本班所需經費，均由創辦人發心籌足供給，概不向
　　　　外募捐。
　十、本簡章報請本班所在地之政府核備後施行，修改時
　　　　亦同。[1]

九月十七日（三），於慈光圖書館週三《華嚴經》講座，
　　宣講〈十迴向品第二十五〉「七、等隨順一切眾生迴
　　向」。

九月十八日（四），夏曆八月十日，函復俊龍兒家書，知悉
　　多年家事，慰勞二夫人德芳有德有福、對兒侄孝友表欣
　　慰，並自述生活無虞，可免掛念。[2]（見《圖冊》，1980 年
　　圖 10）俊龍來函，為兩岸分隔多年後首度接獲家書，有
　　詩〈得家書〉記其事。

---

[1] 〈臺中論語講習班簡章〉（1980 年 9 月 16 日），《論語班會議紀錄 1980-1985》，台中蓮社檔案。
[2] 【數位典藏】書信／在家居士／〈李俊龍之二〉。

〈李俊龍之二〉：俊龍兒知悉。由王老先生轉來汝信，甚為詳細。多年家〔事〕全部明瞭。照片已經詳看，汝仍英俊瀟脫，新媽德芳更有忠厚之相，華俊莊重質樸，珊、彤兩女孫清秀聰明，是好家庭，至為歡喜。德芳汝上孝婆母、中友愛兄弟、下顧兒孫，有德行、有福氣，以後照顧珊彤長大成人，定比現在還好。龍兒，前鄭先生轉來俊蛟家信，已知汝母汝叔去世，痛餘皆為其各作功德。今聞汝嬸噩耗，同深哀悼，自當援例辦理。汝與林〔麟〕、蛟、元同在病牀盡心行孝，我甚安慰。家中有汝四人，又增兒女，是李門福象，甚佳甚佳。我今年九十一歲，教書行醫，小有勞苦。早點半調羹炒麵，中午一小碗飯，下午半小碗稀粥，不零食、無嗜好。睡眠六小時，起居動作皆有次序，無病健康，不必掛念。願汝和睦兄弟、善教子女、作事守規、存心公道，我即滿心歡喜。　　父炳南親筆　農曆八月十日
麟姪蛟姪元姪同此不另。華俊兒媳將此信轉俊龍。
年老寫字艱難，提筆忘字。

【案】前函中「〔事〕」為補漏字，「〔麟〕」訂正字。麟、蛟、元為三位姪兒。

函中「汝母汝叔去世」，指先生德配張德馥，於一九五四年過世，享年六十八歲；先生令弟李寶美，於一九六四年過世，享年六十四歲。「汝嬸噩耗」，指先生弟媳劉希孟，於是年（1980）六月過世。

〈得家書〉：似有衡陽雁，孤飛涖海濱；穿雲雙翼健，寄我九州春。數語家無恙，深思淚滿巾；難將故鄉

事，說與旅臺人。（《雪廬詩集》，頁654）

九月二十三日（二），夏曆八月十五日中秋節，晚八時，與諸弟子約一百六十人，於台中蓮社指月亭賞月，席間並有吟詩與國樂演奏助興、小小威信班學童表演等。先生賦詩〈庚申中秋夜節適秋分〉。[1]（見《圖冊》，1980年圖11）

〈庚申中秋夜節適秋分〉：禹甸蒼蒼海月生，高風零露碧空晴；平分秋色從今夜，一片冰心照萬城。似浴銀河人在水，應持北斗酒澆瀛；遙憐天下流光裡，知有吾僑故國情。（《雪廬詩集》，頁643）

九月二十四日（三），於慈光圖書館週三《華嚴經》講座，宣講〈十迴向品第二十五〉「七、等隨順一切眾生迴向」。

九月二十七日（六）至二十九日（一），台中蓮社舉行秋季祭祖。第二日下午，禮請會性法師舉行皈依儀式，有三百六十五人皈依。晚，先生至蓮社上香。（《蓮社日誌》）

九月二十七日（六），中興大學夜間部本學年開學，於中文系「詩選」課，講授：王之渙〈登鸛雀樓〉。[2]

---

1 【數位典藏】照片／師生聚會／中秋晚會／〈中秋晚會先生開示照片〉等6件。
2 【數位典藏】錄音／詩文研究／唐詩講授／登臨類。

《詩選聽講筆記》（吳碧霞筆記）：先交代，購買《詩韻集成》備用。吾以省錢為原則，此書便宜，故用之。另有《聲調譜》，已交付印製。蓋今已無人能之矣！大陸臺灣皆然。各校教科書，亦只念一念完了，不懂其原則，汝若依此譜調學，一年之內會作詩。

首次講麻煩些，何以？先規矩故，不以規矩不能成方圓，有規有矩，尚須一再練習。[1]

九月三十日（二），晚，於中興大學夜間部中文系「詩選」課，講授：李白〈勞勞亭〉。[2]

九月，為臺中蓮友印行《勸發菩提心文講義錄要》撰序。是書為淨宗十一代祖師省庵大師所撰，民國諦閑法師以注經方式宣講，先生亟讚諦閑法師之講義可與蕅益大師之要解相媲美。

〈重印勸發菩提心文講義錄要序〉：夫菩提心。為大乘諸法之綱。《華嚴》首示其要，龍樹諸賢，復作論以暢其義，學者豈可剎那怠忽之哉？惟經言玄微，論文古奧，都非易入，每有望洋興歎之感。清代初葉，淨宗十一祖省庵公，於四明育王禮塔，感舍利放光，因撰勸發斯心之文。合世出世法，深入顯出，撮要行簡，字字血淚，堪以時習矣。然佛法教相，仍非初機能明。迨民國天台承教

---

1 李炳南講，吳碧霞記：《詩選聽講筆記》（1980年9月27日）。
2 【數位典藏】錄音／詩文研究／唐詩講授／登臨類。

嫡嗣，諦老大師出，讀而識其精曰：此文非經非律非論，而經律論無不盡攝，爰作講義以宣之。其規全用注經之式，首開五重玄義，次以序與正宗流通三分圓結，可謂崇之極尊之備也。亦可為火桐而遇伯喈，俞琴而逢鍾期矣。是不獨有助於斯文，且能使學者三根普被，讀之如中流風帆，瞬息千里，快何如之。憶及印祖曾推蕅益九祖所著之《彌陀要解》云：雖古佛再世，不逾是耳。予亦贊諦師撰斯講義，堪與《要解》抗衡，等於南極北斗，雙耀乎中天也。昔大陸緇素，多能誦維，政府狩臺以後，則罕見焉。予蒞臺學講諸經，三十年後，及於《華嚴》；有蓮友黃月蘭、賴道慧二氏，嘗讀諦師斯撰，深感衷曲，詢曰：盍不宏斯文耶？曰：須待時機。又曰：我輩擬同出資，請先印此流通，俾眾暇日參考，不亦善乎！姑應之，慮無善本。逾歲，得香港鉛印者，字雖略大，猶不免魯魚亥豕，未敢率爾依之。繼再搜索他種，煩簡生輝雄校勘，字行紙葉，俱易舊型，曠廢時日，致遲遲也。於戲！時有興替，事有因緣，今非末法時期乎？不曰有教無行乎？果能手各一冊，讀斯文，信斯言，發心受持，而時不曰末法，教不曰無行，是福慧在己，解脫由心已也。曩曾允為作序，茲踐約，隨喜助勸。

中華民國歲次庚申仲秋穀門李炳南謹識[1]

---

1 李炳南：〈重印勸發菩提心文講義錄要序〉，見：省庵大師撰文，諦閑法師講述，范古農錄：《勸發菩提心文講義錄要》（臺北：佛陀教育基金會，2013年9月）卷首；今收見：《雪廬寓臺文存》，《全集》第14冊之2，頁151-153。落款據原刊本。

1980 年・民國 69 年 | 91 歲

十月一日（三），於慈光圖書館週三《華嚴經》講座，宣講〈十迴向品第二十五〉「七、等隨順一切眾生迴向」。

十月三日（五），晚，於蓮社主持「論語講習班」開學典禮。論語班正式生有二十名，旁聽生有三百名，先生每週一、五，主講《上論》，徐醒民每週二、六，主講《下論》；[1] 學員每週上課四天，預定二年講完。先生於典禮致詞特別說明《論語》此門功課對學佛者之重要，在把人格站住。佛法奠基在人天二道，聖人就是天道，上《論語》，學中國文化學聖人，此為第一步，得人天小果；然後第二步再入佛法，成就便非常快。（見《圖冊》，1980 年圖 12）

〈庚申歲論語講習班開學貢言〉：論語班醞釀了一、兩個月，今天（六十九年十月三日）正式開學，借著這個機緣，把這門功課的重要性，跟諸位談談。

我們這裡，這幾年來，一直是弘揚佛法，並且幫助社會教育的，現在為什麼突然加上《論語》呢？因為近年來，佛法表面上好像是發展了，事實上卻日漸凋零。學佛在人，人能弘道，非道弘人；人，才是真正的內容。若是三藏經典還在，人心壞了，佛法便也沒個成就。按佛法是五乘說法，先人天小果，然後再聲聞、緣覺、菩薩，人是根本，人壞了，佛法還有什麼希望呢？

---

[1] 第二期論語講習班，先生主講《上論》，徐醒民主講《下論》，學員仍是每週上課四天。

佛法衰，政治困難，根本原因都在教育上。現在跟從前不一樣，從前是學孔子。中國文化從堯舜開始，堯、舜、禹、湯、文王、武王、周公、孔子，一根線接下來，孔子把上頭這些聖人的學問，整個融會起來，一以貫之，我們跟孔子學，就是學了堯舜禹湯文武周公，就是學了全部聖人的學問，也就是人的學問。

怎麼是人的學問呢？中國講天、地、人三才，天有它的道理，「天道敏時」，不能亂了四時；地有它的道理，「地道敏樹」，生長植物，長養萬物；人呢？也有他的道理，「人道敏政」，重要在政治上，人要學政治，「政者正也」，也就是公公正正替大家辦事，使得大家得到公安。天地之德好生，注重生養，人是天地的中心，就得辦政治，讓大家得安穩，堯舜禹湯文武周公孔子的學說，就是教人政治的學問，《論語》就是政治學，並不是學了《論語》，叫大家去做官，而是你懂得了《論語》，做官做好官，當老百姓守法。「人道敏政」，我們學了《論語》，第一要使自己成人。第二要遵守法律，當個好國民。第三若當了選，要做個好公務員，把孔子的政治理想施展出來。

我們上《論語》，學了聖人，再學佛，就沒有不成就的，因為佛法奠基在人天二道，聖人就是天道，學了中國文化，把人格站住，才算得了人天小果，這是第一步。然

1980年・民國69年│91歲

後第二步再入佛法,底子已打好,成就便非常地快。[1]

此為先生晚年最重要之教學組織,與蓮社弟子學佛路徑關係甚深,亦承受至聖奉祀官府之託付。孔德成先生稱許此為奉祀官府數十年新辦業務中最妥、最大之事。

〈奉祀官府通告〉(1983年3月7日)李顧問炳南,自任顧問以來,并主持本府主辦之論語講座。論語講座,為本府數十年新辦業務中,最妥、最大之事。李顧問主持此事,較任主祕,責任更為重大。本府全體同仁,務希瞭解。特此通告。此致各位先生

孔德成　七二、三、七[2]

十月四日(六),於中興大學夜間部中文系「詩選」課,講授:李白〈送孟浩然之廣陵〉、王維〈送元二使安西〉。[3]

十月五日(二),是日晚,於中興大學夜間部中文系「詩選」授課。

1　李炳南講,連淑美記:〈庚申歲論語講習班開學貢言〉,《明倫》第164期(1986年4/5月合刊);收見:《脩學法要》,《全集》第9冊,頁341-345。
2　〈70-72年臺中論語講習班孔上公與雪公來往函件〉,台中蓮社檔案。
3　【數位典藏】錄音/詩文研究/唐詩講授/送別類。

是日，台中蓮社附設國文補習班陳報臺中市政府，六十九學年度入學學員名單及修業期間。

　　六十九學年度入學學員：李榮輝、簡金武、賴武義、吳碧霞、邱瑞興、吳聰敏、連淑美、連文宗、陳志華、張志嘉、李子成、沈漢從、陳雍澤、蘇清龍、林忠鈺、王瑋中、黃平福、劉國榮、陳清爽、鄭勝陽，共二十名。[1]

　　【案】此名錄為「論語講習班第一期」學員，如此則實質是以「論語講習班」接替國文補習班。「論語講習班」原規劃即以兩年為期，當時申報預訂結業日期為「七十年六月三十日」，當是受限「短期補習教育」之規定。

十月六日（一），即日起，每週一、五晚，於台中蓮社「論語班」講授《論語》。首日開講有〈論語講前介言〉，說明講習目的在人格站立；講解方式取接近孔子之言，不偏漢，也不偏宋；使用教材重在本文，歷來注解學員只須《正義》、《會箋》合觀，不必再看其他注解。爾後再增加《集釋》、《論語漢宋集解》二書。

　　《論語講要·前言》：今講此書，注重學道，並以立人格、知天命為學道之本，其沿革等從略。[2]

1　〈呈臺中市政府函稿〉（1980 年 10 月 5 日），《國文補習班文書》，台中蓮社檔案。
2　李炳南講，徐醒民記：《論語講要·前言》，《全集》第 11 冊，頁 1。

〈論語講前介言〉：這件事必須看得特別，往後沒有這個機會了。因為吾年歲大，無法重複講第二次，而且後來也沒有能像吾一般有這些好事。而且這個班經過政府備案，在今日之下很不容易，我們是因為在這裡從事文教工作三十多年了。

講《論語》很難，現在中國文化是脫節的時候，十五年前講《論語》，或許聽得懂，今天講《論語》，很多人便聽不懂。從前中國文化還有餘根，現今也連根刨掉了。因為講《論語》的當中，所聽的言語，在各各經典中都具備的緣故。譬如看佛經，看《阿彌陀經》本經似乎懂，若看《要解》與《講義》卻反而不懂，實在說是本經根本就看不懂，《論語》也是如此。

《論語》注解，吾見過的有百多家，或傾向漢注、或傾向宋注，亂打一套，究意要相信誰的說法？宋朝以後讀《四書》的人，只相信注解，不信本文孔子之道，這是「未之思也」，孔家店是真正倒了。參加科舉考進士的人，以為聖人是風流名士，應當知道能擔當國家重責大任的，絕不是白面書生、風流瀟灑的人。

到清代，有劉寶楠的《正義》，可以參考，傾向漢注。還有徐英的《論語會箋》，傾向宋注。看這兩本注解必須選擇，各有好壞，卻都是簡單不囉嗦。吾無門戶之見，確信哪一種說法與聖人之言接近，孔子在書中也有說過的，便採取這種注解。吾講《論語》，採取接近孔子之言的部分，不偏漢，也不偏宋，舉例或許會用佛學，如此而已。

其次，學《論語》是為了保人格，懂得人情事故。不懂人情便是大奸慝，而且必須懂得事故，事情該如何辦。再者，必須懂天命，君子人必須如此，天命就是天理，天然的道理。中國人講三才，「天道敏時」，四時陰晴一點都不能錯，在《禮記・月令》可以知道，天時反常就要壞了。「地道敏樹」，生長萬物。「人道敏政」，人為天地之心，人要成三才之一，必得學「仁」。

學《論語》，要《正義》、《會箋》合觀，不必再看其他的注解。我們學《論語》，不求功名，只求個人的人格，而且處在這個亂世，不可同流合汙，也不必罵他人。人格站立以後，就容易學佛。只要大家能各自保住人格，就能改變風氣。[1]

《論語講記・學而第一》〈三、巧言令色〉：清末民初程樹德的《論語集釋》，會通各注而加以注釋，也是反對罵人，是前二部的折中，大家可以參考。[2]

《論語講記・學而第一》〈十二、禮之用〉：你們必得準備《會箋》、《正義》，一是偏宋儒，一是偏漢儒，再者必須準備《集釋》，前二者都主張一種道理，所以還容易，若看《集釋》，則說法複雜了。但是還是

---

1 〈論語講前介言〉（庚申之秋講於論語講習班），《論語講記》，明倫月刊資訊網：http://www.minlun.org.tw/1pt/1pt-4-3/index-00.htm
2 〈三、巧言令色〉，《論語講記・學而第一》，明倫月刊資訊網：http://www.minlun.org.tw/1pt/1pt-4-3/index-00.htm# 學而第一

1980年・民國 69 年 | 91 歲

必得看,看了才知道不可僅信一家之言。[1]

講前介言後,自〈學而〉篇首章「學而時習之,不亦說乎」逐章開講。歷三年餘,後經徐醒民筆錄成《論語講要》,另又取諸弟子筆記彙集成《論語講記》。

徐醒民,〈論語講要・開卷語〉:《論語》,記至聖先師言語之書,自古為學者所必讀。至聖孔子,談學論道,答弟子時人之問,所言皆至理。語及詩書易禮春秋,凡所指點,皆扼一經之要。故欲讀聖賢書,求真實理者,當自讀《論語》始。

雪廬老人,東魯純儒也。早年入衍聖公幕,後隨孔上公遷寓臺中。暇時勤宣內典,教授儒經。晚年深感時風不競,聖教不彰,乃設論語講習班,廣接文教各業有心人士,定期講習。此即老人講授言辭,學者筆記之,名為《講要》,連載《明倫》月刊。老人辭世生西,諸弟子議以此記入其全集。遂以《明倫》所載之文,編輯成冊。分由諸子校讎,再經脩潤。淹遲至今,始告付印。

《論語》二十篇,為《魯論》篇數。其中章次,不相聯屬。雪公取〈述而篇・志道章〉,以道德仁藝為綱,俾學者知其要指。二十篇中,諸章經文,有說體者,有說相者,有說用者。學者以此四綱,繹其經義,綱舉目張,其庶乎學之有道矣。

---

1 〈十二、禮之用〉,《論語講記・學而第一》,明倫月刊資訊網:
http://www.minlun.org.tw/1pt/1pt-4-3/index-00.htm# 學而第一

《論語》第一章,子曰學而時習之。習者,習其所學聖言聖行也。時習者,無時而不習也。使學而不習,習而不恆,皆非夫子所曰學也。《論語》二十篇,皆當如是學。《詩》《書》《易》《禮》《春秋》,亦如是學。必如是,乃能希聖希賢也。民國九十二年第二癸未季夏月記者敬識[1]

鍾清泉:「《論語講記》前言聲明」:自民國六十九年十月到七十二年十二月,雪廬老人在「臺中論語講習班」講授《論語》,共計講完——學而、為政、八佾、里仁、公冶長、雍也、述而、泰伯、子罕、鄉黨、先進、顏淵、子路、憲問、衛靈公、季氏、陽貨(宰我問三年之喪章止)等近十七篇。

雪公往生後,為了長期得以薰習雪公教範,不忘訓誨,謹依數位師長的《論語》筆記,相互比對,略事整理,暫名《論語講記》。[2]

十月七日(二),於中興大學夜間部中文系「詩選」課,講授:詩韻查法;戴叔倫〈蘇谿亭〉。[3]

十月八日(三),於慈光圖書館週三《華嚴經》講座,宣講〈十迴向品第二十五〉「七、等隨順一切眾生迴向」。

---

[1] 徐醒民:《論語講要・開卷語》,《全集》第 11 冊,頁 5-7。
[2] 鍾清泉:「《論語講記》前言聲明」,見:《論語講記》,明倫月刊資訊網:http://www.minlun.org.tw/1pt/1pt-4-3/index-00.htm
[3] 【數位典藏】錄音 / 詩文研究 / 唐詩講授 / 登臨類。

十月十日（五），國慶日，國定假日，未休假，晚，於台中蓮社「論語班」講授《論語・學而》第二「有子曰其為人」章。[1]

十月十一日（六），於中興大學夜間部中文系「詩選」課，講授：孟浩然〈宿建德江〉、李頻〈渡漢江〉。[2]

十月十三日（一），晚，於台中蓮社「論語班」講授《論語・學而》第三「巧言令色」章、第四「曾子曰吾日三省吾身」章。

十月十四日（二），於中興大學夜間部中文系「詩選」課，講授：李白〈早發白帝城〉。[3]

十月十五日（三），於慈光圖書館週三《華嚴經》講座，宣講〈十迴向品第二十五〉「七、等隨順一切眾生迴向」。

十月十七日（五），晚，於台中蓮社「論語班」講授《論語・學而》第五「道千乘之國」章、第六「弟子入則孝」章、第七「子夏曰賢賢易色」章。

---

1 以下各章講次日期據：李炳南講，吳碧霞記：《論語筆記》（1980-1981年），未刊本。
2 【數位典藏】錄音／詩文研究／唐詩講授／行旅類。
3 【數位典藏】錄音／詩文研究／唐詩講授／行旅類。

是日為重陽節，為江逸子所作〈校史圖〉題詩〈庚申九日校史〉。[1] 前後又有〈題江逸子畫〉九首（〈秋山行旅〉、〈肩兜回峰〉、〈鳥道驚瀧〉、〈秋江征帆〉、〈山樓訪舊〉、〈霜林晚照〉、〈囊琴聽泉〉、〈入山校經〉、〈新月〉）。（《雪廬詩集》，頁643-647；《圖冊》，1980年圖13）

〈庚申九日校史〉：重陽東壁萬重秋，寫到新亭淚易流；四十年間皆國恨，三千里外作詩囚。菊開誰就田家飲，木落霜於客鬢留；擲筆登臺山滿眼，西風草偃不勝愁。

又題贈游俊傑：〈知足常樂〉。[2]（見《圖冊》，1980年圖14）

　　知足常樂。能忍自安。　　庚申重陽節
　　俊傑賢契正　　　　　　九旬老人李炳南插菊登高書

十月十八日（六），於中興大學夜間部中文系「詩選」課，講授：張繼〈楓橋夜泊〉、王維〈山中送別〉。[3]

十月二十日（一），晚，於台中蓮社「論語班」講授《論

---

1 李炳南：〈重陽校史〉，收見澹寧齋編著：《雪廬老人題畫遺墨輯》，頁67；〈校經圖〉、〈校史圖〉，見：《雪廬老人題畫遺墨》，《全集》第16冊，頁174、頁181。
2 李炳南：〈知足常樂〉，《雪廬老人題畫遺墨》，頁333。
3 【數位典藏】錄音／詩文研究／唐詩講授／送別類。

語・學而》第八「君子不重則不威」章、第九「曾子曰慎終追遠」章。

十月二十一日（二），於中興大學夜間部中文系「詩選」課，講授：王維〈九月九日憶山東兄弟〉。[1]

十月二十二日（三），於慈光圖書館週三《華嚴經》講座，宣講〈十迴向品第二十五〉「七、等隨順一切眾生迴向」。

十月二十四日（五），晚，於台中蓮社「論語班」講授《論語・學而》第十「子禽問於子貢」章、第十一「父在觀其志」章、第十二「有子曰禮之用和為貴」章。

十月二十六日（日），上午九時，於蓮社錄音室，講解〈庚申九日校史〉詩，聽講同學約五十人。（《蓮社日誌》）

十月二十七日（一），晚，於台中蓮社「論語班」講授《論語・學而》第十三「有子曰信近於義」章、第十四「君子食無求飽」章、第十五「子貢曰貧而無諂」章、第十六「不患人之不己知」章。

十月二十八日（二），於中興大學夜間部中文系「詩選」

1　【數位典藏】錄音／詩文研究／唐詩講授／懷人類。

課，講授：韋應物〈聽江笛送陸侍御〉。[1]

十月二十九日（三），於慈光圖書館週三《華嚴經》講座，宣講〈十迴向品第二十五〉「七、等隨順一切眾生迴向」。

十月三十一日（五），下午四時，臺灣大學晨曦社員三十名來訪，先生於蓮社錄音室為其開示，並招待晚餐。（《蓮社日誌》）

晚七時四十分，於蓮社錄音室以導師列席本年度蓮社第三次董監事會議，討論近日標得鄰近房舍籌款事宜。指示不可公開勸捐。[2]

十月，應國民大會代表喬修梁續編《泗水縣志》所請，補撰舊志十景所缺詩兩首。

〈沂水舊志邑十景殘蝕二首徵補有序〉：沂水重修志乘，舊有十景，詩殘二處，徵余補之。

一石漏凍巧，某村溪之河牀，冬令滴水結冰如鐘乳，作樓臺花樹諸形，陽春方解。

二鳳仙春曉，鳳仙為邑名，山有玉皇廟、金星閣，皆宏

1　【數位典藏】錄音／詩文研究／唐詩講授／送別類。
2　王炯如主席（鄭勝陽代）、簡輝雄記錄：〈台中市佛教蓮社六十九年度第三次董監事會議紀錄〉（1980 年 10 月 31 日），《台中蓮社董監事會議紀錄》，台中蓮社檔案。

1980 年・民國 69 年 | 91 歲

構。古洞山瀧匝繞，夏秋洞出霧靄沖霄，曰：龍掛，白則雨黑則風。

琉璃世界玉山頭，琪樹琳宮滴水修；不獨公輸難運巧，兼勝蜃氣結空樓。

玉洞銀河繞九重，金星花簇擁芙蓉；秋風夏雨皆時若，瑞靄沖天護二龍。（《雪廬詩集》，頁 641-642）

李炳南居士補撰、劉汝浩注釋，〈注釋補泗水縣志十景之二〉：國民大會代表泗水喬東晨（修梁）兄，續編泗水縣志，因舊志十景詩，殘缺「石漏凍巧」「鳳仙春曉」二首，擬請鄉邦耆宿雪廬老人撰補，囑代轉懇，幸蒙賜允。[1]

【案】詩題為「沂水舊志」，然據請託代轉之劉汝浩，則稱「補泗水縣志」。另參見〈喬故國民大會代表修梁先生事略〉：「六十八年（1979）初，先生自感年逾古稀，統一大業茫然無期。思鄉情濃，隨於元月十六日，邀數鄉親，研商編纂本縣《泗水大事記》一冊，以償思鄉宿願。藉茲傳流後世。隨即成立縣大事紀編纂委員會，先生勇任主委，總掌編務，展布采資。」[2] 可見詩序中所言沂水縣誌，即指泗水縣志。

是年秋，先生偕弟子多人，至江逸子畫室澹寧齋觀賞江逸子

---

1 李炳南補撰、劉汝浩注釋：〈注釋補泗水縣志十景之二〉，《明倫》第 102 期（1980 年 10 月）。
2 〈喬故國民大會代表修梁先生事略〉，《魯泗會訊》第 1、2 期（2000 年 3 月 1 日）。

〈江山無盡圖〉。(《圖冊》，1980 年圖 15)[1]

十一月三日（一），即日起，至十一月二十八日（五），於台中蓮社「論語班」講授〈為政〉篇共二十四章。[2]

十一月四日（二），是日晚，於中興大學夜間部中文系「詩選」授課。

十一月五日（三），於慈光圖書館週三《華嚴經》講座，宣講〈十迴向品第二十五〉「七、等隨順一切眾生迴向」。

十一月七日（五），晚，於台中蓮社「論語班」講授《論語・為政》第五「孟懿子問孝」章、第六「孟武伯問孝」章、第七「子游問孝」章。指出開設《論語》班，不只在學員自學自行，更期待傳弘教人。

　　任何學問沒有學前都以為容易，或許以為學過了，但是學問原本是四面八方的，只學一方面也不能自圓其說，呆板，所以必須圓觀。最大的學問為儒、佛，孔子是世間聖人，佛是出世間聖人，這很難學。我們只學語言文字，本應學其中的義理，但是我們知的少，若知的

1　圖見：澹寧齋監製，《雪廬老人題畫遺墨輯》，頁 6。唯該頁圖說誤作「江山萬里圖」。
2　【數位典藏】錄音／儒學研究／論語。

多就成就不退了。如果還會退轉便是還沒有入到裡頭，未得其味，所以必須做得圓滿。

吾教《論語》的目標，不是僅僅教你學了能自己實行，也須要你們將來再去教人。儒學你們所學尚淺，吾若只選擇一種而說，其餘的你們就不懂了，所以必須變化方式解說。[1]

十一月八日（六），於中興大學夜間部中文系「詩選」課，講授：張九齡〈自君之出矣〉、王維〈相思〉、戴叔倫〈憶原上人〉。[2]

是日，為臺灣大學哲學系教授楊政河新著《華嚴經教與哲學研究》題辭。楊政河為一九六八年慈光講座學員。
（見《圖冊》，1980 年圖 16）

〈題《華嚴經教與哲學研究》〉：華嚴一經為全藏之大部，號之曰王，有畢生而不能窮其義者；又喻旭日，惟高峰得照，低處依然無明也，其玄微更可想矣。楊君政河，壯歲英俊，精力卓越，治哲學喜梵典，匯所學而發之，得其要旨。如法界觀、妄盡還源觀、性起觀、十玄緣起觀等，俱能推演新義，以暢其懷。脩內典者，當作內學觀；治哲科學者，可分作哲科各學觀，體

---

1 〈五、孟懿子問孝〉，《論語講記・為政第二》，明倫月刊資訊網：http://www.minlun.org.tw/1pt/1pt-4-3/index-00.htm# 為政第二
2 【數位典藏】錄音／詩文研究／唐詩講授。

相圓融，不失隨緣不變之妙。是鴻著也，余讀而善之，聊述所見。

庚申立冬後稷下李炳南敬讀[1]

十一月十日（一），晚，於台中蓮社「論語班」講授《論語‧為政》第八「子夏問孝」章，述及受益於三種學問：詩學、法律、佛經科判。

> 幫助吾的學問，一是詩學，一字三年安不上，字字珠玉，懂字、文、方法、音韻，詩是文學之祖。再則是學佛，佛經有科判，《八十華嚴》，一體到底。再者是法律的嚴苛，也有幫助吾。這三種學問幫助吾，所以講《論語》有所不同。就《集釋》之中，採取之後才說，吾吃的苦也很大。[2]

是日為夏曆十月初三，有〈十月三日為小清明余鄉朔日掃墓〉。同時，是年美國總統選舉已確認，有〈美國四十任總選有革鼎象〉、〈卡氏冀聯任以最低票落選〉，前後又有〈賞菊〉、〈傲霜菊〉、〈自咎〉、〈遁禪〉、〈十月早梅〉、〈月光〉、〈竹畫書幔〉、〈野覽〉、〈舊作雜感〉。（《雪廬詩集》，頁 647-649）

〈十月三日為小清明余鄉朔日掃墓〉：桃雨柳煙寒

---

[1] 李炳南：〈題《華嚴經教與哲學研究》〉，《雪廬老人題畫遺墨》，頁 365。

[2] 〈八、子夏問孝〉，《論語講記‧為政第二》，明倫月刊資訊網：http://www.minlun.org.tw/1pt/1pt-4-3/index-00.htm# 為政第二

食外,梅花十月小清明;鬱金能使天涯近,時節多違罋上情。春去山留容止笑,冬來晝短日愁傾;衰年作客帆滄海,入夢思家白下城。

〈美國四十任總選有革鼎象〉(三豎杜尼卡,華林謂華盛頓林肯):大國終能悔,共扶風雨船;萬邦誅鳥鼠,三豎辱盟壇。錯枉雖云晚,摧輪可鑑前;華林多盛德,願勗後來賢。

〈傲霜菊〉:夕陽山麓小汀洲,菊傲霜天晚節遒;獵獵金風吹不落,詩葩逸氣兩橫秋。

〈自咎〉:頹齡內省尚顛狂,清夜捫心枉自傷;每欲隨緣多懺悔,未聞何剎可焚香。烏扉幸有詩書誦,改過難同日月光;若肯不言天下事,無師亦似學溫良。

〈遁禪〉:騷壇收拾作禪翁,灑掃焚香力尚充;蔬食更無人獵酒,蕭齋還有竹吟風。塵沙清淨平心地,定慧氤氳遍太空;今昨皆非亦皆是,大千諸法本圓融。

十一月十一日(二),於中興大學夜間部中文系「詩選」課,講授:盧綸〈塞下曲〉。[1]

十一月十二日(三),於慈光圖書館週三《華嚴經》講座,宣講〈十迴向品第二十五〉「七、等隨順一切眾生迴向」。

---

1 【數位典藏】錄音／詩文研究／唐詩講授。

十一月十四日（五），晚，於台中蓮社「論語班」講授《論語・為政》：第十三「子貢問君子」章。

十一月十五日（六），晚，於中興大學夜間部中文系「詩選」授課，說明下週期中考考試範圍及類型。

十一月十七日（一），上午十一時，中興大學教授、智海社指導老師許祖成於臺北耕莘醫院往生，由許公子及智海社友，隨侍一路助念，於晚九時移送至臺中靈山寺。先生、內典班同學及各校同學、蓮友，皆往助念。許祖成曾任蓮社國文補習班、大專講座講席，為先生十分倚重之弘法左右手。先生前往弔唁，放聲大哭，老淚縱橫、至情至性。[1]

　　【案】許祖成（1908-1980），字慎獨，法號寬成。享壽七十三歲。許於一九四九年先生初抵臺中，即拜識並常隨左右。（小傳見 1949 年 7 月 3 日）

是日晚，至台中蓮社「論語班」授課。回溯第一篇，講授〈學而〉篇提要。

　　吾有〈學而篇提要〉，為什麼緣故呢？恐怕你們聽不清楚，因為只從一家之言，便沒有其他說法，但是漢、宋

---

1 紀潔芳：〈半世紀牽引　一輩子感念——憶慎公恩師兼述智海學社的成長與校園佛法的發展（一、二）〉，《慧炬》第 537 期（2009 年 3 月），頁 42-51；538 期（2009 年 4 月），頁 32-41。

都有長短。《集釋》參考二百餘家中采若干家,自漢魏到清代都有,程樹德先生有按語,所采取的也很多,所以吾都看,有采取的辦法,采數家的長處,若還有不妥當的,吾若不解就闕疑,若可解吾便補充。吾學佛采佛學中的方法,但仍就儒學而說之,講什麼說什麼。

第一篇吾已經說完了,恐怕你們仍不懂,所以作提要。這篇中諍論很大,吾以提要來說明,古來諍論都是斷章取義而起諍論,每一章都有他的格局,依文法說就可以了。[1]

十一月十八日(二),晚,於中興大學夜間部中文系「詩選」授課。

十一月十九日(三),於慈光圖書館週三《華嚴經》講座,宣講〈十迴向品第二十五〉「七、等隨順一切眾生迴向」。

十一月二十一日(五),晚,於台中蓮社「論語班」講授《論語・為政》第十五「學而不思」章、第十六「攻乎異端」章。

十一月二十四日(一),晚,於台中蓮社「論語班」講授《論

---

[1] 〈學而篇提要〉,《論語講記・學而第一》,明倫月刊資訊網:http://www.minlun.org.tw/1pt/1pt-4-3/index-00.htm# 學而第一

語》第十七「誨女知之」章、第十八「子張學干祿」章、第十九「哀公問」章、第二十「季康子問」章。

十一月二十五日（二），於中興大學夜間部中文系「詩選」課，講授：許渾〈塞下曲〉、王昌齡〈從軍行〉。[1]

十一月二十六日（三），於慈光圖書館週三《華嚴經》講座，宣講〈十迴向品第二十五〉「七、等隨順一切眾生迴向」。

十一月二十八日（五），晚，於台中蓮社「論語班」講授《論語》第二十一「或問孔子」章、第二十二「人而無信」章、第二十三「子張問十世」章、第二十四「非其鬼而祭」章。

十一月二十九日（六），於中興大學夜間部中文系「詩選」課，講授：王之渙〈涼州詞〉、金昌緒〈伊州歌〉。[2]

十一月，籌購蓮社鄰近樓房，命名為「弘道樓」，做為明倫社、月刊社、出版社等辦公之用。（《蓮社日誌》）

十二月一日（一），至十二月二十二日（一），於台中蓮社

---

1 【數位典藏】錄音／詩文研究／唐詩講授。
2 【數位典藏】錄音／詩文研究／唐詩講授。

1980 年・民國 69 年｜91 歲

「論語班」講授〈八佾〉篇共二十六章。[1]

十二月二日（二），於中興大學夜間部中文系「詩選」課，講授：張仲素〈春閨思〉、王昌齡〈閨怨〉。[2]

十二月三日（三），於慈光圖書館週三《華嚴經》講座，宣講〈十迴向品第二十五〉「七、等隨順一切眾生迴向：令成佛果圓滿」。[3]

十二月五日（五），晚，於台中蓮社「論語班」講授《論語・八佾》第五「夷狄之有君」章、第六「季氏旅於泰山」章、第七「君子無所爭」、第八「子夏問曰巧笑倩兮」章。再次說明學《論語》之目標在人格，而學習之道應把握文理與考據。

> 以前吾講《論語》，志在教你們學禮貌，這一次就不是了。有總別二義，先說總，你們以前上學沒有學過道，孔子有孔子之道，所謂「士志於道」，「朝聞道，夕死可矣」，我們沒有聽聞道，即使望道也沒有見道。若懂孔子之道，學佛比較容易。你們有跟隨吾學佛三十餘年的人，頭十年確有往生的人，其次十年則漸衰，後十年便更衰了。佛法有正、像、末法三期，如今好似末

---

1 【數位典藏】錄音／儒學研究／論語／〈八佾〉。
2 【數位典藏】錄音／詩文研究／唐詩講授。
3 李炳南：《大方廣佛華嚴經講述表解》，《全集》第 1 冊之 2，頁 272。

法，聽聞雖然很多但是沒有功夫，惟有增加迷惑而沒有伏斷煩惱，因為心不能改的緣故。你們心理不改，所以吾講說《論語》。吾因中國文化而有助學佛，又因學佛而有助於懂得中國文化。吾依經而說，你們是人，要以修身為本，命終求往生，不必再來。

其次，你們都有障礙，所以學不入，因為你們的文學不行，二百餘注，你們能選擇嗎？歧路中又有歧路。若文理好，比較能不入歧路，所以必須懂文理，如「至於犬馬」章，懂得文理，便知犬馬不是指父母。

第三，考據，理能講得通便可以了，若要窮究他的源頭，則吾不能，說了對你們也沒用。你們要諦聽，吾沒有為你們說的，你們不可信，如「禮後乎」章，所講的意義為〈禮器〉上所說的，而宋儒引《考工記》，有這個道理嗎？[1]

十二月六日（六），晚，於中興大學夜間部中文系「詩選」授課。

十二月七日（日），上午九時，赴靈山寺，參加中興大學中文系許祖成教授追悼會。[2]

---

1 〈八、巧笑倩兮〉，《論語講記・八佾第三》，明倫月刊資訊網：http://www.minlun.org.tw/1pt/1pt-4-3/index-00.htm# 八佾第三
2 〈新聞〉，《慧炬》198 期（1980 年 12 月），頁 84。

十二月八日（一），晚，於台中蓮社「論語班」講授《論語・八佾》第九「夏禮吾能言之」章、第十「禘自既灌而往」章。

十二月九日（二），於中興大學夜間部中文系「詩選」課，講授：劉方平〈春怨〉、貫休〈晚泊湘江懷古〉。[1]

十二月十日（三），夏曆十一月初四，印光大師圓寂紀念日，上午，前往蓮社祖師堂拈香禮拜。

晚，於慈光圖書館週三《華嚴經》講座，宣講〈十迴向品第二十五〉「七、等隨順一切眾生迴向」。

十二月十二日（五），晚，於台中蓮社「論語班」講授《論語・八佾》第十一「或問禘之說」章、第十二「祭如在」章、第十三「王孫賈問」章、第十四「周監於二代」章、第十五「子入太廟，每事問」章。

十二月十三日（六），晚，於中興大學夜間部中文系「詩選」授課。

十二月十五日（一），晚，於台中蓮社「論語班」講授《論語・八佾》第十六「射不主皮」章、第十七「子貢欲去

---

[1] 【數位典藏】錄音／詩文研究／唐詩講授。

告朔之餼羊」章、第十八「事君盡禮」章、第十九「定公問君使臣」章、第二十「關雎樂而不淫」章、第二十一「哀公問社於宰我」章。

十二月十六日（二），於中興大學夜間部中文系「詩選」課，講授：劉禹錫〈經檀道濟古壘〉、李白〈蘇台懷古〉。[1]

十二月十七日（三），於慈光圖書館週三《華嚴經》講座，宣講〈十迴向品第二十五〉「七、等隨順一切眾生迴向」。

十二月十九日（五），晚，於台中蓮社「論語班」講授《論語・八佾》第二十二「管仲之器小哉」章、第二十三「子語魯大師樂」章。

十二月二十日（六），晚，於中興大學夜間部中文系「詩選」授課。

十二月二十一日（日），靈山寺庚申佛七第五日，下午二時至四時，先生前往開示：淨宗資糧─信願行。

　　諸位老師、諸位同修：靈山寺佛七已歷三十餘年，本人每年都參加。從前政府來臺灣之前，本省佛教尚是一片荒地，雖有寺廟，然大多僅做自修之用，於弘法

---

[1] 【數位典藏】錄音／詩文研究／唐詩講授。

利生之事未甚注意。自政府來臺，有關佛七等弘法利生之事，實由本寺開始。此次佛七參加者新同修比舊同修多，因本人說話難契各類之機，故此次講話只得以新同修易懂為原則，尚祈舊同修慈悲隨緣聽講。

淨土法門何人懂？菩薩有五十二階次，登地之前為賢位，尚不懂；登地以上稱聖位，亦僅一知半解，必得成佛後，方能澈底明白淨土法門，唯佛與佛乃能窮盡。

淨土宗雖人人不懂，卻有大便宜，因為阿彌陀佛乃「接引佛」，極樂世界雖有十萬億佛土之遠，阿彌陀佛發願親自來接引。十方雖皆有淨土，皆有佛菩薩，然未發願來接，得自己修到有能力自己去，故不易成就。往生極樂世界，當生即可成就，人生短短數十年，信願行三資糧具足，臨終正念分明，佛即手持蓮花前來接引，吾人即坐蓮花往生極樂世界，生死即了，此天大之便宜。此事在三藏經典詳言，修淨土法門之殊勝處即在於此。

修其他法門須「信、解、行、證」，全靠自力長時修行。修淨土法門之道理雖不易懂得，然僅須「信、願、行」，即能成功。吾人就照著辦。

信、願、行，信什麼？第一、信不學佛則永遠在六道中輪迴，不得解脫。第二、信學佛須三大阿僧祇劫才能成佛，唯有修淨土法門，在短時間即能當生成就。第三、深信吾人修淨土法門，決定當生成就，決定萬修萬人去，第四、信往生時，阿彌陀佛決定前來接引，往生極樂世界。深信淨土法門之後，必須執持佛號不放，自今起深信不疑，至死亦執持不放，即使原子彈下來，亦執

持不放則成功矣。

其次言「願」，現在學了佛，知道有無量無邊之淨土，然吾人修淨土，既發願要往生西方極樂世界，則永不更改。發了往生西方之切願，言而有信、言而有據，無論任何情形，永不更改，則必能成就。

再言「行」，修淨土極簡易，即使《阿彌陀經》不念，只念佛即可。萬德洪名，無論「南無阿彌陀佛」、或「阿彌陀佛」四字，此一句佛名，即含無量無邊之佛名，蓋因阿彌陀佛乃法界藏身，念一句佛即等於念一切佛。只要將此一句佛名，老老實實念到「一心不亂」則必定成功，不必多念其他。故念佛時，不要再想其他妄念，其他妄念為魔，吾人以此一句佛名排除之，如此即可淨念相繼。

再則「正助雙修」，其實助法亦不必言其他，只要此一句佛名，一心念佛，正助即含其中，然吾人為凡夫，尚無此功夫。助行工夫，吾人不會行善亦不要緊，但能「諸惡莫作」即可。只要不造業，老老實實念一句「阿彌陀佛」再加上「諸惡莫作」，如此修淨土法門，必定成功。

今天所言多為教理，認清教理才明白如何用功，斯可得一心，說個偈共勉：

淨宗資糧信願行，二力感交功始成；經文最重同居土，但得伏惑便往生。[1]

---

[1] 李炳南講，黃泳記：〈庚申年靈山寺佛七開示〉，《脩學法要》，《全集》第 9 冊，頁 271-286。

十二月二十二日（一），晚，於台中蓮社「論語班」講授《論語‧八佾》第二十四「儀封人請見」章、第二十五「子謂韶，盡美矣」章、第二十六「子曰：居上不寬」章。

十二月二十三日（二），夏曆十一月十七日，阿彌陀佛聖誕紀念日，上午，至蓮社上香禮佛。

晚，於中興大學夜間部中文系「詩選」授課。

十二月二十四日（三），於慈光圖書館週三《華嚴經》講座，宣講〈十迴向品第二十五〉「七、等隨順一切眾生迴向」。

十二月二十六日（五），至一月十六日（五），於台中蓮社「論語班」講授〈里仁〉篇共二十七章。是日講授第一「里仁為美」章、第二「不仁者不可以久處約」章、第三「惟仁者，能好人」章、第四「苟志於仁」章、第五「富與貴，是人之所欲也」章。

是日，函復戈本捷、周騰伉儷。戈氏夫婦近日遷住高雄佛光山寺之安養院「佛光精舍」—明心樓。先生囑其善處鄰里，精進法義，寄去《彌陀要解講義》供深讀，并及近日有關帶業往生之諍疑。

〈戈本捷及戈周騰之十四〉：本捷師兄法安具壽道

席：捧讀手書及厚惠盒蔘，至感亦至不安，此品價甚昂貴，雖不敢辭，終覺慚愧。我儕道義在心，懇後避免為宜。明心樓環境固佳，總以仁里德鄰為則，望善處閭閻，保守久敬。修持方面已生法喜，可以再讀較深之注。茲寄來《要解講義》，乃注之最精者，必三復之始知其味。深入經義，縱遇邪說，能不為惑，守正不疑，往生便有把握。淨宗要訣在於帶業往生，近有魔民擅自謗法，印有傳單云帶業往生經無明文，致一般初機退步不少。殊不知《淨土三經》段段皆說，句句蘊藏，但不解文字般若者，目盲不識而已。摘要印出數條，俟日奉寄，希與經典對照自明。專函申謝，並頌

法樂　　　　　　　　弟侍李炳南敬啟　十二月廿二日
《要解》附外[1]

【案】戈本捷（1913-1991），一九六四年任中油公司嘉義溶劑廠廠長時，推薦該廠工程師謝潤德義務為菩提醫院太虛紀念館繪圖。一九七四年，擔任沈家楨創設之美國佛教會駐台譯經院副院長，由此因緣而請求炳南先生成立「經注語譯會」。駐台譯經院一九七八年改組後，與其夫人周騰同住於佛光山佛光精舍。（小傳見1964年7月28日）

十二月二十七日（六），於中興大學夜間部中文系「詩選」

---

[1] 【數位典藏】書信／在家居士／戈本捷及戈周騰／〈戈本捷及戈周騰之十四〉。本件為祕書游俊傑代鈔，先生簽名落款。

課,講授:杜牧〈金谷園〉。1

十二月二十九日(一),晚,於台中蓮社「論語班」講授《論語・里仁》第六「君子去仁」章、第七「我未見好仁者」章。

十二月三十日(二),於中興大學夜間部中文系「詩選」課,講授:岑參〈見渭水思秦州〉、李白〈客中行〉、張籍〈秋思〉。2

十二月三十一日(三),於慈光圖書館週三《華嚴經》講座,宣講〈十迴向品第二十五〉「七、等隨順一切眾生迴向」。

是年,為中國醫藥學院醫王學社第十九屆學刊題辭。3(見《圖冊》,1980年圖17)

〈醫王學社十九屆學刊題辭〉:療身之病,國手能之,喻為良相,是仁術也。去心之疾,為佛獨擅,喻為醫王,乃慈道也。兼而有之,慧命身命,俱獲永康,善莫大焉。

醫王學社十九屆學刊紀念　　　　　　　　李炳南敬祝

---

1 【數位典藏】錄音／詩文研究／唐詩講授。
2 【數位典藏】錄音／詩文研究／唐詩講授。
3 〈醫王學社十九屆學刊〉,江逸子提供。

是年，台中蓮社暨聯體機構，發出通啟，為先生婉謝會議、講演、聚處、文章、董事以及學校教學之邀約，俾能休養以待復元。（《圖冊》，1980年圖18）

〈通啟〉：諸位同仁公鑒：本聯體機構導師李公炳南，年已九旬，以年高多勞，道躬衰弱，自顧不暇，且常患失眠為苦，經同仁等面懇慈允暫為休養以待復元，凡我同仁，諒必同情。茲擬辦法數則，謹列於左，至希鑒原！不勝感禱。

一、各處會議概不參加。　二、概不應邀講演。
三、不為人作一切文章。　四、不參加聚餐。
五、學校不兼教授。　　　六、團體不當董事。

【案】〈通啟〉為台中蓮社檔案，現存空白單張，發出日期不詳。據內文「年已九旬」、所擬辦法及聯體機構推斷，姑繫於是年。

1981 年・民國 70 年・庚申－辛酉
92 歲

【國內外大事】
- 十二月，李登輝任臺灣省主席。

【譜主大事】
- 一月，元旦起兩日，循例應邀至慎齋堂開示，主題為「往生問答」。
- 四月，應周榮富大德伉儷之邀，與論語班學員及蓮友等，至新竹六福村野生動物園參觀，復參觀明德水庫。
- 七月，於蓮社念佛班共修會中，開示念佛法要。
- 八月，明倫講座第十五期「大專國學講座」於台中蓮社開辦。先生講授「法要研究」。
- 十月，於台中蓮社，為青蓮念佛班員開示修淨法要。

一月一日（四），元旦假期，連續兩日，於慎齋堂以「往生問答」為主題開示，係就近日「消業往生」或「帶業往生」之討論而開解。先生從淨土三經錄出經文及注解，依經注闡釋「帶業往生」之理，證明「帶業往生」在經中處處可見。由各地前來之聽眾及蓮友約七百人，聞法殷切。

〈往生問答〉：今年所準備的講材與往年稍有不同，往年所準備的易懂，今年的講材是為使學淨土者得到利益。今有某大德言：「帶業往生」經上沒有，淨土宗是給老太婆學的。這位大德自稱也學淨土，然淨土三經（《阿彌陀經》、《觀無量壽佛經》、《無量壽佛經》）都說帶業往生，講得非常明白，他卻說經上沒有。

要知，若不帶業往生，一千萬人也沒有一個成就的，那就永遠入輪迴了。這位大德寫信來問我，我不願意與之辯論，經上有的，都是佛說的，我沒這學問當佛的辯護師，只可從《阿彌陀經》上列出幾條來，叫諸位知道「帶業往生」是經上有的。

《彌陀要解》：「此經以往生不退為力用。」

《阿彌陀經》作什麼用？《要解》云：「此經以往生不退為力用。」

《阿彌陀經》的力用，一講出來人皆不信，因為凡是能了生死解脫的法門，皆要斷惑，斷見思惑才不入六道輪迴。而要斷見思惑，初果之後都要七番生死，你在這裡幾十年就斷見思惑，沒這道理！而《阿彌陀經》的力用卻是帶著見思惑，跳出六道輪迴！三藏十二部都沒有此

力用,只有淨土宗說帶業往生。沒斷見思惑而可以跳出六道輪迴,經上明明有說,是大家看不懂。淨土宗的力用妙訣,就在「帶業往生」四個字,壽命終了,往生到極樂,再繼續上學斷惑。

《要解》:「往生有四土,各論九品,且略明得生四土之相,若執持名號,未斷見思,隨其或散或定,於同居土,分三輩九品。」

西方極樂世界有四個淨土,第一是凡聖同居土。《阿彌陀經》上所講的淨土,四土都有,十分之七講的是凡聖同居土;十分之一講證果小乘的方便有餘土;十分之一講證果大菩薩的實報莊嚴土;再十分之一講佛的常寂光淨土。

凡聖同居土眾生,還有飯食經行。極樂世界有吃穿者是凡夫,凡聖同居土的凡夫才吃飯,才穿衣服。雖然如此,卻境界不同,且已脫離輪迴,這正是要諸位發願生欣厭心處。

往生有四土,各有九品,共三十六品,除常寂光土九品外,餘二十七品皆未斷盡惑。所以只要執持名號,不斷念佛,或散或定,即使一品惑也沒斷,只要到臨命終時一心不亂,就可以往生凡聖同居土。

《要解》:「不退有四義,……三位不退,帶業往生,在同居土,蓮華托質,永離退緣。」

在這裡學佛沒有不退的,專修淨土念阿彌陀佛的人也會退轉,要不退只有到西方極樂世界。教理上,到第八地菩薩才得三不退,而凡夫往生西方極樂世界凡聖同

居土,皆是阿鞞跋致,就得三不退——位不退、行不退、念不退。帶業往生,很快橫超生死,生在凡聖同居土,蓮花化身永遠不退,是位不退。往生凡聖同居土後,繼續修行也是橫超,很快就可到常寂光淨土,當然具足行、念不退。故淨土宗是橫超法門,這一般人又不信了。

九品帶業往生

淨土宗重要的是帶業往生,是往生不是證果,不斷惑就可成功。往生,生是生滅法,有生就有滅,有生滅就是還有惑,所以往生就是帶著惑。《無量壽經》四十八願,有十六願都是講帶著惑的人天,蒙佛接引。例如第二願說:「設我得佛,國中天人壽終之後,復更三惡道者,不取正覺。」《十六觀經》講觀想,到第十三觀止住了,這前十三觀是菩薩的境界,十四到十六是凡夫的境界,若非帶業,何以講三品往生?臨命終時未達一心不亂,能心不顛倒,也可帶業往生,得下品下生。一心不亂和心不顛倒不一樣,如助念是幫助臨終之人心不顛倒,並不是幫助他一心不亂。平常若散亂心,到了四大解體,臨死痛苦,才一心嗎?沒這回事。中三品是伏住惑,還沒斷惑,帶著惑業往生;上三品是要讀誦大乘經典,斷了見思、塵沙二惑,帶著根本無明惑往生。

帶業往生與斷惑證果

佛教跟其他宗教最不一樣的,就是專為這一生結束後,不在六道,自己做得主,可以跳出輪迴了生脫死,

這是學佛真正本意。了「生」，就是要了結「不死」，要不生才可不死，不生就能不死。有生就有滅，學佛最後得解脫，就是無生法忍。修淨土宗也是無生，偈云：「華開見佛悟無生」，到了極樂淨土才悟無生。淨土宗說往生，不說證果，往生則有生就有滅，因往生是帶著見思惑，惑還沒有斷，故見思惑仍要滅。

末法得度一途

淨土宗往生就是帶業往生，斷惑往生固然好，可以上品上生，但是十萬人找不出一位能當生斷惑的，那豈非人人都不必往生了？這不是佛說法的本意。今天講出經上有「帶業往生」的證明，大家不必動搖對淨土念佛的信心，應當深信不疑的發願念佛，臨終必定帶業往生極樂淨土。[1]

【案】一九八〇年十一月二十一日，陳健民講「淨土五經會通」，提出「消業往生」之說，依其查經結果，經中未載「帶業往生」四字，遂主張消業始可往生西方。此說一出，論辯之文即陸續載於《師子吼》、《寶筏》、《海潮音》、《菩提樹》、《內明》、《十方》、《光明》諸雜誌。[2]

---

1 李炳南講述，鍾清泉整理：〈往生問答〉，《脩學法要》，《全集》第9冊，頁371-375；《全集》所收為講綱，講記全文詳見：〈往生問答（一～五）〉，《明倫》第292-296期（1999年2/3月－7/8月）。
2 參見：釋祥雲編：《帶業往生與消業往生》（臺北：天華出版公司，1983年6月）。

一月五日（一），晚，於台中蓮社「論語班」講授《論語·里仁》第八「人之過也，各於其黨」章、第九「朝聞道」章、第十「士志於道」章、第十一「君子之於天下」章、第十二「君子懷德」章。

一月六日（二），晚，於中興大學夜間部中文系「詩選」授課。

一月七日（三），於慈光圖書館週三《華嚴經》講座，宣講〈十迴向品第二十五〉「七、等隨順一切眾生迴向」。

一月八日（四），下午三時，於善果林靈巖書樓開示「念佛法要」。（《蓮社日誌》）

一月九日（五），上午九時，於萬佛堂為佛喜班員開示念佛法要，聽講者近百人。（《蓮社日誌》）

晚，於台中蓮社「論語班」講授《論語·里仁》第十三「放於利而行」章、第十四「能以禮讓」章、第十五「不患無位」章、第十六「吾道一以貫」章、第十七「君子喻於義」章。

一月十日（六），下午二時三十分，臺北慧炬雜誌社假台中蓮社一樓講堂，頒發中部獎學金，恭請先生頒獎並開

1981年・民國70年｜92歲

　　示。[1]

　　是日晚，於中興大學夜間部中文系「詩選」課，講授：
　　薛稷〈秋朝覽鏡〉。[2]

一月十一日（日），下午一時，至臺中市民權路土地銀行招
　　待所，參加中國醫藥學院董事會第七屆第九次會議。[3]

一月十二日（一），晚，於台中蓮社「論語班」講授《論
　　語・里仁》第十八「見賢思齊」章、第十九「事父母幾
　　諫」章、第二十「父母在」章、第二十一「三年無改」
　　章、第二十二「父母之年」章、第二十三「古者言之」
　　章。

　　是日為夏曆臘月初七，先生九二壽辰。「論語班」學子
　　二十多位於課畢，齊向先生祝壽。先生開示：吾來臺
　　三十多年不變節——堅願、永恆。期共同造福桑梓，利
　　益眾生；志同道合，一心同德。[4]

一月十三日（二），晚，於中興大學夜間部中文系「詩選」
　　授課。

───────────────
1　〈新聞〉，《慧炬》第 200/201 期合刊（1981 年 3 月），頁 76-77。
2　【數位典藏】錄音 / 詩文研究 / 唐詩講授。
3　見：徐鳴亞編：《私立中國醫藥學院歷屆董事會議紀錄彙編》。
4　陳雍澤：《日記》（1981 年 1 月 12 日），未刊本。

3121

一月十四日（三），於慈光圖書館週三《華嚴經》講座，宣講〈十迴向品第二十五〉「七、等隨順一切眾生迴向」。

一月十六日（五），晚，於台中蓮社「論語班」講授《論語・里仁》第二十四「以約失之」章、第二十五「君子欲訥」章、第二十六「德不孤」章、第二十七「事君數」章。〈里仁〉篇圓滿，本學期課程結束。

一月十八日（日），上午十時，於蓮社大殿為蘇清龍、楊台新蓮友佛化婚禮福證，到有雙方親友來賓百餘人，全場喜氣洋洋。（《蓮社日誌》）

一月十九日（一），下午五時，洗塵法師與李雲鵬伉儷，借本社與會性法師見面。會性法師因講經不能前來，先生盡地主之誼，晚宴招待。（《蓮社日誌》）

一月二十一日（三），於慈光圖書館週三《華嚴經》講座，宣講〈十迴向品第二十五〉「七、等隨順一切眾生迴向」。本年度講經圓滿。

一月二十五日（日），上午十一時，於蓮社大殿為李德明、羅素珠蓮友佛化婚禮福證，到有雙方親友來賓百餘人。（《蓮社日誌》）

一月二十六日（一），對大眾開示開辦論語班之宗旨、讀書

方法、辦事方法及今後目標。[1]

　　李炳南居士講，陳雍澤記，〈為論語班學員開示〉：開論語班宗旨，以咱為中國人，民族能長延，有文化之故。今日吾與汝談較難，因已脫節七十年。

三十年來學佛者多。學佛大主義是現生可消災免難，後來可得歸宿，故吾倡佛學。三十年中，初十年有數人成功，中十年漸衰，後十年則亂矣。何以？今日以佛法為買賣，「四為三不」何人守之？故今後但可重質不重量。昔初來，佛法為荒地，可大量傳，今反之。

中國學問乃世間法，懂人情事故之學，明之才入佛法。不明則守戒亦可。不懂事故人情又不守戒，則等同廢物。事故人情為何？五常，五種常情：仁義禮智信。何以云禮，以禮乃後來者，明乎禮為世法，出世法則不苟且偷生。學佛者能守五戒，即守五常。今人於社會擾亂者乃不通人情事故，學佛者不明此則不成就，不明佛戒、不明事故人情，則了生死之道根本不懂。故先立好人格，有人格之本錢，非如他人之人面獸心，由此吾乃添此課。此吾選論語之宗旨。

今讀書之總則，吾以《論語集釋》為主，至《正義》《會箋》，今人能講得了者亦少。自己實行之法，必眼、口、心三到。

做人之道極複雜，吾尚不行，何可教人？今云做人之道

---

[1] 李炳南講，陳雍澤記：〈為論語班學員開示〉（1981年1月26日），未刊本。

簡單方法,學「誠」,真心、不欺人、不做假事,勉強學此、行此。「誠者天之道」:把誠做圓滿是「天之道」:「誠之者人之道」:人則是往誠之道去實行。

今日乃重質不重量之時,弘法乃小事,重在培植人才,人才多,全臺安、臺中才安。人格養好、言行如一、人人眼亮,即可立住。臺灣乃汝桑梓地,不可不愛之。汝等乃三臺謀幸福之主人翁,報恩故。吾無求於諸位,但求諸位為臺灣謀福。

一月二十七日(二),於慈光圖書館為蓮友蕭碧蓮大德令郎蕭國彬與王玥湄嘉禮福證,並開示婚禮意義在男女居室,人之大倫,夫婦為人倫根本。佛化婚禮則是請佛為證,發願持守淨戒。

〈雪公佛化婚禮證婚致詞〉(1981年1月27日):中國社會乃五倫社會,全國通通在五倫之中,這是一個大同胞!第一以夫婦為根本,一男一女,配合起來才是叫「室」,男女居室,人之大倫,這是你的同室。室以外謂之「家」,才有父母兄弟,這是家庭。為三倫。這三倫皆以人為本體。出去家以外,到了社會,邦國人多,人多得有組織,不可無組織。此外,全國中還有許多人,四海之內皆朋友也,彼此皆有關係。

五倫以夫婦為人倫之根本,重要極了,無「夫婦」便無「家庭」,無家庭,社會就亂了,故中國制度,先結婚後,男子、女子各有事情,各盡義務,合起來組織家庭。對上必「孝順父母」,中間必「和睦兄弟」,下

邊必「教育子女」。中國書云：先「齊家」而後「治國」！你們結了婚，還得出來做事。做事時，夫婦不能和順，家不能治好，則為社會辦事能辦得好嗎？社會辦不好，國家怎辦？其意義在此！

貴府二家皆佛化家庭，佛教徒，才行佛化婚禮。今行此禮。佛化結婚有一個條件，很簡單的，汝既為佛化結婚，故必守佛之戒律，而佛律複雜，汝只守一條即可！哪一條？一男一女乃乾坤合一，夫婦結合，同居形式上如此，而心理上亦如此，佛戒有一條，不許邪淫。汝二人守此條，相敬相愛，愛之字不用別人多言。敬之字則至要緊，必須敬才長久，中國之夫婦乃如賓如主，即在「敬」上，舉案齊眉即是。期二人保持「敬」字，敬愛同等。

敬祝你們夫婦是：「舉案齊眉，白頭到老」。[1]

【案】蕭國彬為蕭家第四代，其令祖森玉戲院老闆蕭森玉為先生來臺第一位助念往生者。當時先生曾稱與蕭家有五代因緣。（見1949年12月26日譜文）蕭國彬原任職恆春，與王玥湄婚後不久，為親近先生，毅然辭去工程師職務，返臺中開設「文軒書店」。二子登高、登元相繼出世，均由雪公取名。後又設立「蓮音念佛會」。[2]

---

1 〈雪公佛化婚禮證婚致詞〉（1981年1月27日），《台中蓮社歷年會議紀錄》，台中蓮社檔案。
2 詳見：陳秀惠：〈總在遇緣不同──話說雪公老師和蕭家的「五代因緣」〉，《回首前塵二十春──雪廬老人示寂廿週年紀年專輯》，頁65-74。

一月三十一日（六），高雄六龜山地育幼院鵬程萬里樓落成，題辭祝賀。另又題辭贈送該育幼院創辦人楊誠樸牧師，楊為山東曲阜人，因稱「益信魯多君子」。[1]（見《圖冊》，1981年圖1）

〈題祝鵬程萬里樓落成〉：魯多君子，厥有楊公。居處詩禮之鄉，出行博愛之道，能使幼有所長，壯有所用。修齊治平先樹基本，風雲雷雨各得其時。樓高西北，鵬圖東南，蒼蒼天際無涯，豈止萬里已哉。
山地育幼院鵬程萬里樓落成紀念

稷下九二老人李炳南敬祝

〈致誠樸牧師書〉：子夏曰，四海之內皆兄弟也，而能廣諸海外，是能昌之；孟子曰，幼吾幼以及人之幼，今之事業符如；韓氏曰博愛之謂仁，其信奉適然。君得斯三者，益信魯多君子矣。

誠樸牧師鄉兄　哂正　　九二老人稷下李炳南書於臺島

【案】楊煦（1920-2013），字誠樸，山東曲阜人。一九四四年四川省立教育學院畢業，任山東省教育廳駐渝辦事處主任祕書。一九四八年來臺，任教於豐原初級中學、臺中師範學校等職。一九五一年，放棄教職，偕妻子林鳳英報考浸信會神學院，為第一屆在臺學生。一九五五年神學院畢業，至山地教會六龜鄉浸信會佈道所傳教並辦救濟，創辦六龜育幼院。口足畫

---

[1] 李炳南：〈題祝鵬程萬里樓落成〉、〈致誠樸牧師書〉，收見澹寧齋編著：《雪廬老人題畫遺墨輯》，頁87、88。

家楊恩典、歌手梁文音皆曾為院童。[1]先生與楊牧師來往相熟當在楊任職山東教育廳駐渝辦事處，而後經楊勸請，孔府遷抵臺中。（小傳見1949年1月25日譜文）

是日上午，至慈光育幼院與師生念佛共修，並接待來訪之國民黨臺灣省黨部主委宋時選與臺中市議會議長陳慶星等人；中午並協同與師生圍爐聚餐。（見《圖冊》，1981年圖2）

詹前柏，「口述」：宋時選當時擔任臺灣省黨部主委，時常戴著斗笠輕車簡從至各處考察，從不接受招待，只吃便當，其清廉與親民深受雪公肯定。宋時選到育幼院訪問時，對在場之人稱讚雪公是人送一茶杯，雪公回報一茶壺。[2]

二月二日（一），夏曆臘月二十八日，中午十二時，依往例至蓮社與諸熱心弘護大德圍爐聚餐。席間社長王炯如代表敬謝先生之慈護及大家之護持，席開十五桌，餐後並贈春聯。（《蓮社日誌》）

二月四日（三），立春，庚申年除夕。有〈庚申除夕〉、〈除夕立春辛酉元旦觀海〉。（《雪廬詩集》，頁651-652）

---

1 參見：邱得芳：《六龜山地育幼院組織生命史之研究》（臺東：國立臺東大學教育研究所碩士論文，2004年），頁67-71。
2 林其賢：「詹前柏口述紀錄」，LINE通訊軟體，2023年10月9日。

〈庚申除夕〉：天上人間除夕同，不留熒惑一星紅；乾坤清曉重開泰，斗柄依然還在東。

〈除夕立春辛酉元旦觀海〉：風雨瀛洲寄客船，梅開樹老幾經年；歲朝觀海新添水，都是迎春故國川。

二月五日（四），辛酉年正月初一。上午十時，依往例至蓮社參加新春團拜，參加者有一千多人。團拜後，每人均獲贈送一份福章。（《蓮社日誌》）

是日，有詩〈辛酉正朔〉、〈旅臺三十餘年多世交歲朝受賀〉。（《雪廬詩集》，頁 651-652）

〈辛酉正朔〉：五夜村雞始一鳴，參差爆竹滿春城；龍泉掛壁今休舞，門外藹如聞賀聲。

〈旅臺三十餘年多世交歲朝受賀〉：強持孤客坐如山，頓使禮疏難與還；且喜通家各昌後，暗驚群季鬢多斑。

二月十一日（三），下午三時，李雲鵬伉儷來訪，先生夜宴招待。（《蓮社日誌》）

二月十三日（五），上午十一時，蓮社董事長董正之蒞蓮社，先生午宴招待並法談。（《蓮社日誌》）

二月十五日（日），下午三時，高雄蓮友三十餘人至台中蓮社參訪，先生於一樓講堂為彼等講話。（《蓮社日誌》）

二月十八日（三），先生新創立之「財團法人臺中市私立蓮友慈益基金會」經臺中市政府許可立案，並於臺中地方法院登記。先生擔任創會董事長。

〈財團法人臺中市私立蓮友慈益基金會捐助章程〉：

第一章 總則

　　第一條：本會係由李炳南教授所創辦，定名為財團法人臺中市私立蓮友慈益基金會（以下簡稱本會）。

　　第二條：本會業務區域以臺中市境為限，會址設於臺中市民生路廿三巷十四號。

　　第三條：本會以弘揚中華文化，提倡國民道德，輔助社會福利，辦理慈善公益為宗旨。

第二章 事業

　　第四條：本會為達成第三條之宗旨，舉辦左列事業：

　　一、慈悲救濟：對貧病患者之療養，如施棺、施藥、義診等。

　　二、老人福利：協助安老所之發展。

　　三、兒童福利：協助育幼院之發展。

　　四、低收入者之照顧：如賑米、施財等。

　　五、殘障福利：對殘障者以財務濟助之。

第三章 組織及職權

　　第五條：本會置董事十五人，組織董事會；第一任董事，除由創辦人擔任外，餘由創辦人延聘正信佛教，熱心慈善公益人士擔任之。置常務董事五人，由董事會就董事中互選之，董事長就常務董事中互選之。其後次董事之產生，由董事會提名，經全體董事票選後延聘之。

前項董事不得延聘夫婦、父子、直系親屬同為董事，或現任公務員為董事。

　　第十四條：本會基金數額新臺幣（下同）壹佰萬圓整（附有儲蓄存款單影本），李炳南教授捐助陸拾萬圓，陳雍澤先生捐助貳拾萬圓，連淑美小姐捐助貳拾萬圓。

　　第十八條：本章程於中華民國七十年元月一日訂立，經呈報主管機關立案，並向臺中地方法院登記後施行之。[1]

二月十九日（四），元宵節，有〈正月十五夜〉。其後又有〈懷恩〉、〈董居士病目愈後以茶贈之〉、〈鈔詩贈鄉人〉、〈落花〉、〈饔飧〉、〈故人對酒話閭里〉、〈懷舊〉、〈贈牙科大夫蘇炯峰〉、〈學步胡塵〉、〈山居〉。
（《雪廬詩集》，頁 652-656）

　　〈正月十五夜〉：百城燈火月輪高，簫鼓長衢走錦袍；不見謫仙天上落，誰堪直釣六山鼇。

　　〈懷恩〉：老去逢春怯，檐前樹又高；多恩報不盡，萬事欲何勞。秉燭檢青史，臨風看寶刀；省身餘愧怍，未肯隱蓬蒿。

　　〈董居士病目愈後以茶贈之〉：喜爾顏無病，低頭

---

[1] 〈財團法人臺中市私立蓮友慈益基金會捐助章程〉（1981 年 1 月 1 日），《台中蓮社歷年會議紀錄》，台中蓮社檔案。〈財團法人臺中市私立蓮友慈益基金會立案證書〉，臺中市政府社福字第 7001 號，1981 年 2 月 11 日。〈法人登記證書〉，臺中地方法院登記處，登記簿第拾冊參伍頁第參零陸號，1981 年 4 月 10 日。

憶往年；從宜吃茶去，莫再抱書眠。靉靆雲歸岫，瞳曨日麗天；樓馱借三昧，好與助安禪。

〈鈔詩贈鄉人〉：山左文光萬丈高，三都誦罷氣雄豪；鈔傳天下非無紙，不捨洛陽求薛濤。

〈贈牙科大夫蘇炯峰〉：齒豁莫愁嘲老翁，人間有術補天工；疑君學得倉公祕，能使瓠犀與佛同。[1]（見《圖冊》，1981年圖3）

【案】牙醫師蘇炯峰開業，先生特賦此詩題贈。蘇炯峰，臺大牙醫系畢業，為一九七三年八月明倫講座第五期學員。其令堂自其懷胎時即在靈山寺聽經，並長期跟隨先生於蓮社、慈光圖書館，參與各種志業。蘇炯峰因自童年即薰染於佛教家庭及先生佈教環境，與聞慈光講座、明倫講座、詩學古文，乃至單獨耳提面命各種開示訓誨不可勝數。先生臨終前半年，於臥病中仍召見囑咐修行要點，並予加持。[2]

二月二十二日（日），於慈光圖書館為弘法人員開示，有講表〈教儀略舉〉。[3]（《圖冊》，1981年圖4）

---

1 李炳南：〈贈牙科大夫蘇炯峰〉，《雪廬詩集》，《全集》第14冊之1，頁655；手稿見【數位典藏】手稿／詩文創作／辛亥續鈔下／〈贈牙科大夫蘇炯峰〉；題墨收見：〈贈牙科大夫蘇炯峰居士〉，《雪廬老人題畫遺墨》，頁120。
2 參見：張式銘：「訪問蘇炯峰紀錄」，LINE通訊軟體，2022年6月22日。
3 李炳南：〈教儀略舉〉（講稿表）（1981年2月22日），陳雍澤提供。

二月二十五日（三），本年度慈光圖書館週三《華嚴經》講座開始，宣講〈十迴向品第二十五〉「七、等隨順一切眾生迴向」。

二月二十七日（五），台中蓮社「論語班」本學期開學，即日起至四月九日（四），講授〈公冶長〉篇共二十八章。[1]

首日開講有〈課前講話〉交代講授方式為古書今講，另特推薦亦耕〈諷誦涵泳與語文教育〉一文請大眾閱讀。

〈課前講話〉：你們已聽了半年，算是入了門，希望你們要諦聽，一字一句不可錯過。吾準備時，注解全都看過，再簡要而說，大家聽了以後，可以做為參考。如今國家也在提倡，所以研究以後可以傳給其他人。古人說：「九十不留坐」，吾一週講六天，已經很難能了，你們必須警覺，認真聽。吾的講法，採取古書今講。現今的飲食等等一切都不同於以前，現今的事你們要學，依著從前的原則，現在就能辦出來，所以講的都是現在實用的話。吾常說現今的事，事有好有壞，用比喻來說明。佛法有性相二宗，相宗多比喻，吾以善惡事情比喻，要清楚知道比喻的意義，你們在此聽或許可以不誤會，縱使誤會也可以來問，如禪宗有佛來殺佛，祖師可以說，你說了就有害處。因為用現今的事來比喻，所以吾不希望你們錄音，只要還有精力，必定為你們

---

1 【數位典藏】錄音／儒學研究／論語／〈公冶長〉。

說，沒有什麼祕密，吾講《論語》，不要錢，只希望眾生好而已。[1]

　　亦耕，〈諷誦涵泳與語文教育〉：古人讀書，講究的是諷誦涵泳之功，也就是清代桐城派所倡言的「以聲求氣」，聲以為誦，氣以為養，這是一種使知識內在化而為義理的過程；讀書人能否成為氣節之士，就看他這一層涵泳功夫做得徹底不徹底了。

由諷誦到涵泳，很明顯地，是先記憶後理解。這一方面是配合人類心智能力的發展情況：先發展記憶力，後發展理解力；（又早期的記憶度較強較廣，由於干擾少）一方面也是基於「以聲求氣」的需要。所以，古代的童蒙教育說穿了只是背誦而已：諷之誦之，隨著心智的不斷發展，蔚成一片知識與義理交融的大海；於是涵之泳之，人格就在此中成長──古人的背誦，實不只是背誦而已。

中國語文比其他任何語文都更具有諷誦價值。因為在語言上，它是有調語言（即聲調具有辨義作用，平仄分明），是一種特具音樂性的語言；另一方面，在文字上，由於是象形文字的關係，又是最具形象性的文字。音樂性加上形象性，合此兩特性，使得透過中國語文所記錄下來的思想與情意，最容易激發人類的美感經驗，也就最可能達到涵泳性情，陶融品格的目的。諷誦的本

---

1 〈課前講話〉，《論語講記‧公冶長第五》，明倫月刊資訊網：http://www.minlun.org.tw/1pt/1pt-4-3/index-00.htm# 公冶長第五

身即是一種涵泳；於是乎，語文訓練、藝術修養、人格陶冶三者合而為一，這是我國傳統語文教育的最大特色。[1]

本學期，續於中興大學夜間部中文系「詩選」授課。為大學任教最後一學期。

三月二日（一），晚，於台中蓮社「論語班」講授《論語‧公冶長》。

三月三日（二），晚，於中興大學夜間部中文系「詩選」授課。

三月四日（三），於慈光圖書館週三《華嚴經》講座，宣講〈十迴向品第二十五〉「八、真如相迴向」。[2]

三月六日（五），晚，於台中蓮社「論語班」講授《論語‧公冶長》。

三月七日（六），晚，於中興大學夜間部中文系「詩選」授課。

---

[1] 亦耕：〈諷誦涵泳與語文教育〉，《中央日報》（1981年2月10日）；《明倫》第106期（1981年2月）轉載。
[2] 李炳南：《大方廣佛華嚴經講述表解》，《全集》第1冊之2，頁281-285。

1981年・民國70年 | 92歲

三月九日（一），晚，於台中蓮社「論語班」講授《論語・公冶長》。

三月十日（二），晚，於中興大學夜間部中文系「詩選」授課。

三月十一日（三），於慈光圖書館週三《華嚴經》講座，宣講〈十迴向品第二十五〉「八、真如相迴向」。

三月十三日（五），晚，於台中蓮社「論語班」講授《論語・公冶長》。

三月十四日（六），晚，於中興大學夜間部中文系「詩選」授課。

三月十六日（一），晚，於台中蓮社「論語班」講授《論語・公冶長》。

三月十七日（二），晚，於中興大學夜間部中文系「詩選」授課。

三月十八日（三），於慈光圖書館週三《華嚴經》講座，宣講〈十迴向品第二十五〉「八、真如相迴向」。

是日,為中興大學智海學社創社二十週年題辭紀念。[1]
(見《圖冊》,1981年圖5)

〈智海學社學刊之六〉:春秋冠歲,日月交光。般若文字,海印萬方。

智海學社二十週年紀念　　　　　　　　李炳南題

三月二十日(五),晚,於台中蓮社「論語班」講授《論語・公冶長》。

三月二十一日(六),晚,於中興大學夜間部中文系「詩選」授課。

三月二十三日(一),晚,於台中蓮社「論語班」講授《論語・公冶長》。

三月二十四日(二),晚,於中興大學夜間部中文系「詩選」授課。

三月二十五日(三),於慈光圖書館週三《華嚴經》講座,宣講〈十迴向品第二十五〉「八、真如相迴向」。

三月二十七日(五),晚,於台中蓮社「論語班」講授《論

---

[1] 李炳南:〈智海學社學刊之六〉,《雪廬老人題畫遺墨》,頁356;日期據:《智海卅週年紀念專刊》,頁53。

語‧公冶長》第二十一「甯武子邦有道則知」章,再次申明開辦「論語班」宗旨在具備人天根柢以學佛。

吾增添「論語班」的用意,因為大家不懂世間法!這與學佛有什麼干係?因為懂佛法才懂《論語》,學佛後知道人身難得,惟有人身才能成佛。為了幫助你們學佛成功,若沒有人天的根柢,不能學佛。從前叢林規矩很嚴,要成功必須有根柢,徹底才能成功,所以添「論語班」。你們學《論語》雖然已經變樣了,但是對天道還不懂,子貢說:「夫子之言性與天命,不可得而聞也。」孔子雖懂天道為大家說,大家聽不懂,所以不說。顏回懂天道,子貢略懂,不懂就不會這樣說。《六祖壇經》云:「佛法在世間,不離世間覺。」凡夫才要學佛,否則何必學佛?人天不懂,如何懂佛法?[1]

三月二十八日(六),即日起三日,台中蓮社舉行春季祭祖。(《蓮社日誌》)

是日晚,於中興大學夜間部中文系「詩選」授課。

三月三十日(一),晚,於台中蓮社「論語班」講授《論語‧公冶長》。

---

[1] 〈二十一、甯武子邦有道則知〉,《論語講記‧公冶長第五》,明倫月刊資訊網:http://www.minlun.org.tw/1pt/1pt-4-3/index-00.htm#公冶長第五

三月三十一日（二），晚，於中興大學夜間部中文系「詩選」授課。

是月，為江逸子畫作〈秋江漁隱圖〉題辭、為〈江天曠遠圖〉題詩：〈山樓訪舊〉。[1]（《雪廬詩集》，頁645；見《圖冊》，1981年圖6）

〈秋江漁隱圖〉：江逸子所畫數筆，瀟灑瘦硬；楊叟亦風所題，亦用瘦筆。霜天勁風，俱生異趣。少陵云：書貴瘦硬，方通神。寧不信與！

歲辛酉仲春上浣九二老傖稷下雪僧敬觀

〈題江逸子畫九首之山樓訪舊〉：江天曠遠入清秋，乘興攜琴訪舊遊；繚過長橋看樹杪，彎峰轉處半藏樓。

辛酉仲春李炳南觀

是年春，江逸子遊美國西南名勝。而後完成〈峽谷無垠圖〉巨幅。當時，赴美者多留駐不歸。行前，先生題贈王維〈送別〉借問「歸不歸」，江逸子承諾：一定歸。[2]（《圖冊》1981年圖7）

---

1 李炳南：〈秋江漁隱圖〉、〈江天曠遠圖〉，《雪廬老人題畫遺墨》，《全集》第16冊，頁178、203。

2 林其賢：「江逸子口述紀錄」，於臺中澹寧齋，2023年11月22日。先生題贈見藏於澹寧齋。是次江逸子旅美，至亞歷桑那州摹寫大峽谷盛景，有〈峽谷雄風圖〉、〈峽谷無垠圖〉等巨作。日後於1985年8月應臺中文化中心展出，先生曾前往觀覽。

四月一日（三），於慈光圖書館週三《華嚴經》講座，宣講〈十迴向品第二十五〉「八、真如相迴向」。

四月三日（五），春假期間，論語班停課，先生於蓮社一樓講堂為大眾講授《易經・艮卦》。（《蓮社日誌》）[1]

四月五日（日），清明節，有〈辛酉海上清明〉。前後又有賦詩題贈王子哲醫師〈王生絳帳世澤繼習醫兩洋活人無算近皈佛寫經欣而題贈〉、〈聞老友王仲裕立委棄世哭之〉、〈月夕海濱遠眺〉、〈國文行寫數千年書冊勒石率有舊章近則左右同惑經院部會議二十年餘猶未制定〉。（《雪廬詩集》，頁656-658；[2]《圖冊》1981年圖8）

　　〈辛酉海上清明〉：雲鳥晚知歸，空齋不掩扉；文章隨客老，興感與時違。夾岸桃花笑，穿廊柳絮飛。清明三十載，猶自悵斜暉。

　　〈王生絳帳世澤繼習醫兩洋活人無算近皈佛寫經欣而題贈〉：國風齊魯道三變，君子虛懷有誠明；昔之姚江今鹿港，梟比揮塵相崢嶸。大才未能作良相，和緩仁術醫群生；扶桑紐約東西走，枯檜枯楊春復榮。近寫金經付鎸版，鯤島遙繼王舍城；人間天上無愧怍，羨君不息飛鵬程。

---

1 【數位典藏】錄音／儒學研究／易經／〈艮卦〉，標記時間為1982年，唯該日先生另有行程，今據《蓮社日誌》繫於1981年。
2 李炳南：〈贈王子哲居士（之二）〉，《雪廬老人題畫遺墨》，《全集》第16冊，頁329。

子哲賢契絳帳繼習醫兩洋活人無數近皈
佛寫經欣焉題贈　　　　　　　　九二老人李炳南

【案】王子哲為鹿港佈教所創辦人王銀基獨子，一九六五年六月臺灣大學醫科畢業，以及一九七五年七月赴美設醫院，先生皆有詩題贈。詳見前譜文。

〈聞老友王仲裕立委棄世哭之〉：碩德幾人在，又聞凋老成；天涯雲掩翳，客袖淚縱橫。報國長紓難，辭官不欲名；猶疑巴峽夜，煙雨杜鵑聲。（五十年前同寓巴山）

【小傳】王仲裕（1891-1981），原名金綽，字仲裕。山東日照人，第一屆制憲國民大會代表、第一屆立法委員。是年四月一日過世，壽九十二歲。早年追隨孫中山和丁惟汾，為丁惟汾外甥。丁惟汾為孔德成奉祀官教讀先生之一。

〈國文行寫數千年書冊勒石率有舊章近則左右同惑經院部會議二十年餘猶未制定〉二首：

文獻多徵事未殊，何須立院議躊躇；祖功宗德分明在，天下摩崖四庫書。

一從渾沌伏犧開，次第春秋去復回；不信揮戈與酹酒，能教日月自西來。

四月六日（一），春假期間，論語班停課。上午九時，先生於蓮社一樓講堂為大眾講授《易經・艮卦》，參加聽講者約三百五十人。下午六時半，復續講，至八時始圓滿。（《蓮社日誌》）

〈易艮卦簡介〉：今天給大家講中國文化《易經》上的一卦，先說明用意。原來大家是學佛，我來臺三十二年，有些人跟著三十二年，也有不到三十二年就下世的。前十年，臺灣的局面跟現在不一樣，那時候算是一塊荒地，雖是荒地可是不複雜。講佛法大家都接受，接受得很單純，大家得了利益。現在的文化脫了節，就算不脫節，講的也是似是而非。

中國看病的完全是脫胎於《易經》，我在醫學院裡講《內經》，這是醫家之祖，中醫頭一部就是《內經》。蕅益大師注《易經》，完全講的是佛理。道士家更不用說了，中國治病、練氣等等，都是道士家弄的一套，也離不了這一套。

你們會問：「你忽然講佛經，又講《論語》，《論語》我們還沒弄明白，你又講《易經》，你怎麼這麼雜亂呢？」原來我跟你們講佛法，也有幾個成就的。暑假寒假我都開佛學講座，後來我為什麼不開佛學講座呢？為的是該「止」了。

今天為什麼講《易經》艮卦呢？為著咱們臺中到了現在的時候了。你問：「這局面，怎麼知現在是艮呢？」「至誠之道，可以前知」，就可以知道三個月、一年以後的事。

為著教做人的道理，跟你講《論語》，我是為著幫助你學佛，看著你們大家一念《論語》，省悟比從前好一點了。這個還不行，做事還圖僥倖。〈中庸〉說：「君子居易以俟命，小人行險以徼倖」，還僥倖冒險去幹，這

就要糟糕了,所以我才給你講《易經》。[1]

四月七日(二),晚,於中興大學夜間部中文系「詩選」授課。

四月八日(三),佛誕節。蓮社暨聯體機構為慶祝建國七十週年及佛誕節參加遊行,上午七時半於蓮社集合整隊後,前往平等街佛教支會會合後遊行。遊行市區後,至臺中公園側門休息、午齋,圓滿。蓮社及聯體機構及蓮友約一千人參加,先生亦到場鼓勵大眾。(見《圖冊》,1981年圖9;《蓮社日誌》)

晚,於慈光圖書館週三《華嚴經》講座,宣講〈十迴向品第二十五〉「八、真如相迴向」。

四月十日(五),晚,於台中蓮社「論語班」講授《論語·公冶長》。

四月十二日(六),晚,於中興大學夜間部中文系「詩選」授課。

四月十三日(一)至五月十一日(一),於台中蓮社「論語

---

[1] 李炳南(雪廬老人)述,智嚴整理:〈易艮卦簡介〉,《明倫》第469-487期(2016年9月-2018年9月)。

1981年・民國70年 | 92歲

班」講授〈雍也〉篇共三十章。[1]

四月十四日（二），晚，於中興大學夜間部中文系「詩選」授課。

四月十五日（三），於慈光圖書館週三《華嚴經》講座，宣講〈十迴向品第二十五〉「八、真如相迴向」。

四月十七日（五），晚，於台中蓮社「論語班」講授《論語・雍也》。

四月十八日（六），晚，於中興大學夜間部中文系「詩選」授課。

四月十九日（日），下午一時，至臺北自由之家，參加中國醫藥學院董事會第七屆第十次董事會議。[2]

四月二十日（一），晚，於台中蓮社「論語班」講授《論語・雍也》。

四月二十一日（二），晚，於中興大學夜間部中文系「詩選」授課。

---

1 【數位典藏】錄音／儒學研究／論語／〈雍也〉。
2 徐鳴亞編：《私立中國醫藥學院歷屆董事會議紀錄彙編》。

四月二十二日（三），於慈光圖書館週三《華嚴經》講座，宣講〈十迴向品第二十五〉「八、真如相迴向：觸境迴向」。[1]

四月二十四日（五），晚，於台中蓮社「論語班」講授《論語・雍也》。

四月二十五日（六），晚，於中興大學夜間部中文系「詩選」授課。

四月二十七日（一），晚，於台中蓮社「論語班」講授《論語・雍也》。略及道統問題。

　　《中央日報》刊載：法統、道統、心統，法統者依船山說是帝王之統，吾不以為然，吾受孟子影響。民為重，社稷次之，君為輕，君如堯舜便好，否則百姓倒楣，故法統吾不贊成。道統，皇帝也服從道統，自古君主必讀書，否則不能存在。心統是佛法，法統、道統都由心統所造，萬法唯心，法統、道統都不離心。[2]

四月二十八日（二），晚，於中興大學夜間部中文系「詩

1　李炳南：《大方廣佛華嚴經講述表解》，《全集》第1冊之2，頁286。
2　李炳南：《論語講記》（網路版，未刊本）。「中央日報刊載」係指胡一貫：〈法統道統心統〉，《中央日報》（1981年4月27、28日），第2版。

選」授課。

四月二十九日(三),於慈光圖書館週三《華嚴經》講座,宣講〈十迴向品第二十五〉「八、真如相迴向」。

四月三十日(四),晨八時,論語班贊助人周榮富伉儷邀請論語班員至六福村動物園參觀,先生、王炯如社長、論語班員及各工作同仁,咸皆念佛迴向物類。午齋後,復至德明水庫參觀,盡興而返。(《蓮社日誌》)

  吳碧霞,〈雪廬老人的精神與風範〉:有一次,老人與眾弟子同遊六福村野生動物園,一路裡,同學觀之不足,嬉嬉鬧鬧,老人最後氣定神閒地問大家,為這些動物做了些什麼事?問得個個啞口無言,老人乃開示,他一路程忙著為這些身陷畜生道的眾生授三皈依。這一說,說得眾弟子面露慚色——原來老人的修行,是即時提起,片刻不放的。[1]

五月一日(五),晚,於台中蓮社「論語班」講授《論語·雍也》。

五月二日(六),晚,於中興大學夜間部中文系「詩選」授課。

---

[1] 吳碧霞:〈雪廬老人的精神與風範(上)〉,《明倫》第283期(1998年4月)。

五月四日（一），晚，於台中蓮社「論語班」講授《論語‧雍也》。

五月五日（二），晚，於中興大學夜間部中文系「詩選」授課。

五月六日（三），於慈光圖書館週三《華嚴經》講座，宣講〈十迴向品第二十五〉「八、真如相迴向」。

五月八日（五），上午十時半，於蓮社大殿為吳聰敏、黃燕玉佛化婚禮福證，到有雙方親友二百多人。

〈佛化婚禮〉：自民國四十四年蓮社首次舉行佛化婚禮以來，先生常應邀為蓮友證婚，對於夫婦大倫與文化禮俗之傳承十分重視，而佛化結婚典禮中，往往梵音清亮、雅樂悠揚，親善齊聚，祥和莊嚴。此錄音檔即為先生於民國七十年五月八日，為吳聰敏居士夫婦婚禮之福證。先生擔任證婚人，特為新人致詞，曉以齊家大義。先生云，婚禮乃是五禮中最重要之禮，新娘宜遵古禮身著紅禮服。又云男女居室，人之大倫，勗勉新人要外儒內佛、志同道合，並且舉案齊眉，相敬如賓，孝悌齊家，各盡責任。先生亦以懇切之心，祝福新人白頭偕老，多子多孫，綿延萬年。[1]

---

1 【數位典藏】錄音／其他／佛化婚禮／〈描述‐摘要〉（吳毓純編撰，吳碧霞審訂）。

晚,於台中蓮社「論語班」講授《論語・雍也》。

五月九日(六),晚,於中興大學夜間部中文系「詩選」授課。

五月十一日(一),晚,於台中蓮社「論語班」講授《論語・雍也》。

五月十二日(二),晚,於中興大學夜間部中文系「詩選」授課。

五月十三日(三),於慈光圖書館週三《華嚴經》講座,宣講〈十迴向品第二十五〉「八、真如相迴向」。

五月十五日(五),至六月十九日(五),於台中蓮社「論語班」講授〈述而〉篇共三十六章。[1]

五月十六日(六),於中興大學夜間部中文系「詩選」課,講授:李白〈宣州謝朓樓餞別校書叔雲〉。[2]

五月十八日(一),晚,於台中蓮社「論語班」講授《論語・述而》第六「志於道、據於德、依於仁、游於藝」

---

1 【數位典藏】錄音／儒學研究／論語／〈述而〉。
2 【數位典藏】錄音／詩文研究／唐詩講授。

章。先生以此章為儒學之總綱，圓該中國文化之體相用。志、據、依、游，是孔子教人求學之方法。道、德、仁、藝，是孔子教人所求之實學。為使學者深刻理解，以四次講習時間充分闡釋此章。「論語講習班」亦以此章為宗旨。有〈中國文化綱要〉講表兩張。（見《圖冊》，1981年圖10）

「子曰：志於道，據於德，依於仁，游於藝。」：未看過這一章《集釋》的注解，以為這一章吾說的也平常，其實自漢以來沒有如此說法，未學佛者便沒有這一種講法，淺學也不能講。學佛者若能聽聞這一章，可以知道孔子的境界，不敢妄自尊大。不學佛者聽這一章，也不覺得是佛法。但是不依佛法講，這一段講不通。

首先講「體相用」

「志於道」，道，《禮記・中庸》說：「天命之謂性，率性之謂道，修道之謂教。」性，無形相，無長短，從何而來？「天命之謂性」，天命，天然就有了，佛家說「法爾如是」。天性就是真如。「率性之謂道」，性是無為法、無漏法，這是寂。何謂道？率性之謂道。率，循也，順著它本性不變，道就是性，性就是道，道便是心，道與心一回事，寂而常照，照而常寂，大圓鏡智就是道。《華嚴》說：「不變隨緣，隨緣不變」真如不變的時候為性，隨緣往正道走便是率性的道，往邪路上走就錯了。心隨著性叫他不變，就是道，這是寂然不動的本體。

「據於德」，六書精蘊說，直心為悳，行道而得於心為德。志於道，心別離開道。動了，只要直，不走邪路。

修行不是修心、性,而是修德。「修道之謂教」,動了就須省察,所動是直還是曲?直為率性,曲便須修理它,使恢復直。

上面二句是體相,為內在,德是內在動,內相三細時的相。

「依於仁」,儒家要起什麼作用?人道敏政,辦政治,如佛法教人學大乘度眾生,這是仁。

《說文》:「仁,親也,從人二。」《廣雅》:「竺,竹也」,《爾雅》:「厚也」,拿對方如自己對待,無分別,一步步往外推,己立立人,己達達人。二是,親厚之象,二人更加親密,如竹層層加厚,親厚也,就是仁。不論辦什麼事,就要依著仁,必須對人親密加厚,怨親平等。學仁厚待人,以前的罪業,有因無緣,不是漸滅,而是不增新的惡因,這是伏惑的方法,也是斷除惑因。仁是總原則,幹什麼職務都是如此。

「游於藝」,仁只是原則,所以必須藝。藝,《韻會》:「才能也」,藝就是方法。周公多才多藝,所以利益人很多,天下歸心。孟子說:「是乃仁術也」。到學校教書為了什麼?為接引眾生。先須認識體,肯志道才肯據德,才肯依仁,才肯游藝。用都是道,由相、體而來,用不離體。藝依於仁,由德,由道,一貫下來。

道如樹的地根,德已到地上的樹皮,仁是枝幹,藝是葉、開花結果。今日舍本逐末,所學都是末,把教藝做為根本。今日沒有人以學道德仁為專門,只有學藝是專門,壞了根本,所以天下大亂。藝得先有仁,依靠仁而

有藝，沒有一種藝不是仁的發展延伸，例如古代的藝術，都含有規諫的意義，喝酒的觚盛二升，按規定只勸二升就該止了，若過二升則是「觚不觚」，要觚何用？這是暗喻。[1]

五月二十日（三），於慈光圖書館週三《華嚴經》講座，宣講〈十迴向品第二十五〉「八、真如相迴向」。

五月二十二日（五），晚，於台中蓮社「論語班」講授《論語・述而》。續講第六「志於道、據於德、依於仁、游於藝」章，詳解仁之由來為志道、據德：仁由德來、德自道來；而仁為藝之根，藝為枝幹，藝為仁之工具，有仁才能發展藝，藝走對方向，仁才不損傷；六藝百工以禮為先、非禮不成。

〈中華文化綱要〉：孔子提倡仁。仁從何而來？子曰：「志於道，據於德，依於仁」，仁由德，由道而來。仁是藝根，藝是枝幹，若人人心中有仁，自然不做壞藝。

仁，二人也。老吾老以及人之老，先照顧自家老人，幼吾幼以及人之幼，愛護自家幼兒，一步步往外推，照顧別人的老人幼兒，這「能近取譬」，可謂「仁之方也已」，這是行仁的方法。

---

[1] 〈六、志於道〉，《論語講記・述而第七》，明倫月刊資訊網：http://www.minlun.org.tw/1pt/1pt-4-3/index-00.htm#述而第七

《大學》：「大學之道，在明明德，在親民，在止于至善。」〈中庸〉云，仁者，人也，親親為大。先在父母身上親厚，親吾之親，再親人之親，正合仁字。能達人、立人都是親民。能近取譬，親親為大，先在父母身上做，這是行仁的方法。

「在親民」，如何親法？親民有四目。《大學》是八目二綱，「在明明德，在親民」是二綱，這二條都要「止於至善」，「止於至善」是總，「在明明德、在親民」是別。八目，親民有四目，在外的修、齊、治、平，這是仁外用的一段。

仁由德來，德自道來。這個講法前無古人，必須學佛，如孔子、顏子、曾子、子思因工夫到了，雖然沒有學佛，但是英雄識英雄，英雄所見略同。

想明白「道、德」必得講《起信論》。儒書說，性與天道，孔子罕言，因人們不懂，所以少說。仁怎麼從道德出來的？必須依佛家說的，吾采《起信論》的三細六粗。

中國一切學問都離不開「道」，其次是德，再來是仁，這仍是內在自己的工夫，最後才是藝。今日只講藝，就是沒有人格。現今的臺灣，民生工業等等一切都很好，但是教育不行，出太保，一舞弊便有數千萬。六藝之首為禮，沒有禮，其餘就不必論了。

這兩張表以「中國文化綱要」為題目。孔子的學說，就是中國堯舜禹湯文武周公的學說，孔子憲章文武，祖述堯舜，是集文化的大成者，是述而不作的緣故。中國文化，不是二三句話可以說得盡的，而「志於道」章最為

扼要。

格致誠正，按《大乘起信論》，可以解釋得很明白，然後才知道孔子真是聖人。格致誠正是明明德的內功。《大學》、〈中庸〉的好處，在於文以載道，他的好不在文字，而在其中的見識。[1]

　　吳碧霞，〈雪廬風誼〉：雪公講《論語·述而篇》「志於道，據於德，依於仁，游於藝」一章時，告訴我們這是整個中國文化的縮影，在講到「據於德」時，雪公是用〈大學〉中「明德」四目「格物、致知、誠意、正心」來詮釋的。老人家告訴我們這叫「以經證經」。他說：「格物」就是物來了，也就是心動了，有事物影像出現了。這時，只怕不覺，覺，就是「致知」，心有妄動，沒關係，你自己要「知道」，知道了還得日久天長去修——修到迷惑顛倒都去了，一切朗朗分明，〈中庸〉說：「明則誠」矣，這是「誠意」。而觀照修省的工夫叫「正心」，令一切「動」皆歸於正，動念歸正，是行而有得，就是「德」了。這是民國七十年五月二十二日所講，講的都是內心修省工夫，極細微，若不是深於用「心」的功夫的人，不能講出來。[2]

---

1 〈六、志於道〉，《論語講記·述而第七》，明倫月刊資訊網：http://www.minlun.org.tw/1pt/1pt-4-3/index-00.htm#述而第七。另參見：李炳南講，吳聰敏記：〈中華文化綱要〉，《脩學法要》，《全集》第9冊，頁346-354。
2 吳碧霞：〈雪廬風誼〉，《紀念李炳南教授往生二十週年學術研討會》，頁11-24。

五月二十四日（日），下午三時，中興大學智海學社商借蓮社舉辦素餃聚餐及送舊晚會，並禮請先生為該社應屆畢業同學講話。先生以「人身難得，中國難生，佛法難聞」，勉勵畢業同學學好《論語》、研究經典、多念佛，精進不退。

〈雪公老師開示筆錄〉：畢業為一小小別離。到任何地方，就有什麼地方的環境。環境好的，可以親近，若根柢不好認不清，難免和他們隨和而受害，「無友不如己者」，師友關係很重要，師生間尚客氣，不如朋友間來得自然，朋友薰習甚大。

剛到臺灣時，臺灣民俗人情尚好，人皆知孔子、觀音媽，學佛之人皆讀儒書，然後才讀佛經。現在人多了，質也變了，所以辦「論語班」。《論語》講的是人道，《論語》學人格，學人格是為學佛。五乘說法由人開始，「人身難得」，唯人始易學佛，成佛亦須在人道成佛。學「人」後學「佛」，始不白學。吾人既得人身，當學立人格。

日後當立人格，有時間有錢買《論語集釋》，時間少錢不多者，買《論語正義》，此即人格的法寶。《論語正義》規規矩矩的講，可以多看，不要看什麼微言大義的。學佛方面，有時間則研究經典，時間少多念佛。淨土難信易成，求伏惑而不必斷惑。同學們若想解脫，非淨土法門辦不到，此乃吾學佛六十年之經驗。[1]

---

1 〈雪公老師開示筆錄〉，《智海卅週年紀念專刊》，頁 72-73；《慧炬》第 205 期（1981 年 7 月），頁 73。

五月二十五日（一），晚，於台中蓮社「論語班」講授《論語・述而》。

五月二十七日（三），於慈光圖書館週三《華嚴經》講座，宣講〈十迴向品第二十五〉「八、真如相迴向」。

五月二十九日（五），晚，於台中蓮社「論語班」講授《論語・述而》。

五月三十日（六），晚六時，借蓮社錄音室為中興大學同學上課，並錄製吟詩錄音帶。（《蓮社日誌》）
　　【案】近年先生中興大學夜間部中文系「詩選」課，皆開設於五年級畢業班。如上一學年度，於一九八〇年五月二十一日舉行畢業考。是年若比照辦理，則此週為先生任教該系之最後一課。

中興大學中文系（夜間部）「詩選」課程本學期結束，先生於各大學任教課程至此圓滿，不再接聘，致全心力於「論語班」。

　　你們風雨無阻，冷熱不辭的來聽講，吾講的也不輕鬆。吾辭掉各學校的課，但是也不輕快，比以前預備負擔更重，又沒有錢領，吾是為什麼？仍然是為了大家的身命、慧命緣故。你們辛苦來聽，甚至有人還調職遷居，吾若不用心，良心如何安？拚命也必須幹，而且依

1981年・民國70年｜92歲

佛家說，命，永遠也沒有死的。[1]

【案】中國醫藥學院任教自一九五九年十二月至一九七三年七月；中興大學中文系（日間）自一九六七年九月至一九七四年七月；東海大學中文研究所自一九七五年九月至一九八〇年七月；中興大學中文系（夜間部）自一九六九年九月至一九八一年七月。[2]

六月一日（一），晚，於台中蓮社「論語班」講授《論語・述而》。

六月三日（三），於慈光圖書館週三《華嚴經》講座，宣講〈十迴向品第二十五〉「八、真如相迴向」。

六月五日（五），晚，於台中蓮社「論語班」講授《論語・述而》。

六月八日（一），晚，於台中蓮社「論語班」講授《論語・述而》。

---

1 〈八、割不正不食〉，《論語講記・鄉黨第十》，明倫月刊資訊網：http://www.minlun.org.tw/1pt/1pt-4-3/index-00.htm#鄉黨第十
2 中興大學夜間部任教時間據：郁英、弘超：〈雪公與智海的一段緣〉：「約在民國五十八年（1969）開始到七十年（1981），在（夜間部）中文系二年級開設「詩選」課程，主要授課內容為《詩階述唐》。」其他各校任教時間見前譜文。

六月十日（三），於慈光圖書館週三《華嚴經》講座，宣講〈十迴向品第二十五〉「八、真如相迴向」。

六月十二日（五），晚，於台中蓮社「論語班」講授《論語‧述而》。

六月十五日（一），晚，於台中蓮社「論語班」講授《論語‧述而》。

六月十六日（二），晚七時半，香港洗塵法師、沈九成，暨臺北李雲鵬伉儷、豐原許智銘夫婦來訪，先生於蓮社會客室款宴，至九時半，始離去。（《蓮社日誌》）

六月十七日（三），於慈光圖書館週三《華嚴經》講座，宣講〈十迴向品第二十五〉「八、真如相迴向」。

六月十九日（五），晚，於台中蓮社「論語班」講授《論語‧述而》第三十三「子疾病」章、第三十四「奢則不孫」章、第三十五「君子坦蕩蕩」章、第三十六「子溫而厲」章，〈述而〉篇結束。本學期課程圓滿。[1]

要如何慎獨？《反身錄》說，「名利之念，尤為喫緊」，這句甚好。名念、利念人人都有，上焉者為名，下焉者為利，顯然可見。蓮池大師參訪辯融大師，一生

---

[1]【數位典藏】錄音／儒學研究／論語／〈述而〉。

就是遵循「不貪名圖利」的教訓，因為一切的毛病都由好名而起。

名這一個字，你們若是沒有學佛，吾不勸你們。三代以上逃名，三代以下唯恐不好名。三代而下，因為大家趨利，恐怕大家不好名，好名者可以去千乘之國。不好名為聖人，聖人不但不要好名，也不怕惡名。

你們求往生，免於六道三塗，必須避嫌，譏嫌是十種惱亂行之一。你們也不要名，人家給你名，不須要歡喜。萬不可求名，求名像是找個鉤子，勾住自己，西方去不了，所以求名就不能往生。若是不為名索利益，便能無愧。

今天是這一學年的末了，你們只要學慎獨，謹守身口意三業，便一切吉祥平安。[1]

六月二十三日（二），中午，於蓮社會客室為許炎墩、江錦祥（逸子），接風洗塵，並以午宴招待。（《蓮社日誌》）

六月二十四日（三），於慈光圖書館週三《華嚴經》講座，宣講〈十迴向品第二十五〉「八、真如相迴向」。

六月二十五日（四），去函許智銘，對教界近年有關「愛」

---

1 【數位典藏】錄音／儒學研究／論語／〈述而〉第35「君子坦蕩蕩」章、第36「子溫而厲」章。

與「慈悲」分辨之筆戰，勸其起而呼籲息諍。[1]（見《圖冊》，1981年圖11）

〈志明之一〉：志明師兄道席：昨承尊駕枉顧，至感。交下沈九老手書，讀餘益為傾佩。惜弟旦夕之人，時風之下，不能有為，況有四寶之嫌，久已退避九舍，埋頭幾二十年矣。兄台英俊多才，對愛字之諍，先得九老同意，起而呼籲停戰，以觀因緣如何也？可否之處，仍乞酌奪。豐原臺中交通便利，有機之時，亦甚願向座下請益。專肅謝步，並請

勳安　　　　　　　　　　　弟李炳南頂禮　廿五日

【案】志明當即豐原許智銘，沈九老為香港《內明》佛教月刊主編沈九成（1915-1989）；兩人曾於是月十六日一同來訪。「愛字之諍」指一九七八年九月開始，沈九成於《內明》第七八期發表〈與沈家楨、張澄基先生討論佛法中「愛」及「邪正分別」問題〉，而後延續至一九八一年八月與朱斐、李鶴年、趙亮杰有關愛與慈悲異同的一系列論辯。許智銘亦論戰中一員。一九八三年十一月，許智銘將論戰各文集成《內弘明集》出版，請先生題書名。（見該項譜文）

是月，《明倫》月刊刊出先生〈詩惑研討隨筆——鸛雀樓王

---

[1] 李炳南：〈致志明先生書〉，《雪廬老人題畫遺墨》，《全集》第16冊，頁267-268。【數位典藏】書信/在家居士/志明/〈志明之一〉。

1981年・民國70年 | 92歲

暢二詩之評〉。[1]

是月,《詩惑研討隨筆》由中興大學中文系倡印,青蓮出版社發行。該書列為《詩階述唐》之三,係先生就平時學生提問,擇要記錄,以澄清詩法及坊間俗注。因不計年月次第,是為隨筆。

  《詩惑研討隨筆・介言》:孔子曰:不學詩無以言。詩之道,其若斯之要乎?維自黌舍語體興,文言擯,茫茫六十年間,此道不幾熄矣。雖閭閻仍有歌與習者,亦猶歐美之人,大嚼華廚珍錯,口舌僅沾酸鹹,尚昧其質與藝,何能奢言知味也。茲者,國家倡復民族文化,文學一系,中西竝重,中文有詩選一科,余忝濫竽應授。而在新舊兩際,交觸之初,學者不免徬徨,多所滋惑。因其未通聲調,復困法度,再狃俗注謬解,詩話混淆,冀得雅言正義,自有其難焉。姑就平素問難,擇要記錄,連合他編四種,總名述唐。此專指唐言唐,不及他代。上黜注疏詩話,專指膚淺駁雜者言,若夫鴻儒碩士之著,自當私淑尊崇。然千智所得,亦有一時不及,苟有所見,正不必震畏強從,意在求達,非敢好與人殊也。究其膚淺駁雜之作,或係書賈所為,或係未有師承,皆出名利驅使,甚而謗傷唐賢,自命心得。更有大妄者流,竟敢擅改原作,化金為鐵,勢不得不明辨其

---

[1] 李炳南:〈詩惑研討隨筆——鸛雀樓王暢二詩之評〉,《明倫》第110期(1981年6月)。

謬,上為洗唐賢沉冤,下可杜來學邪思也。凡此之類亦只依據而析,不復舉名,為文而不為人,且學者博覽自知,不知亦無傷於藝也。[1]

七月一日(三),於慈光圖書館週三《華嚴經》講座,宣講〈十迴向品第二十五〉「八、真如相迴向」。

七月四日(六),下午二時,念佛班班會,恭請先生蒞臨開示念佛法要,到有各念佛班正副班長及班員三百多人。[2]

七月八日(三),於慈光圖書館週三《華嚴經》講座,宣講〈十迴向品第二十五〉「八、真如相迴向」。

七月十三日(一),於蓮社為論語班學員開示:當以儒佛文化,報桑梓之恩。

　　陳雍澤,《日記》:恩師開示:身為台人,必報桑梓之恩。今日儒佛文化,只存三台。此一線不絕之道脈若斷,則不但三台不保,中國亦將喪於異族矣,可不畏哉?可不悟哉?

　　吾來台三十餘年,身雖變,由老成衰,而心卻不變。必

---

[1] 李炳南:《詩惑研討隨筆・介言》,《詩階述唐》,《全集》第 13 冊,頁 379-383。
[2] 《蓮社日誌》;【數位典藏】錄音 / 佛學講授 / 開示 / 念佛班開示 /〈念佛班之一〉。

如此，學佛才有成就。[1]

七月十五日（三），於慈光圖書館週三《華嚴經》講座，宣講〈十迴向品第二十五〉「八、真如相迴向」，有「科判舉例說明」。[2]

是日，慧炬雜誌社舊址改建新廈，先生贈送珍貴紀念品，並以台中佛教蓮社聯體機構名義捐出建築資金兩萬元。

　　周宣德，〈悼念李雪公老師〉：慧炬雜誌社舊址改建新廈，雪公又賜最華貴之紀念品及以「台中佛教聯體機構」名義捐出建築資金。[3]

　　慧炬社，〈樂助慧炬建屋申謝啟事〉：台中蓮友聯體機構，二萬元。[4]

七月二十二日（三），於慈光圖書館週三《華嚴經》講座，宣講〈十迴向品第二十五〉「八、真如相迴向」。

---

1 陳雍澤：《日記》（1981 年 7 月 13 日），未刊本。
2 李炳南：《大方廣佛華嚴經講述表解》，《全集》第 1 冊之 2，頁 293-294。
3 周宣德：〈悼念李雪公老師〉，《慧炬》第 264 期（1986 年 6 月 15 日），頁 12-15。
4 〈樂助慧炬建屋申謝啟事〉，《慧炬》第 205 期（1981 年 7 月 15 日），頁 60。

是日，劉汝浩來函，感謝日前寄贈近著《詩惑研討隨筆》[1]。（《圖冊》，1981年圖12）

劉汝浩，〈劉汝浩來函〉（1981年7月22日）：
雪公吾師座下：本月十七日接奉手教及《詩惑研討隨筆》一冊，欣感無似。生因事須於十九日赴臺中，擬屆時晉謁叩謝。詎是日颱風告警，雨勢滂沱，上午十時抵達，下午二時事竣，即惶遽北返。門牆咫尺，未能叩謁，返後又稍有躭遲，致稽覆謝，罪咎難安，惟乞諒宥為幸。

暢詩作者主名，無關重要，不敢擾師清神，是以託勝陽師弟轉呈，乃蒙分神賜覆，感怍曷已。

《詩惑研討》於明倫誌中，拜讀數則，以為隨筆小品無多。接單行本，始悉為堂堂鉅著，於一般注解詮釋之外，詳闡聲調格局之法度。金針度人，嘉惠無窮。

印刷錯字，向所難免。如有發現，當即上聞。肅此稟覆，敬請慈安　　　　弟子劉汝浩頂禮　七月廿二日

七月二十五日（六），下午四時，於蓮社地下室召開「蓮友慈益基金會」第一屆第四次董事會，到有董事十二人，臺中市政府社會局社會福利課陳文明課長蒞臨指導。（《蓮社日誌》）

七月二十六日（日），下午一時至五時二十分，至臺北自由

---

[1] 劉汝浩：〈劉汝浩來函〉（1981年7月22日），鄭如玲提供。

之家,參加中國醫藥學院董事會第七屆第十一次董事會議。[1]

七月二十九日(三),於慈光圖書館週三《華嚴經》講座,宣講〈十迴向品第二十五〉「八、真如相迴向」。

七月三十日(四),於蓮社為論語班學員開示儒佛見地與工夫,在「但盡凡情」與「忠恕」;念佛工夫之「憶佛」,與孔子「默而識之」相通。

  陳雍澤,《日記》:恩師開示:佛法千言萬語,一句足攝曰:「但盡凡情」。凡情者,諸惑也。眾生迷顛,故攪亂天下。凡情盡去,真如即顯,能事畢矣。「別無聖解」則為補充語耳。二句乃一總一別。

  孔子之道,唯顏、曾得之。故曾子曰:「吾道一以貫之。」又曰:「夫子之道,忠恕而已矣。」夫忠恕即道矣,今人何者具忠且恕?

  念佛工夫,憶佛至要。斯即孔子「默而識之」之謂。口不必說而心中牢記此事。以喻明之。不論士農工商、長幼婦孺,人人不忘一事,曰:吃飯。腹飢即思食,甚且雖不飢,而時辰至,即欲食。一切作務,莫不為食,故人人不忘。念佛亦然。欲達此境,須把心換之,方可淨念相繼。

  淨宗貴信,禪門主疑,錯用不得。禪門用功之法曰「內

---

[1] 徐鳴亞編:《私立中國醫藥學院歷屆董事會議紀錄彙編》。

不打妄想,外不攀緣六塵」,即「防意如城」之工夫。蓋意者最壞,尤以第七識為烈,我見顛倒故,孔子亦明之,故曰「毋意、毋必、毋固、毋我」。[1]

七月三十一日(五),於蓮社為論語班學員開示:宜徹底研究《大學》、《中庸》,以明解《論語》。

　　陳雍澤,《日記》:恩師開示:《論語》一書異常重要,其文字吾人難學,一字動不得。而其道更難明之,故《大學》、《中庸》乃其注腳,宜徹研之。
今日魔外極盛,彼皆名利之徒、無學之輩。為數再多,但如散沙耳。咱則一條心,有向心力,能以有恆、毅力,持志不改,必克邪也。今彼之狂,但暫時耳。今以培人才為主。苟得人才必興,如周以十人,而奠八百年之基業。[2]

是年夏,有詩〈見月〉、〈長夏假寐〉、〈雨窗懷故人張齡〉、〈唾天〉、〈時觀〉。(《雪廬詩集》,頁658-660)

　　〈雨窗懷故人張齡〉:窗竹摶風夏雨涼,懷君秉燭望瀟湘;他年重作洞庭客,恐憶今宵仍斷腸。

　　〈唾天〉:仰唾青天氣勢豪,紛紛飛沫湧洪濤;恆沙無盡大千界,任爾微塵鋪兔毛。

　　〈時觀〉:海國交興利,鯤臺解順時;閭閻摘羯鼓,

---

[1] 陳雍澤:《日記》(1981年7月30日),未刊本。
[2] 陳雍澤:《日記》(1981年7月31日),未刊本。

陵廟頌胡詩。九陌車如水,深宵酒滿池;孟春遭擯久,木鐸少人知。

是月,題王梅南所繪蓮花贈游俊傑。[1]

〈有斐君子圖(之二)〉:有斐君子,清廉正直。此王梅南居〔士〕繪贈蓮友游俊傑居士。香遠溢清、志同道合。辛酉長夏敬觀率題數語以識。

九二雪叟李炳南

是月,呂佛庭出版《江山萬里樓詩集》。先生有〈序〉,稱呂氏畫為憂國偏安,詩為憂斯文之將喪,於是人棄我守。殆亦夫子自道也。

〈江山萬里樓詩集序〉:夫詩者,萬物之神,文獻之聲,國政經紀係之。時風夷化,崇歐美稗史野語,恥言先聖群經,詩因以沙汰矣。非無遠慮之士,維道自任,但與世俗寡來往,每不易接,余友呂公半僧即其一也。公名佛庭,半僧其別字,南陽人也。為名教授,性淡泊,好讀書,早年精繪事,飛聲藝苑。大作如萬里長城圖、長江萬里圖,兩軸皆磅礴雄渾,不趨清明上河之細膩,震驚中外,為世所珍。喜遨遊,遍天下高山大川,所作皆親歷取神。及時豪與,心與之契,遂擷其象成畫,吐其聲成詩,詩積成帙,名曰《江山萬里樓詩

---

[1] 李炳南:〈有斐君子圖(之二)〉,《雪廬老人題畫遺墨》,頁222。

集》。士林好而誦者，曰古體出陶元亮，或曰近體抗晚唐諸子。有以是質余者，笑而微領曰：亦各是其是而已。既而曰：公之畫，余曩論之矣，曾舉宋元各家方之，俱不為所許，諸君今評其詩，余亦未敢盡同。蓋公所畫，寓臺後最多，向知其志不在畫而在國，其詩所言，寧無他意寄耶？蓋畫為憂國偏安，詩為憂斯文之將喪也。若乃文獻無徵，民族沒滅，今之所憂，尤倍於前之所憂矣。人棄我守，自有其志存焉。至於汲古澆今，揚葩振藻，不曰無之，僅體氣之餘耳。諸君茲以皮相讀前賢之詩，公詩恐亦如是讀。使知陶為晉人，蟄處劉宋篡代；晚唐之際，有黃巢朱溫寇亂，則知前賢之詩，多為隱憂而發。以意逆志，通澈表裏，前賢呂公，庶可同日語也。如不以余言為然，試往見而徵諸，或公深潛而無所獲，則俟禹甸重光，彝倫攸敘，墳索敷，而無可憂，公或不有詩矣。縱有之，亦必變雅為頌，作盛世之鳴，於時始信余之知言。且懸知斯序構成，佛庭當為今之先覽者，其或莞爾樂曰：我詩有知者矣。[1]

八月三日（一），晚，七時至九時，於蓮社為論語班開示，以《論語》為學佛研經打基礎。

　　李炳南居士講，陳雍澤記，〈為論語班開示〉：為

---

[1] 呂佛庭：《江山萬里樓詩集》（臺中：著者出版，1981 年 7 月）；李炳南：〈江山萬里樓詩集序〉，《雪廬寓臺文存》《全集》第 14 冊之 2，頁 163-165。

何學佛研經，又加開《論語》？世出世法有連帶關係。佛法注重出世法，孔子則明出世法，而注重世法。能做到《論語》，人天兩道，可生天。做到如孔子，可明心見性。此是儒家重心，可惜中國讀書人，明白此理者少。因為孔子罕言性與天道，非不言也。

念過中國書，學佛才容易；反之，至難。汝等應明：中國文化，實實在在即「佛與儒」耳。全球之中，東亞皆學佛，亦皆念孔子書也。而佛儒今日何在？中國為基本地！大乘佛法入華才發揚光大，印度已沒有了。孔子在本地，現在也沒有了。今大陸上，佛、孔均沒了，只在臺灣仍保存此名目，而事實存在否？只看人，有人學之即有。

今汝等擔當弘佛弘孔之大任，勿與人辯，但為汝事，可也。吾責成汝等，吾在一日，即為汝說一日。汝等必愛惜臺灣、愛惜慧命，好好弘佛孔之道，功德至大。今為汝開二路。

《論語》非教汝學文字，乃學做人之道理。人之道理做滿了，就是天之道理，天之道理做滿了，就可出世。「博我以文，約之以禮。」《常禮舉要》今日起必念熟，照之辦。能照此辦，必變了樣子。儒是這兩科。

佛則《阿彌陀經》必弄熟，而《華嚴經》必好好研讀，淨土宗由此出來。另必研《金剛經》。楊仁山居士教宗般若，行尚淨土；印祖單弘淨宗，又弘《金剛經》，以般若為真實法，明此二經可會通真如。

如此則可「己欲立而立人」，立是不動搖，三十而立。

而後能「己欲達而達人」，達是沒障礙，六十而耳順也。[1]

八月五日（三），於慈光圖書館週三《華嚴經》講座，宣講〈十迴向品第二十五〉「八、真如相迴向」，解說「離諸妄見了真實法百門之一」。[2]

八月七日（五），立秋。有〈辛酉七月八日立秋客興〉、〈國風會畫展諸友皆半僧高足臨觀題贈〉、〈匏瓜〉、〈題陳琇惠女士老人福利工作論文〉、〈秋夜靜思〉、〈貧樂答人問〉。（《雪廬詩集》，頁660-662）

〈辛酉七月八日立秋客興〉：和風報花信，誰遣寄清秋；一樣凋桐葉，殊前會女牛。群芳春不駐，岐路客長愁；天上與人世，將從何處遊。

〈國風會畫展諸友皆半僧高足臨觀題贈〉：春雲秋水煥鯤臺，一代江山一代才；羨煞半僧桃李樹，無量金粟化身來。

〈匏瓜〉：我有匏瓜百世榮，無人知味竟垂名；荒天長繫秋風晚，勝似雞豚入鼎烹。

〈題陳琇惠女士老人福利工作論文〉：群言淆亂失中和。君子慚聞魯國多。才女瑤臺傳禮運。衰翁故國

---

[1] 李炳南講，陳雍澤記：〈為論語班開示〉（1981年8月3日），未刊本。
[2] 李炳南：《大方廣佛華嚴經講述表解》，《全集》第1冊之2，頁295。

悵銅駝。書成孝道山凝重。光澈慈心鏡久磨。今欲方人求古事。班昭東觀似同科。[1]

是日下午，蓮友施水閣於台中蓮社助念團念佛聲中，安詳往生。施水閣預知時至，臨終前十天即不進飲食，稱佛將來接。其子女至蓮社求助，經先生指示助念事宜。屆時，合掌而化，助念蓮友皆聞異香滿室。日後，先生於慎齋堂元旦開示中特別引以為證。

　　慧光，〈施老居士水閣先生往生事略〉：施老居士生於清光緒二十年。隸籍南投。逮光復，就職潭子糖廠。後執行代書。晚年皈依三寶，從雪公導師學佛。臨終前三日，其子女來蓮社云：「家父已七日未飲食。且稱佛將來接，汝等莫憂慮，但一心助念。百年之後請僧作佛事。齋戒茹素可也」。經稟雪公導師獲指示。云：「為人子女孝宜順父。切忌臨床揮淚，擾亂正念，累其墮落。又忌揩洗手足、搬動身體、掉換衣服等事」。
後三天，彼子女來社稱其父，甚危。請往助念。敝人等隨即往。禮佛後。向老居士聲稱：「敝人等乃李老師所遣。請老居士放下萬緣。提起聖號，一心專稱。未二十分鐘。果合掌而化。是時蓮友聞異香滿室。知佛菩薩定來接引。更加信心念佛十二小時後。視其面貌安詳如

---

1. 陳琇惠為寶松紀念大樓施工圖繪製者陳石松令媛（見1971年6月27日譜文）。

生。享年八十有八。　　　　　歲次壬戌孟春慧光識[1]

【案】施水閣從事土地代書業，一九五九年，炳南先生籌辦慈光育幼院期間，常往訪討論登記問題。見該年末記事。施往生後，炳南先生於一九八二年元旦開示，特別讚歎云：「臺中蓮友三十年來，死後有舍利子者，有七、八位，然不如施水閣特別。」特別處在「預知時至」。[2]

八月十二日（三），夏曆七月十三日，大勢至菩薩聖誕紀念日，上午九時，至蓮社拈香禮佛。（《蓮社日誌》）

晚，於慈光圖書館週三《華嚴經》講座，宣講〈十迴向品第二十五〉「八、真如相迴向」，解說「離諸妄見了真實法百門之二、三」。[3]

八月十六日（日）至二十九日（六），明倫講座第十五期「大專國學講座」於台中蓮社開辦，計十四日。先生講授「法要研究」八小時，周家麟講授《十善業道經》八小時，徐醒民講授《論語》二十小時；吳聰敏、連淑美

---

1 慧光：〈施老居士水閣先生往生事略〉，《明倫》第 120 期（1982 年 4 月）。
2 李炳南講，陳雍澤記：〈七十一年元旦開示〉，《筆記（拾參）》，未刊本。
3 李炳南：《大方廣佛華嚴經講述表解》，《全集》第 1 冊之 2，頁 296-297。

1981 年・民國 70 年 | 92 歲

講授《佛學概要十四講表》二十小時。[1]

八月十七日（一），上午八時至十時，明倫講座第十五期大專國學講座舉行開學典禮，先生開示「明倫」為儒佛交融義。

〈開學典禮開示〉：明倫之義：以字面，吾中國乃五倫社會，此明倫，明曉倫常之義。然吾新之義則另有所說，吾國之文化不同於歐美，亦不同於亞洲，吾國文化，實是內佛外儒，此從歷史可以證之，漢以前無佛，以後則佛之思想入矣。此明倫者，倫謂五倫，吾國十三經皆闡五倫；明謂五明，第一明，內明也，謂眾生皆有佛性也。此義佛儒交融也。

講座，從臺中開始（餘如傳戒、講經皆然）冬夏二次，期限長，課程有次第，非圖熱鬧，然，後以種種緣故，停辦；今發動要辦，時間匆促，二週之內，難成有學，唯指出路，使依之行，不走錯路，終究有得。昔日講座，無中國文化，全是佛學，佛學不外戒定慧，戒是規律須守，於有益之事（有花有果）說辦就辦，只要諸位上正路便好。至於以後，再視環境而定，依舊是「重質不重量」。然亦須視時局而定也。[2]

---

1 〈第十五期大專國學講座〉，《大專講座》，台中蓮社檔案。
2 李炳南講，吳碧霞記：「開學典禮開示」（1981 年 8 月 17 日），未刊本。

3171

晚七時至九時，於明倫講座「法要研究」，為初機學佛大專青年，講授「研求佛法之次第」，目的在導正學佛知見，培養對佛法信心。首日開講先確立學佛目的，再由目的回推達到目的之方法：證、行、解、信。

〈研求佛法之次第〉：無論做什麼事，都有一定的規矩，錯了必亂；為了不亂，就要有次第，不能亂走。佛法在這上頭更是講求。「信解行證」四字，是佛教研經的依歸，這是古人所列。

先問諸位一個問題：諸位來研究佛法是為什麼？這句話很要緊。我們在社會上做事，若漫無目標，就成了無意識的行動。定不住目標，自己沒有主意，就是個亂七八糟、萬事不成的人。諸位為什麼學佛？是為了開佛店賣佛法嗎？若為了這個，其他職業也可以做，何必要選擇學佛？經上講：佛為一大事因緣（生死大事）出現於世，學佛是為「了生死」，這是學佛最重要的一條。

了生死如何了法？先看「證」。

一、證：就是結果。不叫他生生死死，有一個永久圓滿的結果。但是，怎麼做？往「行」上走。

二、行：就是得有行動、行為，按著佛法走，依法修習。方法在佛經上都已明明白白地教我們。經文如果看不明白，可以看注解。凡是大部頭重要的經，都有祖師注解。

三、解：就是研求義理。如何知道修行的法子呢？得看佛經。看了佛經，依佛所說，明白了道理才會做。

四、信：研究義理要在經上求，而經可信不可信，是真

或是假,這得考據。

關於「信解行證」這四個研求佛法的次第,就好像上樓有階梯一樣,必得一階階往上,全始全終才行。無論學哪一門學問,都一定要到終點,否則上樓只上到一半,或者差一個階級,這樣都沒有用。必須到達頂樓,全始全終,如此才能獲得真實利益。[1]

八月十九日(三),晚七時至九時,於慈光圖書館週三《華嚴經》講座,宣講〈十迴向品第二十五〉「八、真如相迴向」。

八月二十日(四),應邀擔任中國醫藥學院升等副教授論文審查委員。(見《圖冊》,1981年圖13)

八月二十一日(五),晚七時至九時,於明倫講座「法要研究」,講授「研求佛法之次第(三、四)」第二步:解─解理為修行之指路牌。

　　研求佛法的第二個步驟──「解」。解明真相,破除錯覺。

---

[1] 李炳南講,顏彩雲、吳孟昌記:〈研求佛法之次第(一～八)〉,《明倫》第305-312期(2000年6月－2001年2/3月合刊);原刊有八講,《全集》收見第一至六講:〈辛酉年(七十年)研求佛法之次第(之一～之六)〉,《脩學法要續編》,《全集》第10冊之1,頁204-249。

解為行之路牌
　　「解」好比是路上有個行路牌。循著指路牌,就可以走到目的地。學佛就是要開佛知見,就好像佛的知見在屋裡頭,而佛為我們將門開啟,我們依著指示進入。除了依指示而行之外,還得悟,悟還不夠,必須入。「開示悟入」,這很重要。

1. 凡夫不知
　　佛教我們「四念住」,這是學佛的第一步。首先「示身不淨」,第二「示受皆苦」。宇宙是「萬法皆空」。不僅山水如此,星球亦如此。不管你目前多麼好,若生死不了,就離不開這住地,就成住壞空,除非有辦法不生不滅才行,這事凡夫不知。接著,或許有人要問:這些痛苦哪裡來的?

2. 萬法緣生
　　萬法因緣生,又因中有果,果中有因,因因果果永久不斷。學了佛就必須斷因,因不好斷,可以從緣下手(即十二因緣中的愛和取)。咱們這一切所受不能怨天尤人,因為都是自己做來的。由於起惑、造業,結果痛苦。學佛必得懂得「惑」,這完全靠自力,不由鬼神。三界的住地就有見思惑,只要斷見思惑就不在三界裡。

3. 經論內容
　　既然斷緣可以不結果,那必定有好辦法。經論的內容沒有別的,只是因為怕大家對於前面的兩條不懂,所以再廣舉種類,說明宇宙萬有的現象。我們研究經論會有疑惑不明白的地方,這得想辦法研究唯識。

唯識是分析法相的，可以幫助我們去疑惑。除了研究之外，還得通才可以，因為經典若研究得不通，便會曲解佛經，望文生義。凡夫沒有證果，說的話都不可靠。因此，有三種印證法。

4. 量即確證

第一「現量」。現量是公認的。這是對凡夫的講法，對菩薩就不是這麼講。

第二「比量」。找不出現量，就用比較的方法得知。

第三「聖言量」。比了比還是有比不出來的，怎麼辦呢？依聖言量。所以學佛要依法不依人，依經不依人。

5. 研經次第

若是上等根器，學問好的人，可以看三藏十二部。至於中等根器，則守本宗經論研究。其次守一經專修。上中下各得利益，俱能成就。咱們自己量力，看是屬於何種根器。上根的人閱全藏，中根的人守本宗經論研究，下根的人則一經專修。[1]

八月二十四日（一），晚七時至九時，於明倫講座「法要研究」，講授「研求佛法之次第（五、六）」：行—依教實踐，重在專一。

研求佛法的第三個次第——「行」。行須「依教實

---

1 李炳南講，顏彩雲、吳孟昌記：〈辛酉年（七十年）研求佛法之次第（之三～之四）〉，《脩學法要續編》，《全集》第 10 冊之 1，頁 204-249。

踐，重在專一」。

學佛光說不練是不行的，必得依著經上所講的理去做。不過，修行當中得注意一點，就是要「專一」。在「解」的工夫上，可以對於各種法門多加研究參考，也就是「四弘誓願」所說：法門無量誓願學。但「行」卻必須守著一個法門，因為若要斷無盡煩惱，必得按一個行門來斷。

法門雖然有八萬四千，但在今天只有二個法：一為禪宗，一為淨土宗。末法時期，淨為見佛法要。淨土宗沒有說證果，不證果那做什麼？了生死。別的法門了生死嗎？在這個時期，很難。

《阿彌陀經》裡所闡述的淨土，是西方極樂世界的凡聖同居土，專接發願往生的凡夫。淨土法門是為凡夫預備的，在眾生臨終時，十方諸佛只有阿彌陀佛會前來接引，只要念佛念得七寶池的蓮花開，佛便來接引我們上極樂世界去。

淨土法門不講「信解行證」，而是「信願行」三要。重點在這個「願」字，這是別的經上沒有的，為什麼呢？因為只有阿彌陀佛有四十八願，如果修行的人與他的願力相合，就能「過電」。所以願力很要緊。兩個字就能代表這個「願」，凡夫俗子用這兩個字就可以往生——「欣」、「厭」。

「欣」是我喜歡那樣，「厭」是我討厭這樣。有「欣厭」才能遠離娑婆，這是妙訣，也是方便法，但不可錯用。只要肯修彌陀願，不但阿彌陀佛來護念，十方諸佛

1981 年・民國 70 年 | 92 歲

都來護念,因為十方三世佛,共同一法身。我念佛,他念眾生,若能一念相應,乃至念念相應,就好辦了。[1]

八月二十六日(三),晚七時至九時,於慈光圖書館週三《華嚴經》講座,宣講〈十迴向品第二十五〉「八、真如相迴向」。

八月二十八日(五),上午八時至十時,於明倫講座「法要研究」,講授「研求佛法之次第(七、八)」:證——指成就、果位。

為什麼學佛開頭要先學人天?正法時期是證果,至於像法、末法都不叫證果,只能努力成個人天。若是成界內的人天,還是不得解脫,所以淨土法門要大家成界外的人天。咱們現在不說界外的人天,憑良心說,恐怕連界內人天的人格都保不住。如何保持人格呢?先從禮儀上著手。凡是越禮的事,對不起別人的事,不能給社會謀幸福的事,我都不做。此外,要處處學習謙恭。能保持這個態度,才可以保住人格。

淨土宗重實行,不實行不能成就。在淨土宗裡,有斷惑證位,也有伏惑往生。證果無惑的人生上三品,而下面六品都是帶業往生。

---

[1] 李炳南講,顏彩雲、吳孟昌記:〈辛酉年(七十年)研求佛法之次第(之五~之六)〉,《脩學法要續編》,《全集》第 10 冊之 1,頁 204-249。

「伏惑」，這得淨念相繼。如何伏惑呢？首先要先學「憶佛」，這很要緊。任何人都忘不了吃飯，一早起來就想吃飯，各行各業辛苦工作也都是為了這個。現在就是要把憶佛當成吃飯一樣，無論做任何事，都忘不了念佛，忘不了往生。比如早上起來，刷牙、吃飯、喝水、走路，一切行事都為了念佛、往生。不過，得做好事才行，不是去做小偷也說成是為念佛往生，那可不行，咱們善惡得分明白。

淨土念佛法門具備二種橫超，此地橫超三界，彼界橫超四土。只要伏住惑，時時憶佛（淨念相繼），默而識之，明記不忘，就一定可以往生。

而在淨土法門中，不講證果，而說往生，這是什麼道理呢？若在娑婆世界沒證果，其實就是帶業，生極樂世界凡聖同居土，仍舊還是個凡夫。不過，雖然是凡夫，也可以直接橫超到法雲地。《阿彌陀經》上講得很明白，多有「一生補處」，這已經是十地以外的等覺菩薩，經上清清楚楚地說。[1]

晚七時至九時，明倫講座第十五期大專國學講座舉行吟詩晚會聯誼。

---

[1] 李炳南講，顏彩雲、吳孟昌記：〈研求佛法之次第（七～八）〉，《明倫》第 311-312 期（2001 年 1 月－2/3 月合刊）；《全集》未見收。

八月二十九日（六），上午八時至十時，明倫講座第十五期大專國學講座結業典禮。先生以三句話贈別與會同學：第一、遠離鬥諍；第二、謙恭去慢；第三、去疑生信。[1]

講座圓滿後，召集檢討會議，指點辦事要訣。[2]

李炳南居士講，陳雍澤記，〈示眾〉：凡事萬勿冒險。吾應允之事，皆先深思者，有幾成把握才敢允之。若允者於己有害亦必犧牲以全吾信，「民無信不立。」又，凡事豫則立，此次國學講座經費不足，竟敢辦，太冒險。領眾者必具吸力（向心力），即以德服人。為政不在多言，少言多行。先自犧牲才可服人，故樂捐時吾雖窮亦先捐之。決不向外募款。

辦事只問自己盡心否，勿管他人。自肯盡心，自有功德。

存心為人，則形雖異，卻非凡，如麒麟不踐生草，乃人天心，報盡必生人天。若人形獸心，報盡必入三途。

《易經》、《詩經》皆禪。禪與淨如一手兩面，實唯禪耳，一念不起故。以念佛四法之實相念佛，即禪，但變變名詞耳。生西後，必至常寂光土，方究竟。此亦歸於禪，一念不生故。

好人、壞人，天各成熟其善惡。善者以善緣福之，惡者

---

[1] 淨宏（高國淩）：〈師訓集錦（一）論語班〉，《明倫》第173期（1987年4月）。
[2] 李炳南講，陳雍澤記：〈示眾〉（1981年8月），未刊本。

以宦財誘之。

道而後德、而後仁、而後藝,今只求藝,與今日教育制度有關。

博學於文,約之以禮,禮是行為標準。

求學貴明「人情」「事故」。

今乃「艮」時,卦象是見其背,入其庭不見其人。孔子時然後言。今乃潛藏苦修之時,愈會愈不可出頭,況空空者乎。

是月,為蓮友王能傑之令尊往生開頂助念,見其瑞相,確定往生極樂淨土。王能傑為一九六八年第八期慈光講座學員。

  王能傑,〈虧負師恩——恨鐵不能成鋼〉:民國七十年,先父以尿毒併發症,挽救無效往生,雪公一聽說是筆者先父往生,立刻趕來開頂加持、喪事亦蒙雪公多方護持,而極為哀榮。雪公於開頂加持時,見先父臨終之瑞相,知為確定往生極樂世界,甚感欣慰。同時感慨道場的成就,已是今不如昔了。[1]

  王能傑,〈先考往生周年祭雜感〉:去年,先考不幸以尿毒引致併發症而壽終正寢。臨命終時,蒙佛接引,心不顛倒,大聲念佛而終。其後瑞相頗多:於蓮友助念之時,小女菁琰曾見先考胸前一朵蓮花,蓮花上面

---

[1] 王能傑:〈虧負師恩——恨鐵不能成鋼〉,《明倫》第173期(1987年4月)。

站著一個人，蓮花及人皆放白光。且聞陣陣檀香，助念完畢之後，見先考之遺容為頭頂冒汗而手足冰冷，兩目微閉而似入定之狀，且顏色由生前病態之蠟黃色而轉為紅潤。所點蠟燭之燭淚，滴滴成串向四面八方擴散，中空成花籃之狀，此結燈花之不可思議瑞相。又出殯後第二夜晚，小女菁琰看見一個人由客廳裡西方三聖像中之觀世音菩薩像那邊走下來，微放白光，仔細看又沒有了，以後於滿七之期內，常見微放白光之人，且又偶聞異香自靈桌飄出，真是香光莊嚴。[1]

九月二日（三），於慈光圖書館週三《華嚴經》講座，宣講〈十迴向品第二十五〉「八、真如相迴向」。

九月四日（五），於蓮社為論語班講授詩之十大禁忌。

李炳南居士講，陳雍澤記，〈為論語班學員講詩〉：今非教汝作詩，乃為令知方法，能知看文之法才不錯解。詩為文之祖，學文以學詩為第一，作文以造句為第一。為文作詩有十大禁忌：合掌、雜湊、重複、虛誇、空洞、文理不通、廢話、抄襲、陳陳相因、褻穢。[2]

九月六日（日），中午，蓮社設宴慰勞此次舉辦講座全部服

---

[1] 王能傑：〈先考往生周年祭雜感〉，《明倫》第 123/124 期合刊（1982 年 8 月）。

[2] 李炳南講，陳雍澤記：〈為論語班學員講詩〉（1981 年 9 月 4 日），未刊本。

務同仁,與宴者約二百人。(《蓮社日誌》)

九月九日(三),於慈光圖書館週三《華嚴經》講座,宣講〈十迴向品第二十五〉「八、真如相迴向」。

九月十二日(六),中秋節,與諸生聚於蓮社頂樓陽臺賞月,有各項表演節目,先生作〈辛酉中秋重陰午夜雲歛與諸生賞月〉,前後有〈題蜀山猗蘭別墅舊居攝影〉、〈讀太白贈汪倫詩寄慨〉、〈題映雪讀書圖〉、〈憶人〉。(《雪廬詩集》,頁 662-663)

〈辛酉中秋重陰午夜雲歛與諸生賞月〉:文宴中秋夜,軒車盡美都;高風洗天淨,午月入荒鋪。仙杖橋雖幻,木樨香不無;素心二三子,共照有何殊。

〈題蜀山猗蘭別墅舊居攝影〉:客眼巴山似故鄉,徘徊尚不斷人腸;窗前猶是嘉陵水,未聽漁舟唱夕陽。

九月十五日(二),同鄉王德懋來函,日前見先生衣袖將破,因此為先生採購成衣,擬於週五請人送來。

王德懋,〈王德懋來函〉(1981 年 9 月 15 日):炳公鄉長居士鈞鑒:兩週前奉上謝函乙件,諒早鑒及矣。恭維道隨時長,福與歲增,為頌。素仰鄉長樂濟貧困,日前見居士衣袖將破,尚不感覺,令人肅然起敬。晚返北市,即至街上採購兩件此樣香港衫,未知稱心否。明夏早時注意,適合襯衫奉上。另,單方印刷費用新臺幣伍仟元正,本星期五日,如無大風雨,約上午九

時左右,有便人一同呈上。屆時懇祈賜納為禱。初秋氣涼,對衣食住行,伏乞珍重。肅此,順頌

崇祺,並請勝陽道兄、大姊秋安

晚王德懋謹上　九月十五日[1]

九月十六日(三),於慈光圖書館週三《華嚴經》講座,宣講〈十迴向品第二十五〉「八、真如相迴向」,解說「離諸妄見了真實法百門之四」。[2]

九月十八日(五),與會性法師對談,有儒佛道同、對誤入邪道者厚道、對因果應自警醒。

　　會性法師、李炳南居士對談,陳雍澤記,〈會公雪公對談〉:孔子之朝聞道,夕死可矣;道也者,不可須臾離;默而識之。此相當於佛家之淨念相繼、憶佛。孔子之君子謀道不謀食,以及用格致誠正修齊治平為入手功夫,亦與佛家之自行化他相當。

對誤入邪道者,應存憐憫心,勿輕慢之,此為厚道。

民前因果現報極著,今何無之?此正咱應受眾人之共報故,以邪召邪。勿以學佛幾年便自認為好人。應自省心理改變否?習氣減輕否?[3]

1　王德懋:〈王德懋來函〉(1981年9月15日),鄭如玲提供。
2　李炳南:《大方廣佛華嚴經講述表解》,《全集》第1冊之2,頁298。
3　會性法師、李炳南對談,陳雍澤記:〈會公雪公對談〉(1981年9月18日),未刊本。

九月十九日（六），即日起兩日，台中蓮社舉行秋季祭祖。第二日下午，恭請會性法師主持皈依典禮，皈依三寶者有四百零五人。（《蓮社日誌》）

九月二十三日（三），於慈光圖書館週三《華嚴經》講座，宣講〈十迴向品第二十五〉「八、真如相迴向」，解說「離諸妄見了真實法百門之五」。[1]

九月二十八日（一），教師節。晨四時三十分，論語班員至孔廟祭孔。晨九時，至師長寓拜節。（《蓮社日誌》）

九月二十九日（二），於蓮社為大眾開示將來所走路線，以論語與佛學並重。並示自修之道。[2]

  李炳南居士講授，陳雍澤記，〈恩師開示〉：今日之下，走何路線，至要且難。古來即難走，今日尤甚。此路子仍以《論語》與佛學並重。《論語》乃世法，咱離不了世法，自生至死，人與人離不了關係，不可忽之。佛學則專為了生死。佛學固然有世法，然偏重出世法。世法以中國文化為至好，處處可通，而死後卻無法了。故二者必學：有生則必學孔，有死則必學佛。學佛又學《論語》，則有把握了。

---

[1] 李炳南：《大方廣佛華嚴經講述表解》，《全集》第 1 冊之 2，頁 299。

[2] 李炳南講，陳雍澤記：〈恩師開示〉（1981 年 9 月 29 日），未刊本。

今日汝必自修。有時間允許者,有時間不允許者,看注子必有眼力、有分寸,吾為云簡單路子。

儒家:子曰:博學於文,約之以禮。文太多,學不了,可不勉強。而「約」(簡單)者,由禮下手。學了禮,即入了道之邊線。如開會坐何處?話如何說?手足無措、語無倫次,如之何?故《常禮舉要》必念熟。

佛教:禪為教外別傳,有人傳,證果者可傳。淨為教內別傳,《淨土三經》會了,即可明他經。今日但看此三經即可。

汝等總必做事,否則為寄生蟲。但只讀《常禮舉要》不會辦事,必看《通鑑輯覽》,看了才知辦事之吉凶禍福。作文,則貴識見與器度,而文辭達意即可。再看《閱微草堂筆記》,理論透闢,簡要詳明。以三、五年工夫細研《輯覽》、《閱微》、《論語》,即可變變樣。此乃吾九十年之經驗,言之不易也。

九月三十日(三),於慈光圖書館週三《華嚴經》講座,宣講〈十迴向品第二十五〉「八、真如相迴向」,解說「離諸妄見了真實法百門之六」。[1]

是月,普濟寺大雄寶殿落成,住持真得法師禮請先生書額。

---

[1] 李炳南:《大方廣佛華嚴經講述表解》,《全集》第 1 冊之 2,頁 300。

〈普濟寺大殿匾額〉：
中華民國歲次辛酉桂月穀旦
　　大雄寶殿
　　　　　　　　　　普濟寺住持釋真得敬獻
　　　　　　　　　　　李炳南敬書[1]

【案】一九七五年一月，臺中市第二市場興中街爆竹工廠爆炸案，真得法師捐一千二百斤米救災，并二十席素宴超薦。先生曾多次讚歎普濟寺住持真得法師，「雖不識多字、不會講經，但深信因果、喜歡布施、直心直行、踏實苦幹、不圖名利、老實念佛，是當今的高僧。」[2]

是月，偕同游俊傑家人至成功嶺探視大專暑期集訓之游青士。[3]（見《圖冊》，1981年圖14）

先生與游家來往親厚，週末常至游家觀賞國劇並晚餐。游青士與其令姊先後離家求學，游俊傑亦常教導兒女倆寫信給先生，以慰老人家思念之情。[4]

【案】大專暑期集訓每年暑假在臺中烏日成功嶺基地舉行，參加者為是年即將進入大專就讀之男生。游

1　〈普濟寺大殿匾額〉（照片），2023年7月12日攝影，蔡孟秩、洪雪香提供。
2　林其賢：「陳雍澤口述紀錄」，2023年10月12日，台中蓮社。
3　「雪公至成功嶺探視」，1981年暑假，游青士提供。
4　游俊傑：〈游俊傑致青士函〉（1981年11月30日，1981年12月4日，1981年12月22日），游青士提供。

1981 年・民國 70 年 ｜ 92 歲

青士為游俊傑長子。

本學年起，中興大學智海學社指導老師由先生著請該校化學系教師謝嘉峰接任。謝嘉峰為該社第十屆社長，一九六九年慈光講座第九屆學員。

> 編輯部，〈呵護的心從未離開：護持學社的老學長們〉：中興大學的謝嘉峰教授，不僅是智海學社老學長，更擔任智海學社第二十一至五十一屆指導老師，長期輔導學社。這段因緣起於民國六十九年，智海學社原指導老師許祖成教授往生，民國七十年暑假末，當時智海學社社長施同學請教謝教授說：「學校希望找個指導老師，怎麼辦？」於是謝教授與施同學一同到臺中正氣街拜見雪廬老人（李炳南老居士），祈請雪公給予意見決定，想不到雪公回答：「那就由你來擔任。」謝教授謙稱自己擔任指導老師，只有緣起，沒有動機，但因不違雪公恩師之命，抱持「鞠躬盡瘁，死而後已」的想法，盡全力護持學社的慧命。[1]

十月二日（五），台中蓮社「論語班」第一期第二學年第一學期開學。是日起至十月二十三日（五），講授〈泰伯〉篇共二十二章。[2]

---

[1] 編輯部：〈呵護的心從未離開：護持學社的老學長們〉，《慧炬》第 582 期（2013 年 6 月），頁 19。
[2] 【數位典藏】錄音 / 儒學研究 / 論語 /〈泰伯〉。

開學首日,再次強調學《論語》之重要性在打好學佛之基礎:建立人格。並推薦《論語》注解及讀《論語》外應讀典籍。

〈泰伯第八篇·前言〉:(第二學年第一學期開始)頭一天先跟大家談幾句要緊話。《論語》不好講,但是非講不可,首先學《論語》可以幫助學佛。你們學佛學出世法,但是人身難得,有人身始能學佛,佛法在世間,不離世間覺,人道不懂,不能成功。三十年來,起首十年好,其次十年差,後十年更差,所以添講《論語》。這種趨勢,不僅佛學如此,儒學也是如此。你們聽《論語》,要當佛經聽;聽佛經,要當《論語》聽。吾自學佛才懂中國文化;再看中國文化,佛學也懂了;二者互相有關係。佛家世法出世法都有,格外注重出世法。儒家也是如此,只是特別重視世法。儒佛的體都一樣,用不同而已。你們要先得其體,用則萬端,隨你用。

《論語》,從漢到清,三四百家注得亂七八糟。吾舉三本書,《論語正義》,偏重漢家,不罵人。再者《會箋》,偏於宋儒,也不罵人,比較簡單。再者《集釋》,內容較多,做參考。李二曲《反身錄》,你們學三年文,文理略通了,再看。

吾說這個是九十歲的學問,吾六十歲時,說不出來,昔日吾說多奇語,今日說的平常,老生常談,平常便是中庸之道。吾所說的話,請大家要注重,要懂吾話中意義,這恐怕不容易。讀《論語》,至少必須看過《通鑑輯覽》的學問,才能讀《論語》。所以學《論語》外,

必須看《通鑑輯覽》。依《閱微草堂筆記》學文章,可以寫一篇明白的信。再來是要學《常禮舉要》,自今天起,第一要先學禮,不學禮,儒書讀不下去,學佛不學戒,則白學佛。吾為你們開路,縱使是不好的人,也與其進也,當時好便教,教在吾,壞在他。[1]

十月五日(一),晚,於台中蓮社「論語班」講授《論語‧泰伯》。

十月六日(二),重陽節,有〈九日〉,前後又有〈菊頌〉八首、〈憶故園菊〉五首、〈知止〉、〈題橄欖仁〉二首、〈明教授家陷大陸其尊翁沒世二十餘年今始得信弔之〉(《雪廬詩集》,頁663-668)。莒人馬晉封有〈菊唱〉八首賡和〈菊頌〉。

〈九日〉:滿城風雨昨晴時,始覺重陽在近期;寧可無人來送酒,何能賞菊不題詩。西風落帽輸前古,蠟屐登山幸未遲;仙嶠避災三十載,茱萸把看更多思。

〈憶故園菊〉五首:
歲華無計忘長安,猶見金莖承露盤;故國秋深急刀尺,只愁非是漢衣冠。
開菊曾憐傍戰場,岑詩重誦斷人腸;狼烽今日遍天下,愁在他鄉憂故鄉。

---

1 〈前言〉,《論語講記‧泰伯第八》,明倫月刊資訊網:http://www.minlun.org.tw/1pt/1pt-4-3/index-00.htm#泰伯第八

西飆捲地疊金錢，難買人間一寸氈；大嚼屠門空釀酒，洞庭南望獨飛仙。（菊有金錢一種最普）

南山千佛菊千叢，白日西馳月出東；名士空城題壁去，蹣跚醉語野煙中。（歷下千佛山皆菊）

我逐白雲西北來，霜根早向半畦栽；少陵垂淚樊川笑，二杜今無或不開。

〈明教授家陷大陸其尊翁沒世二十餘年今始得信弔之〉：國破家何問，流離各自殊；遺者天不憖，遊子淚全枯。九世讎仍在，萬芳民待穌；重泉深瘞恨，移孝作良圖。

〈菊頌〉八首（錄四）：

霜天落木塞鴻哀，阡陌蕭條枯草萊；久厭西風專肅政，黃英不屈抗顏開。

東籬香淡徑無塵，記得癯顏是故人；商氣蕭森清不改，千秋幾度伯夷身。

看山久坐采霜枝，盈把還同一卷詩；不必白衣來送酒，淵明心籟有金絲。

疏煙寒水隔蒹葭，松徑秋畦高士家；二十四番風候信，只堪吹放上林花。

馬晉封，〈菊喟〉八首（錄二）：（以序代簡）雪廬丈〈菊頌〉八首，託寄遙深，於義已無餘蘊。試步原玉作〈菊喟〉，與〈頌〉之旨不相關也。未敢以言賡和，錄呈雪丈，盼聆教益。

落拓征衫半麴塵，幽光還照眼前人；繁華已共風流盡，憔悴猶存劫後身。

1981年・民國70年｜92歲

缾供朝來折一枝，高標如畫淡如詩；清秋又見容顏好，不似潘郎鬢上絲。[1]

【案】馬晉封（1919-1999），字放之，號子晉，山東莒縣人，曾親歷當年莒城被圍困事，熟知先生救助莒人事。有〈讀雪公詩憶往〉、〈悼雪廬先生〉等刊載於《明倫》。（小傳見1928年8月）

是日又為前社長許克綏夫婦九秩雙壽，蓮社董事長董正之、社長王炯如請江逸子繪〈同樂徵壽圖〉，再請先生題辭，贈以為祝壽禮。[2]（見《圖冊》，1981年圖15）
〈同樂徵壽圖〉：不著壽者相，如何是虛妄；白頭對黃華，勁秋兩無恙。日長月中天，永履春臺上。
歲次辛酉重九三度日長節來臨，本社正籌辦冬令救濟，恭逢創辦人克綏老居士伉儷九秩雙慶，謹作〈同樂徵壽圖〉為祝
　　　　台中蓮社董事長董正之　社長王炯如恭贈
　　　古閩江逸子繪　東魯九二雪叟李炳南題

十月七日（三），於慈光圖書館週三《華嚴經》講座，宣講〈十迴向品第二十五〉「八、真如相迴向」，解說「離

1　馬晉封：〈菊唔〉（手稿），台中蓮社收藏。
2　李炳南：〈同樂徵壽圖〉，《雪廬老人題畫遺墨》，《全集》第16冊，頁187。

3191

諸妄見了真實法百門之七」。[1]

十月九日（五），晚，於台中蓮社「論語班」講授《論語・泰伯》。

十月十二日（一），晚，於台中蓮社「論語班」講授《論語・泰伯》。

十月十四日（三），於慈光圖書館週三《華嚴經》講座，宣講〈十迴向品第二十五〉「八、真如相迴向」，解說「離諸妄見了真實法百門之八」。[2]

十月十六日（五），晚，於台中蓮社「論語班」講授《論語・泰伯》。

十月十八日（日），下午一時至五時三十分，至臺中土地銀行招待所，參加中國醫藥學院董事會第七屆第十二次董事會議。會議討論中、西醫兩系合併（中西醫一元化）議題。先生發言指出：復興中華文化，是全國性問題，只要中西醫學生各自努力，各自做好分內事，自然各有前途，即是為復興中華文化各盡責任。

---

[1] 李炳南：《大方廣佛華嚴經講述表解》，《全集》第 1 冊之 2，頁 301。
[2] 李炳南：《大方廣佛華嚴經講述表解》，《全集》第 1 冊之 2，頁 302。

1981 年・民國 70 年 | 92 歲

是次會議選舉第八屆董事,先生獲提名連任,陳立夫亦連任董事長。[1]

十月十九日(一),晚,於台中蓮社「論語班」講授《論語・泰伯》。

十月二十一日(三),於慈光圖書館週三《華嚴經》講座,宣講〈十迴向品第二十五〉「八、真如相迴向」,解說「離諸妄見了真實法百門之九」。[2]

十月二十三日(五),晚,於台中蓮社「論語班」講授《論語・泰伯》。

十月二十五日(日),上午十時,智海社社友徐貴源、楊能鳳於蓮社大殿舉行佛化婚禮,恭請周家麟老師代替先生福證,是日到有百餘位親友觀禮,典禮簡單,莊嚴隆重,至十二時圓滿結束。(《蓮社日誌》)

十月二十六日(一),上午九時,青蓮班同學恭請先生於蓮社錄音室開示修淨法要,到有同學三十餘人,至十一時圓滿。(《蓮社日誌》)

---

1 徐鳴亞編:《私立中國醫藥學院歷屆董事會議紀錄彙編》。
2 李炳南:《大方廣佛華嚴經講述表解》,《全集》第 1 冊之 2,頁 304。

十月二十六日（一），晚，於台中蓮社「論語班」講授《論語‧泰伯》結束。

是日，夏曆九月二十九日，為老重陽節，有〈老重陽〉，前後又有〈校增經書某文柄譏笑大錯深斥感作笑道〉、〈贈加古川市醫師會〉、〈贈加古川市醫師會會長平野明〉、〈贈華僑銀行新經理林錫炘〉。（《雪廬詩集》，頁 668-671）

〈老重陽〉（齊俗九月度三重陽，中旬曰展，下旬曰老）：東籬蕭瑟菊猶存，戶外南山夕照昏；興盡何妨詩一句，庭空不必酒盈樽。霜高楓落晚霞紫，地靜蘆閒晴雪屯；聞道重陽今日老，瓣香吾與薦秋魂。

〈贈華僑銀行新經理林錫炘〉：裕國懷柔寶藏開，張蒼端是度支才；誰知炎漢千年後，繼武心傾有道來。吾友新任華僑銀行經理題贈　錫炘賢棣正

九二雪叟李炳南[1]

【案】林錫炘為慈光育幼院郭秀銘院長夫婿，榮任華僑銀行經理，先生賦詩題贈祝賀。今收《雪廬詩集》，第二句改為：「張蒼第一度支才」。

十月二十八日（三），於慈光圖書館週三《華嚴經》講座，

---

1 李炳南：〈贈華僑銀行新經理林錫炘〉，《雪廬老人題畫遺墨》，《全集》第 16 冊，頁 122；《雪廬詩集》，《全集》第 14 冊之 1，頁 670。

1981年・民國70年 | 92歲

宣講〈十迴向品第二十五〉「八、真如相迴向」。

十月三十日（五）至十一月二十七日（五），於台中蓮社「論語班」講授〈子罕〉篇共三十二章。[1]

是日，孔德成先生來函，請先生於其出國期間，主持奉祀官府事務。[2]（《圖冊》，1981年圖16）

孔德成，〈孔德成來函〉（1981年10月30日）：炳兄：不晤兼旬，時念起居。維禪定喜悅為頌。茲敬懇者：弟以下月出國，府中諸務無法主持，敢懇在十一月一月中，敬請偏勞。事出不得已，非敢有勞清神也。尚希伏〔俯〕允為叩。外，弟水晶陽文私章一枚、奉祀官孔德成簽名章貳棵〔顆〕，交鄭勝陽帶呈，即希詧收。此外，并已諭府中職司，諸務請示辦理。專此奉懇敬頌

塵安　　　　　　　　　弟孔德成敬上　七十、十、卅

十一月二日（一），晚，於台中蓮社「論語班」講授《論語・子罕》。

十一月四日（三），於慈光圖書館週三《華嚴經》講座，宣講〈十迴向品第二十五〉「八、真如相迴向」，解說

---

1 【數位典藏】錄音／儒學研究／論語／〈子罕〉。
2 孔德成：〈孔德成來函〉（1981年10月30日），台中蓮社收藏。

「離諸妄見了真實法百門之十」。[1]

十一月六日（五），晚，於台中蓮社「論語班」講授《論語‧子罕》。

十一月九日（一），晚，於台中蓮社「論語班」講授《論語‧子罕》。

十一月十一日（三），於慈光圖書館週三《華嚴經》講座，宣講〈十迴向品第二十五〉「八、真如相迴向」。

十一月十三日（五），晚，於台中蓮社「論語班」講授《論語‧子罕》。是週講解「子曰：沽之哉！沽之哉！我待善賈者也」，言及是年為辛酉年，當為岳飛默悼。

十一月十六日（一），晚，於台中蓮社「論語班」講授《論語‧子罕》。

十一月十八日（三），於慈光圖書館週三《華嚴經》講座，宣講〈十迴向品第二十五〉「九、無著無縛解脫迴向」。[2]

---

[1] 李炳南：《大方廣佛華嚴經講述表解》，《全集》第1冊之2，頁305。
[2] 李炳南：《大方廣佛華嚴經講述表解》，《全集》第1冊之2，頁309-311。

1981 年・民國 70 年 | 92 歲

十一月二十日（五），晚，於台中蓮社「論語班」講授《論語・子罕》。

十一月二十二日（日），日本學者荒尾素次再度來訪，有詩〈日儒荒尾樂為慈益事業聞予九旬且有同道之誼來訪〉。（《雪廬詩集》，頁 669；見《圖冊》，1981 年圖 17）
〈日儒荒尾樂為慈益事業聞予九旬且有同道之誼來訪〉：儒林法苑道攸同，富士高瞻碧海東；萬里飛來山帶雨，蘭開九畹茂新叢。

十一月二十三日（一），晚，於台中蓮社「論語班」講授《論語・子罕》。

十一月二十五日（三），於慈光圖書館週三《華嚴經》講座，宣講〈十迴向品第二十五〉「九、無著無縛解脫迴向」。

十一月二十七日（五）至十二月二十八日（一），於台中蓮社「論語班」講授〈鄉黨〉篇共十六章。[1]

十一月三十日（一），晚，於台中蓮社「論語班」講授《論語・鄉黨》。

是月，徐醒民主講《論語》下卷部分全部圓滿講竟。接續講

1　【數位典藏】錄音／儒學研究／論語／〈鄉黨〉。

授《常禮舉要》。

【案】「論語講習班」第一期,為期兩年,學員每週上課四次,先生週一、週五主講《上論》(《論語》第一至第十篇),徐醒民助講《下論》(《論語》第十一至第二十篇)。至「論語講習班」第二期,為期三年,學員每週上課四次,先生主講《下論》,徐醒民助講《上論》。

十二月一日(二),下午三時三十分,赴蓮社參加冬令救濟籌備會並開示。會議由社長王炯如主持,與會者有各董監事、念佛班正副班長及有關辦事人員一百餘人。(《蓮社日誌》)

十二月二日(三),於慈光圖書館週三《華嚴經》講座,宣講〈十迴向品第二十五〉「九、無著無縛解脫迴向」。

十二月四日(五),晚,於台中蓮社「論語班」講授《論語・鄉黨》。

十二月六日(日),為「論語班」及常隨眾蓮友講授杜甫〈月夜憶舍弟〉、常建〈題破山寺後院〉之脈絡。[1]

李炳南居士講,陳雍澤記,〈杜甫〈月夜憶舍弟〉、

---

[1] 李炳南講,陳雍澤記:〈杜甫〈月夜憶舍弟〉、常建〈題破山寺後院〉之脈絡〉(1981年12月6日),未刊本。

常建〈題破山寺後院〉之脈絡〉：加《論語》課，對文字仍忽之、漂浮，則不扎根，今乃再為講二詩。

吾不令汝作詩，以根基不堅固。至少十三經必熟，有此底子，再者必明歷史。詩言志，古人詩皆言時事人情，非談風月，「誦詩聞國政」，古以詩為格言，子曰：不學詩無以言，詩為文之祖。

詩有脈絡、格局、章法、對聯、聲韻……等，均有定規，亦無定規，千變萬化，難處在此。此皆弄好了，尚得見其境界，士貴器識，詩人必有識見、器量才可。再觀其骨格。境界、骨格無形跡，念熟才知。至難者乃神韻也。唐詩已達飽和點，因佛學中，禪為極處。四萬多首唐詩，寺廟類、邊塞類均絕唱，壓倒歷代，乃吟詠佛學、戰爭之類。

詩之脈絡乃初步工夫，可學習。再者，只學物質，不把思想放開，不中用。故古人讀萬卷書、行萬里路、出交天下士。至於古人之評論有誤者，才改之，吾不敢注也。〈詩惑研討隨筆〉所言至要。

十二月七日（一），晚，於台中蓮社「論語班」講授《論語・鄉黨》。略及印光大師文學素養非所及也。

　　昔日吾皈依印祖時，心中以為佛學是不如祖師，但是文學或許可以比一比，這幾年《印祖文鈔》看了幾次，才知道印祖的文學真好。現今為預備靈山寺佛七、慎齋堂開示，吾已說了三十年，同流合汙的發言吾不說，吾說的是真話，對就說對，不對就說不對，吾又遭

謗。你們有護法的熱心,但是能力不足,吾一人獨木難支,我一人也難護法。[1]

十二月八日(二),下午一時,至中國醫藥學院會議室,參加中國醫藥學院董事會第八屆臨時董事會。決議向教育部貸款六千萬元,興建學生宿舍。[2]

是日,《菩提樹》創刊三十年,先生題辭祝賀。[3](見《圖冊》,1981年圖18)
〈菩提樹刊三十週紀念〉:本立道生。雲蓋普蔭。
菩提樹刊三十週　紀念　　　　　　　　李炳南敬賀

十二月九日(三),於慈光圖書館週三《華嚴經》講座,宣講〈十迴向品第二十五〉「九、無著無縛解脫迴向」。

十二月十日(四),臺中靈山寺辛酉年佛七第五日,先生應邀前往講話,有〈辛酉佛七開示〉,偈云:
佛在心中莫外求,貪瞋放下是真修;年光三十仍如

---

1 〈八、割不正不食〉,《論語講記・鄉黨第十》,明倫月刊資訊網:http://www.minlun.org.tw/1pt/1pt-4-3/index-00.htm# 鄉黨第十
2 見:徐鳴亞編:《私立中國醫藥學院歷屆董事會議紀錄彙編》。
3 李炳南:〈菩提樹刊三十週　紀念〉,《菩提樹》第349期(1981年12月8日),頁4;今收:《雪廬老人題畫遺墨》,《全集》第16冊,頁341。

舊,勢至觀音代發愁。[1]

十二月十一日(五),晚,於台中蓮社「論語班」講授《論語・鄉黨》。

十二月十四日(一),晚,於台中蓮社「論語班」講授《論語・鄉黨》。

十二月十六日(三),於慈光圖書館週三《華嚴經》講座,宣講〈十迴向品第二十五〉「九、無著無縛解脫迴向」。

十二月十八日(五),晚,於台中蓮社「論語班」講授《論語・鄉黨》。

十二月十九日(六),下午三時,至省立臺中圖書館參加《菩提樹》雜誌創刊三十年舉辦之印度佛教藝術「佛陀故鄉」攝影展開幕茶會。[2]

十二月二十一日(一),晚,於台中蓮社「論語班」講授《論語・鄉黨》。

---

1 李炳南講,連淑美記:〈辛酉歲佛七開示〉,《脩學法要》,《全集》第 9 冊,頁 246-251。
2 〈新聞〉,《菩提樹》第 350 期(1982 年 1 月 8 日),頁 48。

是日,孔德成先生來函,原訂南來,因事未能成行。

  孔德成,〈孔德成先生來函〉(1981 年 12 月 21 日):炳兄:手示奉悉。本定昨來臺中,今日以臨時有事,不克前來,只好下週再來矣。每勞清聽,至感不安也。專此先佈　即頌

  冬安　　　　　　　　弟德成敬上　七十、十二、廿一[1]

十二月二十三日(三),午十一時,董正之董事長返回蓮社,與先生會客室午餐。(《蓮社日誌》)

  晚,於慈光圖書館週三《華嚴經》講座,宣講〈十迴向品第二十五〉「九、無著無縛解脫迴向」。

十二月二十五日(五),晚,於台中蓮社為董正之及「論語班」同學講李白詩〈秋登宣城謝朓北樓〉。[2]

十二月二十八日(一),於台中蓮社「論語班」講授〈鄉黨〉篇圓滿,《上論》講授完畢,本學期課程結束。

  「論語班」講授期間,先生曾因學員不懂「穀旦」一詞而責備學員不夠用功。下次上課,學員上呈教鞭,請師

---

[1] 孔德成:〈孔德成先生來函〉(1981 年 12 月 21 日),江逸子收藏。
[2] 李炳南講,陳雍澤記:〈為董老師及論語班等同學講詩〉(1981 年 12 月 25 日),未刊本。

1981 年・民國 70 年 | 92 歲

嚴責。先生則以「教不會、師之過」自責。(《圖冊》，1981 年圖 19)

  吳碧霞:〈雪廬風誼——俠骨詩情醇儒本色 悲心忍力菩薩真行〉:在「論語講習班」也發生了一件令學生永生難忘的事，那是雪公在教學時提到「穀旦」二字，學生不解，老人家歎一聲:「你們都不用功!」學生深感慚愧，就在下一次上課前，全體跪在講堂前，手捧教鞭，懇請雪公嚴加管教，不想老人家拿起教鞭說:「學生學不會，是老師的過失，這鞭子我拿回去打自己。」當下學生淚流滿面，感到十分慚愧，這條教鞭，目前留在雪廬紀念堂，永遠警惕著我們這些不用功的學生們。[1]

十二月三十日(三)，於慈光圖書館週三《華嚴經》講座，宣講〈十迴向品第二十五〉「九、無著無縛解脫迴向」。

十二月，為青衿居士所繪〈往水閣觀瀑圖〉賦詩一首題贈。[2]
(見《圖冊》，1981 年圖 20)

  〈題往水閣觀瀑圖〉:滴翠羣峰樹裊煙，飛瀧遙落入晴川;如舟水閣紅塵外，來是遊人住是仙。

---

[1] 吳碧霞:〈雪廬風誼——俠骨詩情醇儒本色 悲心忍力菩薩真行〉，《明倫》第 363 期 (2006 年 4 月)。
[2] 李炳南:〈往水閣觀瀑圖〉，《雪廬老人題畫遺墨》，《全集》第 16 冊，頁 204;〈題往水閣觀瀑圖〉，《雪廬詩集》，《全集》第 14 冊之 1，頁 670。《詩集》中末句「遊人」作「幽人」。

青衿習畫作往水閣觀瀑圖，持而索題。善其心向國學，樂為隨緣，就其意境賦詩一首。

〉〉〉〉〉〉〉〉〉〉〉〉〉〉辛酉季冬九二雪叟李炳南

是年底，內典研究班學員李子成函呈出家意願。先生許之，並允辭機構職務及「論語講習班」學習。

　　果清法師：出家的心決定之後，寫了一封信，呈給老師，表達心志：出家要好好持戒，住男眾道場，要好好持午等。老師看了這封信後說：「這個孩子，信心這麼堅決，挽留也挽留不住了。你要出家，若能好好持戒，倒也不錯；就去吧！」果清就說：「育幼院也要辭職，不知他們肯否？如果挽留怎麼辦？現在正在讀論語班當中，尚未結束便出家，這可以嗎？」老師說：「育幼院的事，我自然和他們說一說，讓你辭職；讀論語班的事，你就提前離開吧！」所以我就辭職，前往埔里觀音山圓通寺出家。
拜見剃度恩師上聖下觀老和尚，提起想要出家的事。最初他老人家也不答應。心想「糟糕了！」就再求他。他問道：「你從那邊來的？」我說：「從台中蓮社出來的。」他也就了解，台中蓮社有李老師在領導，便比較放心，收留了下來。」[1]

　　【小傳】李子成（1947-），出家法名果清，高雄人。

1　釋果清：《果清法師演說集》（臺中：中興大學智海學社畢業社友聯會、臺中市今成文教基金會），頁 82-84。

1981年・民國 70 年 | 92 歲

一九六七年就讀國立中興大學中文系，參加該校智海學社，開始親近先生。一九七四至一九七七年就讀台中蓮社內典研究班。一九八二年四月八日佛誕日禮埔里圓通寺聖觀老和尚出家，法名果清，字正因。同年十二月受具足戒。多次閉關，修學以持戒為基，以天台為宗，以淨土為歸。專精律學，多次擔任戒師。歷任正覺寺、圓通寺住持。[1]

是年孟冬，賦詩題贈鄰居江春，感謝其常以蘭花來供。

〈閭鄰江叟善藝蘭時以素心類來供〉：綠川湄上結高鄰。分得芝蘭一室春。藹藹無多言似默。素心香印素心人。
辛酉孟冬春老江大居士雅正　　　　　　　　　　　李炳南[2]

是年冬，有〈時學〉、〈回憶〉、〈讀吾師印光大師丁著佛學指南序〉、〈新憂〉、〈月夜有思〉、〈無例〉、〈出山〉、〈溪山訪友〉、〈久陰〉、〈五大洲〉。
（《雪廬詩集》，頁 671-674）

〈時學〉：西樓彼美結新歡，忍棄典章趨異端；涸獺無魚何所祭，鳴蛙有祿半居官。群言鼎沸匡時少，萬國雲遮欲話難；滿眼青衿佳子弟，殷殷心曲未能寬。

---

1 參見：〈果清律師〉，《關於學會》，臺灣圓通教育學會：https://yuantong-edu-assoc.org/about/2/
2 李炳南：〈閭鄰江叟善藝蘭時以素心類來供〉，《雪廬老人題畫遺墨》，《全集》第 16 冊，頁 85。《雪廬詩集》，《全集》第 14 冊之 1，頁 667。

〈回憶〉二首（曾以紅樓夢作教材餘習猶存）：

學士瀛洲歸洞天，胡麻依舊可登仙；獨憐來去衛懿鶴，不厭添籌七十年。

紅樓絳帳眼皆青，蝶夢沉沉曉不醒；昨夜琵琶催醉臥，問誰起讀十三經。

〈讀吾師印光大師丁著佛學指南序〉：覺世靈文自性天，焚香重誦愧薪傳；湍飛雷震三千字，珠網交輝顆顆圓。

【案】此詩係台中蓮社流通《丁氏叢書》時，先生有感而作。據藏密（鍾清泉）〈雪公與印祖（四）〉云：「當時雪公讀到該書序文，不知何人所作，只覺文長難讀，後來一見是印祖署名，自覺有愧祖師的期許，於是『焚香重誦』，愈覺通篇文字如梵網寶珠，顆顆渾圓，光光交攝。雪公曾在教席上，提起個中的心情轉折，給座下大眾上了一門『奉事師長』的課。」[1]

是年，為至聖奉祀官府出納王瑋中題辭勉勵。（《圖冊》1981年圖21）[2]

以念佛力故，自然無懼。

錄經言作銘。瑋中賢契雅囑　雪僧

1　藏密（鍾清泉）：〈雪公與印祖（四）——接統靈巖十三葉，蓮花一瓣分台中〉，《明倫》第385期（2008年6月）。
2　王瑋中：《王瑋中國畫集》，頁3。

1981年・民國70年 | 92歲

是年，為江逸子〈研經圖〉、〈松蔭論道圖〉題辭。（見《圖冊》，1981年圖22）[1]

〈研經圖〉：你說依法不依人，他說求心不求佛，我說依求兩俱遣，曾聞無智亦無得。

辛酉梅月敬觀應貞光賢契囑題　　　九二老者李炳南題

〈松蔭論道圖〉：你說依法不依人，他說求心不求佛，我說依求兩俱遣，曾聞無智亦無得。

九二老者李炳南題

是年，於「論語講習班」推薦學員學習書法，並印製收藏之《定武蘭亭肥本》贈送學員。（見《圖冊》，1949年圖7）

【案】《定武蘭亭肥本》係先生來臺時隨身攜帶之文物（見1949年2月2日譜文）。據「吳聰敏口述紀錄」（LINE通訊軟體，2024年5月17日），先生曾以此版本難得，推薦學生學習，指示贈送當時參加「論語講習班」之學員。另據台中蓮社《工作日誌》（1978年3月6日至1982年12月底），一九八二年三月二十七日，舉辦「復興中華文化端正禮俗觀摩會」時，贈送來賓資料袋有《蘭亭肥本》，則印製此書當早於此。推知先生贈送論語講習班學員事，約當是年。

---

1 李炳南：〈研經圖〉、〈松蔭論道圖〉，《雪廬老人題畫遺墨》，《全集》第16冊，頁176、頁182；兩幅題辭同，構圖類似，唯樹種有別。

1982年・民國71年・辛酉－壬戌
93歲

【國內外大事】
- 南亭法師捨報。

【譜主大事】。
- 一月,元旦應慎齋堂邀請,開示「出交天下士,入讀古今書」。
- 二月,本學期為第一期論語講習班同學講授《禮記·月令》、《常禮舉要》。
- 三月,於蓮社念佛班共修會中,開示念佛法要。
- 六月,第一期論語講習班結業典禮。
- 七月,於蓮社開辦「國學啟蒙班」,招收國小、國中之蓮友子弟。
- 九月,第二期論語講習班開辦,講授《論語·下論》。

一月一日（五），元旦，應邀於慎齋堂以「出交天下士，入讀古今書」為題開示：研學求道首應明辨善知識，接著以中華文化作根柢，深入佛法三藏，應著重堅固信根。[1]

（《圖冊》，1982年圖1）

〈出交天下士，入讀古今書〉：諸位這樣遠道而來，可見誠心修道，值得敬佩。求道的要點方法在哪裡？所謂「知所先後，則近道矣」。求道這路途，「先後」兩個字很重要，這兩個字若不懂，一萬年也不成功。下面就來說明求道的先後。

一、出交天下士

先說「出交天下士」。求道求學得有人指點，向懂得的人、有道的人請教，請他教我們念經、修法，若沒人指點，三藏經典擺著，隨便抽一本看也沒頭緒。「佛法無人說，雖智不能解」，所以第一要認識人，求人指點。佛法上說：親近善知識，遠離惡知識。要知道，善知識能令吾人往上，惡知識則令吾人往下。

求道要有先後，先是認識善知識，接著是讀古今書。

二、入讀古今書

（一）世間三大文化：歐美物質科學、中國倫理德育、天竺佛陀內學

形下謂物──歐美物質科學

---

[1] 李炳南講，吳孟昌記：〈壬戌年（七十一年）元旦慎齋堂講話──出交天下士，入讀古今書〉，《脩學法要續編》，《全集》第10冊之1，頁139-168。講表有手稿兩紙，鄭如玲提供。

「物」就是物質，講到發展物質科學，歐美在這方面最進步。發展物質是屬於世間法，所以它的好處就僅止於世間法這一段而已。吾人在世間，雖然離不了物質，但是這個辦法偏，因為只走了一方面。

形上謂道──中國倫理德育

中國發明五倫，五倫之間彼此都有關係，而且互相保護。提倡中國的倫理德育有什麼好處呢？

第一，可以「修齊治平」。如此一來，就能達到人人平等、世界大同的目標。

第二，「現時安康」。現時就能得好處，彼此成為一家人，互相厚愛，每個人都能不獨老其老，不獨幼其幼。

第三，「心身中節」。身一切的享受到一個中心點，衣食住行不缺乏就行了，不必對外發展，因為一發展就侵略別人。要緊在這個心，明白這個道理，就能控制它，讓它始終保持在恰到好處的境界，這就是「中節」。

形上謂道──天竺佛陀內學

所謂「內學」，就是佛學。出世法的內學發明在印度，是教人如何破迷啟悟、明心見性。這個有什麼好處呢？現在讓你身心得安穩。此外，學佛還有一個最重要的好處，就是能了生脫死，所以叫「出世法」。

（二）佛法應時培信根

世間學問有三大類，我們學的是第三種（天竺佛陀內學），雖然是學第三種，但是中國人學佛與外國人大不相同，乃是超世與出世合修法。

結勸

「信」很要緊，不過，我們都還沒站住。到了第八地菩薩，信才站住九成，才不動搖。因此，今天實實在在要勸大家扎住信根，如果真能這樣，諸位也不會空來一趟，而我講上三個鐘頭，也就沒有浪費大家的光陰。

元旦日為夏曆臘月初七，先生壽辰。論語班學員至正氣街九號先生住所寄漚軒祝壽。（見《圖冊》，1982年圖2）

一月六日（三），於慈光圖書館週三《華嚴經》講座，宣講〈十迴向品第二十五〉「九、無著無縛解脫迴向」，解說第二表。[1] 辛酉年講經圓滿。

一月十二日（二），為蓮社辦事人員講授統理大眾之道十要，有〈統理大眾〉講稿表。[2]（《圖冊》，1982年圖3）

〈統理大眾〉：一、直心辦道，二、言出必信，三、解經雙契，四、文字般若，五、威儀具足，六、公私分明，七、知人善用，八、調度有方，九、恆久不退，十、遠離名利。

一、二為原始，三、四、五為教義，六、七、八為處事，九、十為要終。

---

1 李炳南：〈《大方廣佛華嚴經講述表解》〉，《全集》第1冊之2，頁312。
2 李炳南：〈統理大眾〉（講稿表），鄭如玲提供。共有兩紙，一為手稿，一為代鈔講義；講義首行注記：「71、元、12」。

一月十八日（一），函示至聖奉祀官府出納王瑋中，請璧還孔德成先生撥來之巨款。（《圖冊》，1982年圖4）

〈函示王瑋中〉：交下長官撥來巨款陸拾伍萬元，至感。但府中無此餘款，恐生諸多困難，萬萬不敢接受。謹此敬璧，並請面繳長官收訖，代陳下情。來日方長，受恩之機後正多也。拜託，拜託

李炳南謹具　元月十八日

附「名片呈孔德成先生」：沐恩李炳南上叩　心領萬感，敬璧懇原[1]

【案】是函落款僅有月日，今據王瑋中呈孔德成函日期為一九八二年一月十八日。孔德成先生於翌年，再度持贈。見一九八三年三月七日譜文。

一月二十日（三），臘月二十六日，中午，至蓮社參加蓮社及聯體機構慈光育幼院、菩提仁愛之家、菩提醫院、慈光圖書館聯合舉辦之圍爐，與諸工作同仁聚餐，於蓮社一樓講堂席開三十五桌。（《蓮社日誌》）

一月二十四日（日），辛酉除夕。有〈除夕聞寺鐘〉。（《雪廬詩集》，頁675）

家家除夕換桃符，客舍蕭然香一鑪；鐘磬交音來遠寺，野僧猶遜斷蓬孤。

---

[1] 李炳南：〈函示王瑋中〉（1982年1月18日），王瑋中提供。

一月二十五日（一），春正月初一。循例先至各道場上香，於上午十時至蓮社參加團拜。與會者近千人，各送先生加持之福章乙枚，用祝增福添壽。（《蓮社日誌》）

是日，有〈戌年頌狗〉、〈戌年新正觀張善子畫虎勉後學者〉。（《雪廬詩集》，頁675）

〈戌年頌狗〉：忠信漫輕許，世間惟彼尊；糠糜懷義主，風雪臥柴門。鄰富難留守，家亡不獨存；飛昇天上後，善繼有兒孫。

〈戌年新正觀張善子畫虎勉後學者〉：類犬何妨畫，猛威張獨能；寅宗中夏朔，戌會十年朋。桀出堯廷後，風生劍氣騰；才人多妙筆，取捨秉心燈。

【案】張善子為張大千令兄，以擅畫虎名。一九三八年戊寅年，先生與張善子同在重慶，得其題贈〈昂頭天外〉圖。[1]（見《圖冊》，1938年圖10）

是日，為劉國香新著《語體文譯大佛頂首楞嚴經》題辭：「寬博謹慎，孤詣苦心。」（見《圖冊》，1982年圖5）

劉國香，〈敬悼炳公大德〉：民國七十年六月，我語譯的《楞嚴經》完稿後，籌備出版。於十二月底，特奉函附樣稿，請鑑定，如蒙印可，即祈題辭。然至

---

[1] 李炳南：〈張善子題贈畫虎（昂頭天外）〉，收見：《雪廬老人題畫遺墨》「雪廬老人皮藏」，頁256。

一九八二年二月出版時，未見發示。及出書後，忽接來示，謂「題辭已於舊曆元旦即寫好，因置於案頭待寄，被學生檢點書案而夾入其他書中，卻以為已付郵了，感到很歉疚。」所題為「寬博謹慎，孤詣苦心。」末署「李炳南敬觀」。這辭在《楞嚴經》（語譯）再版時，影印刊於卷首，字乃炳公親書。[1]

一月三十一日（日），晚七時，至臺中聖華宮素食餐廳參加餐會，歡迎西藏噶舉派迦盧仁波切等一行來臺弘法。

西藏噶舉派迦盧仁波切一行六人，接受在臺唯一弟子朱明信居士邀請來臺宏法。朱執教於中興大學，其令尊為已故台中蓮社創辦人兼董事長朱炎煌居士。朱家兄弟、朱斐與立法委員韓同、中華佛教居士會理事長李謇、法務部次長王瑞林、省財政廳長田璧雙等數十人到機場歡迎。下午二時飛機抵桃園國際機場。傍晚七時抵臺中市，於聖華宮素食館為仁波切等一行洗塵舉行歡迎餐會。聖印法師、李炳南老師、王仁祿等近百人參加，場面熱烈。[2]

是日，夏曆正月初七，人日，有〈壬戌人日薦菜〉、〈讀太白集二峰詩寄感〉三首。（《雪廬詩集》，頁675-

---

[1] 圓香（劉國香）：〈敬悼炳公大德〉，《菩提樹》第 403 期（1986 年 6 月 8 日），頁 19。
[2] 〈新聞〉，《菩提樹》第 351 期（1982 年 2 月 8 日），頁 52。

677）

〈壬戌人日薦菜〉：天際蒼蒼斗轉寅，參差物候久垓春；違時緘默何如鳥，率性粗疏愧對人。壯志冰消餘獵祭，鄉魂夢久羨鴻賓；菜羹孤客翻為主，輒與東皇洗陌塵。

二月二日（二），上午十時，西藏噶舉派迦盧仁波切等一行至台中蓮社訪問。由朱明信翻譯。

二月十七日（三），本年度講經開始。於慈光圖書館週三《華嚴經》講座，宣講〈十迴向品第二十五〉「九、無著無縛解脫迴向」，解說第三、四表。[1]

二月十九日（五），第一期「論語講習班」第二學年第二學期開學。《上論》已講授完畢，本學期選講《禮記·月令》。有〈月令表注〉。講〈月令〉前先說明易經基本知識。[2]（見《圖冊》，1982 年圖 6）

〈月令之一〉：河圖、洛書表注：（一）從五向四方尋數得十，（二）先悟配數後悟分數分天地，（三）各數中間陰陽交而生一推無盡，（四）再推天地生五行五行距

---

1 李炳南：《大方廣佛華嚴經講述表解》，《全集》第 1 冊之 2，頁 313-316。
2 李炳南：〈月令表注〉，《禮記選講》，《全集》第 12 冊之 1，頁 321-339。

五方,(五)五為尊主中央統一切。[1]

《禮記月令講記‧前言》:聽這個課,必須平心靜氣往裡求,否則不得實益。方法是聖人定的,但吾的講法有不同處。

這張講表所列的雖為《禮記‧月令》,但是我們為中國人,不知每月從哪裡開始,隨著人云亦云也說「農曆」,這是不對的。但是不能跟人爭辯,因為他不懂,很難與他說什麼。從前人念《禮記‧月令》也沒有列這種表,這次你們必須仔細聽。從前人講書不費力,因為連農人也懂這個月令,種菜種五穀,哪一種節氣種什麼東西都有一定,今日之人都不懂。[2]

《禮記月令講記‧河圖洛書》:不能開頭就講〈月令〉,何謂「孟」?「春」何以指寅?從前人讀了《易經》之後纔講〈月令〉,你們沒聽過《易經》,就不好學。蓮社各聯體機構的旗子都是吾訂的,沒有一人來問是代表什麼意義,圖書館的旗子你們知道嗎?「河圖洛書」你們也沒人問,從前吾看招牌、春聯都會問。你們沒有學過《易經》,為你們講〈月令〉,你們不懂。那又何必講呢?所以吾先為你們說說河圖,洛書你自己去研究,河圖就是洛書。聖人教人的讀書法,現在人都不管了,博學、審問、慎思、明辨、篤行等等要緊在

---

1 【數位典藏】錄音/儒學研究/禮記/月令/〈月令之一〉。
2 李炳南講述,鍾清泉整理:《禮記月令講記》,《全集》未見收,見:《雪公專集》,明倫月刊資訊網:http://www.minlun.org.tw/1pt/1pt-16-1/0.htm

「思」,佛學聞思修,也重「思」,學而不思則罔,自己耽誤工夫,不思如何開悟?[1]

二月二十二日(一),於「論語講習班」講授《禮記‧月令》。

〈月令之二〉:六、萬物居各方,其方之性順之——河圖生八卦分說——此次講方位。[2]

二月二十四日(三),於慈光圖書館週三《華嚴經》講座,宣講〈十迴向品第二十五〉「九、無著無縛解脫迴向」。

是日,有〈西曆二月二十四日聞祭少正〉,前後又有〈歌宴〉、〈題西征凱旋圖〉、〈月中〉。(《雪廬詩集》,頁677-678)

〈西曆二月二十四日聞祭少正〉:北邑情人廟,陪都少正祠;蒸嘗多士女,標榜兩君師。今古天難改,戎羌路自岐;已聞能事鬼,淨掃漢官儀。

二月二十六日(五),於「論語講習班」講授《禮記‧月令》。

〈月令之三〉:七、萬物皆分陰陽,皆生生不息。

---

[1] 李炳南講述,鍾清泉整理:《禮記月令講記》,《雪公專集》,明倫月刊網。
[2] 【數位典藏】錄音/儒學研究/禮記/月令/〈月令之二〉。

今講天數五、地數五、⋯⋯等之數及陰陽。[1]

三月一日（一），於「論語講習班」講授《禮記・月令》。
　　〈月令之四〉：八、萬物皆屬五行皆有生剋皆非常非斷，（一）五行生剋，（二）圖變八卦（此是文字之開始）。[2]

三月三日（三），於慈光圖書館週三《華嚴經》講座，宣講〈十迴向品第二十五〉「九、無著無縛解脫迴向」。

三月五日（五），於「論語講習班」講授《禮記・月令》。
　　〈月令之五〉：（三）觀日出落，（四）日月合觀：1.朔望晦數每少異故閏，2.出落方前後高低與日正反。[3]

三月六日（六），午，蓮社念佛班會，恭請先生開示淨土宗法要，到有各念佛班正副班長，會後並召開春季祭祖籌備會。先生指點：要懂佛理，否則自己沒主意。佛理不離信解行證，淨土宗則特重信行，加上「願」，誓願即不改。
　　〈念佛班開示之二〉：大家要懂得佛理。懂了佛理，那就不怕了，你上哪裡去也不怕，他說好我們也懂，說

1　【數位典藏】錄音 / 儒學研究 / 禮記 / 月令 / 〈月令之三〉。
2　【數位典藏】錄音 / 儒學研究 / 禮記 / 月令 / 〈月令之四〉。
3　【數位典藏】錄音 / 儒學研究 / 禮記 / 月令 / 〈月令之五〉。

壞我們也懂得,不受欺騙了。要是不懂佛理,聽公說公有理,婆說婆也有理,自己成天沒主意,今天聽這裡,明天跑哪裡,這就亂七八糟,歲數到了也沒成就。

大家必得當生成就。並不是念佛就能當生成就,功夫到了才念佛成就。怎麼功夫到了呢?諸位既是學淨土宗,《阿彌陀經》要懂得,「一心不亂」是《阿彌陀經》要緊的一句話,往生西方極樂世界怎麼去?要一心不亂。我一心了吧?我還不一心!既不一心怎麼會不亂?一心才不亂,兩心就亂,三心、四心那就更糟糕了。心中除了阿彌陀佛,什麼也沒有,就一心了,心就是佛,佛就是心。

講佛理,離不開信解行證,淨土宗只講信、行,沒解與證。我們不證嗎?想證不行,功夫做到了才證。淨土宗加上願力的「願」字,信願行是淨土宗的三要素。學淨土宗重視發願,在佛前發願,我就是修淨土宗。我發了誓願,誓願不能改,一改誓願就萬事不成,不能所有法門都修。[1]

【案】據《蓮社日誌》,三月六日有「念佛班會,恭請雪公開示」。【數位典藏】有〈念佛班開示之二〉錄音,日期標示為三月七日。今繫為同一事。

三月八日(一),於「論語講習班」講授《禮記・月令》。

〈月令之六〉:(四)日月合觀:3.五方定天干尺

---

[1] 【數位典藏】錄音/佛學講授/開示/念佛班開示/〈念佛班開示之二〉。

寸，4.四方定地支及時令。[1]

三月十日（三），於慈光圖書館週三《華嚴經》講座，宣講〈十迴向品第二十五〉「九、無著無縛解脫迴向」。

三月十二日（五），於「論語講習班」講授《禮記‧月令》。
　　〈月令之七〉：（五）觀星分界：1.五星單位，2.眾星聯座，3.日月相會之宮。[2]

三月十五日（一），於「論語講習班」講授《禮記‧月令》。
　　〈月令之八〉：補說北斗。[3]

三月十七日（三），於慈光圖書館週三《華嚴經》講座，宣講〈十迴向品第二十五〉「九、無著無縛解脫迴向」。

三月十九日（五），於「論語講習班」講授《禮記‧月令》。
　　〈月令之九〉：二十八星宿。[4]

---

1 【數位典藏】錄音／儒學研究／禮記／月令／〈月令之六〉。
2 【數位典藏】錄音／儒學研究／禮記／月令／〈月令之七〉。
3 【數位典藏】錄音／儒學研究／禮記／月令／〈月令之八〉。
4 【數位典藏】錄音／儒學研究／禮記／月令／〈月令之九〉。

三月二十日（六），即日起三日，台中蓮社舉行春季祭祖。晨八時至十一時，禮誦《地藏經》；午一時半至五時念佛；晚七時至九時半，依祭祖儀軌，迴向祖先。先生於首日晚七時至蓮社上香祝禱，與會大眾念佛至九時，迴向祖先。第二日下午，恭請會性法師主持皈依，蓮友有五百四十位皈依三寶。（《蓮社日誌》）

三月二十一日（日），春分，有〈壬戌春分野望〉，前後又有〈春日綠川西望〉、〈夢〉、〈蠻語〉、〈題日月潭玄奘寺〉。（《雪廬詩集》，頁 678-680）

〈壬戌春分野望〉：春痕觸目思悠然，草色輕鋪滿地煙；西陸猶崇人獸鬭，新華怠棄夏周年。書刪二典從忘祖，雷震三臺尚有天；節近清明時北望，為邦應護舊墳田。（昔羅馬曾設人獸鬥場）

〈春日綠川西望〉：兩川如鏡夾芳菲，樓閣參差燕子歸；一片東風天上落，來隨流水送斜暉。（兩川水皆西流）

〈夢〉：夢中不知夢，醒後猶念之；念則仍是夢，有生無醒時。求賢得莘野，解索昆明池；汗青二四史，六夢顛倒辭。躁人語多費，守默今適宜；且酌中山酒，厭看爛柯棋。迂哉屈靈均，達者陳希夷。

〈題日月潭玄奘寺〉：鷲嶺隨錫至，鯤臺通地靈；潭澄僧眼碧，山聳佛頭青。香剎侵花雨，風檐語梵鈴；會心多法悅，不必定聞經。

【案】〈題日月潭玄奘寺〉前四句原作「鷲嶺來天

竺，鯤臺接地靈；潭波僧眼碧，山靄佛頭青。」[1]

三月二十四日（三），於慈光圖書館週三《華嚴經》講座，宣講〈十迴向品第二十五〉「九、無著無縛解脫迴向」。

三月二十六日（五），於「論語講習班」講授《禮記・月令》。

三月二十七日（六），台中蓮社承臺中市政府指派，舉辦「復興中華文化及端正禮俗」觀摩會。展覽會場設於蓮社地下室，會中贈送來賓《學禮舉要》、《定武蘭亭肥本》、論語錄音帶、吟詩資料……等。（《蓮社工作日誌》）

三月三十一日（三），於慈光圖書館週三《華嚴經》講座，宣講〈十迴向品第二十五〉「九、無著無縛解脫迴向」。

是年仲春，有〈緣〉一詩，特誌與孔府奉祀官之因緣。（《雪廬詩集》，頁679）

〈緣〉：風雨同舟四十年，霧花籠眼雪盈顛；心違展墓薦洙水，夢有聞經登杏壇。浮海何曾輸季路，歸槎恐不伴張騫；聖門松柏春長在，了却瘋僧一段緣。

---

[1] 李炳南：〈題日月潭玄奘寺〉（之一），《雪廬老人題畫遺墨》，《全集》第16冊，頁60。

吳聰敏，〈雪廬老人的現實踐履與終極關懷〉：
（炳南先生）九十三歲時（1982），或許預知自己來日無多，形勢已不可能再護送孔上公返回曲阜，遂於《雪廬詩集・辛亥續鈔》中寫下〈緣〉詩一首，以寄其慨。詩云：「風雨同舟四十年，霧花籠眼雪盈顛。心違展墓薦洙水，夢有聞經登杏壇。浮海何曾輸季路，歸槎恐不伴張騫。聖門松柏春長在，了却瘋僧一段緣。」此詩中含藏著老人和孔上公之間的一段祕辛。老人曾告訴董正之老師（1909-1989）云：孔府中度藏有《推背圖》，中有一幅，繪製一僧襁負幼童，面對千山萬水，正往前跋涉之圖，而此圖即應在自己身上（案：「瘋僧」為過去好友對老人之謔稱）。[1]

四月二日（五），於「論語講習班」講授《禮記・月令》。
〈月令之十〉：為講〈月令〉，乃講河圖、八卦，〈月令〉只講一月，餘類推。[2]

四月三日（六），晚七時，臺大晨曦社員來訪，先生於蓮社會客室與同學座談，答復同學提問。先生開示「佛學」與「學佛」各是一偏，兩者必得合一。而學佛超出一切世間其他學問者在了生死。座談至九時三十分圓滿。

---

1 吳聰敏：〈雪廬老人的現實踐履與終極關懷〉，《應教木鐸振春風——紀念李炳南教授往生三十週年學術研討會論文集》，頁1-13。
2 【數位典藏】錄音／儒學研究／禮記／月令／〈月令之十〉。

〈佛學與學佛——臺大晨曦社訪雪公座談會〉：
一、「無分別」真正的含義？
　　我先說立場再答覆。本人學問淺薄，佛法浩如煙海，有知的，有不知的，知道的我可以說，不知道的我不妄作聰明。說老實話，「無分別」此句我一知半解，境界太高，我境界夠不上。
「真義」是不可思不可議，可思可議乃分別，也就是一切平等，萬法歸一，一切諸法圓融，諸法平等。八地菩薩是經兩大阿僧祇劫的修行，見思惑早斷了，塵沙惑也斷了，到此已是斷根本無明的境界。本人一品惑也沒斷，我只是依經上祖師的注解如錄音帶、擴音機說出來而已，我對「無分別智」狀況領略，但半分也沒做到，果然懂了「無分別智」，就成了功了，這是實在話。
二、以何心念佛？
　　以清淨心念佛。我們的心原來是清淨的，但多劫以來生生死死，染上許多習氣，早不清淨了。習氣無形相，而我們現在的言語、動作，一切都是習氣，無論任何宗，不成就都是因雜亂思想，雜亂思想就不清淨，亂思想就是凡情。凡情一去掉了，也沒有佛法，經上以及祖師都說：「但去凡情，別無聖解。」凡情如病，經典如藥，有病就吃藥，沒病藥亦成廢物。念佛時就是一切放下。
三、如何都攝六根念佛？
　　《楞嚴經·大勢至菩薩念佛圓通章》說「都攝六根」，而大勢至菩薩是等覺菩薩，見思惑都斷了，在

此是講未證果以前「都攝六根」。若證果以後「都攝六根」，叫「多事」。以我來說，我是凡夫，六根、六塵擺著清清楚楚。念佛時眼不往外看，不往外跑，收攝起來。收起眼、耳二根就好，只要嘴念佛就收三根了。念佛功夫到了，行住坐臥都沒有關係，身動心裡沒動。收眼、耳二根有何用處呢？耳聽佛號，眼四下不看，觀想佛像也好，身不動這就行了。念佛千萬要求一心，念佛時「意」是主人，「意」不可亂跑，前五識都聽意識的指揮。收眼、耳、意三根，六根就都收住了，這就是「都攝六根」。

同學們在學校裡，看環境都攝六根，因為宿舍裡住的不只你一人，其他人看你這樣打坐，把你當怪物，就自找麻煩。若沒有長的時間都攝六根，經上都攝六根的下一句要緊，即「淨念相繼」，要緊在「相繼」二字。〈中庸〉上說：「道也者，不可須臾離也。」儒言「須臾」，佛言「剎那」，不可須臾離也，就是「淨念相繼」。〈中庸〉上又說：「可離非道也。」這在佛家叫「失念」，正念沒了，如何相繼？自然不成功了。

四、什麼叫「念佛」？什麼叫「憶佛」？

「念佛」不是口念，念是心起念頭。念佛發之於心，出之於口，心口合用叫「念佛」。心口兩處同用，念佛離不開心，講究一心不亂，心口並用「念」——就是心裡清清楚楚，高聲念、低聲念，可以隨人，沒有不同。

「憶佛」是心裡忘不了它。念佛是「念茲在茲」，心不

往別處跑；憶佛是「明記不忘」，淨念相繼，行住坐臥忘不了佛。同學聽了，對「憶佛」有沒有困難呢？我念佛困難，憶佛不困難，而憶佛比念佛更重要。

五、世間法與佛法若不能兼顧，如何自處？

佛法中修禪宗等等這些，在世間修比較困難，因為會打擾出世間法，有功夫會方便的，才不妨礙。《六祖壇經》上說：「佛法在世間，不離世間覺，離世覓菩提，恰如求兔角。」大乘佛法在世間法練，難處在此，無論多難都打擾不了我。

修淨土多半是在家人，戒律談不上，今末法時期「淨土成就」。今日物質非常享受，從前人只染中國六塵，如今染歐洲塵、非洲塵、美國塵，這些洋六塵，五花八門，所以今日更難了。既如此，能修淨土，可以當生往生（不是證果）到保險地，不入輪迴了。

十二、最後請李老師開示

我是個在家人，也未斷見思惑，不敢說是開示，說幾句話而已。開示是開佛知見，示佛知見，聽了得悟入，我只夠貢獻一點意思罷了。

你們都還是學生，功課要認真做，否則對不起家庭，也對不起自己。沒有相當能力，於社會不能做事。有學歷資格，在社會上容易謀事。今社會注重這個，若沒有學歷資格也沒有學問，那麼在社會上是無業遊民，縱然你學佛學得再好也不成。

所以，第一、把學校功課做好。第二、有閒功夫，自己研究佛書。一次看不懂，常看就懂，「書讀千遍，其義

自現」，不必出去跳舞這些，有時間就研究佛學。第三、學佛離不了「善知識」，自己有相當認識，才知哪一個人是「善知識」，哪一個人是「惡知識」，否則會以講神通的為真能。第四、希望同學們學佛，不只是佛學而已，佛學三藏十二部縱都會講了，與「了生死」沒有關係的，該如何死就如何死，這是實在話。同學們按照一門實行做去，後來得個結果，可以「了生死」。基督教以及其他宗教，雖然也教人不幹壞事，但是無論說得多好，卻不了生死。死了生天堂，也是不了生死的。第五、佛法妙訣在「了生死」上，這是我最後貢獻給諸位的。若不為「了生死」，我絕不學佛的，不「了生死」，我學佛幹什麼？[1]

四月四日（日），寒食節，有〈海嶠寒食〉、〈碧潭湄上證上人故庵〉、〈柳村客至霑絮〉。（《雪廬詩集》，頁 680-681）

〈海嶠寒食〉：去國八千路，斷魂三十年；願將滄海水，今夕變桑田。趑走鄉塵裡，椎心祖壟前；無窮游子淚，當酒酹重泉。

〈碧潭湄上證上人故庵〉：苔痕鳥跡印荒庭，惆悵昔年來問經；日暮歸舟人立岸，臨風回看一潭星。

四月六日（二），為中興大學教授明允中《誠齋詩集》撰

---

1 李炳南講述，詹曙華、鍾清泉整理：〈佛學與學佛──臺大晨曦社訪雪公座談會〉，《明倫》第 438 期（2013 年 10 月）。

序。明允中與先生同為詩學主講,分別於中興大學中文系日夜間部開設「詩選」課程,互動甚多,除經常有詩唱和,亦常聯手教授弟子,先生許為同道。明允中於詩集完稿,請先生撰序,有詩:〈候雪廬丈兼呈拙稿〉,有句「每讀公詩眼倍明」。

　　明允中,〈候雪廬丈兼呈拙稿〉:雅音淪落障塵生,每讀公詩眼倍明;不信黃鐘終瓦棄,轉愁宛井效蛙鳴。一心遣化維摩願,千古哀弦杜老情;乞借海山般若水,東來權為洗琴聲。[1]

　　〈誠齋詩集序〉:國學有詩,冠於《六經》之首,可知其重且大矣。〈樂記〉云:「詩言志」,孔子之志在道;訓云:「不學詩無以言」,又云「人道敏政」,若誦詩授政不達,亦不取焉。夫道也、言也、行也、士之為士者備矣,詩之為詩者,不亦重且大歟?秦火後,漢武復,衍及清末,士皆習之。國初尚西學,又廢,反師西諺稱新詩,有言國詩者,鮮不擯為腐朽。噫!曩昔亡其旨,今則遺形並棄矣。名教授明公誠齋好之,共予同以國詩課校生,餘暇輒過從示所作,句清新而氣曠逸,時彥雖間有為者,多未能若也。近歲攻是者益少,

---

[1] 明允中:〈候雪廬丈兼呈拙稿〉,《誠齋詩草・甲乙編》(臺中:自印本,1982 年,國立中興大學圖書館收藏),頁 54。《誠齋詩草》收錄寄炳南居士詩多首,計有:〈謝雪翁惠贈法帖〉、〈和雪翁檢得舊稿重吟一首〉、〈雪翁詩課柳苑聞鶯分題試作〉、〈奉和雪翁定翁繭廬元旦抒懷原玉〉、〈奉和雪翁哀國聯原玉〉、〈候雪廬丈兼呈拙稿〉。

幾若窮谷跫音矣。公以時晦欲輟之,予聞深不為然;他日公持所作來訪,讀後以所聞徵虛實,公喟然曰:有是言也。予慰之曰:我儕為賈乎?抑為道乎?賈則當供市所求,道則守缺而護之。蓋事之興替,猶四時之互運,寒至極即春之將回也。凡有國者必有史,應有采風者徇於四野;縱蹇一時,惡得無助於後乎?且也,一國之立,當有其典章文物,代鳴者詩也,闇者未必不章於萬古矣,如之何可輟也?公搖首曰:拙作能如是乎?予曰:公有之,他人則無。或所作質勝於文,其視質亦不有者,乃五季之世,洪荒獷域而已。豈不聞文獻為國之寶,愛國之士,寧可忽諸?公欣然曰:吾從君言,倘付剞劂,君能為序乎?予立諾,不敢以耄荒不文辭焉。

中華民國第二壬戌清明後九三雪叟李炳南謹識[1]

四月七日(三),於慈光圖書館週三《華嚴經》講座,宣講〈十迴向品第二十五〉「九、無著無縛解脫迴向」,解說第五表。[2]

四月八日(四),佛誕節,與蓮社聯體機構共同參加臺中市佛教會主辦之遊行大會。上午七時半整隊,八時出發,遊行市區後,於臺中公園側門休息,發便當,圓滿結束

---

1 李炳南:〈誠齋詩集序〉,《雪廬寓臺文存》,《全集》第 14 冊之 2,頁 165-167。落款據原書。
2 李炳南:《大方廣佛華嚴經講述表解》,《全集》第 1 冊之 2,頁 317-319。

慶祝活動。本次參加之蓮友有一千多人，先生座車隨隊參加遊行。（《蓮社日誌》）

四月九日（五），於「論語講習班」講授《禮記・月令》。

〈月令之十一〉：孟春之月。日在營室。昏參中，旦尾中，其日甲乙其帝太皞。其神句芒。其蟲鱗，其音角，律中大簇，其數八，其味酸，其臭羶。其祀戶，祭先脾。[1]

四月十一日（日），孔德成先生來函，為先生致贈其夫人生日禮致謝。（見《圖冊》，1982年圖7）

炳兄道右：內子賤辰，承蒙厚貺，高誼隆情，敬謹拜登。遙瞻南天，百頓以謝。至屬「沐恩」，千萬勿爾，徒增添罪愆、折磨壽數也。敢乞俯詧為叩。專此奉謝，即頌禪安　　　弟德成敬上　七一、四、十一

四月十二日（一），於「論語講習班」講授《禮記・月令》。

〈月令之十二〉：東風解凍，蟄蟲始振，魚上冰，獺祭魚，鴻雁來。天子居青陽左个。乘鸞路，駕倉龍，載青旂，衣青衣，服倉玉，食麥與羊，其器疏以達。[2]

1　【數位典藏】錄音／儒學研究／禮記／月令／〈月令之十一〉。
2　【數位典藏】錄音／儒學研究／禮記／月令／〈月令之十二〉。

四月十四日（三），於慈光圖書館週三《華嚴經》講座，宣講〈十迴向品第二十五〉「九、無著無縛解脫迴向」。

四月十六日（五），於「論語講習班」講授《禮記・月令》。

〈月令之十三〉：是月也，天子乃以元日祈穀於上帝，乃擇元辰，天子親載耒耜，措之于參保，介之御間，帥三公九卿諸侯大夫躬耕帝藉。天子三推，三公五推，卿諸侯九推，反，執爵於大寢，三公九卿諸侯大夫皆御，命曰勞酒。[1]

四月十九日（一），於「論語講習班」講授《禮記・月令》，「孟春之月」章結束。預告下次講授《常禮舉要》，暑假不休息。

〈月令之十四〉：是月也，命樂正入學習舞，乃修祭典，命祀山林川澤，犧牲毋用牝。……行冬令則水潦為敗，雪霜大摯，首種不入。[2]

〈常禮舉要課程〉：下一個課程講常禮舉要，講到暑假就完了。講完了還怎麼樣呢？今年暑假不休息，為什麼不休息啊？吾沒有幾天的活頭了，這是真的，九十三歲了、可以了。要是三十九歲嘛也還可以，它又沒有給吾倒過來。三十九歲，岳武穆就是三十九歲死

---

1 【數位典藏】錄音／儒學研究／禮記／月令／〈月令之十三〉。
2 【數位典藏】錄音／儒學研究／禮記／月令／〈月令之十四〉。

的，人家辦了什麼事啊？咱三十九歲辦了什麼？九十三歲辦了什麼？今年是壬戌，你知道嗎？怎麼講著岳武穆，忽然又談到壬戌，這是怎麼回事？你查查有什麼關係，查查歷史今年與岳武穆有什麼關係？[1]

四月二十日（二），午二時，中央黨部、文化復興委員會、省府民政局、市府民政課等長官，至蓮社參觀，由社長王烱如接待，觀賞工作簡報錄影帶。（《蓮社日誌》）先生推展復興文化、端正禮俗之用心與成果，漸得社會大眾之重視與響應。

四月二十一日（三），於慈光圖書館週三《華嚴經》講座，宣講〈十迴向品第二十五〉「九、無著無縛解脫迴向」。

四月二十三日（五），即日起至五月三十一日，於「論語講習班」講授《常禮舉要》。講前說明，學儒做為根柢以學佛，學儒則是「博我以文，約之以禮」，從禮上實踐。有《常禮舉要講記》。[2] 同日，講授賈島「三月晦日送春」詩。（《蓮社日誌》）

　　《常禮舉要講記》：諸位自己看看祖師注解的佛

---

1 〈常禮舉要課程〉，明倫月刊資訊網：http://www.minlun.org.tw/1pt/1pt-15-1/1-4.htm
2 李炳南講述，鍾清泉整理：《常禮舉要講記》，此編《全集》未見收，存錄於明倫月刊資訊網／雪公專集／儒學類：http://www.minlun.org.tw/1pt/1pt-15-1/0.htm

經,可知他們對中國六經及歷史都熟。從前,吾跟大家說過,我覺得我不錯,我到現在才覺悟,覺悟得也已不早了,哪一條也不行!從前那些和尚,真不愧是和尚,和尚就是老師。

從前是讀了中國文化再學佛,現在啊,是學佛沒法子了,再學中國文化,你學了中國文化就會幫助你學佛。所以我們又學《論語》,下個學期《論語》我們接著辦。其次,我們學佛,大家都知以戒律為本。佛在世時,以佛為師,佛不在了則以戒為師。戒律,大家知道有幾個呢?吾也受過戒,對於戒吾也不很外行,可是吾知道吾這個戒是有名無實。中國文化、孔子這一套,大家聽聽,「博我以文」,這些學問教你很多,怎麼個學法?「約之以禮」,從禮上來實踐。

這本《常禮舉要》是咱編的,諸位果然要是能懂《常禮舉要》,現在受益就不小,「約之以禮」就能懂人情事故,不至於在社會上妨礙人。約之以禮,學佛也會進步。你如受了戒,要常念戒,念戒是怕你忘了,但念的很熟,不照樣辦,有什麼用處?

咱講《常禮舉要》,常禮就是現在的常禮,現在還用得著。為何不說修身?修身是教育的範圍,而常禮舉要是人對人,這不是自修。懂得這個禮你才能行得通,不妨礙別人。先從禮上下手,禮上你做個大概,漸漸的那些範圍就能以懂,這是天理人情!

四月二十六日(一),於「論語講習班」講授《常禮舉

要》、司馬光〈客中初夏〉詩。(《蓮社日誌》)

四月二十八日(三)，於慈光圖書館週三《華嚴經》講座，宣講〈十迴向品第二十五〉「九、無著無縛解脫迴向」，解說第六表。[1]

春夏之間，臺南吳修齊來訪，言談甚契。吳修齊擬於是年十二月七秩壽辰，印經迴向法界有情，先生推薦《阿彌陀經要解講義》，並承允由臺中蓮友承當刊印校對等事宜。

　　吳修齊，〈印贈《阿彌陀經要解講義》自序〉：今歲春夏之間，余為俗事赴北料理，於返南途經臺中旅次，抽暇踵謁炳公大居士，聆聞慈祥警切之開示，如暮鼓晨鐘，亦如醍醐灌頂，令余心懷無限之法悅，迄今難忘。竊以今歲值逢賤辰七旬，未敢言壽；唯願再印諸種經籍，以迴向法界有情。荷承炳公欣然推介，以其私藏《阿彌陀經要解講義》一冊惠贈，如獲瓊寶，喜出望外。旋請台中佛教蓮社同道，鼎力相助有關刊印事宜；復經一再審慎校對，始予付梓。盛情可感，無任感謝。[2]

　　【案】吳修齊於一九七三年曾印贈江味農《金剛經講義》精裝本二千部，一九七九年十月印贈江味農著

1　李炳南：《大方廣佛華嚴經講述表解》，《全集》第 1 冊之 2，頁 320。
2　吳修齊：〈印贈《阿彌陀經要解講義》自序〉，《慧炬》第 236/237 期（1984 年 3 月 15 日），頁 23。

《金剛經講義》等五種各六千本。皆請先生撰序。（見1972年2月29日、1979年10月譜文）《阿彌陀經要解講義》為先生大力提倡鼓勵多次細讀之典籍，一九七一年九月，曾以一九四二年發行於上海之舊本，請許祖成教授、鄭勝陽居士精校，發行新版。

五月三日（一），於「論語講習班」講授《常禮舉要》。

五月五日（三），於慈光圖書館週三《華嚴經》講座，宣講〈十迴向品第二十五〉「九、無著無縛解脫迴向」。

五月七日（五），於「論語講習班」講授《常禮舉要》。

五月十日（一），於「論語講習班」講授《常禮舉要》。

是月上旬，於「論語講習班」講授《常禮舉要》至「五、出門」章時，舉自身經驗謂：因蓮社同仁送行時，關車門不慎，右手被夾傷。當時，周邦道曾來函慰問；先生復函請釋念，勿勞遠來。（見《圖冊》，1982年圖8）

《常禮舉要講記》：吾上去後，手還沒進車裡頭，有同仁們好心好意地，在車外頭把門「砰」一聲關上；吾的手被弄住了。那怎麼辦？吾說「唷！先別開門，吾的手被壓住了，你慢慢地把門開開！」他這才開開，要是慌慌張張地那不行啊！開了門，這才將手拿出來。到了醫院，沒法子只好割破，將手指甲挑出來，好麻煩的

一套。往後吾上車,右手跟著車門進去,坐好後,吾才叫他們關門。這個你要小心,坐公共汽車不要緊,坐自己的車要小心,送客的他好心好意地在外頭「砰」一聲幫忙關門,你就倒楣。[1]

〈周慶光之二〉:慶弟大鑒:前不自慎,手小受傷,指骨依然,甲亦不致脫落。勞弟遠注,銘感萬分。今已能握管草書矣,惟少覺節環強拒不柔耳。時正炎暑,萬勿遠勞。此信乃親筆所寫,可以釋注。謝謝,并頌

勛祺　　　　　　　　兄李炳南拜啟　七月二十日[2]

【案】先生手指夾傷,日期不詳。時蓮社已改建完成啟用,約當一九七八年至一九八一年,某年夏季。

五月十二日(三),於慈光圖書館週三《華嚴經》講座,宣講〈十迴向品第二十五〉「九、無著無縛解脫迴向」,解說第七表。[3]

五月十四日(五),於「論語講習班」講授《常禮舉要》。

五月十七日(一),於「論語講習班」講授《常禮舉要》。

1　李炳南講述,鍾清泉整理:《常禮舉要講記・五、出門》(1982年4月23日至5月31日,講於「論語講習班」),http://www.minlun.org.tw/1pt/1-dreamweaver/24-01.htm
2　【數位典藏】書信/在家居士/周慶光/〈周慶光之二〉。
3　李炳南:《大方廣佛華嚴經講述表解》,《全集》第1冊之2,頁322-323。

1982年・民國71年 | 93歲

五月十九日（三），於慈光圖書館週三《華嚴經》講座，宣講〈十迴向品第二十五〉「九、無著無縛解脫迴向」。

五月二十一日（五），於「論語講習班」講授《常禮舉要》。

五月二十三日（日），夏曆閏四月初一，有〈壬戌閏四月戲題〉五首、〈邸報倡始「與孩子談愛情」誌慨〉、〈黃昏之戀專棧〉三首。（《雪廬詩集》，頁681-684）

〈壬戌閏四月戲題〉五首

清和纔過尚清和，料到今年樂事多；最好天錢如驟雨，填平四海不揚波。
浴佛餘音又化身，今番來或伏波旬；沛然還注黃梅雨，普洗娑婆萬劫塵。
野闊南風四月秋，雙岐曾為麥歌謳；於今天意重興夏，星落揮鐮已滿疇。
薔畬來往餂晨昏，夜課蠶桑席不溫；回首千家四更月，未乾鵑血舊啼痕。
四圓天鏡夏時長，禹甸高懸得勝幢。西有詩魂能默契，不瞋遲日弔湘江。

五月二十四日（一），於「論語講習班」講授《常禮舉要》。

五月二十六日（三），於慈光圖書館週三《華嚴經》講座，宣講〈十迴向品第二十五〉「九、無著無縛解脫迴

向」。

五月二十八日（五），於「論語講習班」講授《常禮舉要》。

五月三十一日（一），於「論語講習班」講授《常禮舉要》圓滿。

六月一日（二），蓮社召開董監事會議，選舉第三屆董監事。由董正之續任董事長，續聘王燗如董事兼任社長。[1]

六月二日（三），於慈光圖書館週三《華嚴經》講座，宣講〈十迴向品第二十五〉「九、無著無縛解脫迴向」。

六月九日（三），於慈光圖書館週三《華嚴經》講座，宣講〈十迴向品第二十五〉「九、無著無縛解脫迴向」。

六月十二日（六），晚六時半，先生於蓮社會客室，餞別張正中主任委員，臺中市長林柏榕亦到場作陪。（《蓮社日誌》）

六月十六日（三），於慈光圖書館週三《華嚴經》講座，宣講〈十迴向品第二十五〉「九、無著無縛解脫迴向」。

---

[1] 董正之主席，簡輝雄記錄：〈台中市佛教蓮社七十一年度董監事聯席會議紀錄〉（1982年6月1日），《台中蓮社董監事會議紀錄》，台中蓮社檔案。

六月二十二日（二），晚七時，於蓮社舉行「論語講習班」第一期結業典禮，先生以班主任擔任主席，另出席師長有：周家麟、徐醒民老師；臺中市政府民政局劉深助局長、謝明勳課長、林安樂先生；以及周榮富伉儷、觀禮同學近百人。典禮後並合照留念。（《蓮社日誌》；見《圖冊》，1982 年圖 9）

　　【案】「論語講習班」第一期原規劃招收正式生二十名，後因報名踴躍且資質甚佳，增為二十六名。修業兩年，結業二十五名。僅一名因出家中斷學習。

六月二十三日（三），於慈光圖書館週三《華嚴經》講座，宣講〈十迴向品第二十五〉「九、無著無縛解脫迴向」。

六月二十五日（五），端午節，有〈端午〉，此前有〈有旅美不相識者自命為師擅改佛經迭函教從其說繼來台宣其偏執哀而却之〉二首，後又有〈六經之中無真字為時誤解誌感〉。（《雪廬詩集》，頁 684-686）

　　〈端午〉（中日戰避渝八夏，徐蚌役蟄臺三十餘夏）：蜀葵如錦日當頭，三峽江濤入海流；兩地同風筵角黍，客中滋味憶渝州。

　　〈有旅美不相識者自命為師擅改佛經迭函教從其說繼來台宣其偏執哀而却之〉二首：
瑤池西降數封函，貶古非今斧鉞嚴；半面未逢名乍睹，隨時默擯口三緘。塗經睊睊無羣聖，樂說因緣傲六凡；

耳食天廚多妙味，夢中柉腹品酸鹹。
瀟騷風雨晦冥時，大麓遵方不慮岐；至道函關盈紫靄，真如鷲嶺示摩尼。天高日月終長照，澤困魚蝦可小知；況是鄉山齊故郡，鄭家奴婢解毛詩。

六月三十日（三），於慈光圖書館週三《華嚴經》講座，宣講〈十迴向品第二十五〉「九、無著無縛解脫迴向」。

是月，題錄舊詩〈日月潭玄奘寺〉贈周家麟，題錄舊詩〈歌嘯〉贈徐醒民。[1] 兩位各擔任「論語講習班」教務主任及助講。（見《圖冊》，1982年圖10）

〈題日月潭玄奘寺〉：鷲嶺來天竺，鯤臺接地靈；潭波僧眼碧，山靄佛頭青。香剎侵花雨，風簷語梵鈴；會心多法悅，不必定聞經。
右錄〈日月潭玄奘寺〉一首
歲壬戌仲夏應聖遊老棣雅囑　　　　九三雪叟李炳南

〈歌嘯〉：捨瑟猶能唱，海隅龍可聽；思存移弱水，聲落貫幽靈。天地元虛籟，宮商有妙形；湘君曲萬古，寂寞數峰青。
右錄舊作〈歌嘯〉一律，以應自民老棣台雅正
　　　　　　　　　　　　　九三叟稷下李炳南

【案】《雪廬詩集》今收〈題日月潭玄奘寺〉與前

---

[1] 李炳南：〈題日月潭玄奘寺（之一）〉、〈歌嘯〉，《雪廬老人題畫遺墨》，頁60、61。

引略有改動:「鷲嶺隨錫至,鯤臺通地靈;潭澄僧眼碧,山聳佛頭青。香剎侵花雨,風檐語梵鈴;會心多法悅,不必定聞經。」(《雪廬詩集》,頁680)〈歌嘯〉與前引則改動甚大:「捨瑟歌且嘯,海涯龍可聽;潮平水自弱,聲入物通靈。膏雨澤燕塞,賓鴻歸洞庭;與時何所志,一顧眼皆青。」(《雪廬詩集》,頁690)

是月,中國醫藥學院醫王學社舉行二十週年社慶。先生題辭祝賀。前後又為該社多次題辭。[1](見《圖冊》,1982年圖11)

〈醫王學社二十年社慶〉:

醫心醫國基而為冠
適道適權於斯萬年
醫王學社二十年社慶　　　　　　　　李炳南敬祝

〈中國醫藥學院醫王學社學刊紀念〉:

聖智醫心、國手益壽、明哲保身、奇技療病,是中國文化之醫學,亦其精神次第如是
中國醫藥學院醫王學社學刊紀念　　　　李炳南敬題

七月四日(日),晚,內典班學生吳碧霞因其令尊吳陽春旅居新加坡時往生,前來報告請示。先生指點作七計算方式,並開示:七七期間眷屬戒殺茹素、異地仍可助念,現在就專心念佛。兩週後,吳居士遺骨遷至臺中普濟寺

---

[1] 見:《醫王學社三十週年特刊》,頁25-26。

晉塔，先生率多位蓮友蒞臨關懷。[1]

【案】普濟寺為寶善寺下院。寶善寺為先生在臺中繼法華寺、靈山寺後，第三座講經道場。寶善寺住持非常護持先生，建該寺為淨土道場，又禮請先生成立「佛學講演訓練班」，學員五十人，旁聽者百餘人（見1951年3月）。普濟寺大殿匾額、福壽塔楹聯，皆先生所題（見1979年6月、1981年9月）。

七月七日（三），於慈光圖書館週三《華嚴經》講座，宣講〈十迴向品第二十五〉「九、無著無縛解脫迴向」。

七月十二日（一）至七月十八日（日），於蓮社開辦「國學啟蒙班」，招收國小、國中之蓮友子弟，免費教授儒佛課程，以奠定人格，傳播文化。此係經威信念佛班一九八〇年暑假起，連續兩年試辦而成，延續蓮社創辦初期一九五四年開設「兒童德育週」、一九六一年開辦兒童「暑期修身補習班」、一九七六年興辦「蓮友子弟輔導團」之系列發展。先生歡喜贊助，為該教育系統命名，並手題「蒙以養正聖功也」。[2]（見《圖冊》，1982年

1　林其賢：「吳碧霞口述紀錄」，電話及 LINE 通訊軟體訪談，2023年6月12日。
2　李炳南：〈蒙以養正〉，《雪廬老人題畫遺墨》，《全集》第16冊，頁27。「蒙以養正，聖功也」，語出《易經·蒙卦》，見：《十三經注疏·周易》（臺北：藝文，1955年，影印1815年阮元刻本），卷一，頁23。

圖 12）

〈孔學廣播錄存，蒙以養正聖功也——介紹台中蓮社國學啟蒙班〉：國學啟蒙班的大學部稱為啟蒙學社。台中蓮社啟蒙學社也與大專青年有關。啟蒙學社是國學啟蒙班中為大專青年所設單位。國學啟蒙班是一九八二年為蓮友子弟成立的團體，「薪火相傳，培養宏揚淨土正知正見子弟兵」為國學啟蒙班宗旨。早期以兒童為對象，輔導隨李炳南定居臺中的蓮友子弟，以國學與佛學教育為主。一些有心之蓮友們，為讓其子弟於童蒙之時，即薰習我中華文化，二年來曾於暑假期間舉辦國學啟蒙班，除了授以開蒙典籍三字經外，並教之唐詩吟誦、論語、幼學瓊林……等課程。並於平時督促背誦國學，設計自省表，以期達到行為端正之謙謙君子。[1]

【案】一九八〇、一九八一年暑假，由時任《明倫》月刊編輯之黃潔怡、林美津、威信念佛班推動，在蓮社辦理為期十二天之學童營隊「小小威信班」，經兩年試辦推動，而後成立。威信念佛班於一九八〇年暑假開始辦理時，與早期慈光講座相同，除有教室課程，另安排郊遊踏青。一九八二年七月改由蓮社主辦，至一九九〇年因參加學童有上千人之多，乃借用明德女中舉辦。一九九六年改至大勇國小辦理，直至二〇二二年起改至新落成的大坑明倫講堂辦理。「國

---

[1] 〈孔學廣播錄存，蒙以養正聖功也——介紹台中蓮社國學啟蒙班〉，《明倫》第137期（1983年9月），頁33。

學啟蒙班」舉辦時間為暑假密集舉行，與前期「兒童德育班」、「蓮友子弟輔導團」在學期間週末舉行不同，而與兒童「修身補習班」相同，[1] 此與慈光講座有學期間週末班及寒暑假密集班亦相仿。

國學啟蒙班後，一九八五年，有高中部（大啟）；為延續上大學後之學習，一九九〇年有「啟蒙學社」之成立。先是由啟蒙班第一、二期同學，組成「雪蓮」，而後各期結業同學陸續組成，至二〇二四年已有三十五蓮，分別是：「雪、清、淨、心、益、澄、慧、涵、如、竺、覺、德、法雨、猗、湛、梵、恆、弘、韻、旭、穆、晟、允、宇、咏、悅、皓、曦、無盡、信、澍、澈、映、煦、明」。[2]

七月十四日（三），於慈光圖書館週三《華嚴經》講座，宣講〈十迴向品第二十五〉「九、無著無縛解脫迴向」。

七月二十一日（三），於慈光圖書館週三《華嚴經》講座，宣講〈十迴向品第二十五〉「九、無著無縛解脫迴向」，解說第八表。[3]

---

1 「兒童德育週」見 1954 年 9 月 5 日譜文，兒童「暑期修身補習班」見 1961 年 8 月 7 日譜文，「蓮友子弟輔導團」見 1976 年 3 月 7 日譜文。
2 參見：心照（吳如晴）：〈蓮映雪公心〉，《明倫》第 463 期（2016 年 4 月）；該文記錄至第二十六蓮。
3 李炳南：《大方廣佛華嚴經講述表解》，《全集》第 1 冊之 2，頁 324-326。

1982 年・民國 71 年 ｜ 93 歲

七月二十六日（一），周邦道來函，寄呈近作兩件，請先生指正。一、為其先祖父母艱苦生活所作之〈先祖父顯橋公半鍋一碗故事〉，二、為其令郎周春堤五十初度所作勗勉長詩〈四兒春堤五十初度勗以長句〉。[1]

七月二十八日（三），於慈光圖書館週三《華嚴經》講座，宣講〈十迴向品第二十五〉「九、無著無縛解脫迴向」。

八月四日（三），於慈光圖書館週三《華嚴經》講座，宣講〈十迴向品第二十五〉「九、無著無縛解脫迴向」。

八月十一日（三），於慈光圖書館週三《華嚴經》講座，宣講〈十迴向品第二十五〉「九、無著無縛解脫迴向」。

八月十八日（三），於慈光圖書館週三《華嚴經》講座，宣講〈十迴向品第二十五〉「九、無著無縛解脫迴向」。

八月二十五日（三），於慈光圖書館週三《華嚴經》講座，宣講〈十迴向品第二十五〉「九、無著無縛解脫迴向」。

> 是日為七夕，有〈島居七夕〉、〈蟋蟀玉簪皆北方秋候花蟲余幼夜讀院有此境寓臺三十年昨忽夢之不勝時世之感〉、〈慰友人落第〉、〈自嘲〉、〈舉世混戰〉、

---

[1] 周邦道：〈周邦道來函〉（1982 年 7 月 26 日），鄭如玲提供。

〈美四度背盟〉、〈鐵馬〉、〈淨土頌〉二首。（《雪廬詩集》，頁 686-689）

〈島居七夕〉：晚晴還帶火雲流，水面涼風半入樓；壁有新詩添偶侶，瓜邀絃月似分秋。人間宿恨離鄉國，天上佳期渡女牛；烏鵲銀河橋事畢，肯飛濱海結方舟。

〈蟋蟀玉簪皆北方秋候花蟲余幼夜讀院有此境寓臺三十年昨忽夢之不勝時世之感〉：小院黃昏蟋蟀鳴，玉簪喧雨共秋聲；滄洲客枕深宵夢，弱歲書燈故里情。殘魄終還江月滿，無心復作岫雲生；如何逆旅凋霜鬢，人事天時不倒行。

〈慰友人落第〉：李杜皆落第，文垂千載名；知君器識闊，揮翰海潮生。再戰當全克，搴旗雪不平；扶搏九萬里，仰與古人爭。

〈自嘲〉：恆沙世界寂光天，何必首邱歸舊田；我自逍遙御風去，勝依荒塚聽齊蟬。

〈淨土頌〉二首：
希有彌陀化剎塵，寶池蓮似巨車輪；香光只在西窗外，來接三根信願人。

千江千月十方同，不去不來無始終；難信法門遍普被，教依勢至立圓通。

八月二十六日（四），凌晨二時，台中蓮社常務董事游俊傑病危，蓮社派員前往助念，至四時一刻游居士在佛號聲中安然往生。先生於其臥病期間，常往探視，且於其臨終時，親予加持。（《蓮社日誌》）

〈補白〉：俊傑師兄，自幼隨母信佛，早歲參加蓮社國文補習班，晚年又參加論語講習班，平素為善不落人後，在臺中幫助雪公推動不少弘化事業。無奈，當其正處壯年，事業達於顛峰之際，忽染不治之症。臥榻醫院三、四個月期間，雪公無一日不親往探視慰問。俊傑師兄感恩之餘，頻頻發願道：「此血肉之軀，若能得癒，今後願放下俗緣，全力隨師學道弘法。」奈何！娑婆無常，世緣已了，終在蓮友助念聲中，安詳往生。[1]

「游青士口述」：大約是三月微恙，後經檢查，為大腸腺癌。（8月26日）當天為慈光圖書館華嚴法宴，席上似有宣布請大家待命。該晚生命跡象微弱，出院返家後不治，得年四十七歲。蓮友紛紛前來助念。

臨終前數日，雪公來探病。家姊不知何緣由，突然向雪公說：「請阿祖給父親開頂。」（家姊後來表示，她當時根本不知開頂為何？）雪公聽了說：「好！」即在家父頭頂上以手比劃（後得知，似為「頗瓦法」）。

雪公原供於正氣街九號之四臂觀音，銅質密乘菩薩坐像（見《圖冊》，1946年圖1）。一九八二年，家父於菩提醫院住院醫療時，雪公置於病房加持。往生後，雪公囑供於寒舍佛堂。[2]

【案】游俊傑（1935-1982），為台中蓮社女子弘法

---

1 〈補白〉，《明倫》第173期（1987年4月）。（附刊於：子晉：〈讀雪公詩憶往〉後。）
2 林其賢：「與游青士筆談」，即時通訊平臺 Messenger，2020年12月11日。游青士為游俊傑公子。

團十姊妹四姊周慧德公子，自幼隨母信佛，長年擔任炳南先生祕書及講經語譯工作（小傳見1951年6月文）。一九七〇年左右起，先生週六下午常在游家觀賞國劇並晚餐，情誼深厚。當其罹患重病，腹部開刀，兩度縫合又潰裂。先生乃為開立外敷藥方，研末施於傷口，果然膿血收斂而合。[1]

八月二十八日（六），下午二時，參加蓮社常務董事游俊傑告別式。先生弔祭時，淚如雨下，傷慟不已。（《蓮社日誌》）

黃潔怡，〈雪廬老人往生三十周年文物展側記（五）〉：「知足常樂、能忍自安」，這是雪公九十歲時寫給游俊傑居士的墨寶。遺憾的是沒多久，游居士就往生了。奠禮時，雪公的淚水像下雨般，一滴滴的滴在會場中，白髮人送黑髮人，心中之痛與傷可想而知。游居士的母親是十姊妹之一的周慧德居士，因此，雪公對游居士的期許非常之深。商專畢業時，老人家還在游居士的畢業紀念冊題：「守賢哲之五倫八德，學菩薩之六度萬行，盡我心身二力，要為社會謀福，要使群生獲度，方不虛此一生也。」藉以勉勵游居士。[2]

【案】游俊傑過世週年，先生有詩作，題為「俊傑

---

1 陳雍澤：「訪談紀錄」，LINE通訊軟體，2024年8月14日。
2 弘安（黃潔怡）：〈雪廬老人往生三十周年文物展側記（五）〉，《明倫》第471期（2017年1月）。

1982 年・民國 71 年 | 93 歲

游生去世週歲入夢哭之」。（見 1983 年 8 月 26 日譜文）

八月三十一日（二），夏曆七月十三日，大勢至菩薩聖誕，晨九時，先生至蓮社拈香禮拜。（《蓮社日誌》）

是月，台中蓮社前社長許克綏夫人蕭玉逝世，享壽八十九歲。許克綏甚為哀傷，幸得先生開導。

> 民國七十一年八月，許公夫人逝世。夫婦相依七十餘年，使他哀傷逾恆，以致影響健康。幸經雪廬老人之開導，子女們盡心奉養，他的心情逐漸平靜開朗。[1]

九月一日（三），於慈光圖書館週三《華嚴經》講座，宣講〈十迴向品第二十五〉「九、無著無縛解脫迴向」，解說第九表。[2]

九月四日（六），孔德成奉祀官來函，請接受每月應得之薪餉。[3]（見《圖冊》，1982 年圖 13）

> 孔德成，〈孔德成先生來函〉（1982 年 9 月 4

---

1 于凌波：〈樂善好施的許克綏居士〉，《弘法資訊》第 4 期（1995 年 9 月 1 日），第 2 版；賴崇仁：〈許克綏年表〉，《臺中瑞成書局及其歌仔冊研究》（臺中：逢甲大學中文系碩士論文，2005 年 6 月），頁 29-30。
2 李炳南：《大方廣佛華嚴經講述表解》，《全集》第 1 冊之 2，頁 327-328。
3 孔德成：〈孔德成先生來函〉（1982 年 9 月 4 日），郭基發提供。

日）：炳兄道右：別來時在念中，惟起居多福、公私迪吉，為頌！此次弟遠遊美邦，以府事相煩，竟承惠允，銘感何已！雖屬會、出人員，每月另贈薄儀，聊表微忱。頃接內子函告：兄以他慮，拒而不受。如此，則亦不敢相強。但兄每月應得之薪餉，千萬毋再推辭，使弟更增愧慚不安也。千乞俯允，以減罪戾，是為盼禱！臺中，想尚暑炙，務乞珍衛。專此，即頌

道安　　　　　　　　　　　　弟德成敬啟　七一、九、四

九月八日（三），於慈光圖書館週三《華嚴經》講座，宣講〈十迴向品第二十五〉「九、無著無縛解脫迴向」。

九月十五日（三），於慈光圖書館週三《華嚴經》講座，宣講〈十迴向品第二十五〉「九、無著無縛解脫迴向」，解說第十表：三十五想。[1]

九月十八日（六），於台中蓮社召開蓮友慈益基金會第一屆第六次董事會，請辭董事長，並推薦常務董事現任慈光育幼院院長郭秀銘擔任，經全體常務董事無異議通過。[2]

---

1 李炳南：《大方廣佛華嚴經講述表解》，《全集》第1冊之2，頁329。
2 李炳南主席，陳雍澤記錄：〈臺中市私立蓮友慈益基金會第一屆第六次董事會會議紀錄〉（1982年9月18日），臺中：慈益基金會檔案，現收存於慈光基金會。

1982年・民國71年｜93歲

九月十九日（日），至台中蓮社列席指導第三屆第三次董事會，補選前常務董事游俊傑往生所遺職缺。[1]

九月二十二日（三），於慈光圖書館週三《華嚴經》講座，宣講〈十迴向品第二十五〉「九、無著無縛解脫迴向」。

是日，先生請蓮社總務主任陳雍澤致贈呂佛庭教授中秋禮敬，禮品計印度香二盒、藏香二盒、月餅乙盒、水果乙盒。交陳總務送達呂府，呂佛庭以名片回復致意。

　　雪老長者：頃蒙餽賜名香佳果，拜領，至感。改日尚誠登府面謝　　　　　　　　　　　晚呂佛庭敬上[2]

九月二十五日（六），即日起三日，台中蓮社舉行秋季祭祖。

九月二十八日（二），至聖先師孔子誕辰紀念日。上午十時，於蓮社大殿舉行「論語講習班」第二期拜師典禮。[3]（見《圖冊》，1982年圖14）本期共招收四十六名學員。
　　〈台中蓮社論語講習班第二期學員拜師典禮〉：
　一、典禮開始

1　許炎墩主席，陳雍澤記錄：〈台中市佛教蓮社第三屆第三次董事會議紀錄〉（1982年9月19日），《台中蓮社董監事會議紀錄》，台中蓮社檔案。
2　〈呂佛庭名片傳語〉（1982年9月22日），台中蓮社檔案。
3　【數位典藏】錄音／佛學講授／開示／論語講習班開示／〈拜師典禮開示〉。

3251

二、全體肅立（禮生就位）
三、恭請師長入席，陪祭者入席
四、上香、獻花、獻果（禮生退）
五、向大成至聖先師行三跪九叩禮（禮畢，作揖。主祭者、陪祭者退）
六、行拜師禮（一跪三叩，作揖）
七、恭呈束脩
八、學員贈送本班贊助人周大德紀念品
九、恭請師長開示
十、拜謝師長（學員起立，行一叩首禮）（全體肅立）
十一、唱〈禮運大同〉（請師長面對聖像）
十二、禮成（恭送師長離席）合照[1]

【案】第二期學員四十六名，包括第一期結業舊生二十四名，另招收新生二十二名，皆為第一期全勤之旁聽生。第一期舊生原二十六名，除一名出家、一名往生，其餘二十四名全數繼續學習。第一期先生主講《上論》，徐醒民助講《下論》；第二期由先生主講《下論》，徐醒民助講《上論》。

九月二十九日（三），於慈光圖書館週三《華嚴經》講座，宣講〈十迴向品第二十五〉「九、無著無縛解脫迴向」。

是月，先生鼓勵鄭勝陽擔任中興大學夜間部智燈佛學社指導

---

1 〈台中蓮社論語講習班第二期學員拜師典禮〉，《論語班資料》，台中蓮社檔案。

老師。

廖欽賢，〈導歸極樂之恩師〉：三十餘年前，我中興大學智燈佛學社，苦無深入經藏具正知、正見之指導老師（當時僅由學校教官掛名指導老師），是於暑期佛學講座、座談之後，陪同簡秀娥社長恭請鄭老師蒞本社指導，鄭老師一再謙辭。雪公見吾人至誠懇切恭敬求法，於是開示：「弘護正法、利益眾生，當仁不讓。」鄭老師乃首肯。雪公當時，為弘護當生成就之佛法，與蓮友或有帶業往生、淨業往生之論辯，吾人愈見正知、正見佛法之重要。[1]

十月一日（五），中秋節。有〈中秋宵陰詩禪諸友咸感抑鬱俄雲散〉二首，稍後又有〈秋約〉、〈非時守默自訟〉、〈西曆新朔〉、〈題林居士新第〉。（《雪廬詩集》，頁 689-691）

〈中秋宵陰詩禪諸友咸感抑鬱俄雲散〉二首：
中秋霄漢碧雲遮，片片風來洗月華；莫道天機人不識，分明只為有詩家。
清茶吃罷寸心投，相對無言一笑酬；若問香同木樨未，仙柯試斫廣寒秋。

十月四日（一），晚七時，於蓮社一樓講堂舉行第二期「論語講習班」開學典禮。（見《圖冊》，1982 年圖 14；《蓮社

---

[1] 廖欽賢：〈導歸極樂之恩師〉，《蓮池憶舊》，頁 152-159。

日誌》）

十月六日（三），於慈光圖書館週三《華嚴經》講座，宣講〈十迴向品第二十五〉「九、無著無縛解脫迴向」。

十月八日（五），「論語講習班」第二期第一學年上學期開學。有〈開講前提示〉。

　　「開講前提示」：吾這次改講《下論》，徐老師改講《上論》，為了迎合大家的口味，本來可以不必如此。其中的義理無限多，不能以為聽全七方面，就以為可以了，自己的學問自己必須知道。所以必得講究「背誦」，若不能背誦，印不上心裡，這毫無用處。吾幼年熟誦，到老了便能一引就有資源。《論語》講究依著實行，不能依著實行，熟讀到老死，也不夠學分。不能依著實行，只是能誦念而已，那是書呆子，如今連書呆子也比不上。

今日講《論語》，不是因為國家的提倡，而是現今學生底子不及三十年前國文補習班的同學，因為種種條件不同，從前回家溫書，如今回家是看電視。

開學第一天，將講學的宗旨、重辦第二期的情形，以及講究背誦的所以然，為同學們說說。

你們要錄音，吾說話就必須小心有分寸，這樣你們不得利益，因為今日是危行言遜的時候。古書，古時候已過去了，讀它有何用？讀書必須懂得事故人情，讀古書要今用，讀書全在致用。

你們既然在學校已讀過《論語》，吾何須再講《論語》？吾講《論語》的用意你們不懂。吾是不通，還不夠資格講，但是吾雖然讀書不多，已讀萬卷有餘，你們沒有讀百卷，如何聽得懂？古人說：「學然後知不足」，知不足，才是真正有學問，自己覺得不錯了，就是無學之輩。你們有求學嗎？來此聽《論語》就叫求學，只是短時間而已。

吾採用《集釋》，你們在第一屆論語班已聽過一遍，但是料想你們連百分之一也不明白，不明白《集釋》的用意。你們以前只見《朱注》、《正義》，《集釋》是集合了六百餘種書，吾視諸位的需要與否，及時代的需要與否而採用。

你們必須求學，求吾教，雙方要合作才可以，兩者缺一不可。求學之外還有重要的事，就是尊德性而道問學。例如：大家念了三十年的佛，誰會念佛？什麼叫「問學」，什麼叫「道」？「朝聞道，夕死可矣！」聞到道了，就不怕死。沒有聞道，自己不能做主，死不得。[1]

即日起至十一月二十二日（一），於台中蓮社「論語班」講授〈先進〉篇共二十五章。[2]

〈先進於禮樂〉：今日吾教你們學禮樂，現今國家也提倡禮教，但是要在哪裡學？飲食起居都有一定的

---

1 〈開講前提示〉，《論語講記‧先進第十一》，明倫月刊資訊網：
http://www.minlun.org.tw/1pt/1pt-4-3/index-00.htm# 先進第十一
2 【數位典藏】錄音 / 儒學研究 / 論語 / 先進篇 / 〈先進於禮樂〉。

禮,聚餐也有禮,國家既然提倡東方文化,還不普遍,只有標語而已。從前民國初年,制定中山裝是禮服,吾有事才穿中山裝,這個制度沒有廢除前吾穿有什麼不對?這是已定的制度,我們隨從照辦。平時行鞠躬禮,但是吾信佛,所以拜佛必須禮拜。對孔子,吾則跪下叩頭。這不就是雜亂嗎?今日祭孔,爭議祭太牢的是與非。吾說這個,並不是毀謗政府,不可像別人無主意、沒有辦法。吾為佛教徒,卻贊成太牢。自古祭天用太牢,有其用意,梁武帝信佛用麵作,也是太牢。[1]

十月十日（日）,台中蓮社聯體機構祝賀王子哲榮任美心臟學院院士,請先生題「佛心仙術」木匾誌慶。[2]

是日,題辭書贈游俊傑夫人林菊蘭。（見《圖冊》,1982年圖15）

〈孝慈雙運〉:孝慈雙運,為興家之良規;忠信有恆,乃供職之正義。遠非求道,是開慧之坦途;修淨生西,會超凡之聖眾。　壬戌雙十節為
菊蘭具壽索書撰文贈之希正　　　　九三雪叟李炳南[3]

---

1 〈一、先進於禮樂〉,《論語講記‧先進第十一》,明倫月刊資訊網:http://www.minlun.org.tw/1pt/1pt-4-3/index-00.htm# 先進第十一
2 〈祝賀王子哲榮任美心臟學院院士〉（木匾）（1982年10月10日）,《台中蓮社歷年會議紀錄》,台中蓮社檔案。
3 李炳南:〈孝慈雙運〉,《雪廬老人題畫遺墨》,《全集》第16冊,頁33。

十月十三日（三），於慈光圖書館週三《華嚴經》講座，宣講〈十迴向品第二十五〉「九、無著無縛解脫迴向」。

十月十五日（五），晚，於台中蓮社「論語班」講授《論語・先進》。

十月十七日（日），下午一時，至中國醫藥學院附設醫院九樓辦公室，參加該校董事會第八屆第三次會議。[1]

十月十八日（一），晚，於台中蓮社「論語班」講授《論語・先進》。

十月二十日（三），於慈光圖書館週三《華嚴經》講座，宣講〈十迴向品第二十五〉「九、無著無縛解脫迴向」。

十月二十二日（五），上午九時，蓮社派員至大誠街發放火災戶救濟金。共計八十二人，總額新臺幣三十四萬七千元整。（《蓮社日誌》）

　　晚，於台中蓮社「論語班」講授《論語・先進》。讚歎同學救災舉動。
　　〈先進篇・第九「顏淵死」章〉：大家求學必須希聖希賢，最少須做君子，不可沽名釣譽。今日臺中市發生

---

[1] 見：徐鳴亞編：《私立中國醫藥學院歷屆董事會議紀錄彙編》。

火災,同學們的舉動,短時間花盡幾十萬,人力比錢力重要。自古以來,救災無善策。能短時間平等發與災戶,這不容易。辦這件事,要求不要名利、不照相登報,毫無所圖,一塊錢功德抵得上十萬元。由此點,可知大家的前途,將來即使有災難,也會轉輕,這是共中不共。[1]

十月二十三日(六),復函董正之董事長,讚歎其於立法院提議請當局撤回優生保健法案,如此發心已是無量功德。

〈復函董正之董事長(稿)〉(1982年10月23日):正之老弟鑒:久違至念,法運所關。臺中屢遭不幸,同人等夭折人才、車禍焚身、失踪跌傷。近柳川南岸百家焦土,我育幼院郭院長之宅即在其內,更為佛子雜誌引狼入室,有旅美密宗陳某,借罵印祖為名,實行破壞淨宗改經謬論,而在文化頹廢之際,多不識其詭詐。兄厭世已極,身欲速滅。昨夜奉到台函,附有議案請當局撤回優生保健邪策。三復之,宛如烏雀滿天,一鶚橫秋。字字醒眼,聲聲入心,不獨救無量生靈漢唐善政,亦增萬德莊嚴。此為立國立法以來第一之正言讜論,其功德不止如五須彌也。兄頓然振奮,立於佛前焚香迴向。不問事之成否,是大菩提心已發,功總不唐捐。應知經云:不可以少善根福德因緣得生彼國,然今之此舉,實等無盡藏矣。亦願弟極速自行迴向,勿求人天福

---

1 〈九、顏淵死〉,《論語講記·先進第十一》,明倫月刊資訊網:http://www.minlun.org.tw/1pt/1pt-4-3/index-00.htm#先進第十一

報。至禱至禱。有機可謀會面暢談，餘意難盡。順頌
淨祺　　　　　　　　兄　李○○　謹啟十月廿三日
久不寫作提筆忘字　恕草率 [1]

十月二十五日（一），光復節，重陽節。上午十時，於蓮社地下室，為青蓮念佛班員開示念佛法要並回答提問。[2]

　　李炳南居士講，陳雍澤記，〈示青蓮班〉：念頭不能不起，故令汝儘管起念頭。而起念頭皆妄，乃令汝定於一句佛號上，則何妄之有？定於一也。至相當程度，連「一」亦無，至常寂光土，連佛也沒了。但今時若心中無佛，必一肚子貪瞋癡；連心中存好事者，都已經是萬中無一了。

如朝暮二課，實亦方便法。淨土重「淨念相繼」，只此二時修行，餘時不修乎？若不定二課，而欲人終日不斷，則恐怕沒幾人能幹得了。實則二課時心亦散亂，故「戒」至要。乃云：諸惡莫作，眾善奉行。「眾善奉行」實為陪襯，要在「諸惡莫作」。能不作惡已可矣，若再為善，則又添麻煩。此話勿誤會，莫輕易說此，以眼中著泥沙固不可，著金沙亦不可。六祖云：「不思善，不思惡」，即此理。善分有漏、無漏，眾人所為多是有漏善，有報應，不出輪迴故。

---

1 〈復函董正之董事長（稿）〉（1982年10月23日），《台中蓮社歷年會議紀錄》，台中蓮社檔案。
2 李炳南講，陳雍澤記：〈示青蓮班〉（1982年10月25日），未刊本。

問：工作必與人競爭，不競爭就會被淘汰，如之何？
答：汝競爭什麼？爭其財、爭其名乎？外頭之競爭、宣傳，越競爭越倒楣，吾教汝競爭之法。一、時間必爭，早到晚退。二、工作必爭，一日多少工作，一日辦完。三、只可薪水對不起我，不可我對不起薪水。四、只可「怕對不起人」，處處為人著想。如范仲淹，一日工作，夜必思之：所為與薪水，合量乎？今日在工作上爭，萬勿誇自功，辦得如何好，仍存「比不了大家」，越吃虧越好。辦一切事為何？為了學佛、憶佛。

晚，於台中蓮社「論語班」講授《論語‧先進》。

十月二十七日（三），於慈光圖書館週三《華嚴經》講座，宣講〈十迴向品第二十五〉「九、無著無縛解脫迴向」，解說第十一表。[1]

是日，函復至聖奉祀官孔德成先生，感謝聘任為奉祀官府特設論語講座主講，並將講座辦法呈閱。
　　〈大成至聖先師奉祀官府聘書〉：
受文者：李顧問炳南
發文字號：人字第三號

---

1 李炳南：《大方廣佛華嚴經講述表解》，《全集》第 1 冊之 2，頁 331-332。

1982年・民國71年 | 93歲

茲敦聘李顧問炳南擔任本府特設論語講座主講　此聘
　　　奉祀官　孔德成[1]

〈去函孔德成先生〉：奉祀官鈞鑒：奉到寵賜聘書，囑任論語講座主講，感銜無似。正以報恩無由，疚心度日，從茲可以聊盡犬馬之力，藉此補愆，或能延壽增福，得考終命，此為亂世之大幸，勝受戴金千鎰也。自當遵照奉行，努力不懈，可對先聖尼父，可對天地鬼神，可對敝族宗親，可對莊呂二公推薦，心安理得，樂何如之，更蒙四十年之厚遇深重，心心相印，來日只談道義，莫談名利，人各有志，濁世中豈真無坦率人乎？萬懇睿察，謹將講座辦法開列，另單附呈閱，此恭叩
鈞安　　　　　　　　顧問　李炳南上　十月廿七日
謹將論語講座辦法開列於後

（一）座借台中蓮社講堂，因正是臺中中心，助講及職員一切用具書籍茶水等，皆託該社籌備，不收費。

（二）每週主講上堂二次，每次二小時，餘者由助講人員分任，開學期、放假期，均依各大學之規則仿行。

（三）學員約在二百人上下，內外埠人皆有，不便限制。

（四）時間在下午六點鐘至九點鐘止。以二年為一期。

（五）本府中既派顧問為主講，府中年度工作報告，是否列入之必要，均請鈞座裁酌，如何填造，請與總務人員酌商，主講人但管教課，不敢涉問。[2]

1　〈70-72年臺中論語講習班孔上公與雪公來往函件〉，台中蓮社檔案。
2　〈70-72年臺中論語講習班孔上公與雪公來往函件〉，台中蓮社檔案。

【案】本件書函落款「十月廿七日」，未詳何年。據台中蓮社檔案歸檔為「70-72年」，即一九八一年至一九八三年間。唯函文提及「囑任論語講座主講」，則時間不致與論語班開辦時間相去太遠。據一九八三年一月十一日，孔德成先生來函提及「論語講座有關一切，弟不便過問，只每年可以兄之名義，寫一簡報即可。」（見該項譜文）似即回應前引函文末段「論語講座辦法」第（五）點：有關府中年度工作報告如何填造問題。如是則奉祀官府聘先生擔任「本府特設論語講座主講」，為一九八二年十月第二期論語班舉辦時事。一九八三年三月七日，孔先生來函及孔府通告，再三致意先生「主持本府論語講座，此乃府中最重要之事，亦為數十年來，府中最大之事」（見該項譜文），推知當是接任論語講座主講不久。因繫是函於一九八二年。

十月二十九日（五），晚，於台中蓮社「論語班」講授《論語・先進》。

十月，於《明倫》月刊第一二六期刊有〈張祜雨淋鈴之意〉，係《詩惑研討隨筆》之一章。[1]

---

[1] 李炳南：〈張祜雨淋鈴之意〉，《明倫》第126期（1982年10月）；今收《詩階述唐之三：詩惑研討隨筆》，《全集》第13冊，頁413-414。

1982年・民國71年｜93歲

十一月一日（一），晚，於台中蓮社「論語班」講授《論語・先進》。

十一月二日（二），由鄭勝陽代筆，函復馬來西亞蔡榮華，歡迎其返臺中學習，已安排於蓮社食宿，並安排學習功課。[1]

十一月三日（三），於慈光圖書館週三《華嚴經》講座，宣講〈十迴向品第二十五〉「九、無著無縛解脫迴向」。

十一月五日（五），晚，於台中蓮社「論語班」講授《論語・先進》。

十一月八日（一），晚，於台中蓮社「論語班」講授《論語・先進》。

十一月十日（三），於慈光圖書館週三《華嚴經》講座，宣講〈十迴向品第二十五〉「九、無著無縛解脫迴向」。

十一月十二日（五），晚，於台中蓮社「論語班」講授《論語・先進》。

十一月十四日（日），下午，於蓮社接待泰國中華佛學研究

1　香光編輯委員會：《李炳南老居士復蔡榮華居士書函輯》，頁41。

社一行三十四人。該社由副社長楊乘光伉儷率領,經《菩提樹》月刊發行人鄧慧心引導至台中蓮社拜訪,楊團長恭請先生開示佛法,並互贈紀念品,獲贈泰國銅佛像壹尊,供養於萬佛堂。該團於十一日至二十七日,返國參訪佛教大德。[1]

十一月十五日(一),晚,於台中蓮社「論語班」講授《論語・先進》。

十一月十七日(三),於慈光圖書館週三《華嚴經》講座,宣講〈十迴向品第二十五〉「九、無著無縛解脫迴向」。

十一月十九日(五),晚,於台中蓮社「論語班」講授《論語・先進》。

十一月二十一日(日),上午,「蓮友慈益基金會」移交予慈光育幼院郭秀銘董事接辦。(《蓮社日誌》)

十一月二十二日(一),晚,於台中蓮社「論語班」講授《論語・先進》。

十一月二十四日(三),於慈光圖書館週三《華嚴經》講

---

[1] 〈新聞〉,《菩提樹》第 361 期(1982 年 12 月),頁 44;《蓮社日誌》。

1982 年・民國 71 年│93 歲

座,宣講〈十迴向品第二十五〉「九、無著無縛解脫迴向」。

十一月二十六日(五)至十二月二十日(一),於台中蓮社「論語班」講授〈顏淵〉篇共二十四章。[1]

十一月二十六日(五),晚,於台中蓮社「論語班」講授《論語・顏淵》。

十一月二十九日(一),晚,於台中蓮社「論語班」講授《論語・顏淵》。

十一月,至蓮社錄音室錄取詩文吟誦。近體詩有:〈登鸛鵲樓〉、〈山中送別〉、〈塞下曲〉、〈從軍行〉、〈早發白帝城〉、〈九月九日憶山東兄弟〉、〈早寒江上有懷〉、〈題破山寺後院〉、〈尋雍尊師隱居〉、〈秋日題竇員外崇德里新居〉、〈九日登望仙臺呈劉明府〉、〈聞官軍收河南河北〉、〈聽蜀僧濬彈琴〉、〈黃鶴樓〉;古體詩有:〈羌村〉、〈古從軍行〉、〈將進酒〉,古文有:〈五柳先生傳〉、〈陋室銘〉;計近體十四首、古體三首、古文二篇。[2]

十二月一日(三),於慈光圖書館週三《華嚴經》講座,宣

---

1 【數位典藏】錄音／儒學研究／論語／顏淵篇。
2 【數位典藏】錄音／詩文研究／詩文吟誦。

講〈十迴向品第二十五〉「九、無著無縛解脫迴向」，解說第十二表：色法略舉、業相略舉。[1]。

十二月三日（五），晚，於台中蓮社「論語班」講授《論語・顏淵》。

是日，再函告孔德成奉祀官，敬收厚賜，一次為限，視為退休衿恤費。並聲明此後只領取顧問交通費。

〈函孔德成奉祀官〉：奉祀官鈞鑒：關於接受論語講座之事，前上一函諒蒙俯照，所言皆出肺腑，亦為自身守立場，毫無絲微套語，仍未承毫察，囑王出納持送厚賜，謹再冒昧上瀆，倘必過分加寵，此類名義，即作退休衿恤費，一次為止，以後除配給外，概不再受其他，此類如不寵賜，可否每月（自十二月起）發給顧問名義交通費一份，其數應比出納收發各職之薪數減低，方合法規，炳自當「敬領」。恃愛放肆上干，諸希睿鑒恭請
鈞安　　　　　　　　顧問李炳南上　十二月三日
謹再聲敘，如雙管齊下，寧作餓殍，亦不敢膺此重罪。[2]

【案】本件書函落款「十二月三日」，未詳何年。據函文「關於接受論語講座之事，前上一函諒蒙俯照」，當指一九八二年十月二十七日致孔先生函（見該

1　李炳南：《大方廣佛華嚴經講述表解》，《全集》第1冊之2，頁333-339。
2　〈70-72年臺中論語講習班孔上公與雪公來往函件〉，台中蓮社檔案。

項譜文），與台中蓮社檔案歸檔為「70-72 年」（1981-1983 年）相符，因繫於是。該筆款項應即一九八二年一月十八日請出納璧謝之「巨款」，先生此時接受，聲明「一次為止」，並於一九八三年三月，以此款項捐作「至聖府孔學獎金會」。

十二月五日（日），上午九時，鍾志憲、黃錦華蓮友結婚嘉禮，蒞蓮社禮佛後，至先生正氣街寓所恭聆福證，中午於蓮社講堂宴請親友。（《蓮社日誌》）

十二月六日（一），晚，於台中蓮社「論語班」講授《論語・顏淵》。

十二月八日（三），於慈光圖書館週三《華嚴經》講座，宣講〈十迴向品第二十五〉「九、無著無縛解脫迴向」。

十二月十日（五），晚，於台中蓮社「論語班」講授《論語・顏淵》。

十二月十一日（六），慈光講座第一屆學員，馬來西亞籍蔡榮華自僑居地來台中蓮社，於先生座下習法九天。（《蓮社日誌》）

十二月十三日（一），晚，於台中蓮社「論語班」講授《論語・顏淵》。

十二月十五日（三），於慈光圖書館週三《華嚴經》講座，宣講〈十迴向品第二十五〉「九、無著無縛解脫迴向」。

十二月十七日（五），晚，於台中蓮社「論語班」講授《論語‧顏淵》。

十二月十八日（六），印光大師圓寂紀念日。夜，先生於蓮社錄音室，為蔡榮華及論語班班員講授〈儒佛大道〉，開示儒佛融通要義。

世間法以孔子之道求安穩

先說儒學。諸位本為學佛，今又加上《論語》——此孔子之學也。這二種學問，一般人以為衝突，其實絕不衝突，但學佛學儒者自以為矛盾耳。佛經上所謂不看外道書，亦只為學徒之未能融通者而設，並非佛陀與孔子之間互相有反對。

出世法以佛陀之學求解脫

次言佛學。欲研佛法，求解脫道，請先專研淨土三經，若有餘力，再及諸經；而能通一經，亦可通群經也。當知，淨土法門，乃佛之境界，所謂「唯佛與佛，乃能究盡」。淨土法門三根普被，只要具足信、願、行三資糧，即能成就。不必斷惑證果，只要帶業往生，即得阿鞞跋致；毋須大開圓解，只要信願持名，自然暗合道妙也。

儒佛二學相輔相成

合言二學。須知，世間之安，有賴孔子之學；若只

1982年・民國71年 | 93歲

有佛法,恐亦不能安也。反言之,若只有孔子之學,而無佛法,則古來之忠臣孝子,終不能出離三界。

孔子之學,要在求世間之安,解決一「食」字的問題;佛陀之學,乃在求出世解脫,解決一「六道輪迴」的問題。孔子講時中,佛法亦講中道;儒佛二學,相輔相成,此吾所以講佛法,又添論語也。

今日之下,毋須管他人之胡鬧,但要求時時省察自己;所謂「攻其惡,勿攻人之惡也」。[1]

十二月十九日(日),晨,蔡榮華搭機返馬來西亞。(《蓮社日誌》)先生書錄舊作〈日月潭〉詩相贈。[2]

十二月二十日(一)至一月十七日(五),於台中蓮社「論語班」講授〈子路〉篇共三十章。[3]

十二月二十二日(三),於慈光圖書館週三《華嚴經》講座,宣講〈十迴向品第二十五〉「九、無著無縛解脫迴向」。

是日為冬至,為江逸子〈雙樹高風圖〉題辭。(見《圖

---

[1] 李炳南講,希仁(吳聰敏)記:〈儒佛大道〉,《明倫》第193期(1989年4月)。
[2] 李炳南:〈題日月潭玄奘寺(之二)〉,《雪廬老人題畫遺墨》,《全集》第16冊,頁68;又見:〈雪公九三老人親贈墨寶〉,香光編輯委員會:《李炳南老居士復蔡榮華居士書函輯》,頁45。
[3] 【數位典藏】錄音/儒學研究/論語/子路篇。

3269

冊》，1982 年圖 16）

〈雙樹高風圖〉：蕭颯高風落碧天，松濤詩思酒樽前；持壺童子休多事，纔結跏趺境杳然。
酒未沾脣筆未濡，欏園權作夏安居；枯榮雙樹還如昨，回向應歸心地初。

歲次壬戌冬至日九三雪叟李炳南題[1]

十二月二十四日（五），晚，於台中蓮社「論語班」講授《論語‧子路》。

十二月二十七日（一），晚，於台中蓮社「論語班」講授《論語‧子路》。

十二月二十九日（三），於慈光圖書館週三《華嚴經》講座，宣講〈十迴向品第二十五〉「九、無著無縛解脫迴向」。

十二月二十八日（二），晚七時，以及十二月三十日（四），午二時，於靈山寺壬戌年彌陀佛七開示兩次。有偈。

〈壬戌佛七雪僧贅言〉：現在正是末法時期，修其他法門，都要仗著自己的力量，斷惑證真，很不容易辦

---

[1] 李炳南：〈雙樹高風圖〉，《雪廬老人題畫遺墨》，《全集》第 16 冊，頁 180；另題為〈枯榮雙樹〉，收見澹寧齋編著：《雪廬老人題畫遺墨輯》，頁 76；是詩未見收於《雪廬詩集》。

到。惟有淨土是二力法門，自力不夠，佛力來加被。最特別處是──不須斷惑，但能感應道交，臨終佛即來接引，一往生就成功。這個法門當生成就，但要緊在「感應道交」，如不能感應，就不能成就。

怎麼感應法？《阿彌陀經》專講執持名號，只要有一天念到一心，心水澄清，就能與佛感應，便算是一個成就，臨終就可保險。

怎麼一心法？俗話說：「心無二用」，無二、是念頭往外出時，比針孔還細，只能出一樁事，二樁就出不來，入也是這樣，只能有一個念頭，卻又細又快。若能心無二用，起念只是阿彌陀佛，並無他念，便是一心。

臨終佛來接引，接引什麼？不是這個臭皮囊，也不是妄念，是來接念佛的心。但雖到一心，臨終如起妄想，心一顛倒，還是不能往生，必須「心不顛倒」，才即得往生阿彌陀佛極樂世界。

因此，在這裡念佛，要放下一切，或六字、或四字洪名，念時從心中起，耳聽得清清楚楚，再印到心裡，出來進去，要念成一串，但有亂心，就是放不下。到了佛七結束，必得保持「淨念相繼」，在這裡怎麼樣，回家還是要怎麼樣，接繼不斷，這就成功。話只講到這裡，記住就能保險。後說一偈結束：

應知散亂念彌陀，空費功夫難解脫；人生壽命呼吸間，一失機緣苦萬劫。

六根清淨通戒定，一心不亂開智慧；三藏全歸洪名中，

今修他法恐枉費。[1]

十二月二十九日，夏曆十二月十五日，有〈歲交癸亥值冬至望夜天陰無月〉、〈知悔〉、〈優生保健法立法初審通過誌感〉二首、〈邀友〉、〈霧社觀梅〉、〈得古玩〉。（《雪廬詩集》，頁 691-694）

〈歲交癸亥值冬至望夜天陰無月〉：三正建子奠岐周，遙憶飛熊釣渭流；鯤島難逢雲霽夜，龍鍾每負月當頭。無情梅柳窺春動，多事風煙接塞愁；歲近貞元應有轉，蒼生不忘鳳麟遊。

〈邀友〉：共作良宵會，君來不可遲；盤柑茶與酒，莫負月圓時。

〈知悔〉：閒居陋室樂清貧，歲月揮毫總染塵；莫道騷壇主風雅，三分綺語二分瞋。

【案】一九八二年冬至起，「歲交癸亥」。《雪廬詩集》自〈歲交癸亥值冬至望夜天陰無月〉起，別為一集，為《雪窗習餘》；此前各集，多為自書；是集則為代鈔（陳火爐代鈔，另參見 1983 年 6 月 16 日譜文）；此前各集，皆有〈小引〉；是集則無。

十二月三十一日（五），晚，於台中蓮社「論語班」講授

---

[1] 李炳南講，連淑美記：〈壬戌佛七雪僧贅言〉，收見《脩學法要》，《全集》第 9 冊，頁 252-257。兩首偈頌該文僅錄第一首，第二首見收於：釋普慧抄錄，蘇全正整理：「李炳南於臺中市靈山寺主持佛七開示法語一覽表」。

《論語・子路》。

是年，為玄空法師集述之《離苦得樂》印行題辭。（見《圖冊》，1982年圖17）

〈題離苦得樂〉：時際末法，專修淨土是最聰明；萬法緣生，不昧因果是正知見；依聖教量，述而不作是大覺悟；語無深淺，有益眾生是好文字。

九三學人李炳南拜讀[1]

是年，題寫丹霞禪師詩偈贈予張慶祝。[2]（見《圖冊》，1982年圖18）

〈佚題〉：雲自高飛水自流，海天空闊漾虛舟，夜深不向蘆灣宿，迥出中間與兩頭。

---

1 李炳南：〈題離苦得樂〉，《雪廬老人題畫遺墨》，《全集》第16冊，頁337。
2 李炳南：〈佚題〉，《雪廬老人題畫遺墨》，《全集》第16冊，頁84；贈送時間據：張式銘：《張慶祝師姑九十回顧》，頁65。

李炳南居士年譜

2025年3月初版
有著作權・翻印必究
Printed in Taiwan.

定價：新臺幣全套6500元
（全套書共六冊，不分售）

編輯委員	吳聰敏（召集人）				
編　　著	林其賢	主　　編	胡琡珮		
校　　對	楊俶儢	內文排版	胡常勤	封面設計	李偉涵

吳碧霞、紀海珊、張式銘、張清泉、連文宗、郭惠芯、陳雍澤
陳雍政、黃潔怡、詹前柏、詹曙華、賴建成、鍾清泉、林其賢

出　版　者	聯經出版事業股份有限公司
地　　　址	新北市汐止區大同路一段369號1樓
叢書編輯電話	(02)86925588 轉 5305
台北聯經書房	台北市新生南路三段94號
電　　　話	(02)23620308
印　刷　者	文聯彩色製版有限公司
總　經　銷	聯合發行股份有限公司
發　行　所	新北市新店區寶橋路235巷6弄6號2樓
電　　　話	(02)29178022

編務總監	陳逸華
副總經理	王聰威
總　經　理	陳芝宇
社　　長	羅國俊
發　行　人	林載爵

行政院新聞局出版事業登記證局版臺業字第0130號

本書如有缺頁，破損，倒裝請寄回台北聯經書房更換。　ISBN 978-957-08-7614-7 (全套精裝)
聯經網址：www.linkingbooks.com.tw
電子信箱：linking@udngroup.com

國家圖書館出版品預行編目資料

李炳南居士年譜/林其賢編著．胡琡珮主編．初版．新北市．
聯經．2025年3月．年譜共3880面．圖冊516面．年譜14.8×21公分．
圖冊21×29.7公分
ISBN　978-957-08-7614-7（全套精裝）

1.CST：李炳南　2.CST：年譜

783.3986　　　　　　　　　　　　　　　　　　　　114001345